제4판

경찰학 각론

조철옥
박외병
주성빈
윤병훈

DY 도서출판 대영문화사

제4판 머리말

『경찰학개론』 제3판을 출간한지 어언 10년이 넘었다. 제4판을 계기로 이 책이 커다란 변화를 맞이하게 되었다. 제3판까지 조철옥 단독 저서였던 이 책이 조철옥・박외병・주성빈・윤병훈 공저로 출판하게 된 것이다.

그동안에 경찰학에 관련된 이론이나 법령이 추가되고 개정되는 많은 변화가 있었다. 이러한 변화로 인해 『경찰학개론』 제4판을 한권으로 출간하는 것이 책의 분량이나 여러 가지 측면에서 어렵게 되었다. 따라서 『경찰학개론』 제4판은 『경찰학총론』과 『경찰학각론』으로 분책하여 출간하게 되었다. 이렇게 분책하면서 대학 강단에서 학생들에게 강의하고 연구하는 세 분 교수님들의 지식과 경험이 책의 내용을 더욱 풍부하게 하고 현실감 있게 하리라고 믿는다.

『경찰학각론』은 제3판의 기본적인 틀은 그대로 유지하면서 경찰실무에 대한 새로운 이론이나 법적인 내용을 수정・보완함으로써 책의 내용을 충실화하는 데 초점을 두었다. 『경찰학각론』으로 분책하면서 경찰학 실무 내용을 양적・질적으로 보강하였다. 『경찰학개론』에서는 책의 분량이나 여러 가지 출판여건상 경찰실무에 필요한 내용들이 상당히 생략되었지만, 이번 『경찰학각론』에서는 『경찰학개론』에서 생략되었던 내용들이 보완되고 추가되었다.

주제를 중심으로 살펴보면 생활안전 경찰론, 수사경찰론, 교통관리론, 정보경찰론, 경비경찰론, 외사경찰론, 안보경찰론 등 경찰기능 전반에 걸쳐서 중요한 실무내용을 놓치지 않으면서 새로이 부각되는 실무와 관련된 이론적・법적 내용을 설명하는 데 부족함이 없도록 세심한 주의를 기울였다.

『경찰학각론』은 법령에 의한 설명이 대부분이어서 개론은 새로운 법이나 개정된 법령을 경찰청 법령검색을 통하여 해당 분야를 설명하는 데 부족함이 없도록 하였다. 특히 외사경찰론이나 안보경찰론은 개론에서 가볍게 다루어졌으나 이번에 상당한 내용이 추가되었으며, 생활안전 경찰론과 수사경찰론 및 경비경찰론도 새로운 이론이나 개정된 법령의 내용을 추가하여 그 내용이 충실화되었다.

『경찰학각론』은 동서대 박외병 교수, 동의대 주성빈 교수, 경동대 윤병훈 교수 세 분이 각 분야별로 나누어서 내용을 개정하고 보강하는 데 심혈을 기울여 주셨다. 세 분 교수님들의 노고에 감사의 말씀을 드린다.

끝으로 어려운 여건 속에서도 흔쾌히 이 책의 출판을 맡아주신 대영문화사 임직원 여러분께도 진심으로 감사의 말씀을 드린다.

2024년 2월

저자 씀

제3판 머리말

경찰학은 현실의 치안문제 해결을 위한 학문이라는 점에서 처방성과 실천성이 요구되는 학문이다. 치안문제 해결은 법학적・행정학적・윤리학적・심리학적・사회학적・범죄학적 지식과 기법을 필요로 하고, 외국의 경찰제도와 한국 경찰사는 물론이고 경찰기능과 관련된 실무지식까지 필요로 한다. 한마디로 다양한 학문적 이론과 실무지식이 요구되는 종합학문이면서도 엄격하게 말한다면 실천성과 처방성이 더 강한 학문이다.

본서는 경찰학이 현실의 치안문제를 해결하고 조직발전을 위한 종합학문적인 지식체계라는 관점에서 집필되었다. 경찰행정과 활동에 필요한 이론적 지식체계를 정립하고 경찰실무에 필요한 지식과 기법을 총 망라하여 체계화를 시도하였다.

경찰실무 부문은 경찰조직의 전 기능에 걸쳐서 실무를 위한 지식의 체계화에 초점을 맞추었으며, 범죄예방과 지역사회경찰론은 아주 최근에 등장한 이론을 도입하여 이론과 실무의 만남을 시도하였다. 특히 범죄예방이론은 범죄억제이론, 범죄생물학, 범죄심리학, 범죄사회학, 신 범죄학, 상황적 범죄예방이론을 쉽게 전달할 수 있도록 노력하였다. 또한 경찰정보, 경찰외사, 경찰보안 등은 실무에 특히 필요한 내용들을 중심으로 체계화했으며, 특히 보안경찰은 사회의 변화와 더불어 논란의 여지가 있는 영역이지만, 현재의 보안기능의 업무수행과 관련있는 내용을 체계화하려고 하였다.

이번에 제3판을 발행하면서 최근에 개정된 각종 법규를 보완하였고, 오・탈자의 교정・보완과 아울러 경찰실무 부분을 중심으로 내용 중의 일부분을 보강하였다. 개정증보판의 수준은 아니지만 좀 더 내용의 충실화와 정확성을 살리는 데 중점을 두었다. 이 책이 경찰을 지망하는 많은 잠재적인 경찰관과 실무경찰관들에게 조금이나마 도움이 되었으면 한다. 끝으로 어려운 여건 속에서도 흔쾌히 출판을 맡아주신 대영문화사의 임춘환 사장님께도 진심으로 감사의 말씀을 드린다.

2012년 8월
저자 씀

제2판 머리말

경찰학은 사회과학의 분과학문이다. 대부분의 사회과학이 그렇듯이 경찰학의 패러다임이 없다는 점이 최대의 약점이다. 그러나 사회과학의 분과학문 중에서 토마스 쿤이 말하는 수준의 학문적 패러다임이 있는 학문은 거의 없다고 해도 지나친 말은 아니다. 또한 모든 사회과학분야의 학문이 과학성과 기술성의 논쟁 속에서 발전하고 있다는 점에서 경찰학의 학문적 정체성을 찾을 수 있을 것 같아 무척 다행스러운 일이 아닌가 여겨진다. 의학이나 법학이 그 과학성보다는 현실의 처방성과 실천성으로 인해 학문적 독자성을 확보하고 있듯이 경찰학도 그 처방성이나 실천성의 맥락에서 평가받을 수 있을 것으로 생각된다.

오늘날 대부분의 사회과학의 분과학문은 현실의 문제해결, 즉 처방성이나 실천성에 초점을 맞추기 때문에 종합학문적인 성격을 띠고 있다. 20세기 초·중반에 논리적 실증주의와 행태주의의 영향으로 과학성과 정체성이 학문적 연구의 대세를 이루고 있었으나 사회문제의 복잡다기성과 학문의 현실기여 필요성 등으로 종합학문적 연구가 널리 이루어지고 있다.

경찰학은 현실의 치안문제 해결을 위한 학문이라는 점에서 처방성과 실천성이 요구되는 학문이다. 치안문제 해결은 법학적·행정학적·윤리학적·심리학적·사회학적·범죄학적 지식과 기법을 필요로 하고, 외국의 경찰제도와 한국 경찰사는 물론이고 경찰기능과 관련된 실무지식까지 필요로 한다. 한마디로 다양한 학문적 이론과 실무지식이 요구되는 종합학문이면서도 엄격하게 말한다면 실천성과 처방성이 더 강한 학문이다.

본서는 경찰학이 현실의 치안문제를 해결하고 조직발전을 위한 종합학문적인 지식체계라는 관점에서 집필되었다. 경찰행정과 활동에 필요한 이론적 지식체계를 정립하고 경찰실무에 필요한 지식과 기법을 총 망라하여 체계화를 시도하였다. 특히 경찰의 법 집행 활동과 관련된 논의는 실무적인 활동의 연관성이 깊은 내용에 대해서 집중적으로 다루었으며, 경찰행정관리 부분은 1950년대 이전의 이론에서 탈피하여 1990년대 이후의 사회현상을 설명하고 행정개혁과 관련된 신 이론을 도입하여 경찰행정을 설명하려고 하였다. 리더십이론에서 변혁적 리더십과 정보화시대의 리더십이론, 정책결정이론에서 쓰레기통 모형, 공공서비스 생산과 공급의 새 방향을 제시하는 공공선택이론, 신 공공관리론, 뉴 거버넌스이론, 포스트모더니즘 행정이론 등은 21세기의 치안문제 해결과 행정개혁의 방향을 제시하는 이론이라는 측면에서 의미있는 지식체계이다. 경찰학이 종합학문이면서도 관료제 이론이나 귤릭과 어윅의 POSDCoRB 수준에 머물 이유가 없다.

경찰실무 부문은 경찰조직의 전 기능에 걸쳐서 실무를 위한 지식의 체계화에 초점을 맞추었으며, 범죄예방과 지역사회경찰론은 아주 최근에 등장한 이론을 도입하여 이론과 실무의 만남을 시도하였다. 특히 범죄예방이론은 범죄억제이론, 범죄생물학, 범죄심리학, 범죄사회학, 신 범죄학, 상황적 범죄예방이론을 쉽게 전달할 수 있도록 노력하였다. 또한 경찰정보, 경찰외사, 경찰보안 등은 실무에 특히 필요한 내용들을 중심으로 체계화했으며, 특히 보안경찰은 사회의 변화와 더불어 논란의 여지가 있는 영역이지만, 현재의 보안기능의 업무수행과 관련있는 내용을 체계화하려고 하였다.

이번에 제2판을 발행하면서 최근에 개정된 각종 법규를 보완하였고, 오・탈자의 교정・보완과 아울러 경찰실무 부분을 중심으로 내용 중의 일부분을 보강하였다. 개정증보판의 수준은 아니지만 좀 더 내용의 충실화와 정확성을 살리는 데 중점을 두었다. 이 책이 경찰을 지망하는 많은 잠재적인 경찰관과 실무경찰관들에게 조금이나마 도움이 되었으면 한다. 끝으로 어려운 여건 속에서도 흔쾌히 출판을 맡아주신 대영문화사의 임춘환 사장님께도 진심으로 감사의 말씀을 드린다.

2008년 6월

저자 씀

초판 머리말

경찰학은 사회과학의 분과학문이다. 대부분의 사회과학이 그렇듯이 경찰학의 패러다임이 없다는 점이 최대의 약점이다. 그러나 사회과학의 분과학문 중에서 토마스 쿤이 말하는 수준의 학문적 패러다임이 있는 분야는 거의 없다고 해도 지나친 말은 아니다. 또한 모든 사회고학분야의 학문이 과학성과 기술성의 논쟁 속에서 발전하고 있다는 점에서 경찰학의 학문적 정체성을 찾을 수 있을 것 같아 무척 다행스러운 일이 아닌가 여겨진다. 의학이나 법학이 그 과학성보다는 현실적 처방성과 실천성으로 인해 학문적 독자성을 확보하고 있듯이 경찰학도 그 처방선이나 실천성의 채택에서 평가받을 수 있을 것으로 생각된다.

오늘날 대부분의 사회과학의 분과학문은 현실의 문제해결, 즉 처방성이나 실천성에 초점을 맞추기 때문에 종합학문적인 성격을 띠고 있다. 20세기 초・중반에 논리적 실증주의와 행태주의의 영향으로 과학성과 정체성이 학문적 연구의 대세를 이루고 있었으나 사회문제의 복잡다기성과 학문의 현실기여 필요성 등으로 종합학문적 연구가 널리 이루어지고 있다.

경찰학은 현실의 치안문제라 해결을 위한 학문이라는 점에서 처방성과 실천성이 요구되는 학문이다. 치안문제 해결은 법학적・행정학적・윤리학적・심리학적・사회학적・범죄학적 지식과 기법을 필요로 하고, 외국의 경찰제도와 한국 경찰사는 물론이고 경찰기능과 관련된 실무지식까지 필요로 한다. 한마디로 다양한 학문적 이론과 실무지식이 요구되는 종합학문이면서도 엄격하게 말한다면 실천성과 처방성이 더 강한 학문이다.

본서는 경찰학이 현실적 치안문제를 해결하고 조직발전을 위한 종합학문적인 지식체계라는 관점에서 집필되었다. 경찰행정과 활동에 필요한 이론적 지식체계를 정립하고 경찰실무에 필요한 지식과 기법을 총 망라하여 체계화를 시도하였다. 특히 경찰의 법 집행 활동과 관련된 논의는 실무적인 활동의 연관성이 깊은 내용에 대해서 중점적으로 다루었으며, 경찰행정관리 부분은 1950년대 이전의 이론에서 탈피하여 1990년대 이후의 사회현상을 설명하고 행정개혁과 관련된 신 이론을 도입하여 경찰행정을 설명하려고 하였다. 정책결정 이론에서 쓰레기통 모형, 공공선택이론, 신 공공관리론, 뉴 거버넌스이론, 포스트모더니즘 행정이론 등은 21세기의 치안문제 해결과 행정개혁의 방향을 제시하는 이론이라는 측면에서 의미있는 지식체계이다. 경찰학이 종합학문이면서도 관료제 이론이나 귤릭과 어윅의 POSDCoRB수준에 머물 이유가 없다.

책을 쓰면서 항상 느끼는 점은 필요한 내용이 많지만 지면이 한정되어 있다는 점이고, 학생들이나 실무자들이 쉽게 이해할 수 있도록 써야 한다는 점이다. 좀 더 부연 설명을 해야 이해가 쉬워진다는 점에서 지면의 한계는 이해의 도움과 관계가 있는 것 같다. 이 책이 경찰을 지망하는 많은 잠재적인 경찰관과 실무경찰관들에게 조금이나마 도움이 되었으면 한다.

끝으로 어려운 여건 속에서도 흔쾌히 출판을 맡아주신 대영문화사의 임춘환 사장님께도 진심으로 감사의 말씀을 드린다.

2006년 12월

저자 씀

차 례

제 3 편 외사 · 안보경찰

제 1 편

생활안전 · 수사 · 교통관리

제 1 편

제1장 생활안전 경찰론

제1절 생활안전 경찰의 의의

1. 생활안전 경찰의 개념

생활안전 경찰이란 범죄예방을 위한 방범활동과 다양한 사건·사고와 무질서로부터 지역사회와 시민 개개인의 안전을 확보하기 위한 활동을 통합하는 개념을 의미한다.

생활안전 경찰은 방범경찰의 기능을 더욱 확대한 개념으로서 ① 범죄예방에 관한 기획·조정·연구 등 예방적 경찰활동 등 범죄예방기획업무, ② 환경설계를 통한 범죄예방(CPTED) 기획 및 운영 등 범죄예방운영업무, ③ 풍속·성매매 사범에 관한 지도 및 단속, 기초질서 업무지도, 즉결심판업무의 지도 등 생활질서업무, ④ 총포·도검·분사기·전자충격기·석궁 등의 허가 및 지도단속 등 총포화약업무, ⑤ 자치경찰제도 관련 각종 정책과 계획의 수립 및 조정 등 자치경찰기획업무, ⑥ 시·도 자치경찰위원회 사무기구 조직·정원·운영 협의 등 자치경찰법제운영업무, ⑦ 자치경찰제도 재정기획 등 재정 관련 총괄 등 자치경찰재정협력업무, ⑧ 청소년 비행방지대책(청소년 유해환경 단속 등) 수립 및 관리 등 청소년보호업무, ⑨ 실종예방·홍보에 관한 정책 수립 및 관리 등 실종정책업무, ⑩ 아동·노인·장애인 학대범죄의 예방·피해자 보호 대책 수립 및 관리 등 학대정책업무, ⑪ 여성대상범죄 주요 정책 총괄 수립·조정 등 여성안전기획업무, ⑫ 성폭력범죄에 관한 예방·피해자 보호 대책 수립 및 관리 등 성폭력대책업무, ⑬ 가정폭력범죄의 예방·피해자 보호대책 수립 및 관리 등 가정폭력대책업무, ⑭ 스토킹의 예방·피해자 보호 대책 수립 및 관리 등 스토킹정책업무와 같은 시민생활의 신변안전과 관련되는 경찰행정을 보다 강조하는 경찰활동을 말한다.[1)]

생활안전 경찰은 범죄수사를 주된 업무로 하는 기능이 아니라, 범죄예방과 각종 사건·사고와 무질서로부터 지역사회와 시민 개개인의 안전확보를 주된 임무로 한다는 점에서 행정경찰·보안경찰·예방경찰에 해당한다.

1) 경찰청, 경찰청 사무분장 규칙, 경찰청훈령 제1084호, 2023.7.3.

2. 특성

1) 활동대상의 복잡성과 다양성

생활안전 경찰활동은 범죄예방활동과 지역사회와 시민 개개인의 생활안전 확보활동을 주된 기능으로 한다. 그러나 생활안전 기능은 수사기능의 범죄수사와 범인체포, 치안에 관련된 다양한 정보수집과 보고, 집회 · 시위 관리, 교통단속과 교통사고처리의 초동조치 등 다른 기능에 해당되는 활동도 상당부분 수행한다. 따라서 생활안전 경찰의 활동대상은 복잡하고 다양하다.

2) 활동대상의 유동성

생활안전 경찰의 활동대상은 사회적 정서와 국민의식의 변화에 따라 계속적으로 변동하는 특성이 있으므로, 이에 즉응하는 지도와 단속이 요구된다. 기초질서가 강조되면 기초질서 사범 단속을 강화하고, 학교폭력이나 아동성폭력범죄가 문제가 되면 학교주변 순찰활동을 강화해야 한다. 성매매가 사회문제화될 경우에는 집창촌 주변에 대한 단속활동을 강화하지 않을 수 없다.

3) 관계법령의 다양성과 전문성

생활안전 경찰활동이 다양한 만큼 적용해야 할 법령 또한 다양할 수밖에 없다. 경찰활동은 일반조항에 의해서도 가능한 경우도 있지만, 대부분 개별법의 수권이 있어야 가능하기 때문이다. 청소년의 지도 · 단속의 경우에 적용가능한 법률이 「아동 · 청소년의 성보호에 관한 법률」, 「청소년 보호법」, 그리고 「소년법」 등이 있는 것만 보아도 경찰의 직무수행관련 적용법률의 다양성을 짐작할 수 있다. 이러한 다양한 법령을 적용한 직무수행은 시민들의 생활에 직접적인 영향을 미치므로 적용법령에 대한 전문성이 요구된다.

4) 주민과의 접촉성

생활안전 경찰활동은 지역사회 경찰활동이므로 지구대나 파출소는 관할 지역의 주민과 가장 밀접하게 접촉할 수밖에 없고, 주민의 참여 속에서 임무를 수행해야 한다. 특히 최근에 경찰과 주민의 협력치안을 본질로 하는 자치경찰제의 시행은 경찰과 주민의 밀접한 접촉을 강조한 지역사회경찰활동이 불가피하다.

5) 업무의 비긴박성과 비즉효성

생활안전 경찰은 순찰활동에 의한 범죄예방활동과 각종 사건 · 사고로부터 지역사회와 시민 개개인의 안전을 확보하는 것이 기본 업무이다. 범죄진압과 범죄수사는 수사기능의 주된 임무이고, 폭력집회시위를 진압하는 것은 경비경찰의 주된 임무이다. 비록 생활안전 경찰이 범죄사건 현장에 출동한다고 해도 초동조치나 수사기능의 보조활동에 지나지 않으며, 집회시위 진압에 동원되어도 보조기능에 지나지 않는다. 따라서 생활안전 경찰은 수사 · 경비경찰과 같은 업무수행상의 긴박성이나 즉효성이 없다.

6) 다른 경찰활동에 대한 지원성

생활안전 경찰은 다른 기능 및 행정기관과 관련성이 많고, 특히 방범활동에는 행정 · 사법경찰의 작용이 공존하며 양자는 불가분의 관계에 있다. 즉, 유흥업소의 단속은 시 · 군 · 구 등 자치단체의 담당공무원과 합동으로 단속하고 범죄수사와 범인체포를 위해 수사기능을 지원한다. 또한 생활안전 경찰은 관내의 치안관련 정보를 수집하고 교통관리와 교통사고 초동조치, 경비상황 발생 시 경비활동 등을 함으로써, 정보상황과와 교통안전과 및 경비과를 지원하기도 한다.

제 2 절 범죄예방

1. 범죄예방의 의의

1) 개념

범죄예방이란 범죄를 사전적으로 방지하는 모든 경찰활동을 의미한다. 즉, 범죄가 발생하지 않도록 사전에 방지하는 모든 활동을 말한다. 이러한 범죄예방활동은 실제의 범죄감소 및 범죄에 대한 시민의 두려움을 감소시키는 활동을 포함하며, 따라서 범죄예방활동은 범죄환경에 대한 직접적 통제뿐만 아니라, 범죄유발환경에 대한 간접적 통제활동도 포함하는 개념이다.

범죄유발환경에 대한 직접적 통제는 경찰의 순찰이나 CCTV나 방범창 같은 방범시설을 강화함으로써 범죄가 발생되는 상황적 기회의 제거활동을 말하고, 간접적 통제는 사회보장제도나 일자리 제공 등을 통하여 범죄의 근본적 원인이 되는 사회적 · 경제적 환경을 개선시키는 활동 및 다양한 치료 프로그램이나 사회복귀 프로그램을 통하여 범죄자들이 더 이상 범죄를 저지르지 않도록 하기 위한 활동을 말한다.

2) 범죄예방의 주체와 범위

범죄예방은 경찰과 민간이 상호 협력을 통하여 이루어지는 하나의 과정이다. 특히 지역사회경찰활동과 CPTED 같은 상황적 범죄예방 이론의 영향으로 범죄예방은 경찰과 주민의 협력방범에 의해 이루어지는 것으로 받아들여지고 있다. 범죄예방활동의 범위는 ① 범죄의 진압이나 제거를 통한 범죄억제활동, ② 범죄기회의 제거활동, ③ 치료 및 사회복귀활동, ④ 사회발전활동 등을 포함한다.

3) 범죄예방의 대상

범죄예방의 대상은 모든 범죄가 대상이 되어야 하지만, 지구대와 파출소를 중심으로 하는 범죄예방활동은 물리적 침해를 내용으로 하는 이른바 '민생치안범죄'에 한정된다. 따라서 과실범, 사기, 횡령, 탈세, 명예훼손, 컴퓨터범죄 등은 생활안전기능의 범죄예방대상에서 제외된다.

4) 범죄통제의 방법

범죄통제의 방법에 대한 이론의 역사적 발전단계를 보면, 근세 이전에는 응보와 복수를, 고전주의 사상가들은 형사법에 의한 형벌과 제재를, 실증주의 사상가들은 교정과 치료를, 그리고 20세기 이후의 범죄사회학자들은 범죄예방을 통하여 범죄문제를 해결할 수 있다고 보았다.

이러한 범죄통제방법들은 크게 사후통제방법과 사전통제방법으로 압축할 수 있다. 즉, 응보와 복수, 그리고 형벌과 제재, 그리고 교정과 치료는 사후적 통제에 해당하고, 범죄예방은 사전적 통제에 해당한다. 오늘날은 사전적 통제를 중요시하지만, 사후적 통제방법은 잠재적 범죄자에게 범죄에 대한 포기의사를 형성하도록 하여 범죄를 예방하는 효과가 있다.

5) 범죄예방의 중요성

범죄통제방법은 종래에는 사후통제에 중점을 두었으나, 사후통제의 경우 여러 가지 부정적인 결과를 초래하는 한계가 있다.

첫째, 이미 발생한 범죄에 대한 피해는 거의 회복이 불가능하고,

둘째, 범죄자의 체포 · 교정 등에 많은 비용이 들며,

셋째, 범죄자에 대한 실질적인 교정 또한 어렵고,

넷째, 또한 사회적 불안과 법의 권위추락 등 부정적인 환경을 조성하여 결국 사회해체현상(social disorganization)을 초래하게 된다.[2] 이러한 한계로 인해 오늘날에는 범죄에 대한 사후통제에서 사전통제로 중심이 이동하고 있다.

로버트 필경(Sir Robert Peel)에 의하면, 경찰의 첫째 목적은 범죄진압이 아니라 예방에 있다. 이러한 그의 주장은 범법자를 사후에 체포하고 처벌하는 것보다는 미연에 방지하는 것이 공공의 안녕 · 질서 유지와 개인의 생명 · 신체 및 재산의 보호에 더욱 효과적임을 의미하고 있는 것이다.

2. 범죄예방 전략

1) 상황적 범죄예방

경찰기관은 잠재적 범죄자들이 범죄를 범하지 못하도록 하는 예방정책이나 전략을 선택해야 한다. 이러한 예방 전략은 ① 잠재적인 범죄대상물에 대한 주의깊은 보호, ② 범행수단에 대한 통제, ③ 잠재적 범죄자들에 대한 주의깊은 추적 등으로 이루어져야 한다.

상황적 범죄예방 전략은 방어공간이나 환경설계를 통한 범죄예방(CPTED) 등에 의해 실현될 수 있다. 상황적 범죄예방 전략의 구체적인 형태는 다음과 같다.

---

2) J.E. ConKlin, *The Impact of Crime*, MacMillan Pub., 1975, p.356.

(1) 특정범죄를 대상으로 한 예방 전략

상황적 범죄예방 전략은 백화점의 들치기나 노상 마약거래와 같은 특정범죄 문제를 감소시키거나 제거하기 위한 전략을 수립하여 활용할 수 있다. 클라크와 홈멜(Ronald Clarke & Ross Homel)에 의하면, 이러한 전략은 ① 범행에 필요한 노력의 증가, ② 범행의 위험성의 증가, ③ 범행의 보상감소, ④ 범행에 대한 죄의식이나 수치심 유발 등과 같은 네 가지 중의 어느 하나에 해당된다.

(2) 범죄감시자 또는 방해자

상황적 범죄예방 전략의 성공은 잠재적 범죄자들이 범죄에서 손을 떼게 하거나, 범행의 희망을 버리게 하는 사람들의 행동에 의해 영향을 받는다. 이들을 범죄방해자 또는 낙담시키는 자들(crime discouragers)이라고 한다.

이러한 범죄방해자들은 세 개의 집단으로 나누어지는 데, 가장 대표적인 집단이 잠재적 범죄자들을 감시하고 추적하는 순찰경찰관과 부모들이다. 또한 백화점이나 상점의 경비원 같이 범행대상물을 감시하는 경비원, 주택소유자와 출입구 경비원 같은 일정 장소를 감시하는 관리자들도 범죄방해자들이다.

2) 일반억제 모형

일반억제 모형은 형벌에 의해서 잠재적인 범죄자들이 범죄를 범하지 못하도록 억제할 수 있다고 주장한다. 일반억제(general deterrence)는 범행의 경우에 처벌이 가해진다는 위협을 가함으로써 잠재적인 범죄자들의 범죄행위를 억제할 수 있다는 관점이다.[3] 잠재적인 범죄자들이란 범죄전력이 없는 불특정 일반다수를 말한다. 여기에서 범죄억제를 위한 형사사법체제의 작동기준은 처벌의 엄격성, 처벌의 확실성, 그리고 처벌의 신속성이다.

일반억제, 즉 일반예방은 소극적 일반예방과 적극적 일반예방으로 구분하기도 하는데, 소극적 일반예방은 잠재적인 범죄자들이 범죄를 범하지 못하도록 형벌에 의해 위협을 가하는 것을 말하고, 적극적 일반예방은 형벌에 의해 잠재적 범죄자의 범죄의지를 억제하고 일반시민들의 법 집행기능에 대한 신뢰감을 향상시키는 기능을 하는 것을 말한다.

3) 특별억제 모형

일반억제 모형은 잠재적인 범죄자들의 범죄억제 대책을 탐색하는 것을 목적으로 하지만, 특별억제 모형(specific deterrence model)은 강력한 처벌에 의해 경력 범죄자들, 즉 전과자들의 재범을 방지하기 위한 대책을 강구하는 것을 목적으로 한다.[4] 특별억제 모형 역시 일반억제 모형과 마찬가지로 형사사법기관이 범죄자들에 대한 처벌의 엄격성, 처벌의 확실성, 그리고 처벌의 신속성

3) Ibid., p.121.
4) Ibid., p.124.

기준에 따라 작동된다면 경력범죄자들의 재범을 억제할 수 있다는 점을 강조한다.[5]

그러나 특별억제 모형은 경력범죄자들의 재범을 예방하는 것과 관련된 제재 위주의 정책과 치료 · 교화 위주의 정책 사이에 선택의 문제가 제기되고 있다. 처벌 위주의 제재정책이 재범의 억제에 크게 효과가 없다는 주장이 제기되고 있기 때문이다. 이미 체포와 처벌을 경험한 범죄자들은 처벌을 두려워하지 않는 경우가 많고, 오히려 초범자들의 재범가능성을 증가시킬 우려가 높다는 것이다. 범죄자를 교도소에 구금하는 것은 때때로 단기적으로는 재범을 늦추거나 지연시키기도 하지만, 전과자들은 전반적으로 재범으로 체포되는 확률이 높은 것으로 밝혀졌다.

따라서 특별억제 모형은 범죄자에 대한 치료 · 교화에 의해 재범을 예방하는 교화 · 개선정책을 채택해야 한다는 견해가 우세해지고 있다. 형벌의 교화 · 개선정책을 지지하는 사람들은 범죄를 유전과 환경에 의해 지배되는 것으로 보는 결정론적 범죄관을 지지한다.

3. 범죄예방 모델

1) 제프리의 범죄예방 모델

제프리(C. Ray Jeffery)는 범죄통제의 모형을 ① 형벌을 통한 범죄억제 모델, ② 범죄자의 치료와 교정정책을 통한 사회복귀 모델, ③ 사회환경 개선을 통한 범죄예방 모델의 세 가지로 구분하여 범죄예방이 가장 효과적인 범죄통제 모형이라고 주장했다.

범죄예방 모델은 ① 범죄가 저질러지기 이전의 행동에 대한 통제, ② 범죄우려 행동에 대한 직접적 통제, ③ 범죄가 발생하는 환경과 사람들의 상호작용에 초점을 두고, ④ 사람의 행동을 연구하는 다양한 학문에 기초한 모델이라는 것이 그의 견해이다.[6]

따라서 범죄예방 모델에서 주장하는 범죄예방에 대한 개념은 범죄가 발생하기 전에 이루어지는 직접적인 활동으로, 주로 범죄환경에 초점이 주어지는 활동으로 정의되고 있다.

2) 미국범죄예방연구소의 정의

미국범죄예방연구소(National Crime Prevention Institute: NCPI)는 제프리의 견해를 기초로 범죄예방을 범죄기회를 감소시키려는 사전활동이며, 범죄에 관련된 환경적 기회를 제거하는 직접적 통제활동으로 정의하고 있다. 이 연구소는 범죄의 요소를 ① 범죄욕구(criminal desire), ② 범죄기술(criminal skills), ③ 범죄기회(criminal opportunity)로 구분하고, 범죄예방은 범죄욕구나 범죄기술에 대한 억제가 아니라, 주로 범죄기회를 감소시키려는 활동이라고 정의한다.[7]

---

5) James Q. Wilson & Richard Herrnstein, *Crime and Human Nature*, New York: Simon & Shuster, 1985, p.494.

6) C. Ray Jeffery, *Crime Prevention Through Environmental Design*, Beverly Hills: Sage, 1977, pp.33-47; 이보령, 형사정책, 제일법규, 1996, p.355.

7) National Crime Prevention Institute(NCPI), *Understanding Crime Prevention*, Boston: Butterworths, 1986, pp.2-8.

3) 랩의 정의

랩(Stephen P. Lab)은 미국범죄예방연구소보다 범죄예방을 비교적 광범하게 정의한다. 따라서 그는 범죄예방이란 "실제의 범죄발생과 범죄에 대한 공중의 두려움을 줄이는 사전 활동"이라고 규정했다.[8)]

이는 실질적으로 범죄발생을 줄이려는 사전 노력이기도 하고, 심리적인 측면에서 범죄에 대한 두려움의 제거를 위한 노력을 동시에 고려한 개념이다. 즉, 범죄예방에서 실제상의 범죄를 줄이는 것도 중요하지만, 공중이 갖고 있는 범죄에 대한 불안과 공포를 제거하는 것도 중요하다는 것이다. 이처럼 랩은 범죄예방활동을 불안과 공포의 제거라는 인간의 심리적 측면까지 포함시키고 있다.

4) 레진스의 정의

레진스(Peter Lejins)는 범죄예방을 그 방법에 따라서 ① 잠재적 범죄자에 대한 처벌을 통한 범죄예방 또는 억제, ② 심리적 · 사회적 범죄유발요인의 제거를 통한 교정적 범죄예방, ③ 목표강화, 환경설계, 순찰 등을 통하여 범죄기회를 제거하는 방법으로 분류한다.[9)]

5) 브랜팅험과 파우스트의 정의

브랜팅험(Paul J. Brantingham)과 파우스트(Frederic L. Faust)는 질병예방을 위한 공중보건 모델과 유사한 세 가지의 범죄예방 유형을 제시하고 있다.[10)] 이 세 가지 유형은 1차적 범죄예방, 2차적 범죄예방, 그리고 3차적 범죄예방 유형으로 나누어지며, 각 유형마다 범죄예방활동의 대상이 달라진다.

(1) 1차적 범죄예방

1차적 범죄예방은 물리적 · 사회적 환경 중에서 범죄원인이 되는 조건들을 개선시키는 데 초점을 두는 것으로서, 범죄행위를 촉진하거나 범죄기회를 제공하는 요인들을 제거하기 위한 ① 환경설계, ② 이웃감시, ③ 민간경비, ④ 방범교육, ⑤ 일반억제활동, ⑥ 개인경비, ⑦ 형사사법기관의 활동 등이 1차적 범죄예방의 범주에 속한다. 마치 질병예방을 위해서 주변 환경의 청결 · 소독과 같은 위생상태를 개선하는 것과 같다. 여기에서 1차적 범죄예방의 대상은 일반시민들이다.

(2) 2차적 범죄예방

2차적 범죄예방활동은 잠재적 범죄자를 초기에 발견하고 불법적 행위가 발생하기 이전에 예방하고자 하는 활동으로서 우범지역에 초점을 둔다. 1차적 범죄예방 프로그램이 범죄행위를 야기할 가능성을 있는 문제들을 방지하는 것을 목적으로 하는 반면에, 2차적 예방에서는 이미 존재하는

---

8) S.P. Lab, "*Crime Prevention Approaches: Practice and Evaluation*," Anderson Pub., 1992, pp.8-12.

9) Peter Lejins, *The Field of Prevention*, in Amos & Wellford(eds.), Delinquency Prevention: Theory and Practice, Englewood Cliffs, N.J.: Prentice-Hall, 1981, pp.5-10.

10) P.J. Brantingham & F.L. Faust, "A Conceptual Model of Crime Prevention," *Crime and Delinquency 22*, 1976, pp. 284-296.

범죄요인들과 일탈행위를 조장하는 요인들을 제압하는 데 중점을 둔다. 마치 질병에 걸릴 가능성이 높은 사람들을 격리하고 주변 사람들에게 예방접종을 하는 것과 같다.

2차적 예방활동은 우범자나 우범집단을 대상으로 한다. 따라서 2차적 예방활동의 효과성은 우범환경이나 우범자들과 접촉이 많은 지역사회 지도자, 교육자, 부모들의 협력이 크게 작용한다.

(3) 3차적 범죄예방

3차적 범죄예방은 실제 범죄자를 대상으로 범죄자들이 더 이상 범죄를 저지르지 못하도록 하기 위한 활동을 말하며, 체포, 기소, 교도소구금 등의 특별억제활동, 치료, 사회복귀와 같은 치료 및 재활활동 등이 3차적 예방활동의 핵심을 이룬다.

3차적 범죄예방활동은 경찰과 검찰, 그리고 교정기관과 같은 형사사법기관이 대부분 담당하지만, 민간단체나 지역사회의 교정프로그램도 3차적 예방활동에 포함된다. 마치 중병에 걸린 사람을 입원시켜 치료하는 것과 마찬가지이다. 따라서 3차적 예방활동은 범죄자를 대상으로 한다.

6) 잠재적 범죄자와 잠재적 피해자에 대한 활동

(1) 잠재적 범죄자대상 예방활동

반 딕크와 스테인멘츠(J.M. van Dijk & Steinmenz)는 범죄예방활동을 대상에 따라서 '잠재적 범죄자에 대한 활동'과 '잠재적 피해자에 대한 활동'으로 구분한다. 잠재적 범죄자에 대한 활동에는 ① 처벌에 의한 억제활동, ② 치료 및 교화에 의한 재활활동, ③ 순찰강화, ④ 임장시간(경찰의 범죄현장 도착시간) 단축 등의 활동, ⑤ 도시재개발, ⑥ 빈민지역개선 등의 '사회발전을 통한 범죄예방'이 포함된다. 이는 범죄자 및 잠재적 범죄자의 범죄환경개선, 범죄기회감소, 범죄욕구감소에 의해서 범죄를 예방하려는 시도이다.

(2) 잠재적 피해자 보호활동

최근에 등장한 상황적 범죄예방 이론에서는 '잠재적 피해자'를 대상으로 한 범죄예방활동을 강조하고 있다. 이는 ① 범죄예방교육, ② 환경설계 등을 통하여 범죄피해자의 범죄유발환경 및 피해기회를 감소시켜 범죄를 예방하려는 것이다.

특히 범죄피해자들은 주로 청소년, 여성, 노인 등과 같이 신체적으로 약하고, 범죄에 대한 대응능력이 부족한 경우가 많기 때문에 피해자를 대상으로 하는 범죄예방활동은 그러한 대상을 중심으로 이루어진다.[11] 이러한 견해는 해스팅스와 멜처스(Ross Hastings & Ronald Melchers)에 의해 표명된 바 있다.[12]

---

11) J.M. van Dijk & C.H.D. Steinmenz, "*Crime Prevention: An Evaluation of the National Publicity Campags*," The Hague: Netherlands Justice Ministry, 1981, pp.284-296.

12) Ross Hastings & Ronald Melchers, "Municipal Government Involvement in Crime Prevention in Canada," *Canadian Journal of Criminology 32*, 1990, pp.107-123.

7) 범죄유발의 4대 요소와 범죄예방

범죄유발의 4대 요소는 ① 범행의 동기, ② 사회적 제재로부터의 자유, ③ 범행의 기술, ④ 범행의 기회 등이 해당된다. 범죄의 발생은 동기부여된 범죄자의 존재, 범행으로 인한 체포나 처벌의 부재, 범행에 성공할 수 있는 수법의 존재, 경찰의 방범순찰의 부재 또는 개인 자신의 감시의 부재 등에 기인한다.

이러한 요소들은 범죄발생의 필요조건이지만 충분조건은 아니다. 어떠한 범죄의 발생은 이들 요소들이 동시에 상호작용해야 한다는 조건이 충족되어야 한다. 따라서 범죄예방은 경찰의 지속적인 방범순찰과 개인의 자기감시, 범죄자에 대한 통제와 처벌 등으로 범죄기회와 범행동기의 제거가 요구된다.

4. 지역사회범죄예방 프로그램

1) 미국

(1) 디비전 프로그램(Division program)

디비전 프로그램이란 비행을 저지른 청소년이 주변의 낙인으로 심각한 범죄자로 발전하는 것을 방지하기 위하여, 형사처벌이 아니라 지역사회의 보호 및 관찰로 대체하여 범죄를 예방하려는 프로그램이다.

(2) 범죄해결사 프로그램(Crime stopper program)

범죄해결사 프로그램은 범죄에 관한 정보를 가지고 있는 주민이 신고할 수 있도록 동기부여를 위하여 고안된 프로그램으로서, 범죄정보를 신고하는 시민에게 현금보상을 실시하는 범죄정보보상 프로그램이다. 만약 범죄혐의자가 주민이 제공한 정보의 직접적인 결과로 검거된다면, 그 신고자는 현금보상을 받게 된다.

(3) 헤드스타트 프로그램(Head start program)

헤드스타트 프로그램은 유아원 프로그램의 하나로서, 빈곤계층 아동들에게 적절한 사회화과정을 거치게 함으로써, 장차 범죄를 저지를 수 있는 잠재성을 감소시키려는 교육 프로그램이다.[13)]

이 'Head Start Program'의 일종으로 미시건주에서 수행된 'Head Start Project'는 혜택받지 못한 흑인 어린이들을 대상으로 한 프로젝트로서, 이 프로젝트의 결과는 유아원교육을 받은 어린이가 학교에서 비행을 적게 저지르는 것으로 나타났다.[14)] 보다 확대된 유아원 프로그램인 'Perry Preschool Program'은 1962년에 시작하여 학생들에게 교육에 대해 긍정적으로 소개함으로써, 어린이들의 지적・사회적 발달을 추구하는 것을 내용으로 하였다.

---

13) Robert L. O'Block, *Security and Crime Prevention*, Boston: Butterworth, 1981, pp.328-329.

14) David P. Farrinton et al., *Understanding and Controlling Crime*, New York: Springer-Verlag, 1986, pp.106-107.

(4) 범죄에서 벗어나기(Take a bite out of crime)

범죄예방연합회가 운영하는 대중홍보 캠페인으로서, 맥그러프라는 이름의 트렌치코트(trench coat)를 입은 개를 심벌로 등장시켜 가상 범죄상황을 보여주고, 유사한 상황에 처한 시청자가 취해야 할 적절한 행동을 가르쳐 주는 형식으로 구성되어 있는 프로그램이다.

(5) 파테 프로그램(PATHE program)

'PATHE 프로그램'은 사우스 캐롤라이나주의 프로젝트이다. 이 프로젝트는 교사와 학교경영자, 학생, 학부모들이 함께 학교운영이나 교육과 관련된 문제에 관하여 결정하도록 함으로써, 전반적인 학교의 일들에 대해 여러 집단들이 참여하도록 하였다.[15] 실패를 경험했거나 문제행동을 한 학생들의 필요에 맞게 특수화된 교육프로그램을 제공하여, 학교에 대한 우호적인 태도를 향상시켜 비행을 예방하려는 프로그램이다. 1981~1983년 사이에 시행된 이 프로그램은 학교에서의 비행과 위험요인을 감소시키는 데 효과적이었다.

(6) 직업기회제공을 위한 민관제휴 프로그램(National alliance of businessmen's JOBS program)

미국정부와 민간단체에서 전국적으로 전개하는 직업기회제공 프로그램으로서, 비행소년이나 비행에 빠질 가능성이 높은 청소년을 대상으로 직업훈련, 재정지원, 교육, 취업알선을 하는 프로그램이다. 직업 프로그램은 개인의 구직에 도움이 된다는 것과 이것이 비행예방의 핵심요인이 된다는 것이다.[16]

(7) 재물번호신고(Operation Identification)

재물번호신고제도는 가치 있는 재산에다 고유의 번호를 표시하도록 함으로써, 훔친 물건을 파는 것, 저당잡히는 것, 장물취득을 하는 것 등을 어렵게 하도록 만든 프로그램이다. 숫자는 사회보장번호나 운전면허번호로 하며, 주소의 약자 두 글자를 앞에 덧붙이게 된다.[17]

(8) 수호천사(Guardian Angels)

수호천사는 시민순찰의 한 프로그램이다. 수호천사는 다른 시민순찰과는 달리 전국적인 규모로 운영되며 소수민족 젊은이들로 구성되어 있고, 정부의 자금지원에 의존하지 않는다는 점이 특징이다. 수호천사는 뉴욕시에서 지하철 내를 안전하게 만들기 위해 시작되었으며, 미국에서는 60개 이상의 지부와 5,000명 이상의 구성원을 가지고 있다.

수호천사의 중요한 목적 중의 하나는 순찰지역의 폭력범죄를 감소시키거나 억제하는 것이다. 수호천사가 예방하고자 하는 범죄는 폭행, 강간, 강도 그 밖의 다른 대인범죄 등이다. 수호천사는 재산범죄를 예방대상으로 하고 있지는 않지만, 재산범죄의 피해자를 지원하고 범죄자 검거활동에는 협력하고 있다. 또 다른 목적은 지역사회 주민들을 교육시킴으로써, 범죄에 대한 시민의 자각

---

15) Lab, op. cit., pp.187-188.

16) Ibid., pp.190-191.

17) O'Block, op. cit., p.349.

을 향상시키는 것, 범죄예방에 대한 능동적인 참여를 조장하는 것, 지역사회를 보다 안전하게 만드는 것 등이다.18)

수호천사는 순찰하는 지역의 주민들로부터 상당한 우호감을 얻었으며, 시민들은 수호천사가 있을 때보다 안전함을 느낀다고 한다. 그러나 수호천사가 있는 지역의 범죄율이 다른 지역의 범죄율보다 더 낮다는 증거는 없다.19) 따라서 수호천사가 실질적인 범죄감소에는 기여하지 못하지만, 지역주민들의 범죄에 대한 두려움의 감소에는 영향을 주는 것으로 평가받는다.

(9) 자위(Self-Protection) 프로그램

자위 프로그램이란 TV, 라디오, 신문 등을 통한 캠페인, 다양한 지역사회 집단과 조직에 대한 소개, 자기방어에 관한 정보, 범죄신고절차 등의 내용을 담은 팸플릿 등의 제작 및 배포 등을 통하여 지역주민들에게 스스로 방어할 수 있는 방법들에 관하여 교육함으로써, 범죄피해의 기회를 감소시키고자 하는 것을 내용으로 하는 프로그램이다.20)

2) 영국

(1) 안전도시운동 프로그램(Safer city program)

이 프로그램은 1988년 영국 내무성에서 몇몇 대도시의 다양한 사회적・경제적 문제들을 해결하고자 하는 목적을 가진 정부의 광범위한 프로그램의 일부분이다. 이 프로그램의 목적은 ① 범죄를 감소시키는 것, ② 범죄에 대한 두려움을 감소시키는 것, ③ 기업과 지역사회가 번영할 수 있는 보다 안전한 도시를 만들자는 것이다. 즉, 지역사회발전 프로그램을 통한 사회환경개선으로 범죄원인을 제거하고자 하는 영국의 안전도시운동 프로그램이다.21)

(2) 학교 절도예방 프로그램

학교의 설계가 절도의 빈도에 의미있는 영향을 미친다. 따라서 학교의 설계의 변화, 교육정책의 변화, 그리고 기존 학교들의 환경의 개선을 통하여 학교 절도를 감소시킬 수 있다는 프로그램이다.22)

(3) 학교 휴일 프로젝트(School holiday project)

이 프로젝트는 청소년들이 저지르는 범죄가 많은 부분에서 주변 환경에서 연유한 것일 수 있으므로, 청소년들에게 그들의 에너지를 발산할 수 있는 활동이나 기회를 제공하는 프로그램이다. 즉, 청소년들에게 흥미로운 활동을 제공하고 운동기술을 향상시키고, 권태로움을 제거하기 위한

---

18) S. Pennell, C. Curtis, J. Henderson & J. Tayman, "Gurdian Angels: A Unique Approach to Crime Prevention," *Crime and Delinquency 35(3)*, 1989, pp.380-393.

19) Ibid., p.399.

20) Criminal Justice Planning Unit, Community Crime Prevention Manual, *National Institute of Justice*, 1977, p.4.

21) Paul Ekblom, "Urban Crime Prevention: Development of Policy and Practice in England," *International Annals of Criminology 30*, 1992, pp.65-82.

22) 각국의 범죄예방정책에 관한 연구, 한국형사정책연구원, 1994, pp.124-125.

프로그램을 제공하는 것이다.[23)]

(4) 대중교통수단에서의 범죄예방 프로그램

이 프로그램은 영국에서 버스 안에 비디오 카메라를 설치함으로써, 공공기물훼손을 예방하고자 하는 프로그램이다.[24)]

제 3 절 범죄예방 이론

1. 고전주의 범죄억제 이론

1) 의의

고전주의 범죄억제 이론은 18세기 중엽에 공리주의 철학자들이 중심이 되어 등장한 범죄억제 이론이다. 이 이론은 공리주의 철학자인 베카리아(Cesare Beccaria)의 『범행에 대한 동기와 그 통제 방법』이라는 저서에서 범죄행동으로 얻는 쾌락보다 형벌로 받는 고통이 조금 더 큰 정도로 형벌 체계가 운영되는 것이 합리적이라는 주장에 그 뿌리를 두고 있다.[25)]

따라서 베카리아를 비롯한 개혁주의자들은 범죄억제를 위해 범죄자들에게 과하는 극형(capital punishment)보다는 적정하고 정당한 처벌로의 변화를 요구하였으며, 영국의 공리주의 철학자 벤담(Jeremy Betham) 역시 당시의 잔인하고 비정상적인 형벌을 일소하고, 저지른 범죄의 유형과 죄질에 비례하여 법적으로 확정된 형벌을 가해야 한다고 주장하였다.

2) 특징

(1) 비결정론적 · 합리적 인간관

고전주의의 범죄억제 이론은 인간의 자유의지와 도덕적 책임감을 강조하며, 범죄자 역시 합리적으로 결정하고 행동하는 자유의지를 가진 비결정론적이고 합리적 인간관에 기초하고 있다.[26)]

따라서 범죄는 전적으로 개인의 책임이며 결코 사회나 국가의 책임이 아니다. 또한 비결정론적 인간관에 입각한 일반예방효과에 중점을 두고 있으며, 범죄에 대한 국가의 강력하고 확실한 처벌을 강조한다. 결과적으로 억제이론은 범죄자보다는 범죄행위 그 자체에 초점을 맞춤으로써 범죄자에 대한 처벌을 강조한다.

(2) 범죄이익 상쇄하는 수준의 처벌

범죄억제 이론은 범죄자의 체포가능성과 법적 처벌을 고려하여 범죄로 얻어지는 이익보다 더

---

23) 위의 책, p.126.
24) 위의 책, p.126.
25) Larry J. Siegel, *Criminology*, Wadsworth, A division of Thomson Learning(8th ed.), 2003, p.108.
26) Ibid., p.108.

많은 고통을 준다고 생각하면, 범죄자가 범죄를 저지르지 않을 것이라는 개념에 기초하고 있다.

따라서 범죄를 예방하기 위해서는 범죄에 상응하는 형벌이 불가피하고, 처벌은 범죄로부터 얻어지는 이익을 약간 상회하는 정도, 즉 범죄로부터 얻어지는 이익을 상쇄할 수 있는 정도이면 충분하다.[27] 너무 경미한 처벌이나 너무 심한 처벌은 범죄를 억제할 수 없다는 것이 억제이론의 핵심이다.

3) 범죄억제 효과의 요소

처벌에 의한 범죄억제의 효과는 처벌의 신속성, 처벌의 확실성(certainty of punishment), 처벌의 엄격성(severity of punishment)이라는 세 가지 요소에 의해 결정된다.[28] 이 중에서 이 이론의 초기에는 처벌의 확실성과 엄격성이 이론의 핵심적 요소가 되었으나, 최근에는 체포의 신속성이 더 강조되고 있다.

(1) 처벌의 신속성

처벌의 신속성은 형사제재가 범행 후에 얼마나 빨리 이루어지는가를 의미하는데, 범행 후에 즉각적 처벌이 가해질수록 처벌은 공정하고 효과적이라는 주장이다.

(2) 처벌의 확실성

처벌의 확실성은 범죄에 대한 체포와 처벌의 가능성을 의미한다. 즉, 범죄자는 확실하게 체포되고 처벌받는다는 것을 의미한다. 이는 잠재적 범죄자의 범죄행위를 사전에 차단하는 일반예방효과를 가져온다. 그러나 암수범죄가 많고 범죄검거율이 낮을 경우에 일반예방효과는 기대하기 어려울 것이다.[29]

(3) 처벌의 엄격성

처벌의 엄격성은 특정범죄에 대하여 법률에 규정된 형벌을 엄격하게 적용해야 한다는 것을 의미하며, 범죄자가 다시는 범죄를 범하지 못하게 하는 특별예방효과를 강조한다.[30] 처벌의 엄격성은 잠재적인 범죄자보다는 실제적인 범죄자의 재범을 방지하기 위한 요소이다.

4) 비판

억제이론은 다음과 같은 이론적 한계점을 갖고 있다. ① 범죄자의 합리적 선택은 절도 등의 재산범죄에는 어느 정도 맞지만, 폭력 같은 충동적・우발적 범죄의 설명에는 설득력이 부족하다. ② 억제이론은 일반시민이 범죄유형에 따른 처벌내용을 알고 있어야 하지만, 대다수의 국민은 형벌법규의 구체적인 내용을 잘 모른다. ③ 억제이론은 처벌을 통한 예방효과가 실패했을 경우 이

---

27) Francis Edward Devine, "Ceasare Beccaria and the Theoretical Foundation of Modern Penal Jurisprudence," *New England Journal on Prison Law* 7, 1982, pp.8-21.

28) Siegel, op. cit., pp.4-5.

29) Ibid., pp.120-121.

30) Ibid., p.122.

를 보완할 다른 대안이 없다. ④ 억제이론의 가장 큰 단점은 경험적인 이론이 아니라 논리에 근거한 이론이기 때문에, 처벌의 범죄억제효과를 경험적으로 연구하기는 어렵다는 점이다.

2. 실증주의 범죄이론

1) 생물학적 결정주의

(1) 초기의 생물학적 범죄이론

19세기 말에 접어들면서 학문적 연구방법이 실증주의로 변화하면서 고전주의 범죄학 이론에 대한 도전이 도처에서 일어나게 되었다. 실증주의 범죄학의 대표적인 분야로 등장한 이론이 바로 생물학적 범죄이론이다.

초기의 생물학적 범죄이론은 특이한 신체적 특징을 가지고 태어난 사람이 범죄자가 된다는 개념을 기초로 등장한 이론이다. 범죄자는 얼굴이나 머리형태 또는 체형 등에서 생물학적으로 결정된 고유한 특징을 가지고 태어난다는 것이다. 따라서 학자들은 범죄자들을 대상으로 실증적인 연구를 통하여 그들의 신체적 특징을 밝힘으로써, 범죄형 인간을 치료하고 갱생시켜야 된다고 주장한다.

(2) 현대의 생물학적 결정주의

현대의 생물학적 이론가들은 1975년 범죄란 생물학적 요인과 사회환경적 요인의 상호작용의 결과라는 윌슨(Edmund O. Wilson)의 『사회생물학(*Sociobiology*)』의 영향으로 롬브로조식의 단순한 생물학적 결정주의를 대부분 부정하고, 범죄는 생물학적 요인과 환경적 요인의 결합현상으로 본다.

아주 최근의 생물학적 이론은 유전학, 뇌의 기능, 신경학, 생화학에서 진보된 기술과 새로운 발견에 바탕을 두고 있다. 따라서 현대 생물학 이론의 연구주제는 생화학적 접근, 즉 영양 · 남성 및 여성 호르몬 균형 · 신진대사, 유전학적 접근, 즉 유전자와 지능 · 진화, 신경생리학적 요소, 즉 뇌 · 중추 및 자율신경계 · 신경전달물질로 이동하였다.[31]

2) 심리학적 결정주의

심리학적 결정주의는 인간의 행위, 특히 범죄행위 같은 반사회적 행위가 인간의 마음 속에 있는 특이한 심리적 요인에 의해 결정된다는 개념에 기초하고 있다. 심리학적 결정주의학자들은 인간이 범죄자가 될 수밖에 없는 심리적 특질 또는 속성(traits)을 소유하고 있다는 점을 강조한다.

3) 특징

(1) 결정론적 인간관과 특별예방

생물학적 · 심리학적 범죄이론에 의한 치료 및 갱생이론에 의하면, 기본적으로 범죄자는 생물

31) 조철옥, 현대사회와 범죄, 21세기사, 2012, pp.36-39.

학적 · 심리학적으로 결함이 있는 인간으로 보고 있다. 범죄자는 정상인과 다른 어떤 특성을 지니고 있다는 것이 이 이론의 핵심이다. 따라서 범죄행위보다는 범죄자의 속성을 중시하며, 결정론적 인간관에 입각한 특별예방효과에 중점을 둔다.

특질이론은 범죄자란 내재적인 결함이 있는 인간이기 때문에, 처벌받아야 하는 것이 아니라 치료받아야 한다고 주장한다. 따라서 범죄행위보다는 범죄자에 관심을 집중하여 범죄자의 속성에 대한 연구에 집중한다.

억제이론과는 달리 치료 · 갱생이론에서는 범죄를 개인의 책임이 아니라 사회의 책임으로 인식하고 있으며, 사회가 범죄문제를 적극적으로 해결하여야 한다는 점을 강조한다. 범죄예방 프로그램이 중요시되고 그 내용은 병리현상의 치료와 도덕교육 · 직업교육 등 사회에 적응할 수 있게 하는 치료와 갱생교육으로 등이 제시되었다.

(2) 한계

범죄자에 대한 치료와 교화를 통한 범죄의 특별예방은 다음과 같은 한계에 직면한다.

① 비교적 비용이 많이 들고 관련 프로그램은 대부분 범죄행위에 대한 간접적 통제활동이기 때문에, 적극적인 범죄예방에는 한계가 있다.

② 수형자는 자유인의 환경에 적응하는 것이 아니라, 수형자의 환경에 더욱 잘 적응하고 교도소는 아직도 치료와 갱생보다는 응보와 처벌 기능이 더 강하여 갱생에 반대되는 기능을 한다는 문제점이 한계이다.[32]

3. 합리적 선택이론

1) 이론적 배경

1970년대 중반에 들어서면서 미국의 많은 기관에서 실시한 국가적인 범죄발생 실태조사를 실시한 결과, 범죄자들에 대한 교화모형이 범죄율을 감소시켰다는 어떤 증거도 발견하지 못함으로써, 범죄에 대한 고전적 억제모형이 다시 강조되기 시작했다.[33]

합리적 선택이론은 고전적 억제모형의 발전이라고 볼 수 있다. 두 이론 모두 범죄자에 대한 처벌의 확실성과 엄격성, 처벌의 신속성을 강조한다는 점에서 그렇다.

2) 특징

합리적 선택이론은 고전적 억제이론과 마찬가지로 18세기의 공리주의적 인간관, 즉 인간은 쾌락의 극대화와 고통의 최소화를 추구하는 존재라는 가정에 기초하고 있다. 따라서 합리적 선택이론에 의하면, 범죄는 개인의 소질에 의해 결정되는 것이 아니라, 범행결과에 대한 손익의 계산

32) 조철옥, 새범죄심리학, 21세기사, 2010, p.27.

33) Robert Martinson, "Whart Works?-Questions and Answers about Prison Reform," *Public Interest 35*, 1974, pp.22-54.

등에 의해 합리적으로 결정된다는 것이다.

합리적 범죄이론은 고전주의 범죄억제이론에서 강조하는 인간의 자유의지, 합리적 선택 등에 근거한 비결정론적 범죄관을 전제로 한다. 범죄는 범죄자 개인의 책임이며 사회나 국가의 책임 아니다. 따라서 범죄자는 죄질에 따라서 법에 의해 엄격하게 처벌되어야 한다.

4. 사회학적 범죄이론

사회학적 범죄이론은 범죄자의 내재적 특질이 범죄원인이 아니라, 사회적 환경이 범죄원인이라고 본다. 따라서 범죄예방은 공동체의 유대강화나 범죄를 유발할 수 있는 사회환경의 개선 등 사회발전을 통한 범죄의 근본적 원인제거를 강조한다.

5. 생태학적 범죄이론

1) 방어공간 이론

(1) 제이콥스의 주장

1970년 제이콥스(Jane Jacobs)와 뉴먼(Oscar Newman)이 제기한 주택건설설계를 통해서 범죄자의 범죄기회를 제거하거나 감소시킬 수 있다는 방어공간 이론은 상황적 범죄예방 이론 또는 생태학적 범죄이론의 출현을 촉진한 선구자적 이론이다.

미국의 건축 저널리스트인 제이콥스는 1961년 『미국 대도시의 죽음과 삶』이라는 저서에서 주거환경이 시민의 안전에 영향을 미치는 중요한 요인이라고 지적했다. 그녀는 당시 주거건축 흐름을 지배하고 있던 주택고층화가 범죄를 유발하는 요인이 되고 있다고 주장하면서, 다음과 같은 범죄예방을 위한 기본원리를 제시했다.

① 공적 공간과 사적 공간을 명확하게 구별함으로써, 사적 공간에는 외부인들의 출입을 엄격하게 통제하는 지역구별

② 도로상의 눈(eyes onthe street)이 확보될 수 있도록, 건물방향을 고려하는 주민에 의한 감시 확보

③ 도로를 사람들이 빈번하게 이용되는 상태로 만드는 통행인에 의한 감시 등을 제안했다.[34)]

(2) 뉴먼의 환경설계에 관한 4원칙

제이콥스의 주장은 1972년에 뉴먼이 저술한 『지키기 쉬운 주거공간』에 영향을 미쳤다. 뉴먼은 1950년대부터 1960년대에 건설된 미국의 고층의 공영단지가 범죄의 온상이 되고 있다고 지적하고, 경찰력이 아닌 조직 및 단체의 통제에 의해 범죄를 예방해야 한다는 관점에서 환경설계에 관한 4원칙을 제시했다.[35)]

---

34) 이만종, 범죄학개론, 학현사, 2002, pp.121-122.

35) Oscar Newman, "*Defencible Space: Crime Prevention through Urban Design*," 1972, p.176.

① **영역성**(territoriality) **설정 원칙**

이 원칙은 외부로부터의 침입을 방지하기 위하여 주택지를 블록화하고 각 블록마다 영역성을 강화하는 것을 말한다. 영역은 공적 공간, 반사적(半私的) 공간, 그리고 사적 공간으로 구분되는데, 가능한 범위 안에서 주거지 내의 사적 공간을 확장함으로써, 거주자들의 자기영역에 대한 인식이 높아지고 외부인들에 대한 주의나 감시를 강화시킬 수 있다.

② **자연스런 감시**(natural surveillance)**의 확보 원칙**

이 원칙은 건물배치 등의 환경설계에 의해 주거자나 이웃 사람들이 주거지의 출입문 등을 일상적으로 감시할 수 있도록 하는 것을 말한다. 이를 위해서는 공공주택의 건축 시에 공동체의 익명성을 줄이고 순찰 및 감시를 용이하게 하는 주택설계를 해야 한다. 또한 주택단지 내외부에 CCTV의 설치, 순찰 및 감시가 용이한 주택건설 등은 자연스런 감시를 가능하게 한다.

③ **거주지의 이미지 형성 원칙**

이 원칙은 저소득층의 주거단지의 경우에 치안이 나쁜 마을이라는 식의 이미지 실추가 발생하지 않도록 지역환경을 조성하는 것을 말한다.

④ **안전지역**(milieu) **원칙**

이 원칙은 주택지를 주위에 범죄유발 위험시설이 없는 지역에 배치하고, 유흥시설이나 사행성 오락시설 또는 윤락업소 같은 범인성 유해업소는 주택단지 주변에 위치하지 못하도록 함으로써, 주거지역이 범죄로부터 안전을 확보해야 한다는 것을 말한다.36)

(3) CPTED

① 특징

1971년 제프리(C. Ray Jeffery)는 『환경설계를 통한 범죄예방(*CPTED*)』이라는 저서에서 방어공간의 개념을 주택지뿐만 아니라 학교나 공장 같은 비주거지역에 적용함으로써, 범죄예방을 위한 환경설계는 미국 전역의 관심을 받기 시작했다. 제프리는 뉴먼의 『지키기 쉬운 주거공간』이 주택지만을 대상으로 한 것과는 달리 주택지 이외의 학교나 상업지까지도 포함시켜 종합적인 환경설계를 주장한 점에서 중요한 차이를 보이고 있다.

CPTED(Crime Prevention Through Evironment Design)란 ① 물리적 설계, ② 주민참여, ③ 경찰활동 등 3요소를 종합적・계획적으로 접합시켜 지역사회 전체, 우범지역, 주택지역, 교육기관, 교통수단 등을 범죄자로부터 보호하고 범죄에 대한 두려움을 제거시키려는 범죄예방전략이다.37)

② CPTED의 전략

ⓐ 자연적 감시

자연적 감시란 주민들이나 경찰이 침입자를 쉽게 관찰가능하도록 주택을 설계하는 것을 말하

36) 류중석, 월간도시문제, 2004, 11월호, pp.64-72.

37) Jeffery, op. cit., pp.15-30.

고, 건물입구나 출입문에 대한 가시성 증가, 방문이나 창문을 주변도로에서 잘 보이도록 설계, 고강도 가로등 설치, 주차장이나 현관에 CCTV 설치에 의한 침입자 관찰, 전자감시장치 이용 등이 그 기법이다.

ⓑ 영역성 강화(territorial reinforcement)

영역성 강화란 주거지의 영역을 공적 영역보다 사적 영역화함으로써, 외부인을 통제하고 또한 외부인은 자신이 통제대상이라는 것을 지각하게 함으로써 범죄를 예방하려는 전략이다.[38] 구체적으로는 조경, 도로의 포장, 특수울타리 설치, 출입구 통제 강화, 표지판 설치, 내부 공원조성 등은 주민들의 소유재산이나 자기의 사적 영역이라는 인식을 강화한다.

ⓒ 접근 통제(access control)

접근 통제란 지역 및 지역 내 주택이나 건물에 수상한 사람들이 침입하지 못하게 설계하는 것을 말한다. 범죄 표적대상 강화(target hardening)라고도 하는 이 전략은 구체적 기법으로는 건물출입구의 수 줄이기, 특수잠금장치 설치, 방범경보장치 설치, 방범창 설치, 방범견 배치, 경비원 배치 등이 있다.

ⓓ 주민에 의한 방범활동 지원

이 기법은 제이콥스가 제안한 거리의 눈, 즉 일반주민들의 눈을 적극적으로 활용하는 설계전략이다. 이는 주거지 주변에 레크레이션 시설의 설치, 산책로 주변에 벤치 설치, 주택단지 안에 농구장이나 테니스장 설치 등에 의해 범법자들의 이동을 감시하는 기능을 강화할 수 있다. 물론 일반주민들의 방범협조는 주민들의 방범의식 강화와 함께 경찰과의 협조체계가 확립되어야 하는 것이 선결조건이다.[39]

6. 일상활동 이론

1) 이론의 배경과 특징

사람들이 살아가는 일상활동의 유형은 사람마다 다르다고 할 정도로 너무나 다양하다. 일상활동과 관련된 개인의 존재 장소와 시간의 특정성은 매력적인 범행대상이 존재하고, 그 대상, 즉 사람이나 재물에 대한 감시나 보호가 부재할 경우에 범죄행동을 촉발하게 된다는 점에서 중요한 의미를 가진다.

코헨과 펠슨(Lawrence Cohen & Marcus Felson)에 의해 발전된 일상활동 이론은 사람에 대한 폭력범죄(살인, 강간, 폭행 등)와 강도나 절도 같은 재물을 강취하거나 절취하는 재물범죄와 같은 약탈범죄(predatory crime)를 대상으로 범죄의 원인을 설명하고자 한다.

이를 위해 범행을 촉발하는 세 가지 주요 요소를 제시한다.

① 동기화된 범법자(motivated offenders)

---

38) http://www.cpted-watch.com

39) 조철옥, 현대사회와 범죄, pp.225-259.

② 범행에 적합한 대상(suitable targets)

③ 사람이나 재산과 같은 범행대상에 대한 경찰, 집주인, 이웃, 친구, 친척 등과 같은 가능한 보호자나 관리인(capable guardians)의 부존재 등을 제시한다.[40]

일상활동 이론은 범죄의 이러한 세 가지 요소가 동일한 시간과 장소에서 만났을 때 범죄발생률이 증가할 것이라는 가설을 전제로 한다. 즉, 범행동기를 가진 사람이 적절한 대상이나 잠재적 피해자를 발견하고, 범법행위를 억제할 수 있는 공식적·비공식적 감시가 없는 시간과 공간이 일치할 경우에 범죄가능성은 증가한다는 것이다.

2) 생활양식과 범죄기회

일상활동 이론은 범죄기회와 개인의 생활양식(lifestyle) 개념을 결합한 이론이다. 즉, 범죄는 범죄기회의 제공과 관련 있는 ① 범죄자에 대한 범죄대상의 근접성, ② 범죄자에 대한 범죄대상의 노출, ③ 범죄대상의 매력정도, ④ 범죄대상의 보호능력 정도 등과 같은 요소들에 의해 영향을 받는다.

3) 비공식 통제의 범죄예방효과

코헨과 펠슨은 수년 간의 연구를 통해 범죄란 국가의 개입이 크게 관여하지 않는 사적 현상이기 때문에 공식적 감시자의 역할이 중요하지 않다고 주장하면서, 비공식적 통제체계에서 자연스럽게 형성되는 범죄예방과 억제가 효과적이라고 주장한다. 즉, 일상생활 과정에서 사람들이 범죄를 예방하는 조용하고 자연스러운 방법이 효과적이라는 것이다.

경찰만이 감시자가 될 수 있는 것이 아니라, 그보다는 일반시민, 자기 자신, 친구, 가족, 제3자 등이 범죄예방을 위한 감시자의 역할을 더 잘할 수 있다는 것이다. 절도범 예방의 경우에 범죄자가 접근하지 못하도록 특수잠금장치의 설치나 무서운 방범견을 키우는 것 등이 경찰순찰보다 더 효과적일 수 있다. 펠슨은 일상활동 이론의 적용범위를 약물과 알코올의 불법이용·판매 및 화이트칼라 범죄에까지 확대했다.

제 4 절 범죄원인론

1. 범죄심리학

1) 프로이트의 정신분석학

프로이트(Sigmund Freud)는 인간의 마음구조를 원본능(id), 자아(ego), 초자아(super-ego)로 구분

40) Lawrence Cohen & Marcus Felson, "Social Change Crime Rate Trends: A Routine Activities Approach," *American Sociological Review 44*, 1979, pp.588-608.

하고, 원본능은 인간의 비합리적이고 반사회적인 본능적인 충동을, 자아는 합리적인 행동을, 그리고 초자아는 인간의 도덕성과 양심을 지배하는 것으로 분류했다. 이 세 가지 성격구조의 불균형적 발달이나 갈등상태가 일탈행위나 인간의 공격적 또는 정신병적 기질을 초래한다고 보는 것이 프로이트 정신분석학의 공헌이다.[41)]

범죄는 원본능의 추동(drives)이 초자아에 수용되지 못하는 불균형 상태에서 발생한다. 자아의 노력에도 불구하고, 원본능의 추동과 초자아의 통제가 균형을 이루지 못하는 갈등상태가 지속될 경우에, 그 갈등상태는 일탈행동이나 범죄의 원인이 된다. 범죄자들은 원본능의 추동을 유용한 행동이나 적어도 유해하지 않은 행동으로 전환하지 못한 사람들이다.[42)]

2) 해리성 정체성 장애와 범죄

의학계는 1994년 '다중성격(인격)장애(multiple personality disorder)'라는 병명을 "정신상태가 분리되어 자기의 본래의 정체를 상실한 상태"를 의미하는 '해리성 정체성 장애(dissociative identity dis-order)'라는 용어로 바꾸었다. 따라서 오늘날 해리성 정체성 장애라고 하는 다중성격은 한 사람의 내면에 두 가지 이상의 각기 다른 정체성을 지닌 성격(인격)이 존재하는 것을 말하고, 각각의 성격이 교대로 반복해서 그 사람의 행동을 통제하는 증상을 말한다.

해리성 정체성 장애가 아동기 등의 성적 또는 신체적 학대, 외상후 스트레스 장애 등에 의해 형성된 경우, 이들을 피하기 위해 생성된 방어기제로서의 정신상태(성격)가 공격적 성향을 띠고 있을 때 일탈행위, 더 나아가 범죄행위와 연결될 가능성이 높다. 평소의 윤리도덕관 때문에 억압되었던 행위를 다른 정신상태로 바뀌면서 비윤리적 행위나 범죄행위를 범하게 된다는 것이다.[43)]

3) 외상후 스트레스 장애

미국 정신의학협회의 진단 · 통계 지침서인 『정신장애의 진단 및 통계편람(*DSM-Ⅳ*)』에 의하면, 외상후 스트레스 장애(Posttraumatic Stress Disorder: PTSD)란 극한적인 육체적 · 정신적 상처를 입은 후, 스트레스의 발생과 관련된 특징적인 증후군 또는 실제 죽음이나 죽음의 위협 또는 심각한 상해나 기타 육체의 안전에 대한 위협을 포함하는 사건을 개인적으로 직접 경험함으로써 발생하는 특징적인 증후군을 말한다.

또는 타인의 죽음, 상해나 육체적 안전에 대한 위협을 포함하는 사건을 목격하거나, 가족이나 아주 친한 동료의 불의의 죽음이나 변사, 심각한 위해 또는 죽음이나 상해의 위협을 학습함으로써 발생하는 특징적인 증후군을 말한다.

이러한 사건들을 경험한 사람들은 상당한 고통에 시달리고 극한적인 두려움과 공포, 그리고 무기력증상을 보이게 된다.[44)] PTSD는 마약 남용이나 불시의 갑작스런 폭력범죄를 범하는 사례가

---

41) Akers & Sellers, *Criminological Theories*(4th ed.), Roxbury Publishing Company, 2004, p.70.
42) Katherine S. Williams, *Criminology*(5th ed.), New York: Oxford University Press, 2004, p.129.
43) Ibid., p.254.

있다고 지적된다. PTSD 증후군 상태에서 범행을 한 범인들은 자신의 범죄행동을 기억하지 못하거나, 심지어 자신의 정체성을 기억하지 못한다고 주장한다.

4) 사이코패스와 범죄

사이코패스(psychopath)란 일반적인 사람들과 구분되는 심리학적 · 대인적, 그리고 신경생리학적인 일단의 특징을 보여주는 행위자를 말한다. 따라서 사이코패스는 다른 사람에게 비정상적으로 공격적이거나 심각하게 무책임한 행동을 하는 지속적인 성격장애 또는 정신적인 장애자로서,[45] 이로 인해 잔인한 범죄행위를 범하여 다른 사람과 사회를 괴롭히는 정신병질자를 말한다.

사이코패스는 정신병자가 아니고 반사회적 성격상태의 성격장애자로서, 죄의식과 불안감을 거의 느끼지 못하고 지속적으로 다른 사람들의 권리를 침해하는 정신병질자라고 정의되기도 한다. 해어(Robert Hare)에 의하면, 사이코패스란 양심의 완전한 결여와 감정이입 능력의 결여, 이기주의와 쾌락의 추구, 죄의식이나 후회감의 부재, 사회적 규범과 기대를 위반하는 사람을 의미한다.[46]

2. 범죄사회학

1) 아노미이론

더크하임(Emile Durkheim)이 최초로 사용한 사회의 무규범상태를 의미하는 아노미 개념은 사회구조와 범죄의 관계를 설명하는 데 아주 유용한 개념이다. 아노미(anomie)란 사회의 행동규범이 붕괴되는 상황, 급격한 사회변동, 전쟁이나 기근과 같은 사회위기 시에 사회행동규범이 작동하지 않는 무규범사회를 의미하며, 이러한 사회에서는 인간의 욕망과 요구를 통제할 수 있는 규범이 없기 때문에, 범죄가 행동대안으로 선택될 가능성이 높다는 것이다.[47]

2) 사회해체이론

사회해체이론은 주거지역과 상업지역이 혼재하고 유동인구가 많은 지역으로서, 이웃사람의 이동이 심해 사회적 유대관계가 약화된 도심지역과 같은 사회해체지역에서 범죄율이 높다고 주장한다.

이러한 지역은 교육, 병원진료, 적절한 주택공급과 같은 필수적인 서비스를 받지 못하고, 결과적으로 실업, 결손가정, 생활보호가정들만 양산하여 범죄율이 높아진다.[48]

---

44) Ibid., pp.248-249.
45) Siegel, op. cit., p.222.
46) Curl R. Bartol & Anne M. Bartol, *Criminal Behavior*(8th ed.), Pearson International Edition, 2008, p.188.
47) Siegel, op. cit., p.192.
48) Ibid., p.182.

3) 레클리스의 억제이론(containment theory)

레클리스(Walter Reckless)는 어떤 행위에 대한 압력(pressures), 유인(pulls), 강요(pushes), 그리고 행위에 대한 내외적 억제의 개념을 도입하여 범죄행위에 대한 억제이론을 제시했다. 특히 그는 강력한 자기이미지가 환경적 범죄요인들의 영향으로부터 청소년들을 보호할 수 있다고 주장함으로써, 내적 통제의 중요성을 강조했다.[49]

범죄에 대한 외적 압력은 빈곤, 실업, 소수집단, 그리고 차별 등 다양한 일상생활과 관련된 조건이며, 내적 압력은 긴장과 좌절, 공격성, 충동적인 욕구, 격정성, 뇌손상, 그리고 성격장애 등이 해당된다.

범죄를 억제하는 ① 내적 억제요인은 양심 혹은 좋은 자아개념, 그리고 긍정적인 사고, 좌절감에 대한 인내, 준법정신 등이며, ② 외적 억제는 부모와 학교의 훈육과 감독, 집단이나 사회에 대한 강한 소속감, 일관성 있는 도덕적 태도 등이다.

4) 중화기술이론

사이크스와 마짜(Gresham Sykes & David Matza)는 청소년들이 중화기술을 사용함으로써 비행을 저지르게 된다는 이론을 발표했다.[50] 그들은 잠재적인 일탈자들과 범죄자들이 범죄는 불법적이고 나쁜 행동이라는 전통적 가치를 중화하거나 균형적이게 하는 범죄기법을 획득하는 학습경험에 의해 실제 범죄자가 된다고 보았다.

중화기술은 서덜랜드(Edwin H. Sutherland)의 차별교제이론에서 말하는 범죄와 비행에 대한 호의적인 태도와 같은 의미로서 비행에 대한 합리화와 변명이다. 범죄자들은 불법행동에 의해서 유발되는 도덕적 딜레마를 중화시킬 수 있는 기법들의 학습을 통해서 범죄를 합리화한다.[51] 그러한 중화기법은 다음과 같다.

(1) 책임의 부정(denial of responsibility)

범법자들은 때때로 그들의 법 위반행동이 단순한 실수였다고 변명한다. 자신의 일탈행동에는 책임이 없다고 함으로써, 본래 일탈에 대한 억제적인 역할을 담당하고 있는 자책감이나 다른 사람의 비난으로부터 도피하려고 한다.

(2) 가해의 부정(denial of injury)

범법행위를 부정하는 기법으로서, 절도는 돈을 빌린 것으로 간주하고, 자동차 절도는 훔친 것이 아니라 잠시 빌렸을 뿐이며, 비행집단 간의 싸움도 단순한 장난이나 다툼으로 보는 것과 같이 그것은 별거 아니라는 식으로 누구에게 위해를 가하였다는 사실을 부정한다.

---

49) Walter Reckless, *The Crime Problem*, New York: Appleton-Century Crofts, 1967, pp.469-483.

50) Gresham Sykes & David Matza, "Techniquecs of Neutralization: A Theory of Delinquency," *American Sociological Review 22*, 1957, pp.664-670.

51) Ibid., pp.664-670.

(3) 피해(자)의 부정

범죄자들은 그들의 범법행동을 피해자가 유발한 것이라고 주장함으로써, 그들의 불법행동을 중화한다. 공공시설파괴는 싫어하는 선생이나 이웃에 대한 복수라고 변명하고, 부정한 점포로부터 물건을 훔치는 것은 그 점포를 징계하는 데 지나지 않는 것이라고 변명한다. 또한 주인이 없는 가게의 물건을 훔치는 것은 보이지 않는 피해자의 권리는 무시해도 좋은 것이라고 중화한다.

(4) 비난자에 대한 부정

경찰관이나 법관은 얼마나 깨끗한 가식의 비난자의 위선을 비난하고 숨어 있는 일탈자가 더 나쁜 놈이라고 비난한다. 경찰과 법관은 뇌물이나 받아먹는 부패하고 야만적인 위선자들이며, 교사는 공평하지 못하고 부모는 자식들을 좌절하게 만드는 존재들이다. 이들이 범죄자들의 비행을 비난하는 것은 불공정하고 우스운 일이라고 중화한다.

(5) 고도의 충성심에 호소

범죄집단에 대한 충성은 일종의 인간적인 의리에 호소하는 것에 가깝다. 비행소년들은 자신들의 또래집단의 요구를 만족시키고, 이는 동료를 위해 희생한 일이라고 중화를 한다. 자신들은 사회의 규범적 질서를 기부하는 것은 아니라고 생각한다. 따라서 중요한 것은 어느 규범에 대한 일탈은 그 규범을 거부하기 때문이 아니라 보다 긴급하고 고도의 충성심을 요하는 규범을 우선시하는 때문이라고 중화한다.

5) 비행표류이론

마짜(David Matza)는 중화이론을 비행표류이론으로 발전시켰다. 지금까지 행하여진 생물학적 · 심리학적 · 사회학적 연구는 경직된 결정론(hard determinism)이라고 비판하고, 자유의사의 개념을 도입했다.[52]

마짜는 유연한 결정론(soft determinism)을 선호한다. 유연한 결정론은 대부분의 비행자가 자유와 강제 사이의 어딘가에 존재한다는 입장이다. 대부분의 비행자는 일반인과 거의 흡사하며, 전통이론에서 생각했던 것보다도 더 자유롭게 행위를 선택한다. 마짜에 따르면, 비행은 사회통제가 느슨해졌을 때 가능하다.

다시 말해, 그들은 범죄행동과 준법행동과의 사이를 표류하는 표류자에 지나지 않는다. 표류이론에서 중화기술은 청소년들이 다양한 사회적 규범에 구속되지만, 그 구속에서 일시적으로 해방을 얻을 수 있는 기법을 의미한다.

6) 하위문화이론

코헨(Albert Cohen)은 비행하위문화이론에서 비행집단의 문화를 더 큰 사회의 하위문화와는 반

52) Ibid., p.27.

대되는 가치체계를 소유하는 독립적인 하위문화로 규정하고, 비행집단은 이러한 하위문화를 추종함으로써 비행이나 범죄를 범하게 된다는 것이다.[53] 밀러(Walter Miller)는 하위계층문화론에서 하류계층의 사람들이 중상류계층의 사회화와는 다른 사회화 과정을 거치기 때문에 상이한 하위문화를 형성할 수밖에 없으며, 하류계층의 일탈이나 비행은 그들의 하위문화가 원인이라고 지적한다.[54]

7) 낙인이론

범죄에 대한 정의를 행위자와 형사사법기관의 상호작용과정에서 파악하는 낙인이론(labeling theory) 역시 범죄사회학에서는 의미있는 이론이다. 낙인이론은 사람의 생물학적 · 심리학적 특질이나 심지어 개인의 자발적 행동이 범죄의 원인이 아니라, 법 제도와 형사사법기관이 범죄원인 제공자라고 주장한다. 즉, 범죄는 법 제도에서 범죄라고 규정하면 범죄가 되고, 형사사법기관이 범죄자라고 낙인을 할 경우에 범죄자가 된다는 것이다.

낙인이론의 개척자인 타넨바움(Frank Tannenbaum)은 사회통제기관이 범죄자를 전과자라고 낙인을 찍는 과정을 악의 극화(dramatization of evil)라고 표현했다.[55] 사회통제기관이 청소년의 초기의 작은 실수에 꼬리표를 붙여 나쁜 놈이라고 몰아붙임으로써, 실제로 비행소년으로 만드는 것이 바로 악의 극화이다.

그것은 마치 일상적인 드라마와 같이 각색 또는 극화되는 것과 유사하다. 범죄자가 주역이 되고 사회나 형사사법기관이 연출가와 관객이 됨으로써, 악의 드라마가 제작되고 상영되는 것이 바로 악의 극화이다.

제 5 절 지역사회 경찰활동

1. 등장 배경

1) 경찰활동 변화의 긴요성

지역사회 경찰활동과 문제지향적인 경찰활동은 1970년대 말에서 1980년대에 걸친 일련의 경찰활동의 위기의 결과로서 등장하게 된다.

(1) 전통적인 경찰관리와 개혁에 대한 회의

최근의 연구는 범죄억제와 범죄수사를 중심으로 한 전통적인 경찰관리와 경찰개혁의 가정을

---

53) Albert Cohen, *Delinquency Boys*, New York: Free Press, 1955, pp.25-28.

54) Walter Miller, "Lower-Class Culture as a Generating Milieu of Gang Delinquency," *Journal of Social Issues 14*, 1958, pp.5-19.

55) Frank Tannenbaum, *Crime and the Community*, New York: Columbia University Press, 1938, pp.19-20.

부정한다. 캔자스시의 순찰실험은 범죄억제에 대한 전통적인 경찰순찰의 능력에 한계가 있다는 점을 제기하고, 범죄수사에 관한 연구는 범죄자 체포율을 증가시키려는 경찰의 능력에 의문을 제기하였다. 더 많은 경찰, 더 많은 순찰, 더 많은 형사, 더 빠른 반응시간 등이 경찰활동을 개선하는 것 같지는 않다.

또한 신고의 성질에 관계없이 모든 시민들의 서비스 제공요구에 경찰의 즉각적인 반응이라는 전통적인 경찰목표는 경찰에게 업무부담을 엄청나게 가중시킴으로써, 새로운 경찰개혁의 필요성이 제기되었다.

(2) 업무의 광범성 인식

전문가들은 경찰역할이 많은 다른 업무와 책임으로 인해 아주 복잡하다는 사실을 인정한다. 범죄수사와 같은 법 집행은 경찰업무의 작은 부분에 지나지 않고, 대부분의 경찰업무는 질서유지와 서비스 제공 활동이 차지한다.

결과적으로 경찰조직이 효과적이기 위해서는 범죄통제에 배타적으로 집중하기보다는 지역사회의 삶의 질, 질서유지, 범죄의 두려움, 서비스 제공과 같은 쟁점에 관심의 폭을 넓히는 것이 중요하다.

(3) 경찰과 시민의 협력생산 인식

시민들은 경찰서비스의 공동생산자이다. 경찰은 범죄수사에 있어서 시민의 제보를 필요로 하고, 불법 집회・시위의 진압의 경우와 같은 무질서 상황의 처리에 시민들의 도움을 필요로 한다. 결국 경찰활동은 경찰과 시민의 공동생산의 결과이다.

(4) 전통적인 경찰활동의 효과성에 대한 비판

윌슨과 볼머(Orlando Winfield Wilson & August Vollmer)에 의해 추진된 경찰전문화는 경찰활동을 자동차순찰, 주민 신고전화에 대한 경찰의 신속한 반응, 그리고 범죄수사기능에 중점을 두었다.

이러한 활동은 전통적 경찰활동이 되었고, 경찰활동에 대한 평가는 ① 범죄발생률, ② 범인검거율, ③ 범죄신고 접수 후 경찰의 현장도착 소요시간 등에 의해 결정되었다. 따라서 범죄문제를 제외한 기타 여러 사회문제는 경찰의 업무가 아니라 사회복지기관의 업무로 간주되었으며, 경찰은 시민들에게 범죄진압자의 이미지로 각인되었다.[56]

그러나 자동차순찰활동은 경찰과 지역주민 사이의 유대관계 형성과 정보교환을 가로 막아 '우리와 그들'이라는 경찰문화를 형성하는 결과를 초래함으로써, 경찰은 고립되고 주민들은 경찰을 불신하게 되었다.[57] 따라서 도보순찰이 요구되고, 경찰과 주민의 유대관계를 중요시하게 되었다.

56) George L. Kelling & Mark H. Moore, *The Evolving Strategy of Policing in Modern Policing*, (ed.), by William M. Oliver, Upper Saddle River, N.J.: Prentice-Hall, 2000, pp.101-109.

57) Walker & Katz, op. cit., p.107.

(5) 순찰담당 경찰관에 재량권 부여

경찰은 저하된 일선 경찰관들의 사기를 진작시킬 필요가 있었다. 미국경찰은 크게 순찰담당 경찰과 수사담당 경찰로 구분될 수 있다. 이러한 구분으로 인해 순찰담당을 하는 일선 경찰관들은 수사담당 경찰에 비해 사기가 낮았다.

우수한 경찰관들은 수사담당 경찰로 발령되고, 순찰담당 경찰관은 재량권의 행사가 크게 제한되었기 때문이다. 특히 1960년대부터 증가하기 시작한 대졸자 등 고학력 경찰관들의 경찰지원은 구성원들에게 자유재량권을 부여하는 계기가 되어, 지역사회 경찰활동이 등장하는 배경이 되었다.[58]

2. 지역사회 경찰활동의 이론적 기초

1) 깨어진 유리창 이론

윌슨과 켈링(James Q. Wilson & George L. Kelling)이 '깨어진 유리창'이라는 글을 애틀랜틱의 월간잡지(*Atlantic Monthly Magagine*)에 발표함으로써, 경찰사에 획기적인 변화를 가져왔다.

윌슨과 켈링의 깨어진 유리창 이론은 지역사회 경찰활동의 이론적 기반이 되고 있다. 깨어진 유리창 이론은 원래 스탠포드 대학교의 심리학자인 짐바도(Phllip Zimbardo)에 의해서 개발된 이론이다.

짐바도는 실험을 위해서 자동차의 번호판을 떼고 유리창을 일부러 깨트린 다음에 길거리에 방치했다. 그런데 10분이 지나지 않아서 그 방치된 자동차는 지나가는 사람들에 의해서 마구 파손되기 시작했다. 한 가지 놀라운 사실은 이런 파괴행위를 하는 사람들의 다수가 점잖게 옷을 차려입은 백인들이었다는 점이다. 심지어는 가족단위로 와서 자동차에 대한 파괴행위를 하기도 했다.

깨어진 유리창의 이미지는 무질서를 상징한다. 무질서 심리는 하향적인 방향으로 퇴보를 거듭하여 주변에 범죄를 유발하게 된다. 윌슨과 켈링은 강력 및 흉악 범죄의 해결만이 중요한 것이 아니라, 깨어진 유리창 이론과 같이 범죄를 유발하는 근본원인인 사회의 여러 가지 무질서 문제를 해결하는 것이 우선되어야 한다고 주장하였다.[59]

사회무질서가 계속해서 방치된다면 잠재적인 범인은 아무도 사회문제에 관심을 가지지 않는다고 생각하게 되고, 더 많은 범죄행위를 범할 마음을 먹게 된다는 것이다. 기물 손괴행위, 쓰레기 투기, 난폭한 행동, 공공연한 추태, 새치기와 같은 경미한 질서 위반행위들이 방치되면, 지역사회를 통제하는 비공식적 통제능력이 약화되고 유사한 기초질서 위반행위들이나 경범죄를 증가시키는 결과를 초래하며, 더 심각한 범죄를 야기할 수 있다.

2) 실증적인 연구

깨어진 유리창 이론에 관한 많은 토론이 있었으나, 무질서와 심각한 범죄 사이의 관계를 실제

---

58) Robert R. Friedman, "*Community Policing: Comparative Perspectives and Prospects.*" New York: St. Martin's Press, 1992, p.48.

59) J.Q. Willson & G.I. Kelling, "Broken Windows," *Atlantic Monthly*, No.211, 1982, p.31.

로 조사한 연구는 거의 없다. 스코간(Wesley Skogan)의 연구는 6개의 주요 도시에서 40개의 근린지역을 대상으로 무질서와 범죄의 관계를 조사한 몇 안 되는 연구 중의 하나이다. 연구결과는 범죄의 인지, 범죄의 두려움, 그리고 피해자화는 모두 물리적 · 사회적 무질서와 관계가 있다는 사실을 발견했다.

스코간은 무질서를 ① 인간적 무질서, ② 물리적 무질서의 두 개의 범주로 구분하였다. 인간적 무질서는 ① 주취자, ② 길거리 폭력배, ③ 길거리 희롱, ④ 길거리 마약거래와 사용, ⑤ 이웃 소란과 집창촌 등이 해당되고, 물리적 무질서는 ① 공공시설파괴, ② 건물의 붕괴와 포기, ③ 쓰레기 등이 포함되었다.

그러나 하코트(Harcourt)는 스코간의 자료를 재검토한 결과, 스코간의 발견이 무질서와 범죄 사이의 관계가 강력한 소수의 근린지역에 크게 의존했다는 것이다. 하코트는 스코간이 뉴왁, 뉴저지의 근린지역을 제외했다면, 분석결과는 무질서와 범죄 사이의 관계를 발견하지 못했을 것으로 평가하였다. 하코트는 이러한 결과를 '뉴왁 효과(Newark Effect)'라고 불렀다.

3) 지역사회 경찰활동의 개념

지역사회 경찰활동은 경찰과 지역주민이 범죄문제, 범죄에 대한 공포, 물리적 · 사회적 무질서 등의 문제를 상호 신뢰관계 속에서 해결할 수 있게 하는 철학이자 전략이며, 이를 통하여 경찰은 지역사회의 삶의 질을 향상시키는 촉매자 역할을 수행하고 주민은 문제해결 결과에 대한 책임을 공유해야 한다고 정의되기도 한다.[60)]

따라서 지역사회 경찰활동은 경찰이 지역사회 공동체의 모든 분야와 협력하여 범죄를 예방하고 아울러 무질서를 비롯한 다양한 치안관련 문제를 해결함으로써, 지역주민의 전반적인 삶의 질 향상을 위한 임무를 수행하는 것을 말한다.

4) 지역사회 경찰활동의 특징

(1) 문제해결사적 역할과 협력치안

전통적인 경찰은 ① 중앙집권화된 조직, ② 상 · 하 수직적 명령체계, ③ 비밀주의, ④ 범죄투사적 임무, ⑤ 문서주의, ⑥ 순찰경찰관에 대한 불신과 철저한 감독, ⑦ 시민과 경찰의 거리감 등으로 특징지을 수 있다. 따라서 전통적인 경찰의 역할은 범법자의 검거와 처벌이라는 법 집행자로 인식되어 왔다.

그러나 미래의 사회로 나아갈수록 경찰의 주된 역할은 분권화된 조직구조 속에서 일선경찰들이 재량권을 행사하여 범죄예방과 무질서 등 다양한 문제해결에 초점이 맞추어짐으로써, 경찰이 범죄투사(crime fighter)가 아닌 문제해결사(problem solver)로 인식되게 될 것이다.[61)]

---

60) Friedman, op. cit., pp.11-39.

61) H. Goldstein, *Problem Oriented Policing*, New York: McGraw-Hill, 1990, p.5.

(2) 예방적 · 정보기초적 경찰활동

웨트마이어(Timothy N. Oettmeier)는 지역사회 경찰활동을 예방적 정보에 기초한 활동이라고 정의한다. 이는 지역사회 경찰활동이 범죄와 기타 사회 무질서에 대응하는 전략을 개발하기 위해 정확하고 시의적절한 정보를 요구한다는 측면을 강조하는 것이다.

(3) 업무의 우선순위와 평가기준

기본적으로 지역경찰활동은 1970년대 이전의 전통적인 경찰활동과 정의, 역할, 업무의 우선순위, 평가 등 많은 점에서 차이가 있다.

① 전통적인 경찰활동에서는 경찰을 법 집행 책임을 갖는 유일한 정부기관으로 보는 데 반해, 지역사회 경찰활동에서는 경찰과 마찬가지로 모든 시민이 범죄예방의 의무를 갖는 것으로 본다.

② 전통적인 경찰활동에서는 범죄해결에 중점을 두었으나 지역사회 경찰활동에서는 범죄뿐만 아니라, 보다 포괄적인 문제해결에 중점을 두고 있다.

③ 경찰의 능률성이나 효과성과 같은 업무평가 방식에 있어서도 전통적인 경찰활동에서는 범인발견과 검거율, 범죄신고에 대한 경찰의 반응시간 등에 의해 경찰을 평가하지만, 지역사회 경찰활동에서는 범죄와 무질서의 정도, 경찰에 대한 주민의 협조 정도, 그리고 지역사회와 친밀한 정도 등이 평가기준이다.62)

④ 전통적 경찰활동 구조는 집권화되고 규칙과 규제, 그리고 정책에 의해서 통제되는 법적인 책임을 강조하지만, 지역사회 경찰활동 구조는 고도로 분권화된 구조 속에서 지역사회의 요구에 대한 개별책임을 강조한다.

⑤ 전통적 경찰활동은 책임과 권한의 문제로 타 행정기관과 갈등관계에 있으나, 지역사회 경찰활동 구조에서 경찰은 주민의 삶을 높이려는 공동목적 수행을 위해 책임을 같이하는 하나의 기관에 해당한다.

⑥ 전통적인 경찰은 형사상의 기소를 하나의 중요한 목표로 간주하지만, 지역경찰활동은 그것을 많은 경찰수단 중에 하나의 도구로 간주한다.63)

3. 문제지향적인 경찰활동

1) 문제지향적인 경찰활동의 본질

(1) 개념적 접근

골드스타인(H. Goldstein)은 문제지향적인 경찰활동 개념에 의해 경찰역할에 대한 새로운 접근을 시도한 개척자이다. 경찰은 전통적으로 범죄진압, 질서유지, 그리고 서비스 제공 등을 경찰역할로 규정함으로써 그 역할 자체가 무엇인지 애매모호하다.

---

62) M.K. Sparrow, Implementing Community Policing, *National Institute of Justice*, U.S. Department of Justice, 1988, pp. 8-9.

63) Ibid., pp.8-9.

범죄의 범주는 살인, 침입절도, 그리고 음주운전 등을 포함하는 데 이들은 그 성격상 각각 다른 종류의 사회적 사건이다. 무질서는 가정분쟁, 정신건강문제, 알코올 중독, 그리고 많은 다른 문제들에 의해서 발생한다.

따라서 경찰은 이러한 범주들을 구성하고 있는 문제들을 각각 독립된 문제들로 쪼개서 개별적인 특정의 대응책을 개발해야 한다. 다시 말해, 경찰은 문제에 따른 개별적인 대책을 세워 반응하는 문제지향적인 경찰활동을 해야 한다.

(2) 특징

전통적인 112시스템은 사건기초적·반응적 경찰활동이며, 지역사회 경찰활동은 문제지향적·사전대비적인 경찰활동이다. 전통적인 접근법은 각각 사건을 개별적으로 다루고, 경찰관들은 개별 사건에 반응하는 데에만 관심을 집중한다.

반면에 문제지향적인 경찰활동은 문제들에 대한 분석을 강조하고, 문제들에 대응하기 위한 적절한 해결책을 개발하는 것을 강조한다. 따라서 문제지향적인 모델은 일선경찰관들이 문제해결 권한을 행사할 수 있도록 경찰기관 내부의 분권화가 필수적이다.

2) 문제지향적인 경찰활동의 사례

(1) 뉴포트 뉴스의 문제지향적인 경찰활동

경찰은 1980년대 중반에 버지니아주의 뉴포트 뉴스지역에서 문제지향적인 경찰활동에 관한 실험을 실시했다. 이 프로그램은 그 도시의 가장 저소득층의 주택 단지 중의 하나인 뉴 브리아필드(New Briafield) 아파트에서 발생하는 침입절도를 대상으로 하였다.

경찰은 우선 이 지역의 범죄유형을 분석하고, 아파트에 살고 있는 여러 주민들을 대상으로 여론조사를 실시했다. 실태조사 결과는 열악한 건물 구조 그 자체가 많은 침입절도를 유발하는 원인이라는 사실을 발견했다. 즉, 쉽게 파괴되는 창문과 출입문, 범죄자들의 피신처가 되는 빈 아파트, 주민들의 절망감과 무력감을 안겨주는 열악한 주거환경 등이 침입절도를 초래하는 원인이었다.[64]

경찰은 뉴 브리아필드 아파트의 물리적 조건을 개선하는 것이 중요하다고 판단하고, 아파트의 주거환경 개선을 위해 관련 행정기관들과 공식적인 회의를 조직했다. 뉴포트 뉴스의 POP는 경찰에게 새로운 역할을 제시한 사례이다. 경찰은 아파트 단지에 대한 관련 정부기관 회의를 개최함으로써 정부서비스의 조정자가 되었다.

(2) 오클랜드의 스마트(SMART)

오클랜드의 스마트(Specialized Multi-Agency Response Team: 전문화된 다기관 반응팀) 프로그램은 위험지대(hot spots) 개념, 즉 높은 범죄신고율 지역, 무질서와 서비스요구 신고율이 높은 지역을

64) John E. Eck & William Spelman, "*Problem Solving: Problem-Oriented Policing in Newport News*," Washington, DC: Police Executive Research Forum, 1987, pp.35-45.

통합하는 개념이다. 스마트 프로그램은 마약범죄가 다발하고 있는 지역으로 인정되는 주택이나 아파트 단지 등의 위험지대의 문제를 해결하기 위한 프로그램이다.

스마트 프로그램의 가장 중요한 요소는 주택법 집행기관, 소방서, 공공시설 등 많은 정부기관의 대표자들이 위험한 장소를 방문하여 문제를 확인하는 것과 같은 공격적인 법 집행으로 문제해결을 시도하였다는 점이다.

(3) 보스턴 총기 프로젝트

보스턴 총기 프로젝트는 보스턴 경찰국, 알코올 · 담배 · 총기단속국, 연방과 지방검찰, 지방보호관찰관, 보스턴 지역봉사자들, 보스턴 학교 경찰, 그리고 청소년 교정기관을 포함하는 문제 해결 프로젝트이다. 1990년대 초기에 보스턴은 청소년에 의한 살인범죄가 엄청나게 증가하여, 1991년과 1995년 사이에 매년 평균 43건의 청소년에 의한 살인사건이 발생했다.

이 프로젝트 참여자들은 청소년들에게 총기를 제공하는 강력한 불법적인 총기시장을 발견하였으며, 살인을 하는 청소년들 중의 약 60%가 3개 보스턴 지역에서 활동하고 있는 폭력집단에 가입하고 있는 것으로 밝혀졌다. 이에 대한 대책으로 폭력집단 구성원들의 총기사용에 관한 엄격한 감시와 엄중한 조치에 대한 경고, 마약시장의 폐쇄, 총기인가증의 발급 등의 조치가 이루어졌다.

이 프로젝트에 의한 총기 금지작전 실행 2년 후 청소년에 의한 살인사건은 70%까지 감소되었고, 프로젝트 실시지역에 사는 주민들 사이의 두려움 감소는 21% 감소했으며, 범죄예방을 하는 경찰에 대해 신뢰를 하는 주민의 수는 약 33%까지 증가했다.

(4) 뉴저지의 문제지향적인 경찰활동

경찰은 1994년에 뉴저지의 저지시(Jersey city)에 고도의 폭력과 마약거래지역을 탐색하기 위해 전자 지도(computerized mapping)와 데이터 베이스 기술을 사용했다. 탐색의 결과 24개의 폭력범죄지역이 확인되었고, 이 24개의 지역 중 반은 문제지향적인 경찰활동을 수용한 지역으로 선택되고, 나머지 반은 전통적인 경찰활동을 하는 지역으로 선택되었다.

프로젝트의 분석이 끝난 후에 경찰관들은 확인된 문제의 근본원인에 대해 대응한 결과, 공식적 자료와 관찰자료 모두 범죄와 무질서가 경찰이 문제지향적인 경찰활동을 사용한 지역에서 감소한 것으로 밝혀졌다. 더욱이 범죄와 무질서가 주변지역으로 대체되지 않았다는 점이 이 프로그램의 성과이다.

유사한 전략은 저지시의 6개 공공 주택지의 심각한 범죄를 해결하기 위하여 사용된 결과 문제지향적인 경찰활동이 주택지역의 사회구조, 즉 주민들의 나이, 소득수준, 실업수준, 결손가정의 비율 등과는 관계없이 모든 6개 주택지역의 심각한 범죄에 유의한 영향을 미치는 것으로 나타났다.

3) 무관용 경찰활동(Zero-tolerance policing)

(1) 의의

무관용 경찰활동은 이론적으로 깨어진 유리창 이론에 기초하고 있다. 따라서 경찰이 주로 무질서, 경미범죄, 그리고 범죄의 외관에 집중하여 엄격하게 단속하고 관용을 베풀지 않을 것을 요구한다. 이를 위해 경찰은 형법과 민법을 공격적으로 집행하고, 공동체의 법질서를 회복하는 것을 목적으로 한다.

결과적으로 주민의 지역사회에 대한 관심의 증가, 질서의 증가, 범죄의 감소, 궁극적으로 잠재적 범죄자들에게 법 위반은 관용되지 않는다는 경고효과를 심어주기 위한 것이다.

(2) 특징

무관용 경찰활동의 특징은 다음과 같다.

① 무관용 경찰활동은 범죄투사 모델에 기초한다. 그린(Lorraine Green)이 지적하듯이, 무관용 경찰활동은 경찰활동의 범죄억제적인 측면에 그 뿌리를 두고 있다. 어떤 면에서 본다면, 경찰이 법 집행을 통한 더 전통적인 경찰활동에 회귀하는 것을 의미한다.

② 무관용 경찰활동은 경찰이 중심이 되어 범죄통제를 하는 것이므로 주민과 협력관계를 중요시하지 않는다.

③ 무관용 경찰활동은 문제를 주의깊게 분석하지 않는다는 점에서 문제지향적인 경찰활동과 다르다. 오히려 무관용 경찰활동은 경미한 범죄와 무질서를 중심으로 집중 단속한다.

④ 무관용 경찰활동은 지역사회가 아니라, 전국적으로 위험한 장소에 대한 단속에 초점을 둔다.

⑤ 무관용 경찰활동은 문화적 · 조직적으로 기본으로 되돌아가는(back-to-the basics) 전략, 즉 범죄투사전략을 구사하기 때문에 다른 경찰혁신과는 차별화된다.

(3) 효과성

깨어진 유리창 이론에 기초하여 뉴욕시는 무관용 경찰활동을 도입했다. 뉴욕경찰국은 강제적인 노상구걸, 공공시설 파괴, 알코올 중독, 노상 방뇨, 성매매 등과 같은 질서위반 행동에 대한 단속에 집중하는 무관용 전략을 채택했다.

1993년 이후 뉴욕시의 전반적인 범죄율은 27%까지 감소하고, 살인범죄율은 30년 동안 최고수준이라고 할 수 있을 정도로 40%까지 감소했으며, 강도는 30%, 침입절도는 25%까지 감소했다.

이러한 범죄감소는 국가 평균 범죄감소율의 두 배에 이른다. 이러한 결과는 전문가들로 하여금 무관용 전략이 다른 경찰전략보다 더 효과적이라는 결론을 내리게 했다. 그러나 무질서와 경미범죄의 감소가 심각한 범죄의 감소에는 별로 영향이 없다는 비판이 제기되기도 하였다.

(4) 무관용 경찰활동의 문제점

무관용 경찰활동은 미국 전역에 걸친 인기 있는 경찰전략이 되었지만, 경찰의 권한남용으로 인권침해, 장기적으로 범죄증가, 빈자와 소수민족에 대한 집중적인 단속 등 많은 문제가 제기되었다. 이 전략은 범죄를 감소시킨다는 명백한 증거가 없으며, 지역사회에 부정적인 영향을 미친다는 문제점이 제기되었다.

4. 경찰 · 주민 협력방범활동

1) 방범심방

(1) 의의

방범심방이란 외근경찰관이 관내의 각 가정 · 기업체, 기타 시설을 방문하여 범죄예방 · 청소년 선도 · 안전사고방지 등의 지도계몽을 하고, 민원사항을 청취하며 주민의 협력을 얻어 예방경찰상의 기초자료를 수집하는 활동을 말한다.65)

방범심방은 비권력적 사실행위로서 행정지도의 성격에 해당하므로 별도의 법적 근거 없이도 실시할 수가 있으며, 경찰서장은 지구대의 치안센터별로 방범심방구역을 정하여 지역경찰관으로 하여금 구역 내의 주택과 기업체, 공장 등에 거주하는 내국인 및 외국인에 대하여 방법심방을 실시할 수가 있다.

단, 치외법권자는 특별히 방범심방을 서면으로 요청한 경우에만 가능하다. 방범심방은 원칙적으로 주간에 실시하게 되어 있으나, 예외적으로 주민의 방문요청이 있을 경우나 경찰서장의 사전 허가 후 상대방의 동의가 있는 경우에는 야간에도 가능하다. 심방횟수는 특별한 제한이 없고 방문요청이 있을 경우, 경찰서장이나 순찰지구대장이 필요하다고 인정하면 실시할 수 있다.

(2) 외국의 방범심방 제도

① 미국

미국의 경찰은 지역사회 경찰활동을 도입하면서 방범심방의 중요성을 강조하고 있다. 미국사회는 다양한 인종으로 구성된 다양한 문화의 복잡한 사회이기 때문에, 지역사회에 대한 정확한 정보를 파악하는 것은 범죄대책을 세우는 데 중요한 기초가 된다. 따라서 최근에는 FBI를 비롯한 대도시 경찰국에서 방범심방에 관련된 기술과 방법, 조사하는 항목 등에 관한 교범을 개발하고 있다.66)

② 일본

일본경찰은 고오방(交番, 한국의 파출소)과 주재소에 근무하는 지역경찰관이 그가 담당하는 구역을 순회하면서 가정, 사업소 등을 방문하여 범죄의 예방, 재해사고의 방지, 기타 주민의 안전하고 평온한 생활을 확보하기 위하여 필요하다고 인정되는 사항에 대하여 지도하거나 주민의 고충, 의견, 여론 등을 청취함으로써, 주민과 우호적인 관계를 유지하도록 하는 순회연락제도를 실시하고

---

65) 박기태 외, 방범경찰론, 경찰대학, 2000, p.98.

66) K.J. Peak & R.W. Glensor, *Community Policing and Problem Solving: Strategies and Practices*, Prentice-Hall, 1996, pp. 101-103.

있다.

순회연락에는 통상순회연락과 특정지역에 범죄가 다발하는 경우, 중대범죄 및 재해 · 사고가 발생할 우려가 있는 경우에 범죄의 예방, 재해 · 사고의 방지를 위하여 기간, 대상, 지역 등을 정하여 행하는 특별순회연락이 있다.[67] 일본의 순회연락이 우리의 방범심방과 다른 점은 첫째, 순회연락은 고오방의 관할 구역을 몇 개의 담당구역으로 나누어 각 근무자에게 배분하고 있고, 둘째, 일반가정과 사업소 외에 관공서도 대상으로 하고 있으며, 셋째, 순회연락 전종요원을 두고 있는 점이다.

일본경찰은 지역경찰활동에서 순회연락이 갖는 중요성을 강조하여 효과적인 순회연락을 실시하기 위해 외근경찰뿐만 아니라 교통 · 소년 · 풍속분야 등의 전담경찰관과 함께 순회연락을 하거나, 그들의 전문적인 지식을 제공받아 순회연락에 효과적으로 활용하도록 하고 있고, 경찰관과 주민과의 지위가 균형이 이루어져 원활한 면접이 되도록 대규모 사업소 등 방문대상에 따라서는 경부(경감급) 이상의 간부가 방문하기도 한다.

2) 방범진단

방범진단이란 각종 범죄, 특히 주거침입, 상 · 절도의 예방목적으로 주택 · 상가 · 건물에 대하여 문단속 및 기타 방범상의 제시설과 장비의 상황을 점검하여 범죄취약점을 보완하도록 지도하는 것을 말한다. 방범진단은 잠재적인 범죄피해자에 초점을 맞추어 범죄발생의 기회를 제공하는 범죄환경을 개선함으로써 범죄를 사전에 방지하려는 데 있다.

방범진단은 외부적 진단으로부터 내부적 진단으로 이동하면서 실시하고, 다시 내부에서 외부로 이동하면서 중첩적으로 실시한다. 방범진단 역시 비권력적 사실행위이므로 진단의 결과 취약요소가 발견된 경우 경찰이 주민에게 시정의 요구나 대책강화를 촉구할 수는 있지만, 강제할 수는 없다. 방범진단과 관련하여 미국에서 활발히 연구되고 있는 것이 환경설계를 통한 범죄예방(Crime Prevention Through Environment Design: CPTED)개념이다. CPTED는 범죄와 환경과의 관계, 그리고 환경의 특성이 범죄에 미치는 영향을 분석하여 주거환경이나 건축물의 설계에 활용하는 방법이다.

3) 방범홍보

치안은 경찰과 지역주민의 협동생산의 결과라는 사실이 분명해지면서 과거의 폐쇄적인 태도에서 벗어나 주민에게 치안상황을 알리고 협력을 구하는 것이 효율적인 치안정책의 하나가 되고 있다.

방범홍보란 경찰이 범죄에 대한 정보와 방지대책을 일반시민에게 알려서 범죄의 피해자가 되는 것을 방지하고, 경찰과 지역사회와의 친밀한 유대관계를 유지하기 위한 제반활동을 말한다.

---

67) 박기태 외, 앞의 책, p.100.

방범홍보는 홍보내용에 따라 대상자가 손쉽고 자연스럽게 그 정보를 습득할 수 있는 방법을 선택해야 한다. 신문 · 잡지 · 포스타 · 전단 · 영화 · 라디오 · TV · 유선방송 · PC통신 · 인터넷 등과 같이 매스미디어를 통하여 하는 방법, 그리고 자율방범단체나 각종 사회단체나 기관에 의해 하는 방법이 있다. 앞으로는 인터넷이나 홈페이지의 방범사이트에 의한 범죄예방 홍보가 효과적일 것이다.

제 6 절 지역경찰관서의 조직과 운영

1. 조직 및 구성

1) 지역경찰관서

(1) 정의

지역경찰관서란 「국가경찰과 자치경찰의 조직 및 운영에 관한 법률」 제30조 제3항 및 「경찰청과 그 소속기관 직제」 제43조에 규정된 지구대 및 파출소를 말한다. 따라서 지역경찰관서는 지구대와 파출소로 나누어지며, 그 산하에 검문소형 치안센터, 출장소형 치안센터, 직주일체형 치안센터를 둔다.[68]

(2) 설치 및 폐지

시 · 도 경찰청장은 인구, 면적, 행정구역, 교통 · 지리적 여건, 각종 사건 · 사고 발생 등을 고려하여, 경찰서의 관할 구역을 나누어 지역경찰관서(지구대 또는 파출소)를 설치한다. 지역경찰관서는 지구대와 파출소로 한다.

(3) 지역경찰관서장과 그 직무

지구대장과 파출소장은 지역경찰관서장으로서 지역경찰관서의 사무를 통할하고 소속 지역경찰을 지휘 · 감독한다.

지역경찰관서장의 직무는 다음과 같다.

1. 관내 치안상황의 분석 및 대책수립
2. 지역경찰관서의 시설, 예산, 장비의 관리
3. 소속 지역경찰의 근무와 관련된 제반사항에 대한 지휘 및 감독
4. 경찰 중요시책의 홍보 및 협력치안활동 등이다(지역경찰의 조직 및 운영에 관한 규칙 제5조).[69]

68) 경찰은 국가경찰과 자치경찰의 조직 및 운영에 관한 법률 개정으로 경찰사무를 국가경찰사무와 자치경찰사무로 나누고, 각 사무별 지휘 · 감독권자를 분산하며, 시 · 도자치경찰위원회가 자치경찰사무를 지휘 · 감독하도록 하는 등 자치경찰제 도입의 법적 근거를 마련하였다.

69) 지역경찰의 조직 및 운영에 관한 규칙, 경찰청예규 제602호, 2022.5.31.

2) 지역경찰관서의 하부조직(규칙 제6조)

① 지역경찰관서에는 관리팀과 상시 교대근무로 운영하는 복수의 순찰팀을 둔다.
② 순찰팀의 수는 지역 치안수요 및 인력여건 등을 고려하여 시・도경찰청장이 결정한다.
③ 관리팀 및 순찰팀의 인원은 지역 치안수요 및 인력여건 등을 고려하여 경찰서장이 결정한다.

(1) 관리팀(규칙 제7조)

관리팀은 문서의 접수 및 처리, 시설 및 장비의 관리, 예산의 집행 등 지역경찰관서의 행정업무를 담당한다.

(2) 순찰팀 및 순찰팀장의 직무(규칙 제8조)

① 순찰팀은 범죄예방 순찰, 각종 사건・사고에 대한 초동조치 등 현장 치안활동을 담당하며, 팀장은 경감 또는 경위로 보한다.

② 순찰팀장의 직무는 다음과 같다.

1. 근무교대 시 주요 취급사항 및 장비 등의 인수인계 확인
2. 관리팀원 및 순찰팀원에 대한 일일근무 지정 및 지휘・감독
3. 관내 중요사건 발생 시 현장 지휘
4. 지역경찰관서장 부재 시 업무대행
5. 순찰팀원의 업무역량 향상을 위한 교육 등이다.

3) 지휘 및 감독(규칙 제9조)

1. 경찰서장은 지역경찰관서의 운영에 관하여 총괄 지휘・감독
2. 경찰서의 각 과장 등 부서장은 각 부서의 소관업무와 관련된 지역경찰의 업무에 관하여 경찰서장을 보좌
3. 지역경찰관서장은 지역경찰관서의 시설・장비・예산 및 소속 지역경찰의 근무에 관한 제반사항을 지휘・감독
4. 순찰팀장은 근무시간 중 소속 지역경찰을 지휘・감독한다.

4) 치안센터

(1) 설치 및 폐지(규칙 제10조)

시・도경찰청장은 지역치안을 효율적으로 수행하기 위하여 지역경찰관서장 소속 하에 치안센터를 설치할 수 있다.

(2) 소속 및 관할(규칙 제11조) 그리고 운영시간(규칙 제12조)

① 치안센터는 지역경찰관서장의 소속 하에 두며, 치안센터의 인원・장비・예산 등은 지역경찰관서에서 통합관리한다.

② 치안센터의 관할 구역은 소속 지역경찰관서 관할 구역의 일부로 한다.

③ 치안센터의 관할 구역의 크기는 치안센터의 설치목적, 배치인원 및 장비, 교통・지리적 요

건 등을 고려하여 경찰서장이 정한다.

④ 치안센터는 24시간 상시 운영을 원칙으로 하고, 경찰서장은 지역 치안여건 및 인원여건을 고려, 운영시간을 탄력적으로 조정할 수 있다.

(3) 근무자의 배치(규칙 제13조)

① 치안센터 운영시간에는 치안센터 관할 구역에 근무자를 배치함을 원칙으로 한다.

② 경찰서장은 치안센터의 종류 및 지리적 여건 등을 고려하여 필요한 경우 치안센터에 전담근무자를 배치할 수 있다.

(4) 치안센터장의 임무(규칙 제14조)

① 경찰서장은 치안센터에 전담근무자를 배치하는 경우 전담근무자 중 1명을 치안센터장으로 지정할 수 있으며, 치안센터장의 임무는 다음과 같다.

1. 경찰 민원 접수 및 처리
2. 관할 지역 내 주민 여론 수렴 및 보고
3. 타기관 협조 등 협력방범활동
4. 기타 치안센터 운영과 관련된 문제점 및 개선대책 수립 및 보고 등이다.

(5) 치안센터의 종류

① 검문소형 치안센터(규칙 제16조)

ⓐ 검문소형 치안센터는 적의 침투 예상로 또는 주요 간선도로의 취약요소 등에 교통통제 요소 등을 고려하여 설치한다. 다만, 시 · 도경찰청 및 경찰서 관할의 경계에는 인접 관서장과 협의하여 하나의 치안센터를 설치하는 것을 원칙으로 한다.

ⓑ 임무는 1. 거점 형성에 의한 지역 경계, 2. 불심검문 및 범법자의 단속 · 검거, 3. 지역경찰관서에서 즉시 출동하기 어려운 사건 · 사고 발생 시 초동조치 등이다.

② 출장소형 치안센터(규칙 제17조)

ⓐ 출장소형 치안센터는 지역 치안활동의 효율성 및 주민편의 등을 고려하여 필요한 지역에 설치한다. 대체로 지구대나 파출소에서 거리가 멀어 직접 지역사회 경찰활동을 하기 어려운 지역에 설치한다고 보면 된다.

ⓑ 임무는 1. 관할 내 주민여론 청취 등 지역사회 경찰활동, 2. 방문 민원 접수 및 처리, 3. 범죄예방 순찰 및 위험발생 방지, 4. 지역경찰관서에서 즉시 출동하기 어려운 사건 · 사고 발생 시 초동조치 등이다.

ⓒ 경찰서장은 도서 · 접적지역 등 지리적 여건상 필요한 경우에는 출장소형 치안센터에 검문소형 치안센터의 임무를 병행토록 할 수 있다.

③ 직주일체형 치안센터(규칙 제18조)

ⓐ 직주일체형 치안센터는 출장소형 치안센터 중 근무자가 치안센터 내에서 거주하면서 근무하는 형태의 치안센터를 말한다.

ⓑ 직주일체형 치안센터에는 배우자와 함께 거주함을 원칙으로 하며, 배우자는 근무자 부재 시 방문 민원접수·처리 등 보조역할을 수행한다.

ⓒ 직주일체형 치안센터에 배치된 근무자는 근무 종료 후에도 관할 구역 내에 위치하며, 지역경찰관서와 연락체계를 유지하여야 한다. 다만, 휴무일은 제외한다.

④ 직주일체형 치안센터 근무자의 특례(규칙 제19조)

ⓐ 경찰서장은 직주일체형 치안센터에 거주하는 근무자의 배우자에게 조력사례금을 지급하여야 하며, 지급 기준 및 금액은 경찰청장이 정한다.

ⓑ 직주일체형 치안센터에 배치된 근무자의 근무기간은 1년 이상으로 하며, 임기를 마친 경찰관은 희망부서로 배치하고, 차기 경비부서의 차출순서에서 1회 면제한다.

2. 근무형태 및 시간

1) 지역경찰관서장

지역경찰관서장은 일근근무를 원칙으로 한다. 다만, 경찰서장은 필요하다 인정되는 경우에는 지역경찰관서장의 근무시간을 조정하거나 시간 외, 휴일근무 등을 명할 수 있다(제21조 제1항).

2) 관리팀

관리팀은 일근근무를 원칙으로 한다. 다만, 지역경찰관서장은 필요하다고 인정되는 경우에는 근무시간을 조정하거나 시간 외, 휴일근무 등을 명할 수 있다(제21조 제2항).

3) 순찰팀장 및 순찰팀원

순찰팀장 및 순찰팀원은 상시·교대근무를 원칙으로 하며, 근무교대시간 및 휴게시간, 휴무횟수 등 구체적인 사항은 「국가공무원 복무규정」 및 「경찰기관 상시근무 공무원의 근무시간 등에 관한 규칙」이 규정한 범위 안에서 시·도경찰청장이 정한다(제21조 제3항).

4) 치안센터 전담근무자

치안센터 전담근무자의 근무형태 및 근무시간은 치안센터의 종류 및 운영시간 등을 고려하여, 지역경찰관서장이나 순찰팀 및 관리팀의 근무시간을 준용하여 경찰서장이 정한다(제21조 제4항).

3. 근무의 종류와 업무

1) 근무의 구분(규칙 제22조)

지역경찰의 근무는 행정근무, 상황근무, 순찰근무, 경계근무, 대기근무, 기타 근무로 구분한다.

(1) 행정근무(규칙 제23조)

1. 문서의 접수 및 처리
2. 시설 · 정비의 관리 및 예산의 집행
3. 각종 현황, 통계, 자료, 부책 관리
4. 기타 행정업무 및 지역경찰관서장이 지시한 업무

(2) 상황근무(규칙 제24조)

1. 시설 및 장비의 작동 여부 확인
2. 방문인원 및 각종 신고사건의 접수 및 처리
3. 요보호자 또는 피의자에 대한 보호 · 감시
4. 중요 사건 · 사고 발생 시 보고 및 전파
5. 기타 필요한 문서의 작성

(3) 순찰근무(규칙 제25조)

① 순찰근무는 그 수단에 따라 112순찰, 방범오토바이 순찰, 자전거 순찰 및 도보 순찰 등으로 구분한다.

② 112순찰근무 및 야간 순찰근무는 반드시 2인 이상 근무구역에서 다음 각 호의 업무를 수행한다.

1. 주민여론 및 범죄첩보 여부 확인
2. 각종 사건 · 사고 발생 시 초동조치 및 보고, 전파
3. 범죄예방 및 위험발생 방지 활동
4. 범법자의 단속 및 검거
5. 경찰방문 및 방범진단
6. 통행인 및 차량에 대한 검문검색 등

(4) 경계근무(규칙 제26조)

① 경계근무는 반드시 2인 이상 합동으로 지정하여야 한다.

② 경계근무를 지정받은 지역경찰은 지정된 장소에서 다음 각 호의 업무를 수행한다.

1. 범법자 등을 단속 · 검거하기 위한 통행인 및 차량, 선박 등에 대한 검문검색 및 후속조치
2. 비상 및 작전사태 등 발생 시 차량, 선박 등의 통행 통제

(5) 대기근무(규칙 제27조)

① 대기근무의 장소는 지역경찰관서 및 치안센터 내로 한다. 단, 식사시간을 대기근무로 지정한 경우에는 식사장소를 대기근무장소로 한다.

② 대기근무를 지정받은 지역경찰은 지정된 장소에서 휴식을 취하되, 무전기를 청취하며 10분 이내 출동이 가능한 상태를 유지하여야 한다.

(6) 기타 근무(규칙 제28조)

치안상황에 효과적으로 대응하기 위하여 지역경찰 관리자가 지정하는 근무로써 제23조부터 제27조까지 규정한 근무에 해당하지 않는 형태의 근무를 말한다.

2) 문서관리(규칙 제42조의2 및 제43조)

① 지역경찰관리자와 상황근무자는 근무 중 주요사항을 근무일지(을지)에 기록하여야 한다. 근무일지는 3년 간 보관한다.

② 지역경찰 업무담당부서에서 지역경찰관서장에게 각종 현황 및 통계 등을 정기적으로 보고하도록 지시한 경우, 지시의 효력은 최초 보고받은 날로부터 1년이 경과하면 자동으로 소멸한다.

③ 지역경찰 업무담당부서에서는 지시의 효력을 연장할 필요가 있는 경우 소속 관서의 112치안종합상황실장과 협의하여 1년 단위로 연장할 수 있다.

제 7 절 경찰의 순찰활동

1. 범죄예방과 순찰

1) 순찰의 개념

순찰(patrol)이란 보통사람들의 눈에는 경찰관이 차량이나 도보로 관할의 치안상태를 기계적으로 점검하는 것으로 이해될 수 있다. 이러한 개념은 순찰을 경찰이 거리를 가시적으로 돌아다니는 물리적인 활동으로 규정하고 있다. 그러나 순찰은 경찰의 이러한 물리적인 순찰활동 그 이상을 포함하는 개념이다.

순찰은 다음과 같은 측면에서 경찰활동의 중심이다.

① 경찰의 대부분이 순찰활동에 배치되고, 공공에 대하여 경찰서비스의 대부분을 제공한다.

② 순찰경찰은 경찰활동의 의사결정자이며, 전체 형사사법 시스템의 문지기(gatekeepers)이다. 윌슨(James Q. Wilson)에 의하면, 경찰기관은 조직계층의 아래로 내려갈수록 자유재량이 증가하는 특성을 갖고 있다. 체포할 것인가 말 것인가, 가정분쟁을 어떻게 처리할 것인가를 결정할 경우에 순찰경찰관은 실질적인 정책결정자이다.[70] 국민의 생활에 영향을 미치는 중요한 의사결정을 하고, 거리에서 임무를 수행하는 경찰은 "거리(가두)의 관료(street-level bureaucrat)"이다.[71]

③ 순찰활동의 경험은 경찰경력의 구성부분이다.[72] 한국은 물론이고 미국의 경우에도, 경찰배치의 기준은 경찰근무경력에 따른다. 따라서 신참경찰관들은 보통 야간에 범죄다발지역에 배치되

70) James Q. Wilson, *Varieties of Police Behavior*, New York: Ateneum, 1973, p.7.

71) Michael Lipsky, *Street Level Bureaucracy*, New York: Russel Sage, 1980, p.8.

72) Walker & Katz, op. cit., pp.87-88.

는 순찰임무로부터 경찰경력을 시작한다.

따라서 순찰이란 외근경찰관이 관내의 일정한 지역을 차량이나 도보로 순회 · 관찰하면서 치안상태를 파악하고, 공공의 안녕 · 질서에 대한 위험방지활동을 수행하는 것을 말한다.

2) 순찰의 기능

(1) 로버트 필경(Sir Robert Peel)의 주장

현대경찰의 창시자인 로버트 필경은 범죄예방이 가시적 순찰의 주된 목적이라고 주장했다.

(2) 윌슨과 맥라렌의 주장

윌슨과 맥라렌(Wilson & McLaren)은 순찰의 목적을 네 가지로 제시했다.[73)]

① 순찰의 기능은 범죄성공 기회의 제거 또는 범행기회가 존재한다는 믿음의 제거에 있다.

② 외근경찰관들이 순찰을 하면서 비행이나 범행을 유발하는 여러 가지 원인이나 조건들을 제거하고, 주민들의 도덕적 행동을 격려함으로써 범죄예방활동 목적을 수행한다.

③ 순찰이 범법자의 범죄욕망 제거나 범죄기회 제거에 실패하여 실제로 범죄가 발생했을 경우에 범죄수사와 범인검거에 용이하고, 특히 도난당한 재물을 회수하는 데 효과적이다.

④ 24시간의 지속적인 광범위한 순찰은 범죄예방이나 범죄진압 · 범인검거보다도 다양한 형태의 위험발생방지 및 비범죄적 서비스 제공활동에 공헌한다.

(3) 해일의 주장

해일(Charles D. Hale)은 순찰의 기능을 ① 범죄예방과 범인검거, ② 법 집행, ③ 대민서비스 제공, ④ 교통지도 · 단속, ⑤ 질서유지 등으로 규정하고 범죄예방활동을 포함한 모든 경찰활동의 목적이 순찰을 통하여 달성된다고 주장한다.[74)]

(4) 워커의 주장

워커(Samuel Walker)는 ① 범죄의 억제, ② 공공 안전감의 증진, ③ 대민서비스 제공 등을 순찰의 기능으로 제시한다. 순찰경찰관의 가시적 존재는 이러한 기능을 실현한다.[75)]

범죄억제의 경우, 윌슨(O.W. Wilson)에 의하면, 순찰이란 범행의 성공을 위한 실제 기회 또는 기회가 존재한다는 믿음을 제거하는 것에서부터 시작된다. 이를 위해서 경찰은 시민들에게 경찰의 모든 장소 동시존재의 인상(an impression of omnipresence)을 창출하는 방식으로 순찰을 설계함으로써 범죄를 억제해야 한다.[76)]

공공 안전감의 증진의 경우 경찰의 가시적인 순찰은 준법시민들로 하여금 범죄로부터 보호되

---

73) Wilson & Mclaren, op. cit., pp.319-320.

74) Charles D. Hale, *Police Patrol: Operation & Management*, Englewood Cliffs, N.J: Prentice-Hall Career & Technology (2nd ed.), 1994, p.25.

75) Walker & Katz, op. cit., p.89.

76) Ibid., p.89.

어 안전하다는 확신을 가지게 만드는 데 있다. 대부분의 시민들은 순찰이 범죄를 억제한다고 믿고 있으며, 경찰활동의 개선방안으로 자기지역에 더 많은 경찰이나 더 많은 순찰을 요구한다.

경찰의 대민서비스 제공은 지역공동체 전체에 순찰경찰을 분산시킴으로써 성취될 수 있다. 라이스(Albert Reiss)는 어떤 다른 전문직종보다도 경찰순찰이 대민서비스 제공에 가장 성공적이라고 주장한다. 의사, 변호사, 그리고 치과의사 등의 고객들은 전문가들의 사무실을 방문해야 서비스를 제공받을 수 있지만, 경찰은 집에서 전화로 서비스 제공을 요구할 수 있는 마지막 전문직일 것이다.[77)]

2. 순찰의 방법

1) 순찰수단에 의한 구분

(1) 자동차순찰(automobile patrol)

1920~1950년대 사이에 경찰순찰은 도보순찰에서 자동차순찰로 전환한 이후 순찰의 대부분을 차지하고 있다. 그 이유는 우선 다음과 같은 순찰의 능률성이라는 장점에서 찾아 볼 수 있다.

자동차순찰의 장점은 다음과 같다.

① 짧은 시간에 많은 지역을 주파하기 때문에 높은 가시적 방범효과가 있으며, 순찰의 능률성이 높다.

② 시민의 신고에 사건 · 사고 현장에 신속하게 도착하여 대응할 수 있고, 도주하는 차량을 추적할 수 있는 기동성이 높은 순찰 방법이다.

③ 자동차순찰은 차량의 기동성과 내부에 다양한 경찰장비를 적재할 수 있어 거동수상자나 범법자의 공격에 대비할 수 있으므로 순찰의 안전성이 높다.

④ 도보순찰보다 적은 인력으로 순찰이 가능하므로 자동차순찰은 순찰방법 중에서 가장 능률적이다.

⑤ 자동차순찰은 특정지역에 불시에 다시 돌아와서 순찰하는 등의 불규칙적이고 예측불가능한 순찰을 하기에 유용하고, 기상상태가 불량할 경우에도 가능하다는 이점이 있다.[78)]

한편, 자동차순찰의 단점은 다음과 같다.

① 비용보다는 오히려 주민들의 순찰강도에 대한 체감정도가 아주 낮다는 점이 가장 큰 단점이다. 순찰차는 짧은 시간에 많은 지역을 주파해야 하기 때문에, 순찰 중에 주민들과 접촉을 할 수 있는 시간이 아주 한정적이기 때문이다.

② 자동차순찰은 상가나 주택이 밀집되어 있는 좁은 골목길순찰에는 한계가 있다. 그러므로 오토바이나 자전거 또는 도보순찰로 보완해야 한다.

③ 자동차순찰은 인건비를 제외한다면 차량 등 장비보급 경비가 많이 소요된다.

77) Ibid., p.89.
78) Ibid., p.93.

(2) 도보순찰(foot patrol)

① 의의

도보순찰은 외근경찰관이 한정된 지역을 직접 발로 걸어 다니면서 수행하는 순찰방법으로서, 지역주민의 범죄에 대한 두려움의 감소와 유대관계의 강화라는 장점이 있지만, 순찰지역이 한정적이고 112신고 등에 효율적으로 반응하지 못한다는 단점이 있다.

② 도보순찰의 장점

도보순찰에 대한 연구결과는 다음과 같은 실질적인 장점을 발견했다.

ⓐ 도보순찰은 범죄감소와 함께 경찰과 시민의 유대관계를 증진시키는 데 효과적이다.

ⓑ 1980년대의 도보순찰에 대한 평가는 도보순찰이 범죄를 감소시키지는 못하지만, 시민의 안전감을 증진시킨다고 보고했다. 이러한 연구결과는 도보순찰이 범죄를 감소시킬 수는 없지만, 아마 범죄의 두려움을 감소시킬 수 있을 것으로 생각하게 만들었다.

ⓒ 경찰과 시민의 상호작용을 증가시키는 도보순찰에 대한 연구는 그러한 전략이 범죄의 두려움과 범죄의 감소에 효과적이라는 결과를 얻었다.

③ 실무적인 장점

실무적인 측면에서 본 장점은 다음과 같다.

ⓐ 인력이 주어진 것이라면, 물리적 비용의 측면에서는 별도의 장비가 필요 없으므로 가장 값싼 순찰방법이다.

ⓑ 도보순찰은 우범지역이나 범죄다발장소를 집중적으로 순찰하는 요점순찰이나 지정순찰에 아주 효과적이다. 이는 좁은 지역을 세밀하게 조사하고 관찰할 수 있기 때문이다.

ⓒ 유흥업소나 주택가의 좁은 골목길은 차량순찰은 불가능하므로 도보순찰이 효과적이다.

ⓓ 도보순찰은 순찰과정에서 주민들과 대면적 접촉이 가능한 방법이기 때문에 주민들로부터 직접 구체적인 정보를 수집하는 데 적합하고, 주민과의 감정이입과 유대관계의 강화가 촉진된다.[79)]

ⓔ 도보순찰은 부근의 정황관찰이 용이하고 야간 등 청력을 필요로 하는 경우에 유리하다.

④ 단점

도보순찰의 단점은 다음과 같다.

ⓐ 기동력의 한계로 인해 긴급상황에 적시에 대응하지 못하며, 순찰하는 지역의 범위도 좁다.

ⓑ 도보순찰은 순찰경찰관의 육체적 피로를 가중시키기 때문에, 순찰노선의 단축과 순찰횟수를 감소시키는 문제가 있다.

ⓒ 기동성의 부족과 아울러 장비휴대의 한계로 인해 범법자의 공격에 취약하고, 인명구조나 환자이송 등 긴급상황의 대응성에 한계가 있다.

---

79) Ibid., p.93.

ⓓ 도보순찰은 두 명 이상의 합동순찰이 필요한 상황이 많고, 도보순찰의 회수를 증가시키면 그 만큼 많은 인력이 요구되므로 값비싼 순찰방법이다.

2) 일반적 경향

오늘날 경찰순찰은 대부분(84%) 자동차순찰 방법을 채택하고 있다. 미국의 경우에 모든 순찰의 단지 4%만을 도보순찰이 차지하고, 5%는 이륜자동차(motorcycle)에 의해, 나머지 5%는 자전거에 의해 순찰이 실행된다.

(1) 1인 승차 순찰차와 2인 승차 순찰차

미국의 경우 89%에 달하는 대부분의 경찰관서는 1인 승차 순찰차 순찰을 채택하고 있다. 1인 승차 순찰은 다음과 같은 측면에서 2인 승차 순찰보다는 더 능률적이다. 즉, 두 대의 1인 승차 순찰차는 2인 승차 한 대의 순찰차보다 두 배의 지역을 순찰할 수 있으며, 주민의 신고에 두 배로 대응할 수 있다.

물론 2인 승차 순찰차 순찰은 경찰관의 안전확보와 범죄발생 시 범인검거를 위한 효과적 대응, 그리고 우려되는 경찰부정행위 방지에 효과적이라는 점에서 2인 승차 순찰차를 운용하는 경찰관서도 있다.

그러나 순찰경찰관의 안전은 샌디에이고의 경찰협회(Police Foundation)의 연구에 의하면, 1인 승차 순찰차가 2인 승차 순찰차보다 습격을 받은 일이 더 적고, 체포에 저항을 덜 받았다고 보고한다. 더욱이 1인 승차 순찰차는 2인 승차 순찰차보다 더 많은 범법자를 체포하고 더 많은 범죄인지보고서를 작성한 것으로 나타났다. 따라서 경찰의 안전에 대한 관심은 과장되었다는 것이다.

샌디에이고시에서 지원경찰이 급파된 사건 중의 56.5%는 후에 지원이 필요치 않은 것으로 확인되었으며, 단지 사건의 2.8%만이 지원 경찰이 적게 급파되었다는 것이다.[80]

그러나 미국의 치안상황과 한국의 치안상황에 차이가 있고, 또한 미국시민과 한국시민의 치안에 대한 인식이나 경찰에 대한 인식에 차이가 있기 때문에, 미국의 통계만으로 1인 승차 순찰차의 순찰이 더 효과적이라 단언할 수는 없다.

3) 순찰의 스타일

(1) 개인

순찰경찰관이 수행해야 할 업무의 범위는 광범하다. 순찰활동이 단순히 방범에 그치는 것이 아니라 다양한 사건・사고 처리, 지역의 평화와 질서 유지, 지역주민과 유대관계 형성, 지역의 범죄첩보 수집, 그리고 지역의 다양한 문제해결까지 포함한다. 따라서 순찰경찰관의 실제 업무량은 개인의 업무 스타일과 사명의식에 달려 있다.

어떤 경찰관은 많은 업무를 처리하는가 하면 다른 경찰관은 처리하는 업무량이 아주 적을 수

80) Ibid., pp.93-94.

있다. 순찰경찰관의 불심검문, 준법주민과 첩보수집을 위한 비공식적인 접촉, 교통법규 위반차량 단속, 의심스런 사건의 감시와 용의자 체포 등은 경찰의 자발적인 결정에 따른 능동적인 업무수행 결과이다. 한편, 시민에 의해서 경찰업무처리가 개시되는 주민의 경찰서비스 제공 신고의 경우, 그 대응의 신속성과 강도는 경찰관에 따라서 다양하다.

베일리와 가르팔로(David H. Bayley & James Garfalo)에 의하면, 어떤 경찰관은 주민의 서비스 제공 신고를 받고 늑장 출동 또는 출동한 후 단순히 상황을 관찰하고 떠나버리는 것과 같이 가볍게 대응하는가 하면, 다른 경찰관은 신속하게 출동한 후 상황을 엄밀하게 통제하는 한편, 신고자에게 면밀하게 질문하고, 구체적으로 설명하게 하는 등 치밀하고 엄격하게 대응한다.[81]

(2) 감독자 스타일

순찰경찰관의 업무활동은 감독자에 의해서 형성될 수 있다. 지구대나 파출소의 감독자들은 순찰 경찰관들을 엄격하게 감독하고, 규칙적인 지시와 통제를 통하여 구체적인 업무성과를 요구한다. 그러나 어떤 감독자들은 부하들에 대한 지시와 감독을 최소화함으로써, 순찰경찰관 개인이 자신의 업무량을 알아서 설정하도록 재량을 허용한다.

(3) 조직 스타일

순찰경찰관의 활동은 경찰관서의 업무수행 스타일에 의해서도 영향을 받는다. 즉, 조직의 문화가 순찰경찰관의 업무수행 활동을 좌우한다는 것이다. 윌슨(O.W. Wilson)은 경찰관서의 조직적 업무 스타일을 세 가지로 구분한다.

첫째, 야경 스타일(watchman style)은 공격적인 법 집행을 하지 않고, 일선경찰에 대한 통제를 거의 하지 않는 평화유지를 강조한다.

둘째, 법률중심적인 스타일은 공격적인 범죄투사를 강조하고, 규정과 규칙에 의한 행정적인 접근을 통하여 순찰경찰관의 행동을 통제하려고 한다.

셋째, 서비스 스타일은 공동체의 기대에 대한 대응성을 강조하고, 일반적으로 비교적 범죄가 거의 없는 교외 경찰관서에서 발견된다.[82]

4) 신고에 대한 반응시간

(1) 반응시간

순찰경찰의 가장 우선시되는 업무는 신고된 범죄 현장에 신속하게 도착하는 것이다. 경찰과 시민 모두 경찰이 112신고에 신속하게 반응할 경우 ① 범인체포 확률의 증가, ② 시민 만족도의 증가를 갖고 온다고 믿는다. 심지어 전통적인 경찰활동의 전문성은 모든 신고에 대한 가능한 가장 신속한 반응성에 의해 정의된다. 그러나 불행히도 연구결과는 신속한 반응시간에 대한 시민의

---

81) David H. Bayley & James Garfalo, "The Management of Violence by Police Patrol Officers," *Criminology 27*, February 1989, pp.1-25.

82) Walker & Katz, op. cit., p.95.

믿음을 지원하지 않는다. 반응시간과 사건처리 결과는 별로 관계가 없다는 것이다.

범죄발생과 경찰관이 현장에 도착하는 순간 사이의 전체 시간은 다음과 같이 몇 개의 부분으로 나누어진다.

① 발견시간(discovery time): 범죄발생과 그 발견 사이의 간격

② 신고시간(reporting time): 범죄발견과 시민이 경찰에 신고하는 시간 사이의 간격

③ 처리시간(processing time): 신고와 순찰차 출동 사이의 간격

④ 이동시간(travel time): 순찰경찰관이 출동하여 현장에 도달하는 데 걸리는 시간으로 나누어진다.

경찰의 반응시간에 관한 구체적인 연구에 의하면, 우리가 일반적으로 알고 있는 반응시간 개념과는 다르다는 것을 알 수 있다. 캔자스시 경찰연구팀에 의하면, 신고에 대한 경찰의 처리시간은 평균 2분 50초 걸렸고, 이동시간은 평균 5분 34초로서 경찰의 처리시간과 이동시간은 총 8분 24초였다.[83] 앞에서 제시된 전체 반응시간 중 발견시간, 신고시간 및 처리시간은 경찰이 통제가능한 시간 개념이 아니다.

모든 신고된 사건의 75%는 범인이 도주하고 난 뒤에 신고하는 발견 또는 냉각범죄(cold crime)였으며, 단지 25%만이 범죄자와 피해자가 대치하고 있는 연루범죄(involvement crime)였다. 범죄발생시간 또는 발견시간과 신고된 시간 사이의 간격은 재산범죄의 경우에 몇 시간이 걸리고 대인적 폭력범죄의 경우 약 30분이 걸린다. 이러한 맥락에서 경찰 이동시간은 범죄현장에서 범인을 체포하는 것과는 대체로 관련이 없다.

연루범죄의 경우에 피해자는 경찰에 신고하는 데 대부분 평균 4분에서 5.5분이 걸리고, 13%는 범행이 진행되고 있는 동안에 신고를 했으며, 14%는 범죄가 발생한지 1분 이내에 신고했다.[84]

경찰서비스에 대한 시민의 만족은 반응시간에 의해 좌우된다. 현장에 경찰이 도착하는 시간을 15분 이상 기다려야 하는 시민은 보다 빠른 반응을 얻는 시민보다 상당히 불만스러워 한다.[85] 경찰이 현장에 도착하는 시간에 대한 정확한 정보를 시민에게 미리 알려 주는 것도 중요하다. 경찰이 늦게 도착한다는 사실을 알게 된 시민은 경찰에 대한 불만족 정도가 감소된다. 따라서 경찰은 신고자에게 경찰의 정확한 도착시간에 대한 정보를 정직하게 알려주는 것이 중요하다.

(2) 순찰경찰관의 순찰시간 이용

① 도넛 숍 타임

순찰경찰관에 대한 전통적으로 부정적인 고정관념 중의 하나는 순찰시간 중에 도넛을 사서 먹는 시간에 관한 것이다. 즉, 경찰관은 순찰이나 업무수행 대신에 도넛을 먹으면서 모든 시간을

83) Kansas City Police Department, *Response Time Analysis*, Executive Summary Washington, D.C.: Government Printing Office, 1978, p.6.

84) Walker & Katz, op. cit., p.103.

85) Frank F. Furstenburg, Jr., & Charles F. Wellford, "Calling the Police: The Evaluation of Police Service," *Law and Society Review* 7(Spring), 1973, pp.393-406.

보낸다는 것이다.

이러한 고정관념은 순찰경찰관이 순찰을 제대로 하지 않는다는 문제를 제기한다. 또는 순찰경찰관은 외진 골목길 등에서 여름이나 겨울에 순찰차를 세워놓고 잠을 자는 것도 순찰태만의 유형에 해당한다.

② 개인 문제처리 시간

어떤 연구에 의하면, 순찰경찰관은 순찰 중에 시민들과 개인적인 접촉을 위해 약 25%의 시간을 소비한다. 순찰경찰관이 8시간의 순찰시간 중 1~2시간 정도를 개인적인 일을 보는 데 소비한다는 연구결과도 있다.[86] 한국의 순찰경찰관들의 시간사용 형태도 이와 유사할 것으로 추측된다.

순찰경찰관의 시간은 시민의 신고에 따른 처리시간을 의미하는 전념시간 또는 강제된 시간(committed time)과 시민의 신고와 관계없이 움직이는 비전념시간 또는 비강제된 시간(uncommitted time)으로 구분할 수 있다.

비전념시간은 정규순찰, 식사와 사무 등 경찰 무관활동, 보고서 작성 등의 정지상태의 경찰관련 활동, 그리고 경찰서에 오고가는 이동시간 등 다양하다. 그러나 시민에게 거리를 이동하는 경찰의 가시적인 순찰은 그 활동이 공식적인 업무수행 중이든 개인적인 사무처리 중이든 아무런 차이가 없다.[87] 따라서 경찰순찰은 신고에 따른 전념시간에 신속하게 대응할 수 있도록 하는 감독자들의 통제와 경찰관들의 자발적인 인식이 중요하다.

(3) 신고에 대한 차별화된 대응

경찰은 경찰서비스를 요구하는 모든 112신고에 즉시 대응할 필요가 있는가에 대한 의문이 제기된다. 사실 112신고는 허위신고와 더불어 사소한 문제인 경우가 많다. 엄청난 양의 112신고에 대한 경찰의 즉각적인 대응은 경찰에게는 큰 부담이 되고 있다. 모든 신고에 대한 즉각적인 대응은 심각한 범죄신고에 신속하게 대응하지 못하게 하는 문제도 발생할 수 있다. 따라서 112신고의 성질에 따라서 차별화된 대응의 필요성이 제기된다.

112신고에 대한 차별화된 대응 프로그램은 그 심각성에 따라서 신고를 분류하는 것에서부터 시작한다. 차별화된 대응은 ① 경찰의 직접적인 대응, ② 경찰의 지연대응, ③ 경찰의 무반응으로 나누어진다.

차별화된 대응은 112신고의 분류와 신고의 성질에 따른 차별화된 반응을 결정하기 위한 지침서의 제정과 112신고센터의 근무자에 대한 주의깊은 훈련이 요구된다.

차별화된 대응의 성공 여부에 대한 실험은 성공적인 것으로 밝혀졌다. 노스 캐롤라이나(North Carolina) 그린스보로(Greensboro)에서 모든 신고의 거의 반(53.6%)만이 순찰경찰관의 직접적인 출동의 대상이었으며, 19.5%는 사건 보고서가 전화를 통해서 작성되는 오래된 사기범죄로서 순찰경찰관이 전혀 출동하지 않았다. 나머지 26.9%는 경찰이 보통 16분 정도 걸리는 지연출동 대상이었다.

---

86) Walker & Katz, op. cit., p.104.

87) Ibid., p.104.

경찰과 시민 모두 차별화된 대응에 만족했다. 지연출동의 경우에도 경찰이 지연출동한다는 정보를 신고자에게 제공하였을 경우에 시민의 만족도는 높은 것으로 나타났다.[88] 따라서 늦게 출동하는 지연출동의 경우에 경찰은 신고자에게 그 사유를 분명하게 전달할 필요가 있다.

차별화된 대응은 112신고 시스템의 전체적인 질을 향상시킨다는 것이다. 새로운 대응 절차는 ① 신고자로부터 얻는 정보량의 증가, ② 신고자의 기대에 부응하기 위해서 더 정확한 정보를 신고자에게 제공, ③ 현장에 도착하기 전에 신고에 대한 더 자세한 정보를 순찰경찰관에게 제공하는 효과가 있었다.[89]

5) 노선에 의한 순찰방법

(1) 정선순찰

정선순찰은 관할 지역의 전체에 걸쳐서 몇 개의 순찰노선을 사전에 결정하고, 각 노선의 특정 지점마다 순찰함을 설치하여 순찰함을 따라 순차적으로 순찰하는 방법을 말한다. 이는 인간에 대한 불신을 바탕으로 강제적으로 순찰임무를 수행시키기 위한 방법으로서, 지정된 시간에 규칙적으로 순찰을 하면서 설치된 순찰함에 순찰을 입증하는 기록과 서명을 요구한다.

정선순찰은 외근경찰관의 의사에 관계없이 정해진 시간에 특정된 노선을 따라 의무적으로 순찰을 부과하고 있다는 측면에서, 인간이란 본래 악하고 게으르고 책임지기 싫어하는 존재라는 X 이론적 인간관에 입각하고 있다.

장점으로는 지구대에서 순찰자에 대한 감독・연락이 용이하다는 점이다. 그러나 ① 근무자의 자율성이 저하되고, ② 형식적・책임회피식 순찰의 위험성과 인력낭비의 우려가 있다는 것이 단점으로 지적된다.

최근에는 주간에는 자율순찰, 야간에는 축소된 정선순찰을 하는 수정된 정선순찰 방법도 사용되고 있다.

(2) 난선순찰

난선순찰(random patrol)은 사전에 순찰노선을 정해 놓지 않은 상태에서 외근경찰관이 임의로 각종 사건・사고 발생상황을 고려하여, 순찰지역이나 노선을 선정하여 불규칙적인 순찰을 하는 방법을 말한다.

장점은 난선순찰이 불규칙적으로 이루어지기 때문에, 범죄자의 경찰순찰에 대한 예측을 교란하여 범죄예방 효과를 증대할 수 있다는 점이다. 그러나 순찰자의 위치추정이 곤란하여 근무감독이 어렵다는 문제가 있고, 근무자의 근무태만을 조장할 우려가 있다는 단점도 있다.

88) Ibid., pp.109-110.

89) J. Thomas McEwen, Edward F. Connors Ⅲ, & Marica Cohen, *Evaluation of the Differential Police Response Field Test*, Washington D.C.: Government Printing Office, 1986, p.8.

(3) 요점순찰

요점순찰은 순찰구역 내의 중요지점을 지정하여 각 요점에는 순찰함을 설치하여 순찰자는 반드시 그곳을 통과하도록 하고, 요점과 요점 사이를 통과할 때에는 난선순찰을 실시하는 방법이다. 이는 정선순찰과 난선순찰의 절충방식이다.

문제는 각 요점을 선정하는 기준이 명백하지 않고 요점선정이 잘못되었을 경우, 순찰에서 빠지는 우범지역이 많아 범죄가 다발할 수 있다는 점이다. 또한 요점을 몇 개만 지정했을 경우 오히려 단축된 정선순찰이 될 수가 있고, 요점을 많이 지정하면 정선순찰이나 다를 바가 없다.

(4) 구역순찰

구역순찰은 지구대 관할 지역을 몇 개의 소구역으로 나누고, 지정된 개인별 담당구역을 난선순찰이나 자율순찰 또는 요점순찰하는 방법으로서 분업의 원리에 기초하고 있는 순찰방법이다. 구역책임 자율순찰제가 이 방법에 기초하고 있는 제도이다.

(5) 자율순찰

자율순찰은 인간에 대한 신뢰와 자율성을 바탕으로 창의적 임무를 수행하도록 하는 제도로서, 경찰관에게 순찰시간과 지역을 정해주고 경찰관의 판단과 업무필요에 따라 자율적으로 순찰하게 하는 방법으로 Y이론에 입각하고 있다.

자율순찰은 시간과 구역을 지정하는 구역책임 자율순찰, 시간만 지정하고 순찰구역은 지정하지 않는 시간책임 자율순찰 또는 시간과 구역을 미리 지정하지 않고 외근경찰관의 판단에 의한 완전자율순찰 등으로 구분할 수 있다. 이렇게 본다면 구역책임 자율순찰과 시간책임 자율순찰은 난선순찰과 별로 차이가 없으며, 시간과 구역을 정하지 않는 완전자율순찰만이 자율순찰이라고 볼 수 있다.

자율순찰은 어떤 형식을 취하든 경찰관의 순찰시간과 노선에 대한 범죄자의 예측을 불가능하게 하고, 범죄취약 시간 · 지점을 분석하여 적극적으로 활용할 수 있다는 난선순찰과 같은 장점이 있으나, 역시 순찰경찰관의 적극성과 책임의식이 부족한 경우에는 순찰의 효과가 저하될 수 있다는 단점이 있다.

6) 대안적인 순찰기법

(1) 지정순찰

지정순찰(directed patrol)은 전통적인 난선예방순찰(random patrol) 방식에 의한 범죄대처능력의 효과성과 한정된 경찰예산의 비능률적 사용 등에 대한 의문이 제기되어 이에 대한 대안적인 순찰방법이다. 지정순찰은 정밀한 범죄분석을 통한 범죄발생 다발지역과 시간 또는 미래에 다발예상지역과 시간의 확인, 순찰방법에 대한 서명으로 된 명령서, 순찰지정 시간에 대한 순찰명령의 활성화 등의 세 가지 요소에 의해 이루어진다.[90]

지정순찰은 순찰경찰관에게 그들이 수행해야 할 특정업무와 지침에 따른 활동을 의미한다. 종전의 순찰방식은 순찰경찰관에게 그때그때 필요한 순찰지역을 선정해 주거나, 수상한 자나 특별한 사건의 감시 또는 신고전화에 신속히 대처하라는 등 대체로 일반적인 지침을 주어왔다. 반면에 지정순찰은 특정계층의 사람이나 특정한 유형의 범죄 또는 특정지역만을 집중적으로 순찰하라는 등 아주 구체적이고 특별한 지침이 주어진다.

지정순찰은 혐의자 지향적 기법(suspect-oriented technique)을 활용한다. 혐의자 지향적인 기법은 경찰이 알고 있는 혐의자나 어떤 특정부류의 개인들에 대한 집중적인 순찰을 전개하는 것을 의미한다. 이것은 사람 지향적인 순찰이며, 특히 강력범에 대한 집중적인 순찰을 의미한다. 전과가 있는 상습적인 강도나 마약범의 범죄예방이나 검거에 효과적이다.

(2) 포화순찰

포화순찰(saturation patrols)은 범죄를 억제할 목적으로 사용되는 반면에, 암행순찰과 유인작전은 범인의 탐지와 체포를 위해 채택된다. 포화순찰은 특정지역 내의 범죄나 사고의 발생을 억제하기 위해서 많은 경찰관을 집중배치하는 것이다.

특정지역 내에 다수의 경찰관을 집중적으로 배치하는 것은 시민들에게 경찰의 가시성을 높임으로써 범죄 행위를 억제하거나 차단하려는 전략이다. 이러한 전략은 교통사고를 줄이는 데도 효과적이며, 마약판매, 매춘, 강도, 차량절도, 침입 절도, 폭행, 그리고 다양한 노상범죄의 억제 등과 같이 특정범죄를 대상으로 집중적으로 공략할 때, 효과가 높은 것으로 확인되었다.

(3) 암행순찰

암행순찰은 경찰차량이 아닌 일반차량이나 택시와 배달용 트럭 등을 이용하여 범법자들이 경찰의 순찰을 눈치채지 못하게 하는 순찰방법이다. 이때 중요한 것은 각종 범죄첩보가 있어야 암행순찰이 효과적이라는 사실이다.

암행순찰은 소매치기나 날치기, 퍽치기, 부축빼기 등 현장에서 범죄자를 체포하기 위해 주로 사용되는 순찰방법이다.

3. 순찰의 효과성에 대한 실험

1) 초기의 실험

로버트 필경의 시대 이래, 경찰활동의 기본적인 가정은 경찰의 가시적인 존재가 범죄를 억제한다는 것이었다. 순찰경찰관의 증가는 범죄억제 효과를 증가시킨다는 것이 경찰활동의 핵심이었다. 그러나 1970년대 초반까지 이러한 가정을 검증하는 어떤 과학적 실험도 없었다.

90) W.J. Gay et al., *Improving Patrol Productivity: Routine Patrol*, Vol.1, Washington D.C.: National Institute of Law Enforcement and Criminal Justice, 1977, p.13.

2) 뉴욕 작전 25

1950년대와 1960년대 사이에 실행된 순찰의 효과성에 대한 초기의 실험은 현대의 과학적 연구의 기준을 충족시키지 못하였다. 뉴욕 작전 25의 경우, 뉴욕 경찰국은 1954년에 4개월 동안 25개의 구역에 순찰경찰관의 수를 배가했다. 이 실험의 결과, 뉴욕 경찰당국은 전년도 동기간에 비해 노상강도가 90%까지 감소하고, 자동차 절도는 2/3까지 감소했다고 주장했다.

그러나 뉴욕 작전 25는 방법론적으로 결함을 가지고 있었다. 경찰당국이 바라는 결과를 달성하기 위해서 보고된 범죄에 대한 UCR 수치를 조작할 가능성을 제기하는 문제가 있었으며, 범죄가 다른 지역으로의 전이가능성이나 범죄에 영향을 미칠 수 있는 다른 변수들을 통제하지 않았다는 문제가 있었다.

또 하나의 뉴욕시의 실험은 오후 8시부터 새벽 4시 사이에 지하철에 경찰관의 수를 배가시켰다. 그 결과 단기간의 범죄감소 후에 범죄는 재빨리 증가하기 시작했다. 경찰관이 추가적으로 배치되기 전인 1965년에 비해 1970년까지 지하철 강도는 6배까지 증가했다. 담당경찰관은 실험기간 동안 보고된 범죄의 수를 낮추기 위하여 고의적으로 범죄보고서를 조작한 것으로 탄로났다.[91]

3) 캔자스시 예방순찰실험

(1) 실험설계와 측정의 개요

1972년과 1973년에 실시된 캔자스시의 예방순찰실험은 미국 경찰활동에 있어서 하나의 역사적인 지표가 될 만한 획기적인 사건이었다. 이 실험은 과학적인 기준을 충족시킨 순찰의 효과성 입증에 관한 최초의 실험이었다.

이 실험은 15개의 순찰구역으로 나누어져 이루어졌다.

① 반응적 순찰구역(reactive beats): 신고에 반응하고 예방적 순찰을 하지 않음

② 예방적 순찰구역(proactive beats): 신고와 관계없이 정상적인 순찰 수준의 2~3배 순찰

③ 통제 순찰구역(control beats): 순찰구역당 한 대의 자동차로 정상순찰을 하는 구역으로 나누어졌다.

또한 실험은 ① 범죄행위, ② 지역사회 인지와 태도, ③ 경찰관의 행동과 경찰당국의 조치 등에 따라 서로 다른 순찰구역 사이의 차이를 측정했다.

(2) 실험결과의 발견과 의미

1973년 말에 TV 뉴스를 통하여 발표된 캔자스시의 실험의 결과는 다음과 같다.

① 순찰자동차의 증가와 범죄감소의 무관성

② 순찰수준의 차이와 범죄행동이나 시민의 안전감에 대한 무관성

③ 반응적 순찰구역, 예방적 순찰구역, 그리고 통제 순찰구역 사이의 범죄발생 차이의 부존재

---

91) Walker & Katz, op. cit., pp.105-106.

④ 범죄에 대한 시민의 두려움과 순찰수준 변화의 무관성

⑤ 경찰에 대한 시민의 태도와 순찰수준 변화의 무관성으로 나타났다.

순찰수준의 차이가 범죄나 공공의 인지에 영향을 미치지 못한 이유는 다음과 같다.

① 셔먼과 와이즈버드(Sherman & Weisburd)가 지적하는 바와 같이 순찰의 확산효과는 아주 미미하여 순찰자동차의 배가는 어떤 추가적인 영향을 갖고 오지 못한다.

② 많은 범죄는 사실상 흔히 실내와 충동적으로 발생하기 때문에 순찰에 의한 범죄억제효과는 거의 없다.

③ 사람들은 팬텀효과(phantom efeect), 즉 실체는 없는 데도 있다고 인지하는 일종의 유령효과나 범죄학자들이 말하는 잔여효과(residual effect) 때문에 캔자스시의 부분적인 순찰수준의 증가효과를 인지하지 못한다. 시민들은 경찰은 언제 어느 장소에나 존재하다고 생각하고, 며칠 전이나 다른 장소에서 경찰을 본 것을 현 순간에도 그들이 있는 곳에 경찰이 존재한다고 생각한다. 최초의 인지는 다른 시간과 장소에서도 영향을 미치는 잔여효과를 초래한다.

④ 캔자스시 실험은 경찰순찰수준만을 검증함으로써 지역에 따라서 배치된 순찰 단위의 수만을 측정하고, 순찰경찰관의 활동은 연구하지 않았다는 것이 이 실험의 한계이다.

4) 뉴왁시의 도보순찰실험

캔자스시 실험은 자동차순찰을 대상으로 했다. 그 결과는 도보순찰에도 일반화할 수 있는가에 대한 질문을 유발했다. 이러한 질문은 범죄와 공공의 인지에 대한 도보순찰의 효과를 검증한 1978~1979년의 뉴왁(Newark) 순찰실험을 가능하게 했다.

실험설계는 캔자스시의 실험과 유사하게 순찰구역은 ① 도보순찰 증가구역, ② 도보순찰 감소구역, ③ 통상적인 도보순찰 구역의 세 구역으로 나누어져 이루어졌다.

뉴왁 도보순찰실험 결과는 도보순찰의 증가가 심각한 범죄의 감소 사이에는 아무런 관계가 없는 것으로 밝혀졌다. 그러나 도보순찰의 증가는 ① 주민들의 범죄에 대한 두려움의 감소, ② 경찰에 대한 우호적인 태도 형성, ③ 동시에 도보순찰 경찰관들의 시민에 대한 더 긍정적인 태도를 형성하는 것으로 밝혀졌다. 도보순찰 경찰관들은 주민을 돕는 것을 그들 임무의 두 번째 중요한 부분으로 순위를 매긴 반면에, 자동차순찰 경찰관들은 주민을 돕는 것을 다섯 번째의 순위에 올려놓았다.[92]

92) Ibid., pp.108-109.

제 8 절 경찰사범 단속

1. 풍속사범

1) 의의

풍속사범은 사회의 선량한 풍속에 나쁜 영향을 미치는 행위를 의미한다. 따라서 풍속사범 단속은 사회 공공의 질서와 선량한 풍속인 공서양속을 유지하기 위하여, 사회 일반의 풍기 및 건전한 생활습관에 유해한 영향을 미치는 행위를 금지 · 제한하는 경찰활동을 의미한다. 풍속이라는 말은 사회의 지배적인 가치관이나 윤리규범의 총체라고 할 수 있는 공공질서와 관련된 개념으로서, 시대와 장소에 따라 변화하는 특성을 가지고 있다.93)

풍속영업에 관련된 허가권은 사행행위 이외에는 모두 시 · 군 · 구청장에게 위탁되어 있고, 위반사범은 행위별 개별 단속 근거법에 의해 처벌된다. 따라서 경찰작용의 일반법이라고 할 수 있는 「경찰관 직무집행법」은 단속 근거가 될 수 없다.

풍속사범의 대상은 풍속영업, 윤락행위, 음란행위, 사행행위 등이다. 풍속영업은 그 자체가 선량한 사회풍속을 해하는 것은 아니나, 그 영업행위로 인하여 공서양속에 악영향을 끼칠 범법행위가 발생할 우려가 크므로 경찰이 단속대상 업종으로 삼고 있다.

2) 풍속영업의 규제

(1) 풍속영업의 범위: 「풍속영업의 규제에 관한 법률」 제2조

풍속영업은 ① 「게임산업진흥에 관한 법률」 제2조 제6호에 따른 게임제공업 및 같은 법 제2조 제8호에 따른 복합유통게임제공업

② 「영화 및 비디오물의 진흥에 관한 법률」 제2조 제16호 가목에 따른 비디오감상실업

③ 「음악산업진흥에 관한 법률」 제2조 제13호에 따른 노래연습장업

④ 「공중위생관리법」 제2조 제1항 제2호부터 제4호까지의 규정에 따른 숙박업(민박은 제외), 목욕장업, 이용업(미용업은 제외) 중 대통령령으로 정하는 것

⑤ 「식품위생법」 제36조 제1항 제3호에 따른 식품접객업 중 「식품위생법 시행령」 제21조 제8호상의 ⓐ 휴게음식점영업(주로 다류, 아이스크림류 등을 조리 · 판매하거나 패스푸드점, 분식점 형태의 영업 등 음식류를 조리 · 판매하는 영업으로서, 음주행위가 허용되지 아니하는 영업), ⓑ 일반음식점영업(음식류를 조리 · 판매하는 영업으로서, 식사와 함께 부수적으로 음주행위가 허용되는 영업), ⓒ 단란주점영업(주로 주류를 조리 · 판매하는 영업으로서, 손님이 노래를 부르는 행위가 허용되는 영업), ⓓ 유흥주점영업(주로 주류를 조리 · 판매하는 영업으로서, 유흥종사자를 두거나 유흥시설을 설치할 수 있고 손님이 노래를 부르거나 춤을 추는 행위가 허용되는 영업), ⓔ 위탁급식업(집단급식소를 설치 · 운영하는 자와의 계약에

---

93) 김남진 · 김연태, 행정법 Ⅱ, 법문사, 2005, p.268.

따라 그 집단급식소에서 음식류를 조리하여 제공하는 영업), ⓕ 제과점영업(주로 빵, 떡, 과자 등을 제조·판매하는 영업으로서, 음주행위가 허용되지 아니하는 영업)

⑥ 「체육시설의 설치·이용에 관한 법률」 제10조 제1항 제2호에 따른 무도학원업, 무도장업

⑦ 그 밖에 선량한 풍속을 해치거나 청소년의 건전한 육성을 저해할 우려가 있는 영업으로 대통령령으로 정하는 것 등이 해당한다.94)

풍속영업은 영리를 목적으로 하기 때문에 대중목욕탕, 당구장, 만화대여업소, 소극장, 음반 및 비디오물의 제작업·판매업·대여업 등은 해당되지 않는다.

(2) 목적

풍속영업에 대한 규제는 선량한 풍속을 해하거나 청소년의 건전한 육성을 저해하는 행위 등을 규제하여, 미풍양속의 보전과 청소년의 보호를 목적으로 한다. 이 법에 규정된 업소에 대해서는 다른 허가관청의 업소의 위법사항에 대한 고발이나 행정처분의 유무에 관계없이 경찰이 직접 단속을 할 수가 있다.

(3) 업소의 준수사항(법 제3조)과 경찰의 단속

풍속영업을 운영하는 자(허가 또는 인가를 받지 아니하거나 등록이나 신고를 하지 아니하고 풍속영업을 하는 자를 포함) 및 대통령령으로 정하는 풍속영업소의 종사자는 ① 「성매매알선 등 행위의 처벌에 관한 법률」 제2조 제1항 제2호에 따른 성매매알선 등 행위

② 풍속업소에서 음란행위를 하게 하거나, 이를 알선·제공하는 행위

③ 음란한 문서·도화(圖畵)·영화·음반·비디오물, 그 밖의 음란한 물건에 대한 ⓐ 반포(頒布)·판매·대여하거나 이를 하게 하는 행위, ⓑ 관람·열람하게 하는 행위, ⓒ 반포·판매·대여·관람·열람의 목적으로 진열하거나 보관하는 행위를 하여서는 아니 된다. ④ 도박이나 그 밖의 사행(射倖)행위를 하게 하는 것도 위법행위에 해당한다.

풍속영업소의 종사자는 명칭 여하를 불문하고 영업자를 대리하거나 영업자의 지시를 받아 상시 또는 일시 영업행위를 하는 대리인, 사용인, 기타의 종업원(무도학원의 경우 강사와 강사보조원 포함)을 의미한다(시행령 제3조).95)

(4) 풍속영업의 통보와 위반사항의 통보

① 풍속영업의 허가관청은 풍속영업소의 소재지를 관할하는 경찰서장에게 일정한 사항(풍속영업자의 성명 및 주소, 풍속영업소의 명칭 및 주소, 풍속영업의 종류)을 알려야 한다(법 제4조).

② 경찰서장은 풍속영업자나 종사자가 준수사항을 위반하면 그 사실을 허가관청에 알리고, 과세에 필요한 자료를 국세청장에게 통보하여야 한다. 통보를 받은 허가관청은 그 내용에 따라 허가취소, 영업정지, 시설개수 명령 등 필요한 행정처분을 한 후 그 결과를 경찰서장에게 알려야

94) 풍속영업의 규제에 관한 법률 제2조, 법률 제17689호, 2020.12.22.
95) 풍속영업의 규제에 관한 법률 시행령, 대통령령 제30509호, 2020.3.3.

한다(법 제6조).

(5) 경찰관의 출입(법 제9조)

경찰서장은 특별히 필요한 경우 경찰공무원에게 풍속영업소에 출입하여 풍속영업자와 대통령령으로 정하는 종사자가 준수사항을 지키고 있는지를 검사하게 할 수 있다. 경찰공무원은 검사를 위해 출입 시 그 권한을 표시하는 증표를 지니고 이를 관계인에게 내보여야 한다.

(6) 벌칙(법 제10조)

① 법 제3조 제1호를 위반하여 풍속영업소에서 성매매알선 등 행위를 한 자는 3년 이하의 징역 또는 3천만원 이하의 벌금에 처한다.

② 제3조 제2호부터 제4호까지의 규정을 위반하여 음란행위를 하게 하는 등 풍속영업소에서 준수할 사항을 지키지 아니한 자는 3년 이하의 징역 또는 2천만원 이하의 벌금에 처한다.

(7) 관련 판례

① 풍속영업자가 지켜야 할 준수사항은 실제로 하고 있는 영업형태에 따라 정하여진다. 따라서 유흥주점영업허가를 받았다고 하더라도 실제로는 노래연습장 영업을 하고 있다면 유흥주점 영업에 따른 영업자 준수사항을 지켜야 할 의무가 없다.

② 풍속영업자가 자신이 운영하는 여관에서 친구들과 일시 오락 정도에 불과한 도박을 한 경우, 형법상 도박죄는 성립하지 아니하고 풍속영업의 규제에 관한 법률 위반죄의 구성요건에는 해당하나 사회상규에 위배되지 않는 행위로서 위법성이 조각된다.

③ 모텔에 동영상 파일 재생장치인 디빅 플레이어를 설치하고 투숙객에게 그 비밀번호를 가르쳐주어 저장된 음란 동영상을 관람하게 한 경우, 이는 「풍속영업의 규제에 관한 법률」이 금지하고 있는 음란한 비디오물을 풍속영업소에서 관람하게 한 행위에 해당한다.

3) 성매매

(1) 의의

성매매란 불특정인을 상대로 금품이나 그 밖의 재산상의 이익을 수수(收受)하거나 수수하기로 약속하고, 성교행위 또는 구강, 항문 등 신체의 일부 또는 도구를 이용한 유사 성교행위를 하는 것을 말한다.[96]

불특정인이란 성교의 상대방이 특정되지 않은 것을 말하고, 남 · 녀 모두 주체가 될 수 있다. 즉, 남자가 주체이고 여자가 객체가 되는 것이 아니라, 남 · 녀 모두 주체와 객체가 될 수 있다는 의미이다.

(2) 단속 근거

우리나라는 「성매매알선 등 행위의 처벌에 관한 법률」, 「풍속영업의 규제에 관한 법률」, 「식품위

96) 성매매알선 등 행위의 처벌에 관한 법률 제2조, 법률 제17931호, 2021.3.16.

생법」, 「아동복지법」, 「공중위생관리법」 등 특별법에 의해서 성매매행위를 처벌한다. 「성매매알선 등 행위의 처벌에 관한 법률」은 성매매·성매매 알선 등 행위 및 성매매 목적의 인신매매를 근절하고, 성매매 피해자의 인권보호를 목적으로 한다. 특히 성매매 목적의 인신매매를 처벌하고, 성매매 알선행위로부터 취득한 금품 그 밖의 재산상 이익은 몰수·추징하도록 하는 등 성매매 알선 등 행위와 성매매의 근절을 위한 제도적 장치 마련을 목적으로 한다.

(3) 단속대상

성매매 단속관련 법규를 종합해 볼 때, ① 단속의 대상은 윤락행위자와 그 상대방, ② 성매매, ③ 성매매를 알선, 권유, 유인 또는 강요하는 행위, ④ 성매매의 장소를 제공하는 행위, ⑤ 성매매에 제공되는 사실을 알면서 자금, 토지 또는 건물을 제공하는 행위, ⑥ 성을 파는 행위 또는 음란행위를 하게 하거나, 성교행위 등 음란한 내용을 표현한 사진·영상물 등의 촬영대상으로 삼을 목적으로 위계·위력, 그 밖에 이에 준하는 방법으로 대상자를 지배, 관리하면서 제3자에게 인계하는 행위, ⑦ 사물변별력이 없거나 의사결정능력이 없거나 미약한 자, 중대한 장애가 있는 자나 그를 보호·감독하는 자에게 선불금 등 금품, 그 밖의 재산상의 이익을 제공하기로 약속하고 대상자를 지배·관리하면서 제3자에게 인계하는 행위, ⑧ 성매매 등의 목적이나 전매를 위하여 대상자를 인계받는 행위, ⑨ 성매매 등을 위하여 대상자를 모집·이동·은닉하는 행위 등이 해당된다.97)

(4) 성매매피해자(법 제2조 제1항 제4호)

① 위계·위력, 그 밖에 이에 준하는 방법으로 성매매를 강요당한 사람

② 업무관계, 고용관계, 그 밖의 관계로 인하여 보호 또는 감독하는 사람에 의하여 「마약류관리에 관한 법률」 제2조에 따른 마약·향정신성의약품 또는 대마에 중독되어 성매매를 한 사람

③ 청소년, 사물을 변별하거나 의사를 결정할 능력이 없거나 미약한 사람 또는 대통령령으로 정하는 중대한 장애가 있는 사람으로서 성매매를 하도록 알선·유인된 사람

④ 성매매 목적의 인신매매를 당한 사람

⑤ 선불금 제공 등의 방법으로 대상자의 동의를 받은 경우라도 그 의사에 반하여 이탈을 제지한 경우

⑥ 다른 사람을 고용·감독하는 사람, 출입국·직업을 알선하는 사람 또는 그를 보조하는 사람이 성을 파는 행위를 하게 할 목적으로 여권이나 여권에 갈음하는 증명서를 채무이행 확보 등의 명목으로 받은 경우

(5) 성매매피해자 등의 보호(법 제6호)

① 성매매피해자의 성매매는 처벌하지 아니한다.

② 검사 또는 사법경찰관은 수사과정에서 피의자 또는 참고인이 성매매피해자에 해당한다고

97) 성매매알선 등 행위의 처벌에 관한 법률 제2조, 법률 제17931호, 2021.3.16.

볼 만한 상당한 이유가 있을 때에는 지체 없이 법정대리인, 친족 또는 변호인에게 통지하고, 신변보호, 수사의 비공개, 친족 또는 지원시설 성매매피해상담소에의 인계 등 그 보호에 필요한 조치를 하여야 한다. 다만, 피의자 또는 참고인의 사생활 보호 등 부득이한 사유가 있는 경우에는 통지하지 아니할 수 있다.

4) 청소년 성매매 단속

(1) 아동 · 청소년 및 처벌

동법 제2조(정의)는 아동 · 청소년을 19세 미만의 자로 규정하고 있다. 다만, 19세에 도달하는 연도의 1월 1일을 맞이한 자는 제외한다.

매춘 청소년에 대한 형사처벌은 일체 면제되며, 「소년법」에 의한 소년부의 보호사건(귀가조치 · 보호관찰 등)으로 처리한다. 아울러 매춘 청소년에 대한 신상공개나 비밀누설은 금지된다.

(2) 아동 · 청소년의 성을 사는 행위

아동 · 청소년, 아동 · 청소년의 성을 사는 행위를 알선한 자 또는 아동 · 청소년을 실질적으로 보호 · 감독하는 자 등에게 금품이나 그 밖의 재산상 이익, 직무 · 편의제공 등 대가를 제공하거나 약속하고 다음 각 목의 어느 하나에 해당하는 행위를 아동 · 청소년을 대상으로 하거나 아동 · 청소년으로 하여금 하게 하는 것을 말한다.

가. 성교행위
나. 구강 · 항문 등 신체의 일부나 도구를 이용한 유사성교행위
다. 신체의 전부 또는 일부를 접촉 · 노출하는 행위로서 일반인의 성적 수치심이나 혐오감을 일으키는 행위
라. 자위행위

(3) 목적

청소년 성매매는 「아동 · 청소년의 성보호에 관한 법률」에 의해 단속된다. 이 법은 아동 · 청소년대상 성범죄의 처벌과 절차에 관한 특례를 규정하고, 피해아동 · 청소년을 위한 구제 및 지원절차를 마련하여, 아동 · 청소년대상 성범죄자를 체계적으로 관리함으로써 아동 · 청소년을 성범죄로부터 보호하고, 아동 · 청소년이 건강한 사회구성원으로 성장할 수 있도록 함을 목적으로 한다.

(4) 미수범을 처벌하는 경우

① 아동 · 청소년에 대한 강간 · 강제추행 등(법 제7조)
② 아동 · 청소년성착취물을 제작 · 수입 또는 수출한 자(법 제11조 제1항)
③ 아동 · 청소년 매매행위(법 제12조)
④ 아동 · 청소년에 대한 강요행위 등(법 제14조 제1항)

1. 폭행이나 협박으로 아동 · 청소년으로 하여금 아동 · 청소년의 성을 사는 행위의 상대방이 되게 한 자
2. 선불금, 그 밖의 채무를 이용하는 등의 방법으로 아동 · 청소년을 곤경에 빠뜨리거나 위계 또는 위력으로 아동 · 청소년으로 하여금 아동 · 청소년의 성을 사는 행위의 상대방이 되게 한 자

3. 업무 · 고용이나 그 밖의 관계로 자신의 보호 또는 감독을 받는 것을 이용하여 아동 · 청소년으로 하여금 아동 · 청소년의 성을 사는 행위의 상대방이 되게 한 자
4. 영업으로 아동 · 청소년을 아동 · 청소년의 성을 사는 행위의 상대방이 되도록 유인 · 권유한 자

(5) 미수범을 처벌하지 않는 경우

① 장애인인 아동 · 청소년에 대한 간음 등(법 제8조)

② 영리를 목적으로 아동 · 청소년성착취물을 판매 · 대여 · 배포 · 제공하거나 이를 목적으로 소지 · 운반 · 광고 · 소개하거나 공연히 전시 또는 상영한 자(법 제11조 제2항)

③ 아동 · 청소년성착취물을 배포 · 제공하거나 이를 목적으로 광고 · 소개하거나 공연히 전시 또는 상영한 자(법 제11조 제3항)

④ 아동 · 청소년성착취물을 제작할 것이라는 정황을 알면서 아동 · 청소년을 아동 · 청소년성착취물의 제작자에게 알선한 자(법 제11조 제4항)

⑤ 아동 · 청소년성착취물을 구입하거나 아동 · 청소년성착취물임을 알면서 이를 소지 · 시청한 자(법 제11조 제5항)

⑥ 아동 · 청소년의 성을 사는 행위의 상대방이 되도록 유인 권유한 자(법 제14조 제3항), 아동 · 청소년의 성을 사는 행위 등(법 제13조), 알선영업행위 등(법 제15조)

(6) 특례규정

① 형법상 감경규정에 관한 특례(법 제19조)

음주 또는 약물로 인한 심신장애 상태에서 아동 · 청소년에 대하여 성폭력범죄를 범한 때에는 「형법」 제10조 제1항 제2항(심신장애자 감경) 및 제11조(청각 및 언어 장애인 감경)를 적용하지 아니할 수 있다.

② 공소시효 기산에 관한 특례(법 제20조)98)

ⓐ 아동 · 청소년대상 성범죄의 공소시효는 피해를 당한 미성년자가 성년에 달한 날부터 진행한다.

ⓑ 동법 제2항은 디엔에이(DNA) 증거 등 그 죄를 증명할 수 있는 과학적인 증거가 있는 때에는 공소시효가 10년 연장된다고 규정하고 있다.

ⓒ 13세 미만의 사람이나 신체 · 정신상의 장애가 있는 사람에 대하여 형법상 강간, 강제추행, 준강간, 준강제 추행, 강간등 상해 · 치상, 강간등 살인 · 치사, 미성년자에 대한 간음, 추행죄의 경우 공소시효를 적용하지 아니한다.

(7) 장애인인 아동 · 청소년에 대한 간음 등(법 제8조)

① 19세 이상의 사람이 13세 이상의 장애 아동 · 청소년을 간음하거나 13세 이상의 장애 아동 · 청소년으로 하여금 다른 사람을 간음하게 하는 경우에는 3년 이상의 유기징역에 처한다.

---

98) 아동 · 청소년의 성보호에 관한 법률 제7조 내지 제13조, 법률 제19337호, 2023.4.11.

② 19세 이상의 사람이 13세 이상의 장애 아동 · 청소년을 추행한 경우 또는 13세 이상의 장애 아동 · 청소년으로 하여금 다른 사람을 추행하게 하는 경우에는 10년 이하의 징역 또는 5천만원 이하의 벌금에 처한다.

(8) 13세 이상 16세 미만 아동 · 청소년에 대한 간음 등(법 제8조의2)

① 19세 이상의 사람이 13세 이상 16세 미만의 아동 · 청소년(장애 아동 · 청소년으로서 16세 미만인 자는 제외)의 궁박한 상태를 이용하여 해당 아동 · 청소년을 간음하거나 해당 아동 · 청소년으로 하여금 다른 사람을 간음하게 하는 경우에는 3년 이상의 유기징역에 처한다.

② 19세 이상의 사람이 13세 이상 16세 미만인 아동 · 청소년(장애 아동 · 청소년으로서 16세 미만인 자는 제외)의 궁박한 상태를 이용하여 해당 아동 · 청소년을 추행한 경우 또는 해당 아동 · 청소년으로 하여금 다른 사람을 추행하게 하는 경우에는 10년 이하의 징역 또는 5천만원 이하의 벌금에 처한다.

(9) 형벌과 수강명령 등의 병과(법 제21조)

① 법원은 아동 · 청소년대상 성범죄를 범한 「소년법」 제2조의 소년(19세 미만)에 대하여 형의 선고를 유예하는 경우에는 반드시 보호관찰을 명하여야 한다.

② 아동 · 청소년대상 성범죄를 범한 자에 대하여 유죄판결을 선고하거나 약식명령을 고지하는 경우에는 500시간의 범위에서 재범예방에 필요한 수강명령 또는 성폭력 치료프로그램의 이수명령을 병과(倂科)하여야 한다. 다만, 수강명령 또는 이수명령을 부과할 수 없는 특별한 사정이 있는 경우에는 그러하지 아니하다.

③ 아동 · 청소년대상 성범죄를 범한 자에 대하여 제2항의 수강명령은 형의 집행을 유예할 경우에 그 집행유예기간 내에서 병과하고, 이수명령은 벌금 이상의 형을 선고하거나 약식명령을 고지할 경우에 병과한다. 다만, 이수명령은 아동 · 청소년대상 성범죄자가 「전자장치 부착 등에 관한 법률」 제9조의2 제1항 제4호에 따른 성폭력 치료프로그램의 이수명령을 부과받은 경우에는 병과하지 아니한다.

(10) 친권상실청구 등(법 제23조)

① 아동 · 청소년대상 성범죄 사건을 수사하는 검사는 그 사건의 가해자가 피해아동 · 청소년의 친권자나 후견인인 경우에 법원에 「민법」 제924조의 친권상실선고 또는 「민법」 제940조의 후견인 변경 결정을 청구하여야 한다.

② 다음 각 호의 기관 · 시설 또는 단체의 장은 검사에게 제1항의 청구를 하도록 요청할 수 있다. 이 경우 청구를 요청받은 검사는 요청받은 날부터 30일 이내에 해당 기관 · 시설 또는 단체의 장에게 그 처리결과를 통보하여야 한다.

1. 「아동복지법」 제10조의2에 따른 아동권리보장원 또는 같은 법 제45조에 따른 아동보호전문기관
2. 「성폭력방지 및 피해자보호 등에 관한 법률」 제10조의 성폭력피해상담소 및 같은 법 제12조의 성폭력피

해자보호시설

3. 「청소년복지지원법」 제29조 제1항에 따른 청소년상담복지센터 및 같은 법 제31조 제1호에 따른 청소년 쉼터

③ 검사로부터 처리결과를 통보받은 기관・시설 또는 단체의 장은 그 처리결과에 대하여 이의가 있을 경우 통보받은 날부터 30일 내에 직접 법원에 제1항의 청구를 할 수 있다.

(11) 신뢰관계에 있는 사람의 동석(법 제28조)

① 법원은 아동・청소년대상 성범죄의 피해자를 증인으로 신문하는 경우에 검사, 피해자 또는 법정대리인이 신청하는 경우에는 재판에 지장을 줄 우려가 있는 등 부득이한 경우가 아니면 피해자와 신뢰관계에 있는 사람을 동석하게 하여야 한다.

② 제1항은 수사기관이 제1항의 피해자를 조사하는 경우에 한하여 준용한다.

③ 법원과 수사기관은 피해자와 신뢰관계에 있는 사람이 피해자에게 불리하거나 피해자가 원하지 아니하는 경우에는 동석하게 하여서는 아니 된다.

(12) 영상물의 촬영・보존 등(법 제26조)

① 아동・청소년대상 성범죄 피해자의 진술내용과 조사과정은 비디오녹화기 등 영상물 녹화장치로 촬영・보존하여야 한다.

② 영상물 녹화는 피해자 또는 법정대리인이 이를 원하지 아니하는 의사를 표시한 때에는 촬영을 하여서는 아니 된다. 다만, 가해자가 친권자 중 일방인 경우는 그러하지 아니하다.

③ 검사 또는 사법경찰관은 피해자 또는 법정대리인이 신청하는 경우에는 영상물 촬영과정에서 작성한 조서의 사본을 신청인에게 교부하거나 영상물을 재생하여 시청하게 하여야 한다.

④ 누구든지 촬영한 영상물을 수사 및 재판의 용도 외에 다른 목적으로 사용하여서는 아니 된다.

(13) 수사 및 재판 절차에서의 배려(법 제25조)

① 수사기관과 법원 및 소송관계인은 아동・청소년대상 성범죄를 당한 피해자의 나이, 심리상태 또는 후유장애의 유무 등을 신중하게 고려하여 조사 및 심리・재판 과정에서 피해자의 인격이나 명예가 손상되거나 사적인 비밀이 침해되지 아니하도록 주의하여야 한다.

② 수사기관과 법원은 아동・청소년대상 성범죄의 피해자를 조사하거나 심리・재판할 때 피해자가 편안한 상태에서 진술할 수 있는 환경을 조성하여야 하며, 조사 및 심리・재판 횟수는 필요한 범위에서 최소한으로 하여야 한다.

③ 수사기관과 법원은 제2항에 따른 조사나 심리・재판을 할 때 피해아동・청소년이 13세 미만이거나 신체적인 또는 정신적인 장애로 의사소통이나 의사표현에 어려움이 있는 경우 조력을 위하여 「성폭력범죄의 처벌 등에 관한 특례법」 제36조부터 제39조까지(진술조력인의 참여 및 의무)를 준용한다. 이 경우 성폭력범죄는 아동・청소년대상 성범죄로, 피해자는 피해아동・청소년으로 본다.

(14) 아동 · 청소년대상 디지털 성범죄의 수사특례(법 제25조의2)

① 사법경찰관리는 다음 각 호의 범죄(디지털범죄라 한다)에 대하여 신분을 비공개하고 범죄현장이나 정보통신망 또는 범인으로 추정되는 자들에게 접근하여 범죄행위의 증거 및 자료 등을 수집(신분비공개수사라 한다)할 수 있다.

1. 아동 · 청소년성착취물의 제작 · 배포 등 및 아동 · 청소년에 대한 성착취 목적 대화 등의 죄
2. 아동 · 청소년에 대한 「성폭력범죄의 처벌 등에 관한 특례법」 제14조 제2항(촬영물 또는 복제물의 반포 · 판매 · 임대, 제공 또는 공공연하게 전시 · 상영 등) 및 제3항의 죄(영리를 목적으로 촬영대상자의 의사에 반하여 정보통신망 이용 촬영물이나 복제물을 판매, 반포, 임대, 제공 또는 전시, 상영 등)

② 사법경찰관리는 디지털 성범죄를 계획 또는 실행하고 있거나 실행하였다고 의심할 만한 충분한 이유가 있고, 다른 방법으로는 그 범죄의 실행을 저지하거나 범인의 체포 또는 증거의 수집이 어려운 경우에 한정하여 수사목적을 달성하기 위하여 부득이한 때에는 다음 각 호의 행위(이하 신분위장수사라 한다)를 할 수 있다.

1. 신분을 위장하기 위한 문서, 도화 및 전자기록 등의 작성, 변경 또는 행사
2. 위장 신분을 사용한 계약 · 거래
3. 아동 · 청소년성착취물 또는 「성폭력범죄의 처벌 등에 관한 특례법」 제14조 제2항의 촬영물 또는 복제물(복제물의 복제물을 포함)의 소지, 판매 또는 광고

(15) 아동 · 청소년대상 디지털 성범죄 수사 특례의 절차(법 제25조의3)

① 사법경찰관리가 신분비공개수사를 진행하고자 할 때에는 사전에 상급경찰관서 수사부서의 장의 승인을 받아야 한다. 이 경우 그 수사기간은 3개월을 초과할 수 없다.

② 제1항에 따른 승인의 절차 및 방법 등에 필요한 사항은 대통령령으로 정한다.

③ 사법경찰관리는 신분위장수사를 하려는 경우에는 검사에게 신분위장수사에 대한 허가를 신청하고, 검사는 법원에 그 허가를 청구한다.

④ 제3항의 신청은 필요한 신분위장수사의 종류 · 목적 · 대상 · 범위 · 기간 · 장소 · 방법 및 해당 신분위장수사가 제25조의2 제2항의 요건을 충족하는 사유 등의 신청사유를 기재한 서면으로 하여야 하며, 신청사유에 대한 소명자료를 첨부하여야 한다.

⑤ 법원은 제3항의 신청이 이유 있다고 인정하는 경우에는 신분위장수사를 허가하고, 이를 증명하는 서류(이하 허가서라 함)를 신청인에게 발부한다.

⑥ 허가서에는 신분위장수사의 종류 · 목적 · 대상 · 범위 · 기간 · 장소 · 방법 등을 특정하여 기재하여야 한다.

⑦ 신분위장수사의 기간은 3개월을 초과할 수 없으며, 그 수사기간 중 수사의 목적이 달성되었을 경우에는 즉시 종료하여야 한다.

⑧ 수사기간이 3개월이 지났음에도 신분위장수사의 요건이 존속하여 그 수사기간을 연장할 필요가 있는 경우에는 사법경찰관리는 소명자료를 첨부하여 3개월의 범위에서 수사기간의 연장을

검사에게 신청하고, 검사는 법원에 그 연장을 청구한다. 이 경우 신분위장수사의 총 기간은 1년을 초과할 수 없다.

(16) 아동·청소년대상 디지털 성범죄에 대한 긴급 신분위장수사(법 제25조의4)

① 사법경찰관리는 신분위장수사의 요건을 구비하고, 제25조의3 제3항부터 제8항까지의 절차를 거칠 수 없는 긴급을 요하는 때에는 법원의 허가 없이 신분위장수사를 할 수 있다.

② 사법경찰관리는 긴급 신분위장수사를 개시한 후 지체 없이 검사에게 허가를 신청하여야 하고, 사법경찰관리는 48시간 이내에 법원의 허가를 받지 못한 때에는 즉시 신분위장수사를 중지하여야 한다.

③ 긴급 신분위장수사 기간에 대해서는 3개월을 원칙으로 하며, 연장 등을 통한 총 수사시간은 1년을 초과할 수 없다.

(17) 아동·청소년대상 디지털 성범죄에 대한 신분비공개수사 또는 신분위장수사로 수집한 증거 및 자료 등의 사용제한(법 제25조의5)

사법경찰관리는 신분비공개수사 및 신분위장수사를 통하여 수집한 증거 및 자료 등은 다음 각 호의 어느 하나에 해당하는 경우 외에는 사용할 수 없다.

1. 신분비공개수사 또는 신분위장수사의 목적이 된 디지털 성범죄나 이와 관련된 범죄를 수사·소추하거나 그 범죄를 예방하기 위하여 사용하는 경우
2. 신분비공개수사 또는 신분위장수사의 목적이 된 디지털 성범죄나 이와 관련된 범죄로 인한 징계절차에 사용하는 경우
3. 증거 및 자료수집의 대상자가 제기하는 손해배상청구소송에서 사용하는 경우
4. 그 밖에 다른 법률의 규정에 의하여 사용하는 경우

(18) 국가경찰위원회와 국회의 통제(법 제25조의6)

① 약칭「경찰법」제16조 제1항에 따른 국가수사본부장은 신분비공개수사가 종료된 즉시 대통령령으로 정하는 바에 따라 같은 법 제7조 제1항에 따른 국가경찰위원회에 수사 관련 자료를 보고하여야 한다.

② 국가수사본부장은 대통령령으로 정하는 바에 따라 국회 소관 상임위원회에 신분비공개수사 관련 자료를 반기별로 보고하여야 한다.

(19) 신분위장수사 사법경찰관리에 대한 면책(법 제25조의8)

① 사법경찰관리가 신분비공개수사 또는 신분위장수사 중 부득이한 사유로 위법행위를 한 경우 그 행위에 고의나 중대한 과실이 없는 경우에는 벌하지 아니한다.

② 제1항에 따른 위법행위가「국가공무원법」제78조 제1항에 따른 징계사유에 해당하더라도 그 행위에 고의나 중대한 과실이 없는 경우에는 징계요구 또는 문책요구 등 책임을 묻지 아니한다.

③ 신분비공개수사 또는 신분위장수사 행위로 타인에게 손해가 발생한 경우라도 사법경찰관리

는 그 행위에 고의나 중대한 과실이 없는 경우에는 그 손해에 대한 책임을 지지 아니한다.

(20) 아동 · 청소년대상 성범죄의 신고(법 제34조)

① 누구든지 아동 · 청소년대상 성범죄의 발생사실을 알게 된 때에는 수사기관에 신고할 수 있다.

② 아동 · 청소년 관련시설, 장애인 복지시설, 성매매 피해상담소, 가정폭력피해자보호시설 등에 해당하는 기관 · 시설 또는 단체의 장과 그 종사자는 직무상 아동 · 청소년대상 성범죄의 발생사실을 알게 된 때에는 즉시 수사기관에 신고하여야 한다.

(21) 아동 · 청소년 관련기관등에의 취업제한 등(법 제56조)

법원은 아동 · 청소년대상 성범죄 또는 성인대상 성범죄(이하 성범죄라 한다)로 형 또는 치료감호를 선고하는 경우에는 판결(약식명령 포함)로 그 형 또는 치료감호의 전부 또는 일부의 집행을 종료하거나 집행이 유예 · 면제된 날(벌금형이 선고된 경우에는 그 형이 확정된 날)부터 일정기간(이하 취업제한기간이라 함) 동안 아동 · 청소년 관련 시설 · 기관 또는 사업장(이하 아동 · 청소년 관련기관등이라 함)을 운영하거나 아동 · 청소년 관련기관등에 취업 또는 사실상 노무를 제공할 수 없도록 하는 명령을 성범죄 사건의 판결과 동시에 선고(약시명령의 경우에는 고지)하여야 한다. 다만, 재범의 위험성이 현저히 낮은 경우, 그 밖에 취업을 제한하여서는 아니 되는 특별한 사정이 있다고 판단하는 경우에는 그러하지 아니한다.

(22) 성범죄의 경력자 점검 · 확인(법 제57조)

① 여성가족부장관 또는 관계 중앙행정기관의 장은 다음 각 호의 구분에 따라 성범죄로 취업제한 명령을 선고받은 자가 아동 · 청소년 관련기관등을 운영하거나 아동 · 청소년 관련기관등에 취업 또는 사실상 노무를 제공하고 있는지를 직접 또는 관계기관 조회 등의 방법으로 연 1회 이상 점검 · 확인하여야 한다.

1. 교육부장관: 「고등교육법」 제2조의 학교, 2. 행정안전부장관: 공공시설, 3. 여성가족부장관: 청소년 보호재활센터, 이주배경 청소년지원센터, 가정방문 등 학습교사 사업장, 4. 삭제(2023.4.11), 5. 경찰청장: 경비업 행하는 법인

② 시 · 도지사 또는 시장 · 군수 · 구청장 및 교육감 역시 아동 · 청소년 관련기관등의 운영이나 취업 여부 또는 사실상 노무제공을 하고 있는지를 연 1회 이상 점검 · 확인하여야 한다.

③ 제1항에 해당하지 아니하는 아동 · 청소년 관련기관등으로서 교육부, 행정안전부, 문화체육관광부, 보건복지부, 여성가족부, 국토교통부 등 관계 중앙행정기관이 설치하여 운영하는 아동 · 청소년 관련기관등의 경우에는 해당 중앙행정기관의 장이 제1항에 따른 점검 · 확인을 하여야 한다.

④ 여성가족부장관은 관계 중앙행정기관의 장, 시 · 도지사, 시장 · 군수 · 구청장 또는 교육감의 관계규정에 따른 점검 · 확인 결과를 대통령령으로 정하는 바에 따라 인터넷 홈페이지 등을

이용하여 공개하여야 한다.

(23) 취업자의 해임요구(법 제58조)

① 중앙행정기관의 장, 시·도지사, 시장·군수·구청장 또는 교육감은 취업제한 기간 중에 아동·청소년 관련기관등에 취업하거나 사실상 노무를 제공하는 자가 있으면 아동·청소년 관련기관등의 장에게 그의 해임을 요구할 수 있으며, 또한 취업제한 기간 중에 아동·청소년 관련기관등을 운영 중인 아동·청소년 관련기관등의 장에게 운영 중인 아동·청소년 관련기관등의 폐쇄를 요구할 수 있다.

② 중앙행정기관의 장, 시·도지사, 시장·군수·구청장 또는 교육감은 아동·청소년 관련기관등의 장이 폐쇄요구를 정당한 사유 없이 거부하거나 1개월 이내에 요구사항을 이행하지 아니하는 경우에는 관계 행정기관의 장에게 해당 아동·청소년 관련기관등의 폐쇄, 등록·허가 등의 취소를 요구할 수 있다.

5) 윤락행위 방지에 관한 각국의 입법주의

(1) 금지주의

금지주의는 말 그대로 어떠한 형태의 윤락행위도 허용하지 않는다는 것을 말한다. 따라서 윤락행위를 범죄로 간주하여 윤락행위자는 물론 윤락행위의 조장·알선자, 상대방까지 처벌하는 제도를 말한다. 한국, 태국, 필리핀, 미국의 뉴욕·일리노이주, 대만, 헝가리, 쿠바에서 금지주의를 입법화하고 있지만, 현실적으로 윤락행위를 완전히 퇴치하지 못하고 음성적으로 또는 묵인 하에서 공공연히 이루어지고 있다.

(2) 규제주의(허가주의)

규제주의는 윤락업주들이 당국의 허가를 받아 법적 규제를 준수하면서 윤락업소를 운영할 수 있는 제도를 말한다. 그러므로 규제주의는 허가주의라고도 한다. 업소는 경찰과 행정당국의 허가를 받고 공창형태로 특정지역 내에서만 성매매행위를 할 수 있으며, 등록대장·카드나 의료감시 등을 활용하여 정부가 관리하고 규제하는 입법주의이다.

규제주의는 윤락행위가 갖는 부정적 문제들을 최소화하는 것을 목적으로 공창화와 정부의 통제를 기본 골격으로 하고 있다. 독일, 네덜란드, 호주, 미국 네바다주 등이 채택하고 있다.

(3) 허용주의(규제폐지주의)

허용주의는 규제의 폐지, 즉 정부의 관리·통제 없이 업주나 개인이 마음대로 성매매행위를 할 수 있는 것을 말한다. 성매매는 자유활동으로 인정되고 개인적 활동으로 고려되나, 이를 조장·착취하는 자나 호객행위, 가시적 방법에 의한 성매매행위는 금지하고 있다. 프랑스, 영국, 일본, 이탈리아, 스위스, 오스트리아, 뉴질랜드, 캐나다 등이 채택하고 있다.

6) 음란행위와 음란물

(1) 음란행위

음란의 개념에 대하여 우리나라의 학설과 판례는 일반적으로 성욕을 자극하거나 흥분 또는 만족하게 하는 행위로서, 선량한 풍속에 반하여 정상인에게 성적 수치심이나 혐오감을 주는 행위를 말한다.[99] 그러나 이러한 음란 개념은 추상적일 뿐이어서 어떠한 행위가 음란한 행위인가는 평균인의 사회감정을 기준으로 사안에 따라 구체적 · 객관적 · 개별적으로 판단할 수밖에 없으며, 추상적이고 일률적인 기준의 적용은 적합하지 않다.

개별행위는 「형법」 제245조의 공연한 행위 또는 「풍속영업의 규제에 관한 법률」과 「식품위생법」에서 규정한 해당 영업소에서의 행위이어야 한다. 예컨대, 나체로 치부를 노출하는 행위, 성교나 자위행위를 하거나 그 행위를 연출하는 행위, 나체 모델을 관람시키는 행위 등이 공연한 장소에서 이루어지거나 영업소에서 이루어져야 한다.

(2) 음란물

음란물이 될 수 있는 매체로서 형법은 음란한 문서 · 도화 · 필름 · 기타의 물건을 규정하고 있는데, 음란물에 대한 처벌행위 유형으로는 이러한 음란물을 반포 · 판매 · 임대 · 공연전시 · 공연상영하는 행위 및 이러한 목적을 위해 제조 · 소지 · 수입 · 수출하는 행위를 규정하고 있다.[100] 「청소년 보호법」은 청소년유해매체물에 대해서는 청소년을 대상으로 판매 · 대여 · 배포 · 관람 등의 금지, 청소년 유해표시 및 포장, 구분 · 격리 등의 조치를 취하도록 규정하고 있다.

7) 청소년 보호법에 의한 단속

(1) 목적

청소년에게 유해한 매체물과 약물 등이 청소년에게 유통되는 것과 청소년이 유해한 업소에 출입하는 것 등을 규제하고 청소년을 유해한 환경으로부터 보호 · 구제함으로써, 청소년이 건전한 인격체로 성장할 수 있도록 함을 목적으로 한다(청소년 보호법 제1조).[101]

이 법은 청소년 유해환경의 규제에 관한 형사처벌의 경우에 다른 법에 우선하여 적용하고(동법 제6조), 청소년 보호를 위한 가정의 역할과 사회적 책임(동법 제4조), 국가와 지방자치단체의 책임을 규정하고 있다(동법 제5조).

(2) 관련 용어 정의

① **청소년**(법 제2조 제1호)

청소년은 19세의 미만의 자를 말하고, 다만, 만 19세에 달하는 해의 1월 1일을 맞이한 자는 제외한다. 그러나 「청소년 기본법」은 청소년을 9세 이상 24세 이하로 규정하고 있다.

---

99) 이재상, 형법각론, 박영사, 2005, p.635.
100) 위의 책, p.634.
101) 청소년 보호법, 법률 제18550호, 2021.12.7. 시행 2022.1.1.

② **청소년유해매체물**(법 제2조 제3호)

청소년유해매체물이란 청소년보호위원회가 청소년에게 유해한 것으로 결정하거나 확인하여 여성가족부장관이 고시한 매체물과 각 심의기관이 청소년에게 유해한 것으로 심의하거나 확인하여 여성가족부장관이 고시한 매체물을 말한다.

③ **청소년유해약물등**

청소년유해약물등이란 청소년에게 유해한 것으로 인정되는 주류 · 담배 · 마약류 · 환각물질, 기타 중추신경에 작용하여 습관성, 중독성, 내성 등을 유발하여 인체에 유해하게 작용할 수 있는 약물 등 청소년의 사용을 제한하지 아니하면 청소년의 심신을 심각하게 손상시킬 우려가 있는 약물로서, 대통령령으로 정하는 기준에 따라 관계기관의 의견을 들어 제36조에 따른 청소년보호위원회가 결정하고 여성가족부장관이 고시한 것을 말한다.

④ **청소년유해물건**

ⓐ 청소년에게 음란한 행위를 조장하는 성기구 등 청소년의 사용을 제한하지 아니하면 청소년의 심신을 심각하게 손상시킬 우려가 있는 성 관련 물건으로서 대통령령으로 정하는 기준에 따라 청소년보호위원회가 결정하고 여성가족부장관이 고시한 것

ⓑ 청소년에게 음란성 · 포악성 · 잔인성 · 사행성 등을 조장하는 완구류 등 청소년의 사용을 제한하지 아니하면 청소년의 심신을 심각하게 손상시킬 우려가 있는 물건으로서, 대통령령으로 정하는 기준에 따라 청소년보호위원회가 결정하고 여성가족부장관이 고시한 것

ⓒ 청소년유해약물과 유사한 형태의 제품으로 청소년의 사용을 제한하지 아니하면 청소년의 청소년유해약물 이용습관을 심각하게 조장할 우려가 있는 물건으로서, 대통령령으로 정하는 기준에 따라 청소년보호위원회가 결정하고 여성가족부장관이 고시한 것을 말한다.

⑤ **청소년유해업소**(법 제2조 제5호)

ⅰ) 청소년의 출입과 고용이 청소년에게 유해한 것으로 인정되는 청소년 출입 · 고용금지업소와 청소년의 출입은 가능하나 고용은 유해한 것으로 인정되는 청소년고용금지업소를 말한다.

ⅱ) 이 경우 업소의 구분은 그 업소가 영업을 할 때 다른 법령에 따라 요구되는 허가 · 인가 · 등록 · 신고 등의 여부와 관계없이 실제로 이루어지고 있는 영업행위를 기준으로 한다.

(3) 규제대상

① **청소년 고용 금지 및 출입 제한 등**

「청소년 보호법」 제29조(청소년 고용 금지 및 출입 제한 등)는 ⅰ) 청소년유해업소의 업주는 청소년을 고용하여서는 아니 된다. 청소년유해업소의 업주가 종업원을 고용하려면 미리 나이를 확인하여야 한다.

ⅱ) 청소년 출입 · 고용금지업소의 업주와 종사자는 출입자의 나이를 확인하여 청소년이 그 업소에 출입하지 못하게 하여야 한다.

iii) 숙박업을 운영하는 업주는 종사자를 배치하거나 대통령령으로 정하는 설비 등을 갖추어 출입자의 나이를 확인하고 제30조 제8호, 즉 청소년을 남녀 혼숙하게 하는 등 풍기를 문란하게 하는 영업행위를 하거나 이를 목적으로 장소를 제공하는 행위의 우려가 있는 경우에는 청소년의 출입을 제한하여야 한다.

iv) 청소년유해업소의 업주와 종사자는 나이 확인을 위하여 필요한 경우 주민등록증이나 그 밖에 나이를 확인할 수 있는 증표의 제시를 요구할 수 있으며, 증표 제시를 요구받고도 정당한 사유 없이 증표를 제시하지 아니하는 사람에게는 그 업소의 출입을 제한할 수 있다.

v) 청소년 출입 · 고용금지업소의 업주와 종사자는 출입자의 나이를 확인하여 청소년이 그 업소에 출입하지 못하게 하여야 함에도 불구하고 청소년이 친권자등을 동반할 때에는 대통령령으로 정하는 바에 따라 출입하게 할 수 있다. 다만, 「식품위생법」에 따른 식품접객업 중 대통령령으로 정하는 업소의 경우에는 출입할 수 없다.

vi) 청소년유해업소의 업주와 종사자는 그 업소에 대통령령으로 정하는 바에 따라 청소년의 출입과 고용을 제한하는 내용을 표시하여야 한다.

② **청소년유해행위의 금지**(법 제30조)

「청소년 보호법」 제30조(청소년유해행위의 금지)는 누구든지 청소년에게 다음의 어느 하나에 해당하는 행위를 하여서는 아니 된다.

i) 영리를 목적으로 청소년으로 하여금 신체적인 접촉 또는 은밀한 부분의 노출 등 성적 접대행위를 하게 하거나 이러한 행위를 알선 · 매개하는 행위,

ii) 영리를 목적으로 청소년으로 하여금 손님과 함께 술을 마시거나 노래 또는 춤 등으로 손님의 유흥을 돋우는 접객행위를 하게 하거나 이러한 행위를 알선 · 매개하는 행위,

iii) 영리나 흥행을 목적으로 청소년에게 음란한 행위를 하게 하는 행위,

iv) 영리나 흥행을 목적으로 청소년의 장애나 기형 등의 모습을 일반인들에게 관람시키는 행위,

v) 청소년에게 구걸을 시키거나 청소년을 이용하여 구걸하는 행위,

vi) 청소년을 학대하는 행위,

vii) 영리를 목적으로 청소년으로 하여금 손님을 거리에서 유인하는 행위를 하게 하는 행위,

viii) 청소년을 남녀 혼숙하게 하는 등 풍기를 문란하게 하는 영업행위를 하거나 이를 목적으로 장소를 제공하는 행위,

ix) 주로 차 종류를 조리 · 판매하는 업소에서 청소년으로 하여금 영업장을 벗어나 차 종류를 배달하는 행위를 하게 하거나 이를 조장하거나 묵인하는 행위 등이다.

③ **청소년에 대하여 가지는 채권의 효력 제한**(법 제32조)

청소년을 대상으로 유해행위를 한 자가 유해행위와 관련하여 청소년에게 가지는 채권은 그 계

약의 형식이나 명목에 관계없이 이를 무효로 한다. 유흥주점영업 및 단란주점업, 다방, 소주방, 호프, 카페 등 업소의 업주가 고용과 관련하여 청소년에게 가지는 채권은 그 계약의 형식이나 명목에 관계없이 이를 무효로 한다.

④ **청소년 출입 · 고용금지업소**(법 제2조 제5호 가목)

i) 「게임산업진흥에 관한 법률」에 따른 일반게임제공업 및 복합유통게임제공업 중 대통령령으로 정하는 것,

ii) 「사행행위 등 규제 및 처벌 특례법」에 따른 사행행위영업,

iii) 「식품위생법」에 따른 식품접객업 중 대통령령으로 정하는 것,

iv) 「영화 및 비디오물의 진흥에 관한 법률」 제2조 제16호에 따른 비디오물감상실업 · 제한관람가비디오물소극장업 및 복합영상물제공업,

v) 「음악산업진흥에 관한 법률」에 따른 노래연습장업 중 대통령령으로 정하는 것,

vi) 「체육시설의 설치 · 이용에 관한 법률」에 따른 무도학원업 및 무도장업,

vii) 전기통신설비를 갖추고 불특정한 사람들 사이의 음성대화 또는 화상대화를 매개하는 것을 주된 목적으로 하는 영업. 다만, 「전기통신사업법」 등 다른 법률에 따라 통신을 매개하는 영업은 제외,

viii) 불특정한 사람 사이의 신체적인 접촉 또는 은밀한 부분의 노출 등 성적 행위가 이루어지거나 이와 유사한 행위가 이루어질 우려가 있는 서비스를 제공하는 영업으로서, 청소년보호위원회가 결정하고 여성가족부장관이 고시한 것,

ix) 청소년유해매체물 및 청소년유해약물등을 제작 · 생산 · 유통하는 영업 등 청소년의 출입과 고용이 청소년에게 유해하다고 인정되는 영업으로서, 대통령령으로 정하는 기준에 따라 청소년보호위원회가 결정하고 여성가족부장관이 고시한 것,

x) 「한국마사회법」 제6조 제2항에 따른 장외발매소,

xi) 「경륜 · 경정법」 제9조 제2항에 따른 장외매장

⑤ **청소년고용금지업소**(법 제2조 제5호 나목)

i) 「게임산업진흥에 관한 법률」에 따른 청소년게임제공업 및 인터넷컴퓨터게임시설제공업,

ii) 「공중위생관리법」에 따른 숙박업, 목욕장업, 이용업 중 대통령령으로 정하는 것,

iii) 「식품위생법」에 따른 식품접객업 중 대통령령으로 정하는 것,

iv) 「영화 및 비디오물의 진흥에 관한 법률」에 따른 비디오물소극장업,

v) 「화학물질관리법」에 따른 유해화학물질 영업. 다만, 유해화학물질 사용과 직접 관련이 없는 영업으로서 대통령령으로 정하는 영업은 제외,

vi) 회비 등을 받거나 유료로 만화를 빌려 주는 만화대여업,

vii) 청소년유해매체물 및 청소년유해약물등을 제작 · 생산 · 유통하는 영업 등 청소년의 고용

이 청소년에게 유해하다고 인정되는 영업으로서, 대통령령으로 정하는 기준에 따라 청소년보호위원회가 결정하고 여성가족부장관이 고시한 것 등이다.

(4) 청소년 통행금지 · 제한구역의 지정 등(법 제31조)

① 특별자치시장 · 특별자치도지사 · 시장 · 군수 · 구청장은 청소년 보호를 위하여 필요하다고 인정할 경우 청소년의 정신적 · 신체적 건강을 해칠 우려가 있는 구역을 청소년 통행금지구역 또는 청소년 통행제한구역으로 지정하여야 한다.

② 시장 · 군수 · 구청장은 청소년 범죄 또는 탈선의 예방 등 특별한 이유가 있으면 대통령령으로 정하는 바에 따라 시간을 정하여 지정된 구역에 청소년이 통행하는 것을 금지하거나 제한할 수 있다.

③ 청소년 통행금지구역 또는 통행제한구역의 구체적인 지정기준과 선도 및 단속방법 등은 조례로 전하여야 한다. 이 경우 관할 경찰관서 및 학교 등 해당 지역의 관계기관과 지역주민의 의견을 반영하여야 한다.

④ 시장 · 군수 · 구청장 및 관할 경찰서장은 청소년이 청소년 통행금지구역 또는 통행제한구역을 통행하려고 할 때에는 통행을 막을 수 있으며, 통행하고 있는 청소년은 해당 구역 밖으로 나가게 할 수 있다.

(5) 관련 판례

① 청소년이 이른바 티켓걸로서 노래연습장 또는 유흥주점에서 손님들의 흥을 돋우어 주고 시간당 보수를 받은 사안에서 업소주인이 청소년을 시간제 접대부로 고용한 것으로 보고, 업소주인을 「청소년 보호법」 위반죄로 처벌함은 정당하다.

② 「식품위생법」상의 일반음식점 영업허가를 받은 업소라 하더라도 실제로는 음식류의 조리 · 판매보다는 주로 주류를 조리 · 판매하는 영업행위가 이루어지고 있는 경우에는 「청소년 보호법」상의 청소년 고용금지업소에 해당하며, 또한 음식물의 조리 · 판매보다는 주로 주류를 조리 · 판매하는 야간의 영업형태에 있어서의 그 업소는 위 「청소년 보호법」의 입법취지에 비추어 볼 때 「청소년 보호법」상의 청소년 고용금지업소에 해당한다.

③ 「청소년 보호법」의 입법취지와 목적 및 규정내용에 비추어 볼 때, 18세 미만의 청소년에게 술을 판매함에 있어서 비록 그의 「민법」상 법정대리인의 동의를 받았다 하더라도 그러한 사정만으로 위 행위가 정당화될 수 없다.

④ 성년들이 술을 마시는데 나중에 청소년이 합석했다면 음식점 운영자 입장에서 청소년이 합석할 것을 예견할 수 없는 상황이라 할 수 있고, 그 경우에 합석한 청소년이 남은 술의 일부를 마셨더라도 청소년에게 술을 판매한 행위로 볼 수 없다.

8) 사행행위 등 규제 및 처벌 특례법

(1) 의의

사행행위는 여러 사람으로부터 재물이나 재산상의 이익(이하 "재물등"이라 한다)을 모아 우연적(偶然的) 방법으로 득실(得失)을 결정하여 재산상의 이익이나 손실을 주는 행위를 말한다(사행행위 등 규제 및 처벌 특례법 제2조 제1항 제1호). 사행행위는 반사회성, 요행성, 다양성 등의 특성이 있으며 단속법규는 「사행행위 등 규제 및 처벌 특례법」이다.102)

(2) 사행행위 영업(법 제2조 제1항 제2호)

① 복표발행업

특정한 표찰(컴퓨터 프로그램 등 정보처리능력을 가진 장치에 의한 전자적 형태를 포함한다)을 이용하여 여러 사람으로부터 재물등을 모아 추첨 등의 방법으로 당첨자에게 재산상의 이익을 주고 다른 참가자에게 손실을 주는 행위를 하는 영업을 말한다.

② 현상업

특정한 설문 또는 예측에 대하여 그 답을 제시하거나 예측이 적중하면 이익을 준다는 조건으로 응모자로부터 재물등을 모아 그 정답자나 적중자의 전부 또는 일부에게 재산상의 이익을 주고 다른 참가자에게 손실을 주는 행위를 하는 영업을 말한다.

③ 그 밖의 사행행위업

복권발행업, 현상업 외에 영리를 목적으로 회전판돌리기업, 추첨업, 경품(景品)업 등 사행심을 유발할 우려가 있는 기구 또는 방법 등을 이용하는 영업으로서, 대통령령으로 정하는 영업이 해당된다.

(3) 허가권자

① 사행행위영업을 하려는 자는 영업의 종류별로 행정안전부령으로 정하는 시설 및 사행기구를 갖추어 행정안전부령으로 정하는 바에 따라 시·도경찰청장의 허가를 받아야 한다. 다만, 그 영업의 대상 범위가 둘 이상의 특별시·광역시·도 또는 특별자치도에 걸치는 경우에는 경찰청장의 허가를 받아야 한다.

② 허가를 받은 자가 대통령령으로 정하는 중요사항을 변경하려면 행정안전부령으로 정하는 바에 따라 경찰청장이나 시·도경찰청장의 허가를 받아야 한다.

③ 국가기관이나 지방자치단체가 사행행위영업을 하려면 경찰청장의 승인을 받아야 한다(동법 제4조).

(4) 허가의 요건

① 경찰청장이나 시·도경찰청장은 사행행위영업의 허가신청을 받으면 다음의 어느 하나에 해

102) 사행행위 등 규제 및 처벌 특례법 제2조, 법률 제17689호, 2020.12.22.

당하는 경우에만 그 영업을 허가할 수 있다.

1. 공공복리의 증진을 위하여 특별히 필요하다고 인정되는 경우, 즉 ⓐ 천재, 지변, 기타 이에 준하는 재해구제를 위하여 관계중앙행정기관의 장이 필요하다고 인정하는 경우, ⓑ 국가 또는 지방자치단체의 보조 또는 후원을 받는 사회복지사업을 추진하고자 하는 경우, ⓒ 공공기관에서 공익사업을 위한 재원을 마련하고자 하는 경우
2. 상품의 판매 · 선전을 위하여 특별히 필요하다고 인정되는 경우, 즉 자기회사에서 생산하는 상품 또는 자가점포에서 판매하는 상품의 국내외 판매촉진을 위하여 관계중앙행정기관의 장, 특별시장, 광역시장 또는 도지사가 필요하다고 인정하는 경우
3. 관광 진흥과 관광객의 유치를 위하여 특별히 필요하다고 인정되는 경우, 즉 ⓐ 「관광진흥법」 제4조 제1항의 규정에 의해 문화체육부장관에게 등록한 관광숙박업 중 1등급 이상의 관광호텔 및 관광객이용시설업 중 종합휴양업소의 동일 구내에서 사행행위영업을 하고자 하는 경우로서 관광 진흥과 관광객의 유치촉진을 위하여 필요하다고 인정되는 경우, ⓑ 외국 간을 왕래하는 5천톤급 이상의 여객선 안에서 사행행위영업을 하고자 하는 경우 등이다(동법 제5조 및 시행령 제3조).

(5) 허가의 제한(법 제6조)

경찰청장이나 시 · 도경찰청장은 다음 각 호의 어느 하나에 해당하는 경우에는 사행행위영업의 허가를 할 수 없다.

1. 영업허가가 취소되거나 영업소가 폐쇄된 후 2년이 지나지 아니한 장소에서 그 영업과 같은 종류의 영업을 하고자 하는 경우
2. 사행행위영업을 하려는 자가 다음 각 목의 어느 하나에 해당하는 경우
   가. 미성년자, 피성년후견인 또는 피한정후견인,
   나. 파산선고를 받고 복권(復權)되지 아니한 사람,
   다. 「정신건강증진 및 정신질환자 복지서비스 지원에 관한 법률」 제3조 제1호에 따른 정신질환자. 다만, 정신과전문의가 영업을 하기에 적합하다고 인정하는 사람은 그러하지 아니하다.
   라. 「폭력행위 등 처벌에 관한 법률」 제4조에 따른 단체 또는 집단을 구성하거나 그 단체 또는 집단에 자금을 제공하는 사람,
   마. 금고 이상의 형을 선고받고 그 집행이 끝나거나 집행을 받지 아니하기로 확정된 날부터 2년이 지나지 아니한 사람,
   바. 금고 이상의 형의 집행유예를 선고받고 그 유예기간 중에 있는 사람,
   사. 금고 이상의 형의 선고유예를 받고 그 유예기간 중에 있는 사람,
   아. 임원 중에 가목부터 사목까지의 어느 하나에 해당하는 사람이 있는 법인,
3. 그 밖에 다른 법령에서 사행행위영업을 할 수 없도록 규정하고 있는 경우

(6) 영업허가의 유효기간(법 제7조)

영업허가의 유효기간은 사행행위영업의 종류별로 대통령령으로 정하되, 3년을 초과할 수 없고, 영업허가의 유효기간이 지난 후 계속하여 영업을 하려는 자는 행정안전부령으로 정하는 바에 따라 다시 허가를 받아야 한다.

2. 총포 · 도검 · 화약류 등의 단속

1) 규제대상과 법규

총포 · 도검 · 화약류 · 분사기 · 전자충격기 · 석궁으로 인한 위험 등은 신체와 인명에 치명적인 위해를 가할 수가 있으므로 「총포 · 도검 · 화약류 등의 안전관리에 관한 법률」과 「사격 및 사격장 안전관리에 관한 법률」 등에 의해 규제하고 있다.

① 민간인이 총포 등의 소지시에 신고제에서 허가제로 요건이 강화되고 5.5mm 단탄 공기총의 중요 부품의 지구대 보관을 의무화하고 있다.103)

② 총포 등의 취급금지 연령은 18세 미만이며, 20세 미만은 소지허가를 받을 수 없다.

③ 총포 · 도검 · 화약류 · 분사기 · 전자충격기 · 석궁의 소지허가를 받은 자는 허가를 받은 날부터 3년마다 이를 갱신하여야 한다(총포 · 도검 · 화약류 등의 안전관리에 관한 법률 제13조, 제16조, 제19조).

2) 규제대상의 종류와 정의(법 제2조)

(1) 총포(법 제2주 제1항)

총포는 권총, 소총, 기관총, 포, 엽총, 금속성 탄알이나 가스 등을 쏠 수 있는 장약총포(裝藥銃砲), 공기총(가스를 이용하는 것을 포함) 및 총포신 · 기관부 등 그 부품으로서 대통령령으로 정하는 것을 말한다.

(2) 도검(법 제2조 제2항)

① 도검은 칼날의 길이가 15센티미터 이상인 칼 · 검 · 창 · 치도(雉刀) · 비수 등으로서 성질상 흉기로 쓰이는 것과 칼날의 길이가 15센티미터 미만이라 할지라도 흉기로 사용될 위험성이 뚜렷한 것 중에서 대통령령으로 정하는 것을 말한다(동법 제2조 제2항).

② 동법 「시행령」 제4조를 보면, 도검은 월도, 장도, 단도, 검, 창, 치도, 비수, 재크나이프(칼날의 길이가 6센티미터 이상), 비출나이프(칼날의 길이가 5.5센티미터 이상이고, 45도 이상 자동으로 펴지는 장치가 있는 것)104)105)

③ 그 밖의 6센티미터 이상의 칼날이 있는 것으로서 흉기로 사용될 위험성이 뚜렷이 있는 도검을 의미한다. 따라서 칼끝이 둥글고 날이 서있지 아니하여 흉기로 사용될 위험성이 없는 도검은 도검으로 보지 않는다(동법 시행령 제4조).

(3) 화약류(법 제2조 제3항)

화약류란 화약, 폭약 및 화공품(화약 및 폭약을 써서 만든 공작물)을 말한다.

---

103) 박기태 외, 앞의 책, pp.109-110.

104) 총포 · 도검 · 화약류 등의 안전관리에 관한 법률, 법률 제17689호, 2020.12.22. 시행 2021.1.1.

105) 약칭 총포화약법 시행령, 대통령령 제33471호, 2023.5.16. 시행 2023.11.17.

(4) 분사기(법 제2조 제4항)

① 이 법에서 분사기란 사람의 활동을 일시적으로 곤란하게 하는 최루 또는 질식 등을 유발하는 작용제를 분사할 수 있는 기기로서 대통령령으로 정하는 것을 말한다.

② 종류: 총포형 분사기, 막대형 분사기, 만년필형 분사기, 기타 휴대형 분사기(살균 · 살충용 및 산업용 분사기는 제외한다)

(5) 전자충격기(법 제2조 제5항)

① 이 법에서 전자충격기란 사람의 활동을 일시적으로 곤란하게 하거나 인명에 위해를 주는 전류를 방류할 수 있는 기기로서 대통령령으로 정하는 것을 말한다.

② 종류: 총포형 전자충격기, 막대형 전자충격기, 기타 휴대형 전자충격기

(6) 석궁(법 제2조 제6항)

① 이 법에서 석궁이란 활과 총의 원리를 이용하여 화살 등의 물체를 발사하여 인명에 위해를 줄 수 있는 것으로서 대통령령으로 정하는 것을 말한다.

② 종류: 일반형 석궁, 도르래형 석궁(지렛대의 원리를 이용한 것), 권총형 석궁

3) 총포 · 도검 · 화약류 등의 허가권자

(1) 경찰청장의 허가

① 총포 · 화약류의 제조업(총포의 개조 · 수리업과 화약류의 변형 · 가공업을 포함한다)을 하려는 자는 제조소마다 행정안전부령으로 정하는 바에 따라 경찰청장의 허가를 받아야 한다. 제조소의 위치 · 구조 · 시설 또는 설비를 변경하거나 제조하는 총포 · 화약류의 종류 또는 제조방법을 변경하려는 경우에도 또한 같다(법 제4조 제1항). ② 총포 · 화약류를 수출 또는 수입하려는 자는 행정안전부령으로 정하는 바에 따라 수출 또는 수입하려는 때마다 관련 증명서류 등을 경찰청장에게 제출하고 경찰청장의 허가를 받아야 한다. 이 경우 경찰청장은 수출 허가를 하기 전에 수입국이 수입 허가 등을 하였는지 여부 및 경유국이 동의하였는지 여부 등을 확인하여야 한다(법 제9조 제1항).

(2) 시 · 도경찰청장 및 경찰서장의 허가

① 도검 · 분사기 · 전자충격기 · 석궁의 제조업을 하려는 자는 제조소마다 행정안전부령으로 정하는 바에 따라 제조소의 소재지를 관할하는 시 · 도경찰청장의 허가를 받아야 한다. 제조소의 위치 · 구조 · 시설 또는 설비를 변경하거나 제조하는 도검 · 분사기 · 전자충격기 · 석궁의 종류 또는 제조방법을 변경하려는 경우에도 또한 같다(법 제4조 제2항).

경찰청장 또는 시 · 도경찰청장은 허가가 취소된 후 6개월 이내에 그 영업장소에서 같은 종류의 영업을 하려는 자에 대해서는 제1항(총포 · 화약류의 제조업) 또는 제2항(도검 · 분사기 · 전자충격기 · 석궁의 제조업)에 따른 허가를 하여서는 아니 된다(법 제4조 제4항).

② 총포·도검·화약류·분사기·전자충격기·석궁의 판매업을 하려는 자는 판매소마다 행정안전부령으로 정하는 바에 따라 판매소의 소재지를 관할하는 시·도경찰청장의 허가를 받아야 한다. 판매소의 위치·구조·시설 또는 설비를 변경하거나 판매하는 총포·도검·화약류·분사기·전자충격기·석궁의 종류를 변경하려는 경우에도 또한 같다(법 제6조 제1항).

③ 총포·도검·화약류·분사기·전자충격기·석궁 판매업의 허가를 받은 자가 아니면 총포·도검·화약류·분사기·전자충격기·석궁을 판매(분사기 판매의 경우 분사기에 최루 또는 질식 등을 유발하는 작용제를 충전하는 것을 포함한다)하지 못한다. 다만, 제조업자가 자신이 제조한 총포·도검·화약류·분사기·전자충격기·석궁을 제조소에서 직접 판매하거나 총포 판매업자가 대통령령으로 정하는 범위에서 판매허가를 받은 총포의 실탄 또는 공포탄을 판매하는 경우에는 그러하지 아니하다.

④ 화약류저장소를 설치하려는 자는 대통령령으로 정하는 화약류저장소의 종류별 구분에 따라 그 설치하려는 곳을 관할하는 시·도경찰청장 또는 경찰서장의 허가를 받아야 한다. 화약류저장소의 위치·구조·설비를 변경하려는 경우에도 또한 같다(법 제25조 제1항). 저장소 설치허가의 경우 1급·2급 도화선·수중·실탄·꽃불류·장난감용 꽃불류 저장소에 대해서는 시·도경찰청장의 허가를 받아야 하고, 3급 및 간이저장소 설치는 경찰서장의 허가대상이다.

⑤ 소지금지대상에 해당하지 아니하는 자가 총포·도검·화약류·분사기·전자충격기·석궁을 소지하려는 경우에는 행정안전부령으로 정하는 바에 따라 다음 각 호의 구분에 따라 허가를 받아야 한다.

1. 총포(권총, 소총, 기관총, 어획총, 사격총, 제2호에서 정하는 것은 제외한다): 주소지를 관할하는 시·도경찰청장의 허가를 받아야 한다(법 제12조 제1항 제1호).
2. 총포 중 엽총·가스발사총·공기총·마취총·도살총·산업용총·구난구명총 또는 그 부품: 주소지를 관할하는 경찰서장의 허가대상이다(법 제12조 제1항 제2호).
3. 도검·화약류·분사기·전자충격기 및 석궁: 주소지를 관할하는 경찰서장의 허가대상이다(법 제12조 제1항 제3호).

⑥ 건설공사·경비 등을 위하여 법인의 대표자 또는 대리인, 사용인, 그 밖에 종업원이 산업용총·가스발사총·마취총 또는 전자충격기를 소지하려는 경우에는 그 법인의 대표자가 허가받으려는 산업용총·가스발사총·마취총, 폭발물분쇄용 총포, 분사기 또는 전자충격기의 수 및 이를 소지할 사람을 특정하여 이를 소지할 사람을 특정하여 그 법인의 주된 사업장의 소재지를 관할하는 경찰서장의 허가를 받아야 한다. 이 경우 가스발사총의 소지허가는 이를 소지할 사람이 관계 법령에 따라 무기를 휴대할 수 있는 경우로 한정한다.

⑦ 영화·연극 등을 위한 예술소품용으로 사용할 목적으로 임대업자로부터 총포·도검·분사기·전자충격기·석궁을 빌려 연기자 등에게 일시 소지하도록 하려는 사람은 관리책임자(소지허가 받은 총포·도검·분사기·전자충격기·석궁을 영화 촬영이나 연극 상연 등에 사용할 때마다 직접 지급하고 회수하는 등 관리책임을 지는 사람을 말한다) 및 소지기간을 정하여 주소지를 관할하는 시·도경

찰청장의 소지허가를 받아야 한다. 이 경우 해당 영화 · 연극 등을 위하여 영화 촬영이나 연극 상연 중에 임대한 총포 · 도검 · 분사기 · 전자충격기 · 석궁을 일시 소지하는 사람은 모두 소지허가를 받은 것으로 본다.

⑧ 사격장의 설치 허가권자는 원칙적으로 시 · 도경찰청장이며, 석궁사격장과 공기총사격장의 설치허가권자는 경찰서장이다.

(3) 화약류의 사용과 양도 · 양수 및 운반

① 화약류의 사용(법 제18조)

ⓐ 화약류를 발파하거나 연소시키려는 자는 화약류의 사용장소를 관할하는 경찰서장의 사용허가를 받아야 한다. 다만, 「광업법」에 따라 광물을 채굴하는 자와 그 밖에 대통령령으로 정하는 자는 그러하지 아니하다.

ⓑ 화약류 사용허가를 받은 자는 그 화약류를 허가받은 용도와 다른 용도로 사용하는 경우에는 화약류 사용허가를 다시 받아야 한다.

② 화약류 양도 · 양수

화약류를 양도하거나 양수하려는 자는 그 주소지 또는 화약류의 사용장소를 관할하는 경찰서장의 허가를 받아야 한다. 다만, 다음 각 호의 어느 하나에 해당하는 경우 그러하지 아니하다.

1. 제조업자가 제조목적으로 화약류를 양수하거나 제조한 화약류를 양도하는 경우
2. 판매업자가 판매할 목적으로 화약류를 양도 · 양수하는 겨우
3. 화약류의 수출입 허가를 받은 자가 그 수출입과 관련하여 화약류를 양도 · 양수하는 경우
4. 총포 소지허가를 받은 자가 수렵 또는 사격을 하기 위하여 대통령령으로 정하는 수량(수렵용 실탄 또는 공포탄은 1일 100개 이하, 사격용 실탄은 1일 200개 이하) 이하의 화약류를 양수하는 경우
5. 광물 채굴하는 자가 그 광물 채굴 목적으로 대통령령으로 정하는 수량 이하(화약 및 폭약 각 1,125그램 이하)의 화약류를 양수하는 경우
6. 화약류의 제조업 · 판매업 또는 화약류 저장소를 양도하거나 양수하는 경우

③ 화약류 운반(법 제26조)

ⓐ 화약류를 운반하려는 사람은 행정안전부령으로 정하는 바에 따라 발송지를 관할하는 경찰서장에게 신고하여야 한다. 다만, 대통령령으로 정하는 수량 이하의 화약류를 운반하는 경우에는 그러하지 아니하다.

ⓑ 화약류 운반신고를 받은 경찰서장은 화약류운반신고증명서를 발급하여야 한다.

ⓒ 화약류운반신고증명서를 발급받은 자는 화약류운반신고증명서를 지니고 있어야 한다.

(4) 화약류의 저장

① 허가

화약류저장소를 설치하려는 자는 대통령령으로 정하는 화약류저장소의 종류별 구분에 따라 그 설치하려는 곳을 관할하는 시 · 도경찰청장 또는 경찰서장의 허가를 받아야 한다. 화약류저장소의

위치 · 구조 · 설비를 변경하려는 경우에도 또한 같다. 화약류저장소의 설치허가를 받은 자(이하 "화약류저장소설치자"라 한다)는 화약류저장소를 다른 자에게 관리 위탁하거나 빌려주어서는 아니 된다(동법 제25조).

② 화약류저장소의 종류와 허가

화약류저장소는 제1호부터 제9호까지로 분류되며 제1호 1급저장소, 제2호 2급저장소, 제3호 3급저장소, 제4호 수중저장소, 제5호 실탄저장소, 제6호 꽃불류저장소, 제7호 장난감용 꽃불류저장소, 제8호 도화선저장소, 제9조 간이저장소가 있다. 제1호 · 제2호 · 제4호 내지 제8호의 저장소는 시 · 도경찰청장의 허가를, 제3호 및 제9호의 저장소는 경찰서장의 허가를 받아 설치한다(동법 제25조 및 동법 시행령 제28조).

③ 2급저장소의 설치

2급저장소는 일시적인 토목공사를 하거나 그 밖의 일정한 기간의 공사를 하는 사람이 그 공사에 사용하기 위하여 화약류를 저장하고자 하는 때에 한하여 이를 설치할 수 있다.

(5) 제조업자 결격사유(법 제5조)

다음 각 호의 어느 하나에 해당하는 자는 총포 · 도검 · 화약류 · 분사기 · 전자충격기 · 석궁 제조업의 허가를 받을 수 없다.

1. 금고 이상의 실형을 선고받고 그 집행이 끝나거나 집행을 받지 아니하기로 확정된 후 3년이 지나지 아니한 자
2. 금고 이상의 형의 집행유예를 선고받고 그 유예기간이 끝난 날부터 1년이 지나지 아니한 자
3. 심신상실자, 마약, 대마, 향정신성의약품 또는 알코올 중독자, 그 밖에 이에 준하는 정신장애인
4. 20세 미만인 자
5. 피성년후견인 및 피한정후견인
6. 파산선고를 받고 복권되지 아니한 자
7. 허가가 취소된 후 3년이 지나지 아니한 자
8. 임원 중에 위의 어느 하나에 해당하는 자가 있는 법인 또는 단체

(6) 소지자의 결격사유(법 제13조)

다음 각 호의 어느 하나에 해당하는 자는 총포 · 도검 · 화약류 · 분사기 · 전자충격기 · 석궁의 소지허가를 받을 수 없다.

1. 20세 미만인 자, 다만, 대한체육회장이나 특별시 · 광역시 · 특별자치시 · 도 또는 특별자치도의 체육회장이 추천한 선수 또는 후보자가 사격경기용 총을 소지하려는 경우는 제외한다.
2. 심신상실자, 마약 · 대마 · 향정신성의약품 또는 알코올 중독자, 정신질환자 또는 뇌전증환자로서 대통령령으로 정하는 사람
3. 금고 이상의 실형을 선고받고 그 집행이 끝나거나(집행이 끝난 것으로 보는 경우 포함) 면제된 날부터 5년이 지나지 아니한 자

4. 이 법을 위반하여 벌금형을 선고받고 5년이 지나지 아니한 자
5. 「특정강력범죄의 처벌에 관한 특례법」 제2조 제1항 각 호(살인, 존속살해, 위계등에 의한 촉탁살인)의 어느 하나에 해당하는 특정강력범죄를 범하여 벌금형의 선고 또는 징역 이상의 형의 집행유예를 선고받고 그 유예기간이 끝난 날부터 5년이 지나지 아니한 자
6. 이 법을 위반하여 금고 이상의 형의 집행유예를 선고받고 그 유예기간이 끝난 날부터 3년이 지나지 아니한 자

6의2. 다음 각 목의 어느 하나에 해당하는 죄를 범하여 벌금형을 선고받고 5년이 지나지 아니하거나 금고 이상의 형의 집행유예를 선고받고 그 유예기간이 끝난 날부터 5년이 지나지 아니한 사람

가. 「형법」상 범죄단체 등의 조직

나. 「형법」상 상해, 존속상해, 폭행, 존속폭행, 특수폭행

다. 「아동 · 청소년의 성보호에 관한 법률」상 강간, 강제추행, 장애인에 대한 감금

6의3. 「도로교통법」 음주운전 등으로 벌금 이상의 형을 선고받은 날부터 5년 이내에 다시 음주운전 등으로 벌금 이상의 형을 선고받고 그 집행이 종료(집행이 종료된 것으로 보는 경우 포함)되거나 집행이 면제된 날부터 5년이 지나지 아니한 사람

7. 제조업자 등에 대한 행정처분 또는 총포 등의 소지허가를 받은 자 등에 대한 행정처분에 따라 허가가 취소된 후 1년이 지나지 아니한 자

4) 총포에 관련 내용

(1) 총포의 경찰관서 보관과 해제(법 제14조의2)

① 총포의 소지허가를 받은 자는 총포와 그 실탄 또는 공포탄을 허가관청이 지정하는 곳에 보관하여야 한다.

② 총포의 소지허가를 받은 자는 총포를 허가받은 용도에 사용하기 위한 경우 또는 정당한 사유가 있는 경우 허가관청에 보관해제를 신청하여야 한다. 이 경우 총포의 보관해제 기간 동안 총포 또는 총포소지자의 위치정보를 확인할 수 있도록 위치정보수집 동의서를 함께 제출하여야 한다.

③ 허가관청은 제2항에 따른 보관해제 신청이 적합하지 않거나 위치정보수집에 동의하지 않은 경우와 그 밖에 공공의 안전유지를 위하여 필요하다고 인정될 경우 총포의 보관을 해제하지 않을 수 있다.

④ 보관대상이 되는 총포와 그 실탄 또는 공포탄, 보관 기간 및 장소, 보관 및 보관해제의 절차, 위치정보수집 등에 관하여 필요한 사항은 대통령령으로 정한다.

(2) 발견 · 습득의 신고(법 제23조)

누구든지 유실 · 매몰 또는 정당하게 관리되고 있지 아니하는 총포 · 도검 · 화약류 · 분사기 · 전자충격기 · 석궁이라고 인정되는 물건을 발견하거나 습득하였을 때에는 24시간 이내에 가까운 경찰관서에 신고하여야 하며, 경찰공무원(의무경찰을 포함)의 지시 없이 이를 만지거나 옮기거나

두들기거나 해체하여서는 아니 된다.

(3) 완성검사(법 제43조)

제조업자, 판매업자 또는 화약류저장소설치자는 그 허가를 받은 날부터 1년 이내에 그 사람 또는 설비에 대하여 허가관청의 검사를 받아야 하며, 그 검사에 합격한 후가 아니면 업무를 시작하거나 시설 또는 설비를 사용할 수 없다. 다만, 허가관청은 부득이한 사유가 있는 경우에는 1년을 초과하지 아니하는 범위에서 그 기간을 연장할 수 있다.

(4) 총포ㆍ화약류의 폐기(법 제20조)

① 총포의 소지허가를 받은 자가 총포를 폐기하려는 경우에는 허가관청에 해당 총포와 제65조에 따른 허가증을 제출하고 총포의 폐기 신청을 하여야 한다.

② 총포의 폐기 신청을 받은 허가관청은 해당 총포에 대한 소지허가를 취소하고 총포를 폐기하여야 한다.

③ 화약류를 폐기하려는 자는 행정안전부령으로 정하는 바에 따라 그 폐기하려는 곳을 관할하는 경찰서장에게 신고하여야 한다. 다만, 제조업자가 제조과정에서 생긴 화약류를 그 제조소 안에서 폐기하는 경우에는 그러하지 아니하다.

④ 경찰서장은 화약류 폐기의 장소ㆍ일시ㆍ수량 또는 방법 등이 적당하지 아니하거나 공공의 안전유지에 지장이 있다고 인정되는 경우에는 그 화약류 폐기의 중지를 명하거나 보완하여 폐기할 것을 명할 수 있다.

⑤ 화약류의 폐기는 대통령령으로 정하는 기술상의 기준에 따라야 한다.

3. 기초질서 위반사범 단속

1) 의의

기초질서 위반사범은 사람들이 일상생활에서 흔히 범하기 쉬운 경미한 법익의 침해행위를 말한다. 단속법규인 「경범죄 처벌법」과 「도로교통법」에 그 행위유형들이 규정되어 있으며, 처벌은 범칙금 부과로 이루어진다.[106] 경찰의 단속에 나타난 기초질서 위반의 주요 행위유형은 「경범죄 처벌법」 위반행위로서 경범과 기초질서 위반행위는 개념상 차이가 없다.

2) 경범죄 단속

(1) 의의

경범은 일단 형사범과 비교되는 개념으로서 국민이 일상생활 주변에서 흔히 범하기 쉬운 공공질서 및 사회도덕률 위반행위를 말하는 것으로 단속법규로서 「경범죄 처벌법」이 있다.

경범죄의 처벌은 ① 10만원 이하의 벌금, 구류 또는 과료(科料)의 형으로 처벌 유형, ② 20만원

106) 조병인ㆍ전영실, 서울시민의 기초질서 준수에 관한 연구, 형사정책연구원, 1996, p.25.

이하의 벌금, 구류 또는 과료의 형으로 처벌 유형, ③ 60만원 이하의 벌금, 구류 또는 과료의 형으로 처벌 유형으로 구분된다.

「경범죄 처벌법」은 경범의 행위유형과 이에 대한 처벌을 규정한 형사실체법에 속하지만, 통고처분규정이 마련되어 있어 절차법적 성격도 띠고 있다.

(2) 범칙자

범칙자라 함은 범칙행위(법 제3조 제1항 각 호부터 제2항 각 호까지)를 범한 사람으로서 다음에 해당하지 아니한 사람을 말한다.

1. 범칙행위를 상습적으로 행하는 자
2. 구류처분함이 상당하다고 인정되는 자
3. 피해자가 있는 행위를 한 자
4. 18세 미만인 사람

(3) 처벌의 유형

① 10만원 이하의 벌금, 구류 또는 과료의 형(법 제3조 제1항)

ⅰ) 통고처분이 가능하고 원칙적으로 현행법 체포는 불가능하지만, 주거가 불명한 경우 현행법 체포가 가능하다. ⓐ 빈집 등에의 침입, ⓑ 흉기의 은닉휴대, ⓒ 폭행 등 예비, ⓓ 사체 현장변경 등, ⓔ 도움이 필요한 사람 등의 신고불이행, ⓕ 관명사칭 등, ⓖ 물품강매 · 호객행위, ⓗ 광고물 무단부착 등, ⓘ 쓰레기 투기, 노상방뇨 등, ⓙ 자연훼손, 음주소란, 인근소란 등, ⓚ 위험한 동물의 관리 소홀, 동물 등에 의한 행패, ⓛ 과다노출, 무임승차 및 무전취식, ⓜ 장난전화 등, 지속적 괴롭힘

② 20만원 이하의 벌금, 구류 또는 과료의 형

ⅱ) 통고처분이 가능하고 원칙적으로 형행범 체포 불가능, 주거 불명인 경우 현행범 체포가능

ⓐ 출판물의 부당게제 등, ⓑ 거짓 광고, ⓒ 업무방해, ⓓ 암표매매

③ 60만원 이하의 벌금, 구류 또는 과료의 형

ⅲ) 통고처분이 불가능하고 원칙적으로 주거불명 관계없이 현행법 체포가 가능하다.

ⓐ 관공서에서의 주취소란: 술에 취한 채로 관공서에서 몹시 거친 말과 행동으로 주장하거나 시그럽게 한 사람

ⓑ 거짓신고: 있지 아니한 범죄나 재해사실을 공무원에게 거짓으로 신고한 사람

(4) 특징

① 「형법」에 대한 보충법으로서 일반법

ⅰ) 「경범죄 처벌법」은 사회풍속상 위험을 초래할 우려가 있는 경미한 행위를 형사범으로 처벌하는 대신에 경범으로 처벌하는 「형법」에 대한 보충법이며, 특정한 신분 · 사물 · 행위 · 지역에 관계없이 일반적으로 적용된다는 점에서 특별법이 아니다.[107]

ⅱ) 또한 「형법」 외에도 각종 행정목적을 달성하기 위한 특별행정법규들에 대해서도 보충법적 관계에 있기 때문에 「식품위생법」, 「도로교통법」, 「총포・도검・화약류 등의 안전관리에 관한 법률」, 「풍속영업법」, 「공중위생관리법」, 「소방기본법」, 「소음・진동관리법」 등의 특별법의 적용을 받게 되면 본법은 적용되지 않는다.

② **형의 면제와 병과**(법 제5조)

「경범죄 처벌법」 제3조를 위반한 사람을 벌할 때에는 그 사정과 형편을 헤아려서 그 형을 면제하거나 구류와 과료를 함께 과할 수 있다.

③ **교사・방조자의 처벌**(법 제4조)

제3조의 죄를 범하도록 시키거나 도와준 사람은 죄를 지은 사람에 준하여 벌한다.

④ **추상적 위험법**

「경범죄 처벌법」은 대상범죄 행위들의 실제 피해발생을 미연에 방지하는 것을 목적으로 하는 주로 추상적 위험범이기 때문에 미수범 처벌규정이 없다.

⑤ **선고유예 가능**

처벌 시 형을 면제하거나 또는 구류와 과료를 병과할 수 있고, 경범은 벌금 이하의 형으로만 규정되어 있어 자격정지 이상에만 가능한 집행유예는 불가능하나, 벌금형의 선고 시 선고유예는 가능하다.

⑥ **법인에 대한 처벌**

ⅰ) 법인에 대해서도 벌금형 처벌(양벌주의)이 가능하고, 법규위반에 해당하는 행위를 하지 않고 단순한 주의의무 또는 감독의무를 위반한 자도 처벌한다. 교사자 및 방조자는 정범에 준하여 처벌한다(동법 제4조).

ⅱ) 경범의 경우 범인을 은닉・도피하게 한 경우 범인은닉죄가 성립한다. 형사범은 검사의 공소제기에 의하나 본법의 위반사범에 대해서는 통고처분이나 「즉결심판에 관한 절차법」에 의하여 경찰서장이 시・군법원에 즉결심판청구를 한다(동법 제7조).

(5) 경범단속과 처리

① **현장에서의 처리**

순찰경찰관은 「경범죄 처벌법」 위반자를 발견하게 되면 현장에서 계도하거나 범칙금 납부통고서를 발부하고, 그 외의 위반행위에 대해서는 파출소로 임의동행하여 처리하는 것을 원칙으로 한다.

② **순찰지구대에서의 처리**

ⅰ) 순찰지구대장은 범칙자가 지구대에 동행된 경우에 1시간 이내에 심사・처리함으로써, 지구

107) 박기태 외, 앞의 책, p.205.

대에 불필요한 대기를 시키는 일이 없도록 해야 한다. 지구대장은 훈방 또는 통고처분의 대상인가의 여부, 즉심 또는 형사입건 대상인가의 여부를 심사해야 한다.

ii) 훈방요건에 해당하면 일시, 장소와 인적사항, 위반내용, 훈방사유를 근무일지에 기록하고 즉시 내보낸다. 통고처분대상자에 대해서는 범칙금납부통고서를 발부하는 것으로 처리하고, 즉심 대상인 경우는 즉결심판청구서와 필요한 서류를 작성한 후 귀가시키고 추후에 출석요구서를 보낸다. 형사입건대상이면 범죄인지보고서를 작성하여 경찰서 형사계에 인계한다.

③ 경찰서에서의 처리

경찰서에 동행된 범칙자의 처벌을 위한 심사는 일과시간 중에는 생활안전과장이, 근무시간 후나 공휴일인 경우에는 상황실장이 결정한다. 범칙자에 대한 심사결과 훈방, 통고처분, 즉결심판 회부, 그리고 현행범에 대한 구속영장 청구 여부 등을 결정한다.

3) 경범죄 범칙자 처벌의 유형

(1) 훈방

훈방은 범칙자의 범죄사실이 경미하고 개전의 정이 현저하며 피해자가 없다는 조건이 충족되어야 한다. 이러한 조건이 충족될 경우에 그 대상은 주로 다음과 같다.

① 60세 이상 고령자이거나 미성년자

② 정신박약자나 보행불구자 또는 질병자

③ 주거 및 신원이 확실한 사람

④ 임산부 · 유아동반자

⑤ 공무방해나 상습범이 아닌 사람, 고의성이 없는 초범자

⑥ 기타 경찰서장, 지구대장, 파출소장이 특히 훈방사유가 된다고 인정하는 사람이 해당된다.

(2) 통고처분

① 의의

i) 통고처분은 절차의 간이 · 신속을 위해 16만원 이하의 벌금이나, 구류 · 과료의 형에 해당하는 행위에 대하여 경찰기관이 정식재판에 갈음하여 일정한 벌금 또는 과료에 상당하는 금액의 납부를 명하는 준사법적인 행정처분으로서 경찰형벌에 해당한다. 따라서 통고처분의 이행은 확정판결과와 같은 효력이 발생하며 동일한 범죄사실로 재차 형사소추되지 아니하는 일사부재리의 원칙이 적용된다.

ii) 경찰작용법은 경미한 법규위반의 경범죄사범, 교통사범, 조세범, 관세범, 출입국사범의 경우에 통고처분을 규정하고 있다. 이는 대량의 실정법 위반사건을 간이 · 신속하게 처리하여 법원의 부담을 완화하고 전과자 발생의 방지에도 기여한다는 점에서 의미를 찾을 수 있다.

② 특징

ⅰ) 통고처분에 의한 범칙금은 국고에, 그리고 제주특별자치도지사가 지정하는 금융기관에 납부해야 할 금전을 의미하며, 이는 형벌이 아니다. 범칙금은 범칙행위에 따라서 16만원, 8만원, 5만원, 3만원, 2만원으로 부과된다.

ⅱ) 통고처분서를 받은 사람은 통고처분서를 받은 날부터 10일 이내에 경찰청장・해양경찰청장 또는 철도특별사법경찰대장이 지정한 은행, 그 지점이나 대리점, 우체국 또는 제주특별자치도지사가 지정하는 금융기관이나 그 지점에 범칙금을 납부하여야 한다. 다만, 천재지변이나 그 밖의 부득이한 사유로 말미암아 그 기간 내에 범칙금을 납부할 수 없을 때에는 그 부득이한 사유가 없어지게 된 날부터 5일 이내에 납부하여야 한다.

ⅲ) 납부기간에 범칙금을 납부하지 아니한 사람은 납부기간의 마지막 날의 다음 날부터 20일 이내에 통고받은 범칙금에 그 금액의 100분의 20을 더한 금액을 납부하여야 한다.

③ 통고처분의 예외(법 제7조 제1항)

1. 통고처분서 받기를 거부한 사람
2. 주거 또는 신원이 확실하지 아니한 사람
3. 그 밖에 통고처분을 하기가 매우 어려운 사람

④ 통고처분의 효과

ⅰ) 통고처분의 이행, 즉 벌금이나 과료를 납부한 경우에 이미 통고된 내용을 변경하지 못하는 불가변력이 생긴다. 이는 확정판결과 동일한 효력을 가지며, 다시 소추할 수 없는 일사부재리의 원칙이 적용된다. 따라서 통고처분을 받은 자가 임의로 범칙금을 납부한 경우에는 더 이상 통고처분의 위법을 다툴 수가 없다.

ⅱ) 통고처분을 받은 자가 범칙금 납부를 불이행한 경우 통고처분의 효력은 상실되고, 통고권자의 처분대상자에 대한 검찰 고발조치로 형사절차가 진행되며, 강제징수의 대상이 되지 아니한다.

ⅲ) 통고권자는 고발하여야 할 의무가 있고, 검찰은 통고권자의 고발 없이는 기소할 수가 없다.

⑤ 불이행자 등의 처리

ⅰ) 경찰서장, 해양경찰서장 및 제주특별자치도지사는 다음의 어느 하나에 해당하는 사람에 대하여는 지체 없이 즉결심판을 청구하여야 한다. 다만, 즉결심판이 청구되기 전까지 통고받은 범칙금에 그 금액의 100분의 50을 더한 금액을 납부한 사람에 대하여는 그러하지 아니하다.

1. 통고처분서 받기를 거부한 사람
2. 주거 또는 신원이 확실하지 아니한 사람
3. 그 밖에 통고처분을 하기가 매우 어려운 사람
4. 납부기간에 범칙금을 납부하지 아니한 사람

ⅱ) 즉결심판이 청구된 피고인이 통고받은 범칙금에 그 금액의 100분의 50을 더한 금액을 납부

하고 그 증명서류를 즉결심판 선고 전까지 제출하였을 때에는 경찰서장, 해양경찰서장 및 제주특별자치도지사는 그 피고인에 대한 즉결심판 청구를 취소하여야 한다.

iii) 범칙금을 납부한 사람은 그 범칙행위에 대하여 다시 처벌받지 아니한다.

(3) 범칙금 납부

① 1차 납부기간

통고처분서를 받은 사람은 그 통고처분서를 받은 날로부터 10일 이내에 경찰청장 · 해양경찰청장 또는 철도특별사법경찰대장이 지정한 은행, 그 지점이나 대리점, 우체국 또는 제주특별자치도지사가 지정하는 금융기관이나 그 지점에 범칙금을 납부하여야 한다. 다만, 천재지변이나 그 밖의 부득이한 사유로 말미암아 그 기간 내에 범칙금을 납부할 수 없을 때에는 그 부득이한 사유가 없어지게 된 날로부터 5일 이내에 납부하여야 한다.

② 2차 납부기간

1차 납부기간에 범칙금을 납부하지 아니한 사람은 납부기간의 마지막 날의 다음 날부터 20일 이내에 통고받은 범칙금에 그 금액의 100분의 20을 더한 금액을 납부하여야 한다.

③ 즉결심판 청구

경찰서장, 해양경찰서장 및 제주특별자치도지사는 통고처분 예외대상자와 범칙금을 납부하지 아니한 사람에 대하여는 지체 없이 즉결심판을 청구하여야 한다. 다만, 즉심이 청구되기 전까지 통고받은 범칙금에 그 금액의 100분의 50을 더한 금액을 납부한 사람에 대하여는 그러하지 아니하다.

④ 즉결심판의 취소

즉결심판이 청구된 통고받은 범칙금에 그 금액의 100분의 50을 더한 금액을 납부하고 그 증명서류를 즉심 선고 전까지 제출하였을 때에는 경찰서장, 해양경찰서장 및 제주특별자치도지사는 그 피고인에 대한 즉심 청구를 취소하여야 한다.

4. 즉결심판절차

1) 의의

즉결심판은 판사가 경찰서장의 청구에 의해 범죄의 증거가 명백하고 죄질이 경미한 범죄사건에 관하여 공판절차에 의하지 아니하고 선고형을 기준으로 20만원 이하의 벌금 · 구류 · 과료에 처하는 간이심판절차를 말한다. 즉결심판은 특정법규에 제한되지 않으므로 형법 · 특별법 및 행정법규에서 경미한 범죄로 벌금 등이 규정되어 있으면 청구가 가능하다.

2) 즉결심판의 절차

(1) 대상범죄

① 즉결심판의 대상은 특정법규의 위법행위에 한정되는 것이 아니므로 형법 · 특별법 및 행정법규에서 경미한 범죄로 벌금 등이 규정되어 있으면 청구가 가능하다. 법정형의 장기나 다액을 불문하고 벌금 관료 형태의 재산형이나 구류형태의 자유형을 선택할 수 있도록 규정되어 있는 사건이면 거의 모두 즉심을 청구할 수 있다.

② 특히 강력범죄를 제외한 대부분의 범죄가 벌금형을 두고 있는 것을 고려하면, 대부분의 범죄가 사안이 경미함을 요건으로 즉심청구의 대상이 될 수 있다. 그러나 벌금의 상한액만 규정되어 있을 경우에는 그 액수가 20만원보다 적을 경우에만 즉심청구가 가능하다.[108]

③ 즉심은 범죄자를 전과자로 만들지 않고 재판의 신속성을 기할 수 있다는 점에서 효과적인 제도이다.

(2) 청구권자

즉결심판의 청구권자는 관할 경찰서장 또는 해양경찰서장이다. 즉결심판의 청구는 검사의 공소제기와 동일한 성질의 소송행위이며, 경찰서장의 즉결심판청구는 검사의 기소독점주의에 대한 예외가 된다.

(3) 청구의 방식

① 즉결심판의 청구는 서면으로 해야 하며, 이 즉결심판청구서에는 피고인의 성명, 기타 피고인을 특정할 수 있는 사항, 죄명, 범죄사실과 적용법조를 기재해야 한다. 따라서 즉결심판청구서의 기재사항은 공소장의 필요적 기재사항과 동일하다.

② 경찰서장은 즉결심판의 청구와 동시에 즉결심판에 필요한 서류 또는 증거물을 판사에게 제출해야 한다. 이는 약식절차와 같이 공소장일본주의가 배제된다는 것을 의미한다.[109]

3) 심판

(1) 청구의 기각과 송치

① 판사는 즉결심판을 청구한 사건이 즉결심판의 대상이 될 수 없거나, 즉결심판절차에 의해 심판함이 적당하지 않다고 인정할 경우에는 결정으로 즉결심판의 청구를 기각해야 한다.

② 즉결심판을 할 수 없는 경우란 법정형에 벌금, 구류, 과료가 규정되어 있지 아니하거나, 벌금형을 병과하게 되어 있는 경우를 말한다.

③ 판사는 즉결심판청구를 기각하는 것으로 충분하고 경찰서장에게 검찰에 송치를 하도록 명령을 하여야 하는 것은 아니다.

---

108) 김형훈, "경미범죄의 즉결심판을 받을 권리", 경찰학연구 제6권 제1호, 경찰대학, 2006, pp.32-34.

109) 위의 책, p.234.

④ 즉결심판의 청구가 기각되면 경찰서장은 지체 없이 사건을 관할 지방검찰청 또는 지청의 장에게 송치하여야 한다. 이에 의해 사건을 처리할 검사는 기소 또는 불기소를 결정하게 된다.

(2) 심판 장소

① 즉결심판절차에 의한 심리와 재판의 선고는 공개된 법정에서 행하되, 그 법정은 경찰관서 이외의 장소에 설치되어야 한다. 그러나 판사는 상당한 이유가 있는 경우에는 개정 없이 피고인의 진술서와 경찰서장이 송부한 서류 또는 증거물에 의하여 심판할 수 있다.

② 구류에 처하는 경우에는 그러하지 아니하므로 구류를 선고할 경우에는 공개된 법정에서 원칙적으로 피고인이 출석해야만 가능하다.

(3) 피고인의 출석

① 즉심피의자는 비보호가 원칙이므로 일단 귀가시켜야 한다. 통상의 공판절차에서와 같이 즉결심판절차 역시 피고인이 기일에 출석하지 아니한 경우에는 특별한 규정이 있는 경우를 제외하고는 개정할 수 없다.

② 그러나 벌금이나 과료를 선고하는 경우와 피고인 또는 즉결심판출석통지를 받은 자가 법원에 불출석을 청구하여 법원이 이를 허가한 경우는 불출석 심판이 가능하다.

③ 체포 · 구속피의자에 대한 심판청구는 기소 시에도 구속영장의 효력은 유지되므로 신병확보가 문제되지 않는다.

④ 기타 피의자에 대해서는 서류에 의한 청구가 원칙으로서, 피고인의 신병에 대하여는 개정(開廷)의 요건으로 출석을 규정하고 있을 뿐 강제로 출석케 하는 규정은 없고 검찰의 불구속기소와 같은 성질의 것이므로 피고인 불출석에 따른 후속조치는 법원의 책임영역이다.

4) 불출석 심판의 청구

① 「경범죄 처벌법」, 「도로교통법」 위반으로 범칙금을 기간 내에 납부하지 않아 즉심에 회부된 자는 불출석 심판을 청구할 수 있다.

② 불출석심판청구서를 접수할 때에 반드시 대상자에게 불출석심판제도를 고지하고 본인의 의사에 따라 결정한다.

③ 불출석 청구자는 경찰서장에게 범칙금의 1.5배를 예납하고 불출석심판청구서를 제출한다. 경찰서장이 즉결심판을 청구할 때에는 불출석심판청구서를 사건기록과 함께 법원에 제출한다.

④ 불출석심판청구가 있을 때에는 법원은 특별한 사정이 없는 한 허가해야 한다.

5) 심리의 방법

판사는 피고인에게 사건의 내용과 진술거부권을 고지하고 변명할 기회를 주어야 하며, 필요하다고 인정할 경우에는 적당한 방법에 의해 법정에 있는 증거에 한하여 조사할 수 있다. 변호인은 기일에 출석하여 증거조사에 참여할 수 있으며, 의견을 진술할 수 있다.

6) 증거에 관한 특칙

① 즉결심판절차는, 즉 「형사소송법」 제310조 및 제312조 제3항, 그리고 제313조는 적용되지 않는다. 즉, 자백의 증거능력 제한, 사법경찰관 작성의 피의자 신문조서의 증거능력 및 진술조서의 증거능력의 규정은 적용되지 아니한다.[110]

② 따라서 보강증거 없이 피고인의 자백만으로 유죄가 인정되고, 사법경찰관 작성의 피의자신문조서도 피고인이나 변호인이 그 내용을 부정하더라도 성립의 진정이 인정되면 증거능력을 가진다.

③ 그러나 임의성 없는 자백은 즉결심판에서도 증거능력이 없다. 또한 검사 또는 사법경찰관의 조서 이외에 피고인이 아닌 자가 작성한 진술서나 진술조서는 성립의 진정이 인정되지 아니하더라도 증거능력이 인정된다.

7) 유치명령

판사는 구류의 선고를 받은 피고인이 일정한 주거가 없거나 또는 도망할 염려가 있는 경우에는 5일을 초과하지 아니하는 기간 경찰서 유치장에 유치할 것을 명할 수 있다. 다만, 이 기간은 선고기간을 초과할 수 없다. 이때 집행된 유치기간은 본형에 산입한다.[111]

8) 정식재판의 청구

① 정식재판의 청구권자는 피고인과 경찰서장이다. 피고인의 법정대리인은 피고인의 의사여하에 불구하고 정식재판을 청구할 수 있으며, 피고인의 배우자 · 직계친족 · 형제자매 · 호주 또는 변호인은 피고인의 명시한 의사에 반하지 않는 한 독립하여 정식재판을 청구할 수 있다.

② 피고인은 즉결심판의 선고, 고지를 받은 날부터 7일 이내에 정식재판청구서를 경찰서장에게 제출해야 한다. 정식재판청구서를 제출받은 경찰서장은 지체 없이 판사에게 이를 송부해야 한다.

③ 경찰서장은 무죄 · 면소 또는 공소기각의 재판이 선고 · 고지된 경우에는 그 선고 · 고지를 한 날부터 7일 이내에 정식재판을 청구할 수 있으며, 이 경우 경찰서장은 관할 지방검찰청 또는 지청의 검사의 승인을 얻어 정식재판청구서를 판사에게 제출해야 한다(법 제14조).

④ 정식재판의 청구는 제1심 판결 선고 전까지 취하할 수 있으며, 약식명령에 대한 정식재판청구권을 피고인은 포기할 수 없으나 즉결심판에 대한 정식재판청구권은 피고인도 포기할 수 있다.

---

110) 즉결심판에 관한 절차법 제10조, 법률 제14839호, 2017.7.26.

111) 즉결심판에 관한 절차법 제17조, 법률 제14839호, 2017.7.26.

9) 즉결심판의 효력(법 제16조)

① 즉결심판은 정식재판의 청구기간의 경과, 정식재판청구권의 포기 또는 그 청구의 취하에 의해 확정판결과 동일한 효력이 생긴다.

② 정식재판청구를 기각하는 재판이 확정된 때에도 마찬가지다. 따라서 즉결심판이 확정되면 집행력과 기판력이 발생하며, 재심이나 비상상고의 대상이 된다.

③ 정식재판의 청구에 의한 판결이 있는 때에는 즉결심판은 그 효력을 상실한다.

10) 형의 집행(법 제18조)

① 즉결심판에 의한 형의 집행은 경찰서장이 하며, 그 집행결과를 지체 없이 검사에게 보고해야 한다. 구류는 경찰서 유치장, 구치소 또는 교도소에서 집행하며, 구치소 또는 교도소에서 집행할 경우에는 검사가 이를 집행한다.

② 벌금, 과료, 몰수는 그 집행을 종료하면 지체 없이 검사에게 이를 인계해야 한다.

5. 유실물 처리

1) 개념

유실물이란 점유자의 의사에 의하지 않거나 타인에게 절취된 것이 아니면서 우연히 그 지배에서 벗어난 동산을 말하고, 점유자의 의사에 의하여 버린 물건이나 도품은 유실물에 해당하지 않는다. 또한 습득물이란 타인이 유실한 물건을 습득한 것을 말한다.

2) 적용 법규

유실물 처리의 근거법규는 「유실물법」 및 「유실물법 시행령」, 「형법」, 「민법」이며, 유실물 · 습득물 · 매장물은 「유실물법」의 적용을 받으나 표류물 · 침몰물은 「수난구호법」의 적용을 받는다.

3) 반환에 대한 보상금

유실물의 반환을 받는 자는 물건 가액의 100분의 5 내지 100분의 20 이하의 범위 내에서 보상금을 습득자에게 지급해야 한다. 다만, 국가나 지방자치단체는 보상금을 청구할 수 없다. 비용이나 보상금은 물건을 반환한 후 1월을 경과하면 이를 청구할 수 없다(유실물법 제4조 및 제6조).

4) 습득물의 조치

타인이 유실한 물건을 습득한 자는 이를 신속하게 유실자 또는 소유자, 기타 물건회복의 청구권을 가진 자에게 반환하거나 경찰서(지구대 · 파출소 등 소속 경찰관서를 포함) 또는 제주특별자치도의 자치경찰단 사무소에 제출해야 한다. 다만, 법률에 따라 소유 또는 소지가 금지되거나 범행에 사용되었다고 인정되는 물건은 신속하게 경찰서 또는 자치경찰단에 제출하여야 한다(유실물법 제1조).

5) 습득물의 보관방법

① 경찰서장 또는 자치경찰단을 설치한 제주특별자치도지사는 보관한 물건이 멸실되거나 훼손될 우려가 있을 때 또는 보관에 과다한 비용이나 불편이 수반될 경우에는 이를 매각할 수 있다.

② 매각에 드는 비용은 매각대금 중에서 충당하고, 매각 비용을 공제한 매각대금의 남은 금액은 습득물로 간주하여 이를 보관한다(유실물법 제2조).[112)]

③ 습득물의 보관비, 공고비, 그 밖에 필요한 비용은 물건의 반환받는 자나 물건의 소유권을 취득하여 이를 인도받는 자의 부담으로 하되, 「민법」 제321조부터 제328조의 규정을 준용한다(유실물법 제3조).

6) 습득물 공고

① 습득물을 제출받은 경찰서장 또는 제주특별자치도지사가 제출받은 습득물을 반환받을 자를 알 수 없어 법 제1조 제2항 후단에 따라 공고할 때에는 그 습득물을 제출받은 날부터 다음 각 호의 어느 하나에 해당하는 날까지 유실물에 관한 정보를 제공하는 인터넷 사이트에 해당 습득물에 관한 정보를 게시하여야 한다.

1. 습득물의 유실자 또는 소유자, 그 밖에 물건회복의 청구권을 가진 자 또는 습득자가 습득물을 찾아간 날
2. 습득물이 교부받을 자가 없는 경우에 국고 또는 제주특별자치도의 금고에 귀속하게 된 날(유실물법 시행령 제3조 제1항)

② 경찰서장 또는 제주특별자치도지사가 습득물을 제출받은 때에는 습득물 관리카드에 기재하여 보관하거나 전자매체에 전산으로 기록하여 관리하여야 한다. 또한 제출받은 습득물이 특히 귀중한 물건이라고 인정되는 것은 공고와 동시에 일간신문 또는 방송으로 공고하여야 한다(유실물법 시행령 제3조 제2항).[113)]

7) 습득자의 권리 포기(법 제7조)

습득자는 미리 신고하여 습득물에 관한 모든 권리를 포기하고 의무를 지지 아니할 수 있다.

8) 습득자의 권리 상실(법 제9조)

습득물이나 그 밖에 이의 규정을 준용하는 물건을 횡령함으로써 처벌을 받은 자 및 습득일부터 7일 이내에 유실자 또는 소유자에게 반환하지 않거나 경찰관서에 제출하지 아니한 자는 습득물 처리비용과 보상금을 받을 권리 및 습득물의 소유권을 취득할 권리를 상실한다.

---

112) 유실물법 제2조, 법률 제12210호, 2014.1.7.
113) 유실물법 시행령 제3조, 대통령령 제32522호, 2022.3.8.

9) 수취인이 없는 물건의 귀속(법 제15조)

경찰서 또는 자치경찰단이 보관한 물건으로서 교부받을 자가 없을 경우에는 그 소유권은 국고 또는 제주특별자치도의 금고에 귀속하게 된다.

10) 선박, 차량, 건출물 등에서의 습득(법 제10조)

① 관리자가 있는 선박, 차량, 건축물, 그 밖에 일반인의 통행을 금지한 구내에서 타인의 물건을 습득한 자는 그 물건을 관리자에게 인계하여야 한다.

② 제1항의 경우에는 선박, 차량, 건축물 등의 점유자를 습득자로 한다. 자기가 관리하는 장소에서 타인의 물건을 습득한 경우에도 또한 같다.

③ 보상금은 제2항의 점유자와 실제로 물건을 습득한 자가 반씩 나누어야 한다.

11) 장물의 습득(법 제11조)

① 범죄자가 놓고 간 것으로 인정되는 물건을 습득한 자는 즉시 그 물건을 경찰서에 제출하여야 한다.

② 제1항의 물건에 관하여는 법률에서 정하는 바에 따라 몰수할 것을 제외하고는 이 법 및 「민법」 제253조를 준용한다. 다만, 공소권이 소멸되는 날부터 6개월 간 환부받는 자가 없을 때에만 습득자가 그 소유권을 취득한다.

③ 범죄수사상 필요한 때에는 경찰서장은 공소권이 소멸되는 날까지 공고를 하지 아니할 수 있다.

④ 경찰서장은 제1항에 따라 제출된 물건이 장물이 아니라고 판단되는 상당한 이유가 있고, 재산적 가치가 없거나 타인이 버린 것이 분명하다고 인정될 때에는 이를 습득자에게 반환할 수 있다.

12) 준유실물(법 제12조)

착오로 점유한 물건, 타인이 놓고 간 물건이나 일실한 가축에 관하여는 이 법 및 「민법」 제253조를 준용한다. 다만, 착오로 점유한 물건에 대하여는 제3조의 비용과 제4조의 보상금을 청구할 수 없다.

13) 수취하지 아니한 물건의 소유권 상실

① 이 법 및 「민법」 제253조, 제254조에 따라 물건의 소유권을 취득한 자가 그 취득한 날부터 3개월 이내에 물건을 경찰서 또는 자치경찰단으로부터 받아가지 아니할 때에는 그 소유권을 상실한다(법 제14조).

② 유실물은 법률에 정하는 바에 의하여 공고한 후 6개월 내에 그 소유자가 권리를 주장하지

아니하면 습득자가 그 소유권을 취득한다(민법 제253조).

14) 매장물(법 제13조)

① 매장물에 관하여는 제10조(선박, 차량 건축물 등에서 습득)를 제외하고는 이 법을 준용한다.

② 매장물이 「민법」 제255조에서 정하는 물건인 경우 국가는 매장물을 발견한 자와 매장물이 발견된 토지의 소유자에게 통지하여 그 가액에 상당한 금액을 반으로 나누어 국고에서 각자에게 지급하여야 한다. 다만, 매장물을 발견한 자와 매장물이 발견된 토지의 소유자가 같을 때에는 그 전액을 지급하여야 한다.

③ 제2항의 금액에 불복하는 자는 그 통지를 받은 날부터 6개월 이내에 민사소송을 제기할 수 있다.

제 9 절 소년경찰활동

1. 소년경찰활동의 개념과 범위

1) 개념

소년경찰활동은 실질적으로 소년에 대한 선도·보호·유해환경 정화·소년범죄처리 등의 업무를 수행하는 전체 경찰활동을 의미한다. 경찰은 일반 형사범죄와 분리하여 청소년범죄와 여성범죄의 특수성을 고려하여 여성청소년과에 여성청소년계를 두어 처리토록 하고 있다.

2) 범위

(1) 소년 및 보호자(법 제2조)[114]

소년은 19세 미만의 소년을 말하고, 보호자란 법률상 감호교육을 할 의무가 있는 사람 또는 현재 감호하는 사람을 말한다.

(2) 소년경찰의 업무

소년경찰활동은 생활안전 경찰의 하나의 업무분야로 비행 청소년을 발견·조사하여 선도하고 유해한 환경을 정화함으로써, 청소년들이 올바르게 성장하여 사회활동을 영위할 수 있도록 지도·보호하는 역할을 수행하는 것을 말한다.

소년경찰의 업무는 ① 청소년 지도상담 및 보호, ② 비행소년 등의 선도, ③ 유해환경의 정화, ④ 소년범죄 자료 분석, ⑤ 소년범죄의 수사 등을 포함한다.

114) 소년법, 법률 제17505호, 2020.10.20. 시행 2021.12.21.

(3) 법률에 따른 청소년의 연령 및 명칭

청소년의 연령은 ① 「소년법」: 10세 이상 19세 미만의 소년

② 「청소년 보호법」과 「아동 · 청소년의 성보호에 관한 법률」, 「사행행위 등 규제 및 처벌 특례법」, 「영화 및 비디오물의 진흥에 관한 법률」, 「음악산업진흥에 관한 법률」: 19세 미만의 청소년

③ 「청소년 기본법」: 9세 이상 24세 이하의 청소년

④ 「게임산업진흥에 관한 법률」, 「공연법」: 18세 미만의 사람(고등학교에 재학 중인 사람 포함)

⑤ 「아동복지법」, 「아동학대범죄의 처벌 등에 관한 특례법」: 18세 미만인 사람

⑥ 「실종아동등의 보호 및 지원에 관한 법률」: 실종 당시 18세 미만인 아동

3) 비행소년의 종류

비행소년이란 범죄소년, 촉법소년, 우범소년 중 어느 하나에 해당하는 사람을 말한다(소년업무처리규칙 제2조 제5호).[115]

(1) 범죄소년

① 범죄소년은 14~19세 미만의 자로서 죄를 범한 자를 발한다(소년법 제4조 제1항 제1호).[116]

② 소년사건에 대한 수사결과 비행소년이 범죄소년으로 판명되었을 때에는 당해 범법소년의 범행동기 및 수단, 범행 전후의 상황, 기타 범죄사실 및 범죄의 정황을 입증하는 제반조서를 작성하고 올바른 길로 인도하기 위해 필요한 경우 그 이외의 사항에 대하여도 조사한다.

③ 부득이한 경우를 제외하고는 체포, 구금, 기타 강제조치를 하여서는 아니 되고, 소년부의 보호사건으로 심리한다. 강제조치를 집행하려고 할 때에는 다음 각 호의 사항에 유의하여야 한다.

1. 범죄소년의 연령, 성격, 비행경력, 범죄의 내용, 구금장소의 상황, 구금시간, 기타 강제조치로부터 당해 소년에게 미치는 정신적 영향 등을 신중히 고려하여야 한다.
2. 구금 시 원칙적으로 성인과 분리해야 하며, 강제조치를 하였을 때에는 지체 없이 그 보호자 또는 대리자에게 연락하여야 한다. 한편, 범죄소년이 금고 이상의 범죄를 범한 경우 그 동기와 죄질이 형사처분을 할 필요가 있다고 인정하면 결정으로써 사건을 관할 지방법원에 대응한 검찰청 검사에게 송치하여야 한다.

④ 범죄소년의 소지한 물건의 조치: 경찰관은 범죄소년의 수사에 있어서 소년의 비행방지상 소지하는 것이 부당하다고 인정되는 물건을 발견하였을 때에는 법에 의하여 이를 압수하는 경우를 제외하고는 이를 소유권자, 기타 권리인에게 반환하거나 또는 그 보호자에게 예치시키거나 본인 또는 그 보호자의 동의를 얻어 폐기시키는 등 당해 범죄소년이 물건을 소지하지 않도록 조치하여야 한다.

115) 소년업무처리규칙, 경찰청예규 제376호, 2007.12.31.

116) 소년법, 법률 제17505호, 2020.10.20.

(2) 촉법소년

① 촉법소년은 형사 미성년자로서 10세 이상 14세 미만에 해당하는 소년으로서 법에 저촉되는 행위를 한 소년을 말하며(소년법 제4조 제1항 제2호), 이를 소년부에 송치할 경우에 요보호대상(부랑아, 우범소년)에 준하는 관계서류를 작성·비치하고, 송치서류는 소년보호사건 송치서 및 진술조서, 기타 참고자료를 첨부한다.

② 촉법소년이 소지한 물건에 대한 조치는 범죄소년의 경우를 준용하며, 지문채취는 신원확인, 지문대조 등 채취의 필요성이 있는 특별한 경우에만 채취한다. 일시보호를 할 때에는 보호실을 사용하고, 부득이한 경우에도 경찰서 내의 숙직실·휴게실 등 당해 소년을 수용하는 데 적당하다고 인정되는 시설을 이용해야 한다. 일시보호를 결정하였을 때에는 지체 없이 보호자에게 그 사유를 통지해야 한다(소년업무처리규칙 제42조).

③ 촉법소년을 조사한 결과 송치할 필요가 있는 소년은 신속히 관할 가정법원 또는 지방법원 소년부에 송치하여야 한다. 사안이 경미한 경우에는 부모에게 인계하고 송치서와 참고자료만 소년부에 송치한다. 촉법소년의 보호자가 없거나 보호자에게 감호하는 것이 부적당하다고 인정될 때에는 「아동복지법」에 의한 보호조치를 강구하거나 신속히 소년부에 송치한다. 단, 촉법소년의 행위가 금고 이상의 형에 해당할 때에는 다른 보호조치를 하지 않고 소년부에 직접 송지해야 한다.

(3) 우범소년

① 우범소년은 다음과 같은 사유가 있고 그의 성격 또는 환경에 비추어 앞으로 형벌 법령에 저촉되는 행위를 할 우려가 있는 10세 이상인 소년

1. 집단적으로 몰려다니며 주위 사람들에게 불안감을 조성하는 성벽이 있는 경우
2. 정당한 이유 없이 가출하는 경우
3. 술을 마시고 소란을 피우거나 유해환경에 접하는 성벽이 있는 경우를 말한다(소년법 제4조 제1항 제3호).

② 우범소년에 대한 보호사건으로의 송치서류작성과 소지물건의 조치는 촉법소년의 경우를 준용한다.

4) 기타 소년

(1) 불량행위소년

비행소년은 아니지만 음주·흡연·싸움, 기타 타인의 덕성을 해하는 행위를 하는 소년을 말한다.

(2) 요보호소년

① 요보호소년이란 비행소년은 아니지만 학대·혹사·방임된 소년 또는 보호자로부터 유기 또는 이탈되었거나, 그 보호자가 양육할 수 없는 경우, 기타 「경찰관 직무집행법」 제4조 또는 「아동

그림 1-1 「소년법」 제2조, 제4조에 따른 '소년' 분류

* 촉법소년과 우범소년은 「소년법」 제2장 보호사건에서 규정된 사항을 적용받으며, 제32조에 규정된 10개의 보호처분을 부과받게 됨.
* 범죄소년은 「소년법」 제2장 보호사건 규정(보호처분)뿐만 아니라 제3장 형사사건 규정(형사처벌)도 적용받음. 다만, 소년에 대한 피고사건을 심리한 결과 보호처분에 해당할 사유가 있다고 인정하면 결정으로 사건을 관할 소년부에 송치하여 제2장에서 규정하고 있는 보호처분을 받게 됨(제50조 등).

자료: 국회도서관, Data & Law, 2023-2호(통권 제2호), 2023.

복지법」에 의하여 보호를 요하는 자로서 사회적으로 보호를 받아야 하는 자를 말한다. 즉, 미아·기아·가출아·혹사소년 등이 해당한다.

② 경찰관은 요보호소년에 대하여 청소년 지원센터, 복지시설, 기타 관계기관 단체에 통고하거나 또는 보호자에 대해 주의하고 조언을 하는 등 소년의 보호를 위한 필요한 조치를 취해야 한다.

(3) 죄질이 경미한 범죄소년

「즉결심판에 관한 절차법」 제2조의 즉결심판의 대상에 해당하는 소년을 말한다.

(4) 학교 밖 청소년

「학교 밖 청소년 지원에 관한 법률」 제2조 제2호에 해당하는 사람을 말한다. 즉, ① 초등학교·중학교 또는 이와 동일한 과정을 교육하는 학교에 입학한 후 3개월 이상 결석하거나 취학의무를 유예한 청소년, ② 고등학교 또는 이와 동일한 과정을 교육하는 학교에서 제적·퇴학처분을 받거나 자퇴한 청소년, ③ 고등학교 또는 이와 동일한 과정을 교육하는 학교에 진학하지 아니한 청소년[117)]

2. 소년사건 수사

1) 소년사건 수사의 기본

(1) 소년법의 적용

소년사건, 즉 비행소년 문제와 선도대책에 대한 기본법은 「형사소송법」의 특별법인 「소년법」이다. 따라서 경찰관이 범죄행위 등을 범한 비행소년이라고 인정되는 소년을 발견 또는 인지하였을 때에는 원칙적으로 「소년법」에 의해 처리한다.

117) 학교 밖 청소년 지원에 관한 법률, 법률 제17974호, 2021.3.23. 시행 2021.9.24.

(2) 소년사건의 처리방향

① 건전한 육성의 정신

소년비행사건은 「소년법」상의 보호처분 또는 형사처분에 대한 특별한 심리자료의 제공을 염두에 두어야 하며, 소년을 건전한 길로 이끈다는 건전육성의 정신으로 조사하여야 한다. 따라서 소년피의자는 되도록 구속을 피하고 부득이 체포 또는 동행하는 경우에는 그 시기와 방법에 관하여 특히 주의하여야 한다.

② 비행소년 조사 시 사전에 보호자에 연락

소년피의자에게 출석을 요구하거나 조사를 하기 위해 직접 통지하는 것이 그 소년의 정신상태나 사건처리에 좋지 않다고 인정될 경우, 그 소년의 보호자나 이에 대신할 자에게 연락하여야 한다. 소년피의자에게 직접 통지할 경우, 정신적 충격으로 가출이나 보복 등의 극단적인 행동을 하거나 가족의 질책과 동료들로부터 따돌림 등을 당할 수 있는 소년의 특성을 이해해야 한다.

③ 비밀의 보장

소년범죄는 「소년법」의 취지에 따라 신속히 처리하고, 소년의 주거 · 성명 · 연령 · 직업 · 용모 등에 의하여 본인으로 추론할 수 있는 정도의 사실이나 사진이 신문, 기타 출판물에 게재 또는 방송되지 않도록 하는 비밀보장에 유의해야 한다.

④ 보호자와 관계기관 및 지역유지 등의 의견 종합 · 객관적 처리

ⅰ) 소년사건을 수사할 때는 관계기관에 송치 또는 통고할 것인가의 여부 및 처리기관의 선정에 신중을 기해야 하며, 필요에 따라 소년 및 그 보호자에게 그 취지를 설명하고 유의사항에 대하여 조언하여야 한다.

ⅱ) 소년을 관계기관에 송치 또는 통고할 때에는 비행의 내용, 동기 및 원인, 재비행의 위험성, 보호자의 실정 및 재비행에 대한 보호자의 의지 또는 희망, 기타 관계기관과 지역유지들의 견해와 의견을 종합하여 객관적으로 처리하여야 한다.

3. 소년사건 수사절차

1) 소년보호사건의 관할

보호사건의 관할은 소년의 행위지, 거주지 또는 현재지로 한다.

2) 보호처분

(1) 보호처분의 개념

① 보호처분이란 범죄소년 · 촉법소년 · 우범소년의 비행사건을 소년부 판사가 심리하여, 이들 소년의 교화개선과 보호를 위해 내려지는 일정한 처분을 말한다.

② 보호처분은 소년의 비행사실에 대하여 책임을 묻는 수단으로서의 처벌이 아니고, 비행에

나타난 소년의 범죄적 위험성에 대처하기 위한 수단이며, 소년의 장래 신상에도 아무런 영향을 미치지 아니하고, 일사부재리의 효력이 인정된다.

(2) 보호처분 심판절차

① 송치와 통고

i) 경찰서장은 비행소년을 조사한 결과 범죄소년은 관할 검찰청에 송치하고, 촉법소년 및 우범소년은 관계서류와 증거물 및 참고자료를 첨부하여 직접 관할 법원 소년부에 송치해야 한다.

ii) 범죄소년, 촉법소년 및 우범소년을 발견한 보호관찰소의 장은 이를 관할 소년부에 통고할 수 있다.

② 검사의 송치

검사는 소년피의사건을 수사한 결과 벌금 이하의 형에 해당하는 범죄이거나 보호처분에 해당하는 사유가 있는 경우 사건을 관할 소년부에 송치하여야 한다. 범죄소년을 발견한 보호자 또는 학교와 사회복지시설의 장은 이를 관할 소년부에 통고할 수 있다.

③ 조사와 심리

i) 소년부 판사는 다양한 자료와 조사결과를 토대로 소년과 보호자 등의 성행, 경력, 가정환경 등을 규명하고, 관련전문가의 진단과 소년분류심사원(少年分類審査院)의 심사결과와 의견, 보호관찰소의 조사결과와 의견 등을 참작하여 조사 · 심리한다.

ii) 소년부 판사는 사건의 조사 · 심리에 필요한 때 기일을 정하여 본인과 보호자 또는 참고인을 소환할 수 있고, 본인 또는 보호자가 정당한 이유 없이 소환에 응하지 않을 때에는 동행영장을 발부할 수 있다.

iii) 소년부 판사는 사건 본인을 보호하기 위하여 긴급조치가 필요하다고 인정하면 본인 등에 대한 소환 없이 긴급동행영장을 발부할 수 있다.

iv) 소년부는 사건이 그 관할에 속하지 아니한다고 인정하면 결정으로써 그 사건을 관할 소년부에 이송하여야 한다.

④ 처분의 결정

i) 소년부 판사는 심리의 결과 보호처분이 필요 없거나 보호처분을 할 수 없다고 인정할 때에는 불처분 결정을 하고, 이를 사건 본인과 보호자에게 알려야 한다.

ii) 조사 · 심리의 결과 금고 이상의 형에 해당하는 범죄사실이 발견된 경우 그 동기와 죄질이 형사처분의 필요가 있다고 인정한 때나, 피의자가 조사 · 심리의 결과 사건의 본인이 19세 이상인 것으로 밝혀진 경우에는 결정으로써 사건을 관할 지방법원에 대응하는 검찰청의 검사에게 송치하여야 한다. 다만, 법 제51조에 따라 법원에 이송하여야 할 경우에는 그러하지 아니하다(소년법 제7조).

(3) 보호처분의 유형(소년법 제32조 및 제33조)

① **보호자 또는 보호자를 대신하여 소년을 보호할 수 있는 자에게 감호 위탁**(1호 처분)

ⅰ) 보호자 또는 자원보호자 등 보호자를 대신하여 소년을 보호할 수 있는 자에게 감호를 위탁하는 처분이다.

ⅱ) 위탁기간은 6개월로 하되, 소년부 판사는 결정으로서 6개월의 범위에서 한 번에 한하여 그 기간을 연장할 수 있다. 다만, 소년부 판사는 필요한 경우에는 언제든지 결정으로서 그 위탁을 종료시킬 수 있다.

② **수강명령**(2호 처분)

12세 이상 19세 미만의 소년을 대상으로 100시간의 범위 내에서 수강명령을 부과한다. 이때 소년의 정상적인 생활을 방해할 수 없다.

③ **사회봉사명령**(3호 처분)

14세 이상 19세 미만의 소년을 대상으로 200시간의 범위 내에서 사회봉사명령을 부과하며, 보호관찰관이 그 명령을 집행할 때에는 사건 본인의 정상적인 생활을 방해해서는 안 된다.

④ **보호관찰관의 단기보호관찰**(4호 처분)

10세 이상을 대상으로 하는 단기보호관찰은 1년의 범위 내에서 실시된다.

⑤ **보호관찰관의 장기보호관찰**(5호 처분)

장기보호관찰은 10세 이상을 대상으로 하며, 2년의 범위 내에서 실시되며, 소년부 판사는 보호관찰관의 신청에 따라 결정으로서 1년의 범위 내에서 한 번에 한하여 그 기간을 연장할 수 있다.

⑥ **아동복지시설이나 소년보호시설에 감호 위탁**(6호 처분)

「아동복지법」상의 아동복지시설이나 기타 소년보호시설에 감호를 위탁하는 처우로서, 대체로 성행이 양호하거나 저연령 비행소년으로서 위탁기간은 6개월로 하되 소년부 판사는 결정으로서 6개월의 범위에서 한 번에 한하여 그 기간을 연장할 수 있다. 다만, 소년부 판사는 필요한 경우에는 언제든지 결정으로서 그 위탁을 종료시킬 수 있다. 주로 보호자가 없는 경우 아동복지시설이나 사회복지법인에 그 감호를 위탁하는 처분이다. 10세 이상을 대상으로 한다.

⑦ **병원 및 요양소 또는 의료재활소년원에 위탁**(7호 처분)

병상이 있는 비행소년의 병질을 치료하기 위해서 병원이나 요양소에 위탁하는 처분이다. 위탁기간은 6개월로 하되, 소년부 판사는 결정으로서 6개월의 범위에서 한 번에 한하여 그 기간을 연장할 수 있다. 다만, 소년부 판사는 필요한 경우에는 언제든지 결정으로서 그 위탁을 종료시킬 수 있다. 10세 이상이 대상이다.

⑧ **1개월 이내의 소년원 송치**(8호 처분)

소년원에 송치되는 소년의 보호기간은 1개월 이내이다. 10세 이상이 대상이다.

⑨ **단기 소년원 송치**(9호 처분)

소년원에 송치된 소년의 보호기간은 6개월을 초과하지 못한다. 10세 이상이 대상이다.

⑩ **장기 소년원 송치**(10호 처분)

12세 이상 19세 미만의 소년을 대상으로 보호기간은 2년을 초과하지 못한다. 12세 이상이 대상이다.

(4) 보호처분의 효력

「소년법」상의 보호처분은 일사부재리의 효력이 인정된다. 또한 소년의 보호처분은 그 소년의 장래 신상에 어떠한 영향도 미치지 아니한다. 단, 본인이 처분 당시 19세 이상인 것이 판명된 경우에는 공소를 제기할 수 있다.

3) 형사사건

(1) 소년 형사사건의 처리

① 소년에 대한 형사사건에 관하여는 이 법에 특별한 규정이 없으면 일반 형사사건의 예에 따른다. 즉, 소년에 대한 피의사건을 수사한 결과 보호처분에 해당하는 사유가 있다고 인정한 경우에는 사건을 관할 소년부에 송치하여야 한다.

② 또한 소년부는 송치된 사건을 조사 또는 심리한 결과 그 동기와 죄질이 금고 이상의 형사처분을 할 필요가 있다고 인정할 때에는 결정으로써 해당 검찰청 검사에게 송치할 수 있다(동법 제48조 및 제49조).

③ 소년범죄의 수사에 있어서 살인 · 강도 · 강간 · 방화 등 강력사건, 마약 · 밀수 · 관세사범, 특수폭행 · 절도 · 폭력범 중 전과 3범 이상의 사건 등은 미성년자라도 형사기능에서 처리한다.

④ 그러나 수사기능에서 취급하는 중요사건이라 할지라도 불구속이나 선도가 가능하다고 판단되는 사범은 소년전담반에서 처리한다. 소년사건은 그들의 장래를 위해 가능한 범위 내에서 선도 위주의 조치를 하는 것이 바람직하다.

(2) 소년 형사사건 처리절차

소년사건 중 금고 이상의 형에 해당하는 범죄사실이 발견되고 그 동기와 죄질이 형사처분의 필요가 있다고 인정되어 검사가 형사법원에 기소한 경우, 그리고 소년법원이 검사에게 송치하거나 형사법원에 이송하여 형사법원이 형사재판을 할 때에는 형사사건으로 처리되어 형사처분을 받게 된다.

(3) 형사절차에서의 소년에 대한 특례

① 18세 미만의 소년에게는 사형 · 무기형으로 벌할 수 없고, 대신 15년의 유기징역으로 처하고, 법정형이 장기 2년 이상의 유기형에 해당할 때에는 그 형의 범위 안에서 장기와 단기를 정하여 선고한다. 다만, 장기는 10년, 단기는 5년을 초과하지 못한다(법 제59조 및 제60조).

② 그리고 18세 미만의 소년에게는 노역장 유치를 하는 환형(換刑)처분이 금지되고, 금고 또는 징역의 선고를 받은 소년의 형의 집행은 소년교도소에서 하여야 하며, 일반교도소 내에서 집행할 때에는 특히 분리된 장소에서 하여야 하는 자유형 집행의 분리가 적용된다. 다만, 소년이 형의 집행 중에 23세가 되면 일반교도소에서 집행할 수 있다(법 제62조 및 제63조).

③ 보호처분 중 징역 · 금고 · 구류의 선고를 받은 소년은 먼저 그 형이 집행된다(동법 제59조~제64조).

④ 소년에 대한 구속영장은 부득이한 경우가 아니면 발부하지 못하며, 소년을 구속하는 경우에는 특별한 사정이 없으면 다른 피의자나 피고인과 분리하여 수용하여야 한다(법 제55조).

4. 촉법소년 연령기준에 관한 쟁점

1) 배경

「소년법」상의 소년범죄는 10세에서 19세 미만인 자를 대상으로 한다. 이 중 14세 미만의 소년, 즉 촉법소년은 형사처벌을 할 수 없다. 지난 2022년 12월 28일 법무부는 살인, 강도, 강간 등 촉법소년 강력범죄 증가 추세를 이유로 형사처벌가능 연령을 14세에서 13세로 낮추는 「형법」 및 「소년법」 개정을 제안한 바 있다[국회도서관, Data & Law, 2023-2호(통권 제2호), 2023].

2) 현황

(1) 연도별 소년범죄 접수 현황

10대 인구 수는 매년 감소하는 추세이지만, 형사처벌이 불가능한 10세 이상 14세 미만 촉법소년 범죄 건수는 2016년 이후 꾸준히 증가하는 추세이다.

그림 1-2 연도별 소년범죄 접수 현황

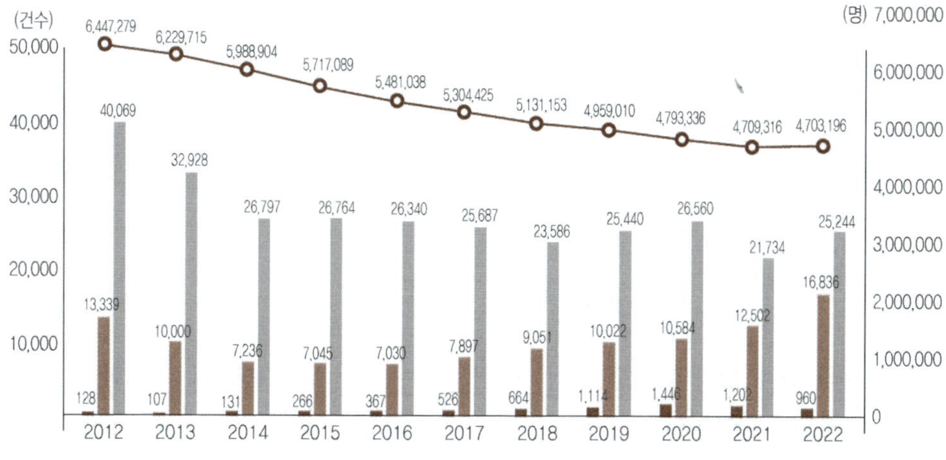

(2) 소년범죄 보호처분 연령별 비율 현황

촉법소년 연령 논의 기준인 13세 소년의 보호처분 비율은 2020년을 제외하고 최근 5년 간 꾸준히 증가하는 추세이다.

그림 1-3 소년범죄 보호처분 연령별 비율

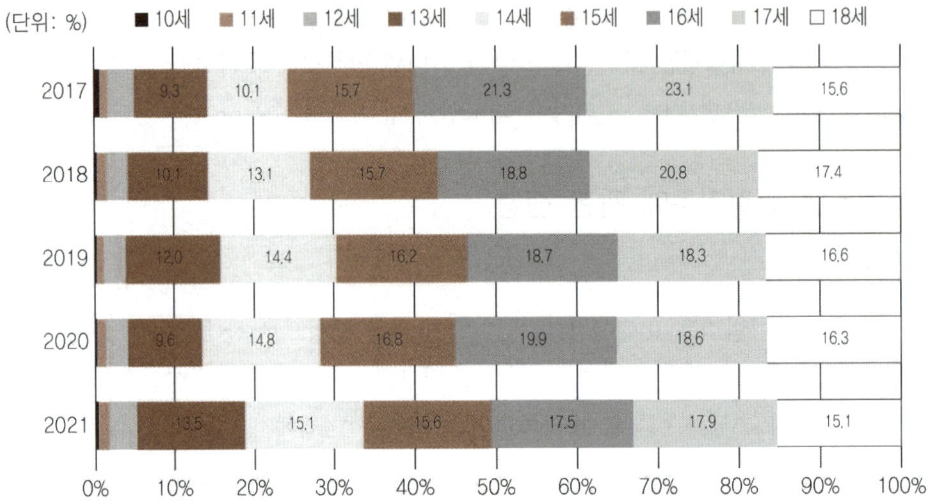

(3) 사회환경 변화와 촉법소년 연령 변화

① 「소년법」에 근거한 소년의 처벌기준 연령은 1958년 7월 24일 제정 후 2007년 12월 21일 한차례 개정된 바 있다. 위 개정에서는 소년의 기준을 20세 미만에서 19세 미만으로 변경하고, 촉법소년 범위를 12세 이상 14세 미만에서 10세 이상 14세 미만으로 변경하였다. 촉법소년 연령 기준이 현행 14세가 아닌 13세가 적정한지에 대해 동 개정이 시행된 2008년을 기준으로, 2021년도 13세 남자의 신체 비교 및 「민법」, 「공직선거법」상의 연령 하향 등의 환경변화가 이루어지고 있다.

▶ 「민법」 개정(성년 연령 하향)

• 20세 → 19세('11.3)

▶ 「공직선거법」 개정(선거권/피선거권 연령 하향)

• 선거권: 20세 → 19세('05.8) → 18세('20.1)

• 국회의원 피선거권: 25세 → 18세('22.1)

② 최근 전국 13세 남자의 평균 신장 및 몸무게는 성인 남자 평균에 근접한 발달과 변화를 보이고 있는 것으로 나타났다.

그림 1-4 평균 신장 및 몸무게 변화

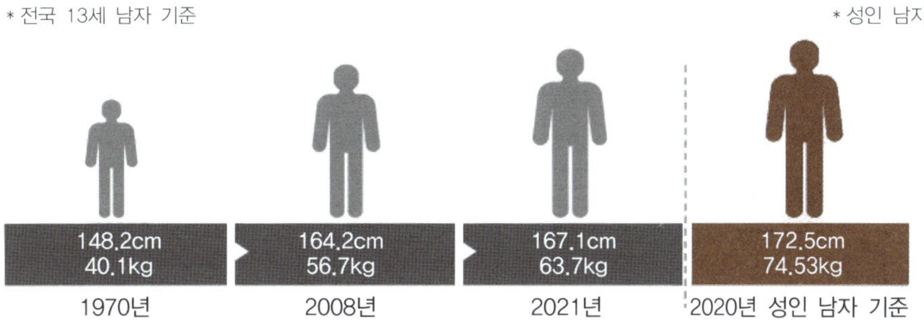

(4) 국외 실태

① 유엔아동권리위원회 권고 및 OECD 국가 형사책임연령

2019년 유엔아동권리위원회(Committee on the Rights of the Child: CRC)는 '아동사법제도에서의 아동의 권리에 관한 일반 논평'을 통해서 형사책임 최저연령을 14세 이상으로 높일 것을 독려하면서, 어떠한 상황에서도 형사책임 최저연령을 하향 조정하지 말 것을 촉구하고 있다.[118)]

② OECD 국가별 형사책임연령

OECD 국가 중 뉴질랜드, 스위스 등은 10세, 네덜란드, 멕시코 등은 12세, 프랑스는 13세, 대한민국, 독일 등은 14세, 그리스, 노르웨이 등은 15세, 포르투갈은 16세, 폴란드는 17세, 칠레는 18세로 형사책임연령을 규정하고 있다.

그림 1-5 OECD 국가별 형사책임연령

연령	OECD 국가
10세	뉴질랜드, 스위스, 영국, 호주
12세	네덜란드, 멕시코, 벨기에, 아일랜드, 이스라엘, 캐나다, 튀르키예
13세	프랑스
14세	대한민국, 독일, 라트비아, 스페인, 슬로바키아, 슬로베니아, 에스토니아, 오스트리아, 이탈리아, 일본, 헝가리
15세	그리스, 노르웨이, 덴마크, 스웨덴, 아이슬란드, 체코, 핀란드
16세	포르투갈
17세	폴란드
18세	칠레

자료: OECD, "Family database."

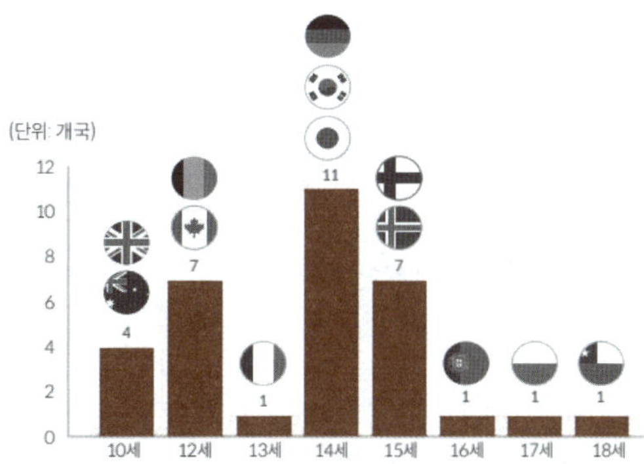

* 미국은 각 주마다 형사책임 연령이 상이함
* 아일랜드, 헝가리, 폴란드는 흉악범죄(살인, 강간 등) 적용 형사책임 연령을 10세, 12세, 15세로 함

118) 22. …… States parties are encouraged to take note of recent scientific findings, and to increase their minimum age accordingly, to at least 14 years of age. Moreover, the developmental and neuroscience evidence indicates that adolescent brains continue to mature even beyond the teenage years, affecting certain kinds of decision-making. Therefore, the Committee commends States parties that have a higher minimum age, for instance 15 or 16 years of age, and urges States parties not to reduce the minimum age of criminal responsibility under any circumstances, in accordance with article 41 of the Convention.

5. 실종아동등 · 가출인 업무처리

1) 목적

실종아동등 · 가출인에 대한 소재의 발견, 확인, 기타 필요한 사항에 대한 업무를 신속하고 정확하게 함을 목적으로 하며, 특히 실종아동등 · 가출인에 대한 초동조치의 강화에 중점을 두고 있다.

2) 정의

(1) 아동등

① 실종신고 당시 18세 미만 아동(실종아동등의 보호 및 지원에 관한 법률 제2조 제1호) ②「장애인복지법」 제2조의 장애인 중 지적장애인, 자폐성장애인 또는 정신장애인, ③「치매관리법」 제2조 제2호의 치매환자 등이 해당된다.[119]

(2) 찾는실종아동등

약취, 유인, 유기, 사고 또는 가출하거나 길을 잃는 등의 사유로 인하여 보호자로부터 이탈된 아동등 중 보호자가 찾고 있는 자를 말한다. 한편, 보호실종아동등이란 위의 실종아동등 중 보호자가 확인되지 않아 경찰관이 보호하고 있는 아동등을 말한다. 치매환자는 연령에 관계없이 실종아동등에 준하여 처리한다.[120]

(3) 장기실종아동등

보호자로부터 신고를 접수한지 48시간이 경과한 후에도 발견하지 않은 찾는실종아동등을 말한다(실종아동등 및 가출인 업무처리규칙 제2조 제5호).

(4) 가출인

실종신고 당시 보호자로부터 이탈된 18세 이상의 자를 말한다(동 규칙 제2조 제6호).

(5) 보호자

친권자, 후견인이나 그 밖에 다른 법률에 따라 아동등을 보호하거나 부양할 의무가 있는 사람을 말한다. 다만, 제4호의 보호시설의 장 또는 종사자는 제외한다(법 제2조 제3호).

(6) 보호시설

「사회복지사업법」 제2조 제4호에 따른 사회복지시설 및 인가 · 신고 등이 없이 아동등을 보호하는 시설로서 사회복지시설에 준하는 시설을 말한다.

(7) 유전자 감식

개인식별을 목적으로 혈액 · 머리카락 · 침 등의 검사대상물로부터 유전자를 분석하는 행위를 말한다.

---

119) 실종아동등의 보호 및 지원에 관한 법률 제2조 제1호, 법률 제17575호, 2020.12.8.

120) 실종아동등 및 가출인 업무처리 규칙 제2조, 경찰청예규 제588호, 2021.6.14.

(8) 유전정보

유전자 감식의 결과로 얻어진 정보를 말한다.

(9) 신상정보

이름 · 나이 · 사진 등 특정인임을 식별하기 위한 정보를 말한다.

(10) 발생지

실종아동등 및 가출인이 실종 · 가출 전 최종적으로 목격되었거나 목격되었을 것으로 추정하여 신고자 등이 진술한 장소를 말하며, 신고자 등이 최종 목격장소를 진술하지 못하거나 목격되었을 것으로 추정되는 장소가 대중교통시설 등인 경우 또는 실종 · 가출 발생 후 1개월이 경과한 때에는 실종아동등 및 가출인의 실종 전 최종 주거지를 발생지로 본다(동 규칙 제2조 제8호).

(11) 발견지

실종아동등 또는 가출인을 발견하여 보호 중인 장소를 말하며, 발견한 장소와 보호 중인 장소가 서로 상이한 경우 보호 중인 장소를 발견지로 한다(동 규칙 제2조 제8호).

(12) 실종아동찾기센터(규칙 제4조)

실종아동등의 조속한 발견 등 관련 업무를 효율적으로 수행하기 위해 경찰청에 실종아동찾기센터를 설치한다.

그 수행업무는 다음과 같다.

1. 전국에서 발생하는 실종아동등의 신고접수 · 등록 · 조회 및 등록해제 등 실종아동등 발견 · 보호 · 지원을 위한 업무
2. 실종 · 가출 신고용 특수번호 "182"의 운영
3. 실종 · 유괴경보 문자에메시지의 송출과 관련된 업무
4. 그 밖의 실종아동등과 관련하여 경찰청장이 지시하는 사항(동 규칙 제4조)

(13) 장기실종자 추적팀

장기실종아동등에 대한 전담 추적 · 조사를 위해 경찰청 또는 시 · 도경찰청에 장기실종자 추적팀을 설치할 수 있다. 장기실종자 추적팀은 다음 각 호의 업무를 수행한다.

① 장기실종아동등에 대한 전담 조사, ② 실종아동등 · 가출인 관련 사건의 수색 · 수사 지도, ③ 그 밖의 소속 경찰관서의 장이 지시하는 실종아동등 관련 업무 등이다(동 규칙 제5조).

3) 신고의무 등(법 제6조)

다음 각 호의 어느 하나에 해당하는 사람은 그 직무를 수행하면서 실종아동등임을 알게 되었을 때에는 경찰청장이 구축하여 운영하는 신고체계로 지체 없이 신고하여야 한다. 신고의무 불이행자는 200만원 이하의 과태료에 처해진다.

1. 보호시설의 장 또는 그 종사자

2. 「아동복지법」 제13조에 따른 아동복지전담공무원
3. 「청소년 보호법」 제35조에 따른 청소년보호 · 재활센터의 장 또는 그 종사자
4. 「사회복지사업법」 제14조에 따른 사회복지전담 공무원
5. 「의료법」 제3조에 따른 의료기관의 장 또는 의료인
6. 업무 · 고용 등의 관계로 사실상 아동등을 보호 · 감독하는 사람

4) 미신고 보호행위 금지(법 제7조)

① 누구든지 정당한 사유 없이 실종아동등을 경찰관서의 장에게 신고하지 아니하고 보호할 수 없다.

② 처벌: 미신고 금지규정을 위반하여 정당한 사유 없이 실종아동등을 보호한 자는 5년 이하의 징역 또는 5천만원 이하의 벌금형에 처한다.

5) 실종아동등의 조기발견을 위한 사전신고증 발급 등(법 제7조의2)

① 경찰청장은 실종아동등의 조속한 발견과 복귀를 위하여 아동등의 보호자가 신청하는 경우 아동등의 지문 및 얼굴 등에 관한 정보(이하 지문등정보)를 정보시스템에 등록하고 아동등의 보호자에게 사전신고증을 발급할 수 있다.

② 경찰청장은 제1항에 따라 지문등정보를 등록한 후 해당 신청서(서면신청에 한정)는 지체 없이 파기하여야 한다.

③ 경찰청장은 제1항에 따라 등록된 지문정보를 데이터베이스로 구축 · 운영할 수 있다.

6) 수색 또는 수사의 실시 등(법 제9조)

① 경찰관서의 장은 실종아동등의 발생 신고를 접수하면 지체 업이 수색 또는 수사의 실시 여부를 결정하여야 한다.

② 경찰관서의 장은 실종아동등(범죄로 인한 경우 제외)의 조속한 발견을 위하여 필요한 때에는 위치정보사업자에게 실종아동등의 개인위치정보등의 제공을 요청할 수 있다.

③ 위의 정보제공 요청을 받은 위치정보사업자는 그 실종아동등의 동의 없이 개인 위치정보등을 수집할 수 있으며, 실종아동등의 동의가 없음을 이유로 경찰관서의 장의 요청을 거부하여서는 아니 된다.

④ 경찰관서와 경찰관서에 종사하거나 종사하였던 자는 실종아동등을 찾기 위한 목적으로 제공받은 개인위성정보등을 실종아동등을 찾기 위한 목적 외의 용도로 이용하여서는 아니 된다.

7) 공개수색 및 수사체계 구축 · 운영(법 제9조의2)

① 경찰청장은 실종아동등의 조속한 발견과 복귀를 위하여 실종아동등의 공개수색 · 수사체계를 구축 · 운영할 수 있다.

② 경찰청장은 공개수색 수사를 위하여 필요하면 실종아동등의 보호자의 동의를 받아 다음 각 호의 조치를 요청할 수 있다. 이 경우 경찰청장은 실종아동등의 발견 및 복귀를 위하여 필요한 최소한의 정보를 제공하여야 한다.

1. 「전기통신사업법」 제2조 제8호에 따른 전기통신사업자 중 대통령령으로 정하는 주요 전기통신사업자에 대한 필요한 정보의 문자나 음성 등 송신
2. 「정보통신망 이용촉진 및 정보보호 등에 관한 법률」 제2조 제1항 제3호에 따른 정보통신서비스 제공자 등 대통령령으로 정하는 주요 정보통신서비스 제공자에 대한 필요한 정보의 인터넷 홈페이지 등 게시
3. 「방송법」 제2조 제3호에 따른 방송사업자에 대한 필요한 정보의 방송

8) 출입 · 조사 등(법 제10조)

① 경찰청장이나 지방자치단체의 장은 실종아동등의 발견을 위하여 필요하면 관계인에 대하여 필요한 보고 또는 자료제출을 명하거나 소속 공무원으로 하여금 관계 장소에 출입하여 관계인이나 아동등에 대하여 필요한 조사 또는 질문을 하게 할 수 있다.

② 경찰청장이나 지방자치단체의 장은 출입 · 조사를 실시할 때 정당한 이유가 있는 경우 소속 공무원으로 하여금 실종아동등의 가족 등을 동반하게 할 수 있다.

9) 신상정보의 목적 외 이용금지(법 제15조)

누구든지 정당한 사유 없이 실종아동등의 신상정보를 실종아동등을 찾기 위한 목적 외의 용도로 이용할 수 없다.

10) 정보시스템 입력대상 및 제외 대상자

(1) 실종아동등 프로파일링시스템 입력대상자(동 규칙 제6조 및 제7조 제1항)

경찰청 생활안전국장은 정보시스템으로 실종아동등 프로파일링시스템 및 실종아동찾기센터 홈페이지(인터넷 안전드림)를 운영한다. 실종아동등 프로파일링시스템은 경찰관서 내에서만 사용할 수 있도록 제한하고, 인터넷 안전드림은 누구든 사용할 수 있도록 공개하는 등 분리하여 운영한다. 다만, 자료의 전송 등을 위해 필요한 경우 상호 연계할 수 있다.

실종아동등 프로파일링시스템에 입력하는 대상은 ① 실종아동등, ② 가출인, ③ 보호시설 입소자 중 보호자가 확인되지 않는 사람(보호시설 무연고자) 등이다.

(2) 정보시스템 입력 제외 대상자(동 규칙 제7조 제2항)

경찰관서의 장은 실종아동등 또는 가출인에 대한 신고를 접수한 후 신고대상자가 다음 각 호의 어느 하나에 해당하는 경우에는 신고 내용을 실종아동등 프로파일링시스템에 입력하지 않을 수 있다.

제외 대상자는 다음과 같다.

1. 채무관계 해결, 형사사건 당사자 소재 확인 등 실종아동등 및 가출인 발견 외 다른 목적으로 신고된

사람
2. 수사기관으로부터 지명수배 또는 지명통보된 사람
3. 허위로 신고된 사람
4. 보호자가 가출 시 동행한 아동등
5. 그 밖에 신고 내용을 종합하였을 때 명백히 제1항에 따른 입력대상이 아니라고 판단되는 사람

(3) 공개된 자료의 삭제(동 규칙 제7조 제5항)

① 찾는실종아동등을 발견한 때

② 보호실종아동등 또는 보호시설 무연고자의 보호자를 확인한 때

③ 본인 또는 보호자가 공개된 자료의 삭제를 요청하는 때에는 경찰관서의 장은 지체 없이 인터넷 안전드림에 공개된 자료를 삭제하여야 한다.

(4) 실종아동등 자료 보존기간

실종아동등 프로파일링시스템에 등록된 자료의 보존기간은 다음과 같다. 다만, 대상자가 사망하거나 보호자가 삭제를 요구한 경우는 즉시 삭제하여야 한다.

1. 발견된 18세 미만 아동 및 가출인: 수배 해제 후로부터 5년 간 보관
2. 발견된 지적 · 자폐성 · 정신장애인 등 및 치매환자: 수배 해제 후로부터 10년 간 보관
3. 미발견자: 소재 발견 시까지 보관
4. 보호시설 무연고자: 본인 요청 시 즉시 삭제(동 규칙 제7조 제3항).

(5) 인터넷 안전드림(홈페이지)

① 실종아동등

② 보호시설 무연고자(보호시설 입소자 중 보호자가 확인되지 않은 사람)

위의 경우 경찰관서의 장은 본인 또는 보호자의 동의가 있는 경우에 실종아동등 프로파일링시스템에서 데이터베이스로 관리하는 자료를 인터넷 안전드림에 공개할 수 있다(동 규칙 제7조 제4항).

11) 실종아동등 신고 시 처리절차

(1) 신고 접수(동 규칙 제10조)

① 실종아동등 신고는 관할에 관계없이 실종아동찾기센터, 각 시 · 도경찰청 및 경찰서에서 전화, 서면, 구술 등의 방법으로 접수하며, 신고를 접수한 경찰관은 범죄와의 관련 여부 등을 확인해야 한다.

② 경찰청 실종아동찾기센터는 실종아동등에 대한 신고를 접수하거나, 신고 접수에 대한 보고를 받은 때에는 즉시 실종아동등 프로파일링시스템에 입력, 관할 경찰관서를 지정하는 등 필요한 조치를 취해야 한다. 이 경우 관할 경찰관서는 발생지 관할 경찰관서 등 실종아동등을 신속히 발견할 수 있는 관서로 지정해야 한다.

(2) 신고에 대한 조치 등(동 규칙 제11조)

① 경찰관서의 장은 찾는실종아동등에 대한 신고를 접수한 때에는 정보시스템의 자료를 조회하는 등의 방법으로 실종아동등을 찾기 위한 조치를 취하고, 실종아동등을 발견한 경우에는 즉시 보호자에게 인계하는 등 필요한 조치를 하여야 한다.

② 경찰관서의 장은 보호실종아동등에 대한 신고를 접수한 때에는 제1항의 절차에 따라 보호자를 찾기 위한 조치를 취하고, 보호자가 확인된 경우에는 즉시 보호자에게 인계하는 등 필요한 조치를 하여야 한다.

③ 경찰관서의 장은 제2항에 따른 조치에도 불구하고 보호자를 발견하지 못한 경우에는 관할 지방자치단체의 장에게 보호실종아동등을 인계한다.

④ 경찰관서의 장은 정보시스템 검색, 다른 자료와의 대조, 주변인물과의 연락 등 실종아동등의 조속한 발견을 위하여 지속적인 추적을 하여야 한다.

⑤ 경찰관서의 장은 실종아동등에 대하여 현장탐문 및 수색 후 그 결과를 즉시 보호자에게 통보하여야 한다. 이후에는 실종아동등 프로파일링시스템에 등록한 날로부터 1개월까지는 15일에 1회, 1개월이 경과한 후부터는 분기별 1회 보호자에게 추적 진행사항을 통보한다.

⑥ 경찰관서의 장은 찾는실종아동등을 발견하거나, 보호실종아동등의 보호자를 발견한 경우에는 실종아동등 프로파일링시스템에서 등록 해제하고, 해당 실종아동등에 대한 발견 관서와 관할 경찰관서가 다른 경우에는 발견과 관련된 사실을 관할 경찰관서의 장에게 지체 없이 알려야 한다.

(3) 현장 탐문 및 수색(동 규칙 제18조)

① 찾는실종아동등 및 가출인 발생신고를 접수 또는 이첩받은 발생지 관할 경찰서장은 즉시 현장출동 경찰관을 지정하여 탐문 · 수색하도록 하여야 한다. 다만, 경찰관서장이 판단하여 수색의 실익이 없거나 현저히 곤란한 경우에는 탐문 · 수색을 생략하거나 중단할 수 있다.

② 경찰서장은 현장을 탐문 · 수색한 결과, 정밀수색이 필요하다고 인정될 경우에는 추가로 필요한 경찰관 등을 출동시킬 수 있다.

③ 현장출동 경찰관은 현장을 탐문 · 수색한 결과에 대해 필요한 보고서를 작성하여 실종아동등 프로파일링시스템에 등록하고 경찰서장에게 보고하여야 한다.

12) 가출인

(1) 신고 접수(동 규칙 제15조)

① 가출인 신고는 관할에 관계없이 접수하여야 하며, 신고를 접수한 경찰관은 범죄와 관련 여부를 확인하여야 한다.

② 경찰서장은 가출인에 대한 신고를 접수한 때에는 정보시스템의 자료 조회, 신고자의 진술을 청취하는 방법 등으로 가출인을 발견하기 위한 조치를 하여야 하며, 가출인을 발견하지 못한 경

우에는 즉시 실종아동등 프로파일링시스템에 가출인에 대한 사항을 입력한다.

③ 경찰서장은 접수한 가출인 신고가 다른 관할인 경우 제2항의 조치 후 지체 없이 가출인의 발생지를 관할하는 경찰서장에게 이첩하여야 한다.

(2) 신고에 대한 조치 등(동 규칙 제16조)

① 가출인 사건을 관할하는 경찰서장은 정보시스템 자료의 조회, 다른 자료와의 대조, 주변인물과의 연락 등 가출인을 발견하기 위해 지속적으로 추적하고, 실종아동등 프로파일링시스템에 등록한 날로부터 반기별 1회 보호자에게 귀가 여부를 확인한다.

② 경찰서장은 가출인을 발견한 때에는 등록을 해제하고, 해당 가출인을 발견한 경찰서와 관할하는 경찰서가 다른 경우에는 발견 사실을 관할 경찰서장에게 지체 없이 알려야 한다.

③ 경찰서장은 가출인을 발견한 경우에는 가출신고가 되어 있음을 고지하고, 보호자에게 통보한다. 다만, 가출인이 거부한 때에는 보호자에게 가출인의 소재를 알 수 있는 사항을 통보하여서는 아니 된다.

(3) 추적 및 수사(동 규칙 제19조)

① 찾는실종아동등 및 가출인에 대한 발생지 관할 경찰서장은 신고자 · 목격자 조사, 최종 목격지 및 주거지 수색, 위치추적 등 통신수사, 유전자검사, 실종아동등 프로파일링시스템 정보조회 등의 방법을 통해 실종아동등 및 가출인을 발견하기 위한 추적에 착수한다.

② 경찰서장은 실종아동등 및 가출인이 범죄관련 여부가 의심되는 경우, 신속히 수사에 착수하여야 한다.

(4) 실종수사 조정위원회(동 규칙 제20조)

① 경찰서장은 실종아동등 및 가출인의 수색 · 추적 중 인지된 국가경찰 수사범죄의 업무를 조정하기 위하여 실종수사 조정위원회를 구성하여 운영할 수 있다.

1. 위원회는 위원장을 경찰서장으로 하고 위원은 여성청소년과장(미직제 시 생활안전과장), 형사과장(미직제 시 수사과장) 등 과장 3인 이상으로 구성한다.
2. 위원회는 경찰서 여성청소년과장이 회부한 국가경찰 수사 범죄 의심 사건의 범죄관련성 여부 판단 및 담당부서를 결정한다.

② 위원회는 경찰서 여성청소년과장의 안건 회부 후 24시간 내에 서면으로 결정하여야 한다.

③ 경찰서장은 위원회 결정에 따라 실종아동등 및 가출인 발견을 위해 신속히 추적 또는 수사에 착수하여야 한다.

13) 유전자검사의 실시(동법 제11조)

① 경찰청장은 실종아동등의 발견을 위하여 다음의 어느 하나에 해당하는 자로부터 유전자검사대상물을 채취할 수 있다.

1. 보호시설의 입소자나 「정신건강증진 및 정신질환자 복지서비스 지원에 관한 법률」 제3조 제5호에 따른

정신의료기관의 입원환자 중 보호자가 확인되지 아니한 아동등
2. 실종아동등을 찾고자 하는 가족
3. 그 밖에 보호시설의 입소자였던 무연고아동

② 유전자검사를 전문으로 하는 기관으로서 대통령령으로 정하는 기관은 유전자검사를 실시하고 그 결과를 데이터베이스로 구축·운영할 수 있다.

③ 제1항에 따른 검사대상물의 채취와 제2항에 따른 유전자검사를 실시하려면 제8조 제2항에 따른 데이터베이스를 활용하여 실종아동등인지 여부를 확인한 후에 하여야 한다.

④ 경찰청장은 제1항에 따라 검사대상물을 채취하려면 미리 검사대상자의 서면동의를 받아야 한다. 이 경우 검사대상자가 미성년자, 심신상실자 또는 심신미약자일 때에는 본인 외에 법정대리인의 동의를 받아야 한다. 다만, 심신상실, 심신미약 또는 의사무능력 등의 사유로 본인의 동의를 받을 수 없을 때에는 본인의 동의를 생략할 수 있다.

⑤ 제2항에 따른 유전정보데이터베이스를 구축·운영하는 경우 유전정보는 검사기관의 장이, 신상정보는 전문기관의 장이 각각 구분하여 관리하여야 한다.

14) 검사대상물 및 유전정보의 폐기(동법 제13조)

① 검사기관의 장은 유전자검사를 끝냈을 때에는 지체 없이 검사대상물을 폐기하여야 한다.

② 검사기관의 장은 다음의 어느 하나에 해당할 때에는 해당 유전정보를 지체 없이 폐기하여야 한다.

1. 실종아동등이 보호자를 확인하였을 때,
2. 검사대상자 또는 법정대리인이 요청할 때,
3. 유전자검사일부터 10년이 경과되었을 때, 다만, 검사대상자 또는 법정대리인이 보존기간의 연장을 요청하는 경우에는 실종아동등의 보호자를 확인할 때까지 그 기간을 연장할 수 있다.

③ 검사기관의 장은 검사대상물·유전정보의 폐기 및 유전정보의 보존기간 연장에 관한 사항을 기록·보관하여야 한다.

④ 검사기관의 장은 검사대상자 또는 법정대리인이 유전자검사 결과기록의 열람 또는 사본의 발급을 요청하면 이에 따라야 한다(동법 제14조).

제10절 민간경비업

1. 민간경비업의 개념

민간경비업이란 개인이나 단체 및 특정 업체의 이익이나 생명 및 재산을 특정경비업체가 보호하는 것을 말한다. 이러한 민간경비업체는 수익자 부담원칙에 의해 개인이나 업체의 안전을 확보해주고 수익자인 그들로부터 보수를 받게 되는 것이다. 경찰의 주체는 국가이지만, 민간경비업의

주체는 법인으로서 영리기업이다.

자율방범대나 민간경비업체의 지도, 언론매체의 활동 등과 같은 민간방범 관련 업무는 생활안전 기능에서 담당하고 있으나 청원경찰은 경비기능에서 담당하고 있다.

2. 민간경비의 필요성

1) 범죄의 증가와 경찰 방범역량의 한계

경찰은 사회의 복잡성과 치안수요의 급증에 따른 인력과 장비의 한계로 인하여 경찰력만으로 국민 개개인의 욕구에 대하여 만족할 만한 치안서비스를 제공하는 데는 한계가 있고, 수익자 부담원칙이라는 사회적 흐름에 따라 사(私)경찰의 육성과 효율적 활용을 통해 늘어나는 국민의 치안수요를 담당해야 할 필요성이 증가하게 되었다.

2) 수익자 부담원칙의 확산

경찰로부터 모든 국민이 치안서비스를 받는 것은 당연한 일이지만, 개인에 대한 치안서비스가 공공의 성격보다는 개별적인 성격이 강한 경우에는 개인이 그 치안서비스에 대해 비용을 지불해야 한다는 입장이 수익자 부담이론이다.

이러한 사상은 주민자치원리가 일찍이 뿌리내린 미국이나 영국에서 나온 것으로 우리나라에도 이제 경찰은 국가와 사회의 치안과 법 집행에 중점을 둔 활동을 하는 한편, 개인이나 사설단체의 특정수요는 그 개인이나 단체가 부담을 하는 방향으로 나아가야 한다는 주장이 많아지고 있다.

이러한 수익자 부담원칙이 확산되어가고 있어서 앞으로 우리나라도 민간경비업의 활동영역이 더욱 넓어지게 될 것으로 예상된다.

3) 민간의 치안서비스의 공동생산 경향

우리나라에서는 국민들이 전통적으로 범죄에 대한 제압은 경찰만의 임무인 것으로 인식하여 왔으나, 서구 각국에서는 자경의식(自警意識)이 국가의 형성단계부터 발달하여 치안서비스의 공급을 정부에만 의존하는 것이 아니라 주민이 참여하여 공동생산하려는 노력이 이루어졌다. 범죄는 경찰과 같은 공식적인 형사사법기관만의 문제가 아니라 전체 사회의 공동책임이며, 특히 범죄예방은 더욱 그러한 성격이 강하다고 볼 수 있다.

그러므로 효과적인 범죄예방활동을 위해서는 범죄문제를 전 사회적인 책임으로 인식하여 모든 지역사회의 자원과 노력을 동원해야 한다. 이러한 인식 하에 이루어지는 총체적인 범죄예방활동은 잠재적 범죄자로 하여금 범죄행위가 발각될 가능성을 크게 하고 시민과 경찰 간의 관계를 개선시키며, 시민들이 범죄에 대한 무력감을 극복하여 주민 간의 공동체 의식을 고양시킬 것이다.

4) 첨단기술의 발달

컴퓨터에 의한 범죄, 신용카드 관련범죄, 전자장치를 이용한 범죄의 증가 등은 기계경비의 수요를 증가시키고, 환경설계를 통한 범죄예방(CPTED) 중심의 범죄대응 전략의 변화는 민간경비의 필요성을 점증시키고 있다.

3. 민간경비의 이론적 배경

1) 수익자 부담이론

국민의 세금으로 운영되는 경찰의 역할은 국민의 생명과 재산을 보호하는 것이라는 일정한 제한이 있으므로, 개인적 편익을 위한 비용부담은 수익자 자신이 부담하는 것이 형평성의 측면에서도 당연한 것이다. 따라서 민간경비는 특정한 의뢰자를 위해 업무를 수행하고, 대가의 유무나 다소에 따라 서비스의 내용이 달라지는 것이 민간경비의 특징이다.

2) 공동화이론

급증하는 범죄에 대해 경찰력은 현실적인 제약으로 인하여 증가하는 치안수요에 따라가지 못하여 공동(空洞, gap)이 발생하므로 이것을 메우기 위하여 민간경비가 등장하게 되며, 경찰과 민간경비는 상호보완적인 관계에 있다.

3) 이익집단이론

이익집단은 자기이익을 증대하기 위해 민간경비를 필요로 하기 때문에 민간경비의 발전이 이루어진다.

4) 경제환원이론

민간경비업은 실업자를 민간경비원으로 고용함으로써 경제적 부를 사회에 환원시키는 경제정책적인 고려가 민간경비업의 발전을 촉진시킨다.

5) 민영화이론

국가의 기능을 민간부문에 이전하고 공공부문의 관여를 줄이고자 하는 1980년대 이후에 나타난 민영화의 흐름이 민간경비의 발달의 요인으로 작용한다. 그러나 치안을 공공재로 인식하는 치안공공재 이론은 민간경비의 발달을 제약한다.

4. 경비업법

경비업이란 다음 어느 하나에 해당하는 업무의 전부 또는 일부를 도급받아 행하는 영업을 말한다(법 제2조).[121]

1) 시설경비업무(법 제22조 제1호 가목)

시설경비업무란 경비를 필요로 하는 시설 및 장소에서 도난 · 화재, 그 밖의 혼잡 등으로 인한 위험발생 방지 업무를 수행하는 것을 말한다. 수익자 부담원칙에 의해 시설주 또는 사업주가 경비책임을 맡는 시설이다.

수익자 부담 경비시설의 예로는 백화점, 극장, 상가, 창고, 공장, 은행, 사설공원 등을 들 수 있다. 이러한 시설에 대하여 수익사업을 하는 사람이 고객의 안전서비스를 제공해야 하는 책임이 있다.

2) 호송경비업무(법 제2조 제1호 나목)

호송경비업무란 운반 중에 있는 현금, 유가증권, 귀금속, 상품, 그 밖의 물건에 대해 도난 · 화재 등 위험발생을 방지하는 업무를 말한다. 금융기관의 현금, 귀금속 등의 수송경비는 주로 은행의 청원경찰과 은행원, 경비회사 등에 의해 실시되고 있으며, 국가와 사회적으로 매우 중요한 것, 예컨대, 선거투표함, 대학입시 문제지 등의 수송경비는 경찰이 하고 있다.

3) 신변보호업무(법 제2조 제1호 다목)

신변보호업무는 사람의 생명 · 신체에 대한 위해의 발생을 방지하고, 그 신변을 보호하는 업무를 말한다. 정부요인이나 국내외 중요인사에 대한 신변보호는 경호경비라 하여 계속 경찰의 전담 부분이 되겠지만, 특정 민간인에 대한 신변보호는 민간경비 업무에 속한다. 사회의 복잡화는 이러한 개인의 신변보호 요청이 증가되어 민간경호업체의 활동영역이 넓어지고 있다.

4) 기계경비업무(법 제2조 제1호 라목)

기계경비업무란 경비대상시설에 설치한 기기에 의해 감지 · 송신된 정보를 그 경비대상시설 외의 장소에 설치한 관제시설의 기기로 수신하여 도난 · 화재 등 위험발생 방지를 하는 업무를 말한다.

5) 특수경비업무(법 제2조 제1호 마목)

특수경비업무란 공항(항공기 포함) 등 대통령령이 정하는 국가중요시설의 경비 및 도난 · 화재 및 기타 위험발생 방지를 하는 업무를 말한다.

6) 민간경비업의 허가 내용

① 경비업은 법인이 아니면 영위할 수 없다(동법 제3조).

② 경비업을 영위하고자 하는 법인은 도급받아 행하고자 하는 경비업을 특정하여 그 법인의

121) 경비업법, 법률 제19021호, 2022.11.15. 시행 2023.5.16.

주사무소 소재지를 관할하는 시 · 도경찰청장의 허가를 받아야 하며, 도급받아 행하고자 하는 경비업무를 변경하는 경우에도 또한 같다(동법 제4조 제1항).

③ 경비업의 허가를 받으려면 법인은 다음 각 호의 요건을 갖추어야 한다(법 제4조).

1. 대통령령으로 정하는 1억원 이상의 자본금 보유
2. 다음 각 목의 경비인력 요건(시행령 제3조 제2항 [별표 1])
   가. 시설경비업무: 경비원 10명 이상 및 경비지도사 1명 이상
   나. 호송경비업무: 무술유단자인 일반경비원 5명 이상, 경비지도사 1명 이상
   다. 신변보호업무: 무술유단자인 일반경비원 5명
3. 제2호의 경비인력을 교육할 수 있는 교육장을 포함하여 대통령령으로 정하는 시설과 장비의 보유
4. 그 밖에 경비업무수행을 위하여 대통령령으로 정하는 시설과 장비의 보유

④ 경비업 허가의 유효기간은 허가받은 날부터 5년으로 한다(동법 제6조 제1항).

7) 시 · 도경찰청장에 대한 신고

경비업의 허가를 받은 법인은 다음 각 호의 어느 하나에 해당하는 때에는 시 · 도경찰청장에게 신고하여야 한다(동법 제4조 제3항).

1. 영업을 폐업하거나 휴업한 때
2. 법인의 명칭이나 대표자 · 임원을 변경한 때
3. 법인의 주사무소나 출장소를 신설 · 이전 또는 폐지한 때
4. 기계경비업무의 수행을 위한 관제시설을 신설 · 이전 또는 폐지한 때
5. 특수경비업무를 개시하거나 종료한 때
6. 그 밖에 대통령령이 정하는 중요사항을 변경한 때

8) 경비지도사 및 경비원의 결격사유(동법 제10조)

(1) 경비지도사 및 일반경비원(동법 제10조 제1항)

1. 18세 미만인 사람 또는 피성년후견인
2. 파산선고를 받고 복권되지 아니한 자
3. 금고 이상의 실형의 선고를 받고 그 집행이 종료되거나 집행이 면제된 날부터 5년이 지나지 아니한 자
4. 금고 이상의 형의 집행유예선고를 받고 그 유예기간 중에 있는 자
5. 「형법」 제114조(범죄단체조직의 죄), 「폭력행위처벌법」 제4조(범죄단체 조직, 가입하는 행위), 「형법」 제297조(강간의 죄) 등에 해당하는 죄를 범하여 벌금형을 선고받은 날부터 10년이 지나지 아니하거나 금고 이상의 형을 선고받고, 그 집행이 종료된 날 또는 집행이 유예 면제된 날부터 10년이 지나지 아니한 자
6. 「형법」상의 절도, 야간주거침입절도, 특수절도, 강도, 특수강도, 준강도, 인질강도, 강도상해 · 치상, 강도 살인 · 치사, 강도강간, 해상강도 등의 죄를 범하여 벌금형을 선고받은 날부터 5년이 지나지 아니하거나 금고 이상의 형을 선고받고 그 집행이 유예된 날부터 5년이 지나지 아니한 자
7. 제5호 각 목의 어느 하나에 해당하는 죄를 범하여 치료감호를 선고받고 그 집행이 종료된 날 또는 집행

이 면제된 날부터 10년이 지나지 아니한 자 또는 제6호 각 목의 어느 하나에 해당하는 죄를 범하여 치료감호를 선고받고 그 집행이 유예된 날부터 5년이 지나지 아니한 자

8. 「경비업법」이나 「경비업법」에 따른 명령을 위반하여 벌금형을 선고받은 날부터 5년이 지나지 아니하거나 금고 이상의 형을 선고받고 그 집행이 유예된 날부터 5년이 지나지 아니한 자

(2) 특수경비원(동법 제10조 제2항)

다음 각 호의 어느 하나에 해당하는 자는 특수경비원이 될 수 없다.

1. 18세 미만이거나 60세 이상인 사람 또는 피성년후견인에 해당하는 자
2. 심신상실자, 알코올 중독자 등 대통령령을 정하는 정신적 제약이 있는 자
3. 제1항 제2호부터 제8호까지의 어느 하나에 해당하는 자
4. 금고 이상의 형의 선고유예를 받고 그 유예기간 중에 있는 자
5. 행정안전부령으로 정하는 신체조건에 미달되는 자

9) 경비원의 장비 등(동법 제16조의2)

① 민간경비업 경비원이 휴대할 수 있는 장비의 종류는 경적 · 단봉 · 가스분사기 등 행정안전부령으로 정하되, 근무 중에만 이를 휴대할 수 있다.

② 분사기의 휴대는 「총포 · 도검 · 화약류단속법」에 따라 분사기소지허가를 경찰서장으로부터 받아 휴대할 수 있다.

③ 누구든지 제1항의 장비를 임의로 개조하여 통상의 용법과 달리 사용함으로써 다른 사람의 생명 · 신체에 위해를 가하여서는 아니 된다.

④ 경비원은 경비업무를 위하여 필요하다고 인정되는 상당한 이유가 있을 때에는 필요한 최소한도에서 제1항의 장비를 사용할 수 있다.

⑤ 그 밖에 경비원의 장비 등에 관하여 필요한 사항은 행정안전부령으로 정한다.

10) 특수경비원의 직무 및 무기사용 등(동법 제14조)

① 특수경비업자는 특수경비원으로 하여금 배치된 경비구역 안에서 관할 경찰서장 및 공항경찰대장 등 국가중요시설경비책임자와 국가중요시설의 시설주의 감독을 받아 시설을 경비하고 도난 · 화재, 그 밖의 위험의 발생을 방지하는 업무를 수행하게 하여야 한다.

② 특수경비원은 국가중요시설에 대한 경비업무 수행중 국가중요시설의 정상적인 운영을 해치는 장해를 일으켜서는 아니 된다.

③ 시 · 도경찰청장은 국가중요시설에 대한 경비업무의 수행을 위하여 필요하다고 인정하는 때에는 시설주의 신청에 의하여 무기를 구입한다. 이 경우 시설주는 그 무기의 구입대금을 지불하고, 구입한 무기를 국가에 기부채납하여야 한다.

④ 시 · 도경찰청장은 국가중요시설에 대한 경비업무의 수행을 위하여 필요하다고 인정하는 때에는 관할 경찰관서장으로 하여금 시설주의 신청에 의하여 시설주로부터 국가에 기부채납한 무

기를 대여하게 하고, 시설주는 이를 특수경비원으로 하여금 휴대하게 할 수 있다.[122] 이 경우 특수경비원은 정당한 사유 없이 무기를 휴대하고 배치된 경비구역을 벗어날 수가 없다.

⑤ 시설주가 대여받은 무기에 대하여 시설주 및 관할 경찰관서장은 무기의 관리책임을 지고 관할 경찰관서장은 시설주 및 특수경비원의 무기관리상황을 대통령령이 정하는 바에 따라 지도・감독하여야 한다.

⑥ 관할 경찰관서장은 무기의 적정한 관리를 위하여 무기를 대여받은 시설주에 대하여 필요한 명령을 발할 수 있다.

⑦ 시설주로부터 무기의 관리를 위하여 지정받은 책임자는 다음 각 호에 의하여 이를 관리하여야 한다.

1. 무기출납부 및 무기장비운영카드를 비치・기록하여야 한다.
2. 무기는 관리책임자가 직접 지급・회수하여야 한다.

⑧ 특수경비원은 국가중요시설의 경비를 위하여 무기를 사용하지 아니하고는 다른 수단이 없다고 인정되는 때에는 필요한 한도 안에서 무기를 사용할 수 있다. 다만, 다음 어느 하나에 해당하는 때를 제외하고는 사람에게 위해를 끼쳐서는 아니 된다.

1. 무기 또는 폭발물을 소지하고 국가중요시설에 침입한 자가 특수경비원으로부터 3회 이상 투기 또는 투항을 요구받고도 이에 불응하면서 계속 항거하는 경우 이를 억제하기 위하여 무기를 사용하지 아니하고는 다른 수단이 없다고 인정되는 때
2. 국가중요시설에 침입한 무장간첩이 특수경비원으로부터 투항을 요구받고도 이에 불응한 때

11) 경비원의 복장 등(동법 제16조)

① 경비업자는 경찰공무원 또는 군인의 제복과 색상 및 디자인 등이 명확히 구별되는 소속 경비원의 복장을 정하고 이를 확인할 수 있는 사진을 첨부하여 주된 사무소를 관할하는 시・도경찰청장에게 행정안전부령으로 정하는 바에 따라 신고하여야 한다.

② 경비업자는 경비업무 수행 시 경비원에게 소속 경비업체를 표시한 이름표를 부착하도록 하고, 제1항에 따라 신고된 동일한 복장을 착용하게 하여야 하며, 복장에 소속 회사를 오인할 수 있는 표시를 하거나 다른 회사의 복장을 착용하게 하여서는 아니 된다. 다만, 집단민원현장이 아닌 곳에서 신변보호업무를 수행하는 경우 또는 경비업무의 성격상 부득이한 사유가 있어 관할 경찰관서장이 허용하는 경우에는 그러하지 아니하다.

③ 시・도경찰청장은 제1항에 따라 제출받은 사진을 검토한 후 경비업자에게 복장 변경 등에 대한 시정명령을 할 수 있다.

④ 제3항에 따른 시정명령을 받은 경비업자는 이를 이행하여야 하고, 시・도경찰청장에게 행정안전부령으로 정하는 바에 따라 이행보고를 하여야 한다.

⑤ 그 밖에 경비원의 장비 등에 관하여 필요한 사항은 행정안전부령을 정한다.

122) 2001년 4월 경비업법 제8차 개정.

12) 경비지도사의 선임 등(동법 제12조)

① 경비업자는 대통령령이 정하는 바에 따라 경비지도사를 선임하여야 한다.

② 제1항의 규정에 의하여 선임된 경비지도사의 직무는 다음과 같다.

1. 경비원의 지도 · 감독 · 교육에 관한 계획의 수립 · 실시 및 그 기록유지
2. 경비현장에 배치된 경비원에 대한 순회점검 및 감독
3. 경찰기관 및 소방기관과의 연락방법에 대한 지도
4. 집단민원현장에 배치된 경비원에 대한 지도 · 감독
5. 그 밖에 대통령령이 정하는 직무

13) 특수경비원의 의무(동법 제15조)

① 특수경비원은 직무를 수행함에 있어 시설주 관할 경찰관서장 및 소속상사의 직무상 명령에 복종하여야 한다.

② 특수경비원은 소속상사의 허가 또는 정당한 사유 없이 경비구역을 벗어나서는 아니 된다.

③ 특수경비원이 무기를 휴대하고 경비업무를 수행하는 때에는 다음 각 호에 정하는 무기의 안전수칙을 지켜야 한다.

1. 특수경비원은 사람을 향하여 권총 또는 소총을 발사하고자 하는 때에는 미리 구두 또는 공포탄에 의한 사격으로 상대방에게 경고하여야 한다. 다만, 다음 각 목의 어느 하나에 해당하는 경우로서 부득이한 때에는 경고하지 아니할 수 있다.
   가. 특수경비원을 급습하거나 타인의 생명 · 신체에 대한 중대한 위험을 야기하는 범행이 목전에 실행되고 있는 등 상황이 급박하여 경고할 시간적 여유가 없는 경우
   나. 인질 · 간첩 또는 테러사건에 있어서 은밀히 작전을 수행하는 경우
2. 특수경비원은 무기를 사용하는 경우에 있어서 범죄와 무관한 다중의 생명 · 신체에 위해를 가할 우려가 있는 때에는 이를 사용하여서는 아니 된다. 다만, 무기를 사용하지 않고는 타인 또는 특수경비원의 생명 · 신체에 대한 중대한 위험을 방지할 수 없다고 인정되는 때에는 필요한 최소한의 범위 안에서 이를 사용할 수 없다.
3. 특수경비원은 총기 또는 폭발물을 가지고 대항하는 경우를 제외하고는 14세 미만의 자 또는 임산부에 대하여는 권총 또는 소총을 발사하여서는 아니 된다.

제 2 장

수사경찰론

제 1 절 범죄수사의 기초

1. 범죄수사의 의의

범죄의 수사는 이미 발생한 범죄사건에 관한 자료와 증거를 수집하여 범죄의 진상을 객관적으로 규명하고 범인을 발견·체포함으로써 공소를 제기하며, 이를 유지·수행하기 위한 증거의 보강과 보전활동을 말한다.

이러한 일반적 의미의 수사개념은 「형사소송법」 제195조에 근거한 것으로 현재 통설적으로 인정되는 개념이지만, 현실적으로 범죄혐의를 인정하기 위해서는 범죄혐의 유무에 대한 조사, 즉 내사단계가 포함되어야 한다. 내사와 수사단서 수집은 일반적 의미의 수사실행 전 단계에 해당되지만 넓은 의미의 수사개념에 포함된다.

2. 수사경찰의 권한과 의무

범죄의 수사는 사법경찰작용으로서 수사경찰의 주된 임무이다. 「국가경찰과 자치경찰의 조직 및 운영에 관한 법률」과 「경찰관 직무집행법」은 각각 범죄의 진압 및 수사를 경찰의 임무로 규정하고 있지만, 「국가경찰과 자치경찰의 조직 및 운영에 관한 법률」은 경찰조직법이고, 「경찰관 직무집행법」은 경찰권의 발동과 관련된 경찰작용법이므로, 수사권 발동에 관련된 권한은 「형사소송법」에 의하여 행사해야 한다. 「형사소송법」은 검사와 사법경찰관은 수사, 공소제기 및 공소유지에 관하여 서로 협력하도록 규정하고 있다(형사소송법 제195조).

3. 수사의 기본이념

1) 실체적 진실주의

실체적 진실주의는 민사소송의 당사자 처분주의와 대립되는 개념이다. 당사자 처분주의란 법원이 당사자의 사실상의 주장이나 사실의 인부(認否), 당사자가 제출한 증거 등에 엄격히 구속되어 이들만을 기초로 하여 사실을 확정하는 것을 말한다.

한편, 실체적 진실주의는 수사기관이 범죄사건의 진실, 즉 범인이 누구이며 범죄사건의 진실이 무엇인가를 객관적인 증거에 의해 명백하게 밝히는 것을 말한다. 따라서 수사기관은 실체적 진실을 발견하기 위해서는 피해자와 가해자의 주장, 시인과 부인, 또는 그들이 제시하는 증거에 구속되지 않고 객관적인 증거를 수집하여 진실을 규명해야 한다. 실체적 진실은 수사절차뿐만 아니라 형사소송절차상 준수되어야 할 기본이념이다.

2) 기본적 인권보장

범죄수사를 지배하는 또 하나의 기본이념은 기본적 인권보장이다. 수사기관이 범죄사실의 실체적 진실을 발견하기 위한 증거수집과 범인 체포 · 조사 등의 과정에서 피의자의 인권을 침해하는 위법한 수단이나 방법을 사용할 경우에는 피의자의 유죄를 입증하는 증거로 인정받지 못한다. 「헌법」 제12조와 「형사소송법」 제199조는 형사소송절차나 수사절차상 국민의 기본권을 보장하기 위하여 임의수사를 원칙으로 하고, 강제처분은 법에 특별한 규정이 있는 경우에만 예외적으로 허용하고 영장주의를 원칙으로 한다.

경찰은 피의자의 인권보호를 위해 원칙적으로 자정부터 오전 6시까지의 심야조사를 금지하고 있다(인권보호를 위한 경찰관 직무규칙 제64조). 그러나 예외적으로 ① 자정 이후에 조사하지 않으면 피의자 석방을 불필요하게 지연시킬 수 있는 경우, ② 사건의 성질상 심야조사를 하지 않으면 공범자의 검거 및 증거수집에 어려움이 있거나 타인의 신체 · 재산에 급박한 위해가 발생할 우려가 있는 경우, ③ 야간에 현행범을 체포하거나 피의자를 긴급체포한 후 48시간 이내에 구속영장을 신청하기 위해 불가피한 경우, ④ 공소시효가 임박한 경우, ⑤ 기타 피의자 또는 그 변호인의 서면상 동의를 받은 경우에는 심야조사를 할 수 있다.

4. 범죄수사의 기본원칙

1) 범죄수사의 3대 원칙

보통 3S의 원칙이라고도 하는 3대 원칙은 신속착수의 원칙(Speedy Initiation), 현장보존의 원칙(Scene Preservation), 공중협력의 원칙(Support by the Public)으로 나누어진다.

2) 신속착수의 원칙

모든 범죄수사는 가급적 신속히 착수하여 증거가 인멸되기 전에 수사를 실행하여 종결하여야 한다. 범죄의 흔적은 시간의 경과에 따라 자연적 또는 인위적으로 멸실 · 훼손되어 범죄수사의 가능성은 점차 희박하게 된다. 또한 범죄신고를 받은 경찰관이 범죄현장에 신속하게 출동할 경우에 범죄를 진행 중이거나 도주 중인 범인을 현행범으로 검거할 수도 있다.

3) 현장보존의 원칙

범죄의 현장은 증거의 보고(寶庫)이다. 범죄현장에는 증거의 왕이라고 할 수 있는 지문, 혈흔, 머리카락, 체모, 체액 등 유류물을 비롯하여 피해자의 사체, 다양한 유류품을 포함하는 사회적 범적 등이 존재한다.

19세기 후반 오스트리아의 범죄학자, 검사, 수사관 등으로 유명한 한스 그로쓰(Hans Gross)는 최초로 범죄현장을 증거를 수집하기 위한 필수적인 출발장소가 되어야 한다고 주장했다. 또한 프랑스의 리옹에 범죄수사학 연구소(The Institute of Criminalistics)의 창솔자인 에드몽 로카르(Edmond Locard)는 '범인은 범죄현장에 증거물을 가져오고 범죄현장을 떠날 때 증거물을 가지고 떠난다'는 로카르의 교환원칙(Locard's exchange principle)을 제시했다. 이들의 주장은 모두 범죄현장에는 반드시 수사의 단서가 될 수 있는 자료나 증거에 해당하는 무엇인가가 존재한다는 점을 강조하고 있다. 따라서 범죄현장은 증거의 보고라는 말이 성립하게 된다.[1)]

이러한 증거물, 특히 지문, 혈흔과 같은 생물학적 유류물은 태양이나 광선, 바람 또는 눈이나 빗물과 같은 자연적인 요인이나 범인이나 피해자 가족 또는 외부인 등 인위적 원인에 의해서 쉽게 훼손·변질될 수 있는 특성을 가지고 있다. 따라서 범죄현장에 신속하게 도착한 경찰관은 범죄현장을 우선적으로 보존하여 증거물의 변질·훼손을 방지해야 한다.

4) 공중협력의 원칙

사회는 증거의 바다라고 한다. 일반시민의 기억에 남는 범죄의 흔적은 사회적 파문이 되어 사람의 입과 귀를 통하여 많은 사람에게 전파되는 특성을 가지고 있기 때문이다. 다시 말해, 범죄사건이 발생하면, 이 사건의 목격자나 시민들은 자신들이 보고 들은 범죄의 흔적을 다른 사람들에게 전파하게 되고 이러한 소문은 사회적 파문의 형태로 전파되게 된다.

따라서 수가관은 사건 수사 시에 수사의 단서나 증거를 수집하기 위해서는 시민들의 제보와 협력이 아주 중요하다. 오늘날과 같은 복잡한 사회는 범죄수사에 있어 시민들의 신고나 제보가 수사단서 확보를 위한 필수적인 요소가 되고 있다.

5. 실정법상 수사의 기본원칙

1) 임의수사의 원칙

수사기관의 수사는 상대방의 동의를 얻어서 개시할 수 있는 임의수사를 원칙으로 하고, 강제수사는 「형사소송법」에 특별한 규정이 있는 경우에 한하여 예외적으로 허용된다. 따라서 강제수사는 반드시 영장을 요한다(형사소송법 제199조 제1항, 헌법 제12조 제3항). 임의수사의 원칙은 임의수사 자유의 원칙을 의미하는 것이 아니므로, 현행법은 임의수사 적정을 도모하고 임의수사에 있어 피

1) 조철옥, 범죄수사학 총론, 21세기사, 2009, p.57.

의자의 인권을 보장하기 위하여 법률적 규제를 가하고 있다. 임의수사는 국민의 기본권을 중요시하는 무죄추정의 법리와 필요최소한도의 법리를 제도적으로 표현한 것이다.

2) 수사비례의 원칙

수사비례의 원칙이란 수사의 결과에 따른 이익과 피고인의 법익침해가 부당하게 균형을 잃어서는 안 된다는 원칙을 말한다. 이 원칙은 강제수사와 임의수사 모두 공통적으로 요구되는 수사의 기본원칙이며, 수사권의 행사 특히 수사기관이 강제처분을 위한 실력행사를 하는 경우에 강조되지만, 수사권의 발동에 관해서도 적용된다. 수사기관이 죄질과 피해가 경미한 사건을 입건하는 것은 범죄인지권의 남용으로 수사비례의 원칙에 반하는 것이다.

3) 수사비공개의 원칙

수사의 개시와 실행은 이를 공개하지 아니한다. 이를 수사비공개의 원칙 또는 수사밀행의 원칙이라 한다. 이 원칙은 범인의 발견 · 검거 또는 증거의 발견 · 수집을 위해 요구되고, 피의자, 피해자, 참고인 등의 비밀과 명예, 그리고 사생활 등 인권보호를 위해 요청된다.

4) 자기부죄(負罪)강요금지의 원칙

「헌법」 제12조 제2항은 자기부죄거부의 특권을 명시하고 있고, 「형사소송법」 제200조 제2항은 피의자의 진술거부권을 보장하고 있으므로 이 원칙은 수사의 기본원칙으로 확립되어 있다. 피의자 등에 대한 고문의 절대적인 금지는 이 원칙의 제도적인 표현이다.

5) 강제수사법정주의

「헌법」 제12조 제1항에는 수사기관의 강제처분은 「형사소송법」에 특별한 규정이 있는 경우에 한해서 허용된다. 이를 강제수사법정주의 또는 강제처분법정주의라고 한다. 이 강제처분법정주의는 헌법상의 원칙으로서 강제처분에 대한 법률적 제한을 그 내용으로 하고 있다.

6) 영장주의

「헌법」 제12조 제1항에 강제처분은 영장에 의한다고 규정하고 있다. 따라서 강제처분에 관한 영장주의는 「헌법」상의 원칙으로서 수사기관의 강제처분에 관하여는 영장주의의 원칙이 적용되며, 다만 엄격한 요건 하에 현행범인 체포, 긴급체포, 영장집행 현장에서의 압수 · 수색 등 영장주의의 예외가 인정된다.

7) 제출인 환부(還付)의 원칙

수사기관이 압수물을 환부함에 있어서는 제출인에게 환부함을 원칙으로 한다. 국가형벌권의 실현을 목적으로 하는 형사절차에서는 사인 간의 실체법상 권리관계에 관여하지 아니함을 원칙으로 함으로써, 압수물을 환부하는 경우에 피압수자에게 환부하여야 함은 당연하다. 다만, 압수물이 장물인 경우에는 피해자를 보호하기 위하여 일정한 조건 하에 피해자 환부를 허용하고 있다.

6. 수사실행의 5원칙

1) 수사자료 완전수집의 원칙

수사의 제1법칙이라고도 하는 이 원칙은 사건에 관련된 모든 수사자료를 완벽하게 수집해야 한다는 것을 말한다. 수사관은 현장관찰과 탐문수사 등 모든 수사기법을 통하여 자료를 완벽하게 수집하고, 과학적인 감식과정을 통하여 자료를 분석하고 검증하여 범죄사실의 규명과 범인의 특정이라는 결론을 도출해야 한다.2)

2) 수사자료 감식 · 검토의 원칙

수사자료는 과학적인 지식과 기술을 보유하고 있는 연구시설을 통해 면밀하게 감식 · 검토되어 범죄와의 관련성이 입증되어야 한다. 자료의 검토방법은 자료의 종류나 성질에 따라서 다르지만, 중요한 것은 수사관의 상식이나 경험적인 판단에 의해 수사자료의 범죄관련성 여부를 결정하는 것은 자제되어야 한다.

3) 적절한 추리 원칙

수집한 수사자료를 기초로 합리적인 판단을 하고 사건에 대한 가설을 설정하고 추리를 할 필요가 생긴다. 이러한 가설은 범죄사실과 범인에 대한 일종의 추측에 해당하므로 더 많은 수사자료를 수집하여 검증적 수사를 거쳐 이 가설이 진실임이 입증될 때까지 그것을 진실이라고 주장할 수는 없다.

4) 검증적 수사의 원칙

범인과 범죄사실의 추리를 위해 설정된 여러 가지 가설은 증거에 의해 어떤 가설이 진실인가에 대한 검증이 이루어져야 한다. 이러한 과정을 검증수사라 한다. 검증수사는 무엇을 어떠한 수단과 방법으로 확인할 것인가를 결정하여 수사실행에 의해 이루어져야 한다.

5) 사실판단증명의 원칙

수사관의 판단을 형사절차상에 올려놓기 위해서는 그 판단이 수사관만의 주관적인 판단에 그칠 것이 아니라, 다른 누구에 대해서도 그 판단이 진실이라는 것을 증거에 의해서 객관적으로 증명해야 한다.

2) James N. Gilbert, *Criminal Investigation*(7th ed.), Pearson Education Inc., 2007, p.49.

7. 수사의 조건

1) 의의

수사의 조건이란 수사기관이 범죄를 수사하고 범인을 체포하기 위한 수사권의 발동과 수사실행의 조건을 말한다. 또한 수사조건은 수사절차의 개시와 진행 · 유지에 필요한 조건을 말한다.

수사의 조건은 수사기관의 무제한적인 재량권 행사를 방지하고, 수사권의 발동과 행사에 제한을 가하기 위하여 필요한 내용이다. 수사의 조건은 일반적으로 수사의 필요성과 상당성으로 대별된다.

2) 수사의 필요성

① 수사권 발동은 수사의 목적을 달성하기 위하여 필요해야 한다. 수사의 필요성이 존재하지 않음에도 불구하고 수사권을 발동하는 것은 위법한 수사처분이 된다.

②「형사소송법」 제196조는 "검사는, 그리고 제197조는 경무관, 총경, 경정, 경감, 경위 등 사법경찰관은 범죄의 혐의가 있다고 사료하는 때에는 범인, 범죄사실, 증거를 수사해야 한다"고 규정함으로써, 주관적 혐의에 의한 수사권 발동을 인정하고 있다. 즉, 범죄혐의가 있다고 주관적으로 판단할 경우에는 수사의 필요성이 인정된다.[3]

③ 피의자 출석요구와 조사, 참고인 출석요구와 조사, 감정 · 통역 · 번역의 위촉, 공무소에 대한 조회와 같은 수사는 임의수사의 필요성이 있으므로 임의수사를 해야 한다.

④ 체포와 구속, 검증과 감정, 그리고 압수 · 수색 등의 강제처분은 객관적 혐의, 즉 증거에 의하여 강제수사의 필요성이 있을 경우에만 허용되어야 한다는 점을 분명히 한다. 특히 강제수사의 필요성이 없는 경우에 강제수사를 하는 것은 수사의 필요성의 원칙을 위반한 것이 된다.

⑤ 따라서 수사의 필요성은 강제수사뿐만 아니라 임의수사의 경우에도 적용된다.

3) 수사의 상당성

(1) 개념

수사처분은 그 수단이 수사의 목적을 달성하는 데 상당하다고 인정되는 방법으로 해야 한다. 수사의 상당성은 범죄수사의 목적달성으로 얻는 이익과 상대방의 불이익이 부당하게 균형을 잃어서는 안 된다는 점을 강조한다. 따라서 수사의 상당성은 체포나 구속 등의 강제수사의 경우에 더욱 강조되는 개념이다.

(2) 수사비례의 원칙

① 수사권발동은 수사의 목적을 달성하기 위하여 필요한 최소한도 내에서만 허용되어야 한다는 필요최소한도의 원칙을 기본으로 한다. 수사비례원칙은 이러한 필요최소한도의 원칙에서부터

---

3) 형사소송법, 법률 제18862호, 2022.5.9. 시행 2022.9.10.

출발한다.

② 수사비례원칙은 수사권을 필요최소한도로 발동함으로써, 그 결과 수사의 목적달성으로 인한 이익과 상대방(피의자나 용의자 등)의 불이익이 부당하게 균형을 잃어서는 안 된다는 점을 강조한다.

③ 따라서 수사비례원칙은 임의수사보다는 특히 강제수사의 경우에 중요시되는 원칙이다.[4] 범죄인지의 상당성, 즉 범죄로 인한 피해가 극히 경미한 사건에 대해 범죄인지를 하는 것은 범죄인지권을 남용한 것이다. 즉, 경미범죄의 입건, 즉 슈퍼에서 500원 짜리 과자를 훔친 중학생을 절도죄로 입건하는 경우와 같은 수사처분은 범죄인지권의 남용으로서 수사비례의 원칙에 반하는 경우에 해당된다.

(3) 수사의 신의칙(사술금지의 원칙)

수사기관이 범죄수사를 하면서 사술(속임수)을 사용하거나 피의자를 곤궁·궁박 상태에 빠뜨리는 방법을 사용해서는 안 된다. 따라서 사술금지의 원칙이라고 하는 수사의 신의칙은 함정수사의 허용 여부와 관련 논쟁의 대상이 되며, 기회유발형과는 달리 범의를 유발하는 함정수사는 신의칙에 반하기 때문에 허용되지 않는다.

(4) 수사의 조건과 범죄의 혐의

① 수사의 개시

ⓐ 범죄의 혐의란 범죄사실 존재의 개연성을 말하며, 이는 주관적 혐의와 객관적 혐의로 구분할 수 있다. 범죄의 주관적 혐의는 수사개시의 조건이며, 객관적 혐의는 증거에 의하여 피의자의 체포·구속 등 강제수사의 조건이 된다.

ⓑ 수사는 수사기관이 범죄의 주관적 혐의를 인지했을 경우에 개시되며, 다만, 구체적 사실에 근거하여 주위의 사정을 합리적으로 판단하여 범죄의 혐의 유무를 결정해야 한다.

② 체포·구속

피의자를 체포·구속하기 위해서는 피의자가 죄를 범하였다고 의심할 만한 상당한 이유가 있어야 한다. 이때 범죄혐의는 증거에 의해 뒷받침되는 객관적인 혐의가 요구된다.

(5) 소송조건과 수사

① 친고죄 고소(원칙)

고소가 없더라도 고소의 가능성이 있는 경우에는 임의수사와 강제수사 모두 허용된다.

② 예외

고소의 가능성이 없는 때에는 임의수사와 강제수사 모두 허용되지 않는다.

---

4) 이재상, 형사소송법, 박영사, 2007, p.177.

8. 범죄수사의 단계

1) 입건 전 조사사건 처리에 관한 규칙(경찰청훈령)[5)]

(1) 목적(제1조)

이 규칙은 「검사와 사법경찰관의 상호협력과 일반적 수사준칙에 관한 규정」 제16조 제3항, 「경찰수사규칙」 제19조에 따른 입건 전 조사와 관련된 세부절차를 규정함으로써 입건 전 조사사무의 적정한 운영을 도모하는 것을 목적으로 한다.

(2) 입건 전 조사의 기본(제2조)

① 경찰관은 피조사자와 그 밖의 피해자 · 참고인 등에 대한 입건 전 조사를 실시하는 경우 관계인의 인권보호에 유의하여야 한다.

② 경찰관은 신속 · 공정하게 조사를 진행하여야 하며, 관련 혐의 및 관계인의 정보가 정당한 사유 없이 외부로 유출되거나 공개되는 일이 없도록 하여야 한다.

③ 조사는 임의적인 방법으로 하는 것을 원칙으로 하고, 대물적 강제조치를 실시하는 경우에는 법률에서 정한 바에 따라 필요 최소한의 범위에서 남용되지 않도록 유의하여야 한다.

(3) 조사의 분류(제3조)

조사사건은 다음 각 호와 같이 분류한다.

1. 진정사건: 범죄와 관련하여 진정 · 탄원 또는 투서 등 서면으로 접수된 사건
2. 신고사건: 범죄와 관련하여 112신고 · 방문신고 등 서면이 아닌 방법으로 접수된 사건
3. 첩보사건
   가. 경찰관이 대상자, 범죄혐의 및 증거자료 등 조사단서에 관한 사항을 작성 제출한 사건
   나. 범죄에 관한 정보, 풍문 등 진상을 확인할 필요가 있는 사건
4. 기타 조사사건: 제1호부터 제3호까지를 제외한 범죄를 의심할 만한 정황이 있는 사건

(4) 조사사건의 수리(제4조)

① 조사사건에 대해 수사의 단서로서 조사할 가치가 있다고 인정되는 경우에는 이를 수리하고, 소속 수사부서장에게 보고하여야 한다.

② 제1항에 따라 사건을 수리하는 경우 형사사법정보시스템에 관련 사항을 입력하여야 하며, 별지 제1호 서식의 입건 전 조사사건부에 기재하여 관리하여야 한다.

(5) 첩보사건의 착수(제5조)

① 경찰관은 첩보사건의 조사를 착수하고자 할 때에는 별지 제2호 서식의 입건 전 조사착수보고서를 작성하고, 소속 수사부서의 장에게 보고하고 지휘를 받아야 한다.

② 수사부서의 장은 수사단서로서 조사할 가치가 있다고 판단하는 사건 · 첩보 등에 대하여 소

5) 입건 전 조사사건 처리에 관한 규칙, 경찰청훈령 제1030호, 2021.8.30.

속 경찰관에게 별지 제3호 서식의 입건 전 조사착수지휘서에 의하여 조사의 착수를 지휘할 수 있다.

③ 경찰관은 소속 수사부서의 장으로부터 조사착수지휘를 받은 경우 형사사법정보시스템에 피조사자, 피해자, 혐의내용 등 관련 사항을 입력하여야 한다.

(6) 조사사건의 이송 · 통보(제6조)

경찰관은 관할이 없거나 범죄특성 등을 고려하여 소속 관서에서 조사하는 것이 적당하지 않은 사건을 다른 경찰관서 또는 기관에 이송 또는 통보할 수 있다.

(7) 조사의 보고 · 지휘 · 방식 등(제7조)

① 조사의 보고 · 지휘, 출석요구, 진정 · 신고사건의 진행상황의 통지, 각종 조사작성, 압수 · 수색 · 검증을 포함한 강제처분 등 구체적인 조사방법 및 세부절차에 대해서는 그 성질이 반하지 않는 한 「경찰수사규칙」, 「범죄수사규칙」을 준용한다. 이 경우 '수사'를 '조사'로 본다.

② 신고 · 진정 · 탄원에 대해 입건 전 조사를 개시한 경우, 경찰관은 다음 각 호의 어느 하나에 해당하는 날부터 7일 이내에 진정인 · 탄원인 · 피해자 또는 그 법정대리인(피해자가 사망한 경우에는 그 배우자 · 직계친족 · 형제자매를 포함한다)에게 조사 · 진행상황을 통지해야 한다. 다만, 진정인 등의 연락처를 모르거나 소재가 확인되지 않으면 연락처나 소재를 알게 된 날로부터 7일 이내에 조사 진행상황을 통지해야 한다.

1. 신고 · 진정 · 탄원에 따라 조사에 착수한 날
2. 제1호에 따라 조사에 착수한 날부터 매 1개월이 지난 날

③ 경찰관은 조사기간이 3개월을 초과하는 경우 별지 제4호 서식의 입건 전 조사진행상황 보고서를 작성하여 소속 수사부서의 장에게 보고하여야 한다.

(8) 수사절차로의 전환(제8조)

경찰관은 조사과정에서 범죄혐의가 있다고 판단될 때에는 지체 없이 범죄인지서를 작성하여 소속 수사부서장의 지휘를 받아 수사를 개시하여야 한다.

(9) 불입건 결정 지휘(제9조)

수사부서의 장은 조사에 착수한 후 6개월 이내에 수사절차로 전환하지 않은 사건에 대하여 「경찰수사규칙」 제19조 제2항 제2호부터 제5호까지의 사유에 따라 불입건 결정 지휘를 하여야 한다. 다만, 다수의 관계인 조사, 관련자료 추가확보 · 분석, 외부 전문기관 감정 등 계속 조사가 필요한 사유와 소명된 경우에는 6개월의 범위 내에서 조사기간을 연장할 수 있다.

(10) 기록의 관리(제10조)

① 제8조에 따라 수사를 개시한 조사사건의 기록은 해당 수사기록에 합쳐 편철한다. 다만, 조사사건 중 일부에 대해서만 수사를 개시한 경우에는 그 일부 기록만을 수사기록에 합쳐 편철하고, 나머지 기록은 제2항의 방법으로 조사 기록으로 분리하여 보존할 수 있으며, 필요한 경우 사

본으로 보존할 수 있다.

② 「경찰수사규칙」 제19조에 따른 입건 전 조사종결, 입건 전 조사중지, 공람종결 결정은 별지 제5호 서식의 불입건 편철서, 별지 제6호 서식의 기록목록, 별지 제7호 서식의 불입건 결정서의 서식에 따른다. 제6조에 따라 이송하는 경우에는 사건이송서를 작성하여야 한다.

2) 입건 전 조사(경찰수사규칙 제19조)[6)]

① 사법경찰관은 「수사준칙」 제16조 제3항에 따른 입건 전에 범죄를 의심할 만한 정황이 있어 수사개시 여부를 결정하기 위한 사실관계의 확인 등 필요한 조사에 착수하기 위해서는 해당 사법경찰관이 소속된 경찰관서의 수사부서의 장의 지휘를 받아야 한다.

② 사법경찰관은 입건 전 조사한 사건을 다음 각 호의 구분에 따라 처리해야 한다.

1. 입건: 범죄의 혐의가 있어 수사를 개시하는 경우
2. 입건 전 조사 종결: 제108조 제1항 제1호부터 제3호까지의 규정(혐의없음, 죄가 안됨 또는 공소권 없음)에 따른 사유가 있는 경우
3. 입건 전 조사 중지: 피혐의자 또는 참고인 등의 소재불명으로 입건 전 조사를 계속할 수 없는 경우
4. 이송: 관할이 없거나 범죄특성 및 병합처리 등을 고려하여 다른 경찰관서 또는 기관(해당 기관과 협의된 경우로 한정)에서 입건 전 조사할 필요가 있는 경우
5. 공람 후 종결: 진정 · 탄원 · 투서 등 서면으로 접수된 신고가 다음 각 목의 어느 하나에 해당하는 경우
   가. 같은 내용으로 3회 이상 반복하여 접수되고 2회 이상 그 처리결과를 통지한 신고와 같은 내용인 경우
   나. 무기명 또는 가명으로 접수된 경우
   다. 단순한 풍문이나 인신공격적인 내용인 경우
   라. 완결된 사건 또는 재판에 불복하는 내용인 경우
   마. 민사소송 또는 행정소송에 관한 사항인 경우

3) 입건

경찰은 내사의 과정에서 범죄혐의가 인정되어 수사할 필요가 있는 경우에는 범죄인지보고서를 작성하여 범죄사건부에 접수하고 수사해야 하며 이를 입건이라고 한다. 이 경우에 내사대상자를 긴급체포할 수도 있다. 사법경찰관리는 내사종결의 경우에 경찰서장의 결재를 받은 후 내사종결 처리부에 그 내용을 기재해야 한다.

4) 입건하지 않은 내사에 대한 처리

① 내사종결

경찰은 내사의 결과 '혐의없음', '죄가 안됨', '공소권 없음' 등에 해당하여 입건의 필요가 없는 경우에는 경찰서장의 결재를 받아 내사를 종결한다.

---

6) 경찰수사규칙, 행정안전부령 제305호, 2022.1.4.

② 내사중지

경찰은 피내사자 또는 참고인 등의 소재불명으로 사유해소 시까지 내사를 계속할 수 없는 경우에는 내사중지 처분을 한다.

③ 내사병합

경찰은 동일 또는 유사한 내용의 내사사건이거나 경합범으로 다른 사건과 병합처리할 필요가 있는 경우에는 내사병합 처분을 한다.

④ 내사이첩

경찰은 토지관할이나 사물관할이 없거나 범죄특성 및 병합처리 등을 고려하여 다른 경찰관서 및 수사기관에서 내사할 필요가 있는 경우에는 내사이첩 처분을 한다.

⑤ 공람종결

㉠ 진정·탄원내사의 경우에 3회 이상 반복 진정하여 2회 이상 그 처리결과를 통지한 진정과 같은 내용인 경우, ㉡ 무기명이나 가명으로 진정한 경우, ㉢ 단순한 풍문이나 인신공격적인 내용인 경우, ㉣ 완결된 사건이나 재판에 불복하는 내용인 경우, ㉤ 민사소송 또는 행정소송에 관한 사항인 경우 관련 수사간부들이 해당 사건을 서류상으로 확인하는 것으로 종결하는데 이를 공람종결이라 한다.[7]

5) 수사의 개시

(1) 주관적 범죄혐의 인지

① 수사기관은 범죄의 혐의가 있다고 사료되는 때에는 범인·범죄사실 및 증거를 수사해야 한다(형사소송법 제196조 및 제197조). 즉, 수사는 수사기관의 주관적 혐의에 의하여 개시되며 그 혐의를 가지게 된 원인 여하는 불문한다.[8]

② 길버트(James N. Gilbert)는 경찰이 범죄를 인지하는 방법에 관계없이 예비수사는 범죄인지 그 순간에 개시된다고 주장함으로써, 범죄혐의의 인지에 의해 수사가 개시된다는 입장에 동의한다.[9] 그는 예비수사에 범죄혐의 인지, 용의자 체포, 현장보존, 피해자와 목격자 확인과 진술확보, 범죄현장 관찰 등을 포함시키고 있다.

③ 이러한 맥락에서 수사개시는 객관적 수사 자료뿐만 아니라 주관적 심증도 포함하는 것으로 규정할 수 있다. 일반적으로 수사실행과정에서의 수사단서란 범죄사실 규명과 범인 특정을 위한 객관적인 수사자료를 의미하지만, 수사개시와 관련된 단서는 범죄가 발생했다는 사실이나 범죄가 발생했다는 심증만으로도 수사단서가 된다.

---

7) 경찰내사처리규칙 제11조, 경찰청훈령 제677호, 2012.8.31.

8) 진계호, 앞의 책, p.200.

9) Gilbert, op. cit., p. 57.

(2) 수사단서의 인지 방법

수사개시의 단서 인지는 수사기관 자신의 체험에 의한 경우와 타인의 체험청취에 의한 경우로 구분될 수 있다. 전자는 ① 기사나 소문 또는 인터넷 정보 등에 의한 내사, ② 불심검문, ③ 수사첩보, ④ 현행범인 체포, ⑤ 변사체 검시, ⑥ 다른 사건 수사 중 범죄발견 등이 해당된다. 후자는 ① 신고, ② 고소 · 고발, ③ 자수나 자복, ④ 진정, ⑤ 타 사법경찰업무처리관서로부터 이송사건, ⑥ 검사의 수사지휘 등이 해당된다.[10)]

(3) 수사개시의 절차

수사개시, 즉 입건은 ① 범죄인지보고서의 작성, ② 수사기관에 비치된 사건접수부에 기재, ③ 사건번호 부여의 절차에 의해 이루어진다.

(4) 입건의 효과

사건이 입건되면 범죄혐의자는 용의자가 되고 범인이 특정되거나 체포되면 피의자 신분이 된다. 수사기관은 입건한 모든 사건을 수사 후에 기소 여부에 관계없이 검찰에 송치하여야 한다.

6) 수사의 실행

경찰은 「형사소송법」, 「경찰수사규칙」, 「범죄수사규칙」 등 관계법령을 준수하면서 그 범위 내에서 수사를 실행해야 된다.

수사의 실행은 초동수사 후에 수립된 수사방침에 따라서 범인의 특정과 체포, 범죄사실의 진실규명, 그리고 객관적인 증거 수집 등을 위한 수사라는 점에서 수사방침 수립 이전의 초동수사나 예비수사와는 어느 정도 구별된다.

수사의 실행은 수사방침에 따라서 그 방향이나 수사기법이 다르지만, 대부분의 수사는 어느 하나의 기법만으로 사건을 해결할 수 없고, 다양한 기법들을 종합적 · 유기적으로 활용하여 이루어진다.

7) 사건의 송치

① 사법경찰은 범죄사건에 대한 진상파악과 범인의 특정 및 체포, 그리고 적용법령, 처리의견을 제시할 수 있는 정도가 되면 사건을 검찰에 송치해야 한다.

사건의 송치는 ⅰ) 사건송치서, ⅱ) 압수물 총목록, ⅲ) 사법경찰관리와 직무상 수사에 관계있는 자가 작성한 서류 또는 물건에 대한 기록목록, ⅳ) 송치의 이유와 범위를 적은 송치결정서, ⅴ) 피의자환경조사서, ⅵ) 수사경력조회회보서, ⅶ) 범죄경력조회(지문조회)회보서 등 필요한 서류를 첨부하여야 한다.[11)] 아울러 피의자의 신병 및 증거자료 모두를 검찰에 인계해야 한다.

② 사건송치 경우 소속 경찰관서장 또는 소속 수사부서장의 명의로 한다. 또한 송치결정서는

10) 진계호, 앞의 책, p.200.

11) 검사와 사법경찰관의 상호협력과 일반적 수사준칙에 관한 규정 제58조 제1항, 대통령령 제33808호, 2023.10.17.

사법경찰관이 작성해야 한다.[12)]

다만, 협의의 불기소처분에 해당하는 의견으로 송치할 때에는 범죄경력 조회통보서를 첨부하지 아니한다. 실무적으로 사법경찰은 사건송치를 수사종결로 본다.

8) 송치 후 수사와 보완수사

(1) 송치 후 수사

사법경찰은 검찰에 사건 송치 후라도 항상 그 사건에 주의하여 새로운 증거의 수집과 참고가 될 만한 사항의 발견에 힘써야 한다. 아울러 송치 후에 당해 사건에 속하는 피의자의 여죄를 발견하였을 때에는 검사의 지휘를 받아 신속히 그 수사를 행하고 이를 검찰에 추송해야 한다.

(2) 보완수사요구의 대상과 범위[13)]

검사는 사법경찰관으로부터 송치받은 사건에 대해 보완수사가 필요하다고 인정하는 경우에는 직접 보완수사를 하거나 사법경찰관에게 보완수사를 요구할 수 있다. 다만, 송치사건의 공소제기 여부 결정에 필요한 경우로서 다음 각 호의 어느 하나에 해당하는 경우에는 특별히 사법경찰관에게 보완수사를 요구할 필요가 있다고 인정되는 경우를 제외하고는 검사가 직접 보완수사를 하는 것을 원칙으로 한다.

1. 사건을 수리한 날(이미 보완수사요구가 있었던 사건의 경우 보완수사 이행 결과를 통보받은 날을 말한다)부터 1개월이 경과한 경우
2. 사건이 송치된 이후 검사가 해당 피의자 및 피의사실에 대해 상당한 정도의 보완수사를 한 경우
3. 검사의 시정조치 요구가 정당한 이유 없이 이행되지 않은 경우, 검사와 사법경찰관이 동일사건 수사 경우, 적법한 절차에 의하지 않은 체포 또는 구속의 경우 등으로 사법경찰관으로부터 사건을 송치받은 경우
4. 검사와 사법경찰관이 사건 송치 전에 수사할 사항, 증거수집의 대상 및 법령의 적용 등에 대해 협의를 마치고 송치한 경우

9) 수사의 종결

사법경찰관은 범죄의 혐의가 있다고 인정되는 경우에는 지체 없이 검사에게 사건을 송치하고 관계서류와 증거물을 검사에게 송부하여야 한다(형사소송법 제245조의5).

(1) 공소제기

범죄사건에 대한 객관적 혐의가 충분하고 소송조건을 구비한 때 공소를 제기한다.

---

12) 경찰수사규칙 제103조, 행정안전부령 제305호, 2022.1.4.

13) 검사와 사법경찰관의 상호협력과 일반적 수사준칙에 관한 규정 제59조 제1항, 대통령령 제33808호, 2023.10.17. 시행 2023.11.1.

(2) 협의의 불기소처분[14)]

① 혐의없음

'혐의없음'은 피의사실을 인정할 만한 충분한 증거가 없는 경우 또는 피의사실이 범죄를 구성하지 않거나 범죄가 인정되지 않는 경우에 내려지는 불기소처분이다. 이는 사법경찰관의 증거수집의 불충분, 또는 범죄의 구성요건 해당성 여부에 대한 법적 검토의 부정확성 등이 원인으로 지적될 수 있다.

② 죄가 안됨

'죄가 안됨'은 범죄사건이 범죄구성요건에 해당하나 정당방위, 정당행위, 긴급피난, 자구행위, 피해자의 승낙 등의 위법성 조각사유나 형사책임 무능력자의 행위와 같은 책임조각사유에 해당하는 경우에 내려지는 불기소처분 사유이다. 그러나 「수사준칙」 제51조 제3항 제1호, 즉 심신장애에 의한 처벌면제는 해당되지 않는다. '죄가 안됨'은 사법경찰보다는 검찰의 판단영역에 해당하지만, 위법성 조각사유나 책임조각사유 해당 여부는 사법경찰관이 제시하는 증거와 자료에 의존한다.

③ 공소권 없음(경찰수사규칙 제108조)

'공소권 없음'은 ⅰ) 형을 면제한다고 법률에서 규정한 경우나 공소시효완성, ⅱ) 친고죄의 고소의 불제기나 고소가 무효 또는 취소된 경우나 반의사불벌죄의 처벌의 불희망 또는 처벌희망을 철회한 경우, iii) 고소 · 고발사건의 고소 · 고발취소, 또는 공무원의 고발이 있어야 공소를 제기할 수 있는 죄에서 고발이 없거나 고발이 무효 또는 취소된 경우, iv) 「소년법」 등에 따른 보호처분이 확정된 경우, ⅴ) 피의자가 사망하거나 피의자인 법인이 존속하지 않게 된 경우, 또는 피의자에 대하여 재판권이 없는 경우, vi) 범죄 후 법령의 개정 폐지로 형이 폐지된 경우, vii) 판결이나 이에 준하는 법원의 재판 명령이 확정된 경우 또는 동일사건에 대하여 재판이 진행 중인 경우(기소된 사건과 포괄일죄를 구성하거나 상상적 경합관계에 있는 경우는 제외), 또는 동일사건에 대하여 공소가 취소되고 다른 중요한 증거가 발견되지 않은 경우, viii) 통고처분이 이행된 경우나 사면이 있는 경우 등과 같이 소송조건을 구비하지 못하거나 형 면제의 사유가 있는 경우에 내리는 결정으로 사법경찰이 사실확인만 잘하면 별문제가 없는 영역이다.

(3) 각하

고소 · 고발로 수리한 사건에서 다음의 어느 하나에 해당하는 사유가 있는 경우 사건은 각하된다.[15)]

① 고소 · 고발사건에 대해 혐의없음, 죄가 안됨, 공소권 없음에 해당함이 명백하여 더 이상 수사를 진행할 필요가 없다고 판단되는 경우

---

14) 앞의 책, p.351.

15) 경찰수사규칙 제108조 제1항 제4호, 행정안전부령 제305호, 2022.1.4.

② 동일사건에 대하여 사법경찰관의 불송치 또는 검사의 불기소가 있었던 사실을 발견한 경우에 새로운 증거 등이 없어 다시 수사해도 동일하게 결정될 것이 명백하다고 판단되는 경우

③ 고소인・고발인의 출석불응 또는 소재불명이 되어 고소인・고발인에 대한 진술청취가 불가능하고, 제출된 증거 및 관련자 등의 진술에 의해서도 수사를 진행할 필요가 없다고 판단되는 경우

④ 고발이 진위 여부가 불분명한 언론 보도나 인터넷 등 정보통신망의 게시물, 익명의 제보, 고발내용과 직접적인 관련이 없는 제3자로부터의 전문이나 풍문 또는 고발인의 추측만을 근거로 한 경우 등으로서 수사를 개시할 만한 구체적인 사유나 정황이 충분하지 않은 경우

(4) 광의의 불기소처분

① 기소유예

범죄혐의가 인정되고 소송조건도 충족되지만, 범인의 연령, 성행, 동기와 수단, 정황, 지능과 환경, 피해자 관계 등을 참작하여 불기소처분을 내리는 결정이다.

② 기소중지

기소중지는 범죄혐의도 인정되고 피의자도 특정되며 소송조건도 충족되지만, 피의자의 소재불명으로 인해 수사를 종결할 수 없을 때에 그 사유가 해소될 때까지 소추절차를 일시 중지하는 불기소처분이다. 기소중지대상자는 통상 지명수배와 출국금지 조치가 내려진다.

③ 공소보류

i) 검사는 「국가보안법」의 죄를 범한 자에 대하여 「형법」 제51조의 사항을 참작하여 공소제기를 보류할 수 있다.

ii) 공소보류를 받은 자가 공소의 제기 없이 2년을 경과한 때에는 소추할 수 없다.

iii) 공소보류를 받은 자가 법무부장관이 정한 감시・보도에 관한 규칙에 위반한 때에는 공소보류를 취소할 수 있다.

iv) 공소보류가 취소된 경우에는 「형사소송법」 제208조의 규정에 불구하고 동일한 범죄사실로 재구속할 수 있다.

제2절 수사의 단서

1. 의의

수사는 수사기관의 주관적 범죄혐의에 의해 개시된다. 따라서 수사의 단서란 수사를 개시할 수 있는 자료, 즉 수사기관의 주관적 범죄혐의를 입증할 만한 수사자료를 말한다. 현행법상 수사의 단서는 수사기관의 직접인지 또는 수사기관 자신의 체험에 의한 경우와 타인의 체험에 의한

경우의 두 가지로 대별될 수 있다.

2. 수사기관 자신의 체험에 의한 단서

1) 현행범인 및 준현행범인 체포

경찰관이나 사인이 현행범과 준현행범을 체포했을 경우에 수사의 개시가 이루어진다.

① 현행범은 범죄를 실행하고 있거나 실행하고 난 직후의 사람을 말하고,

② 준현행범은 ⅰ) 범인으로 불리며 추적되고 있을 때, ⅱ) 장물이나 범죄에 사용되었다고 인정하기에 충분한 흉기나 그 밖의 물건을 소지하고 있을 때, ⅲ) 신체나 의복류에 증거가 될 만한 뚜렷한 흔적이 있을 때, ⅳ) 누구냐고 묻자 도망하려고 하는 행동을 하는 사람으로 본다.

③ 이러한 현행범과 준현행범은 누구든지 영장 없이 체포할 수 있다. 단, 다액 50만원 이하의 벌금, 구류 또는 과료에 해당하는 죄의 현행범인에 대하여는 범인의 주거가 분명하지 아니한 때에 한하여 체포할 수 있다(형사소송법 제214조).

④ 현행범을 체포한 경우에 경찰서장은 범죄사실을 규명한 후에 48시간 이내에 구속영장을 청구하거나, 영장을 청구하지 않을 경우에는 검사의 지휘 없이 즉시 석방할 수 있다. 물론 현행범을 석방한 경우에는 검사에게 그 사실을 지체 없이 보고해야 한다.

2) 불심검문

경찰관은 수상한 거동, 기타 주위의 사정을 합리적으로 판단하여 어떠한 죄를 범하였거나 범하려고 하고 있다고 의심할 만한 상당한 이유가 있는 자 또는 이미 행하여진 범죄나 행하여지려고 하는 범죄행위에 관하여 그 사실을 안다고 인정되는 자를 정지시켜 질문할 수 있다.

불심검문은 사람과 자동차 모두를 대상으로 하므로 자동차도 정지시켜 검문하고 검색할 수 있다. 이러한 불심검문의 결과 인지하게 된 범죄혐의나 범죄사실은 수사의 단서가 된다.

3) 변사자의 검시

(1) 변사자의 개념

변사자 또는 변사체란 자연사인지 부자연사인지 알 수 없고 범죄에 기인한 사망이 아닌가 의심되는 사체를 말한다. 그러나 자연사임이 명백한 사체 또는 부자연사 중에서도 범죄로 인한 것이 아님이 명백한 사체는 변사체에 포함되지 않는다.

(2) 변사자 검시의 개념

변사자 검시란 사람의 사망이 범죄에 기인한 것인가를 판단하기 위하여 수사기관이 변사체의 사망 원인을 조사하는 것을 말한다. 검시의 결과 부자연사, 즉 범죄에 기인한 변사로 판명된 경우에 수사개시의 단서가 된다.

변사자 검시는 부자연사에 의한 사망으로 의심되는 변사체에 대한 사법검시와 노사・병사・자연재해사・행려병사 등 명백한 자연사에 의한 변사체를 검시하는 행정검시로 구분된다.

(3) 변사사건 발생사실 통보(경찰수사규칙 제26조)

㉠ 사법경찰관은 변사자 또는 변사한 것으로 의심되는 사체가 있으면 변사사건 발생사실을 검사에게 통보해야 한다.

㉡ 사법경찰관은 긴급한 상황 등으로 일정 서식에 의해 통보하는 것이 불가능하거나 현저히 곤란한 경우에는 구두・전화・팩스・전자우편 등으로 통보할 수 있다. 이 경우 사후에 지체 없이 서면으로 변사사건 발생사실을 통보해야 한다.

(4) 검시의 주체

변사체 검시의 주체는 검사이다. 변사자 또는 변사의 의심이 있는 사체가 있는 때에는 그 소재지를 관할하는 지방검찰청 검사가 검시하여야 한다. 검사는 사법경찰관에게 변사자 검시의 처분을 명할 수 있다(형사소송법 제222조). 사법경찰관은 검사의 지휘를 받아 검시를 대행할 수 있을 뿐이다. 실제로 사법경찰관은 변사체 검시를 대행하여 실행하는 검시의 주체이다.16)

(5) 변사자의 검시・검증(경찰수사규칙 제27조)

㉠ 사법경찰관은 검시를 하는 경우에는 의사를 참여시켜야 하며, 그 의사로 하여금 검안서를 작성하게 하여야 한다. 이 경우 사법경찰관은 검시 조사관을 참여시킬 수 있다.

㉡ 사법경찰관은 검시 또는 검증 결과 사망의 원인이 범죄로 인한 것으로 판단하는 경우에는 신속하게 수사를 개시해야 한다.

(6) 검시의 주의사항(경찰수사규칙 제29조)

1. 검시에 착수하기 전에 변사자의 위치, 상태 등이 변하지 않도록 현장을 보존하고, 변사자 발견 당시 변사자의 주변환경을 조사할 것
2. 변사자의 소지품이나 그 밖에 변사자가 남겨 놓은 물건이 수사에 필요하다고 인정되는 경우에는 이를 보존하는 데 유의할 것
3. 검시하는 경우에는 잠재지문 및 변사자의 지문 채취에 유의할 것
4. 자살자나 자살로 의심되는 사체를 검시하는 경우에는 교사자 또는 방조자의 유무와 유서가 있는 경우 그 진위를 조사할 것
5. 등록된 지문이 확인되지 않거나 부패 등으로 신원확인이 곤란한 경우에는 DNA 감정을 의뢰하고, 입양자로 확인된 경우에는 입양기관 탐문 등 신원확인을 위한 보강조사를 할 것
6. 신속하게 절차를 진행하여 유족과 장례 절차에 불필요하게 지장을 초래하지 않도록 할 것

(7) 검시의 참여자(경찰수사규칙 제30조)

사법경찰관리는 검시에 특별한 지장이 없다고 인정하면 변사자의 가족・친족・이웃사람・친

16) 형사소송법 제222조, 법률 제18862호, 2022.5.9.

구 · 시 · 군 · 구 · 읍 · 면 · 동의 공무원이나 그 밖에 필요하다고 인정하는 사람을 검시에 참여시켜야 한다.

(8) 사체의 인도(경찰수사규칙 제31조 제1항)

사법경찰관은 변사자에 대한 검시 또는 검증이 종료된 때에는 사체를 소지품 등과 함께 신속히 유족 등에게 인도한다. 다만, 사체를 인수할 사람이 없거나 그 신원이 판명되지 않은 경우에는 사체가 현존하는 지역의 특별자치시장 · 특별자치도지사 · 시장 · 군수 또는 자치구의 구청장에게 인도해야 한다.

(9) 형사소송법상 변사자 검시(형사소송법 제222조)

① 변사자 또는 변사의 의심 있는 사체가 있는 때에는 그 소재지를 관할하는 지방검찰청 검사가 검시해야 한다.

② 전항의 검시로 범죄의 혐의를 인정하고 긴급을 요할 때에는 영장없이 검증할 수 있다.

③ 검사는 사법경찰관에게 전2항의 처분을 명할 수 있다.

(10) 검시 또는 검증이 종료된 때(경찰수사규칙 제31조)

① 검시가 종료된 때

㉠ 수사준칙 제17조 제2항에 따라 검사가 사법경찰관에게 검시조서를 송부한 때

㉡ 수사준칙 제17조 제3항에 따라 사법경찰관이 검사에게 검시조서를 송부한 이후 검사가 의견을 제시한 때

② 검증이 종료된 때: 부검이 종료된 때

4) 다른 사건 수사 중 범죄발견

경찰이 어떤 사건을 입건하여 조사 중에 피의자 자신의 새로운 범죄혐의 또는 다른 사람들의 범죄혐의를 발견하게 되는 경우에 이는 별개의 수사개시를 위한 단서가 된다.

5) 보도 · 풍설 등

수사기관은 신문 · 방송의 보도, 기타 출판물의 기사, 밀고, 풍설의 내용 가운데, 범죄에 관련이 있는 것일 때에는 특히 출처에 주의하여 그 진상을 내사 후 범죄혐의가 발견되면 즉시 수사를 개시해야 한다.

6) 수사첩보

수사첩보란 형사정책에 관한 자료, 수사제도와 운영에 관한 자료, 범죄예방과 검거대책에 관한 자료, 수사의 단서가 될 수 있는 일체의 자료를 말한다. 특히 수사첩보의 한 부분으로서 경찰관이 직접 수집한 범죄수사상 참고가 될 만한 범죄첩보는 수사개시의 단서가 될 수 있다.

범죄첩보는 다음과 같은 특징을 가지고 있기 때문에 수사개시의 단서가 될 경우 유의해야

한다.

(1) 시한성

범죄첩보는 다른 모든 첩보와 마찬가지로 시간이 지나면 그 가치가 감소하므로 사전에 수집·제출되어야 한다. 이러한 시한성은 첩보의 적시성 요건과 같은 의미로서 범죄수사를 위해 시의적절해야 한다.

(2) 가치변화성

범죄첩보는 필요로 하는 사람에 따라 그 가치가 달라진다. 범죄첩보는 일반인에게는 별로 가치가 없지만, 수사기관에게는 아주 중요하고 가치가 있다. 따라서 범죄첩보는 수사기관이 그 첩보를 필요로 하는가의 여부에 따라 가치가 달라진다.

(3) 결합성

범죄첩보는 여러 단편적인 첩보들이 결합되고 가공된 산물이다. 기초첩보가 다른 기초첩보와 결합되어 사건첩보가 되거나 사건첩보가 다른 사건첩보와 결합하여 범죄첩보가 된다.

(4) 결과지향성

범죄첩보는 수사개시를 위한 단서를 제공해야 하며, 또한 그 사건을 해결하는 결과를 낳을 수 있는 객관적이고 구체적인 내용이어야 한다. 더 정확하게는 범죄첩보는 범죄사건에 관한 객관적이고 사실지향적인 내용이어야 한다.

(5) 혼합성

범죄첩보는 단순한 사실의 나열이 아니고 그 속에는 범죄의 원인과 결과가 분명하게 구체화되어야 한다. 또한 다른 첩보와 대부분 연결되어 있는 경우도 많기 때문에, 이를 분해하고 종합하여 하나의 완전한 범죄첩보를 도출해야 한다.

3. 타인의 체험 청취에 의한 수사단서

1) 고소(plaint)

① 고소란 피해자 또는 그 법정대리인이 수사기관에 범죄사실을 신고하여 범인의 소추를 구하는 의사표시로서 이는 수사개시의 단서가 된다. 특히 고소는 친고죄의 소송조건이다.

② 고소는 범죄사실의 신고로 일시, 장소 등을 특정할 수 있는 정도이면 충분하며, 성명불상의 피고소인이라 하더라도 그 범죄를 한 자를 처벌할 의사가 표명되어 있으면 적법한 고소로 볼 수 있다.

③ 고소권자는 피해자 또는 법정대리인, 피해자의 사망 경우 배우자, 형제자매, 직계친족(단, 피해자 명시 의사표시 반하지 못함)이 고소할 수 있다. 고소권자가 없는 경우에는 관계인의 신청이 있으면 검사는 신청을 받은 날로부터 10일 이내에 고소할 수 있는 자를 지정해야 한다.

④ 법정대리인이 피의자이거나 법정대리인의 친족이 피의자일 경우 피해자의 친족이 고소할 수 있다.

2) 고발(denunciation)

① 고발은 범인 및 고소권자, 수사기관 이외의 제3자라면 누구든지 범죄사실을 수사기관에 신고하여 범인의 소추를 구하는 의사표시이다.

② 고발도 고소와 같이 처벌을 희망하는 의사표시를 요소로 하므로 피해신고는 고발이 아니며, 고발 시 고발인이 표시되어야 하므로 익명의 투서나 밀고는 고발이 아니다.

③ 고발은 일반적으로 수사개시의 단서에 불과한 것이지만, 예외적으로 소송조건이 될 경우 있다. 즉, 「관세법」, 「조세범 처벌법」 또는 「출입국관리법」의 위반과 같이 공무원의 고발이 있을 때 논하는 고발사건의 경우에는 고발이 친고죄의 고소와 같이 소송조건으로 된다.

3) 자수

(1) 의의

자수란 범인이 자발적으로 범죄사실을 신고하여 수사 및 소추를 구하는 의사표시를 말한다. 자백은 범인이 수사기간의 조사를 받는 중에 자기의 범죄사실을 인정하는 것을 말하고, 자복은 반의사불벌죄의 경우에 범인이 피해자에게 자신의 범죄사실을 알리고 용서를 구하는 것을 의미한다는 점에서 자수와는 개념적인 차이가 있다.

(2) 특징

① 자수는 범죄사실을 신고하는 시기에 제한이 없고, 범죄사실 발각 후나 지명수배 받은 후에 신고해도 체포 전에 자발적으로 신고한 이상 자수에 해당한다.

② 자수의 신고수단 · 방법에는 법률상 특별한 제한이 없으므로 반드시 범인 자신이 신고하지 않고 타인을 시켜 자수할 수도 있으나, 제3자에게 자수의사를 전달하여 달라고 한 것만으로는 자수라 할 수 없다.

4) 피해신고

일반시민이 112신고전화나 구두신고 등을 통하여 경찰에 범죄신고를 한 경우 이는 수사개시의 단서가 될 수 있다. 물론 경찰이 현장에 출동하여 범죄사실을 확인하여 신고사실이 진실일 경우에 수사개시의 단서가 되지만, 허위신고나 범죄수사의 대상이 되지 않을 경우에는 수사개시의 단서가 되지 않는다.

5) 익명의 신고

자신의 성명 · 주소를 숨기고 전화나 편지로 범죄신고를 한 경우에 경찰은 신고의 출처를 확인하여 신고사실의 진위를 확인해야 하며, 경솔하게 신고만으로 선량한 사람 괴롭히거나 무기명이라고 경시하다 의외로 중대한 사건의 단서를 놓치는 일이 없도록 해야 한다. 진정, 탄원, 민원, 범죄첩보, 내사 지휘사건은 형사민원접수처리부에만 등재하여 별도로 기록을 유지한다.

제 3 절 현장수사활동의 유형과 기법

1. 초동수사

1) 개념

초동수사란 사건발생 초기에 범인을 체포하고 증거를 확보하기 위한 긴급 수사활동이다. 범죄사건은 발생 후 시간이 경과하면 증거의 멸실·훼손, 범인의 도주 등으로 범죄사실의 진상파악과 범인체포를 어렵게 하기 때문에 초동수사의 중요성이 강조된다.

2) 현장 도착 경찰관의 조치

수사간부 등 현장책임자가 도착하기 전에 먼저 현장에 도착한 경찰관은 현장책임자로서의 임무를 수행해야 한다.

(1) 범인의 체포

범죄현장에서 범행이 아직도 계속 중일 경우에는 현행범으로 체포해야 하다. 중요사건의 범인은 흉기 등으로 저항의 가능성이 높아 체포 시에 위해를 입지 않도록 신중히 접근해야 한다.

(2) 부상자 구호

① 부상자가 있을 경우에는 지체 없이 구호조치를 하는 것이 중요하다. 범인체포와 범죄현장의 원상보존을 이유로 인명구호를 소홀히 하는 것은 허용되지 않는다. 범인의 도주 직후이고 부상자를 피해자의 가족이나 관계자들에게 의뢰할 수 있을 경우에는 그 사람들에게 맡기고 현장보존 조치를 한 후에 현장 부근을 잘 검색하여 범인의 발견·체포를 위해 노력해야 한다.

② 여기에서 중요한 것은 부상자 후송 시에 수사요원의 차량동승과 피해자로부터 직접 범죄사실에 관련된 자료를 수집해야 한다는 점이다. 부상자 병원후송을 112순찰차가 담당하는 경우는 물론이고, 119구급대가 담당할 경우에도 수사요원이 동승하여 병원으로 이동하는 차량 속에서, 특히 피해자가 중상으로 빈사상태일 때에 가능한 범위 내에서 범행의 원인, 피해자의 주거·성명·연령, 피해상황, 범인의 인적사항이나 인상착의, 목격자, 가족이나 연고자, 기타 사항을 청취하여 기록하고, 녹음해 두어야 한다.

(3) 현장보존

① 원상대로 보존

현장보존은 범죄현장의 상태를 범죄발생 또는 범죄발각 당시 그대로의 상태로 일정기간 보존하는 것을 의미한다. 그러므로 범죄현장에는 피해자 가족 또는 목격자나 기타 관계자는 물론이고, 경찰관도 부상자의 구호와 현장의 상황파악를 위한 경우를 제외하고는 출입이 금지되고, 피해자의 시신이나 현장의 물건 등에 절대로 손을 대서는 안 된다.

② 현장변경 시의 조치

가족 등이 문단속이나 전등의 점멸, 가구의 이동 등으로 현장을 변경하지 않도록 사전에 주의시키고, 또한 부주의로 족적을 남기거나 부상자 후송 등 부득이 현장을 변경할 때에는 백묵이나 스프레이로 원위치를 표시하고, 현장변경 전에 사진촬영을 해 두어야 한다. 또한 변경 전 · 후의 위치를 도면으로 작성해 두어야 한다.

(4) 현장관찰

① 현장관찰은 범죄현장에서 범행과 직 · 간접적으로 관련된 유형 · 무형의 수사자료와 증거를 확보하기 위하여 인적 · 물적 상태를 다양한 수단(오관, 사진기, 녹음기, 확대경, 현미경, 손전등 등)에 의해 엄밀하게 관찰하는 활동을 말한다.

② 범죄현장은 무언으로 범인과 범죄사실에 대해 무엇인가 말하는 범죄의 흔적이 존재하는 증거의 보고이다. 그러므로 현장관찰은 이러한 증거를 수집하기 위한 활동이며, 현장은 시간이 흐르면 두 번 다시 초기와 동일한 상태로 관찰할 수 없으므로(범적의 멸실, 훼손, 파괴), 사건발생 초기에 현장보존과 동시에 면밀하게 관찰하는 것이 중요하다.

2. 유류품수사

1) 의의

유류품수사란 범죄현장 및 그 부근에 남겨져 있는 범인의 흉기, 의류, 휴지, 영수증, 신분증, 수첩, 담배꽁초 등 유류품을 수집하여 검토함으로써 범인을 색출하는 수사기법을 말한다. 즉, 사회적 범적의 발견에 의해 범인을 특정하고 수사하는 것을 의미한다. 유류품수사는 협의의 유류품을 대상으로 한다.

2) 유류품수사의 착안점

(1) 동일성

유류품과 범행과의 관계유류품이 직접 범행에 사용된 것인가를 검사해야 한다.

1. 물건의 존재의 경과가 명확할 것
2. 물건의 특징이 합치될 것

3. 유류상황과 진술이 합치될 것
4. 흉기 등의 경우 상해의 부위와 합치될 것

(2) 관련성 검토

① **범인과 유류품과의 관련성**

현장에서 발견된 유류품을 범인이 소유 또는 휴대하고 있었던 것이라면, 범인과 물건의 관련성이 입증되어야 한다. 즉, 범인의 지문이 흉기에 남아 있거나 옷에 성명이 기재되어 있을 경우에 범인과 유류품의 관련성이 입증되는 것이다.

② **관련성 확인 방법**

1. 범인이 유류품 및 그의 일부라고 인정할 만한 것과 동종의 물건을 소유 또는 휴대하고 있다는 사실이 확인되어야 한다.
2. 유류품에 특별한 물건, 즉 머리카락, 섬유, 체액, 페인트 등이 부착되어 있을 경우에 범인의 물건이나 체액이라고 확인되어야 한다.
3. 유류품에 존재하는 사용버릇을 가지고 있는 인물이라는 사실이 확인되어야 한다. 흉기를 사용하여 발생한 피해자의 상처자국이 왼손잡이라든지 현장에 떨어져 있는 메모가 왼손잡이라든지 하는 경우이다.

(3) 기회성 검토

1. 범행현장에 남겨진 물건을 범인이 유류한 것이라면 범인이 현장에 갈 수 있었고, 2. 그 물건을 현장에 유류할 기회가 있었으며, 3. 범인이 범행시간에 근접하여 현장 및 그 부근에 있었다는 것을 탐문수사와 알리바이 수사에 의해 수집한 정황자료에 의해 증명해야 한다.

(4) 완전성(보전성) 검토

유류품이 과연 범행 시와 동일한 성질·상태로 보전되고 있는가를 세밀히 검토하여야 한다. 범인이나 다른 사람의 손에 의해 유류품이 훼손되거나 자연적으로 변질되지 않고 범행 시와 같은 성질을 가지고 있는가를 확인해야 한다.

즉, ① 유류품이 범행 시와 같은 성질을 가지고 있을 것,
② 현장검증 등에 의하여 채증의 상황을 명확히 해야 한다.

3. 수법수사

1) 의의

수법수사란 범인이 일정한 수법을 반복하여 사용하는 특징을 이용하여 이러한 수법유형을 수집하여 분석·대조함으로써 범인을 발견·체포하는 수사활동이다.

2) 정의(범죄수법공조자료관리규칙 제2조)[17]

1. 범죄수법: 반복적인 범인의 범행수단 · 방법 및 습벽에 의하여 범인을 식별하려는 인적 특징의 유형기준을 말한다.
2. 수법범죄: 범죄수법자료를 활용하여 범죄수사를 실행할 수 있는 범죄를 말한다.
3. 수법원지: 수법범인의 인적사항, 인상특징, 수법내용, 범죄사실, 직업, 사진 등을 전산입력한 것을 말한다.
4. 피해통보표: 피해사건이 발생하여 그 범인이 누구인지 판명되지 아니하였을 때 해당 사건의 피해자, 범인의 인상 · 신체 · 기타 특징, 범행수법, 피해사실, 용의자 인적사항, 피해품, 유류품 등 수사자료가 될 수 있는 내용을 전산입력한 것을 말한다.
5. 공조제보: 경찰관서 상호 간에 있어서 범인, 여죄, 장물을 발견하고 범인을 검거하기 위하여 필요한 수사자료를 서면, 전산, 영상 또는 전산자료로 행하는 수배, 통보, 조회 등을 말한다.
6. 지문자동검색시스템(AFIS): 개인의 인적사항 및 십지지문 등이 채취되어 있는 주민등록발급신청서를 고속의 대용량 컴퓨터에 이미지 형태로 입력, 필요시 단말기에 현출시켜 지문을 확인하거나 변사자 인적사항 및 현장 유류 지문 등을 자동으로 검색하여 동일인 여부를 확인하는 체계로서 범죄분석담당관에서 구축 · 운영 중인 것을 말한다.
7. 형사사법정보시스템(약칭 경찰시스템): 형사사법정보 중 경찰이 직접 운영 및 관리하는 시스템을 말한다. 경찰공무원이 조서, 영장신청서 등 형사사법업무와 관련된 문서를 작성할 경우에는 경찰시스템을 이용하여야 한다.

3) 수법수사의 대상범죄와 수법자료

(1) 대상범죄(제3조 제1항 제1호부터 제10호)

수법수사는 1. 강도, 2. 절도, 3. 사기, 4. 위조 · 변조(통화, 유가증권, 우표, 인지, 인장, 문서), 5. 약취 · 유인, 6. 공갈, 7. 방화, 8. 강간, 9. 제1호 내지 제8호 중 특별법에 위반하는 죄, 10. 장물 등을 수법범죄의 수사의 대상으로 한다.

(2) 수법자료

① 수법원지

경찰서장은 수법범죄 피의자를 검거하였거나 인도받아 조사하여 구속 송치할 때에는 규정된 내용에 따라 경찰시스템을 활용하여 수법원지를 경찰시스템에 전산입력하여 경찰청장에게 전산송부하여야 한다. 다만, 불구속 피의자도 재범의 우려가 있다고 인정되는 자에 대하여는 전산입력할 수 있다(제3조 제1항).

ⅰ) 수법원지는 수법범인의 인적사항, 인상특징, 수법내용, 범죄사실, 직업, 사진 등을 전산입력한 것을 말한다.

ⅱ) 작성자는 범인을 수사하거나 조사 · 송치하는 경찰공무원이 직접 작성(경찰청 보관)해야 한

17) (경찰청) 범죄수법공조자료관리규칙, 경찰청훈령 제1003호, 2021.1.22.

다. 범인 발견을 위한 연고지 수사 및 배회처 수사 등에 다각적인 수사자료로 활용한다.

iii) 수법원지는 1. 피작성자가 사망하였을 때, 2. 피작성자가 80세 이상이 되었을 때, 3. 작성자의 수법분류번호가 동일한 원지가 2건 이상 중복될 때 1건을 제외한 나머지 자료는 삭제하여야 한다(제12조 제1항).

② 피해통보표의 삭제

피해통보표는 1. 피의자가 검거되었을 때, 2. 피의자가 사망하였을 때, 3. 피해통보표 전산입력 후 10년이 경과하였을 때 삭제하여야 한다(제12조 제2항).

4. 감수사

1) 의의

(1) 개념

감수사는 범행에 필요한 지식(knowledge)을 가지고 있는 자를 대상으로 수사를 전개하는 기법이다.[18] 그래서 범인이 피해자와 잘 아는 관계냐, 또는 범인이 범행장소나 그 주변의 지리적 특징을 잘 아는 관계에 있는 사람이냐, 피해품인 재물의 존재와 가치, 그리고 접근방법을 아는 자를 대상으로 하여 전개하는 수사를 말한다.

감수사는 범인이 피해자 또는 범행지역과 어떤 연고관계에 있느냐를 기초로 전개하는 수사라는 점에서 일종의 연고수사에 해당한다. 또한 감수사는 연고감이나 지리감에 관련되는 자료를 찾아 범인을 검거하는 수사기법이라는 점에서 횡적 수사의 일종에 해당한다.

(2) 감의 판단

감의 판단은 범인이 피해자나 범행지에 관하여 잘 아는 관계에 있는가를 범행수법이나 범행전후의 행동에 나타난 자료를 기초로 이루어진다. 또한 범행수법에서 범행동기의 발견은 감의 판단을 가능하게 하는 자료가 된다.

2) 감의 종류

(1) 연고감과 지리감

범인이 피해자 및 그 가족, 피해가옥을 잘 아는 관계에 있다는 자료가 발견되면 범인은 연고감이 있는 자라고 추정된다. 지리감은 범인이 범행장소 및 그 주변지역에 대한 지리적 특징을 자세하게 아는 자라는 자료가 발견되면 범인은 지리감이 있는 자라고 추정된다.

대체로 연고감이 있는 자는 지리감이 있으며, 지리감은 연고감에 비해 수사대상도 많고 수사범위도 넓다. 특히 침입절도는 연고감이 있는 경우에는 거의 지리감이 있는 것이라고 추정할 수 있다.

(2) 농감과 박감

농감은 범인과 피해자 또는 범행지역 간의 관계가 밀접한 경우를 말한다. 즉, 농감은 범인이

18) Weston and Lushbaugh, op. cit., p.89.

피해자와 아주 절친하거나 잘 아는 관계, 또는 범행지역과 장소에 대하여 잘 아는 관계를 추정케 하는 자료가 발견되는 경우를 말한다.

박감은 범인과 피해자 또는 범행지역 간의 관계를 추정케 할 만한 자료가 없거나 밀접한 관계가 아닌 경우를 말한다.

(3) 직접감과 간접감

직접감은 연고감이나 지리감이 범인이 직접 경험한 결과에 의해서 형성된 관계라는 자료가 발견된 경우를 말하고, 간접감은 범인이 타인으로부터 피해자나 범행지역에 관하여 전해들은 지식을 이용하여 범행을 한 경우를 말한다. 따라서 직접감은 범행현장이나 그 주변에서 감에 관한 수사자료를 발견하기가 용이하나 간접감은 감에 관한 자료가 분명하지 않은 경우가 많다.

5. 장물수사

1) 의의

장물수사는 피해자를 통해 범죄피해품이 발생한 것을 확인하고 그 종류와 특징을 구체적으로 파악함과 동시에 이동경로를 추적하여 탐문수사, 장물수배, 장물수배서의 발행, 불심검문, 장물조회 등을 통하여 장물을 발견하여 회수하고, 아울러 범인을 발견하고 체포하는 수사기법이다.

2) 중요성

장물의 식별은 피해품의 회복과 범인의 성공적인 체포가능성을 향상시키는 수사기법이다.[19] 장물아비로부터 범인을 추적하는 것은 범죄현장에 어떤 지문이나 흔적이 남지 않았을 경우에 사용할 수 있는 유일한 방법이다.[20]

3) 장물수배

장물수배란 특정 경찰관서가 수사 중인 사건의 장물에 대해 다른 경찰관서에 그 발견을 요청하는 수배를 말한다.[21] 즉, 모든 경찰관서는 수배된 장물을 발견하면 즉시 통보를 요구하는 공조수사를 말한다.

4) 장물수배서

(1) 의의

경찰서장이 수사상 필요하다고 인정할 때에는 장물을 신속히 발견하기 위해 장물처분과 관련 있는 영업주, 즉 전당포주나 고물상, 금은방 또는 중고차거래처나 수리점 등에게 해당 장물을 소

---

19) Gilbert, op. cit., p.192.

20) Weston and Lushbaugh, op. cit., pp.283-284.

21) 범죄수사규칙 제108조, 경찰청훈령 제1103호, 2023.11.1.

유 또는 소지하고 있거나 받았을 경우에 즉시 경찰관서에 신고하도록 의뢰하는 피해품의 통지서를 말한다.22)

(2) 종류

① 특별중요장물 수배서

수사본부를 설치하여 수사하고 있는 사건에 관해 발부하는 경우의 장물수배서로서 홍색용지를 사용한다. 그러므로 홍색 수배서라고도 한다.

② 중요장물 수배서

수사본부를 설치하고 있는 사건 이외의 중요한 사건에 관하여 배부하는 장물수배서로서 청색용지를 사용한다. 중요장물 수배서는 대개 다음과 같은 피해품에 대해 작성하여 배부한다.

ⓐ 중요문화재, 기타 이에 준하는 피해품, ⓑ 외교사절 등에 관련된 사건의 피해품, 기타 사회적 영향이 큰 사건의 피해품, ⓒ 살인, 강도 등의 중요사건에 관한 피해품, ⓓ 다액절도 또는 특이한 수법이나 상습범에 해당되는 침입절도사건의 피해품, ⓔ 기타 중요 또는 특이사건의 피해품

③ 보통장물 수배서

그 밖의 사건에 관하여 배부하는 장물수배서로서 백색용지를 사용한다.

5) 장물조회

경찰관서에서 장물로 인정되는 물건을 발견하고 그 피해자의 발견을 의뢰하는 것을 말한다. 즉, 범죄수사, 탐문수사, 불심검문, 기타 직무집행 중인 경찰관이 장물의 의심있는 물품을 발견 시 지방경찰청 수사과 수법주무계에 조회하여 장물 여부를 확인하는 활동을 말한다.

6. 알리바이 수사

1) 의의

알리바이(alibi)는 범죄혐의자가 범죄가 행하여진 시간에 범죄현장 이외의 장소에 있었다는 사실을 주장하는 현장부재증명을 말하는 것으로, 피의자가 주장하는 알리바이의 존재 여부를 확인하는 수사활동을 알리바이 수사라 한다.

2) 알리바이 수사의 중요성

(1) 알리바이는 무죄의 절대적 증거

① 수사관이 수집한 증거는 목격자의 증언과 같은 직접적인 증거(direct evidence)가 아니라 간접적인 증거인 정황증거(circumstantial evidence)만 있을 경우에 범죄혐의자의 알리바이는 정황증거를 부정하는 절대적인 증거가 된다.

22) 범죄수사규칙 제109조, 경찰청훈령 제1103호, 2023.11.1.

② 알리바이는 경우에 따라서 직접적인 증거, 즉 목격자의 증언까지 무너뜨릴 수 있다. 목격자의 증언이 언제나 진실이라고 보기는 어려우므로, 실제로 가장 많이 틀리는 증거가 바로 목격자의 증언이므로 객관적으로 입증된 알리바이가 증명력을 인정받을 수 있다.

(2) 범죄혐의자 유죄입증과 범죄현장 존재 증명

범죄자의 알리바이 입증은 모든 정황증거의 증거능력을 부정한다. 따라서 수사관은 범죄혐의자에 대한 정황증거를 더 신뢰할 수 있고 용의자의 알리바이가 허위라고 생각된다면, 그 알리바이가 위장된 것이라는 증거를 확보하여 용의자의 현장 존재 증명을 하는 것이 알리바이 수사의 본질이다.

3) 알리바이의 태양

범죄자들은 자신이 범죄혐의를 받고 있다는 사실을 알게 되면 자신은 다른 장소에 있었다는 주장을 하는 알리바이를 위장하거나 조작한다. 알리바이 수사는 이러한 알리바이 위장이나 조작을 밝혀내는 것이 주된 목적이다.[23]

(1) 절대적 알리바이

범죄 시각에 혐의자가 범죄현장과는 다른 장소에 있었다는 사실이 객관적인 증거에 의해 명백하게 입증되는 경우에 알리바이는 절대적인 증거가 된다.

(2) 상대적 알리바이

상대적 알리바이는 그것이 성립할 수도 있고 부정될 수도 있다. 수사관은 용의자가 주장하는 상대적 알리바이의 객관성을 추적하여 반증을 제시해야 한다.

① 범행발생 전에 마지막 발견장소

범죄혐의자가 범행발생 전에 마지막으로 다른 장소에 서 발견된 시간에 의하면 그 시간부터 범죄현장에 도달할 수 없다는 계산이 나오는 경우, 예컨대, 범행발생 시간은 23 : 00시였으나 용의자는 22 : 50분에 범행발생 장소에서 30분 이상 걸리는 장소에서 최후로 발견되었다고 주장하는 경우는 상대적 알리바이에 해당된다.

② 범행발생 후 최초로 발견장소

범죄혐의자가 범행발생 후 최초에 다른 장소에 나타난 시간으로 보아 범행 후 그 장소에 도달할 수 없다는 계산이 나오는 경우, 예컨대, 범행은 서울 강남의 한 아파트에서 23 : 00경에 발생했으나 용의자는 범죄발생 후인 23 : 10분경 분당에 있는 친구를 만나고 있었다고 주장하는 경우는 상대적 알리바이에 해당된다.

23) Weston and Lushbaugh, op. cit., p.89.

(3) 위장 알리바이

범죄용의자가 사전에 계획적으로 특정장소에서 다른 사람들에게 큰 실수를 한다든지 다른 사람들의 시선을 받는 행동을 하는 방법으로 자기의 존재를 확실히 인상 깊게 해놓고, 그 사이에 아주 짧은 시간 내에 범행장소로 이동하여 범행을 한 것이 판명된 경우는 위장 알리바이로서 알리바이가 부정된다. 예컨대, 23 : 00경 강남에서 발생한 살인사건으로 용의자가 된 N은 나는 22 : 00부터 24 : 00까지 식당에서 회식 중이었다고 주장하거나 극장에 있었는데 그때 내가 실수를 해서 극장 종업원의 옷에 커피를 쏟은 일이 있다고 주장하는 경우 등이다.

(4) 청탁 알리바이

범인이 범행 후에 자신의 범행사실을 숨기기 위해 가족 · 동료 · 친지에게 누가 물으면 어느 시간 · 어느 장소에 같이 있었다는 약속 또는 청탁을 해 놓은 경우는 청탁 알리바이로서 알리바이는 부정된다.

7. 통신수사

1) 의의

통신수사란 범죄혐의자에 대한 통신제한조치, 통신사실 확인자료, 통신자료의 확보 등을 통하여 범죄사실을 확인하는 수사를 말한다.

i) 통신제한조치는 대상자의 우편물검열이나 통신감청을 통하여 이루어지고, 그 절차는 법원허가, 사후통지의무, 긴급처분의 절차로 이루어진다.

ii) 통신사실확인 자료는 대상자의 통화내역, 즉 ① 가입자의 전기통신일시, ② 전기통신개시 · 종료시간, ③ 발 · 착신 통신번호 등 상대방의 가입자번호, ④ 사용도수, ⑤ 컴퓨터통신 또는 인터넷의 로그기록자료, ⑥ 발신기지국의 위치추적자료, ⑦ 컴퓨터 통신 또는 인터넷의 사용자가 정보통신망에 접속하기 위해 사용하는 정보통신기기의 위치를 확인할 수 있는 접속지의 추적자료 등이다. 절차는 법원허가, 사후통지의무, 긴급처분에 따른다.

iii) 통신자료는 이용자 정보로서 ① 이용자의 인적사항(이름, 주민번호, 전화번호, ID, 주소, 가입 · 해지일자 등의 확인), ② 특정시간 특정유통IP사용자 정보, 절차는 경찰관서의 장이 발송하는 협조공문에 의하고, 사후통지의무와 긴급처분 절차는 요하지 않는다.

2) 통신제한조치의 의의 및 절차

(1) 의의

통신제한조치란 법원의 허가를 받아 대상자의 우편물을 검열하거나 전기통신을 감청하는 것을 말한다.

(2) 절차(통신비밀보호법 제6조)[24]

① 사법경찰관은 법 제5조 제1항의 요건(내란 · 외환의 죄 등 특정범죄를 실행 또는 실행 의심의 충분한 이유가 있고 다른 방법으로는 범죄 실행의 저지 또는 범인체포, 증거의 수집이 어려운 경우)이 구비된 경우에는 검사에 대하여 각 피의자별 또는 각 피내사자별로 통신제한조치에 대한 허가를 신청하고, 검사는 법원에 대하여 그 허가를 청구할 수 있다.[25]

② 통신제한조치기간은 2월을 초과하지 못하고, 그 기간 중 통신제한조치의 목적이 달성되었을 경우에는 즉시 종료하여야 한다. 다만, 허가요건이 존속하는 경우에는 소명자료를 첨부하여 2월의 범위 안에서 통신제한조치기간의 연장을 청구할 수 있다.

③ 검사 또는 사법경찰관이 통신제한조치의 연장을 청구하는 경우에 통신제한조치의 총 연장기간은 1년을 초과할 수 없다. 다만, 다음 각 호의 어느 하나에 해당하는 범죄의 경우에는 통신제한조치의 총 연장기간이 3년을 초과할 수 없다.

1. 「형법」상의 내란의 죄, 외환의 죄, 국교에 관한 죄, 공안을 해하는 죄, 폭발물에 관한 죄
2. 「군형법」상의 반란의 죄, 이적의 죄, 군용물에 관한 죄 및 위령의 죄
3. 「국가보안법」에 규정된 죄
4. 「군사기밀보호법」에 규정된 죄
5. 「군사기지 및 군사시설보호법」에 규정된 죄

(3) 집행(동법 제9조)

① 통신제한조치는 이를 청구 또는 신청한 검사 · 사법경찰관 또는 정보수사기관의 장이 집행한다. 이 경우 통신기관등에 그 집행을 위탁하거나 집행에 관한 협조를 요청할 수 있다.

② 통신제한조치의 집행을 위탁하거나 집행에 관한 협조를 요청하는 자는 통신기관등에 통신제한조치허가서 또는 긴급감청서등의 표지의 사본을 대통령령이 정하는 기간 동안 보존하여야 한다.

(4) 통지(동법 제9조의2)

① 사법경찰관은 통신제한조치를 집행한 사건에 관하여 검사로부터 공소를 제기하거나 제기하지 아니하는 처분(기소중지 또는 참고인 중지는 제외) 또는 입건 전 조사사건에 관하여 입건하지 아니하는 처분을 한 때에는 그 날부터 30일 이내에 우편물 검열의 경우에는 그 대상자에게, 감청의 경우에는 그 대상이 된 전기통신의 가입자에게 통신제한조치를 집행한 사실과 집행기관 및 그 기간 등을 서면으로 통지하여야 한다. 이를 위반 시 3년 이하의 징역 또는 1천만원 이하의 벌금의 처벌을 받는다.

---

24) 통신비밀보호법, 법률 제19103호, 2022.12.27.

25) 통신제한조치 대상범죄: 내란 · 외환의 죄, 국교에 관한 죄, 공안을 해하는 죄, 폭발물에 관한 죄, 공무원의 직무에 관한 죄, 도주와 범인은닉의 죄, 방화와 실화의 죄, 아편에 관한 죄, 통화에 관한 죄, 유가증권, 우표와 인지에 관한 죄, 살인, 체포 · 감금, 협박의 죄, 약취 · 유인 및 인신매매의 죄, 강간과 추행의 죄, 신용, 업무와 경매에 관한 죄, 절도와 강도의 죄, 사기와 공갈의 죄, 장물에 관한 죄 등.

② 정보수사기관의 장은 통신제한조치를 종료한 날부터 30일 이내에 우편물 검열의 경우에는 그 대상자에게, 감청의 경우에는 그 대상이 된 전기통신의 가입자에게 통신제한조치를 집행한 사실과 집행기관 및 기간 등을 서면으로 통지하여야 한다.

③ 다음 각 호의 어느 하나에 해당하는 사유가 있는 때에는 그 사유가 해소될 때까지 통지를 유예할 수 있다.

1. 통신제한조치를 통지할 경우 국가의 안전보장 · 공공의 안녕 · 질서를 위태롭게 할 현저한 우려가 있는 때
2. 통신제한조치를 통지할 경우 사람의 생명 · 신체에 중대한 위험을 초래할 염려가 현저한 때

3) 국가안보를 위한 통신제한조치(동법 제7조)

① 대통령령이 정하는 정보수사기관의 장은 국가안전보장에 상당한 위험이 예상되는 경우 또는「국민보호와 공공안전을 위한 테러방지법」제2조 제6호의 대테러활동에 필요한 경우에 한하여 그 위해를 방지하기 위하여 이에 관한 정보수집이 특히 필요한 때에는 다음 각 호의 구분에 따라 통신제한조치를 할 수 있다.

1. 통신의 일방 또는 쌍방당사자가 내국인인 때에는 고등법원 수석판사의 허가를 받아야 한다. 다만,「군용전기통신법」제2조에 의한 군용전기통신에 대하여는 그러하지 아니하다.
2. 대한민국에 적대하는 국가, 반국가활동의 혐의가 있는 외국의 기관 · 단체와 외국인, 대한민국의 통치권이 사실상 미치지 아니하는 한반도 내의 집단이나 외국에 소재하는 그 산하단체의 구성원의 통신인 때 및 제1항 제1호 단서의 경우에는 서면으로 대통령의 승인을 얻어야 한다.

② 제1항의 규정에 의한 통신제한조치의 기간은 4월을 초과하지 못하고, 그 기간 중 통신제한조치의 목적이 달성되었을 경우에는 즉시 종료하여야 하되, 제1항의 요건이 존속하는 경우에는 소명자료를 첨부하여 고등법원 수석판사의 허가 또는 대통령의 승인을 얻어 4월의 범위 이내에서 통신제한조치의 기간을 연장할 수 있다. 다만, 제1항 제1호 단서의 규정에 의한 통신제한조치는 전시 · 사변 또는 이에 준하는 국가비상사태에 있어서 적과 교전상태에 있는 때에는 작전이 종료될 때까지 대통령의 승인을 얻지 아니하고 기간을 연장할 수 있다.

4) 긴급통신제한조치(동법 제8조)

① 검사, 사법경찰관 또는 정보수사기관의 장은 국가안보를 위협하는 음모행위, 직접적인 사망이나 심각한 상해의 위험을 야기할 수 있는 범죄 또는 조직범죄 등 중대한 범죄의 계획이나 실행 등 긴박한 상황에 있고, 긴급한 사유가 있는 때에는 법원의 허가 없이 통신제한조치를 할 수 있다.

② 검사, 사법경찰관 또는 정보수사기관의 장은 긴급통신제한조치의 집행착수 후 지체 없이 법원에 허가청구를 하여야 하며, 그 긴급통신제한조치를 한 때에는 36시간 이내에 법원의 허가를 받지 못한 때에는 즉시 이를 중지하여야 한다.

③ 사법경찰관이 긴급통신제한조치를 할 경우에는 미리 검사의 지휘를 받아야 한다. 다만, 특

히 급속을 요하여 미리 지휘를 받을 수 없는 사유가 있는 경우에는 긴급통신제한조치의 집행착수 후 지체 없이 검사의 승인을 얻어야 한다.

④ 검사, 사법경찰관 또는 정보수사기관의 장은 긴급통신제한조치를 하고자 하는 경우에는 반드시 긴급검열서 또는 긴급감청서에 의하여야 하며, 소속 기관에 긴급통신제한조치대장을 비치하여야 한다.

5) 통신제한조치로 취득한 자료의 사용제한(동법 제12조)

① 제9조의 규정에 의한 통신제한조치의 집행으로 인하여 취득된 우편물 또는 그 내용과 전기통신의 내용은 다음 각 호의 경우 외에는 사용할 수 없다.

1. 통신제한조치의 목적이 된 제5조 제1항에 규정된 범죄나 이와 관련되는 범죄를 수사 소추하거나 그 범죄를 예방하기 위하여 사용하는 경우
2. 제1호의 범죄로 인한 징계절차에 사용하는 경우
3. 통신의 당사자가 제기하는 손해배상소송에서 사용하는 경우
4. 기타 다른 법률의 규정에 의하여 사용하는 경우

6) 범죄수사를 위한 통신시설 확인자료제공의 절차(동법 제13조)

① 검사 또는 사법경찰관은 수사 또는 형의 집행을 위하여 필요한 경우 전기통신사업자에게 통신사실 확인자료의 열람이나 제출을 요청할 수 있다.

② 검사 또는 사법경찰관은 제1항에도 불구하고 수사를 위하여 통신사실확인자료 중 다음 각 호의 어느 하나에 해당하는 자료가 필요한 경우에는 다른 방법으로는 범죄의 실행을 저지하기 어렵거나 범인의 발견 · 확보 또는 증거의 수집 · 보전이 어려운 경우에만 전기통신사업자에게 해당 자료의 열람이나 제출을 요청할 수 있다. 다만, 제5조 제1항 각 호의 어느 하나에 해당하는 범죄 또는 전기통신을 수단으로 하는 범죄에 대한 통신사실확인자료가 필요한 경우에는 제1항에 따라 열람이나 제출을 요청할 수 있다.

1. 제2조 제11호 바목(정보통신망에 접속된 정보통신기기의 위치를 확인할 수 있는 발신기지국의 위치추적자료), 사목(컴퓨터통신 또는 인터넷의 사용자가 정보통신망에 접속하기 위하여 사용하는 정보통신기기의 위치를 확인할 수 있는 접속자의 추적자료) 중 실시간 추적자료
2. 특정한 기지국에 대한 통신사실확인자료

8. 지문수사

1) 현장지문

현장지문이란 범죄현장에서 범인의 것으로 의심되어 채취한 지문으로서 잠재지문과 현재지문을 포함하며 범인의 신원확인에 중요한 자료가 된다.

(1) 현재지문

① 정상지문

정상지문은 현재지문의 한 형태로서 유색물질이 묻은 손가락으로 다른 물체를 만지거나 접촉함으로써 생기는 지문을 말한다. 이화학적인 가공을 하지 않고서도 육안으로 식별이 가능한 지문을 말한다. 즉, 범죄현장의 먼지, 혈액, 잉크, 페인트, 분가루, 기름, 검댕(soot) 등이 손가락에 묻은 상태에서 다른 물체에 손가락을 접촉함으로써 생긴 지문으로 착색된 부분이 융선인 것이 보통이며 무인했을 때의 지문과 동일하다. 정상지문의 가장 공통적인 형태는 먼지지문이다.[26]

② 역지문

역지문이란 다량의 유동성 물질이 묻은 손가락이 강한 압력으로 물체에 밀착되거나 먼지 쌓인 물체, 연한 점토, 비누, 마르지 않은 페인트에 인상된 지문을 말한다. 조형지문(plastic fingerprunts)이라고 하며, 이 역시 눈으로 식별가능하다는 점에서 현재지문에 해당된다. 압착지문이라고도 하는 조형지문(plastic fingerprints)의 경우 융선형태는 고랑과 이랑이 반대로 나타난다. 즉, 지문은 융선 사이의 고랑부분이 착색되어 지문형태로 나타나고, 융선부분은 착색되지 않은 지문이 생성된다.

(2) 잠재지문(latent fingerprints)

지문이 손가락 끝의 분비물, 즉 땀구멍을 통해 분비되는 기름이나 염분과 탄수화물・단백질이 혼합된 잔류물에 의해 현장의 물체 위에 부착된 것으로서 다양한 시약 등을 사용하여 가공・검출하지 않으면 육안으로 볼 수 없는 지문을 잠재지문이라고 한다.[27] 장문이나 맨발의 족적은 지문과 같은 증거가치를 인정받는다.

잠재지문은 주로 매끈한 물체 표면, 종이 등에서 발견되어 채취되지만, 직물, 나뭇잎, 거친 물체, 물에 젖은 종이나 금속 등에서도 검출되고 채취된다. 범죄현장의 지문의 대부분은 잠재지문으로서 이화학적인 가공을 해야 식별될 수 있다.

2) 준현장지문

범죄현장은 아니더라도 범죄현장과 관련이 있는 범인의 침입경로, 도주경로 및 예비장소 등에서 발견된 지문 또는 전당포, 금은방 등에 비치된 거래대장에 압날된 지문 등 피의자 발견을 위하여 범죄현장 이외의 장소에서 채취한 지문을 말한다.

3) 관계자지문

현장지문 또는 준현장지문 중에서 범인 이외의 제3자가 남긴 것으로 추정되는 지문을 관계자지문이라고 한다.

---

26) Geberth, op. cit., p.610.

27) Gilbert, op. cit., p.446.

4) 유류지문

① 현장지문 또는 준 현장지문 중에서 관계자 지문을 제외하고 남은 지문으로 범인지문으로 추정되는 지문을 유류지문이라고 한다.

② 범인의 지문일 가능성이 많으며, 증거가치가 높다. 범죄현장에서 채취한 유류지문은 범죄수사에 있어 중요한 증거가 된다.

9. 사체에 의한 수사

1) 초기현상

(1) 사체냉각

① 사체의 체온은 주변의 대기온도에 도달할 때까지 하강한다. 보통 그 시간은 18~20시간 정도 걸린다.[28] 그러나 체온하강 속도는 사망 당시의 체온, 주변기온과 날씨, 입고 있는 옷이나 시신을 덮어 놓은 상태 등에 의해 달라진다.

② 체온은 사망 후 10시간 이내에는 매시간 1℃ 하강하고, 10시간 이후에는 매시간 0.5℃씩 하강한다.[29]

③ 남자가 여자보다, 마른 사람이 뚱뚱한 사람보다, 소아와 노인이 젊은 사람보다 체온하강속도가 빠르다.

④ 습도가 낮을수록, 통풍이 좋을수록 냉각속도가 빠르다.

(2) 사후건조

사람이 사망하면 피부에 수분이 공급되지 않기 때문에 피부는 습윤성을 잃고 건조하게 된다. 특히, 피부, 입술, 항문 등 외부에 노출되어 있는 부분이 피혁상화, 즉 가죽같이 빳빳해지는 상태가 되고, 이에 의하여 사후경과시간을 측정할 수 있다.

(3) 사후경직(rigor mortis)

① 특징

ⓐ 사체는 일시적으로 이완되었다가 시간이 경과함에 따라 근육은 점차 수축하여 다시 굳어져 사체경직 상태가 된다. 사체경직의 진행상황이나 사체얼룩의 발현상황에 의하여 사후경과시간을 추정할 수 있다.

ⓑ 사후경직은 보통 사후 2~4시간 이내에 일어난다. 사람들이 일반적으로 생각하는 것과는 달리 사후경직은 사체 전체를 통하여 거의 동시에 발생한다.

ⓒ 사후경직은 턱, 목에서 시작하여 머리와 발로 진행되며, 사후 약 8~12시간 안에 거의 완전히 경직된다. 사후 18~36시간이 경과하면 점차 경직이 풀리기 시작하는데 사후 48~60시간이 경

---

28) Weston and Lushbaugh, op. cit., p.198, 홍성욱 · 최용석 역, 앞의 책, p.436.
29) 사법연수원, 앞의 책, p.475.

과되면 경직은 완전히 사라지고,[30] 그 순서는 경직이 나타나는 순서와 동일하다.[31]

ⓓ 급사체는 시체경직 지속시간이 길고, 근육이 발달할수록 경직정도가 강하고 빠르게 형성된다.

ⓔ 만성질환 환자나 노인, 유아에게는 약하게 나타나며 빨리 풀리고, 사망 전에 고열・경련이나 심한 근육활동, 감전이나 근육수축제 사용 후에는 사체경직이 빠르고 강하게 나타난다.[32]

② 카다베릭 스파슴(cadaveric spasm)

어떤 경우에 손이나 팔의 경직은 사후 즉시 일어날 수 있다. 이러한 현상이 바로 카다베릭 스파슴으로 알려져 있으며, 흔히 사후경직과 혼동된다. 즉, 사망 당시 손에 총이나 칼을 가진 사람들이 사망 시의 순간적인 경련으로 인하여 사망 후에도 그것들을 놓지 않으려고 꽉 잡을 경우에 대부분 발생하는 현상이다. 또한 총기로 자살한 사람들도 사후에 손에 총기를 놓지 않고 꽉 붙잡고 있는 것으로 알려져 있다.

수사경찰은 이러한 사후경련에 의한 경직상태를 인위적으로 되풀이할 수는 없다. 사후경련에 의한 손의 경직현상은 시체의 부패 시까지 계속된다. 즉, 사체의 손에 꽉 잡힌 무기나 흉기는 사체의 부패 시에 풀어진다. 이러한 카다베릭 스파슴 현상은 수많은 사건에서 발견되었으나 법의학자들은 이러한 현상을 인정하지 않으려 한다.[33]

③ 니스텐(Nysten)의 법칙

일반적으로 사체경직의 순서는 ⓐ 턱・목뼈관절(2~3시간 내외), ⓑ 어깨관절, 팔(4~5시간 내외), ⓒ 다리(7~8시간 내외), ⓓ 손가락・발가락(10~12시간 내외)으로 진행한다. 그리고 ⓐ 턱관절 경직이 풀어지기 시작은 30시간 내외, ⓑ 팔의 경직이 풀어지기 시작은 36시간 내외, ⓒ 다리의 경직이 풀어지기 시작은 48시간 내외이다.

(4) 각막의 혼탁

각막은 12시간을 전후하여 흐려지기 시작하여 약 24시간이 되면 현저하게 흐려지고 동공도 흐려지게 되며, 48시간 이상이 되면 불투명해진다.

(5) 시체얼룩(postmortem lividity)

① 의의

사람이 사망하여 혈액순환이 멈추게 되면 중력의 영향으로 혈액은 신체 중 가장 낮은 부분으로 가라앉게 되는 혈액침전 현상으로, 시체의 하부에 청색 혹은 적자색(blue or reddish) 얼룩이 나타나는데 이를 시반이라고도 한다.

30) Ibid., p.236.
31) Weston and Lushbaugh, op. cit., p.198.
32) 사법연수원, 앞의 책, p.472.
33) Ibid., p.238.

② 특징

ⓐ 시체얼룩은 사망 후 약 30분에서 1시간 경과시점의 형태로 나타나기 시작해서 2~3시간 후에 뚜렷하게 나타난다.[34] 8~12시간에 거의 다 완성되고 고정된다.

ⓑ 시체얼룩은 사후 15시간 전후에 최고조에 이른다.[35] 주위온도가 높을수록, 급사나 질식사의 경우 시반은 빠르게 나타난다.

ⓒ 사후 4~5시간 이내에 시신의 위치가 바뀌면 처음 생겼던 시반이 사라지고, 시신의 아랫부분에 새로운 시반이 생긴다.

ⓓ 멍은 응고혈액이 닦이지 않지만, 시반은 피가 응고한 것이 아니므로 잘 닦인다.

ⓔ 시체얼룩은 일반적으로 암적색의 색깔을 띠나 i) 일산화탄소 중독 사망, 청산칼리 중독 사망, 동사(저체온사), 익사인 경우는 선홍색 얼룩, ii) 염소산칼륨중독, 아질산소다에 의한 중독 사망은 암갈색(황갈색)의 얼룩, iii) 황화수소 중독은 녹갈색, iv) 목맴 등 특이사항 없는 사체는 암적갈색 시반이 나타난다.

③ 양쪽 시반 형성

사망 후 7~10시간이 경과한 후에도 시신을 옮기면 점차 약해지기는 하지만, 새로운 시반이 계속 생긴다. 그러나 처음에 생긴 시반은 이때까지도 변하지 않고 남아 있는 경우가 많아 시체의 아래 위에 시반이 형성된다. 피를 많이 흘린 경우에는 시반이 약하게 나타난다.[36]

④ 침윤성 시체얼룩

사후 10시간이 경과하면 자가용해가 시작되어 적혈구가 혈관벽을 통과하여 주위조직으로 침입하게 되는데, 이를 침윤성 시체얼룩이라 한다. 침윤성 시체얼룩이 형성되면 체위를 변경시켜도 시체얼룩이 소멸되지 않는다.

⑤ 시체얼룩의 고정

사후 8~10시간이 경과하면 시반은 고정되고 그 이후에는 시신의 위치를 변화시켜도 결코 시반은 이동하지 않는다.[37]

(6) 사체얼룩과 피부밑 출혈의 차이

① 사체얼룩

사체가 땅과 같은 바닥과 접촉한 저부위에 나타나는 사후현상이다. 사후 5~10시간 이내에는 손가락으로 누르면 하얗게 일시적으로 지워지며, 이를 지압퇴색이라고 한다. 사체얼룩은 피가 응고한 것이 아니므로 피부를 절개하여 닦으면 닦인다. 또한 모세혈관이 파괴되지 않아서 혈구나 파괴물이 없다.

---

34) Weston and Lushbaugh, op. cit., pp.198-199.

35) 사법연수원, 앞의 책, p.475.

36) 홍성욱 · 최용석 역, 앞의 책, pp.436-437.

37) Geberth, op. cit., p.240.

② 피부밑 출혈

생존 중에 일어나는 활력반응의 결과이다. 활력반응이란 사망하기 전에 어떤 외부요인이 작용하면 생체는 그것에 반드시 반응하고, 이 반응의 결과는 사후에도 소멸되지 않는 현상을 말한다. 즉, 신체의 고 · 저부위에 관계없이 둔기에 의한 타격을 받으면 그 부위에 피하출혈이 나타난다. 이 경우에 혈액이 응고된 상태이기 때문에 지압을 해도 지워지지 않고, 조직 간에 혈액이 응고되어 있어서 닦이지 않으며, 모세혈관이 파괴되어 혈구나 파괴물이 있다.

(7) 자가용해

부패와는 다른 개념으로서 사후 미생물의 관여 없이도 사람의 세포 가운데에 존재하는 자가효소에 의하여 자가용해가 일어나 세포구성 성분은 분해되어 변성되고, 세포 간 결합의 붕괴로 조직은 연화되는 현상을 말한다.

2) 사체의 후기현상

(1) 부패

① 의의

사체의 부패(putrefaction)는 자가용해와 부패균의 작용으로 인하여 인체 내부에 존재하는 질소화합물이 분해되는 현상을 말한다. 자가용해나 부패는 화학적 과정이기 때문에 고온에서 촉진되고, 저온에서 늦어지고 영하의 온도에서는 중지된다. 부패균은 사체의 부드러운 조직을 액체와 가스로 전환한다.

② 부패의 3대 조건

ⓐ 공기의 유통정도: 공기의 유통이 좋을수록 부패속도는 빠르다. 공기의 유통이 없으면 부패가 느리고 너무 좋아도 건조현상이 부패현상보다 선행되어 부패가 진행되지 않는다. 시체의 부패는 공기 중에서 가장 빠르고 물속 또는 흙속에서는 느리다. 대기 중의 1주일 간 부패정도는 물속에서 2주일 간, 땅속에서는 8주일 간 경과된 것과 같다. 이를 캐스퍼(Casper)의 법칙이라 한다.

ⓑ 온도와 습도: 온도가 20~30℃ 사이일 때 부패가 가장 빠르다. 온도가 낮을수록 부패속도가 느리며, 온도가 30℃ 이상이면 수증기 증발로 건조현상이 생겨 부패속도가 다시 느려진다. 습도는 60~66%일 때 부패에 가장 적합하다.

③ 부패의 유형

ⓐ 미라화(Mummification): 미라화는 밀랍화와 정확히 반대현상이다. 따뜻하고 건조한 장소에서 건조한 공기가 일정하게 순환되면 사체의 체액이 빨리 흡수되기 때문에, 부패가 지연되고 사체가 딱딱해지고 마르는 미라화가 시작될 수 있다.

고온 건조지대에서 사체의 건조가 부패 · 분해보다 빠를 때 생기는 시체의 후기현상이다. 또한 시신이 따뜻하고 건조한 기후조건에 위치하거나 건조하고 공기가 잘 통하는 땅에 묻혀 있으면 미라화가 될 수도 있다. 성인의 미라화는 약 3개월이 걸린다.

ⓑ 사체밀랍(Adipocere)

ⅰ) 사체밀랍은 화학적 분해에 의해 사체가 고체형태의 지방산 혹은 그 화합물로 변화한 상태로서, 사체 피부가 미끄럽고 비누같은 물질로 변화하는 것을 말한다. 보통 사체의 얼굴과 엉덩이 부분에 잘 나타나지만, 다른 부분에도 나타나는 경우도 있다. 고약한 냄새가 나고 물에 잘 뜬다.

ⅱ) 사체밀랍화는 비정형적 부패형태로 늪이나 진흙이 많은 연못 또는 수분이 많은 흙속에서 발생한다. 습지, 축축한 토양, 물속 등에 방치된 시신은 사체밀랍으로 시체지방이 생성되면 지방으로 덮인 내부는 잘 보존되어 외형이 그대로 유지되는 특징이 있다.

ⅲ) 이러한 밀랍화는 대부분 따뜻한 기후에서 발생하고 사망 후 약 6~8주가 경과하면 생긴다. 시체지방이 생기기 시작하는 것을 알 수 있으며, 약 18개월에서 2년이 지나면 시체지방의 생성이 완료된다.[38)]

ⓒ 백골화: 백골화는 부패가 진행되어 뼈만 남게 되는 상태를 말하며, 백골화되는 시간은 주변환경에 따라 다르지만, 소아는 사후 4~5년, 성인사체는 7~10년 후에 완전히 백골화된다. 지상사체의 백골화는 몇 주에서 1년, 땅속 사체의 백골화는 3~5년 정도로 알려져 있다.[39)]

10. DNA 분석을 위한 증거물의 채취 및 보존

1) DNA 지문분석을 필요로 하는 사건

DNA 지문분석법은 고도의 기술을 필요로 하며 또한 시약등 비용이 고가이므로 반드시 다음과 같은 경우에 한하여 DNA 지문분석을 의뢰해야 한다.[40)]

① 어떤 사건에서 혈액형이 동일한 피해자와 피의자가 모두 피를 흘려 흉기 또는 의복 등에 묻은 혈흔이 과연 누구의 피인지를 반드시 식별할 필요가 있는 경우, ② 강간 피해자인 여성과 피의자의 혈액형이 동일한 경우 현장에서 검출된 정액이 과연 위 피의자의 정액인지 증명을 필요로 할 때, ③ 혈액형 검사로는 친생자 유무가 증명되지 않을 때, ④ 토막난 사체유기사건에서 토막난 사체조직이 동일인의 것인지를 확인할 필요가 있을 때, ⑤ 살인, 강도, 강간 등 강력사건 현장에서 혈흔, 정액, 모발 등이 채취되었을 경우 등이 해당된다.

2) DNA 지문분석이 가능한 시료

(1) DNA 분석대상 시료의 종류

① 검출 가능 시료

DNA 유전자 지문은 사람의 피부세포, 혈액 및 혈흔(적혈구 제외), 정액 및 정액반(정자 존재),

---

38) 앞의 책, p.439.

39) 사법연수원, 앞의 책, p.475.

40) 양태규, 앞의 책, p.363.

타액 및 타액반(상피세포 포함), 모발(모근 포함), 장기조각, 뼈조각, 손·발톱(혈액세포 포함), 대·소변(혈흔 포함), 인체조직, 치아 등에 포함되어 있다. 그러나 일반적으로 모발은 추출할 수 있는 DNA의 양이 너무 적고 대·소변이나 손·발톱은 혈액세포가 없을 경우에는 DNA 검출이 사실상 불가능하다. 사람의 비듬도 DNA 검출이 가능하다.41)

② 검출 불가능 시료

혈흔이나 혈액, 또는 정액이 용혈(적혈구의 파괴 또는 분해현상), 부패, 희석, 오염된 경우, 그리고 오래 방치된 장기조직편 등에서는 DNA 분석이 불가능한 경우가 많다. 그러나 적혈구는 DNA 검출과 무관하고, 미국에서 개발한 PCR 방법은 오염된 증거물에서도 거의 DNA 검출이 가능하다.

(2) DNA 분석 시 시료의 채취량

① 신선혈흔 및 정액반: 1cm×1cm, ② 혈액: 1~3ml, ③ 모근부착 머리카락: 최소한 3개 이상, ④ 인체조직: 주로 심장, 간 또는 뇌의 약 5~10g, ⑤ 근육: 주로 허리, 척추 주위, 또는 대퇴부 심부근육을 약 5~10g, ⑥ 뼈: 대퇴부 약 10cm 정도를 채취해야 한다.42) 그러나 PCR 방법은 비듬 같은 미세물질에서도 DNA 검출이 가능할 정도이므로 증거물의 채취량 문제는 점점 감소하고 있다.43) 즉, 앞에서 열기된 증거물의 양보다 적은 양으로도 DNA 검출이 가능하다.

3) DNA 지문분석을 위한 증거물 채취 및 보존요령

DNA 검출을 위한 증거물 채취방법은 ① 거즈 등에 묻히기(swabbing), ② 절단하기(cutting), ③ 전량 회수하기(recovery of entire item) 등으로 대별된다.

(1) 거즈 등에 묻히기 및 건조

거즈 등에 증거물을 묻혀서 채취하는 방법은 가장 공통적인 방법이다. 이 방법은 혈액이나 습기가 있는 혈흔 및 정액 또는 타액이 작은 구멍이 없는(비다공성) 물체의 표면에 부착되어 있을 경우에 사용된다. 물론 마른 혈흔이나 정액반 또는 타액반이 운반 불가능한 물체 위에 부착되었을 경우에도 사용된다.

현장감식반은 증류수(생리식염수)를 깨끗한 거즈나 면봉(cotton swab)에 소량 적신 다음 증거물을 채취하여 공기 중 그늘에서 완전히 건조시킨 다음 통풍이 잘되는 종이봉투에 넣어 신속히 송부해야 한다. 채취된 증거물은 밀봉된 비닐봉투나 플라스틱 용기에 채취해서는 아니 된다.

시료의 양이 충분할 경우에 면봉 전체 또는 다수의 면봉을 사용하여 채취하고, 작은 시료나 통제시료(시료가 부착되지 않은 인접부분)의 경우에는 면봉의 끝에 집중적으로 채취해야 한다. 일반적으로 법의 생물학자들은 면봉의 끝 1/3 부분에 있는 시료를 검출대상으로 선택한다. 그러므로 면봉의 끝에 시료를 집중시키는 것이 중요하다.44)

41) 홍성욱·최용석 역, 앞의 책, p.214.
42) 현장감식전문과정, 경찰수사보안연수소, 2006, p.391.
43) 홍성욱·최용석 역, 앞의 책, p.214.

(2) 증거물 절단(cutting)에 의한 채취

증거물 절단방법은 증거시료 전체를 채취하기가 불가능할 경우에 사용된다. 특히 증거물이 다공성 물체에 부착되어 있을 경우에는 증류수를 묻힌 면봉에 의한 채취는 충분한 시료 채취를 불가능하게 하기 때문에 절단방법 사용이 불가피하다.[45] 즉, 증류수를 묻힌 면봉으로 증거물을 채취하면 증거물이 면봉의 수분으로 인해 물체의 작은 구멍으로 빠져 버리기 때문이다.

(3) 부착물체 전량 회수하기

운반 가능한 물체에 부착된 증거물 채취의 경우에는 부착 물체 전체를 회수하여 검사 의뢰해야 한다. 특히 피해자, 용의자 또는 목격자의 옷에 부착된 증거물은 부착된 흔적 그 자체가 DNA 증거보다 더 검사의 대상이 될 수 있는 유형의 부분이므로 증거물만을 제거하여 채취해서는 안 된다. 또한 법의학 실험실의 통제된 환경 속에서 보다 완전한 검사를 위해서는 가능하다면 시료 전체를 채취하는 것이 최선이다.[46]

(4) 모든 시료의 건조에 의한 보존

시료의 채취방법과는 관계없이 모든 시료, 채취한 면봉, 그리고 모든 다른 습기있는 증거물은 포장하기 전에 공기 속에서 완전히 건조해야 한다. 특히 혈흔과 정액반은 건조된 상태에서 냉장고에 보존했을 경우 1~2년 경과한 후에도 DNA 분석이 가능하다. 젖어 있거나 습기가 있는 증거물은 플라스틱으로 만든 용기나 봉지 등에 포장해서는 안 된다. DNA를 파괴할 수 있는 박테리아가 생길 수 있는 환경을 만들 수 있기 때문이다.[47] 따라서 모든 증거물은 완전히 공기에 건조시켜 통풍이 잘되는 종이에 포장하여 이름표를 붙여야 한다. 이렇게 할 경우에 DNA는 심지어 실온(room temperature)에서도 광범한 손상의 위험없이 몇 년 동안 저장될 수 있다. 냉동보관된 증거물은 1~2년보다 더 오랜 세월이 흘러도 DNA 검출이 가능하다.

성공적인 DNA 검출은 증거물의 크기와 그 상태의 문제이지 그 나이, 즉 얼마나 오랜 세월이 경과한 증거물인지는 큰 문제가 되지 않는다. 8년 이상이 된 증거물에서 DNA가 검출되고 있으며, 2천 4백 년이 된 이집트의 미라(mummy)에서도 DNA가 검출되기도 하였다.[48] DNA를 검출하기 위한 증거물의 장기간 저장은 4℃ 이하의 온도 또는 전문가들에 의한 냉동보관을 하면 된다.

(5) 유동혈액

유동혈액은 항응고제인 EDTA(에틸렌 다이아민 테트라 아세트산)가 들어 있는 시험관에 채혈하여 4℃ 이하의 서늘한 곳에 보존하면서 운반해야 한다.[49]

---

44) Geberth, op. cit., p.542.
45) Ibid., p.542.
46) Ibid., pp.542-543.
47) Ibid., p.543.
48) Gilbert, op. cit., p.272.
49) 양태규, 앞의 책, p.364.

(6) 시약의 최소화

혈흔 예비시험 시에 사용되는 루미놀 시약을 너무 많이 분무하면 유전자형 분석에 장애가 되므로 루미놀 시약은 최소량을 분무해야 한다. 정액반 여부를 검사하는 예비시약인 SM 테스트 시약 역시 최소량을 사용하는 것이 바람직하다.

(7) 모근있는 모발채취

모발은 특히 뿌리세포가 다치지 않도록 주의를 기울여 채취하여 운반해야 한다. 따라서 스카치테이프나 풀 등으로 모근 부위를 붙여서 포장하지 말아야 한다.

(8) 시료 채취 우선순위 결정

범죄현장에서 하나의 검사목적을 위한 증거물의 채취는 다른 목적을 위한 증거물 채취를 방해하는 경우가 많다. 특히 범죄현장의 잠재지문 채취와 DNA 시료 채취는 밀접한 관계가 있다. 범죄현장의 출입구 부근의 문이나 창문 등에는 잠재지문이 대부분 남아 있는 경우가 많다. 이러한 경우에 DNA 증거물 발견과 채취는 잠재지문 검사 없이는 불가능하다. 따라서 대부분의 경우에 DNA 시료 채취로 인해 잠재지문을 파괴하기 때문에 잠재지문 시약검사가 먼저 실행되어야 한다.[50]

하나의 증거물 검사로 인하여 다른 유형의 법의학 증거물을 제거할 수 있는 경우에는 수사관과 실험실 전문가들은 개방적인 의사전달을 통하여 어느 증거물이 과학적 증거 검출의 가능성과 충분한 증명력을 가지고 있는지를 결정해야 한다. 따라서 경찰수사관은 증거물의 성질에 관하여 실험실에 정보를 전달하기 위한 모든 노력을 기울여야 한다.

제 4 절 수배수사

1. 의의

수배수사란 피의자의 체포・출석요구・조사, 장물 등 증거물의 수배, 압수・수색・검증, 참고인의 출석요구・조사 등 피의자 및 수사자료를 발견하고 확보하기 위하여 다른 경찰관서에 대해 수사상 필요한 조치에 대한 협력을 요청하여 경찰의 조직력을 활용하는 수사활동을 말한다.

50) Geberth, op. cit., pp.543-544.

2. 수배수사의 종류

1) 지명통보

(1) 의의

특정한 피의자의 소재가 불명한 경우 다른 경찰관서에서 그를 발견하는 경우 그 피의자에 대한 출석요구를 의뢰하는 제도이다.

(2) 대상(경찰수사규칙 제47조)

사법경찰관리는 다음 각 호의 어느 하나에 해당하는 사람의 소재를 알 수 없을 때에는 지명통보를 할 수 있다.

① 법정형이 장기 3년 미만의 징역 또는 금고, 벌금에 해당하는 죄를 범하였다고 의심할 만한 상당한 이유가 있고, 출석요구에 응하지 않은 사람

② 법정형이 장기 3년 이상의 징역이나 금고에 해당하는 죄를 범하였다고 의심되더라도 사안이 경미하고, 출석요구에 응하지 않은 사람

(3) 지명통보자 발견 시 조치(범죄수사규칙 제106조)

① 경찰관은 지명통보자를 발견한 때에는 지명통보자에게 지명통보된 사실과 범죄사실의 요지 및 지명통보한 경찰관서 등을 고지하고, 발견된 날부터 1개월 이내에 통보관서에 출석해야 하는 내용과 정당한 사유 없이 출석하지 않을 경우 지명수배되어 체포될 수 있다는 내용을 통지해야 한다.

② 소재를 발견한 지명통보자에 대하여 지명통보가 여러 건인 경우에는 각 건마다 지명통보자 소재발견 보고서를 작성해야 한다.

③ 지명통보자 소재발견 보고서를 송부받은 통보관서의 사건담당 경찰관은 즉시 지명통보된 피의자에게 피의자가 출석하기로 확인한 일자에 출석하거나 사건이송신청서를 제출하라는 취지의 출석요구서를 발송해야 한다.

④ 지명통보된 피의자가 정당한 이유 없이 약속한 일자에 출석하지 않거나 출석요구에 응하지 아니한 때에는 지명수배 절차를 진행할 수 있다. 이 경우 체포영장청구기록에 지명통보자 소재발견 보고서, 지명통보사실 통지서, 출석요구서 사본 등 지명통보된 피의자가 본인이 약속한 일자에 정당한 이유 없이 출석하지 않았다는 취지의 증명자료를 첨부해야 한다.

2) 지명통보자에 대한 특칙(범죄수사규칙 제107조)

행정기관 고발사건 중 법정형이 2년 이하의 징역에 해당하는 범죄로 수사중지된 자를 발견한 발견관서의 경찰관은 통보관서로부터 수사중지결정서를 팩스 등의 방법으로 송부받아 피의자를 조사한 후 조사서류만 통보관서로 보낼 수 있다. 다만, 피의자가 상습적인 법규위반자 또는 전과자이거나 위반사실을 부인하는 경우에는 그러하지 아니하다.

3) 지명수배(경찰수사규칙 제45조)

(1) 의의

경찰관서가 다른 경찰관서에 특정한 피의자에 대하여 그의 체포를 의뢰하여 그 인도를 요구하는 제도로서, 특히 기소중지의견으로 사건을 송치할 때에는 지명수배를 해야 한다.

(2) 대상

① 사법경찰관리는 다음 각 호의 어느 하나에 해당하는 사람의 소재를 알 수 없을 때에는 지명수배를 할 수 있다.

1. 법정형이 사형, 무기 또는 장기 3년 이상의 징역이나 금고에 해당하는 죄를 범하였다고 의심할 만한 상당한 이유가 있어 체포영장 또는 구속영장이 발부된 사람
2. 지명통보의 대상인 사람으로 지명수배를 할 필요가 있어 체포영장 또는 구속영장이 발부된 사람

② 제1항에도 불구하고 긴급체포를 하지 않으면 수사에 현저한 지장을 초래하는 경우에는 영장을 발부받지 않고도 지명수배할 수 있다. 이 경우 지명수배 후 신속히 체포영장을 발부받아야 하며, 체포영장을 발부받지 못하는 때에는 즉시지명수배를 해제해야 한다.

(3) 지명수배자 소재발견 시 조치(동 규칙 제46조)

① 사법경찰관리는 지명수배된 사람을 발견하였을 때에는 체포영장 또는 구속영장을 제시하고, 「수사준칙」 제32조 제1항에 따라 권리 등을 고지한 후 체포 또는 구속하며, 권리고지 확인서를 받아야 한다. 다만, 체포영장 또는 구속영장을 소지하지 않은 경우 긴급하게 필요하면 지명수배자에게 영장이 발부되었음을 고지한 후 체포 또는 구속할 수 있으며, 사후에 지체 없이 그 영장을 제시해야 한다.

② 사법경찰관리는 체포영장 또는 구속영장을 발부받지 않고 지명수배한 경우에는 지명수배자에게 긴급체포한다는 사실과 「수사준칙」 제32조 제1항에 따른 권리 등을 고지한 후 긴급체포해야 한다. 이 경우 지명수배자로부터 권리고지 확인서를 받고 긴급체포서를 작성해야 한다.

(4) 지명수배자의 인수 · 호송 등(범죄수사규칙 제99조 제2항)

① 수배관서는 다음과 같은 사안을 제외하고는 검거관서로부터 검거된 지명수배자를 인수해야 한다. 다만, 수배관서와 검거관서 간에 서로 합의한 때에는 이에 따른다.

1. 수배대상 범죄의 죄종 및 죄질과 비교하여 동등하거나 그 이상에 해당하는 다른 범죄를 검거관서의 관할 구역 내에서 범한 경우
2. 검거관서에서 지명수배자와 관련된 범죄로 이미 정범이나 공동정범인 피의자의 일부를 검거하고 있는 경우
3. 지명수배자가 단일 사건으로 수배되고 불구속 수사대상자로서 검거관서로 출장하여 조사한 후 신속히 석방함이 타당한 경우

② 경찰관은 검거한 지명수배자에 대하여 지명수배가 여러 건인 경우에는 다음 각 호의 수배관서 순위에 따라 검거된 지명수배자를 인계받아 조사해야 한다.

1. 공소시효 만료 3개월 이내이거나 공범에 대한 수사 또는 재판이 진행 중인 수배관서
2. 법정형이 중한 죄명으로 지명수배한 수배관서
3. 검거관서와 동일한 지방검찰청 또는 지청의 관할 구역에 있는 수배관서
4. 검거관서와 거리 또는 교통상 가장 인접한 수배관서

③ 긴급체포한 지명수배자를 석방한 경우에는 영장을 발부받지 않고 동일한 범죄사실에 관하여 다시 지명수배하지 못한다(동 규칙 제100조).

4) 중요지명피의자 종합 공개수배(범죄수사규칙 제101조)

(1) 의의

중요지명피의자 종합수배는 지명수배피의자 중 전국적으로 강력한 조직적 수사를 행할 필요가 있다고 인정되는 중요범죄를 범한 지명수배피의자에 대하여 경찰청의 중요지명피의자 종합수배에 등재하여 행하는 수배이다.

(2) 종합 공개수배

① 시 · 도경찰청장은 지명수배를 한 후, 6월이 경과하여도 검거하지 못한 사람들 중 다음 각 호에 해당하는 중요지명피의자를 매년 5월과 11월 연 2회 선정하여 국가수사본부장에게 중요지명피의자 종합 공개수배 보고서에 따라 보고하여야 한다.

1. 강력범(살인, 강도, 성폭력, 마약, 방화, 폭력, 절도범)
2. 다액 · 다수피해 경제사범, 부정부패 사범
3. 그 밖에 신속한 검거를 위해 전국적 공개수배가 필요하다고 판단되는 자

② 국가수사본부장은 공개수배 위원회를 개최하여 제1항의 중요지명피의자 종합 공개수배 대상자를 선정하고, 매년 6월과 12월 중요지명피의자 종합 공개수배 전단을 작성하여 게시하는 방법으로 공개수배한다.

③ 경찰서장은 제2항의 중요지명피의자 종합 공개수배 전단을 다음 각 호에 따라 게시 · 관리하여야 한다.

1. 관할 내 다중의 눈에 잘 띄는 장소, 수배자의 은신 또는 이용 · 출현 예상장소 등을 선별하여 게시한다.
2. 관할 내 교도소 · 구치소 등 교정시설, 읍 · 면 사무소 · 주민센터 등 관공서, 병무관서, 군 부대 등에 게시한다.
3. 검거 등 사유로 종합 공개수배를 해제한 경우 즉시 검거표시한다.
4. 신규 종합 공개수배 전단을 게시할 때에는 전회 게시 전단을 회수하여 폐기한다.

④ 중요피의자 종합 공개수배 전단은 언론매체 · 정보통신망 등에 게시할 수 있다.

(3) 긴급 공개수배(동 규칙 제102조)

① 경찰관서장은 법정형이 사형 · 무기 또는 장기 3년 이상 징역이나 금고에 해당하는 죄를 범하였다고 의심할 만한 상당한 이유가 있고, 범죄의 상습성, 사회적 관심, 공익에 대한 위험 등을 고려할 때 신속한 검거가 필요한 자에 대해 긴급 공개수배할 수 있다.

② 긴급 공개수배는 사진・현상・전단 등의 방법으로 할 수 있으며, 언론매체・정보통신망 등을 이용할 수 있다.

③ 검거 등 긴급 공개수배의 필요성이 소멸한 때에는 긴급 공개수배 해제의 사유를 고지하고, 관련 게시물・방영물을 회수・삭제하여야 한다.

5) 지명수배・지명통보 해제(경찰수사규칙 제49조)

경찰사법관리는 수배나 통보에 관계된 피의자가 다음에 해당할 경우에는 즉시 지명수배 또는 지명통보를 해제해야 한다. 장물수배의 해제에도 적용된다.

1. 지명수배자를 검거한 경우
2. 지명통보자가 통보관서에 출석하여 조사에 응한 경우
3. 공소시효의 완성, 친고죄에서 고소의 취소, 피의자의 사망 등 공소권이 소멸된 경우
4. 지명수배되었으나 체포영장 또는 구속영장의 유효기간이 지난 후 체포영장 또는 구속영장의 재발부되지 않은 경우
5. 그 밖에 지명수배 또는 지명통보의 필요성이 없어진 경우

제 5 절 가정폭력범죄 수사

1. 목적(법 제1조)

이 법은 가정폭력범죄의 형사처벌 절차에 관한 특례를 정하고 가정폭력범죄를 범한 사람에 대하여 환경의 조정과 성행의 교정을 위한 보호처분을 함으로써 가정폭력범죄로 파괴된 평화와 안정을 회복하고 건강한 가정을 가꾸며 피해자와 가족구성원의 인권을 보호함을 목적으로 한다.

2. 정의(법 제2조)

1) 가정폭력

가정폭력이란 가정구성원 사이의 신체적・정신적 또는 재산상 피해를 수반하는 범죄행위를 말한다.[51] 그리고 가정폭력 피해자는 가정폭력범죄로 인하여 직접적인 피해를 입은 자를 말한다.

2) 가정구성원

① 배우자(사실상 혼인관계에 있는 자 포함) 또는 배우자였던 사람

② 자기 또는 배우자와 직계존비속관계(사실상의 양친관계 포함)에 있거나 있었던 사람

③ 계부모와 자의 관계 또는 적모와 서자의 관계에 있거나 있었던 사람

51) 가정폭력범죄의 처벌 등에 관한 특례법 제2조, 법률 제19068호, 2022.12.13.

④ 동거하고 있는 친족(따라서 동거하지 않는 형제자매나 삼촌과 조카 간의 폭력은 해당하지 않는다)

3) 가정폭력행위자 및 피해자

가정폭력행위자란 가정폭력범죄를 범한 사람 및 가정구성원인 공범을 말하고, 피해자란 가정폭력범죄로 인하여 직접적으로 피해를 입은 사람을 말한다. 아동은 18세 미만인 사람을 말한다.

3. 가정폭력범죄의 처벌 등에 관한 특례법

1) 가정폭력범죄의 유형

(1) 대상범죄

① 상해와 폭행죄 유형

상해, 존속상해, 중상해, 존속중상해, 폭행, 존속폭행, 특수폭행, 상습폭행죄 등

② 유기와 학대의 죄 유형

유기, 존속유기, 영아유기, 학대, 존속학대, 아동혹사의 죄 등

③ 체포와 감금의 죄 유형

체포, 감금, 존속체포, 존속감금, 중체포, 중감금, 존속중체포, 존속중감금, 특수체포, 특수감금 및 상습범, 미수범 등

④ 협박죄 유형

협박, 존속협박, 특수협박, 상습협박이나 미수범 등

⑤ 명예에 관한 죄

명예훼손죄, 사자의 명예훼손, 출판물 등에 의한 명예훼손, 모욕 등

⑥ 주거침입의 죄

주거침입, 퇴거불응, 특수손괴, 주거 · 신체수색, 카메라 등을 이용한 촬영의 죄 등

⑦ 공갈의 죄

강요, 공갈, 특수공갈 등

⑧ 손괴의 죄

손괴의 죄 중 재물손괴, 특수손괴 등

⑨ 성범죄

- 강간, 유사강간, 강제추행, 준강간, 준강제추행, 강간등 상해 · 치상 등
- 강간 등 살인 · 치사, 미성년자 등에 대한 간음, 미성년자에 대한 간음, 추행

(2) 제외 대상범죄

절도・사기・횡령 및 배임, 살인, 강도, 강간, 약취・유인, 업무방해(공무집행방해), 상해치사상, 폭행치사상, 유기치사상, 체포감금치사상, 인질강요, 중손괴 등. 이러한 범죄 등은 「가정폭범죄의 처벌 및 피해자보호 등에 관한 특례법」의 적용대상이 아니라 「형법」이나 「개별특별형법」이 적용되어 더 엄한 처벌을 받게 된다.

2) 다른 법률과의 관계(제3조)

가정폭력범죄에 대하여는 이 법을 우선 적용한다. 다만, 아동학대범죄에 대하여는 「아동학대의 처벌 등에 관한 특례법」을 우선 적용한다.

3) 형벌과 수강명령 등의 병과(제3조의2)

법원은 가정폭력행위자에 대하여 유죄판결(선고유예는 제외)을 선고하거나 약식명령을 고지하는 경우에는 200시간의 범위에서 재범예방에 필요한 수강명령 또는 이수명령을 병과할 수 있다.

4) 신고와 고소

(1) 신고의 자격(제4조 제1항)

누구든지 가정폭력범죄를 알게 된 때에는 이를 수사기관에 신고할 수 있다. 따라서 다른 가정의 폭력사실을 알고 있는 사람은 언제든지 수사기관에 신고할 수 있다.

(2) 의무적 신고(제4조 제2항)

다음에 해당하는 자가 직무를 수행하면서 가정폭력범죄를 알게 된 경우에는 정당한 사유가 없는 한 이를 즉시 수사기관에 신고해야 한다. 그러나 신고의무를 이행하지 않은 경우 신고의무자에 대한 처벌규정은 없다.

1. 아동의 교육과 보호를 담당하는 기관의 종사자와 그 기관장
2. 아동, 60세 이상의 노인, 그 밖에 정상적인 판단능력이 결여된 자의 치료 등을 담당하는 의료인 및 의료기관의 장
3. 「노인복지법」에 따른 노인복지시설, 「아동복지법」에 따른 아동복지시설, 「장애인복지법」에 따른 장애인복지시설의 종사자와 그 기관장 등이다. 아동은 18세 미만의 자(아동복지법 제2조)를 말한다.
4. 「다문화가족지원법」에 따른 다문화가족지원센터의 전문인력과 그 장
5. 「결혼중개업의 관리에 관한 법률」에 따른 국제결혼중개업와 그 종사자
6. 「소방기본법」에 따른 구조대・구급대의 대원
7. 「사회복지사업법」에 따른 사회복지 전담공무원
8. 「건강가정기본법」에 따른 건강가정지원 센터의 종사자와 그 센터의 장

① 「아동복지법」에 따른 아동상담소, 「가정폭력방지 및 피해자보호 등에 관한 법률」에 따른 가정폭력 관련 상담소 및 보호시설, 「성폭력범죄의 피해자보호 등에 관한 법률」에 따른 성폭력피

해상담소 및 보호시설에 근무하는 상담원과 그 기관장은 피해자 또는 피해자의 법정대리인 등과의 상담을 통하여 가정폭력범죄를 알게 된 경우에는 가정폭력피해자의 명시적인 반대의견이 없으면 이를 즉시 신고하여야 한다. 신고의무 불이행 시 300만원의 이하의 과태료가 부과된다(법 제66조).

(3) 고소에 관한 특례(제6조)

① 피해자 또는 그 법정대리인은 가정폭력행위자를 고소할 수 있다. 또한 피해자의 법정대리인이 가정폭력행위자인 경우 또는 가정폭력행위자와 공동으로 가정폭력범죄를 범한 경우에는 피해자의 친족이 고소할 수 있다.

② 피해자 또는 법정대리인은 가정폭력행위자가 자기 또는 배우자의 직계존속인 경우에도 고소할 수 있다.

③ 피해자에게 고소할 법정대리인이나 친족이 없는 경우에 이해관계인이 신청하면 검사는 10일 이내에 고소할 수 있는 사람을 지정해야 한다.

(4) 응급조치(제5조)

진행 중인 가정폭력범죄에 대하여 신고를 받은 사법경찰관리는 즉시 현장에 나가서 응급조치를 하여야 한다.

① 가해자 · 피해자 분리 및 현행범인 체포

현장에 도착한 경찰관은 진행 중인 폭력행위를 제지하고 가해자와 피해자를 분리하며 현행범인의 체포 등 즉시 범죄수사를 개시한다. 피해자의 동의가 있는 경우에는 피해자를 가정폭력 관련 상담소 또는 보호시설에 인도한다.

② 피해자 구호조치

다른 강력범죄와 마찬가지로 폭력으로 인해 피해자의 긴급치료가 필요한 경우 의료기관에 후송하여 구호조치를 한다. 피해자 구호 시에 반드시 임상조사를 실시하여 폭력의 원인과 피해의 정도를 확인한다.

③ 임시조치 신청 및 신변안조치 청구권한 통보

경찰관은 피해자에게 폭력행위 재발 시 임시조치를 신청할 수 있음을 통보한다. 또한 제55조의2에 따른 피해자보호명령 또는 신변안전조치를 청구할 수 있음을 고지한다.

(5) 사건의 송치(제7조)

사법경찰관은 가정폭력범죄를 신속히 수사하여 검사에게 송치해야 한다. 송치 시에 죄명란에 해당 죄명을 기재하고 비고란에 '가정폭력사건'이라고 표시한다. 이 경우 사법경찰관은 당해 사건이 사건의 성질, 동기 및 결과, 행위자의 성행 등을 고려하여 「가정폭력범죄의 처벌 등에 관한 특례법」의 가정보호사건으로 처리함이 상당한지의 여부에 관한 의견을 제시할 수 있다.

(6) 임시조치의 신청 및 청구(제8조 및 제29조)

① 검사는 가정폭력이 재발될 우려가 있다고 인정하는 때에는 검사는 직권 또는 사법경찰관의 신청에 의하여 법원에 법 제29조의 임시조치를 청구할 수 있다.[52]

1. 피해자 또는 가정구성원의 주거 또는 점유하는 방실로부터의 퇴거 등 격리
2. 피해자 또는 가정구성원의 주거·직장 등에서 100m 이내의 접근금지
3. 피해자 또는 가정구성원에 대한 전기통신을 이용한 접근금지
4. 의료기관이나 그 밖의 요양소에의 위탁
5. 국가경찰관서의 유치장 또는 구치소에의 유치
6. 상담소 등에의 상담위탁

② 격리 및 접근금지 기간은 2개월을 초과할 수 없고, 2회 연장이 가능하고, 요양소에 위탁, 유치장 또는 구치소 유치, 상담위탁기간은 1개월을 초과할 수 없으며, 1회 연장이 가능하다.

③ 판사는 동행영장에 의하여 동행된 가정폭력 행위자 및 검사의 이송지휘에 따라 법원에 인도된 가정폭력 행위자에 대하여는 법원에 인치된 때로부터 24시간 이내에 임시조치 여부를 결정하여야 한다.

④ 피해자 또는 그 법정대리인은 검사 또는 사법경찰관에게 임시조치의 청구 또는 그 신청을 요청하거나 이에 관하여 의견을 진술할 수 있다.

⑤ 피해자나 법정대리인이 임시조치를 신청했음에도 불구하고 사법경찰관이 이를 검사에게 신청하지 아니하는 경우에는 그 사유를 검사에게 보고해야 한다.[53]

⑥ 판사는 임시조치의 결정을 한 경우에는 가정보호사건 조사관, 법원공무원, 사법경찰관리 또는 구치소 소속 교정직공무원으로 하여금 집행하게 할 수 있다.

⑦ 가정폭력행위자, 그 법정대리인이나 보조인은 임시조치 결정의 취소 또는 그 종류의 변경을 신청할 수 있다.

⑧ 판사는 직권으로 가정폭력행위자, 그 법정대리인이나 보조인 등의 신청에 정당한 이유가 있다고 인정하는 경우에는 결정으로 해당 임시조치를 취소하거나 그 종류를 변경할 수 있다.

(7) 유치장 또는 구치소 유치(제8조 제2항 및 제29조 제1항 제5호)

검사는 가정폭력행위자에 대해 피해자 등으로부터 격리와 퇴거 등의 임시조치를 취했음에도 불구하고 임시조치를 위반하여 가정폭력범죄가 재발될 우려가 있다고 인정하는 경우에는 직권 또는 사법경찰관의 신청에 의하여 경찰관서의 유치장이나 구치소에 1월의 범위 내에서 유치를 법원에 청구할 수 있다. 유치기간은 1월 이내로서 1회에 한하여 연장할 수 있다.[54]

52) 가정폭력범죄의 처벌 등에 관한 특례법 제8조 및 제29조 제1항 제1호, 제2호, 제3호, 법률 제19068호, 2022.12.13.
53) 가정폭력범죄의 처벌 등에 관한 특례법 제8조 제3항 및 제4항, 법률 제19068호, 2022.12.13.
54) 가정폭력범죄의 처벌 등에 관한 특례법 제8조 제2항.

(8) 긴급임시조치(제8조의2)

① 사법경찰관은 응급조치에도 불구하고 가정폭력범죄가 재발할 우려가 있고, 긴급을 요하여 법원의 임시조치 결정을 받을 수 없을 때에는 직권 또는 피해자나 그 법정대리인의 신청에 의하여 임시조치 중 제1호부터 제3호까지의 어느 하나에 해당하는 조치를 취할 수 있다.

② 사법경찰관은 긴급임시조치를 한 경우에는 즉시 긴급임시조치결정서를 작성하여야 한다.

③ 긴급임시조치결정서에는 범죄사실의 요지, 긴급임시조치가 필요한 사유 등을 기재하여야 한다.

(9) 긴급임시조치와 임시조치의 청구(제8조의3)

① 사법경찰관이 긴급임시조치를 한 때에는 지체 없이 검사에게 임시조치를 신청하고, 신청받은 검사는 법원에 임시조치를 청구하여야 한다.

② 이 경우 임시조치의 청구는 긴급임시조치를 한 때부터 48시간 이내에 청구하여야 하며, 긴급임시조치결정서를 첨부하여야 한다.

③ 검사가 임시조치를 청구하지 아니하거나 법원이 임시조치의 결정을 하지 아니한 때에는 즉시 긴급임시조치를 취소하여야 한다.

4. 가정폭력범죄의 피해자 보호

1) 피해자보호명령 등(제55조의2)

① 판사는 피해자의 보호를 위하여 필요하다고 인정하는 때에는 피해자, 그 법정대리인 또는 검사의 청구에 따라 결정으로 가정폭력행위자에 대해 다음 각 호의 어느 하나에 해당하는 피해자보호명령을 할 수 있다.

1. 피해자 또는 가정구성원의 주거 또는 점유하는 방실로부터의 퇴거 등 격리
2. 피해자 또는 가정구성원이나 주거 · 직장 등에서 100m 이내의 접근금지
3. 피해자나 가정구성원에 대한 전기통신을 이용한 접근금지
4. 친권자인 가정폭력행위자의 피해자에 대한 친권행사의 제한
5. 가정폭력행위자의 피해자에 대한 면접교섭권행사의 제한

② 제1항 각 호의 피해자보호명령은 이를 병과할 수 있다.

③ 피해자, 그 법정대리인 또는 검사는 제1항에 따른 피해자보호명령의 취소 또는 그 종류의 변경을 신청할 수 있다.

2) 피해자보호명령의 기간(제55조의3)

① 피해자보호명령의 기간은 1년을 초과할 수 없다. 다만, 피해자의 보호를 위하여 그 기간의 연장이 필요하다고 인정하는 경우에는 직권이나 피해자, 그 법정대리인 또는 검사의 청구에 따른 결정으로 2개월 단위로 연장할 수 있다.

② 피해자보호명령의 기간을 연장하거나 그 종류를 변경하는 경우 종전의 처분기간을 합산하여 3년을 초과할 수 있다.

3) 임시보호명령(제55조의4)

① 판사는 피해자보호명령의 청구가 있는 경우에 피해자의 보호를 위하여 필요하다고 인정하는 경우에는 결정으로 피해자보호명령의 어느 하나에 해당하는 임시보호명령을 할 수 있다.

② 임시보호명령의 기간은 피해자보호명령의 결정 시까지로 한다. 다만, 판사는 필요하다고 인정하는 경우에 그 기간을 제한할 수 있다.

③ 임시보호명령의 취소 또는 그 종류의 변경에 대하여는 피해자, 그 법정대리인 또는 검사의 신청이나 판사의 직권에 의하여 취소 또는 그 종류를 변경할 수 있다.

4) 항고와 재항고(제55조의8)

① 피해자보호명령(제55조의3에 따른 연장의 결정을 포함) 및 그 취소 또는 종류의 변경, 제55조의4에 따른 임시보호명령 및 그 취소 또는 종류의 변경에 있어서 그 결정에 영향을 미칠 법령위반이 있거나 중대한 사실오인이 있는 때 또는 그 결정이 현저히 부당한 때에는 검사, 피해자, 가정폭력행위자, 법정대리인 또는 보조인은 가정법원본원합의부에 항고할 수 있다. 다만, 가정법원이 설치되지 아니한 지역에서는 지방본원합의부에 하여야 한다.

② 판사가 피해자보호명령을 기각한 경우 피해자, 그 법정대리인 또는 검사는 항고할 수 있다. 이 경우 항고법원에 관하여는 제1항을 준용한다.

5) 보호처분

(1) 의의

법원은 고소가 있어야 공소를 제기할 수 있는 가정폭력범죄에 대하여 고소를 하지 않거나 고소를 취소한 경우, 또는 반의사불벌죄에 해당하는 가정폭력범죄에 대하여 처벌을 불원하거나 처벌의사를 철회한 경우에 가정폭력범죄자에 대해 보호처분을 결정할 수 있다.[55]

(2) 보호처분 내용(제40조 및 제45조)

① 판사는 가정폭력범죄자에 대하여 다음과 같은 보호처분을 명할 수 있다.

1. 가정폭력행위자가 피해자 또는 가정구성원에게 접근하는 행위 제한: 6월 이내(기간변경 시 1년까지 연장 가능)
2. 가정폭력행위자가 피해자 또는 가정구성원에게 전기통신이용 접근행위 제한: 6월 이내(기간변경 시 1년까지 연장 가능)
3. 가정폭력행위자가 친권자인 경우 피해자에 대한 친권 행사의 제한, 피해자를 다른 친권자나 친족 또는 적당한 사람에게 인도할 수 있다: 6월 이내(기간변경 시 1년까지 가능)

---

55) 가정폭력범죄의 처벌 등에 관한 특례법 제9조, 법률 제19068호, 2022.12.13. 시행 2023.6.14.

4. 사회봉사 · 수강명령: 200시간 이내(기간변경 시 400시간까지 연장 가능)
5. 보호관찰: 6월 이내(기간변경 시 1년까지 가능)
6. 법무부장관 소속의 감호위탁시설 또는 법무부장관이 정하는 보호시설에 감호위탁: 6월 이내(기간변경 시 1년까지 가능)
7. 의료기관에의 치료위탁: 6월 이내(기간변경 시 1년까지 연장 가능)
8. 상담소 등에의 상담위탁: 6월 이내(기간변경 시 1년까지 연장 가능)의 보호처분을 가할 수 있다.

② 이러한 각 호 처분은 병과할 수 있다.[56]

(3) 보호처분 등의 불이행죄에 대한 벌칙(제63조)

① 다음 각 호의 어느 하나에 해당하는 가정폭력행위자는 2년 이하의 징역 또는 2천만원 이하의 벌금 또는 구류에 처한다.

1. 제40조 제1항 제1호부터 제3호까지의 어느 하나에 해당하는 보호처분이 확정된 후에 이를 이행하지 아니한 가정폭력행위자
2. 제55조의2에 따른 피해자보호명령 또는 제55조의4에 따른 임시보호명령을 받고 이를 이행하지 아니한 가정폭력행위자

② 정당한 사유 없이 제29조 제1항 제1호부터 제3호까지의 어느 하나에 해당하는 임시조치를 이행하지 아니한 가정폭력행위자는 1년 이하의 징역 또는 1천만원 이하의 벌금 또는 구류에 처한다.

③ 상습적으로 제1항 및 제2항의 죄를 범한 가정폭력행위자는 3년 이하의 징역이나 3천만원 이하의 벌금에 처한다.

④ 제3조의2 제1항에 따라 이수명령을 부과받은 사람이 보호관찰소의 장 또는 교정시설의 장의 이수명령 이행에 관한 지시에 불응하여 「보호관찰 등에 관한 법률」 또는 「형의 집행 및 수용자의 처우에 관한 법률」에 따른 경고를 받은 후 재차 정당한 사유 없이 이수명령이행에 관한 지시에 불응한 경우 다음 각 호에 따른다.

1. 벌금형과 병과된 경우에는 500만원 이하의 벌금에 처한다.
2. 징역형의 실형과 병과된 경우에는 1년 이하의 징역 또는 1천만원 이하의 벌금에 처한다.

제 6 절 성폭력범죄의 처벌

1. 성폭력범죄의 처벌 등에 관한 특례법[57]

1) 카메라 등을 이용한 촬영(법 제14조)

① 카메라나 그 밖에 이와 유사한 기능을 갖춘 기계장치를 이용하여 성적 욕망 또는 수치심을

56) 가정폭력범죄의 처벌 등에 관한 특례법 제30조, 제40조 및 제45조, 법률 제19068호, 2022.12.13. 시행 2023.6.14.
57) 성폭력범죄의 처벌 등에 관한 특례법, 법률 제19517호, 2023.7.11. 시행 2023.10.12.

유발할 수 있는 사람의 신체를 촬영대상자의 의사에 반하여 촬영한 자는 7년 이하의 징역 또는 5천만원 이하의 벌금에 처한다.

② 제1항에 따른 촬영물 또는 복제물(복제물의 복제물 포함)을 반포・판매・임대・제공 또는 공공연하게 전시・상영한 자 또는 제1항의 촬영이 촬영 당시에는 촬영대상자의 의사에 반하지 아니한 경우(자신의 신체를 직접 촬영한 경우 포함)에도 사후에 그 촬영물 또는 복제물을 촬영대상자의 의사에 반하여 반포 등을 한 자는 7년 이하의 징역 또는 5천만원 이하의 벌금에 처한다.

③ 영리를 목적으로 촬영대상자의 의사에 반하여 정보통신망을 이용하여 제2항의 죄를 범한 자는 3년 이상의 유기징역에 처한다.

④ 제1항 또는 제2항의 촬영물 또는 복제물을 소지・구입・저장 또는 시청한 자는 3년 이하의 징역 또는 3천만원 이하의 벌금에 처한다.

⑤ 상습으로 제1항부터 제3항까지의 죄를 범한 때에는 그 죄에 정한 형의 2분의 1까지 가중한다.

2) 형벌과 수강명령 등의 병과(법 제16조)

① 법원이 성폭력범죄를 범한 사람에 대하여 형의 선고를 유예하는 경우에는 1년 동안 보호관찰을 받을 것을 명할 수 있다. 다만, 성폭력범죄를 범한 「소년법」 제2조에 따른 소년에 대하여 형의 선고를 유예하는 경우에는 반드시 보호관찰을 명하여야 한다.

② 법원이 성폭력범죄를 범한 사람에 대하여 유죄판결(선고유예는 제외)를 선고하거나 약식명령을 고지하는 경우에는 500시간의 범위에서 재범예방에 필요한 수강명령 또는 성폭력 치료프로그램의 이수명령을 병과하여야 한다. 다만, 수강명령 또는 이수명령을 부과할 수 없는 특별한 사정이 있는 경우에는 그러하지 아니하다.

3) 고소 제한에 대한 예외(법 제18조)

성폭력범죄에 대하여는 「형사소송법」 제224조(고소의 제한) 및 「군사법원법」 제266조(자기 또는 배우자의 직계존속 고소 제한)에도 불구하고 자기 또는 배우자의 직계존속을 고소할 수 있다.

4) 형법상 감경규정에 관한 특례(법 제20조)

음주 또는 약물로 인한 심신장애 상태에서 성폭력범죄(음행매개, 음화반포등, 음회제조등 및 공연음란의 죄는 제외한다)를 범한 때에는 「형법」 제10조(심신장애인 감경, 청각 및 언어 장애인 감경)를 적용하지 아니할 수 있다.

5) 공소시효에 관한 특례(법 제21조)

① 미성년자에 대한 성폭력범죄의 공소시효는 해당 성폭력범죄로 피해를 당한 미성년자가 성년에 달한 날부터 진행한다.

② 강간, 유사강간, 강제추행 등 성범죄와 특수강도강간, 특수강간, 친족관계에 의한 강간 등, 장애인에 대한 강간 및 강제추행등, 13세 미만의 미성년자에 대한 강간, 강제추행 등, 강간 등 상해 · 치상, 강간 등 살인 · 치사, 업무상 위력등에 의한 추행의 죄는 디엔에이(DNA) 증거 등 그 죄를 증명할 수 있는 과학적인 증거가 있는 때에는 공소시효가 10년 연장된다.

③ 13세 미만의 사람 및 신체적인 또는 정신적인 장애가 있는 사람에 대하여 성폭력범죄를 범한 경우에는 공소시효를 적용하지 아니한다.

④ 강간 등 살인은 공소시효를 적용하지 아니한다.

6) 피의자의 얼굴 등 공개(법 제25조 2023.7.11 삭제)

법 제25조는 2023년 7월 11일 법 일부 개정 시 2023년 10월 24일 삭제되었다. 특정강력범죄 피의자 얼굴 공개 등에 관해서는 다음과 같은 법률 규정이 있다.

「특정강력범죄의 처벌에 관한 특례법」 제8조의2 피의자의 얼굴 등 공개에 의하면 ① 검사와 사법경찰관은 다음 각 호의 요건을 모두 갖춘 특정강력범죄사건의 피의자의 얼굴, 성명 및 나이 등 신상에 관한 정보를 공개할 수 있다.

1. 범행수단이 잔인하고 중대한 피해가 발생한 특정강력범죄사건일 것
2. 피의자가 그 죄를 범하였다고 믿을 만한 충분한 증거가 있을 것
3. 국민의 알권리 보장, 피의자의 재범방지 및 범죄예방 등 오로지 공공의 이익을 위하여 필요할 것
4. 피의자가 「청소년 보호법」 제2조 제1호(만 19세 미만)의 청소년에 해당하지 않을 것

② 제1항에 따라 공개를 할 때에는 피의자의 인권을 고려하여 신중하게 결정하고 이를 남용하여서는 아니 된다.

7) 성폭력범죄의 피해자에 대한 전담조사제(법 제26조)

① 검찰총장은 각 지방검찰청 검사장으로 하여금 성폭력범죄 전담 검사를 지정하도록 하여 특별한 사정이 없으면 이들로 하여금 피해자를 조사하게 하여야 한다.

② 경찰청장은 각 경찰서장으로 하여금 성폭력범죄 전담 사법경찰관을 지정하도록 하여 특별한 사정이 없으면 이들로 하여금 피해자를 조사하게 하여야 한다.

③ 국가는 제1항의 검사 및 제2항의 사법경찰관에게 성폭력범죄의 수사에 필요한 전문지식과 피해자보호를 위한 수사방법 및 수사절차, 아동 심리 및 아동 · 장애인 조사 면담기법 등에 관한 교육을 실시하여야 한다(개정 2023.7.11).

④ 성폭력범죄를 전담하여 조사하는 제1항의 검사 및 제2항의 사법경찰관은 19세 미만의 피해자나 신체적인 또는 정신적인 장애로 사물을 변별하거나 의사를 결정할 능력이 미약한 피해자를 조사할 때에는 피해자의 나이, 인지적 발달단계, 심리상태, 장애정도 등을 종합적으로 고려하여야 한다(신설 2023.7.11).

8) 성폭력범죄 피해자에 대한 변호사 선임의 특례(법 제27조)

① 성폭력범죄의 피해자 및 그 법정대리인은 형사절차상 입을 수 있는 피해를 방어하고 법률적 조력을 보장하기 위하여 변호사를 선임할 수 있다.

② 제1항에 따른 변호사는 검사 또는 사법경찰관의 피해자등에 대한 조사에 참여하여 의견을 진술할 수 있다. 다만, 조사 도중에는 검사 또는 사법경찰관의 승인을 받아 의견을 진술할 수 있다.

③ 제1항에 따른 변호사는 피의자에 대한 구속 전 피의자심문, 증거보전절차, 공판보전절차, 공판준비기일 및 공판절차에 출석하여 의견을 진술할 수 있다. 이 경우 필요한 절차에 관한 구체적 사항은 대법원규칙으로 정한다.

④ 제1항에 따른 변호사는 증거보전 후 관계서류나 증거물, 소송계속 중의 관계서류나 증거물을 열람하거나 등사할 수 있다.

⑤ 제1항에 따른 변호사는 형사절차에서 피해자등의 대리가 허용될 수 있는 모든 소송행위에 대한 포괄적인 대리권을 가진다.

⑥ 검사는 피해자에게 변호사가 없는 경우 국선변호사를 선정하여 형사절차에서 피해자의 권익을 보호할 있다. 다만, 19세미만피해자등에게 변호사가 없는 경우에는 국선변호사를 선정하여야 한다(개정 2023.7.11).

9) 수사 및 재판절차에서의 배려(법 제29조)

① 수사기관과 법원 및 소송관계인은 성폭력범죄를 당한 피해자의 나이, 심리상태 또는 후유장애의 유무 등을 신중하게 고려하여 조사 및 심리・재판 과정에서 피해자의 인격이나 명예가 손상되거나 사적인 비밀이 침해되지 아니하도록 주의하여야 한다.

② 수사기관과 법원은 성폭력범죄의 피해자를 조사하거나 심리・재판할 때 피해자가 편안한 상태에서 진술할 수 있는 환경을 조성하여야 하며, 조사 및 심리・재판횟수는 필요한 범위에서 최소한으로 하여야 한다.

③ 수사기관과 법원은 조사 및 심리・재판 과정에서 19세미만피해자등의 최상의 이익을 고려하여 다음 각 호에 따른 보호조치를 하도록 하여야 한다(신설 2023.7.11).

1. 19세미만피해자등의 진술을 듣는 절차가 타당한 이유 없이 지연되지 아니하도록 할 것
2. 19세미만피해자등의 진술을 위하여 아동등에게 친화적으로 설계된 장소에서 피해자 조사 및 증인신문을 할 것
3. 19세미만피해자등이 피의자 또는 피고인과 접촉하거나 마주치지 아니하도록 할 것
4. 19세미만피해자등에게 조사 및 심리・재판 과정에 대하여 명확하고 충분히 설명할 것
5. 그 밖에 조사 및 심리・재판 과정에서 19세미만피해자등의 보호 및 지원 등을 위하여 필요한 조치를 할 것(시행일 2023.10.12)

10) 19세미만피해자등 진술내용 등의 영상녹화 및 보존 등(법 제30조)

① 검사 또는 사법경찰관은 19세미만피해자등의 진술내용과 조사과정을 영상녹화장치로 녹화하고, 그 영상녹화물을 보존하여야 한다.

② 검사 또는 사법경찰관은 19세미만피해자등을 조사하기 전에 다음 각 호의 사실을 피해자의 나이, 인지적 발달단계, 심리상태, 장애정도 등을 고려한 적절한 방식으로 피해자에게 설명하여야 한다.

1. 조사 과정이 영상녹화된다는 사실
2. 영상녹화된 영상녹화물이 증거로 사용될 수 있다는 사실

③ 제1항에도 불구하고 19세미만피해자등 또는 그 법정대리인(법정대리인이 가해자이거나 가해자의 배우자인 경우는 제외)이 이를 원하지 아니하는 의사를 표시하는 경우에는 영상녹화를 하여서는 아니 된다.

④ 검사 또는 사법경찰관은 제1항에 따른 영상녹화를 마쳤을 때에는 지체 없이 피해자 또는 변호사 앞에서 봉인하고 피해자로 하여금 기명날인 또는 서명하게 하여야 한다.

⑤ 검사 또는 사법경찰관은 제1항에 따른 영상녹화 과정의 진행 경과를 조서(별도의 서면을 포함)에 기록한 후 수사기록에 편철하여야 한다.

⑥ 제5항에 따라 영상녹화 과정의 진행 경과를 기록할 때에는 다음 각 호의 사항을 구체적으로 적어야 한다.

1. 피해자가 영상녹화 장소에 도착한 시간
2. 영상녹화를 시작하고 마친 시각
3. 그 밖에 영상녹화 과정의 진행 경과를 확인하기 위하여 필요한 사항

⑦ 검사 또는 사법경찰관은 19세미만피해자등이나 그 법정대리인이 신청하는 경우에는 영상녹화 과정에서 작성한 조서의 사본 또는 영상녹화물에 녹음된 내용을 옮겨 적은 녹취서의 사본을 신청인에게 발급하거나 영상녹화물을 재생하여 시청하게 하여야 한다.

⑧ 누구든지 제1항에 따라 영상녹화한 영상녹화물을 수사 및 재판의 용도 외에 다른 목적으로 사용하여서는 아니 된다.

⑨ 제1항에 따른 영상녹화의 방법에 관하여는 「형사소송법」 제244조의2 제1항 후단을 준용한다(전문개정 2023.7.11).

11) 영상녹화물의 증거능력 특례(법 제30조의2)

① 제30조 제1항에 따라 19세미만피해자등의 진술이 영상녹화된 영상녹화물은 같은 조 제4항부터 제6항까지에서 정한 절차와 방식에 따라 영상녹화된 것으로서 다음 각 호의 어느 하나의 경우에 증거로 할 수 있다.

1. 증거보전기일, 공판준비기일 또는 공판기일에 그 내용에 대하여 피의자, 피고인 또는 변호인이 피해자를 신문할 수 있었던 경우. 다만, 증거보전기일에서의 신문의 경우 법원이 피의자나 피고인의 방어권이

보장된 상태에서 피해자에 대한 반대신문이 충분히 이루어졌다고 인정하는 경우로 한정한다.

2. 19세미만피해자등이 다음 각 목의 어느 하나에 해당하는 사유로 공판준비기일 또는 공판기일에 출석하여 진술할 수 없는 경우. 다만, 영상녹화된 진술 및 영상녹화가 특별히 신빙할 수 있는 상태에서 이루어졌음이 증명된 경우로 한정한다.

가. 사망, 나, 외국거주, 다. 신체적, 정신적 질병 · 장애, 라. 소재불명, 마. 그 밖에 이에 준하는 경우

② 법원은 제1항 제2항에 따라 증거능력이 있는 영상녹화물을 유죄의 증거로 할지를 결정할 때에는 피고인과의 관계, 범행의 내용, 피해자의 나이, 심신의 상태, 피해자가 증언으로 인하여 겪을 수 있는 심리적 외상, 영상녹화물에 수록된 19세미만피해자등의 진술 내용 및 진술태도 등을 고려하여야 한다. 이 경우 법원은 전문심리위원 또는 제33조에 따른 전문가의 의견을 들어야 한다(본조 신설 2023.7.11).

12) 심리의 비공개(법 제31조)

① 성폭력범죄에 대한 심리는 그 피해자의 사생활을 보호하기 위해 결정으로써 공개하지 아니할 수 있다.

② 증인으로 소환받은 성폭력범죄의 피해자와 그 가족은 사생활 보호 등의 사유로 증인신문의 비공개를 신청할 수 있다.

③ 재판장은 제2항에 따른 신청을 받으면 그 허가 및 공개 여부, 법정 외의 장소에서의 신문 등 증인의 신문 방식 및 장소에 관하여 결정할 수 있다.

13) 신뢰관계에 있는 사람의 동석(법 제34조)

① 법원은 다음 각 호의 어느 하나에 해당하는 피해자를 증인으로 신문하는 경우에 검사, 피해자 또는 그 법정대리인이 신청할 때에는 재판에 지장을 줄 우려가 있는 등 부득이한 경우가 아니면 피해자와 신뢰관계에 있는 사람을 동석하게 하여야 한다.

1. 성폭력범죄의 피해자
2. 19세미만피해자등

② 법원과 수사기관은 피해자와 신뢰관계에 있는 사람이 피해자에게 불리하거나 피해자가 원하지 아니하는 경우에는 아니 된다.

14) 진술조력인의 수사과정 참여(법 제36조)

① 검사 또는 사법경찰관은 성폭력범죄의 피해자가 19세미만피해자등의 경우 형사사법절차에서의 조력과 원활한 조사를 위하여 직권이나 피해자, 그 법정대리인 또는 변호사의 신청에 따라 진술조력인으로 하여금 조사과정에 참여하여 의사소통을 중개하거나 보조하게 할 수 있다.

② 검사 또는 사법경찰관은 제1항의 피해자를 조사하기 전에 피해자, 법정대리인 또는 변호사에게 진술조력인에 의한 의사소통 중개나 보조를 신청할 수 있다.

③ 진술조력인은 조사 전에 피해자를 면담하여 진술조력인 조력 필요성에 관하여 평가한 의견을 수사기관이나 법원에 제출할 수 있다.

④ 제1항에 따라 조사과정에 참여한 진술조력인은 피해자의 의사소통이나 표현 능력, 특성 등에 관한 의견을 수사기관이나 법원에 제출할 수 있다.

⑤ 제1항부터 제4항까지의 규정은 검증에 관하여 준용한다.

15) 진술조력인의 재판과정 참여(법 제37조)

법원은 성폭력범죄의 피해자가 19세미만피해자등인 경우 재판과정에서의 조력과 원활한 증인신문을 위하여 직권 또는 검사, 피해자, 법정대리인 및 변호사의 신청에 의한 결정으로 진술조력인으로 하여금 증인 신문에 참여하여 중개하거나 보조하게 할 수 있다(개정 2023.7.11).

16) 진술조력인의 결격사유(법 제35조의2)

다음 각 호의 어느 하나에 해당하는 사람은 진술조력인이 될 수 없다.

1. 피성년후견인
2. 금고 이상의 실형을 선고받고 그 집행이 종료(집행이 종료된 것으로 보는 경우 포함)되거나 집행이 면제된 날부터 5년이 지나지 아니한 사람
3. 금고 이상의 형의 선고를 유예받고 그 유예기간이 완료된 날부터 2년이 지나지 아니한 사람
4. 금고 이상의 형의 선고를 유예받고 그 유예기간 중에 있는 사람
5. 제2호부터 제4호까지의 규정에도 불구하고 다음 각 목의 어느 하나에 해당하는 범죄를 저지른 사람으로서 형 또는 치료감호를 선고받고 확정된 후 그 형 또는 치료감호의 전부 또는 일부의 집행이 끝나거나(집행이 끝난 것으로 보는 경우를 포함) 집행이 유예 · 면제된 날부터 10년이 지나지 아니한 사람
   가. 제2조에 따른 성폭력범죄
   나. 아동 · 청소년대상 성범죄
   다. 아동학대범죄
   라. 「장애인복지법」 제86조(장애인에 대한 성희롱 · 성폭력 등의 범죄), 제86조의2(장애인 학대 성범죄 신고인에 대한 불이익조치) 및 제87조의 죄(장애인을 이용한 부당한 영리행위)
6. 제35조의3(이 조 제1호에 해당하게 되어 진술조력인의 자격이 취소된 경우는 제외한다)에 따라 진술조력인 자격이 취소된 후 3년이 지나지 아니한 사람

17) 19세미만피해자등에 대한 증인신문을 위한 공판준비절차(법 제40조의2)

① 법원은 19세미만피해자등을 증인으로 심문하려는 경우에는 19세미만피해자등의 보호와 원활한 심리를 위하여 필요한 경우 검사, 피고인 또는 변호인의 의견을 들어 사건을 공판준비절차에 부칠 수 있다.

② 법원은 제1항에 따라 공판준비절차에 부치는 경우 증인신문을 위항 심리계획을 수립하기 위하여 공판준비기일을 지정하여야 하며, 공판준비기일에 증인신문을 중개하거나 보조할 진술조

력인을 출석하게 할 수 있다. 19세미만피해자등의 변호사는 공판준비기일에 출석할 수 있다.

③ 법원은 공판준비기일에서 검사, 피고인, 변호인, 19세미만피해자등의 변호사 및 진술조력인에게 신문사항과 신문방법 등에 관한 의견을 구할 수 있다(본조 신설 2023.7.11).

18) 19세미만피해자등의 증인신문 장소 등에 대한 특례(법 제40조의3)

① 법원은 19세미만피해자등을 증인으로 신문하는 경우 사전에 피해자에게 비디오 등 중계장치에 의한 중계시설을 통하여 신문할 수 있음을 고지하여야 한다.

② 19세미만피해자등은 중계시설을 통하여 증인신문을 진행할지 여부 및 증인으로 출석할 장소에 관하여 법원에 의견을 진술할 수 있다.

③ 중계시설을 통하여 19세미만피해자등을 증인으로 신문하는 경우 그 중계시설은 특별한 사정이 없으면 영상녹화가 이루어진 장소로 한다. 다만, 피해자가 다른 장소를 원하는 의사를 표시하거나, 영상녹화가 이루어진 장소가 경찰서 등 수사기관의 시설인 경우에는 법원이 중계시설을 지정할 수 있다(본조 신설 2023.7.11).

19) 증거보전의 특례(법 제41조)

① 피해자나 그 법정대리인 또는 사법경찰관은 피해자가 공판기일에 출석하여 증언하는 것에 현저히 곤란한 사정이 있을 때에는 그 사유를 소명하여 영상녹화된 영상녹화물 또는 그 밖의 다른 증거에 대하여 해당 성폭력범죄를 수사하는 검사에게 증거보전의 청구를 할 것을 요청할 수 있다. 이 경우 피해자가 19세미만피해자등인 경우에는 공판기일에 출석하여 증언하는 것에 현저히 곤란한 사정이 있는 것으로 본다.

② 제1항의 요청을 받은 검사는 그 요청이 타당하다고 인정할 때에는 증거보전의 청구를 할 수 있다. 다만, 19세미만피해자등이나 그 법정대리인이 제1항의 요청을 하는 경우에는 특별한 사정이 없는 한 관할 지방법원 판사에게 증거보전을 청구하여야 한다(개정 2023.7.11).

2. 신상정보 등록 등

1) 신상정보 등록대상자(법 제42조)

① 등록대상 성범죄로 유죄판결이나 약식명령이 확정된 자 또는 공개명령이 확정된 자가 된다. 다만, 「성폭력범죄의 처벌에 관한 특례법」 제12조, 제13조의 범죄 및 「아동・청소년의 성보호에 관한 법률」 제11조 제3항 및 제5항의 범죄로 벌금형을 선고받은 자는 제외한다.

② 법원은 등록대상 성범죄로 유죄판결을 선고하거나 약식명령을 고지하는 경우에는 등록대상자라는 사실과 신상정보 제출 의무가 있음을 등록대상자에게 알려 주어야 한다.

③ 법원은 제1항의 판결이나 약식명령이 확정된 날로부터 14일 이내에 판결문 또는 약식명령 등본을 법무부장관에게 송달하여야 한다.

2) 신상정보의 제출의무(법 제43조)

① 등록대상자는 판결이 확정된 날부터 30일 이내에 다음 각 호의 신상정보를 자신의 주소지를 관할하는 경찰관서의 장에게 제출하여야 한다.

1. 성명, 2. 주민등록번호, 3. 주소 및 실제주거지, 4. 직업 및 직장 등의 소재지, 5. 전화번호 및 전자우편주소, 6. 키와 몸무게 등 신체정보, 7. 소유차량의 등록번호

② 관할 경찰관서의 장 또는 교정시설 등의 장은 등록대상자가 기본신상정보를 제출할 때에 등록대상자의 정면 · 좌측 · 우측 상반신 및 전신 컬러사진을 촬영하여 전자기록으로 저장 · 보관하여야 한다.

③ 등록대상자는 제출한 기본신상정보가 변경된 경우에는 그 사유와 변경내용을 변경사유가 발생한 날부터 20일 이내에 자신의 주소지를 관할하는 경찰관서의 장에게 제출하여야 한다.

④ 등록대상자는 기본신상정보를 제출한 경우에는 그 다음 해부터 매년 12월 31일까지 주소지를 관할하는 경찰관서에 출석하여 경찰관서의 장으로 하여금 자신의 정면 · 좌측 · 우측 상반신 및 전신 컬러사진을 촬영하여 전자기록으로 저장 · 보관하도록 하여야 한다.

⑤ 관할 경찰관서의 장 또는 교정시설 등의 장은 등록대상자로부터 제출받은 기본신상정보 및 변경정보와 저장 · 보관하는 전자기록을 지체 없이 법무부장관에게 송달하여야 한다.

⑥ 등록대상자에 대한 기본신상정보를 송달할 때에 관할 경찰관서의 장은 등록대상자에 대한 범죄경력자료를 함께 송달하여야 한다.

3) 출입국 시 신고의무 등(법 제43조의2)

① 등록대상자가 6개월 이상 국외에 체류하기 위하여 출국하는 경우에는 미리 관할 경찰관서의 장에게 체류국가 및 체류기간 등을 신고하여야 한다.

② 신고한 등록대상자가 입국하였을 때에는 특별한 지장이 없으면 14일 이내에 관할 경찰관서의 장에게 입국 사실을 신고하여야 한다. 신고를 하지 아니하고 출국하여 6개월 이상 국외에 체류한 등록대상자가 입국하였을 때에도 또한 같다.

③ 관할 경찰관서의 장은 신고를 받았을 때에는 지체 없이 법무부장관에게 해당 정보를 송달하여야 한다.

4) 등록대상자의 신상정보 등록 등(법 제44조)

법무부장관은 송달받은 정보와 다음 각 호의 등록대상자 정보를 등록하여야 한다.

1. 등록대상 성범죄 경력정보
2. 성범죄 전과사실(죄명 및 회수)
3. 「전자장치 부착 등에 관한 법률」에 따른 전자장치 부착 여부

5) 등록정보의 관리(법 제45조)

① 법무부장관은 기본신상정보를 최초로 등록한 날부터 다음 각 호의 구분에 따른 기간 동안 등록정보를 보존・관리하여야 한다.

1. 신상정보 등록의 원인이 된 성범죄로 사형, 무기징역・무기금고형 또는 10년 초과의 징역・금고형을 선고받은 사람: 30년
2. 신상정보 등록의 원인이 된 성범죄로 3년 초과 10년 이하의 징역 금고형을 선고받은 사람: 20년
3. 신상정보 등록의 원인이 된 성범죄로 3년 이하의 징역・금고형을 선고받은 사람 또는 「아동・청소년의 성보호에 관한 법률」에 따라 공개명령이 확정된 사람: 15년
4. 신상정보 등록의 원인이 된 성범죄로 벌금형을 선고받은 사람: 10년

② 신상정보 등록의 원인이 된 성범죄로 형의 선고를 유예받은 사람이 선고유예를 받은 날부터 2년이 경과하여 「형법」 제60조에 따라 면소된 것으로 간주되면 신상정보 등록을 면제한다(제45조의2).

6) 신상정보 등록의 종료(법 제45조의3)

1. 제45조 제1항의 등록기간이 지난 때
2. 제45조의2에 따라 등록이 면제된 때

7) 등록정보의 공개(법 제47조)

① 등록정보의 공개는 여성가족부장관이 집행한다.

② 법무부장관은 등록정보의 공개에 필요한 정보를 여성가족부장관에게 송부하여야 한다.

8) 등록정보의 고지(법 제49조)

① 등록정보의 고지는 여성가족부장관이 집행한다.

② 법무부장관은 등록정보의 고지에 필요한 정보를 여성가족부장관에게 송부하여야 한다.

3. 성폭력범죄의 수사 및 피해자보호에 관한 규칙

1) 현장 임장(규칙 제9조)[58]

성폭력범죄 전담조사관은 특별한 사정이 없는 한 성폭력사건이 발생한 경우 지체 없이 현장에 임장한다.

2) 현장출동 시 유의사항(규칙 제10조)

① 경찰관은 피해자의 성폭력 피해사실이 제3자에게 알려지지 않도록 출동 시 신속성을 저해하지 않는 범위에서 경광등을 소등하거나 인근에서 하차하여 도보로 이동하는 등 피해자 보호를

58) 성폭력범죄의 수사 및 피해자보호에 관한 규칙, 경찰청훈령 제1104호, 2023.10.12. 시행 2023.10.12.

위하여 노력하여야 한다.

② 경찰관은 현장에서 성폭력범죄 피의자를 검거한 경우에는 즉시 피해자와 분리조치하고, 경찰관서로 동행할 때에도 분리하여 이동한다.

③ 경찰관은 친족에 의한 아동성폭력 사건의 피의자를 체포할 경우에는 특별한 사정이 없는 한 피해자와 분리조치 후 체포하여야 한다.

④ 경찰관은 용의자를 신속히 검거하기 위하여 피해자 후송의 조치에 지장이 없는 범위에서 피해자로부터 간이진술을 청취하거나 피해자와 동행하여 현장 주변을 수색할 수 있다. 이 경우 경찰관은 반드시 피해자의 명시적 동의를 받아야 한다.

3) 피해자 후송(규칙 제11조)

① 경찰관은 피해자의 치료가 필요한 경우에는 즉시 피해자를 가까운 통합지원센터 또는 성폭력 전담의료기관으로 후송한다. 다만, 피해자가 원하지 않는 경우에는 그러하지 아니하다.

② 경찰관은 성폭력범죄의 피해자가 13세 미만이거나 신체적인 또는 정신적인 장애로 사물을 변별하거나 의사를 결정할 능력이 미약한 경우에는 통합지원센터나 성폭력 전담의료기관과 연계하여 치료, 상담 및 조사를 병행한다. 다만, 피해자가 원하지 않는 경우에는 그러하지 아니하다.

③ 제1항 및 제2항에도 불구하고 통합지원센터나 성폭력 전담의료기관의 거리가 멀어 신속한 치료가 어려운 경우에는 가까운 의료기관과 연계할 수 있다.

4) 범죄피해자 안전조치(규칙 제12조)

범죄피해자 안전조치의 종류는 다음과 같다.

1. 피해자보호시설 등 특정시설에서의 보호
2. 외출 · 귀가 시 동행, 수사기관 출석 시 동행 및 경호
3. 임시숙소 제공
4. 주거지 순찰강화, 폐쇄회로 텔레비전전의 설치 등 주거에 대한 보호
5. 그 밖에 안전에 필요하다고 인정되는 조치

5) 조사 시 유의사항(규칙 제18조)

① 시 · 도경찰청장 및 경찰서장은 특별한 사정이 없으면 성폭력 피해자를 동성 성폭력범죄 전담조사관이 조사하도록 하여야 한다. 다만, 피해자가 원하는 경우에는 신뢰관계자, 진술조력인 또는 다른 경찰관으로 하여금 입회하게 하고 별지 제1호 서식에 의해 서면으로 동의를 받아 이성 성폭력범죄 전담조사관으로 하여금 조사하게 할 수 있다.

② 경찰관은 성폭력 피해자를 조사할 때에는 조사의 준비를 거쳐 1회에 수사상 필요한 모든 내용을 조사하는 등 횟수를 최소화하기 위하여 노력하여야 한다.

③ 경찰관은 피해자의 입장을 최대한 존중하여 가급적 피해자가 원하는 시간에 진술녹화실 등

평온하고 공개되지 않은 장소에서 조사하고, 공개된 장소에서의 조사로 인하여 신분이 노출되지 않도록 유의하여야 한다.

④ 경찰관은 성폭력 피해자에 대한 조사와 피의자에 대한 신문을 분리하여 실시하고, 대질신문은 반드시 필요한 경우에만 예외적으로 실시하되, 시기·장소 및 방법에 관하여 피해자의 의사를 최대한 반영하여야 한다.

⑤ 경찰관은 피해자로 하여금 가해자를 확인하게 할 때에는 반드시 범인식별실 또는 진술녹화실을 활용하여 피해자와 가해자가 대면하지 않도록 하고, 동시에 다수의 사람 중에서 가해자를 확인하도록 하여야 한다.

6) 영상물의 촬영·보존(규칙 제22조)

① 경찰관은 성폭력범죄의 피해자를 조사할 때에는 진술내용과 조사과정을 영상물 녹화장치로 촬영·보존할 수 있다. 다만, 피해자가 19세미만피해자등인 경우에는 반드시 촬영·보존해야 한다.

② 경찰관은 영상녹화를 할 때에는 피해자등에게 영상녹화의 취지 등을 설명하고 동의 여부를 확인하여야 하며, 피해자등이 녹화를 원하지 않는 의사를 표시한 때에는 촬영을 하여서는 아니 된다. 다만, 가해자가 친권자 중 일반인 경우에는 그러하지 아니하다.

7) 진술조력인의 참여(규칙 제28조)

① 경찰관은 성폭력범죄의 피해자가 19세미만피해자등인 경우 직권이나 피해자등 또는 변호사의 신청에 따라 진술조력인이 조사과정에 참여하게 할 수 있다. 다만, 피해자등이 원하지 않을 때는 그러하지 아니하다.

② 경찰관은 제1항의 피해자를 조사하기 전에 피해자등 또는 변호사에게 진술조력인에 의한 의사소통 중개나 보조를 신청할 수 있음을 고지하여야 한다.

③ 경찰관은 피의자 또는 피해자의 친족이거나 친족이었던 사람, 법정대리인 또는 변호사를 진술조력인으로 선정해서는 아니 된다.

제7절 아동학대범죄의 처벌

1. 아동학대범죄의 개념

1) 목적(법 제1조)

아동학대범죄의 처벌 및 그 절차에 관한 특례와 피해아동에 대한 보호절차 및 아동학대행위자에 대한 보호처분을 규정함으로써 아동을 보호하여 아동이 건강한 사회구성원으로 성장하도록 함을 목적으로 한다.

2) 용어의 정의(법 제2조)

① 아동이란 「아동복지법」 제3조 제1호에 따른 아동, 즉 18세 미만의 사람을 말한다.

② 보호자란 친권자, 후견인, 아동을 보호 · 양육 · 교육하거나 그러한 의무가 있는 자 또는 업무 · 고용 등의 관계로 사실상 아동을 보호 · 감독하는 자를 말한다.

③ 아동학대란 보호자를 포함한 성인이 아동의 건강 또는 복지를 해치거나 정상적 발달을 저해할 수 있는 신체적 · 정신적 · 성적 폭력이나 가혹행위를 하는 것과 아동을 유기하거나 방임하는 것을 말한다.

④ 아동학대범죄란 보호자에 의한 아동학대로서 다음 각 목의 어느 하나에 해당하는 죄를 말한다.

가. 「형법」 제2편 제25장 상해와 폭행의 죄 중 상해 · 특수상해, 폭행 · 특수폭행 · 폭행치사상(상해에 이르게 한 때에만 해당)

나. 「형법」 제2편 제28장 유기와 학대의 죄 중 유기 · 영아유기, 학대 · 아동혹사, 유기등치사상(상해에만 해당)

다. 「형법」 제2편 제29장 체포와 감금의 죄 중 체포감금, 중체포 · 중감금, 특수체포, 특수감금, 체포 · 감금 등의 치사상(상해만 해당)

라. 「형법」 제2편 제30장 협박의 죄 중 협박 · 특수협박

마. 「형법」 제2편 제31장 약취, 유인 및 인신매매의 죄

바. 「형법」 제2편 제32장 강간과 추행의 죄

사. 「형법」 제2편 제33장 명예에 관한 죄 중 명예훼손, 출판물등에 의한 명예훼손, 모욕의 죄

아. 「형법」 제2편 제36장 주거 · 신체 수색의 죄

자. 「형법」 제2편 제37장 권리행사를 방해하는 죄 중 강요

차. 「형법」 제2편 제39장 공갈, 특수공갈, 그 미수범

카. 「형법」 제2편 제42장의 재물손괴등의 죄

타. 「아동복지법」 제71조 제1항 각 호의 죄(제3호의 죄는 제외)

i) 아동을 매매하는 행위, ii) 아동에 대한 성적 학대, iii) 아동에 대한 정서적 학대, iv) 보호해야 할 아동유기 · 방임행위, v) 장애를 가진 아동을 공중에 관람시키는 행위, vi) 아동에게 구걸시키는 행위 · 곡예를 시키는 행위, vii) 정당한 권한 없는 자가 아동양육을 알선하고 금품취득 · 요구 · 약속하는 행위, viii) 아동에게 증여 · 급여된 금품을 그 목적 외의 용도로 사용하는 행위

파. 「아동복지법」 제4조 아동학대살해 치사, 제5조 아동학대중상해, 제6조 상습범의 죄

⑤ 아동학대행위자란 아동학대범죄를 범한 사람 및 그 공범을 말한다.

⑥ 피해아동이란 아동학대범죄로 인하여 직접적인 피해를 입은 아동을 말한다.

⑦ 아동보호사건이란 아동학대범죄로 인하여 보호처분의 대상이 되는 사건을 말한다.

3) 다른 법률과의 관계(법 제3조)

아동학대범죄에 대하여는 이 법을 우선 적용한다. 다만, 「성폭력범죄의 처벌 등에 관한 특례법」, 「아동・청소년의 성보호에 관한 법률」에서 가중처벌되는 경우에는 그 법에서 정한 바에 따른다.

4) 아동복지시설의 종사자 등에 대한 가중처벌(법 제7조)

아동학대 신고의무자가 보호하는 아동에 대하여 아동학대범죄를 범한 때에는 그 죄에 정한 형의 2분의 1까지 가중한다.

5) 형벌과 수강명령 등의 병과(법 제8조)

법원은 아동학대행위자에 대하여 유죄판결(선고유예 제외)을 선고하면서 200시간의 범위에서 재범예방에 필요한 수강명령 또는 아동학대 치료프로그램의 이수명령을 병과할 수 있다.

6) 친권상실청구 등(법 제9조)

① 아동학대행위자가 제5조 또는 제6조의 범죄를 저지른 때에는 검사는 그 사건의 아동학대행위자가 피해아동의 친권자나 후견인인 경우에 법원에 「민법」 제924조의 친권상실의 선고 또는 같은 법 제940조의 후견인의 변경 심판을 청구하여야 한다. 다만, 친권상실의 선고 또는 후견인의 변경 심판을 하여서는 아니 될 특별한 사정이 있는 경우에는 그러하지 아니하다.

② 시・도지사 등의 친권상실청구를 요청받은 검사는 요청받은 날부터 30일 이내에 그 처리결과를 시・도지사 또는 시장・군수・구청장에게 통보하여야 한다.

③ 검사의 처리결과를 통보받은 시・도지사 또는 시장・군수・구청장은 그 처리결과에 대하여 이의가 있을 경우 통보받은 날부터 30일 이내에 직접 법원에 친권상실 청구를 할 수 있다.

7) 아동학대범죄 신고의무와 절차(법 제10조)

① 누구든지 아동학대범죄를 알게 된 경우나 그 의심이 있는 경우에는 시・도, 시・군・구 또는 수사기관에 신고할 수 있다.

② 다음 각 호의 어느 하나에 해당하는 사람이 직무를 수행하면서 아동학대범죄를 알게 된 경우나 그 의심이 있는 경우에는 시・도, 시・군・구 또는 수사기관에 즉시 신고하여야 한다.

1. 「아동복지법」 제10조의2에 따른 아동권리보장원 및 가정위탁지원센터의 장과 그 종사자
2. 아동복지시설의 장과 그 종사자(아동보호전문기관의 장과 그 종사자는 제외)
3. 「아동복지법」 제13조에 따른 아동복지전담공무원

③ 누구든지 제1항 및 제2항에 따른 신고인의 인적사항 또는 신고인임을 미루어 알 수 있는 사실을 다른 사람에게 알려주거나 공개 또는 보도하여서는 아니 된다.

④ 신고가 있는 경우 시・도, 시・군・구 또는 수사기관은 정당한 사유가 없으면 즉시 조사

또는 수사에 착수하여야 한다.

8) 고소의 특례(법 제10조의4)

① 피해아동 또는 그 법정대리인은 아동학대범죄행위자를 고소할 수 있다. 피해아동의 법정대리인이 아동학대행위자인 경우 또는 아동학대행위자와 공동으로 아동학대범죄를 범한 경우에는 피해아동의 친족이 고소할 수 있다.

② 피해아동은 아동학대행위자가 자기 또는 배우자의 직계존속인 경우에도 고소할 수 있다. 법정대리인이 고소하는 경우에도 또한 같다.

③ 피해아동에게 고소할 법정대리인이나 친족이 없는 경우에 이해관계인이 신청하면 검사는 10일 이내에 고소할 수 있는 사람을 지정하여야 한다.

2. 아동학대범죄 신고처리 절차

1) 현장출동(법 제11조)

① 아동학대범죄 신고를 접수한 사법경찰관리나 아동학대전담공무원은 지체 없이 아동학대범죄의 현장에 출동하여야 한다. 이 경우 수사기관의 장이나 시 · 도지사 또는 시장 · 군수 · 구청장은 서로 동행하여 줄 것을 요청할 수 있으며, 그 요청을 받은 수사기관의 장이나 시 · 도지사 또는 시장 · 군수 · 구청장은 정당한 사유가 없으면 사법경찰관리나 아동학대전담공무원이 아동학대범죄 현장에 동행하도록 조치하여야 한다.

② 아동학대범죄 신고를 접수한 사법경찰관리나 아동학대전담공무원은 아동학대범죄가 행하여지고 있는 것으로 신고된 현장 또는 피해아동을 보호하기 위하여 필요한 장소에 출입하여 아동 또는 아동학대행위자 등 관계인에 대하여 조사 또는 질문을 할 수 있다. 다만, 아동학대전담공무원은 다음 각 호를 위한 범위에서만 아동학대행위자 등 관계인에 대하여 조사 또는 질문을 할 수 있다.

1. 피해아동의 보호
2. 「아동복지법」 제22조의4의 사례관리계획에 따른 사례관리

③ 시 · 도지사, 시장 · 군수 · 구청장은 제1항에 따른 현장출동 시 아동보호 및 사례관리를 위하여 필요한 경우 아동보호전문기관의 장에게 아동보호전문기관의 직원이 동행할 것을 요청할 수 있다. 이 경우 아동보호전문기관의 직원은 피해아동의 보호 및 사례관리를 위한 범위에서 아동학대전담공무원의 조사에 참여할 수 있다.

④ 제2항 및 제3항에 따라 출입이나 조사를 하는 사법경찰관리, 아동학대전담공무원 또는 아동보호전문기관의 직원은 그 권한을 표시하는 증표를 지니고 이를 관계인에게 내보여야 한다.

⑤ 제2항에 따라 조사 또는 질문을 하는 사법경찰관리 또는 아동학대전담공무원은 피해아동, 아동학대범죄신고자등, 목격자 등이 자유롭게 진술할 수 있도록 아동학대행위자로부터 분리된 곳

에서 조사하는 등 필요한 조치를 하여야 한다.

⑥ 누구든지 현장에 출동한 사법경찰관리, 아동학대전담공무원 또는 아동보호전문기관의 직원이 규정에 따른 업무를 수행할 때에 폭행·협박이나 현장조사를 거부하는 등 그 업무수행을 방해하는 행위를 하여서는 아니 된다.

⑦ 제1항에 따른 현장출동이 동행하여 이루어지지 아니한 경우 수사기관의 장이나 시·도지사 또는 시장·군수·구청장은 현장출동에 따른 조사 등의 결과를 서로에게 통지하여야 한다.

2) 피해아동등에 대한 응급조치(법 제12조)

① 아동학대범죄 현장에 출동하거나 아동학대범죄의 현장을 발견한 경우 또는 학대현장 이외의 장소에서 학대피해가 확인되고 재학대의 위험이 급박·현저한 경우, 사법경찰관리 또는 아동학대전담공무원은 피해아동, 피해아동의 형제자매인 아동 및 피해아동과 동거하는 아동(피해아동등)의 보호를 위하여 즉시 다음 각 호의 조치(응급조치)를 하여야 한다. 이 경우 제3호의 조치를 하는 때에는 피해아동등의 이익을 최우선으로 고려하여야 하며, 피해아동등을 보호하여야 할 필요가 있는 등 특별한 사정이 있는 경우를 제외하고는 피해아동등의 의사를 존중하여야 한다.

1. 아동학대범죄행위의 제지
2. 아동학대행위자를 피해아동등으로부터 격리
3. 피해아동등을 아동학대 관련 보호시설로 인도
4. 긴급치료가 필요한 피해아동등을 의료기관으로 인도

② 사법경찰관리나 아동학대전담공무원은 제1항 제3호 및 제4호 규정에 따라 피해아동등을 분리·인도하여 보호하는 경우 지체 없이 피해아동등을 인도받은 보호시설·의료시설을 관할하는 시·도지사 또는 시장·군수·구청장에게 그 사실을 통보하여야 한다.

③ 제1항 제2호로부터 제4호까지의 규정에 따른 응급조치는 72시간을 넘을 수 없다. 다만, 본문의 기간에 공휴일이나 토요일이 포함되는 경우로서 피해아동등의 보호를 위하여 필요하다고 인정되는 경우에는 48시간의 범위에서 그 기간을 연장할 수 있다.

④ 제3항에도 불구하고 검사가 제15조 제2항에 따라 임시조치를 법원에 청구한 경우에는 법원의 임시조치 결정 시까지 응급조치 기간이 연장된다.

⑤ 사법경찰관리 또는 아동학대전담공무원이 제1항에 따라 응급조치를 한 경우에는 즉시 응급조치결과보고서를 작성하여야 한다. 이 경우 사법경찰관리가 응급조치를 한 경우에는 관할 경찰관서의 장이 시·도지사 또는 시장·군수·구청장에게, 아동학대전담공무원이 응급조치를 한 경우에는 소속 시·도지사 또는 시장·군수·구청장이 관할 경찰관서의 장에게 작성된 응급조치결과보고서를 지체 없이 송부하여야 한다.

⑥ 제5항에 따른 응급조치결과보고서에는 피해사실의 요지, 응급조치가 필요한 사유, 응급조치의 내용 등을 기재하여야 한다.

⑦ 누구든지 아동학대전담공무원이나 사법경찰관리가 제1항에 따른 업무를 수행할 때에 폭행 · 협박이나 응급조치를 저지하는 등 그 업무수행을 방해하는 행위를 하여서는 아니 된다.

⑧ 사법경찰관리는 제1항 제1호 또는 제2호의 조치를 위하여 다른 사람의 토지 · 건물 · 배 또는 차에 출입할 수 있다.

3) 아동학대행위자에 대한 긴급임시조치(법 제13조)

① 사법경찰관은 응급조치에도 불구하고 아동학대범죄가 재발될 우려가 있고, 긴급을 요하여 법원의 임시조치 결정을 받을 수 없을 때에는 직권이나 피해아동등, 그 법정대리인(아동학대행위자는 제외), 변호사, 시 · 도지사, 시장 · 군수 · 구청장 또는 아동보호전문기관의 장의 신청에 따라 임시조치 제1항 제1호부터 제3호까지의 어느 하나에 해당하는 조치를 할 수 있다.

② 사법경찰관리는 긴급임시조치를 한 경우에는 즉시 긴급임시조치결정서를 작성하여야 하고, 그 내용을 시 · 도지사 또는 시장 · 군수 · 구청장에게 지체 없이 통지하여야 한다.

③ 긴급임시조치결정서에는 범죄사실의 요지, 긴급임시조치가 필요한 사유, 긴급임시조치의 내용 등을 기재하여야 한다.

4) 임시조치의 청구(법 제14조)

① 검사는 아동학대범죄가 재발될 우려가 있다고 인정하는 경우에는 직권으로 또는 사법경찰관이나 보호관찰관의 신청에 따라 법원에 임시조치를 청구할 수 있다.

② 피해아동등, 그 법정대리인, 변호사, 시 · 도지사, 시장 · 군수 · 구청장 또는 아동보호전문기관의 장은 검사 또는 사법경찰관에게 제1항에 따른 임시조치의 청구 또는 그 신청을 요청하거나 이에 관하여 진술할 수 있다.

③ 위의 요청을 받은 사법경찰관은 임시조치를 신청하지 아니하는 경우에는 검사 및 임시조치를 요청한 자에게 그 사유를 통지하여야 한다.

5) 응급조치 · 긴급임시조치 후 임시조치의 청구(법 제15조)

① 사법경찰관이 응급조치 또는 긴급임시조치를 하였거나 시 · 도지사 또는 시장 · 군수 · 구청장으로부터 응급조치가 행하여졌다는 통지를 받은 때에는 지체 없이 검사에게 임시조치의 청구를 신청하여야 한다.

② 사법경찰관의 신청을 받은 검사는 임시조치를 청구하는 때에는 응급조치가 있었던 때부터 72시간(응급조치 기간이 연장된 경우에는 그 기간) 이내에, 긴급임시조치가 있었던 때부터 48시간 이내에 하여야 한다. 이 경우 응급조차결과보고서 및 긴급임시조치결정서를 첨부하여야 한다.

③ 사법경찰관은 검사가 임시조치를 청구하지 아니하거나 법원이 임시조치의 결정을 하지 아니한 때에는 즉시 그 긴급임시조치를 취소하여야 한다.

6) 아동학대행위자에 대한 임시조치(법 제19조)

① 판사는 아동학대범죄의 원활한 조사·심리 또는 피해아동등의 보호를 위하여 필요하다고 인정하는 경우에는 결정으로 아동학대행위자에게 다음 각 호의 어느 하나에 해당하는 조치(임시조치)를 할 수 있다.

1. 피해아동등 또는 가정구성원의 주거로부터 퇴거 등 격리
2. 피해아동등 또는 가정구성원의 주거, 학교 또는 보호시설 등에서 100미터 이내의 접근금지
3. 피해아동등 또는가정구성원에 대한 전기통신을 이용한 접근금지
4. 친권 또는 후견인 권한 행사의 제한 또는 정지
5. 아동보호전문기관 등에의 상담 및 교육 위탁
6. 의료기관이나 그 밖의 요양시설에의 위탁
7. 경찰관서의 유치장 또는 구치소에의 유치

② 제1항 각 호의 처분은 병과할 수 있다.

③ 판사는 피해아동등에 대하여 응급조치가 행하여진 경우에는 임시조치가 청구된 때로부터 24시간 이내에 임시조치 여부를 결정하여야 한다.

④ 임시조치기간은 2개월을 초과할 수 없다. 다만, 피해아동등의 보호를 위하여 그 기간을 연장할 필요가 있다고 인정하는 경우에는 결정으로 제1항 제1호부터 제3호까지의 규정에 따른 임시조치는 두 차례만, 제4호부터 제7호까지의 규정에 따른 임시조치는 한 차례만 각 기간의 범위에서 연장할 수 있다.

⑤ 제1항 제6호에 따라 위탁을 하는 경우에는 의료기관 등의 장에게 아동학대행위자를 보호하는 데에 필요한 사항을 부과할 수 있다.

⑥ 제1항 제6호에 따라 민간이 운영하는 의료기관 등에 아동학대행위자를 위탁하려는 경우에는 제5항에 따라 부과할 사항을 그 의료기관 등의 장에게 미리 고지하고 동의를 받아야 한다.

⑦ 법원은 제1항에 따른 임시조치를 결정한 경우에는 검사, 피해아동등, 그 법정대리인, 변호사, 시·도지사 또는 시장·군수·구청장 및 피해아동등을 보호하고 있는 기관의 장에게 통지하여야 한다.

⑧ 제1항 제5호에 따른 상담 및 교육을 행한 아동보호전문기관의 장 등은 그 결과보고서를 판사와 검사에게 제출하여야 한다.

7) 사법경찰관의 사건송치(법 제24조)

사법경찰관은 아동학대범죄를 신속히 수사하여 사건을 검사에게 송치하여야 한다. 이 경우 사법경찰관은 해당 사건을 아동보호사건으로 처리하는 것이 적절한지에 관한 의견을 제시할 수 있다.

3. 아동학대범죄의 피해아동보호

1) 증인에 대한 신변안전조치(법 제17조의2)

① 검사는 아동학대사건의 증인이 피고인 또는 그 밖의 사람으로부터 생명 · 신체에 해를 입거나 입을 염려가 있다고 인정될 때에는 관할 경찰서장에게 증인의 신변안전을 위하여 필요한 조치를 할 것을 요청하여야 한다.

② 증인은 검사에게 제1항의 조치를 하도록 청구할 수 있다.

③ 재판장은 검사에게 제1항의 조치를 하도록 요청할 수 있다.

④ 제1항의 요청을 받은 관할 경찰서장은 즉시 증인의 신변안전을 위하여 필요한 조치를 하고 그 사실을 검사에게 통보하여야 한다.

2) 가정법원의 피해아동에 대한 보호명령(법 제47조)

① 판사는 직권 또는 피해아동, 그 법정대리인, 변호사, 시 · 도지사 또는 시장 · 군수 · 구청장의 청구에 따라 결정으로 피해아동의 보호를 위하여 다음 각 호의 피해아동보호명령을 할 수 있다.

1. 아동학대행위자를 피해아동의 주거지 또는 점유하는 방실로부터의 퇴거 등 격리
2. 아동학대행위자가 피해아동 또는 가정구성원에게 접근하는 행위의 제한
3. 아동학대행위자가 피해아동 또는 가정구성원에게 「전기통신기본법」 제2조 제1호의 전기통신을 이용하여 접근하는 행위의 제한
4. 피해아동을 아동복지시설 또는 장애인복지시설로의 보호위탁
5. 피해아동을 의료기관으로의 치료위탁

5의2. 피해아동을 아동보호전문기관, 상담소 등으로의 상담 · 치료위탁

6. 피해아동을 연고자 등에게 가정위탁
7. 친권자인 아동학대행위자의 피해아동에 대한 친권 행사의 제한 또는 정지
8. 후견인인 아동학대행위자의 피해아동에 대한 후견인 권한의 제한 또는 정지
9. 친권자 또는 후견인의 의사표시를 갈음하는 결정

② 시 · 도지사 또는 시장 · 군수 · 구청장은 아동보호전문기관의 장으로부터 요청받은 피해아동보호명령의 청구를 신속히 처리해야 하며, 요청받은 날부터 15일 이내에 그 처리결과를 아동보호전문기관의 장에게 통보하여야 한다.

③ 제1항 각 호의 처분은 병과할 수 있다.

3) 피해아동보호명령의 기간(법 제51조)

① 피해아동보호명령의 기간은 1년을 초과할 수 없다. 다만, 관할 법원의 판사는 피해아동의 보호를 위하여 그 기간의 연장이 필요하다고 인정하는 경우 직권 또는 피해아동, 그 법정대리인, 변호사, 시 · 도지사 또는 시장 · 군수 · 구청장의 청구에 따른 결정으로 6개월 단위로 그 기간을

연장할 수 있다.

② 보호관찰소의 장 및 아동보호전문기관의 장은 시·도지사 또는 시장·군수·구청장에게 제1항 단서에 따른 피해아동보호명령의 연장 청구를 요청할 수 있으며 시·도지사 또는 시장·군수·구청장은 요청받은 날부터 15일 이내에 그 처리결과를 요청자에게 통보하여야 한다.

③ 제1항에 따라 연장된 기간은 피해아동이 성년에 도달하는 때를 초과할 수 없다.

제8절 학교폭력예방 및 대책

1. 정의(법 제2조)

1) 학교폭력

「학교폭력예방 및 대책에 관한 법률」 제2조에 의하면, 학교폭력이란 학교 내외에서 학생 간에 발생한 상해, 폭행, 감금, 협박, 약취·유인, 명예훼손·모욕, 공갈, 강요·강제적인 심부름 및 성폭력, 따돌림, 사이버따돌림, 정보통신망을 이용한 음란·폭력정보 등에 의하여 신체·정신 또는 재산상의 피해를 수반하는 행위를 말한다.

2) 따돌림

학교 내외에서 2명 이상의 학생들이 특정인이나 특정집단의 학생들을 대상으로 지속적이거나 반복적으로 신체적 또는 심리적 공격을 가하여 상대방이 고통을 느끼도록 하는 모든 행위를 말한다.

3) 사이버폭력

정보통신망을 이용하여 학생을 대상으로 발생한 따돌림과 그 밖에 신체·정신 또는 재산상의 피해를 수반하는 행위를 말한다(2023.10.24. 개정).

2. 예방 및 대책

1) 대책위원회의 구성(법 제8조)

① 대책위원회는 위원장 2명을 포함하여 20명 이내의 위원으로 구성한다.

② 위원장은 국무총리와 학교폭력 대책에 관한 전문지식과 경험이 풍부한 전문가 중에서 대통령이 위촉하는 사람이 공동으로 되고, 위원장 모두가 부득이한 사유로 직무를 수행할 수 없을 때에는 국무총리가 지명한 위원이 그 직무를 대행한다.

③ 위원장을 포함한 위원의 임기는 2년으로 하되, 한 차례에 한정하여 연임할 수 있다.

2) 관계기관과의 협조 등(법 제11조의3)

① 교육부장관, 교육감, 지역 교육감, 학교의 장은 학교폭력과 관련된 개인정보 등을 경찰청장, 시 · 도경찰청장, 관할 경찰서장 및 관계기관의 장에게 요청할 수 있다.

① 제1항에 따라 정보제공을 요청받은 경찰청장, 시 · 도경찰청장, 관할 경찰서장 및 관계기관의 장은 특별한 사정이 없으면 그 요청을 따라야 한다.

3) 학교폭력 예방교육 등(법 제15조)

① 학교의 장은 학생의 육체적 · 정신적 보호와 학교폭력의 예방을 위한 학생들에 대한 교육(학교폭력의 개념 · 실태 및 대처방안 등을 포함)을 학기별로 1회 이상 실시하여야 한다.

② 학교의 장은 학교폭력의 예방 및 대책 등을 위한 교직원 및 학부모에 대한 교육을 학기별로 1회 이상 실시하여야 한다.

③ 학교의 장은 학교폭력을 예방하기 위하여 교사 · 학생 · 학부모 등 학교 구성원이 학교폭력에 대한 책임을 인식하고 실천할 수 있도록 필요한 사항을 정하여 운영할 수 있다.

4) 피해학생의 보호(법 제16조)

① 심의위원회는 피해학생의 보호를 위하여 필요하다고 인정하는 때에는 피해학생에 대하여 다음 각 호의 어느 하나에 해당하는 조치(수 개의 조치를 동시부과하는 경우 포함)를 할 것을 교육장(교육장이 없는 경우 조례로 정한 기관의 장)에게 요청할 수 있다. 다만, 학교의 장은 학교폭력사건을 인지한 경우 피해학생의 반대의사 등 특별한 사정이 없으면 지체 없이 가해자(교사 포함)와 피해학생을 분리하여야 하며, 피해학생이 긴급보호를 요청하는 경우에는 제1호부터 제3호 및 제6호의 조치를 할 수 있다. 이 경우 학교의 장은 심의위원회에 즉시 보고하여야 한다.

1. 학내의 전문가에 의한 심리상담 및 조언, 2. 일시보호, 3. 치료 및 치료를 위한 상담, 4. 학급교체, 6. 그 밖에 피해학생의 보호를 위하여 필요한 조치

② 심의위원회는 제1항에 따른 조치를 요청하기 전에 피해학생 및 그 보호자에게 의견진술의 기회를 부여하는 등 적정한 절차를 거쳐야 한다.

③ 제1항에 따른 요청이 있는 때에는 교육장은 피해학생의 보호자의 동의를 받아 7일 이내에 해당 조치를 하여야 한다.

5) 가해학생에 대한 조치(법 제17조)

① 심의위원회는 피해학생의 보호와 가해학생의 선도 · 교육을 위하여 가해학생에 대하여 다음 각 호의 어느 하나에 해당하는 조치(수 개의 조치 동시부과 경우 포함)를 할 것을 교육장에게 요청하여야 하며, 각 조치별 적용기준은 대통령령으로 정한다. 다만, 퇴학처분은 의무교육과정에 있는 가해학생에 대하여는 적용하지 아니한다.

1. 피해학생에 대한 서면사과, 2. 피해학생 및 신고 · 고발 학생에 대한 접촉, 협박 및 보복행위(정보통신망

이용 행위 포함) 금지, 3. 학교에서의 봉사, 4. 사회봉사, 5. 학내외 전문가, 교육감이 정한 기관에 의한 특별 교육이수 또는 심리치료, 6. 출석정지, 7, 학급교체, 8. 전학, 9. 퇴학처분

② 제1항에 따라 심의위원회가 교육장에게 가해학생에 대한 조치를 요청할 때 그 이유가 피해학생이나 신고·고발한 학생에 대한 협박 또는 보복행위(정보통신망 이용 행위 포함)일 경우에는 같은 항 제6호부터 9호까지의 조치를 동시에 부과하거나 조치내용을 가중할 수 있다.

③ 학교의 장은[59] 학교폭력 인지 경우 지체 없이 제1항 제2호의 조치를 하여야 한다.

6) 학교폭력의 신고의무(법 제20조)

① 학교폭력 현장을 보거나 그 사실을 알게 된 자는 학교 등 관계기관에 이를 즉시 신고하여야 한다.

② 제1항에 따라 신고를 받은 기관은 이를 가해학생 및 피해학생의 보호자와 소속 학교의 장에게 통보하여야 한다.

③ 제2항에 따라 통보받은 소속 학교의 장은 이를 심의위원회에 지체 없이 통보하여야 한다.

④ 누구라도 학교폭력의 예비·음모 등을 알게 된 자는 이를 학교의 장 또는 심의위원회에 고발할 수 있다. 다만, 교원이 이를 알게 되었을 경우에는 학교의 장에게 보고하고 해당 학부모에게 알려야 한다.

7) 학생전담경찰관(법 제20조의6 및 시행령 제31조의2)

① 국가는 학교폭력 예방 및 근절을 위하여 학교폭력 업무 등을 전담하는 경찰관을 둘 수 있다.

② 학교전담경찰관을 둘 경우에 학생상담 관련 학위나 자격증 소지 여부, 학생상담 경력 등 학교폭력의 업무수행에 필요한 전문성을 고려해야 한다.

③ 학교폭력전담경찰관은 다음 각 호의 업무를 수행한다.

1. 학교폭력 예방활동, 2. 피해학생 보호 및 가해학생 선도, 3. 학교폭력 단체에 대한 정보수집, 4. 학교폭력 단체의 결성예방 및 해체, 5. 그 밖에 경찰청장이 교육부장관과 협의하여 학교폭력 예방 및 근절 등을 위해 필요하다고 인정하는 업무

8) 피해학생 지원 조력인(법 제16조의3)

① 교육감 또는 교육장은 피해학생 지원을 위하여 피해학생이 필요로 하는 법률, 상담, 보호 등을 위한 서비스 및 지원기관을 연계하는 조력인을 지정할 수 있다.

② 교육감 또는 교육장은 피해학생 지원 조력인의 운영을 위한 행정적·재정적 지원을 하여야 한다(본조 신설 2023.10.24).

59) 학교폭력예방법 시행령, 대통령령 제33723호, 2023.9.12. 시행 2023.9.15.

9) 사이버폭력의 피해자 지원(법 제16조의4)

① 국가는 사이버폭력에 해당하는 촬영물, 음성물, 복제물, 편집물, 개인정보, 허위사실 등이 정보통신망에 유포되어 피해를 입은 학생에 대하여 촬영물등의 삭제를 위한 지원을 할 수 있다.

② 제1항에 따른 피해학생, 그 보호자 또는 피해학생이나 보호자가 지정하는 대리인은 국가에 촬영물등의 삭제를 위한 지원을 요청할 수 있다. 이 경우 피해학생이나 그 보호자가 지정하는 대리인은 대통령령으로 정하는 요건을 갖추어 삭제지원을 요청하여야 한다.

③ 촬영물등 삭제지원에 소요되는 비용은 사이버폭력의 가해학생 또는 그 보호자가 부담한다.

④ 국가가 촬영물등 삭제지원에 소요되는 비용을 지출한 경우 사이버폭력의 가해학생 또는 그 보호자에게 상환청구권을 행사할 수 있다(본조 신설 2023.10.24).

10) 학교폭력사건처리절차(경찰의 현장 매뉴얼)

1. 교내 학교폭력 관련 신고 출동 시 학교장에게 사전 통지하고 학교장과 협조, 초동조치를 수행한다.
2. 학교폭력이 진행 중인 경우에는 학교장과 협조하여 즉시 폭력을 중단토록 조치하고, 폭력이 종료된 경우에는 수업 종료 후 타인의 이목을 피하여 비공개 장소에서 면접한다. 이 경우 수업 중 또는 다수가 보는 앞에서 가해학생 연행은 금지된다.
3. 피해학생이 동행을 거부하는 경우 학생이 희망하는 장소에서 진술서를 작성토록 한다.
4. 쌍방 폭행의 경우도 포함하여 가해학생과 피해학생은 가급적 분리하여 동행하여야 한다.
5. 폭행이 진행 중인 경우에는 출동 경찰관이 동시에 진입하여 폭력상황을 제압하여야 하고, 가해학생 검거보다는 피해학생 보호를 우선해야 한다.

제 9 절 스토킹범죄의 수사

1. 스토킹범죄의 처벌 등에 관한 법률[60)]

1) 목적(법 제1조)

이 법은 스토킹범죄의 처벌 및 그 절차에 관한 특례와 스토킹범죄의 피해자에 대한 보호절차를 규정함으로써 피해자를 보호하고 건강한 사회질서의 확립에 이바지함을 목적으로 한다.

2) 정의(법 제2조)

(1) 스토킹행위

스토킹행위란 상대방의 의사에 반하여 정당한 이유 없이 다음 각 목의 어느 하나에 해당하는 행위를 하여 상대방에게 불안감 또는 공포심을 일으키는 것을 말한다.

---

60) 스토킹범죄의 처벌 등에 관한 법률, 법률 제195185호, 2023.7.11.

1. 상대방 또는 그의 동거인, 가족에게 접근하거나 따라다니거나 진로를 막아서는 행위
2. 상대방등의 주거, 직장, 학교, 그 밖에 일상적으로 생활하는 장소 또는 그 부근에서 기다리거나 지켜보는 행위
3. 상대방등에게 우편·전화·팩스 또는 정보통신망을 이용하여 물건이나 말·글·부호·음향·그림·영상·화상을 도달하게 하거나, 정보통신망을 이용하는 프로그램 또는 전화의 기능에 의하여 말·글·부호·음향·그림·화상이 상대방등에게 나타나게 하는 행위
4. 물건등을 도달하게 하거나 주거등 또는 그 부근에 물건등을 두는 행위
5. 상대방등의 주거등 또는 그 부근에 놓여져 있는 물건등을 훼손하는 행위
6. 다음의 어느 하나에 해당하는 상대방등의 정보를 정보통신망을 이용하여 제3자에게 제공하거나 배포 또는 게시하는 행위
   1) 개인정보, 2) 개인위치정보, 3) 개인정보와 개인위치정보를 편집·합성 또는 가공한 정보
7. 정보통신망을 통하여 상대방등의 이름, 명칭, 사진, 영상 또는 신분에 관한 정보를 이용하여 자신이 상대방등인 것처럼 가장하는 행위

(2) 스토킹범죄

지속적 또는 반복적으로 스토킹행위를 하는 것을 말한다.

(3) 피해자와 피해자등

피해자란 스토킹범죄로 직접적인 피해를 입은 사람을 말하고, 피해자등이란 피해자 및 스토킹행위의 상대방을 말한다.

2. 스토킹범죄 등의 처리절차

1) 스토킹행위 신고 등에 대한 응급조치(법 제3조)

사법경찰관리는 진행 중인 스토킹범죄행위에 대하여 신고를 받은 경우 즉시 현장에 나가 다음 각 호의 조치를 하여야 한다.

1. 스토킹행위의 제지, 향후 스토킹행위의 중단 통보 및 스토킹행위를 지속적 또는 반복적으로 할 경우 처벌 서면경고
2. 스토킹행위자와 피해자등의 분리 및 범죄수사
3. 스토킹 피해 관련 상담소 또는 보호시설로의 피해자등 인도(피해자등이 동의한 경우만 해당)

2) 긴급응급조치(법 제4조)

① 사법경찰관은 스토킹행위 신고와 관련하여 스토킹행위가 지속적 또는 반복적으로 행하여질 우려가 있고 스토킹행위범죄의 재발을 예방을 위하여 긴급을 요하는 경우 스토킹행위자에게 직권으로 또는 스토킹행위의 상대방이나 그 법정대리인 또는 스토킹행위를 신고한 사람의 요청에 의하여 다음 각 호에 따른 조치를 할 수 있다.

1. 스토킹행위의 상대방이나 그 주거등으로부터 100미터 이내의 접근금지

2. 스토킹행위의 상대방등에 대한 전기통신을 이용한 접근금지

② 사법경찰관은 제1항에 따른 조치를 하였을 때에는 즉시 스토킹행위의 요지, 긴급응급조치가 필요한 사유, 긴급응급조치의 내용 등이 포함된 긴급응급조치결정서를 작성하여야 한다.

3) 긴급응급조치의 승인 신청(법 제5조)

① 사법경찰관은 긴급응급조치를 하였을 때에는 지체 없이 검사에게 해당 긴급응급조치에 대한 사후승인을 지방법원 판사에게 청구하여 줄 것을 신청하여야 한다.

② 제1항의 신청을 받은 검사는 긴급응급조치가 있었던 때부터 48시간 이내에 지방법원 판사에게 해당 긴급응급조치에 대한 사후승인을 청구한다. 이 경우 제4조 제2항에 따라 작성된 긴급응급조치결정서를 첨부하여야 한다.

③ 지방법원 판사는 스토킹행위가 지속적 또는 반복적으로 행하여지는 것을 예방하기 위하여 필요하다고 인정하는 경우에는 제2항에 따라 청구된 긴급응급조치를 승인할 수 있다.

④ 사법경찰관은 검사가 제2항에 따라 긴급응급조치에 대한 사후승인을 청구하지 아니하거나, 지방법원 판사가 제2항의 청구에 대하여 사후승인을 아니한 때에는 즉시 그 긴급조치를 취소하여야 한다.

⑤ 긴급응급조치기간은 1개월을 초과할 수 없다.

4) 긴급응급조치의 통지 등(법 제6조)

① 사법경찰관은 긴급응급조치를 하는 경우에는 스토킹행위의 상대방등이나 그 법정대리인에게 통지하여야 한다.

② 사법경찰관은 긴급응급조치를 하는 경우에는 해당 긴급응급조치의 대상자에게 조치의 내용 및 불복방법 등을 고지하여야 한다.

5) 긴급응급조치의 변경 등(법 제7조)

① 긴급응급조치대상자나 그 법정대리인은 긴급응급조치의 취소 또는 그 종류의 변경을 사법경찰관에게 신청할 수 있다.

② 스토킹행위의 상대방등이나 그 법정대리인은 긴급응급조치가 있은 후 스토킹행위의 상대방등이 주거등을 옮긴 경우에는 사법경찰관에게 긴급응급조치의 변경을 신청할 수 있다.

③ 스토킹행위의 상대방이나 그 법정대리인은 긴급응급조치가 필요하지 아니하는 경우에는 사법경찰관에게 해당 긴급응급조치의 취소를 신청할 수 있다.

④ 사법경찰관은 정당한 이유가 있다고 인정하는 경우에는 직권으로 또는 제1항부터 제3항까지의 규정에 따른 신청에 의하여 해당 긴급응급조치를 취소할 수 있고, 지방법원 판사의 승인을 받아 긴급응급조치의 종류를 변경할 수 있다.

⑤ 사법경찰관은 제4항에 따라 긴급응급조치를 취소하거나 그 종류를 변경하였을 때에는 스토

킹행위의 상대방등 및 긴급응급조치대상자 등에게 다음 각 호의 구분에 따라 통지 또는 고지하여야 한다.

1. 스토킹행위의 상대방등이나 그 법정대리인: 취소 또는 변경의 취지 통지
2. 긴급응급조치대상자: 취소 또는 변경된 조치의 내용 및 불복방법 등 고지

⑥ 긴급응급조치는 다음 각 호의 어느 하나에 해당하는 때에 그 효력을 상실한다.

1. 긴급응급조치에서 정한 기간이 지난 때
2. 법원이 긴급응급조치대상자에게 다음 각 목의 결정을 한 때(스토킹행위의 상대방과 같은 사람을 피해자로 하는 경우로 한정한다)
   가. 긴급응급조치에 따른 스토킹행위의 상대방등과 같은 사람을 피해자 또는 그의 동거인, 가족으로부터 100미터 이내의 접근금지 조치의 결정
   나. 긴급응급조치에 따른 주거등과 같은 장소를 피해자 또는 그의 동거인, 가족의 주거등으로부터 100미터 이내의 접근금지 조치의 결정
   다. 전기통신을 이용한 접근금지를 내용으로 하는 긴급응급조치에 따른 스토킹행위의 상대방등과 같은 사람을 피해자 또는 그의 동거인, 가족에 대한 전기통신을 이용한 접근금지 조치의 결정

6) 잠정조치의 청구(법 제8조)

① 검사는 스토킹범죄가 재발될 우려가 있다고 인정하면 직권 또는 사법경찰관의 신청에 따라 법원에 제9조 제1항 각 호의 조치, 즉 ㉠ 피해자에 대한 스토킹범죄의 중단에 관한 서면 경고, ㉡ 피해자, 동거인, 그 가족이나 주거등으로부터 100미터 이내의 접근금지, ㉢ 피해자와 동거인, 그 가족에 대한 전기통신 이용한 접근금지의 조치, ㉣ 위치추적전자장치의 부착, ㉤ 국가경찰관서의 유치장 또는 구치소에의 유치를 청구할 수 있다.

② 피해자 또는 그 법정대리인은 검사 또는 사법경찰관에게 제1항에 따른 조치의 청구 또는 그 신청을 요청하거나 이에 관하여 의견을 진술할 수 있다.

③ 사법경찰관은 제2항에 따른 신청 요청을 받고도 신청을 하지 아니하는 경우에는 검사에게 그 사유를 보고하여야 하고, 피해자 또는 그 법정대리인에게 그 사실을 지체 없이 알려야 한다.

④ 검사는 제2항에 따른 청구 요청을 받고도 제1항에 따른 청구를 하지 아니하는 경우에는 피해자 또는 그 법정대리인에게 그 사실을 지체 없이 알려야 한다.

7) 스토킹행위자에 대한 잠정조치(법 제9조)

① 법원은 스토킹범죄의 원활한 조사·심리 또는 피해자 보호를 위하여 필요하다고 인정하는 경우에는 결정으로 스토킹행위자에게 다음 각 호의 어느 하나에 해당하는 잠정조치를 할 수 있다.

1. 피해자에 대한 스토킹범죄 중단에 관한 서면경고
2. 피해자 또는 그의 동거인, 가족이나 그 주거등으로부터 100미터 이내의 접근금지
3. 피해자 또는 그의 동거인, 가족에 대한 전기통신을 이용한 접근금지

3의2. 「전자장치부착 등에 관한 법률」 제2조 제4호의 위치추적 전자장치의 부착

4. 국가경찰관서의 유치장 또는 구치소에의 유치

② 제1항 각 호의 잠정조치는 병과할 수 있다.

③ 법원은 잠정조치에 관한 결정을 하기 전 잠정조치의 사유를 판단하기 위하여 필요하다고 인정하는 때에는 검사, 스토킹행위자, 피해자, 기타 참고인으로부터 의견을 들을 수 있다. 의견을 듣는 방법과 절차, 그 밖에 필요한 사항은 대법원규칙으로 정한다.

④ 제1항 제3호의2에 따라 전자장치가 부착된 사람은 잠정조치기간 중 전자장치의 효용을 해치는 다음 각 호의 행위를 하여서는 아니 된다(2023.7.11. 신설).

1. 전자장치를 신체에서 임의로 분리하거나 손상하는 행위
2. 전자장치의 전파를 방해하거나 수신자료를 변조하는 행위
3. 제1호와 제2호에 정한 행위 외에 전자장치의 효용을 해치는 행위

⑤ 법원은 잠정조치를 결정한 경우에는 검사와 피해자 또는 그의 동거인, 가족, 그 법정대리인에게 통지하여야 한다(2023.7.11. 개정).

⑥ 법원은 잠정조치를 한 경우에는 스토킹행위자에게 변호인을 선임할 수 있다는 것과 스토킹행위자에게 변호인을 선임할 수 있다는 것과 항고할 수 있다는 것을 고지하고, 다음 각 호의 구분에 따른 사람에게 해당 잠정조치를 한 사실을 통지하여야 한다(2023.7.11. 개정).

1. 스토킹행위자에게 변호인이 있는 경우: 변호인
2. 스토킹행위자에게 변호인이 없는 경우: 법정대리인 또는 스토킹행위자가 지정하는 사람

⑦ 제1항 제2호(피해자, 그 가족 주거로부터 100미터 이내 접근금지), 제3호(전기통신 이용한 접근금지) 및 제3호의2(전자장치의 부착)에 따른 잠정조치기간은 3개월, 같은 항 제4호(유치장 또는 구치소 유치)에 따른 잠정조치기간은 1개월을 초과할 수 없다. 다만, 법원은 피해자의 보호를 위하여 그 기간을 연장할 필요가 있다고 인정하는 경우에는 결정으로 100미터 이내 접근금지, 전기통신 이용한 접근금지 및 전자장치 부착 등의 잠정조치에 대하여 두 차례에 한정하여 각 3개월의 범위에서 연장할 수 있다(2023.7.11. 개정).

8) 잠정조치의 집행 등(법 제10조)

① 법원은 잠정조치 결정을 한 경우에는 법원공무원, 사법경찰관리, 구치소 소속 교정직공무원 또는 보호관찰관으로 하여금 집행하게 할 수 있다(2023.7.11. 개정).

② 잠정조치 결정을 집행하는 사람은 스토킹행위자에게 잠정조치의 내용, 불복방법 등을 고지하여야 한다.

③ 피해자 또는 그의 동거인, 가족, 그 법정대리인은 주거로부터 100미터 이내 접근금지의 잠정조치 결정이 있은 후 피해자 또는 그의 동거인, 가족이 주거 등을 옮긴 경우에는 법원에 잠정조치 결정의 변경을 신청할 수 있다(2023.7.11. 개정).

④ 제3항의 신청에 따른 변경 결정의 스토킹행위자에 대한 고지에 관하여는 제2항을 준용한다(2023.7.11. 개정).

9) 잠정조치의 변경 등(법 제11조)

① 스토킹행위자나 그 법정대리인은 잠정조치 결정의 취소 또는 그 종류의 변경을 법원에 신청할 수 있다.

② 검사는 수사 또는 공판과정에서 잠정조치가 계속 필요하다고 인정하는 경우에는 직권이나 사법경찰관의 신청에 따라 법원에 해당 잠정조치기간의 연장 또는 그 종류의 변경을 청구할 수 있고, 잠정조치가 필요하지 아니하다고 인정하는 경우에는 직권이나 사법경찰관의 신청에 따라 법원에 해당 잠정조치의 취소를 청구할 수 있다.

③ 법원은 정당한 이유가 있다고 인정하는 경우에는 직권 또는 제1항의 신청이나 제2항의 청구에 의하여 결정을 해당 잠정조치의 취소, 기간의 연장 또는 그 종류를 변경할 수 있다.

④ 법원은 제3항에 따라 잠정조치의 취소, 기간의 연장 또는 그 종류의 변경을 하였을 때에는 검사와 피해자 및 스토킹행위자 등에게 다음 각 호의 구분에 따라 통지 또는 고지하여야 한다(2023.7.11. 신설).

1. 검사, 피해자 또는 그의 동거인, 가족, 그 법정대리인: 취소, 연장 또는 변경의 취지 통지
2. 스토킹행위자: 취소, 연장 또는 변경된 조치의 내용 및 불복방법 등 고지
3. 스토킹행위자의 변호인, 변호인이 없는 경우 법정대리인 또는 스토킹행위자가 지정하는 사람: 잠정조치를 한 사실

⑤ 잠정조치 결정은 스토킹행위자에 대해 검사가 불기소처분을 한 때 또는 사법경찰관이 불송치결정을 한 때에 그 효력을 상실한다.

10) 스토킹범죄의 피해자에 대한 전담조사제(법 제17조)

① 검찰총장은 각 지방검찰청 검사장에게 스토킹범죄 전담 검사를 지정하도록 하여 특별한 사정이 없으면 스토킹범죄 전담 검사가 피해자를 조사하게 하여야 한다.

② 경찰관서의 장(국가수사본부장, 시·도경찰청장 및 경찰서장)은 스토킹범죄 전담 사법경찰관을 지정하여 특별한 사정이 없으면 스토킹범죄 전담 사법경찰관이 피해자를 조사하게 하여야 한다.

③ 검찰총장 및 경찰관서의 장은 스토킹범죄 전담 검사 및 전담 사법경찰관에게 스토킹범죄의 수사에 필요한 전문지식과 피해자 보호를 위한 수사방법 및 수사절차 등에 관한 교육을 실시하여야 한다.

11) 피해자 등에 대한 신변안전조치(법 제17조의2)

법원 또는 수사기관이 피해자등 또는 스토킹범죄를 신고(고소, 고발 포함)한 사람을 증인으로 신문하거나 조사하는 경우의 신변안전조치에 관하여는 「특정범죄신고자 등 보호법」 제13조 및 제13조의2를 준용한다. 이 경우 범죄신고자등은 피해자등 또는 스토킹범죄를 신고한 사람으로 본다(2023.7.11. 신설).

12) 피해자에 대한 변호사 선임의 특례(법 제17조의4)

① 피해자 및 그 법정대리인은 형사절차상 입을 수 있는 피해를 방어하고 법률적 조력을 보장받기 위하여 변호사를 선임할 수 있다.

② 선임된 변호사는 검사 또는 사법경찰관의 피해자 및 그 법정대리인에 대한 조사에 참여하여 의견을 진술할 수 있다. 다만, 조사 도중에는 검사 또는 사법경찰관의 승인을 받아 의견을 진술할 수 있다.

③ 변호사는 피의자에 대한 구속 전 피의자심문, 증거보전절차, 공판준비기일 및 공판절차에 출석하여 의견을 진술할 수 있다. 이 경우 필요한 절차에 관한 구체적 사항은 대법원규칙으로 정한다.

④ 변호사는 증거보전 후 관계서류나 증거물, 소송계속 중의 관계서류나 증거물을 열람하거나 복사할 수 있다.

⑤ 변호사는 형사절차에서 피해자 및 법정대리인의 대리가 허용될 수 있는 모든 소송행위에 대한 포괄적인 대리권을 가진다.

⑥ 검사는 피해자에게 변호사가 없는 경우 국선변호사를 선정하여 형사절차에서 피해자의 권익을 보호할 수 있다(본조 신설 2023.7.11).

3. 벌칙

1) 스토킹범죄(법 제18조)

① 스토킹범죄를 저지른 사람은 3년 이하의 징역 또는 3천만원 이하의 벌금에 처한다.

② 흉기 또는 그 밖의 위험한 물건을 휴대하거나 이용하여 스토킹범죄를 저지른 사람은 5년 이하의 징역 또는 5천만원 이하의 벌금에 처한다.

2) 형벌과 수강명령 등의 병과(법 제19조)

① 법원은 스토킹범죄를 저지른 사람에 대하여 유죄판결(선고유예는 제외)을 선고하거나 약식명령을 고지하는 경우에는 200시간의 범위에서 다음 각 호의 구분에 따라 재범예방에 필요한 수강명령 또는 스토킹 치료프로그램의 이수명령을 병과할 수 있다.

1. 수강명령: 형의 집행을 유예할 경우에 그 집행유예기간 내에서 병과
2. 이수명령: 벌금형 또는 징역형의 실형을 선고하거나 약식명령을 고지할 경우에 병과

② 법원은 스토킹범죄를 저지른 사람에 대하여 형의 집행을 유예하는 경우에는 제1항에 따른 수강명령 외에 그 집행유예기간 내에서 보호관찰 또는 사회봉사 중 하나 이상의 처분을 병과할 수 있다.

③ 제1항에 따른 수강명령 또는 이수명령의 내용은 다음 각 호와 같다.

1. 스토팅 행동의 진단 상담

2. 건전한 사회질서와 인권에 관한 교육
3. 그 밖에 스토킹범죄를 저지른 사람의 재범예방을 위하여 필요한 사항

④ 제1항에 따른 수강명령 또는 이수명령은 다음 각 호의 구분에 따라 각각 집행한다.

1. 형의 집행을 유예할 경우: 그 집행유예기간 내
2. 벌금형을 선고하거나 약식명령을 고지할 경우: 형 확정일부터 6개월 이내
3. 징역형의 실형을 선고할 경우: 형기 내

3) 잠정조치의 불이행죄(법 제20조)

제9조 제1항 제2호 또는 제3호의 잠정조치를 이행하지 아니한 사람은 2년 이하의 징역 또는 2천만원 이하의 벌금에 처한다.

제10절 마약류 수사

1. 의의

마약(narcotics)이란 무감각을 뜻하는 그리스어 나르코티코스(narcotikos)에서 유래한 것으로 인체의 중추신경계에 대한 억제작용을 하는 약물을 말한다. 따라서 마약은 인간의 중추신경계에 작용하여 통증과 그것에 대한 두려움을 완화시키며 수면을 취하게 하는 의학적 작용을 하는 물질을 말한다.

2. 종류

1) 천연마약

천연마약이란 양귀비 또는 앵속(opium poppy), 생아편(opium) 및 코카잎, 그리고 이것들부터 추출한 알카로이드에 다른 물질을 화학적으로 합성한 물질인 모르핀, 옥시코돈, 옥시모르폰, 테바인, 코데인, 헤로인과 코카인, 크랙 등 34가지의 알카로이드와 그 염류를 말한다.

2) 합성마약

합성마약은 모르핀과 유사한 진통효과를 가지면서 의존성이 적은 의약품을 개발하는 과정에서 합성된 마약으로, 모르핀과 같은 정도의 의존성과 부작용을 가지고 있다. 페치딘계, 메사돈계, 아미노부텐계, 벤조모르판계, 프로폭시펜계, 아세틸 메사돌, PEPAP, 엠피피피(MPPP) 등으로 구분된다.

3) 반합성마약

(1) 개념

① 반합성마약은 천연마약인 양귀비, 아편 또는 코카잎에서 추출되는 모든 알카로이드와 화학물질이 합성된 물질을 말한다. 진통, 진해제로 사용되는 의료용 마약물질이다.

② 헤로인, 히드로모르폰, 하이드로폰, 이드로모르피놀, 옥시코돈, 테바인, 코데인 등이 있다.

(2) 헤로인

① 디아세틸모르핀(diacetylmorphine)이라고도 하는 헤로인은 독일의 바이엘사가 진통제 약품으로 개발한 것으로서, 모르핀을 원료로 하여 무수초산과 염산, 에테르 등을 화학적으로 합성하여 아세틸화한 합성마약이다.

② 모르핀 1파운드는 정확하게 헤로인 1파운드를 생산하지만, 헤로인의 효능은 5~10배에 달하고, 금단증상도 매우 강한 마약이다.

③ 통상 냄새가 없고. 순백색, 우유색, 암갈색이나 흑색을 띠는데, 순백색이 가장 순도가 높고 효과도 강하다. 헤로인은 주사, 흡입, 담배형태로 흡수된다.

④ 헤로인은 코카인과 섞어서 사용되며, 스피드 볼(speed ball)은 강력한 흥분효과를 내기 위하여 헤로인에 코카인을 혼합하여 정제한 것이다.

4) 한외마약

① 한외마약이란 일반의약품에 마약성분이 미세하게 혼합된 약물로서 마약성을 띠고 있으나 다른 약물이나 물질과 혼합되어 다시 제조하거나 제제할 수 없고, 그것에 의하여 신체적 또는 정신적 의존성을 일으키지 아니하는 것으로서 총리령으로 정하는 합법적인 의약품이다.

② 의약품(감기약 등)의 원료로 사용하는 합법의약품이다.

③ 한외마약에는 코데솔, 코데닐, 코데잘, 유코테, 아티반, 세코날, 데코인, 후리코 등으로 처벌대상이 아닌 의약품이다.

3. 향정신성의약품

1) 개념

위험한 마약이라고도 하는 향정신성의약품은 남용의 경우에 사람의 몸을 해칠 잠재력이 있는 종합적이고 자연적인 약물을 말한다. 향정신성의약품은 인간의 중추신경계에 작용하는 것으로서, 이를 오용 또는 남용할 경우 인체에 현저한 위해가 있다고 인정되는 억제제(depressants), 흥분제(각성제, stimulants), 환각제(hallucinogents) 등을 말한다.

2) 향정신성의약품의 분류

(1) 각성제(법 제2조 제3호 나목)

① 각성제(stimulants)는 억제제와는 반대로 중추신경계의 활동을 강화시켜 인간의 마음을 편안하게 하고 집중력과 기억력을 높여주며 피로감을 감소시켜 주거나 정신을 맑게 해준다.

② 다양한 메스암페타민(필로폰), 암페타민 류, 펜프루라민, 덱스트로암페타민, 에스터시 등이 각성제에 해당한다. 그 중에서도 필로폰이라고도 하는 메스암페타민이 가장 위험한 마약으로서 흔히 남용되는 각성제이다.61)

③ 마약류에 속하지 않는 각성제로서 카페인, 니코틴 등이 있다.

④ 「마약류 관리에 관한 법률」은 각성제를 오용 또는 남용의 우려가 심하고 매우 제한된 의료용으로만 쓰이는 것으로서, 이를 오용 또는 남용할 경우 심한 신체적 또는 정신적 의존성을 일으키는 약물이나 이를 함유하는 물질이라고 규정하고 있다.

⑤ 이러한 각성제로는 메스암페타민, 암페타민류, 펜플루라민 덱스트린, 엑스터시, 또한 신종마약으로서 메스암페타민 성분을 함유하고 있는 스피드 볼(메스암페타민과 헤로인 또는 코카인의 합성물), 야바(메스암페타민과 카페인 또는 헤로인 합성물) 등이 해당한다.

(2) 환각제(법 제2조 제3호 가목)

① 환각제는 실제로 자극이나 대상이 없는데도 마치 실제로 존재하는 것과 같은 감각의 변화를 발생시키거나 과거에 대한 꿈결 같은 회상 또는 어린 시절의 재생 등 착란상태를 일으키는 작용을 한다. 감각이 왜곡되어 환상을 보거나 극도의 행복감이나 불행의 교차함을 느끼거나 망상, 불안 등을 유발시킨다.

② 「마약류 관리에 관한 법률」에서는 "오용 또는 남용의 우려가 심하고 의료용으로 쓰이지 아니하며 안전성이 결여되어 있는 것으로서, 이를 오용 또는 남용할 경우 심한 신체적 또는 정신적 의존성을 일으키는 약물이나 이를 함유하는 물질"이라고 정의하고 있다.62)

③ 플래시백(flashback) 현상이란 환각제 복용을 중단하였음에도 불구하고 복용 당시 경험하였던 환각상태를 다시 경험하게 되는 현상을 말한다. 플래시백 현상은 약물을 중단한지 일주일 만에 또는 수년 후에도 나타날 수 있고, 지속시간 또한 수초에서 수 시간까지 일정치 않다.

④ 환각제에 속하는 중요한 마약류는 LSD, 펜사이클리딘(phencyclidine: PCP), 메스칼린(선인장에서 추출), 사일로사이빈(버섯에서 추출), 싸이로신, 이버게인, 파라헥실 등이 있다.63)

(3) 억제제(진정제)

① 억제제(depressants)는 중추신경계의 기능을 저하 또는 억제하고 진정시키는 기능을 하는 합성마약이다. 일반적으로 바르비탈염제재(barbiturates)로 알려진 억제제는 중추신경계의 특정부위

61) Gilbert, op. cit., p.356.
62) 마약류 관리에 관한 법률 제2조 제3호 가목, 법률 제19322호, 2023.9.29.
63) 마약류 관리에 관한 법률 제2조 제3호 가목, 법률 제19322호, 2023.9.29.

를 억제하여 진통효과를 나타나게 하거나 수면을 유도하는 진정제이다.[64] 따라서 억제제는 합법적으로 생산되는 의약품으로서의 수면제 및 신경안정제를 말한다.

② 「마약류 관리에 관한 법률」은 억제제란 오용 또는 남용의 우려가 상대적으로 적고 의료용으로 사용되는 것으로서, 이를 오 · 남용할 경우 그리 심하지 않은 신체적 의존성 또는 심한 정신적 의존성을 일으키는 약물이나 이를 함유하는 물질로 규정하고 있다.

③ 억제제는 바르비탈염제제, 벤조다이아핀제제, 로히프놀, 옥시콘틴 등이 있다.[65] 또한 다른 약물보다 오용 또는 남용의 우려가 상대적으로 적고 의료품으로 쓰이는 것으로서, 바르비탈, 디아제팜, 로라제팜, 쿠아제팜, 날부핀, GHB, 카리스포로돌, 덱스트로메트로판(러미라) 등이 대표적인 약물이다.

4. 주요 향정신성의약품

1) 필로폰: 메스암페타민

(1) 치료의약품으로 개발

① 메스암페타민은 1919년 일본 도쿄대학 나가이 나가요시 교수가 천식치료제인 마황으로부터 에페드린을 추출하는 과정에서 처음으로 발견한 물질로서 1893년 최초로 합성에 성공하였다.

② 필로폰은 일본의 대일본제약회사가 히로뽕이라는 상품명으로 잠을 쫓고 피로감을 없애주는 각성약물로서 판매하였으며, "일하는 것을 사랑한다"는 의미의 희랍어 "Philoponos"에서 유래되었다.

③ 메스암페타민은 초기에는 우울증, 비만이나 체중조절, 만성적인 피로, 수면발작 등의 치료제 또는 진정제 과다복용에 따른 각성제 등으로 사용되었다. 전쟁 중에는 군인 및 군수공장 등에서 일하는 노동자들의 피로회복과 전투의욕, 작업능력, 생산능력 등을 제고하는 수단으로 이용되었다.

(2) 사용방법

① 메스암페타민은 정맥주사, 음료수 등과 복용, 흡연, 가열하여 연기를 입으로 흡입하는 방법으로 투여한다. 정맥주사 방법이 가장 효과적이지만 주사흔적이 남고, 연기흡입 방법은 사용량이 다소 많다는 단점이 있다.

② 필로폰의 1회 투약량은 보통 0.02~0.05g이지만 심한 중독상태에서는 0.1g까지 사용한다.

(3) 효능

① 필로폰은 코카인과 비슷한 성능을 가지고 있으며, 마약인 헤로인보다 더욱 강한 각성효과를 갖고 있다.[66]

---

64) Ibid., p.355.
65) 마약류 관리에 관한 법률 제2조 제3호 다목, 법률 제19322호, 2023.9.29.

② 복용 시에는 즉각적이고 강력한 쾌감의 발생, 행복감의 지속, 피로감 감소, 흥분을 유발한다. 오・남용하면 식욕이 감퇴하고 모든 종류의 운동성 및 정신활동이 증가하며 불면상태에 빠진다. 또한 심장에 영향을 미쳐 혈압 상승 현상이 발생하고, 어떤 사람은 정신분열증이나 정신병 증상을 보이기도 한다.67)

③ 남용하면 내성, 의존성, 금단증상이 일어나 육체적・정신적 부작용을 초래하고 폐인이 되거나 사망에 이르게 된다.

④ 중국-일본-한국의 3국을 연결하는 필로폰 밀거래 유통체계를 '백색의 삼각지대'라 한다.

2) GHB(물뽕)

(1) 수술용 마취제로 개발

GHB(gamma hydroxy butyrate)는 1980년대에 유럽에서 외과 수술용 마취제로 개발하였으나 통증억제효과가 시원치 않아 사용이 중지되었다. 그러나 인체에도 존재하는 GHB는 성장 호르몬 촉진, 근육발달과 수면유도 효과가 있다는 평가로 인해 의사의 처방없이 영양보강제로 약국에서 판매되어 왔다. 특히 운동선수나 보디빌더들이 애용해 온 약물이다.68)

(2) 특징

① GHB의 주 성분은 페인트의 시너(thinner)로서 무색・무취, 그리고 짠맛이 나는 액체로서 소다수 등 음료에 타서 복용하기 때문에 물같은 히로뽕이라는 뜻에서 일명 '물뽕'이라 한다.

② 근육강화 호르몬 분비효과가 있으며 소다수 등 음료에 타서 복용한다.

③ 미국, 캐나다, 유럽 등지에서 로히프놀과 유사한 방법으로 성범죄용으로 악용되고 있으며, 데이트하면서 상대방 몰래 음료수에 타서 마시게 함으로써, 강간에 이용한다는 점에서 데이트 강간약물로도 불리고 이지 레이(easy lay)라고도 부른다. 대체로 사용 15분 후 효과가 발생하고 3시간 지속된다.

3) 엑스터시(Ecstasy)

① 메스암페타민과 메스칼린의 합성물로서 1949년 독일에서 식욕 감퇴제로 개발되었으며, 1980년대 마약으로 분류되었다. 「마약류 관리에 관한 법률」에서 메스암페타민과 같이 각성제로 분류하고 있으나 약리적인 성분을 기준으로 본다면 환각제에 더 가깝다.

② 일반적으로 '사랑마약'이라고 하는 합성마약인 엑스터시의 성분은 환각제인 메스칼린에 유사하지만, 또한 메스암페타민의 효능도 가지고 있다.

③ 따라서 기분이 좋아지는 약, 포옹마약, 클럽마약, 도리도리라고도 하며, 정제나 알약으로 만들어져 사용하기 간편하고 가격도 염가여서 젊은층이 많이 사용하는 것으로 알려지고 있다.

---

66) Weston & Lushbaugh, op. cit., p.309.
67) Ibid., p.359.
68) Ibid., pp.355-356.

④ 복용자는 복용 후 급속하고 무서울 정도로 몸이 뜨거워지기 때문에 철야 테크노 클럽이나 라이브 바 또는 파티장 등에서 막대사탕을 물고 있거나 많은 양의 물을 계속 마신다.

⑤ 복용하면 신체접촉 욕구가 강하게 발생하며, 일반적으로 사용자는 심하게 이를 갈기 때문에 어린아이 젖꼭지를 물고 다니거나 가지고 다닌다.

⑥ 복용 후 3~4시간, 심지어 8시간 동안 도취감에 빠지게 하는 부드러운 환각제이다. 복용 여부는 간이시약 검사에 의해 판별가능하다.[69]

4) 덱스트로메트로판(러미라)

① 덱스트로메트로판이라고도 하는 러미라는 진해거담제로서 의사의 처방전이 있으면 약국에서 구입가능한 의약품이다.

② 따라서 마약류는 아니다. 강한 중추신경 억제성 진해작용이 있으나 의존성과 독성은 없어 주로 코데인 대용으로 사용된다.

③ 사용자들은 도취감 혹은 환각작용을 맛보기 위해 사용량의 수십 배에 해당하는 20~100정을 흔히 사용한다. 청소년 사이에서 소주 등에 타서 마시므로 정글주스라고도 한다.

5) 카리소프로돌(일명 S정)

① S정이라고도 하는 카리스포로돌은 중추신경계에 작용하여 골격근육을 이완시키는 효과가 있는 근골격계 치료제이다.

② 도취감이나 환각작용이 나타나기 때문에 마약대용으로 오 · 남용되는 약물이다.

③ 오 · 남용 시 온몸이 뻣뻣해지고 뒤틀리며 혀 꼬부라진 소리 등을 하고 호흡장애나 실신, 심지어 사망에까지 이르게 된다.

6) LSD(Lysergic Acid Diethylamide)

① LSD는 1938년 스위스의 생화학자인 알버트 호프만(Albert Hofmann) 박사가 개발하였다.

② 호밀과 소맥(밀)에서 자라고 있는 깜부기(곰팡이)병균에서 추출하여 이를 분리 · 가공 · 합성한 것으로서, 무색, 무미, 무취의 액체, 정제 또는 분말 상태의 중추신경을 흥분시키는 환각제이다.

③ LSD는 전형적으로 불법적인 마약 제조공장이나 실험실에서 생산되는 마약류이다.[70]

④ 환각제 중에서 최고의 효능을 가지며 정제, 캡슐, 액체형태로 사용된다. 극소량으로 효과가 강력하게 나타나기 때문에 각설탕, 초콜릿과자, 빵, 토마토주스 등에 첨가시켜 먹거나 또한 우표, 압지, 만화, 그림 등의 표면에 묻혔다가 뜯어서 입에 넣는 방법으로 복용한다.

⑤ LSD 25μg이면 성인 1명을 환각상태에 빠지게 할 수 있다. 환각경험은 기분 좋은 경험과

---

69) Ibid., p.362.

70) Weston & Lushbaugh, op. cit., p.360.

공포, 불안 등 나쁜 경험(bad trip)이 있다. LSD 1파운드는 360만 명분의 복용약을 만들 수 있다.

⑥ LSD는 환각작용과 내성이 강하지만 의존성과 금단증상은 일으키지 않는다.[71] 일부 남용자들은 실제로 사용하지 않았는데도 환각현상을 경험하는 플래시백 현상을 일으키기도 한다.

⑦ LSD 사용자는 동공이완, 창백함, 안면홍조, 체온상승, 혈압상승, 심장박동증가, 오한, 수전증, 식욕저하, 오심, 마비, 경련, 호흡곤란 등의 증상이 나타난다. 심할 경우 전신마비와 함께 사망에 이른다.

⑧ 환각제 중 가장 강력한 효과를 나타내며, 통상 분말로 제조되나 캡슐·정제·액체 형태로 사용된다.

7) 야바(Yaba)

① 야바는 세계 최대의 마약 밀매조직인 쿤사가 개발한 MDMA 계열의 신종 마약으로서 카페인·에페드린·밀가루 등에 필로폰을 혼합하여 제조한 것이다.

② 태국 등 동남아시아 지역에서 주로 생산되어 유흥종사자, 육체노동자, 운전기사 등을 중심으로 급속히 확산, 태국에서는 야바를 말처럼 힘이 솟고 정력에 좋은 약이라고 해서 '홀스 메디신(horse medicine)'이라고도 한다. 야바는 종래 야마(yahmah), 즉 '원기 나는 약'으로 불리어졌으나 최근에 필로폰의 해악에 대한 경계심에서 야바, 즉 '미치게 하는 약'으로 호칭되고 있다.

③ 가격은 필로폰의 1/5에 불과하나 효과는 더욱 강력한 각성제이다. 흰색의 기존 필로폰과는 달리 노란색이나 붉은색, 오렌지색, 보라색, 갈색 등의 알약 또는 캡슐로서 복용하기가 편리하고 의약품으로 위장하기 쉽다. 한 번 복용하면 3일 간 잠을 자지 않을 정도로 각성효과가 강하고 중독성도 강하다.

④ 중추신경계에 작용하는 각성제이지만 카페인, 에페드린, 밀가루 등에 필로폰을 혼합, 순도는 필로폰보다는 20~30% 정도로 낮다. 야바는 원재료가 화공약품인 필로폰인 관계로 양귀비의 작황에 의존하는 헤로인과는 달리 안정적인 생산이 가능하다.

8) 메스칼린(Mescaline)

① 메스칼린은 미국 남서부와 멕시코에서 자라는 페이요트 캑터스(peyote cactus)라는 작은 선인장의 꽃에서 추출한 환각제이다.

② 메스칼린은 페이요트 캑터스에서 추출되는 천연 알카로이드 또는 이를 합성해서 만든 분말이나 액체 형태이다. 메스칼린은 구조적으로 신경충격 물질인 아드레날린과 유사하고 짙은 갈색 분말이며, 합성물질은 흰색 결정성 분말형태이다.

③ 메스칼린을 섭취하면, LSD 복용 시에 나타나는 것과 유사한 효과가 발생한다. 그러나 일반적으로 그 효과는 LSD의 환각효과보다는 약하다.

71) Ibid., p.361.

④ 내성은 있으나 의존성은 없는 마약류이다. 가루, 정제, 기타 캑터스 선인장의 천연조각 형태로 사용된다.

⑤ 3시간 후에 약효가 나타나고 12시간 이상 지속되는 경우도 있다. 환청보다는 환시현상이 주로 나타나며, 오심, 구토, 심하면 혼수상태를 초래한다.

9) 프로포폴

① 흔히 수면마취제라고 불리는 정맥마취제로서 수면내시경 등에 사용된다.

② 2011년에 「마약류 관리에 관한 법률」에 따라 마약류 향정신성의약품으로 지칭되었다.

③ 일시적 무호흡, 저혈압 등을 유발할 가능성이 있다.

10) 케타민(Ketamine)

① 케타민은 인체용 또는 동물용 마취제로서 안전한 약물이지만, 의존성 및 금단증상이 발생한다.

② 현재 미국에서는 통제물질 Schedule Ⅲ, 홍콩에서는 통제물질 Schedule Ⅰ에 해당하는 케타민은 UN에서는 향정신성물질로 관리되고 있지 않으며, 캐나다에서는 마약류로, 콜롬비아에서는 향정신성의약품으로 각각 관리하고 있다.

③ 유흥업소 및 클럽에서 '데이트 강간 마약(date rape drug)'으로 불리며, 정맥이나 근육에 주사하거나 흡연 또는 흡입 시 자신에게서 벗어나는 듯한 강력한 환각효과가 있다.

④ 남용방식에 따라 1~6시간 정도 환각효과가 지속되는 반면, 맥박 및 혈압상승, 호흡장애, 심장마비의 위험성을 동반한다.[72]

5. 대마

1) 의의

「마약류 관리에 관한 법률」상 대마란 대마초(카나비스 사티바, Cannabis sativa)와 그 수지 및 대마초 또는 그 수지를 원료로 하여 제조된 일체의 제품을 말한다. 천연 대마초는 잎, 꽃대, 줄기, 열매의 부분들을 포함하지만, 고품질의 대마초는 잎과 꽃대 부분만 포함시키고 줄기와 종자는 제외된다. 따라서 대마초의 종자, 뿌리 및 성숙한 대마초의 줄기와 그 제품은 제외한다.[73] 그러나 종자의 껍질은 포함한다.

대마초는 1년생 식물로 삼베의 원료가 되며 5~7월이 주된 성장기간으로 집중단속이 요구되는 시기이다. 누구도 허가 없이 재배, 소지, 수수, 운반, 보관하거나 이를 사용해서는 안 된다.

---

72) 마약류범죄백서, 대검찰청, 2007, p.20.

73) 마약류 관리에 관한 법률 제2조 제5호, 법률 제9024호, 2008.3.28.

2) 증상

(1) 내성의 존재와 의존성의 부존재

마리화나의 남용은 내성을 형성하게 되지만, 신체적인 의존성은 생기지 않는다. 일부의 사용자들은 환각을 경험하지만, 대마초의 강도가 아주 높은 경우를 제외하고는 대부분의 사용자들은 환각을 경험하지는 않는다.[74]

(2) 일반적인 증상

대마초 사용자들은 일반적으로 지각능력의 변화, 특히 색깔, 소리, 그리고 맛에 관한 감각이 변화한다. 적은 양을 복용하였을 때에는 풍족감, 이완감을 수반한 꿈꾸는 듯한 느낌이나 공복감 등을 느끼고 시각, 후각, 촉각, 미각 등도 오묘하게 변한다. 많은 양을 복용하였을 때에는 공중에 뜨는 느낌과 함께 빠른 감정의 변화를 경험하며 집중력의 상실, 자아상실, 환각, 환청 등이 나타난다.

어떤 사용자들은 큰 소리, 공격적인 행동을 보이거나 전반적으로 말이 많아진다. 다른 사람들은 말이 없고 졸리고 내향적이 된다. 일반적으로 어떤 문제에 대해 신속히 반응하고 결정하는 능력은 저하된다. 따라서 대마초 남용자는 운전 중에 반응의 능력의 결여로 인하여 심각한 교통사고를 발생시킬 잠재력을 가지고 있다.[75] 대마의 남용이 위험한 것은 환각상태에서 강력범죄를 저지를 수 있다는 점이다.

3) 종류

(1) 대마초

① 생산

포르투갈어로 마리화나(Marijuana)라고 하는 대마초는 미국 인디안의 카나비 사티바(Cannabis Sativa)라고 하는 대마의 잎과 꽃대 윗부분을 건조하여 담배형태로 만든 것을 말한다. 대마는 전 세계적으로 온난한 기후를 가진 지역, 즉 멕시코, 남미, 자메이카, 미국, 동남아시아 등에서 자생하는 식물이다.

어떤 문화에서는 대마초를 먹고 껌처럼 씹기도 한다. 그러나 대부분 대마초는 주로 대마의 꽃대 윗부분과 잎을 건조시켜 담배 형태로 종이에 말아서 또는 파이프에 넣어 피우는 물질이다.[76]

② 성분

대마초의 사용자가 쾌감을 얻게 되는 마약성 물질은 THC(tetrahydrocannabinol)로서 암컷 대마에만 포함되어 있으며, 이 물질 때문에 도취, 환각상태가 높게 나타난다. THC의 양은 대마의 종류와

74) Gilbert, op.cit., p.364.
75) Ibid., pp.364-365.
76) Ibid., p.363.

재배방법, 성장지역에 따라서 약 20% 정도의 차이가 날 정도로 비교적 저수준에서 고수준까지 아주 다양하다. 야생의 대마초는 THC 수준이 1% 수준에 지나지 않지만, 적절하게 경작된 대마초는 3% 수준까지 상승한다. 콜롬비아나 하와이에서 생산한 대마초는 THC 수준이 4~6% 수준이고, 씨없는 대마초인 신세밀라(Sinsemilla)는 8~14% 수준이다. 또한 해쉬쉬(Hashish)는 THC 수준이 8~14%이고 해쉬쉬 오일은 15~50% 수준으로 가장 높다.[77)]

(2) 대마수지(해쉬쉬)

성숙한 대마의 꼭대기에 있는 꽃대 부분이나 상부의 잎을 두드리거나 긁어서 THC 함유량이 아주 높은 수지를 추출할 수 있다. 또는 대마수지는 대마 꽃대 부분의 수지성 분비물을 알코올로 채취하여 가마솥에 증류함으로써 건조 · 농축한 제품이다. 보통 마리화나보다 10배 정도로 효과가 강하다.[78)]

찌꺼기가 말려진 덩어리 형태로서 색깔은 갈색, 암갈색, 흑색 등이다. 해쉬쉬는 그냥 피거나 흡입할 수도 있는데 흡입 시 마취성이 있어 혼수상태에 빠질 수 있다.

(3) 해쉬쉬 미네랄 오일

해쉬쉬는 대마에서 기름성분의 액체형태로 추출될 수 있다. 품질이 좋은 마리화나에 용제를 넣어 가열하면 THC가 농축된 해쉬쉬 오일이 추출된다. 해쉬쉬 오일은 기름형태의 대마수지를 농축 또는 건조하지 않고 병이나 캔 속에 넣어 두고 사용하는 기름을 말한다. 해쉬쉬 오일은 주로 알코올, 설탕, 꿀, 향로 등을 타서 복용한다. 미네랄 오일도 마리화나보다 10배 이상 강한 효과가 있다.

6. 마약류 투약 감정을 위한 생체시료

1) 소변

(1) 의의

마약류 투약 감정을 위한 생체시료는 소변, 혈액, 모발, 손톱, 발톱, 땀, 타액 등이 있다. 이 중 소변은 시료 채취가 용이하고 감정기법의 신뢰도가 높아 최근의 투약 여부 감정에 주로 이용되고 있는 시료이다.

(2) 시료 채취시간과 채취량

마약, 환각제, 대마의 투약 여부를 증명하기 위한 생체시료는 소변이 가장 적합하며 투약 후 빠른 시간 내에 채취하여야 하며 채취량은 여러 가지 검사가 필요한 경우 30ml 이상 채취해야 한다.

생체시료로서 소변의 채취시간은 ⅰ) 메스칼린은 투약한지 24시간 이내, ⅱ) 헤로인은 40시간

---

77) Weston & Lushbaugh, op. cit., p.309.
78) Ibid., p.367.

이내, iii) LSD는 48시간 이내, iv) 대마, 모르핀, 필로폰, 생아편은 투약한지 72시간 이내 채취하여야 한다.

2) 모발

(1) 생체시료가 될 수 있는 모발의 종류

사람이 복용한 약물은 혈액을 통하여 모발에 축적된다. 모발에 축적된 약물은 모발을 인위적으로 제거하지 않는 한 모발 속에 남아 있어 투약자의 모발 속에 있는 약물의 종류와 양을 감정할 수 있는 시료가 된다.

생체시료가 될 수 있는 모발은 머리카락, 턱수염, 겨드랑이 털, 체모(다리털), 눈썹, 음모 등으로 구분할 수 있으나 마약류 감정에는 일반적으로 머리카락을 이용한다. 머리카락을 이용한 감정이 음성인 경우에는 다리털이나 겨드랑이 털을 감식시료로 사용할 수 있다.

(2) 장기복용 약물 감정 시료

① 약물복용 검사를 위한 소변이나 혈액 시료는 약물복용 후 일정시간 내에 약물이 체외로 배설되므로 어느 정도 시일이 경과한 후에는 약물복용 여부의 시료로서의 가치를 잃게 된다. 그러나 모발은 특별한 환경적 요인이나 인위적 손상을 가하지 않는 한 수개월 혹은 수년이 경과하여도 투약한 약물을 검출할 수 있다.

② 머리카락 1인치는 대략 60일 간의 약물사용 검사시료가 된다. 흡수된 마약은 혈관을 통하여 순환하고 머리카락의 모낭에도 영양분을 제공한다. 따라서 머리카락의 핵심 줄기 속에 도달된 마약의 흔적은 섭취한 마약의 양에 비례한다. 그 흔적은 씻거나 탈색에 의해서도 없어지지 않는다.[79] 또한 시료수집 및 운송이 용이하고 보관 등의 외부조건에 영향을 받지 않는 안정성 등의 장점이 있다.[80]

(3) 모발의 길이에 따른 복용량 감정

투약시기 추정을 위한 시료는 모발이 적당하며 모발이 1개월에 평균 1cm 정도 성장함을 기준으로 하여 모근으로부터 일정간격(약 3~5cm)으로 잘라 각 부분을 시험하여 판정한다. 또한 모발에 축적된 마약류의 양은 일반적으로 복용량에 따라 비례하는 것으로 알려져 있다.

예를 들어, 마약류 사범 수사과정에서 피의자가 7개월 전에 약물을 복용하였다고 진술할 경우에 모발감정은 모근 부위로부터 6~8cm 부분의 모발을 잘라 감식해야 한다. 또한 진술이 없더라도 모근 부위로부터 2cm 간격으로 잘라서 감정한 결과 4~6cm 부위에서 필로폰 양성반응이 나오면 피의자는 시료채취일로부터 4~6개월 사이에 필로폰을 복용한 것으로 추정할 수 있다.[81]

머리카락 채취는 머리 정수리 부분에서 채취하며, 머리카락을 손으로 당겨서 뽑거나 두피에

79) Ibid., pp.387-388.

80) 마약류 범죄수사, 경찰수사보안연수소, 앞의 책, pp.18-19.

81) 사법연수원, 과학수사론, pp.214-215.

가깝게 가위로 자른다. 모발 중 메스암페타민 검증을 위해서는 50~80수를 채취해야 한다. 짧은 스포츠형의 두발인 경우 100수 정도가 필요하다. 다만, 투약시기 감식의 경우 머리카락을 100~200수 이상 채취하여 모근 부위를 감식관이 알 수 있도록 표시하여 감정의뢰한다.[82] 대머리이거나 삭발처럼 두발채취가 곤란한 경우에는 다리털, 음모, 겨드랑이 털 등 기타 체모를 채취한다.[83]

3) 혈액

혈액은 빠른 시간 내에 약물이 혈액 속으로 이동하므로 약물 투여량과 혈액 중 약물농도가 비례할 뿐만 아니라 전문가에 의해 채취되므로 시료가 바뀔 염려가 없다는 장점이 있다. 그러나 혈액은 많은 양의 시료 채취가 어렵고 혈액 중에는 측정하고자 하는 약물과 화학적 결합을 하는 단백질 등이 있어 약물분석이 어렵고 복잡하다. 또한 혈액 중에 약물의 빠른 순환으로 약물농도가 낮게 검출된다는 단점이 있다.[84]

7. 간이시약에 의한 마약류 복용검사

1) 아큐사인(Accusign) 검사

(1) 특징

① 마약류를 복용하였다고 의심되는 피의자를 검거한 경우 즉시 아큐사인 시약으로 복용 여부에 대한 검사를 실시하여야 한다. 아큐사인은 피의자의 뇨를 이용하여 마약류를 복용하였는지를 밝히는 간단한 검사법으로 현재 일선에서 광범위하게 사용하고 있다.

② 아큐사인 간이시약 검사는 메스암페타민(MET), 대마초(THC), 코카인(COC), 헤로인(모르핀), 엑스터시(ET) 등 다섯 가지의 복용 여부를 검사할 수 있다.[85]

(2) 검사방법과 유의사항

① 검사방법은 먼저 피의자의 뇨 3~4방울을 제출받아 플라스틱 피펫으로 샘플 윈도우에 떨어뜨리면 약 3분에서 10분 사이에 결과를 판별할 수 있다.

② 판별방법은 비교띠(C: Control Line)와 시험띠(T: Test Line) 모두에 붉은 띠가 나타나면 음성, 즉 복용하지 않음으로 판별되고, 비교띠에만 붉은 띠가 나타나면 양성으로 판별한다. 시험띠(T) 위에 조금이라도 붉은 띠가 나타나면 음성으로 판별한다. 비교띠가 전혀 현출되지 않는 경우 시험은 실패한 것으로 보아 다시 시험해야 한다.

③ 간이시약 검사결과 양성반응이 나온 경우 시간경과에 따라 훼손될 수 있으므로 즉시 사진을 찍거나 간이시약 검사결과에 대하여 피의자 확인서를 받아 두어야 한다.

---

82) 사법연수원, 과학수사론, p.216.
83) 마약류 범죄수사, 경찰수사보안연수소, 2006, p.32.
84) 앞의 책, pp.19-21.
85) 마약류 범죄수사, 경찰수사보안연수소, 2006, p.23.

④ 주의하여야 할 점은 가장 먼저 채취한 소변으로 검사하고, 간이시약 감정결과는 직접증거로 쓰기에 부족하므로 반드시 정식감정을 의뢰하여야 한다는 점이다. 또한 간이시약 검사는 정확한 시험이 아니라 예비시험이라는 점을 분명히 해야 하며, 때에 따라 간이시약 검사결과가 음성일지라도 정식 감정결과 양성반응이 나타날 수 있다는 점에 유의하여야 한다. 그러므로 피의자의 자백 등 다른 증거가 있을 경우 간이시약 검사결과가 음성일지라도 피의자를 석방하지 말고 정식검사를 의뢰하여야 한다.[86)]

2) 마퀴스 시약 및 TBPE 시약

마퀴스 시약은 진한 황산에 포르말린을 넣어 만든 것으로 모르핀, 코데인, 헤로인 등 아편 알카로이드 감정에 사용하는 시약이다. 투약자의 경우에 처음에는 붉은 자색을 띠다가 청색으로 변한다.

TBPE 시약은 필로폰 투약 여부를 감정하는 현장감정용으로서 투약 후 72시간 이내에 소변을 약 20ml를 받아 감정한다. 적자색을 띠면 양성이고 황색 또는 녹색을 띠면 음성이다. 모두 간이시약 검사이므로 국립과학수사연구소에 정식감정을 해야 한다.

제11절 범죄피해자 보호

1. 범죄피해자 보호의 목적과 정의

1) 목적(법 제1조)

「범죄피해자 보호법」은 범죄피해자 보호・지원의 기본정책 등을 정하고 타인의 범죄행위로 인하여 생명・신체에 피해를 받은 사람을 구조함으로써 범죄피해자의 복지증진에 기여함을 목적으로 한다.

2) 정의(법 제3조)

1. "범죄피해자"란 타인의 범죄행위로 인하여 피해를 당한 사람과 그 배우자(사실상의 혼인관계 포함), 직계친족 및 형제자매를 말한다. 그 밖에 범죄피해 방지 및 범죄피해자 구조활동으로 피해를 당한 사람도 범죄피해자로 본다.
2. "범죄피해자 보호・지원"이란 범죄피해자의 손실복구, 정당한 권리행사 및 복지증진에 기여하는 행위를 말한다. 다만, 수사・변호 또는 재판에 부당한 영향을 미치는 행위는 포함되지 아니한다.
3. "범죄피해자 지원법인"이란 범죄피해자 보호・지원을 주된 목적으로 설립된 비영리법인을 말한다.
4. "구조대상 범죄피해"란 대한민국의 영역 안에서 또는 대한민국의 영역 밖에 있는 대한민국의 선박이나 항공기 안에서 행하여진 사람의 생명 또는 신체를 해치는 죄에 해당하는 행위로 인하여 사망하거나 장

86) 앞의 책, p.23.

해 또는 중상해를 입은 것을 말한다.

5. "장해"란 범죄행위로 입은 부상이나 질병이 치료(그 증상이 고정된 때를 포함)된 후 남은 신체의 장해로서 대통령령으로 정하는 경우를 말한다.
6. "중상해"란 범죄행위로 인하여 신체나 그 생리적 기능에 손상을 입은 것으로서 대통령령으로 정하는 경우를 말한다.

2. 범죄피해자 보호 · 지원의 기본정책

1) 손실 복구 지원 등(법 제7조)

① 국가 및 지방자치단체는 범죄피해자의 피해정도 및 보호 · 지원의 필요성 등에 따라 상담, 의료제공(치료비 지원 포함), 구조금 지급, 법률구조, 취업관련 지원, 주거지원, 그 밖에 범죄피해자의 보호에 필요한 대책을 마련하여야 한다.

② 국가는 범죄피해자와 그 가족에게 신체적 · 정신적 안정을 제공하고 사회복귀를 돕기 위해 일시적 보호시설을 설치 · 운영하여야 한다. 이 경우 국가는 보호시설의 운영을 범죄피해자 지원법인, 종합병원, 학교를 설립 · 운영하는 학교법인, 그 밖에 대통령령으로 정하는 기관 또는 단체에 위탁할 수 있다.

③ 국가는 범죄피해자와 그 가족의 정신적 회복을 위한 상담 및 치료 프로그램을 운영하여야 한다.

2) 형사절차 참여 보장 등(법 제8조)

① 국가는 범죄피해자가 해당 사건과 관련하여 수사담당자와 상담하거나 재판절차에 참여하여 진술하는 등 형사절차상의 권리를 행사할 수 있도록 보장하여야 한다.

② 국가는 범죄피해자가 요청하면 가해자에 대한 수사결과, 공판기일, 재판결과, 형 집행 및 보호관찰 집행상황 등 형사절차 관련 정보를 대통령령으로 정하는 바에 따라 제공할 수 있다.

3) 범죄피해자에 대한 정보제공 등(법 제8조의2)

① 국가는 수사 및 재판 과정에서 다음 각 호의 정보를 범죄피해자에게 제공하여야 한다.

1. 범죄피해자의 해당 재판절차 참여 진술권 등 형사절차상 범죄피해자의 권리에 관한 정보
2. 범죄피해 구조금 지급 및 범죄피해자 보호 · 지원단체 현황 등 범죄피해자의 지원에 관한 정보
3. 그 밖에 범죄피해자의 권리보호 및 복지증진을 위하여 필요하다고 인정되는 정보

4) 사생활의 평온과 신변의 보호 등(법 제9조)

① 국가 및 지방자치단체는 범죄피해자의 명예와 사생활의 평온을 보호하기 위하여 필요한 조치를 하여야 한다.

② 국가 및 지방자치단체는 범죄피해자가 형사소송절차에서 한 진술이나 증언과 관련하여 보

복을 당할 우려가 있는 등 범죄피해자를 보호할 필요가 있을 경우에는 적절한 조치를 마련하여야 한다.

3. 범죄피해자 보호 · 지원의 기본계획 등

1) 기본계획의 수립(법 제12조)

법무부장관은 범죄피해자보호위원회의 심의를 거쳐 범죄피해자 보호 · 지원에 관한 기본계획을 5년마다 수립하여야 한다.

1. 범죄피해자 보호 · 지원 정책의 기본방향과 추진목표
2. 범죄피해자 보호 · 지원을 위한 실태조사, 연구, 교육과 홍보
3. 범죄피해자 보호 · 지원 단체에 대한 지원과 감독
4. 범죄피해자 보호 · 지원과 관련된 재원의 조달과 운용
5. 그 밖에 범죄피해자를 보호 · 지원하기 위하여 법무부장관이 필요하다고 인정한 사항

2) 범죄피해자보호위원회(법 제15조)

① 범죄피해자 보호 · 지원에 관한 기본계획 및 주요사항 등을 심의하기 위하여 법무부장관 소속으로 범죄피해자보호위원회를 둔다.

② 보호위원회는 위원장을 포함하여 20명 이내의 위원으로 구성한다.

4. 구조대상 범죄피해에 대한 구조

1) 구조금의 지급요건(법 제16조)

국가는 구조대상 범죄피해를 받은 사람이 다음 각 호의 어느 하나에 해당하면 구조피해자 또는 그 유족에게 범죄피해 구조금을 지급한다.

1. 구조피해자가 피해의 전부 또는 일부를 배상받지 못하는 경우
2. 자기 또는 타인의 형사사건의 수사 또는 재판에서 고소 · 고발 등 수사단서를 제공하거나 진술, 증언 또는 자료제출을 하다가 구조피해자가 된 경우

2) 구조금의 종류 등(법 제17조)

① 구조금은 유족구조금 · 장해구조금 및 중상해구조금으로 구분하며, 일시금으로 지급한다.

② 유족구조금은 구조피해자가 사망하였을 때 맨 앞의 순위인 유족에게 지급한다. 다만, 순위가 같은 유족이 2인 이상이면 똑같이 나누어 지급한다.

③ 장해구조금 및 중상해구조금은 해당 구조피해자에게 지급한다.

3) 유족의 범위 및 순위(법 제18조)

① 유족구조금을 지급받을 수 있는 유족은 다음 각 호의 어느 하나에 해당하는 사람으로 한다.

1. 배우자(사실상 혼인관계 포함) 및 구조피해자의 사망 당시 구조피해자의 수입으로 생계를 유지하고 있는 구조피해자의 자녀
2. 구조피해자의 사망 당시 구조피해자의 수입으로 생계를 유지하고 있는 구조피해자의 부모, 손자 · 손녀, 조부모 및 형제자매
3. 제1호 및 제2호에 해당하지 않는 구조피해자의 자녀, 부모, 손자 · 손녀, 조부모 및 형제자매

② 제1항에 따른 유족의 범위에서 태아는 구조피해자가 사망했을 때 이미 출생한 것으로 본다.

③ 유족구조금을 받을 유족의 순위는 제1항 각 호에 열거한 순서로 하고, 같은 항 제2호 및 제3호에 열거한 사람 사이에는 해당 각 호에 열거한 순서로 하며, 부모의 경우에는 양부모를 선순위로 하고 친부모를 후순위로 한다.

④ 유족이 다음 각 호의 어느 하나에 해당하면 유족구조금을 받을 수 있는 유족으로 보지 아니한다.

1. 구조피해자를 고의로 사망하게 한 경우
2. 구조피해자가 사망하기 전에 그가 사망하면 유족구조금을 받을 수 있는 선순위 또는 같은 순위의 유족이 될 사람을 고의로 사망하게 한 경우
3. 구조피해자가 사망한 후 유족구조금을 받을 수 있는 선순위 또는 같은 순위의 유족을 고의로 사망하게 한 경우

4) 구조금을 지급하지 아니할 수 있는 경우(법 제19조)

① 범죄행위 당시 구조피해자와 가해자 사이에 다음 각 호의 어느 하나에 해당하는 친족관계가 있는 경우에는 구조금을 지급하지 아니한다.

1. 부부(사실상의 혼인관계 포함)
2. 직계혈족
3. 4촌 이내의 친족
4. 동거친족

② 범죄행위 당시 구조피해자와 가해자 사이에 제1항 각 호의 어느 하나에 해당하지 아니하는 친족관계가 있는 경우에는 구조금의 일부를 지급하지 아니한다.

③ 구조피해자가 다음 각 호의 어느 하나에 해당하는 행위를 한 때에는 구조금을 지급하지 아니한다.

1. 해당 범죄행위를 교사 또는 방조하는 행위
2. 과도한 폭행 · 협박 또는 중대한 모욕 등 해당 범죄행위를 유발하는 행위
3. 해당 범죄행위와 관련하여 현저하게 부정한 행위
4. 해당 범죄행위를 용인하는 행위
5. 집단적 또는 상습적으로 불법행위를 행할 우려가 있는 조직에 속하는 행위(다만, 그 조직에 속하고 있는

것이 해당 범죄피해를 당한 것과 관련이 없다고 인정되는 경우는 제외한다)

6. 범죄행위에 대한 보복으로 가해자 또는 그 친족이나 그 밖에 가해자와 밀접한 관계가 있는 사람의 생명을 해치거나 신체를 중대하게 침해하는 행위

④ 구조피해자가 다음 각 호의 어느 하나에 해당하는 행위를 한 때에는 구조금의 일부를 지급하지 아니한다.

1. 폭행·협박 또는 모욕 등 해당 범죄행위를 유발하는 행위
2. 해당 범죄피해의 발생 또는 증대에 가공(加功)한 부주의한 행위 또는 부적절한 행위

⑤ 유족구조금을 지급할 때에는 제1항부터 제4항까지의 규정을 적용할 때 "구조피해자"는 "구조피해자 또는 맨 앞의 순위인 유족"으로 본다.

⑥ 구조피해자 또는 그 유족과 가해자 사이의 관계, 그 밖의 사정을 고려하여 구조금의 전부 또는 일부를 지급하는 것이 사회통념에 위배된다고 인정될 때에는 구조금의 전부 또는 일부를 지급하지 아니할 수 있다.

⑦ 제1항부터 제6항까지의 규정에도 불구하고 구조금의 실질적인 수혜자가 가해자로 귀착될 우려가 없는 경우 등 구조금을 지급하지 아니하는 것이 사회통념에 위배된다고 인정할 만한 특별한 사정이 있는 경우에는 구조금의 전부 또는 일부를 지급할 수 있다.

5) 손해배상과의 관계(법 제21조)

① 국가는 구조피해자나 유족이 해당 구조대상 범죄피해를 원인으로 하여 손해배상을 받았으면 그 범위에서 구조금을 지급하지 아니한다.

② 국가는 지급한 구조금의 범위에서 해당 구조금을 받은 사람이 구조대상 범죄피해를 원인으로 하여 가지고 있는 손해배상청구권을 대위한다.

③ 국가는 손해배상청구권을 대위할 때 가해자인 수형자나 보호감호대상자의 직업장려금 또는 근로보상금에서 손해배상금을 받을 수 있다.

6) 범죄피해구조심의회 등(법 제24조)

① 구조금 지급에 관한 사항을 심의·결정하기 위하여 각 지방검찰청에 범죄피해구조심의회(이하 "지구심의회")를 두고 법무부에 범죄피해구조본부심의회(이하 "본부심의회")를 둔다.

② 지구심의회는 설치된 지방검찰청 관할 구역(지청이 있는 경우에는 지청의 관할 구역 포함)의 구조금 지급에 관한 사항을 심의·결정한다.

③ 본부심의회는 다음 각 호의 사항을 심의·결정한다.

1. 제27조에 따른 재심신청사건
2. 그 밖에 법령에 따라 그 소관에 속하는 사항

④ 지구심의회 및 본부심의회는 법무부장관의 지휘·감독을 받는다.

⑤ 지구심의회 및 본부심의회 위원 중 공무원이 아닌 위원은 「형법」 제127조 및 제129조부터

제132조까지의 규정(공무상비밀의 누설, 수뢰, 사건수뢰, 제3자뇌물제공, 수뢰후 부정처사, 사후수뢰, 알선수뢰)을 적용할 때에는 공무원으로 본다.

7) 구조금의 지급신청(법 제25조)

① 구조금을 받으려는 사람은 법무부령으로 정하는 바에 따라 그 주소지, 거주지 또는 범죄발생지를 관할하는 지구심의회(각 지방검찰청에 설치)에 신청하여야 한다.

② 제1항에 따른 신청은 해당 구조대상 범죄피해의 발생을 안 날부터 3년이 지나거나 해당 구조대상 범죄피해가 발생한 날부터 10년이 지나면 할 수 없다.

8) 소멸시효 및 구조금 수급권의 보호(법 제31조 및 제32조)

① 구조금을 받을 권리는 그 구조결정이 해당 신청인에게 송달된 날부터 2년 간 행사하지 아니하면 시효로 인하여 소멸한다.

② 구조금을 받을 권리는 양도하거나 담보로 제공하거나 압류할 수 없다.

5. 수사단계별 피해자보호

1) 노출 또는 비노출 출동 결정

초동수사 시 관할 외 사건은 관할 기관에 연락을 취함과 동시에 초동조치를 실시해야 하며, 이때 상황에 따른 출동방법을 고려하여 노출 · 비노출 출동 여부를 판단해야 한다.

2) 1회 조사 원칙

피해자의 고통을 줄이기 위해 가급적 1회 조사를 원칙으로 하고 반복출석은 지양한다. 또한 피해자의 주장을 경청하고 사건해결의 의지를 보임으로써 신뢰감을 형성한다.

3) 언론보도로부터 보호

보도자료 작성 시 피해자의 인적사항을 추정할 수 있는 내용과 장애나 병력 등은 절대 포함되어서는 아니 되며, 언론창구의 일원화에 의한 보도의 일관성 유지, 피해자의 인권침해 예상 시 보도보류(embargo) 조치를 취해야 한다.

4) 형사절차 관련 정보제공

수사기관은 범죄피해자의 요청이 있는 경우 다음과 같은 형사절차상 관련 정보를 제공할 수 있다.

(1) 수사관련 사항

수사기관의 공소제기, 불기소, 기소중지, 참고인 중지, 이송 등의 처분 결과

(2) 공판진행사항

공판기일, 공소제기된 법원, 판결주문, 선고일자, 재판의 확정 및 상소 여부

(3) 형집행 상황

가석방, 석방, 이송, 사망 및 도주 등, 그리고 관할 보호관찰소, 보호관찰, 사회봉사, 수강명령의 개시 및 종료일자, 보호관찰의 정지일자 및 정지해제일자 등의 보호관찰 집행상황

제12절 디지털 증거의 처리 등에 관한 규칙

1. 목적(제1조)[87)]

이 규칙은 디지털 증거를 수집・보존・운반・분석・현출・관리하는 과정에서 준수하여야 할 기본원칙 및 업무처리절차를 규정함으로써, 실체적 진실을 발견하고 인권보호에 기여함을 목적으로 한다.

2. 디지털 증거의 처리

1) 정의(제2조)

1. 전자정보란 전기적 또는 자기적 방법으로 저장되거나 네트워크 및 유・무선 통신 등을 통해 전송되는 정보를 말한다.
2. 디지털 포렌식이란 정자정보를 수집・보존・운반・분석・현출・관리하여 범죄사실 규명을 위한 증거로 활용할 수 있도록 하는 과학적인 절차와 기술을 말한다.
3. 디지털 증거란 범죄와 관련하여 증거로서의 가치가 있는 전자정보를 말한다.
4. 정보저장매체등이란 전자정보가 저장된 컴퓨터용 디스크, 그 밖에 이와 비슷한 정보저장매체를 말한다.
5. 정보저장매체등 원본이란 전자정보 압수・수색・검증을 목적으로 반출의 대상이 된 정보저장매체를 말한다.
6. 복제본이란 정보저장매체등에 저장된 전자정보 전부를 하드카피 또는 이미징 등의 기술적 방법으로 별도의 다른 정보저장매체에 저장한 것을 말한다.
7. 디지털 증거분석 의뢰물이란 범죄사실을 규명하기 위해 디지털 증거분석관에게 분석의뢰된 전자정보, 정보저장매체등 원본, 복제본을 말한다.
8. 디지털 증거분석관이란 제6조의 규정에 따라 선발된 사람으로서 디지털 증거분석 의뢰를 받고 이를 수행하는 사람을 말한다.
9. 디지털 증거 통합관리시스템이란 디지털 증거분석 의뢰와 분석결과 회신 등을 포함한 디지털포렌식 업무를 종합적으로 관리하기 위하여 구축된 전산시스템을 말한다.

87) 디지털 증거의 처리 등에 관한 규칙, 경찰청훈령 제1086호, 2023.7.4. 일부개정.

2) 적용범위(제3조)

경찰의 디지털 증거 수집 · 보존 · 운반 · 분석 · 현출 · 관리업무에 대하여 다른 법령 및 규칙에 특별한 규정이 있는 경우를 제외하고는 이 규칙에 따른다.

3) 디지털 증거 처리의 원칙(제5조)

① 디지털 증거는 수집 시부터 수사종결 시까지 변경 또는 훼손되지 않아야 하고, 정보저장매체등에 저장된 전자정보와 동일성이 유지되어야 한다.

② 디지털 증거 처리의 각 단계에서 업무처리 변동 등의 이력이 관리되어야 한다.

③ 디지털 증거의 처리 시에는 디지털 증거 처리과정에서 이용한 기계적 정확성, 프로그램의 신뢰성, 처리자의 전문적인 기술능력과 정확성이 담보되어야 한다.

4) 압수 · 수색 · 검증영장의 신청(제12조)

① 경찰관은 압수 · 수색 · 검증영장을 신청하는 때에는 전자정보와 정보저장매체등을 구분하여 판단하여야 한다.

② 경찰관은 전자정보에 대한 압수 · 수색 · 검증영장을 신청하는 경우에는 혐의사실과의 관련성을 고려하여 압수 · 수색 · 검증할 전자정보의 범위 등을 명확히 하여야 한다. 이 경우 영장 집행의 실효성 확보를 위하여 다음 각 호의 사항을 고려하여야 한다.

1. 압수 · 수색 · 검증 대상 전자정보가 원격지의 정보저장매체등에 저장되어 있는 경우 등 특수한 압수 · 수색 · 검증방식의 필요성
2. 압수 · 수색 · 검증영장에 반영되어야 할 압수 · 수색 · 검증 장소 및 대상의 특수성

③ 경찰관은 다음 각 호의 어느 하나에 해당하여 필요하다고 판단하는 경우 전자정보와 별도로 정보저장매체등의 압수 · 수색 · 검증영장을 신청할 수 있다.

1. 정보저장매체등이 그 안에 저장된 전자정보로 인하여 「형법」 제48조 제1항의 몰수사유에 해당하는 경우
2. 정보저장매체등이 범죄의 증명에 필요한 경우

5) 압수 · 수색 · 검증 시 참여 보장(제13조)

① 전자정보를 압수 · 수색 · 검증할 경우에는 피의자 또는 변호사, 소유자, 소지자, 보관자의 참여를 보장하여야 한다. 이 경우 압수 · 수색 · 검증 장소가 「형사소송법」 제123조 제1항, 제2항에 정한 장소, 즉 공무소, 군사용 항공기 · 선박 · 차량 및 타인의 주거, 간수자 있는 가옥, 건조물, 항공기 · 선박 · 차량 등의 장소의 경우에는 「형사소송법」 제123조에 영장의 집행과 참여에 정한 참여인, 즉 책임자, 주거주, 간수자 또는 이에 준하는 사람의 참여를 함께 보장하여야 한다.

④ 피의자 또는 변호인, 소유자, 소지자, 보관자, 「형사소송법」 제123조에 정한 참여인이 참여를 거부하는 경우 전자정보의 고유 식별값(해시값)의 동일성을 확인하거나 압수 · 수색 · 검증과정

에 대한 사진 또는 동영상 촬영 등 신뢰성과 전문성을 담보할 수 있는 상당한 방법으로 압수하여야 한다.

6) 전자정보의 압수 · 수색 · 검증의 집행(제14조)

① 경찰관은 압수 · 수색 · 검증 현장에서 전자정보를 압수하는 경우에는 범죄혐의 사실과 관련된 전자정보에 한하여 문서로 출력하거나 휴대한 정보저장매체에 해당 전자정보만을 복제하는 방식(선별압수)으로 하여야 한다. 이 경우 해시값 확인 등 디지털 증거의 동일성, 무결성을 담보할 수 있는 적절한 방법과 조치를 취하여야 한다.

② 압수가 완료된 경우 경찰관은 전자정보확인서를 작성하여 피압수자 등의 확인 · 서명을 받아야 한다. 이 경우 피압수자 등의 확인 · 서명을 받기 곤란한 경우에는 그 사유를 해당 확인서에 기재하고 기록에 편철한다.

③ 경찰관은 전자정보 확인서 및 상세목록을 피압수자에게 교부한 경우 「경찰수사규칙」과 「형사소송법」에 의한 압수목록의 교부에 갈음할 수 있다.

④ 경찰관은 압수한 전자정보의 상세목록을 피압수자등에게 교부하는 때에는 출력한 서면을 교부하거나 전자파일 형태로 복사해 주거나 이메일을 전송하는 등의 방식으로 할 수 있다.

7) 복제본의 획득 · 반출(제15조)

① 경찰관은 다음 각 호의 사유로 인해 압수 · 수색 · 검증현장에서 선별압수하는 방법이 불가능하거나 압수의 목적을 달성하기에 현저히 곤란한 경우에는 복제본을 획득하여 외부로 반출한 후 전자정보의 압수 · 수색 · 검증을 진행할 수 있다.

1. 피압수자등이 협조하지 않거나 협조를 기대할 수 없는 경우
2. 혐의사실과 관련된 개연성이 있는 전자정보가 삭제 · 폐기된 정황이 발견되는 경우
3. 출력 · 복제에 의한 집행이 피압수자등의 영업활동이나 사생활의 평온을 침해한다는 이유로 피압수자등이 요청하는 경우
4. 그 밖에 위 각 호에 준하는 경우

8) 정보저장매체등 원본 반출(제16조)

① 경찰관은 압수 · 수색 · 검증현장에서 다음 각 호의 사유로 인해 복제본을 획득 · 반출하는 방법이 불가능하거나 압수의 목적을 달성하기에 현저히 곤란한 경우에는 정보저장매체등 원본을 외부로 반출한 후 전자정보의 압수 · 수색 · 검증을 진행할 수 있다.

1. 영장 집행현장에서 하드카피 · 이미징 등 복제본 획득이 물리적 · 기술적으로 불가능하거나 극히 곤란한 경우
2. 하드카피 · 이미징에 의한 집행이 피압수자등의 영업활동이나 사생활의 평온을 침해한다는 이유로 피압수자등이 요청한 경우

3. 그 밖에 위 각 호에 준하는 경우

② 경찰관은 제1항에 따라 정보저장매체등 원본을 반출하는 경우에는 피압수자 등의 참여를 보장한 상태에서 정보저장매체등 원본을 봉인하고, 봉인해제 및 복제본의 획득과정 등에 참여할 수 있음을 고지한 후 별지 제4호 서식의 정보저장매체 원본 반출확인서 또는 별지 제5호 서식의 정보저장매체 원본반출 확인서(모바일 기기)를 작성하여 피압수자 등의 확인 · 서명을 받아야 한다.

9) 별건 혐의와 관련된 전자정보의 압수(제20조)

경찰관은 혐의사실과 관련된 전자정보를 탐색하는 과정에서 별건 혐의를 발견한 경우에는 별건 혐의와 관련된 추가 탐색을 중단하여야 한다. 다만, 별건 혐의에 대해 별도 수사가 필요한 경우에는 압수 · 수색 · 검증영장을 별도로 신청 · 집행하여야 한다.

10) 전자정보의 삭제 · 폐기(제35조)

① 증거분석관은 분석을 의뢰한 경찰관에게 분석결과물을 회신한 때에는 해당 분석과정에서 생성된 전자정보를 지체 없이 삭제 · 폐기하여야 한다.

② 경찰관은 분석결과물을 회신받아 디지털 증거를 압수한 경우 압수하지 아니한 전자정보를 지체 없이 삭제 · 폐기하고, 피압수자에게 그 취지를 통지하여야 한다. 다만, 압수 상세목록에 삭제 · 폐기하였다는 취지를 명시하여 교부함으로써 통지에 갈음할 수 있다.

③ 경찰관은 사건을 이송 또는 송치한 경우 수사과정에서 생성한 디지털 증거의 복사본을 지체 없이 삭제 · 폐기하여야 한다.

④ 제1항부터 제3항까지에 따른 전자정보의 삭제 · 폐기는 복구 또는 재생이 불가능한 방식으로 하여야 한다.

제13절 사이버범죄 수사

1. 의의와 특징

1) 의의

사이버범죄는 컴퓨터범죄를 포함하여 사이버 공간에서 행해지는 모든 범죄를 말한다. 컴퓨터범죄는 개별 독립적인 컴퓨터 시스템에서 발생하는 범죄를 말하고, 사이버범죄는 하나 이상의 컴퓨터를 사용하여 인터넷상에서 혹은 인터넷을 도구로 하여 감행되는 법익침해행위를 총칭하는 개념이다.

2) 사이버범죄의 특징

① 비대면성 및 익명성, 시간적 · 공간적 무제약성, 광역성을 띤다.

② 현실 세계의 범죄보다 발견과 증명은 물론 고의입증이 곤란하다.

③ 죄의식이 희박하고, 범행이 되풀이될 가능성이 높다.

④ 개인적인 보복이나 경제적 이익의 취득을 목적으로 행하여지기도 한다.

⑤ 피해가 경미하다는 이유로 발생 사건에 비하여 신고되지 않는 경우가 많다.

⑥ 빠른 전파성과 아울러 천문학적인 재산피해가 발생할 수 있다.

⑦ 법적 근거나 적용할 죄명이 없어 피해가 방치되는 경우가 많고 동일행위가 여러 법률에 중복되어 단속에 혼란을 빚을 수 있다.

⑧ 법적 근거는 있으나 단속기준이 시대상황이나 개인주관에 따라 달라 혼란과 혼동을 야기하는 경우가 많다.

⑨ 행위자의 연령이 낮고 초범인 경우가 많다.

3) 사이버범죄 수사단계

(1) 수사첩보수집

웹사이트를 드나들며 해킹 등 유행하는 범죄행위의 정보를 수집한다.

(2) 피해증거 확보

홈페이지, 이메일 등 피해발생의 증거를 확보한다.

(3) 접속기록 확보

정보통신사업체 등과 협력을 통해 피해자의 로그기록을 확인한다.

(4) 접속자확인

접속자의 인적사항을 확인한 후 피의자의 신병과 증거물을 확보한다.

2. 사이버범죄의 유형

1) 사이버테러

사이버테러란 최첨단 정보통신기술을 이용하여 사회 중추신경인 정보통신망 자체를 공격대상으로 하는 불법행위로서, 전산망을 파괴하거나 해킹, 바이러스 제작, 메일폭탄, 전자기적 침해장비 등을 이용한 컴퓨터 시스템과 정보통신망을 공격하는 행위를 말한다. 사이버테러 대상은 개인, 기업, 국가에 대한 테러로 나눌 수 있다.

2) 사이버 명예훼손

(1) 의의

사이버 명예훼손이란 타인의 홈페이지나 기업의 홈페이지의 게시판에 명예훼손에 해당하는 글을 올리거나 자신의 홈페이지에 타인의 명예를 훼손하는 동영상이나 사진 또는 글을 올리는 경우, 또는 인터넷상의 채팅 사이트에 대화 도중 행해지는 명예훼손 행위를 말한다.

(2) 법적 근거

① 「형법」상 명예훼손죄의 성립에 중요한 공연성은 불특정 혹은 다수인이 인식할 수 있는 상태를 의미하고, 명예훼손죄가 추상적 위험범이라는 점에서 불특정 또는 다수인이 명예훼손의 내용을 인식하여야 성립하는 것이 아니라 인식할 가능성이 있으면 성립한다.

② 사이버 명예훼손죄는 「정보통신망 이용촉진 및 정보보호 등에 관한 법률」이 적용되고, 언어폭력 등 사이버 공간상에서 심하게 발생하는 모욕행위나 사자명예훼손행위에 대한 적용 규정이 없다. 따라서 사이버 공간상의 심한 욕설 같은 언어폭력의 경우는 「형법」상의 모욕죄 규정(제311조)이 적용된다.

3) 사이버 성범죄

① 사이버 성범죄는 사이버 공간에서 발생하는 성폭력으로서 인터넷이나 PC통신의 대화방에서의 성희롱이나 전자우편으로 보내어지는 음란정보가 이에 해당한다.

② 이러한 행위는 통신매체이용음란죄, 즉 자기 또는 다른 사람의 성적 욕망을 유발하거나 만족시킬 목적으로 전화, 우편, 컴퓨터, 기타 통신매체를 통하여 성적 수치심이나 혐오감을 일으키는 말이나 음향, 글이나 도화, 영상 또는 물건을 상대방에게 도달하게 한 자는 2년 이하의 징역 또는 2천만원 이하의 벌금에 처한다는 「성폭력범죄의 처벌 등에 관한 특례법」 제13조에 의해 규율할 수 있다.

4) 인터넷 사기

(1) 의의

인터넷 사기란 컴퓨터 통신망, 특히 인터넷을 이용하여 이용자들에게 물품이나 용역을 제공할 것처럼 기망하는 메시지를 보내어 금품을 편취하는 「형법」상 사기죄의 한 유형이다.

(2) 특징

① 인터넷 사기는 인터넷을 통한 전자상거래와 밀접한 관련이 있다. 전자상거래는 통신판매의 일종이지만, 종래의 통신판매에 비해 정보전달의 방법이나 계약체결 면에서 많은 차이가 있다.

② 통신판매에서는 TV, 전화, 우편 등이 이용되어 왔으나 전자상거래에서는 전자 네트워크, 즉 인터넷이 있다. 무엇보다 전자상거래는 전화나 팩스를 이용한 통신판매에 비해 대상이 특정되어

있지 않고 비개인적이며, 그 도달범위가 매우 광범위하다는 특징이 있다.

5) 스팸메일

① 스팸메일은 종래의 광고전단과 같은 것으로 전자우편을 통하여 자신의 사이트나 상품을 광고하는 것을 말한다. 그러나 이러한 행위가 실제 인터넷 사용자에게는 통신비 부담, 생활장애, 업무방해 등 많은 피해를 야기하고 있다.

② 이러한 스팸메일은 누구든지 전자우편, 그 밖에 대통령령이 정하는 매체를 이용하여 수신자의 명시적인 수신거부의사에 반하는 영리목적의 광고성 정보를 전송하여서는 아니 된다는 규정에 의해 규율된다. 위반 시 3천만원 이하의 과태료에 처해진다(정보통신망 이용촉진 및 정보보호 등에 관한 법률 제50조 및 제76조 제1항).

③ 또한 특정한 프로그램을 이용하여 수천통의 전자우편을 발송함으로써 웹서비스의 이용자 혹은 서비스제공자의 시스템을 마비시키는 것과 같은 행위는 스팸메일을 이용한 사이버테러의 한 형태이다. 이러한 행위는 「형법」 제314조의2에 의한 컴퓨터방해죄로 규율할 수 있다. 이 경우 5년 이하의 징역이나 1천 500만원 이하의 벌금에 처해진다.

6) 컴퓨터 프로그램의 불법복제와 유통

컴퓨터 프로그램의 복제는 그 용이성과 적발곤란성 때문에 프로그램 무단 복제행위는 광범위하게 행해지고 있다. 고부가가치를 창출하는 컴퓨터 프로그램의 제작자와 개발자의 권리보호를 위해서 「컴퓨터프로그램 보호법」 및 「저작권법」 등에 의해 규율할 수 있다. 만약 컴퓨터 프로그램의 불법복제를 통한 유출이 영업비밀 침해에 해당한다면 「부정경쟁방지 및 영업비밀보호에 관한 법률」 제18조로 처벌할 수 있다.

7) 사이버스토킹

(1) 의의

① 이동통신 · 이메일 · 대화방 · 게시판 등의 정보통신망을 이용해 의도와 악의를 가지고 지속적으로 공포감 · 불안감 등을 유발하는 행위를 말한다. 즉, 사이버 공간에서 특정한 사람의 의사에 반하여 반복적으로 미행하거나 전화 · 이동통신 · 이메일 · 인터넷 · 게시판 및 대화방 등 정보통신망을 이용하여 부호 · 문자 · 음향 · 화상 · 영상 등을 반복적이고 지속적으로 보내 공포감이나 불안감을 유발하는 행위를 말한다.

② 사이버스토킹이 성립하기 위해서는 행위가 정보통신망을 통해 이루어져야 하고, 상대방의 의사에 관계없이 의도적 · 반복적 · 지속적으로 이루어져야 하며, 통상적인 판단력을 지닌 사람이면 자신 또는 가족의 생명 · 신체의 안전에 위협을 느낄 만한 행동이 있어야 한다.

(2) 특징

① 언제 어디서든 상대방을 괴롭힐 수 있고, ② 불특정 다수의 제3자들로 하여금 쉽게 상대방을 괴롭히거나 위험하게 할 수 있으며, ③ 직접 대면함으로써 생길 수 있는 위험이 줄어들고, ④ 순식간에 불특정 다수의 사람들에게 전달할 수 있다는 점에서 오프라인에서 이루어지는 스토킹과 다르다.

(3) 벌칙

① 「정보통신망 이용촉진 및 정보보호 등에 관한 법률」에서는 사이버스토킹을 하는 자에 대해서 1년 이하의 징역 또는 1천만원 이하의 벌금에 처해진다.

② 또 「전기통신사업법」에서는 사이버스토킹에 관련하여 과학기술정보통신부장관의 명령을 위반한 자는 2년 이하의 징역 또는 1억원 이하의 벌금에 처하도록 규정하고 있다. 그러나 피해자의 의사에 반할 경우에는 처벌할 수 없는 반의사불벌죄이다.

8) 사이버도박

(1) 의의

사이버도박은 현실 공간에서 도박으로 간주되는 행위가 온라인, 즉 사이버 공간에서 전자화폐나 전자금융 형태로 이루어지는 것을 말한다. 사이버도박은 부담없는 장소와 비용, 접근용이성, 인원이나 나이 제한없음, 익명성 등의 특징이 있다.

(2) 특징

① 부담없는 장소와 비용

사이버도박은 현실이 아닌 가상 공간에서 이루어지기 때문에 도박장을 개설하는 부담이 없다는 것이 가장 큰 특징이다.

② 접근용이

사이버 공간에서 이루어지다 보니 도박 참가자의 입장에서는 접근이 아주 쉽다는 것이 특징이다. 스마트폰 하나만 있으면 사이버도박에 아주 쉽게 노출될 수 있고, 참여도 어렵지 않다는 것이 사이버도박의 대표적인 특징이다.

③ 인원제한

사이버도박의 경우는 다수의 인원이 동시에 참여가 가능하다는 것이 하나의 특징이다. 현실에서의 도박은 참여자의 인원이나 나이 등에 제약이 있으나 사이버 공간에서는 그렇지 않고 청소년들이라 하더라도 성인인증절차가 허술하기 때문에 나이나 인원제한 없이 참여가 가능하다.

④ 익명성

사이버 공간에 이루어지는 사이버도박은 참여자들이 익명으로 활동을 하게 되다 보니 도덕적 해이를 가져오는 경우가 많다.

온라인 공간에서의 익명성은 자신의 존재가 현실처럼 드러나지 않기 때문에 사이버 공간에 있는 사람들은 행동을 할 때 현실에서 보다 과감하고 거침없이 행동하는 경우가 많다. 따라서 참여자들의 통제가 어렵다.

3. 컴퓨터 부정조작의 유형

1) 투입조작

투입조작이란 입력될 자료를 조작하여 컴퓨터로 하여금 거짓처리결과를 만들어내는 것을 말한다. 즉, 자료변조라고도 하는 투입조작은 일부 은닉된 자료, 변경된 자료, 허위의 자료를 컴퓨터에 공급함으로써 잘못된 산출을 초래케 하는 방법을 말한다.[88)]

2) 프로그램 조작

프로그램 조작방법은 프로그램을 구성하는 개개의 명령을 생략하게 하는 것 등과 같이 기존의 프로그램을 변경하거나 기존의 프로그램과 전혀 다른 행위자 자신의 새로운 프로그램을 작성하여 투입하는 방법이다. 프로그램조작은 1회 조작으로 계속적인 출력효과가 나타나고, 저장된 자료의 변경을 유발하는 효과가 발생하므로 가장 피해가 큰 범죄유형이다.

3) 콘솔 조작

콘솔이란 컴퓨터 시스템 전체를 총괄, 조정, 운영하는 조작장치를 말한다.[89)] 즉, 콘솔이란 컴퓨터 시스템의 시동・정지・운영상태의 감시, 그리고 정보처리내용과 방법의 변경 및 수정에 사용되는 것을 말하며 이러한 콘솔을 부당하게 조작하여 프로그램의 지시나 처리될 기억정보를 변경시키는 방법이다.[90)]

4) 출력조작

출력조작은 컴퓨터에서 정당하게 처리되어 출력된 인쇄용지의 내용을 변경시키는 방법이다.[91)]

4. FBI의 컴퓨터범죄 수법 분류

1) 자료변조(Data diddling)

데이터를 입력하기 전이나 입력 도중에 자료를 절취, 삭제, 변경, 추가하는 방법이다. 수법 중에서 가장 단순하고 안전하며 이 경우 용의자는 데이터 공급자, 데이터 처리 참여자, 데이터 작성

88) 박윤해, 앞의 논문, pp.25-26.
89) 노종만, 앞의 논문, p.23.
90) 장영민・조영관, 앞의 책, p.33.
91) 조철옥, 범죄수사학 각론, 21세기사, 2010, pp.412-414.

자 등 자료에 접근가능한 사람들이 용의자이다.

2) 트로이 목마(Trojan horse)

프로그램 목적을 실행하면서 일부에서 부정한 결과가 나오도록 프로그램 속에 범죄자만이 아는 비밀명령어를 삽입시켜 이용하는 방법이다.

3) 살라미(salami) 기법

살라미란 소시지의 일종으로서 마늘이 든 짠 음식이어서 조금씩 떼어먹는 음식이다. 이러한 특징을 이용한 수법이 살라미 기법이다. 컴퓨터에서 어떤 일을 정상적으로 수행하면서 큰 데이터로부터 작은 이익을 떼어내어 누적시켜 전체적으로 데이터 감소를 눈치채지 못하게 하는 수법이다.[92)]

4) 트랩도어(Trap door)

쪽문만들기라고도 하는 트랩도어는 프로그램 개발과정에서 프로그램 검증을 위해 프로그램을 수정할 수 있도록 명령어를 삽입한 경우에 이 명령은 프로그램 완성 후에 모두 삭제한다. 이 명령어를 삭제하지 않고 완성된 프로그램에서 범행에 이용하는 수법이다.[93)]

5) 슈퍼잽핑(Super zapping)

운영자료의 위장이라고도 하는 슈퍼잽핑이란 컴퓨터가 작동정지되어 복구나 재작동 절차에 의해 해결할 수 없을 때 사용하는 만능키와 같은 프로그램으로서 이 프로그램의 강력한 힘을 이용하여 부정을 행하는 수법이다. 마스터 키와 같은 프로그램을 이용하여 범죄를 행하는 컴퓨터범죄수법으로 체계프로그래머나 오퍼레이터 등이 사용하는 범행수법이다.

6) 논리폭탄(Logic bomb)

부정명령 은닉이라고도 하는 논리폭탄은 프로그램에 어떤 조건을 넣어주고 그 조건이 충족될 때마다 자동으로 부정행위가 이루어지도록 하는 수법이다. 트로이 목마와는 달리 논리적으로 어떤 조건을 부여하여 이 조건이 충족될 때 불법행위가 이루어지도록 하는 컴퓨터 범죄수법이다.

7) 쓰레기 줍기(scavenging)

컴퓨터가 직무수행이 완료된 후 체계 주변에서 정보를 획득하는 방법으로 일명 쓰레기 주워모으기라고도 한다. 컴퓨터 작업 수행이 완료된 후 쓰레기통이나 주위에서 버려진 명세서 또는 복사물을 찾아 습득하거나 컴퓨터 기억장치에 남아 있는 것을 찾아내서 획득하는 방법의 수법으

92) 김세헌, 컴퓨터범죄와 프라이버시 침해, 회성출판, 1989, p.105.
93) 박윤해, 앞의 논문, p.45.

로 주로 컴퓨터체계 접근이용자들이 사용한다.

8) 전송 시 은닉과 위장(Piggybacking and impersonation)

정규의 절차를 거쳐서 사용되고 있는 단말기의 회선을 자격이 없는 단말기에 연결, 부정하게 컴퓨터를 사용하거나 사용허가를 받지 않은 자가 유자격자를 가정하여 컴퓨터를 부정사용하는 방법이다.

9) 부정접속(Wire tapping)

데이터 통신회사에 불법적으로 선로를 접속시켜 단말기 등을 연결 조직하여 자료를 절취하거나 컴퓨터를 부정사용하는 수법이다.

5. 컴퓨터 바이러스의 세대별 발전단계

1) 제1세대 원시형 바이러스

제1세대 바이러스는 실력이 그다지 뛰어나지 않은 아마추어 프로그래머들이 만든 것으로 프로그램 구조가 단순해 분석하기가 매우 쉬운 바이러스이다. 돌(stone) 바이러스, 예루살렘 바이러스 등 대부분의 도스용 바이러스가 원시형 바이러스이다.

2) 제2세대 암호화 바이러스

어느 정도 실력을 갖춘 프로그래머들이 만든 것으로서, 백신 프로그램이 진단할 수 없게 하기 위해 바이러스 프로그램의 일부 또는 대부분을 암호화시킨 바이러스이다. 폭포 바이러스, 느림보 바이러스 등이 있다.

3) 제3세대 은폐형 바이러스

은폐형 바이러스는 자신을 은폐하고 사용자나 백신프로그램에 거짓 정보를 제공하기 위해 다양한 기법을 사용한다. 브레인 바이러스, 조쉬 바이러스, 방랑자(1347) 바이러스, 512바이러스, 4096바이러스 등이 있다.

4) 제4세대 갑옷형 바이러스

최상급의 실력을 가진 전문가가 개인 또는 단체를 구성하여 만드는 갑옷형 바이러스는 백신 프로그래머가 바이러스를 분석하고 백신을 제작하는 과정을 어렵게 만드는 바이러스이다. 다형성 바이러스와 고래 바이러스가 있다.

5) 제5세대 매크로 바이러스

매크로 바이러스는 마이크로 소프트사의 오피스 프로그램에 있는 매크로 기능을 이용한 바이러스이다. 매크로 기능이 있는 MS사 오피스 제품군(워드, 엑셀, 파워포인트), 이외에 바지오, 오토캐드 등 VBS를 지원하는 다양한 프로그램에서 활동한다.[94]

제14절 수사행정

1. 피의자 신문조서

1) 의의

피의자 신문조서란 수사기관이 피의자를 신문하여 그 진술을 기재한 조서를 말하며, 입건된 피의자에 대해서는 사건의 진상을 파악하기 위하여 피의자 신문을 하여야 한다. 그러나 참고인에 대하여는 피의자 신문조서를 작성하지 않는다.

2) 특징

① 사법경찰관이 작성한 피의자 신문조서는 '공판정에서 피고인이나 변호인이 제가 서명 · 날인한 서류이며 내용이 모두 사실입니다'라고 진술할 경우 증거로 할 수 있다. ② 사법경찰관이 피의자를 신문할 때에는 수사를 보조하는 사법경찰관리를 참여시켜 신문 시에 강압적이고 독단적인 분위기가 아니었음이 입증되어야 한다. ③ 수사기관에 의한 진술거부권 고지 여부는 명확히 하여 기재한다. ④ 피의자 신문조서 작성 시 변호인 참여권이 인정된다.[95]

3) 피의자 영상녹화

(1) 배경

① 수사과정의 영상녹화 제도를 도입하여 피의자 또는 피의자 아닌 자의 수사절차의 적법성과 투명성을 보장하고 인권침해를 방지해야 한다.

② 나아가 영상녹화물이 검사가 작성한 피의자 신문조서 및 검사나 사법경찰관이 작성한 참고인 진술조서의 진정성 등을 증명하기 위한 방법으로 도입되고, 기억이 불명확한 경우 기억 환기용 수단으로 사용할 수 있도록 하는 규정을 신설하였으므로 영상녹화에 관한 요건을 규정할 필요가 있다.

---

94) 조철옥, 범죄수사학 각론, 21세기사, 2010, pp.427-428.

95) 조철옥, 범죄수사학 총론, 21세기사, 2009, pp.418-422.

(2) 영상녹화 절차

① 사전고지

피의자 영상녹화는 피의자나 변호인의 동의를 받을 필요는 없으나 미리 영상녹화를 한다는 사실을 알려 주어야 한다. 고지해야 할 사항은 ⓐ 조사실 내의 대화는 영상녹화가 되고 있다는 것, ⓑ 영상녹화를 시작하는 시각 및 장소, ⓒ 조사 및 참여 사법경찰관리 성명과 직급, ⓓ 진술거부권 및 변호인의 도움을 받을 권리, ⓔ 조사를 중단・재개하는 경우 중단 이유와 중단시각, 중단 후 재개하는 시각, ⓕ 조사 종료 및 영상녹화를 마치는 시각, 장소 등이다.

② 전체조사 과정 녹화원칙

조사의 개시부터 종료 시까지의 전 과정과 객관적 정황을 영상녹화해야 한다. 조사의 객관적 정황 확보를 위해 필요한 경우에는 진술자가 조사실에 입실하는 순간부터 영상녹화할 수 있다. 따라서 당해 조사에서 의도적으로 조사과정의 일부만을 선별하여 영상녹화하는 방법은 허용되지 않는다. 그러나 여러 차례의 조사가 이루어지는 경우 최초 조사부터 모두 영상녹화하지 않으면 그 영상녹화물을 사용할 수 없는 것은 아니다.96)

③ 영상녹화 후 조치

사법경찰관은 영상녹화가 완료된 때에는 2부의 영상녹화물을 작성하고, 영상녹화물 표면에 사건번호, 죄명, 진술자 성명 등 사건번호를 기재하여야 한다. 사법경찰관은 작성된 영상녹화물 중 1부는 원본으로서 피의자 또는 변호인 앞에서 지체 없이 그 원본을 봉인하고, 피의자로 하여금 서명 또는 기명날인하게 하여야 하며, 나머지 1부는 부본으로서 수사기록에 편철해야 한다. 사법경찰관은 원본을 봉인할 때에 진술자의 기명날인 또는 서명을 받을 수 없는 경우에는 기명날인 또는 서명란에 그 취지를 기재하고 직접 기명날인 또는 서명한다.97)

④ 피의자 등에게 재생 시청조치

사법경찰관은 원본을 봉인하기 전에 진술자 또는 변호인이 녹화물의 시청을 요구하는 때에는 영상녹화물을 재생하여 시청하게 하여야 한다. 이 경우 그 내용에 대하여 이의를 진술하는 때에는 그 취지를 기재한 서면을 사건기록에 첨부해야 한다.98)

4) 작성방법

(1) 조서의 앞부분

① 성명은 호적에 기재된 이름을 기재한다. 구성명, 개명, 이명, 위명, 통칭 또는 별명 등이 있는 경우에는 괄호를 하고 표시한다. ② 연령은 생년월일과 함께 기재한다. ③ 주민등록번호는 주

96) 형사소송법, 법률 제18862호, 2022.5.9. 제244조의2.

97) 범죄수사규칙 제85조~제86조, 경찰청훈령 제1103호, 2023.11.1. 경찰수사규칙, 행정안전부령 제305호, 2022.1.4. 제43조~제44조.

98) 범죄수사규칙 제86조, 경찰청훈령 제1103호, 2023.11.1.

민등록증에 있는 정해진 번호를 기재한다. 그리고 주거란 주소 또는 거소를 의미하며 어떤 경우에도 현재의 주거를 기재한다. ④ 본적이란 호적상의 소재장소를 말하고 전적한 자는 본적을 기재한 다음 괄호를 쳐서 원적을 아울러 기재한다. ⑤ 직업은 조사 당시의 직업을 되도록 구체적으로 기재해야 한다.

(2) 전문에 기재사항

① 피의자명, 피의사건명, 조서작성연월일, 조서작성 장소, ② 조서작성자 계급, 성명, 참여경찰관의 계급과 성명, ③ 피의자를 특정하는 사항을 기재한 다음 피의자에게 사건의 요지를 설명한 후에 반드시 구두로 진술거부권 고지, ④ 변호인 참여 신청 시 참여변호인 성명을 기재하고, 피의자 신문조서 작성 시는 반드시 참여인이 있어야 하고 조서 모두와 말미에 참여인의 서명이 들어가야 한다.

(3) 조서의 끝부분

① 피의자 진술의 임의성을 확보하기 위해 가급적 조서말미 신문사항에 피의자 자필로 답변을 쓰게 한다.

② 신문조서의 기재가 끝났을 때에는 피의자에게 열람하게 하거나 읽어 주어야 하며, 진술한 대로 기재되지 아니하였거나 사실과 다른 부분의 유무를 물어 피의자가 증감 또는 변경의 청구 등의 이의를 제기하거나 의견을 진술한 때에는 이를 조서에 추가로 기재해야 한다.

이 경우 피의자가 이의를 제기하였던 부분은 읽을 수 있도록 남겨두어야 한다. 피의자가 조서에 대하여 이의나 의견이 없음을 진술한 때에는 피의자로 하여금 그 취지를 자필로 기재하게 하고 조서에 간인한 후 기명날인 또는 서명하게 한다. 만일 서명 · 날인을 거부하면 그 사유를 조서에 기재해야 한다. 날인만 있고 서명이 없거나 양자가 모두 없는 경우는 조서로서의 증거능력 없다.

③ 각종 조서의 작성권자는 사법경찰관리로 하고 소년이나 질병자, 또는 중상자 등을 조사할 때에는 대개 사법경찰관리가 아닌 참고인을 두게 되는데, 이때 진술조서의 전문에 기재하여 그 뜻을 명확히 하는 외에 말미에도 그 사유를 기재한다.

2. 피의자 유치

1) 유치의 의의

유치라 함은 법적으로 인정된 일정한 장소에 피의자 · 피고인 · 구류인 및 의뢰입감자 등의 도주, 증거인멸, 자해행위, 통모행위, 도주원조 등을 미연에 방지하고, 동시에 유치인의 생명 및 신체를 보호하기 위하여 신체의 자유를 구속하는 것을 말한다.

2) 유치장 관리책임(피의자 유치 및 호송규칙 제4조)

① 경찰서장은 피의자의 유치 및 유치장의 관리에 전반적인 지휘・감독을 하여야 하며, 그 책임을 져야 한다. 따라서 경찰서장은 매일 유치장을 감독순시하는 등으로 유치장 근무자들의 근무태도와 유치인들의 유치상태 등을 확인하고 감독해야 한다.[99]

② 경찰서 주무과장은 유치인보호 주무자로서 경찰서장을 보좌하여 유치인보호 및 유치장 관리를 담당하는 경찰관(이하 유치인보호관)을 지휘・감독하고, 피의자의 유치 및 유치장의 관리에 관한 책임을 진다.

③ 경찰서장이 지정하는 자는 유치인보호 주무자를 보조하여 피의자의 유치에 관한 사무를 수행하고 유치장의 관리에 관한 책임을 진다.

④ 일과시간 후 또는 토요일・공휴일에는 상황관리관(상황관리관의 임무를 수행하는 자 포함) 또는 경찰서장이 지정하는 자가 유치인보호 주무자의 직무를 대리하여 그 책임을 진다.

3) 유치인보호관

유치인보호관이란 실제로 유치장에 피의자들과 같이 생활하면서 유치인의 건강 및 유치장 내에서의 질서유지, 유치인의 도주, 죄증인멸, 자해행위, 통모행위 등의 미연방지, 유치인 인권보장, 수사상의 자료 발견・수집 등을 임무로 하는 수사과의 경사 이하의 경찰관들을 말한다.

4) 피의자의 유치 등(제7조)

① 피의자를 유치장에 입감 또는 출감시킬 때에는 유치인보호 주무자가 발부하는 "피의자 입・출감지휘서"에 의하고, 동시에 3명 이상의 피의자를 입감시킬 경우에는 경위 이상의 경찰관이 입회하여 순차적으로 입감시켜야 한다.

② 형사범과 구류처분받은 자, 19세 이상의 자와 19세 미만의 자, 신체장애인 및 사건관련의 공범자 등은 유치실이 허용하는 범위 내에서 분리하여 유치하여야 하며, 특히 신체장애인에 대하여는 그에 맞는 적정한 처우를 하여야 한다.

③ 사건을 담당하는 등 피의자의 입감의뢰자는 범죄사실의 요지, 구속사유, 성격적 특징, 사고우려와 질병유무 등 유치인보호에 필요하다고 인정되는 사항을 유치인보호 주무자에게 알려야 하며, 유치인보호 주무자는 입감지휘서를 통하여 유치인보호관에게 알려야 한다.

④ 유치인보호관은 새로 입감한 유치인에 대하여는 유치장 내에서의 일과표, 접견, 연락절차, 유치인에 대한 인권보장 등에 대하여 설명하고, 인권침해를 당했을 때에는 「국가인권위원회법 시행령」 제6조에 따라 진정할 수 있음을 알리고 그 방법을 안내하여야 한다.

⑤ 경찰서장과 유치인보호 주무자는 외국인이 제4항의 내용을 이해할 수 있게 다양한 방법을 마련해야 하고, 청각・언어장애인 등의 요청이 있을 때에는 수화 통역사를 연계하는 등 원활한

99) 피의자 유치 및 호송규칙 제4조, 경찰청훈령 제1025호, 2021.7.15.

의사소통을 위한 조치를 취하여야 한다.

5) 신체 등의 검사(제8조)

① 유치인보호관은 피의자를 유치하는 과정에서 유치인의 생명·신체에 대한 위해를 방지하고, 유치장 내의 안전과 질서유지를 위하여 필요하다고 인정될 때에는 유치인의 신체, 의류, 휴대품 및 유치실을 검사할 수 있다.

② 신체, 의류, 휴대품의 검사는 동성의 유치인보호관이 실시하여야 하며, 여성유치보호관이 없을 경우에는 미리 지정하여 유치인의 신체 등의 검사방법을 교양받은 여성경찰관으로 하여금 대신하게 할 수 있다.

③ 유치인보호관은 신체 등의 검사를 하기 전에 유치인에게 신체 등의 검사목적과 절차를 설명하고, 제9조의 위험물 등을 제출할 것을 고지하여야 한다.

④ 신체 등의 검사는 유치인보호 주무자가 피의자입·출감지휘서에 지정하는 방법으로 유치장 내 신체검사실에서 실시하여야 하며, 그 종류와 기준 및 방법은 다음 각 호와 같다.

1. 외표검사: 죄질이 경미하고 동작과 언행에 특이사항이 없으며 위험물 등을 은닉하고 있지 않다고 판단되는 유치인에 대해서는 신체 등의 외부를 눈으로 확인하고 손으로 가볍게 두드려 만져 검사한다.
2. 간이검사: 일반적으로 유치인에 대하여 탈의막 안에서 속옷은 벗지 않고 신체검사에 입는 옷을 착용(유치인 의사에 따른다)하도록 한 상태에서 위험물 등의 은닉 여부를 검사한다.
3. 정밀검사: 살인, 강도, 절도, 강간, 방화, 마약류, 조직폭력 등 죄질이 중하거나 근무자 및 다른 유치인에 대한 위해 또는 자해할 우려가 있다고 판단되는 유치인에 대해서는 탈의막 안에서 속옷을 벗고 신체검사의를 갈아입도록 한 후 정밀하게 위험물 등의 은닉 여부를 검사하여야 한다.

6) 유치장 내 알몸수색에 대한 판례

(1) 피의자 신체검사의 법적 근거

교도관은 시설의 안전과 질서유지를 위하여 필요한 경우에는 수용자의 신체·의류, 휴대품, 거실을 검사할 수 있다. 신체검사 시 불필요한 고통이나 수치심을 느끼지 아니하도록 유의해야 하며, 신체를 면밀하게 검사할 필요가 있을 경우에는 다른 수용자가 볼 수 없는 차단된 장소에서 해야 한다.

(2) 흉기 은닉 우려 피의자 검사

피의자가 신체의 은밀한 부위에 흉기를 숨긴 채 유치장에 입소할 가능성이 농후하지만, 외부관찰 등으로는 위 물품을 도저히 발견하기 어렵다고 볼 만한 사정이 있는 경우에는 옷을 전부 벗긴 채 행하는 정밀신체수색은 위법이라고 볼 수 없다. 물론 이 경우에도 피의자에 대한 기본권 침해의 여지를 최소화하는 방법으로 실시되어야 한다.

(3) 필요한 최소한도와 상당성

「공직선거법」 위반으로 경찰서 유치장에 유치된 여성 피의자는 물론이고, 다른 피의자들도 속옷을 벗은 채 앉았다 일어서기를 반복하는 행위는 정밀신체수색의 필요성과 상당성을 벗어난 것이다. 유치장 유치인에 대한 신체수색은 목적달성을 위하여 필요한 최소한도의 범위 내에서 또한 유치인의 명예나 수치심을 포함한 기본권이 침해되는 일이 없도록 충분히 배려한 상당한 방법으로 이루어져야 한다.

7) 위험물과 현금 등의 취급(제9조)

(1) 위험물 제출과 보관

유치인보호 주무자는 피의자가 수사상 또는 유치장의 보안상 지장이 있다고 인정되는 다음 각 호의 위험물을 소지하고 있는 경우에는 그 물건을 유치기간 중 보관하여야 한다.

1. 혁대, 넥타이, 구두끈, 안경, 금속물, 그 밖의 자살에 사용될 우려가 있는 물건. 다만, 구두끈, 안경의 경우 자해할 현저한 위험이 없다고 판단되는 경우 소지를 허용할 수 있다.
2. 성냥, 라이터, 담배, 주류, 그 밖의 유치장의 안전 및 질서를 해칠 우려가 있는 물건
3. 죄증인멸 등 수사에 지장이 있다고 인정되는 물건, 또는 범죄의 도구로 이용될 우려가 있는 물건
4. 미확인 의약품, 독극물 및 다량 또는 장기 복용함으로써 현저하게 건강을 해칠 우려가 있는 약품

(2) 현금 · 유가증권 보관

① 피의자가 소지하고 있는 현금이나 유가증권 및 휴대품은 출감 시까지 보관하여야 한다. 다만, 다음 각 호의 어느 하나에 해당하는 물건은 유치인으로 하여금 자신이 지정하는 사람에게 보내게 하거나 그 밖의 적당한 방법으로 처분하게 할 수 있다.

1. 부패하거나 없어질 우려가 있는 물건
2. 물품의 종류 크기 등을 고려할 때 보관하기 어려운 것
3. 유치인으로부터 신청이 있는 금품 및 귀중품
4. 그 밖에 보관할 가치가 없는 물건

② 위험물 또는 휴대금품을 보관할 때에는 임치증명서를 교부하고 임치 및 급식상황표에 명확히 기재하여야 하며, 금품과 귀중품은 유치장 내 금고에 보관하여야 한다.

(3) 가족에의 통지(제11조)

① 사법경찰관은 피의자를 구속한 때에는 구속한 날로부터 지체 없이 서면으로 피의자의 가족이나 그가 지정하는 자에게 구속통지를 하여야 한다.

② 유치인보호 주무자는 유치인이 가족 또는 대리인에게 신상에 관한 통지를 반대하는지를 확인한 후 반대의 의사가 없는 경우에는 수사 및 유치장 운영 등에 지장이 없는 범위에서 유치인 신상에 관한 통지를 하여야 한다.

8) 피의자 유치 시 유의사항(제12조)

① 피의자 유치 시 남성과 여성은 분리하여 유치하여야 한다.

② 경찰서장은 유치인이 친권이 있는 18개월 이내의 유아의 대동을 신청한 때에는 다음 각 호의 어느 하나에 해당하는 사유가 없다고 인정되는 경우 이를 허가하여야 한다. 이 경우 유아의 양육에 필요한 설비와 물품의 제공, 그 밖에 양육을 위하여 필요한 조치를 하여야 한다.

1. 유아가 질병 · 부상, 그 밖의 사유로 유치장에서 생활하는 것이 적당하지 않은 경우
2. 유치인이 질병 · 부상, 그 밖의 사유로 유아를 양육하는 것이 적당하지 않은 경우
3. 유치장에 감염병이 유행하거나 그 밖의 사정으로 유아의 대동이 적당하지 않은 경우

③ 제2항에 따라 유아의 대동 허가를 받으려는 자는 경찰서장에게 별지 제3호의 서식의 유아 대동신청서를 제출하여야 하며, 경찰서장이 이를 허가할 때에는 해당 신청서를 입감지휘서에 첩부하여야 한다.

④ 경찰서장은 유아의 대동을 허가하지 않은 경우에는 「형의 집행 및 수용자의 처우에 관한 법률 시행령」 제80조의 규정에 따라 해당 유치인의 의사를 고려하여 유아보호에 적당하다고 인정하는 개인 또는 법인에게 그 유아를 보낼 수 있다. 다만, 적당한 개인 또는 법인이 없는 경우에는 경찰서 소재지 관할 시장 · 군수 또는 구청장에게 보내서 보호하게 하여야 한다.

⑤ 유치장에서 출생한 유아에게도 제2항에서 제4항까지의 규정을 준용한다.

9) 유치인보호관의 근무

(1) 유치인보호관의 배치(제16조)

① 경찰서장은 유치인 수와 그 성질 등을 고려하여 유치인보호에 필요한 인원의 유치인보호관을 유치장에 배치하여야 한다.

② 유치인보호관을 배치할 경우에 유치인보호 주무자의 의견을 물어 유치인보호관으로서의 적임자를 선발 · 배치하여야 하며, 초임자, 사고징계자, 근무능률저하자, 기타 책임감이 부족한 자를 배치하여서는 아니 된다.

(2) 유치인보호관에 대한 감독(제17조)

① 유치장의 열쇠는 유치인보호관에게 임의로 맡겨서는 아니 되며, 주간에는 유치인보호 주무자가 보관하고, 야간에는 상황실장이 보관하고 관리한다. 그러나 유치실, 즉 유치장 내의 각 방의 열쇠는 응급조치 등에 대비하여 근무 중인 유치보호관 중 선임 유치인보호관이 보관 · 관리하여야 한다(제19조 제6항).

② 경찰서장은 매월 1회 이상 유치인보호관을 대상으로 유치에 관한 관계법령 및 규정을 정기적으로 교양해야 한다(제73조).

(3) 보호유치실에의 수용(제22조의2)

① 유치인보호관은 다음과 같은 행위를 한 자에 대하여 유치인보호 주무자의 허가를 받아 근무

일지에 그 사유와 시간을 기재한 후 유치장 내 보호유치실에 수용할 수 있다. 다만, 이 경우에도 6시간 이상 수용하여서는 아니 된다.

1. 자살, 자해 또는 도주 기도행위
2. 음주, 흡연, 도박 및 낙서행위
3. 중범자나 먼저 입감된 자 또는 범죄경력 등을 내세워 같은 유치인을 괴롭히는 행위
4. 언쟁, 소란 등 타인의 평온을 해하는 행위
5. 건물, 유치실 시설 내 비품, 대여품을 파손하는 행위
6. 식사를 기피하거나 식사 중 혼잡을 고의로 야기하거나 식사한 후 식기, 수저 등을 은닉하는 행위
7. 질병의 발생
8. 유치장 내외에서 이상한 소리가 들리거나 물건이 유치장 내로 투입되는 행위
9. 장애인, 외국인, 성적 소수자 등을 괴롭히거나 차별하는 행위

② 유치인을 보호유치실에 수용한 경우 그 수용사유가 소멸된 때에는 지체 없이 일반 유치실에 수용하여야 하며, 해당 유치인이 앞의 금지행위를 반복하였을 경우 보호유치실에 재수용할 수 있다.

(4) 유치인보호관의 근무지침(제19조 및 제21조)

① 유치보호관은 반드시 제복을 착용하고 용모와 복장을 단정히 하고, 언어, 태도 등을 바르게 하여 품위와 인격을 갖춘 자세로 근무에 임하여야 한다.

② 유치인보호관은 유치인의 동태를 감시하고, 자해 등 특이사항을 발견 시에는 응급조치를 취하고, 즉시 유치인보호 주무자에게 보고하여 필요한 조치를 취하도록 하여야 한다.

③ 특히 자살 또는 도주우려 등 사고 우려자는 유치인보호관의 근무일지의 인계사항에 적색으로 기재하고 특별히 관찰하여야 한다.

④ 유치장에는 관계직원이라도 필요 없이 출입하여서는 아니 되며, 유치인보호관은 경찰서장 또는 유치인보호 주무자의 허가 없이 필요 없는 자의 출입을 시켜서는 아니 된다.

⑤ 유치실의 열쇠는 응급조치 등에 대비하여 근무 중인 유치인보호관 중 선임 유치인보호관이 보관·관리하여야 한다.

⑥ 유치인보호관은 유치인으로부터 다음 사항의 요청이나 의뢰가 있을 때에는 지체 없이 유치인보호 주무자에게 보고하여야 하며, 그 결과를 당해 유치인에게 알려주어야 한다.

1. 변호인 선임 등에 관한 요청, 2. 처우에 관한 요청, 3. 환형 유치된 자의 가족 등에의 통지 요청, 4. 질병 치료 요청, 5. 그 밖의 합리적이고 타당한 요구

⑦ 유치인보호관은 유치인의 의뢰 및 조치사항을 빠짐없이 근무일지에 기재하여야 한다.

(5) 유치인보호관의 수갑 등의 사용(제22조)

① 유치인보호관은 다음과 같은 경우에는 수사과장의 허가를 받아 유치인에 대하여 수갑이나 포승을 사용할 수 있다. 다만, 허가를 받을 시간적 여유가 없을 때에는 사용 후 지체 없이 보고하

여 사후승인을 얻어야 한다.

1. 송치, 법정 출석 및 병원진료 등으로 유치장 외의 장소로 유치인을 호송하는 때와 조사 등으로 출감할 때
2. 도주하거나 도주하려고 하는 때
3. 자살 또는 자해하거나 하려고 하는 때
4. 다른 사람에게 위해를 가하거나 하려고 하는 때
5. 유치장 등의 시설 또는 물건을 손괴하거나 하려고 하는 때

② 경찰관이 제1항 제1호의 사유로 수갑 또는 수갑 · 포승을 사용하는 경우 구류선고 및 감치명령을 받은 자와 미성년자, 고령자, 장애인, 임산부 및 환자 중 주거와 신분이 확실하고 도주의 우려가 없는 자에 대해서는 수갑 또는 수갑 · 포승을 채우지 아니한다.

③ 경찰관이 제1항의 사유로 수갑 또는 수갑 · 포승을 사용하는 때에는 그 사유와 시간을 근무일지에 기재하여야 하며, 사전에 해당 유치인에게 수갑 또는 수갑 · 포승의 사용사유를 고지하여야 한다.

④ 수갑 또는 수갑 · 포승은 그 사용목적의 달성을 위한 필요최소한의 범위에서 사용하여야 하며, 징벌이나 고통을 가할 목적으로 사용하여서는 안 된다. 특히 뒷수갑을 채운 상태에서 다리를 함께 묶는 등 비인도적인 방법으로 사용해서는 안 된다.

(6) 유치인 질병 등에 대한 조치(제31조)

① 유치인보호 주무자는 유치인이 병에 걸린 경우 경찰서장에게 보고하여 필요한 조치를 받게 하고, 그 사항에 따라 다른 유치실에 따로 수용하여 안전하게 하거나 또는 의료시설이 있는 장소에 수용하는 등 적당한 조치를 하여야 한다.

② 유치인보호 주무자는 유치인, 유치인의 가족 또는 변호인이 외부 의료시설에서 진료받기를 요청하는 때에는 허용 여부를 신속히 결정하여야 한다.

③ 임산부 및 70세 이상의 고령자는 별도의 유치실에 수용하거나 의료시설이 있는 장소에 수용하는 조치를 하여야 한다.

④ 경찰서장은 유치인의 질병이 위독하거나 조속히 치료될 가능성이 없어 그의 가족(가족이 없는 경우 유치인이 지정하는 사람) 또는 변호인에게 연락이 필요한 때에는 그 사유를 통지하여야 한다.

⑤ 경찰서장은 유치인이 외부 진료를 받을 때 경제적 부담으로 치료비 지불을 못하는 경우 「의료급여법」 및 「응급의료에 관한 법률」 등에 따른 의료비 지원제도를 안내하여 유치인이 활용할 수 있도록 하는 등 유치인의 건강권을 보장하기 위해 노력하여야 한다.

10) 사고발생에 대한 조치(제24조)

(1) 유치인보호관의 조치

유치인보호관은 유치인 또는 유치장에서 사고가 발생하였을 때에는 응급조치를 하는 동시에

지체 없이 유치인보호 주무자를 경유하여 경찰서장에게 보고하여야 한다.

(2) 경찰서장의 조치

경찰서장은 유치장 사고 중 유치인의 자살, 질병으로 인한 사망, 도주, 기타 중요한 사고발생 시 지체 없이 시·도경찰청장에게 보고하여야 한다. 보고를 받은 시·도경찰청장은 필요한 조치를 취함과 동시에 이를 지체 없이 경찰청장에게 보고하여야 한다.

(3) 가족 등에 통지

경찰서장은 유치인이 자살하였거나 질병에 의하여 사망하였을 때에는 지체 없이 가족 등에게 통지하는 동시에 의사의 검안을 요청하는 등 적절한 조치를 취하여야 하며, 사망의 원인, 그 밖에 필요한 사항을 명백히 하여야 한다.

11) 피난 및 일시 석방(제25조)

① 경찰서장은 풍수해, 화재, 기타 비상재해를 당하여 유치장 내에서 피난시킬 다른 방도가 없다고 인정될 때에는 다른 장소에 호송하여 피난시키거나 또는 일시 석방할 수 있다.

② 경찰서장이 제1항의 규정에 의하여 유치인을 일시 석방할 때에는 출석일시 및 장소를 지정하는 이외에 출석일에 이유 없이 출석하지 않을 경우에는 「형법」 제145조 제2항(도주, 집합명령위반)의 규정에 의하여 가중처벌된다는 뜻을 경고하여야 한다.

12) 석방(제42조 및 제43조)

① 유치인보호 주무자와 유치인보호관은 항상 유치인의 유치기간에 유의하여야 하며, 유치인보호관은 유치기간이 만료되는 자에 대하여는 유치기간 만료 1일 전에 유치인보호 주무자에게 보고하여야 한다.

② 유치인보호 주무자는 유치인 석방 시에 반드시 본인 여부를 확인하여야 하며, 보관 중인 위험물 및 휴대 금품 등을 정확히 반환하고 석방일시, 석방 후의 거주지, 그 밖에 필요한 사항을 명확히 기록하여 두어야 한다.

③ 유치인보호관은 석방되는 자가 유치 중인 자의 죄증인멸 등을 위한 비밀서신, 암호문 등을 지참·연락하지 못하도록 검사를 하여야 한다.

3. 피의자 호송

1) 의의

호송이란 형사피고인, 피의자 또는 구류인 등을 검찰청, 법원, 교도소 또는 경찰서 등으로 연행하기 위하여 이동하면서 간수하는 것을 말한다.

2) 정의(제46조)

(1) 이감호송

이감호송이라 함은 피호송자의 수용장소를 다른 곳으로 이동하거나, 특정관서에 인계하기 위한 호송을 말한다.

(2) 왕복호송

왕복호송이라 함은 피호송자를 특정장소에 호송하여 필요한 용무를 마치고, 다시 발송관서 또는 호송관서로 호송하는 것을 말한다.

(3) 집단호송

집단호송이라 함은 한번에 다수의 피호송자를 호송하는 것을 말한다.

(4) 비상호송

비상호송이라 함은 전시, 사변 또는 이에 준하는 국가비상 사태나 천재, 지변에 있어서 피호송자를 다른 곳에 수용하기 위한 호송을 말한다.

3) 호송수단(제55조 내지 제61조)

① 호송수단은 경찰호송차, 기타 경찰이 보유하고 있는 차량에 의함을 원칙으로 하여야 한다. 다만, 경찰차량을 사용할 수 없거나 기타 특별한 사유가 있는 때에는 도보나 경비정, 경찰항공기 또는 일반교통수단을 이용할 수 있다.

② 호송관서의 장은 호송사정을 참작하여 호송수단을 결정하여야 한다.

③ 집단호송은 가능한 한 경찰차량을 사용하여야 한다.

④ 호송에 사용되는 경찰차량에는 커튼 등을 설치하여 피호송자의 신분이 외부에 노출되지 않도록 하여야 한다.

(1) 도보호송(제56조)

① 1인의 호송

피호송자 1인을 호송할 때에는 피호송자의 1보 뒤, 좌 또는 우측 1보의 위치에서 손으로 포승을 잡고 인수관서 또는 특정지까지 호송하여야 한다.

② 2인 이상 5인의 호송

피호송자 2인 이상 5인까지를 호송할 때에는 포박한 피호송자를 1보 거리로 세로줄을 지어 연결 포승하고 그 뒤에서 호송관 1인은 제1호의 호송방법에 의하고, 다른 호송관은 피호송자열 좌우에 위치하여 피호송자열과 1보 내지 2보 거리를 항상 유지하면서 호송하여야 한다.

③ 6인 이상 호송

피호송자가 6인 이상일 때에는 도로의 사정에 따라 2열 내지 3열 종대로 하여 제1호 및 제2호의 방법에 의하여야 한다.

(2) 차량호송(제57조)

차량호송은 피호송자를 경찰차량 또는 일반차량 등에 의하여 호송하는 것을 말한다.

① 피호송자는 운전자 바로 옆, 뒷자리나 출입문의 앞·뒤, 옆자리가 아닌 곳에 승차시켜야 한다. 다만, 소형 차량이거나 특별한 사유가 있을 때에는 그러하지 아니할 수 있다.

② 호송관은 제1호 단서에 의하여 피호송자를 승차시켰을 때에는 도주 및 기타 사고의 방지를 위한 조치를 하여야 한다.

③ 호송관은 차량의 구조에 따라 감시에 적당한 장소에 위치하여 항시 피호송자를 감시하여야 한다.

④ 화물자동차 등 복개(뚜껑)가 없는 차량에 의하여 호송할 때에는 호송관은 적재함 가장자리에 위치하며, 피호송자의 도주, 기타의 사고를 방지하여야 한다.

(3) 열차호송(제58조)

① 피호송자를 열차의 객실 또는 화물차 안에 승차시켜야 하며, 열차의 승강구, 연결장소, 출입문, 세면장소 및 화장실 등에 승차시켜서는 아니 된다.

② 호송관은 열차의 구조, 일반승객, 기타 주위의 사정을 고려하여 감시에 적당한 장소에 위치하여 항상 감시하여야 한다.

③ 피호송자가 좌석에 앉아 있을 때에는 창문을 열지 못하게 하여야 한다. 다만, 각별한 안전조치가 강구된 경우에는 예외로 한다.

④ 피호송자를 승·하차시킬 때에는 일반승객들이 승·하차한 뒤에 하여야 한다. 이 경우에는 사전에 국토교통부 소속 공무원의 협조를 구할 수 있다.

(4) 선박호송(제59조)

선박호송은 피호송자를 선박의 객실 또는 화물실에 승선시켜야 하며, 그 이외의 장소에 승선시켜서는 아니 된다. 다만, 소형선박이거나 기타 특별한 사유가 있을 때에는 그러하지 아니할 수 있다.

(5) 항공기호송(제60조)

항공기호송은 피호송자를 항공기의 조종석 바로 뒤 또는 출입문 바로 앞·뒤, 옆 이외의 장소에 탑승시켜야 한다. 다만, 소형 항공기이거나 기타 특별한 사유가 있을 때에는 그러하지 아니할 수 있다. 선박 또는 항공기에 의하여 피호송자를 호송할 때에는 차량 및 열차호송에 준하여 호송관은 감시, 조치, 기타 관계자의 협조를 구하여야 한다.

4) 호송출발 전 조치

(1) 호송관의 결격사유 및 수(제48조)

호송관서의 장은 다음의 어느 하나에 해당하는 자를 호송관으로 지명할 수 없다.

1. 피호송자와 친족 또는 가족 등의 특수한 신분관계가 있거나 있었던 자
2. 신체 및 건강상태가 호송업무를 감당하기 곤란하다고 인정되는 자
3. 기타 호송근무에 부적합하다고 인정되는 자

(2) 호송관의 수(제48조)

호송관서의 장은 호송수단과 피호송자의 죄질, 형량, 범죄경력, 성격, 체력, 사회적 지위, 인원, 호송거리, 도로사정, 기상 등을 고려하여 2인 이상의 호송관을 지정하여야 한다. 호송관서의 장은 호송관이 5인 이상이 되는 호송일 때에는 경위 이상 계급의 1인을 지휘감독관으로 지정하여야 한다.

(3) 피호송자의 신체검사(제49조)

① 호송관은 반드시 호송주무관의 지휘에 따라 포박하기 전에 피호송자에 대하여 호송에 필요한 신체검색을 실시하여야 한다.

② 여자인 피호송자의 신체검색은 여자경찰관이 행하거나 성년의 여자를 참여시켜야 한다.

(4) 피호송자에 대한 수갑 등의 사용(제50조)

① 호송관은 호송주무관의 허가를 받아 「경찰관 직무집행법」 제10조의2 제1항 및 「위해성 경찰장비의 사용기준 등에 관한 규칙」 제4조에 따라 필요한 한도에서 호송대상자에 대하여 수갑 또는 수갑 · 포승을 사용할 수 있다. 다만, 구류선고 및 감치명령을 받은 자와 미성년자, 고령자, 장애인, 임산부 및 환자 중 주거와 신분이 확실하고 도주의 우려가 없는 자에 대하여는 수갑 또는 수갑 · 포승을 채우지 아니한다.

② 미체포 피의자가 구속 전 피의자심문에 임의로 출석한 경우에는 원칙적으로 수갑 및 포승을 사용하지 아니한다. 다만, 도주 우려 등 사정변경이 생겨 수갑 및 포승 사용이 필요하다고 인정되는 상당한 이유가 있는 경우에는 예외로 한다.

③ 미체포 피의자에 대하여 심문 구인용 구속영장을 강제집행하여 법원에 인치하는 경우에는 제2항 본문을 적용하지 않는다.

④ 호송관은 제1항에 따라 수갑 또는 수갑 · 포승을 사용하는 피호송자가 2인 이상일 때에는 호송수단에 따라 2인 내지 5인을 1조로 하여 상호 연결시켜 포승으로 포박한다.

(5) 인수관서 통지 및 인계(제52조)

① 인수관서에 사전 통보

호송관서는 미리 인수관서에 피호송자의 성명, 호송일시 및 호송방법을 통지하여야 한다. 다만, 다른 수사기관에서 인수관서에 통지하거나 비상호송, 기타 특별한 사유가 있는 때에는 예외로 한다.

② 피호송자와 관련 기록 동시 인계

호송경찰관이 피호송자를 인수하여야 할 관서에 인계할 때에는 인수권자에게 관계기록등과 함께 정확히 인계하여 책임 한계를 명백히 하여야 하며, 귀서(歸署)하여 소속 경찰관서장에게 호송완료 보고를 하여야 한다.

(6) 호송시간(제54조)

호송은 일출 전 또는 일몰 후에 할 수 없다. 다만, 기차, 선박 및 차량을 이용하는 때 또는 특별한 사유가 있는 때에는 그러하지 아니한다.

(7) 호송의 방법(제51조)

호송은 피호송자를 인수관서 또는 출석시켜야 할 장소와 유치시킬 장소에 직접 호송한다. 중요범인에 대하여는 특별한 안전조치를 강구하여야 한다.

5) 호송 중의 조치

(1) 피호송자의 숙박(제66조)

호송관은 피호송자를 숙박시켜야 할 사유가 발생하였을 때에는 체류지 관할 경찰서 유치장 또는 교도소를 이용하여야 한다. 체류지 관할 경찰서 등에 숙박시킬 수 없는 지역에서는 호송관은 가장 가까운 경찰관서에 숙박에 관하여 협조를 의뢰하여야 한다.

(2) 식량 등의 자비부담(제67조)

피호송자가 식량, 의류, 침구 등을 자신의 비용으로 구입할 수 있을 때에는 호송관은 물품의 구매를 허가할 수 있다.

(3) 호송비용 부담(제68조)

호송관 및 피호송자의 여비, 식비, 기타 호송에 필요한 비용은 호송관서에서 이를 부담하여야 한다. 피호송자가 사망하였을 때, 피호송자가 발병하였을 때의 비용은 각각 그를 인계받은 관서가 부담하여야 한다.

(4) 영치금품의 처리(제53조)

① 금전 및 유가증권

금전, 유가증권은 호송관서에서 인수관서에 직접 송부한다. 다만, 소액의 금전, 유가증권 또는 당일로 호송을 마칠 수 있을 때에는 호송관에게 탁송할 수 있다.[100]

② 필요한 물품구입 비용

피호송자가 호송 도중에 필요한 식량, 의류, 침구의 구입비용을 자비로 부담할 수 있는 때에는 그 청구가 있으며, 필요한 금액을 호송관에게 탁송하여야 한다.

100) 피의자 유치 및 호송규칙 제53조, 경찰청훈령 제1101호, 2023.10.4.

③ 물품

물품은 호송관에게 탁송한다. 다만, 위험한 물품 또는 호송관이 휴대하기에 부적당한 경우에는 발송관서에서 인수관서에 직접 송부할 수 있다.

④ 송치금품의 책임

송치하는 금품을 호송관에게 탁송할 때에는 호송관서에 보관책임이 있고, 그렇지 아니한 때에는 송부한 관서에 그 책임이 있다.

6) 사고발생 시의 조치(제65조)

(1) 피호송자가 도망하였을 때

① 관할 경찰서 및 소속장에게 보고

호송관은 즉시 사고발생지 관할 경찰서에 신고하고 도주 피의자 수배 및 수사에 필요한 사항을 알려주어야 하며, 소속장에게 전화, 전보, 기타 신속한 방법으로 보고하여 그 지휘를 받아야 한다. 이 경우에 즉시 보고할 수 없는 때에는 신고관서에 보고를 의뢰할 수 있다.

② 호송관서 장의 조치: 상급경찰관서에 보고 및 인수관서에 통지

호송관서의 장은 보고받은 즉시 상급경찰관서에 보고 및 인수관서에 통지하고 도주 피의자의 수사에 착수하여야 하며, 사고발생지 관할 경찰서장에게 수사를 의뢰하여야 한다.

③ 호송서류 및 금품 보관

도주한 자에 관한 호송관계서류 및 금품은 호송관서에 보관하여야 한다.

(2) 피호송자가 사망하였을 때

① 관할 경찰관서에 신고

호송관은 즉시 사망지의 관할 경찰관서에 신고하고, 시체와 서류 및 영치금품은 신고관서에 인도하여야 한다. 다만, 부득이한 경우에는 다른 도착지의 관할 경찰관서에 인도할 수 있다. 인도를 받은 경찰관서는 즉시 호송관서와 인수관서에 사망일시, 원인 등을 통지하고, 서류와 금품은 호송관서에 송부한다.

② 호송관서 장의 조치

호송관서의 장은 통지받은 즉시 상급경찰관서에 보고하고 사망자의 유족 또는 연고자에게 이를 통지하여야 한다.

③ 사체의 인도

통지받을 가족이 없거나, 통지를 받은 가족이 통지를 받은 날부터 3일 이내에 그 시신을 인수하지 않으면 구 · 시 · 읍 · 면장에게 가매장을 하도록 의뢰하여야 한다.

(3) 피호송자가 발병하였을 때

① 경증일 경우

피호송자의 질병이 경증으로서 호송에 큰 지장이 없고 당일로 호송을 마칠 수 있을 때에는 호송관이 적절한 응급조치를 취하고 호송을 계속하여야 한다.

② 중증일 경우

피호송자의 질병이 중증으로서 호송을 계속하기에 곤란하다고 인정될 때에는 피호송자 및 그 서류와 금품을 발병지에서 가까운 경찰관서에 인도하여야 한다.

③ 인수 경찰관서의 조치

중증환자를 인수한 경찰관서는 즉시 질병을 치료하여야 하며, 질병의 상태를 호송관서 및 인수관서에 통지하고 질병이 치유된 때에는 호송관서에 통지함과 동시에 치료한 경찰관서에서 지체없이 호송하여야 한다. 다만, 진찰한 결과 24시간 이내에 치유될 수 있다고 진단되었을 때에는 치료 후 호송관서의 호송관이 호송을 계속하게 하여야 한다.

7) 호송 중 유의사항(제62조)

① 피호송자의 가족이나 기타 관계인을 동반하거나 면접, 물건 수수행위 등을 하게 하여서는 아니 된다.

② 피호송자는 흡연행위를 하게 하여서는 아니 된다.

③ 도심지, 번화가, 기타 복잡한 곳을 가능한 한 피하여야 한다.

④ 호송관은 피호송자가 용변을 보고자 할 때에는 화장실에 같이 들어가거나 화장실문을 열고 감시를 철저히 하여야 한다.

⑤ 피호송자를 포박한 수갑 또는 포승은 질병의 치료, 용변 및 식사할 때에 한쪽 수갑만을 필요한 시간 동안 풀어주는 것을 제외하고는 호송이 끝날 때까지 변경하거나 풀어 주어서는 아니 된다.

⑥ 항시 피호송자의 기습으로부터 방어할 수 있는 자세와 감시가 용이한 위치를 유지하여야 한다.

⑦ 호송 중 피호송자에게 식사를 하게 할 때에는 가까운 경찰관서에서 하여야 한다. 다만, 열차, 선박, 항공기에 의한 호송일 때에는 그러하지 아니할 수 있다.

⑧ 호송 시에는 호송하는 모습이 가급적 타인에게 노출되지 않도록 유의하여야 한다.

8) 분사기 등의 휴대(제70조)

호송관은 호송근무을 할 때에는 분사기를 휴대하여야 한다. 호송관서의 장은 특별한 사유가 있는 경우 호송관이 총기를 휴대하도록 할 수 있다.

제 3 장

교통관리론

제 1 절 교통의 의의와 특성

1. 교통의 의의

1) 개념

교통은 인간과 화물 또는 정보의 장소적 이동을 의미하지만 그 이동을 위한 거리를 의식하고 이를 극복하는 데 저항을 느끼는 경우에 비로소 교통이라는 개념이 의미를 가진다. 이러한 거리를 극복하기 위해서 체계적인 교통기관과 시설에 의해 인간과 화물 및 정보의 장소적 이동이 반복적으로 이루어질 경우에 교통으로서의 의미를 가지게 된다.[1)]

따라서 교통은 체계적인 교통기관이나 시설에 의하여 거리저항을 극복하기 위해 반복적으로 이루어지는 인간·화물·정보의 장소적 이동을 의미한다.

2) 일반교통과 도로교통

일반교통은 체계적인 교통기관에 의하여 거리저항을 극복하기 위해 반복적으로 이루어지는 인간·화물의 장소적 이동을 의미한다. 따라서 통신시설을 이용한 정보의 장소적 이동은 교통기관에 의한 장소적 이동이 아니므로 일반교통의 대상에서 제외된다.

도로교통은 일반교통의 대상 중에서 「도로교통법」의 적용을 받는 교통을 말하고, 궤도에 의한 철도교통이나 항공교통은 「도로교통법」의 적용을 받지 아니하므로 도로교통에서 제외된다.

2. 교통기관의 특성

1) 공공성

교통기관의 공공성은 수요자가 불특정 다수인이라는 측면에서, 그리고 교통기관의 운행은 그 사업의 특성상 시장원리에 맡겨둘 수 없고, 상당한 부분에 정부의 개입이 불가피하다는 측면에서 공공성의 성격이 강하다.

---

1) 김대웅, 도시종합교통계획, 형설출판사, 1994, pp.21-22.

2) 가역성

교통은 하나의 지점(출발점)과 또 하나의 지점(도착점) 사이의 이동을 의미한다. 이 두 지점은 언제든지 출발점이 도착점이 되고 도착점이 출발점이 되는 가역성(reversibility)의 성격을 가진다. 그래서 교통은 왕래 또는 생환이라고도 부른다.

3) 사회성

교통은 서로 멀리 떨어진 사람들과의 관계를 연결시켜주는 사회성을 지니고 있다. 즉, 교통기관의 도움으로 사람들 사이의 다양한 관계가 용이하게 형성된다.

제 2 절 도로교통법의 적용대상

1. 도로교통법상의 차와 자동차

1) 차

「도로교통법」상의 차란 자동차, 건설기계, 원동기장치자전거, 자전거 또는 사람이나 가축의 힘, 그 밖의 동력에 의하여 도로에서 운전되는 것을 말한다. 다만, 철길이나 가설된 선을 이용하여 운전되는 것, 유모차, 보행보조용 의자차, 노약자용 보행기, 동법 제21호의3에 따른 실외이동로봇 등은 제외한다(도로교통법 제2조 제17호 가항).[2)]

2) 자동차

① 전동차와 같이 철길 또는 가설된 선에 의하지 아니하고 원동기를 사용하여 운전되는 차(견인되는 자동차도 자동차의 일부로 봄)로서, 「자동차관리법」 제3조의 규정에 의한 승용자동차, 승합자동차, 화물자동차, 특수자동차, 이륜자동차(125cc 이상)는 포함하지만, 원동기장치 자전거는 제외된다.

② 또한 「건설기계관리법」 제26조 제1항 단서에 의한 건설기계가 포함된다(도로교통법 제2조 제18호 가항 및 나항). 자동차에 포함되는 건설기계는 도로보수트럭, 노상안정기, 아스팔트살포기, 콘크리트펌프, 콘크리트믹스트럭, 천공기, 덤프트럭, 도로를 운행하는 3톤 미만의 지게차 등이 해당된다.

3) 원동기장치자전거 및 자전거

① 원동기장치자전거란 「자동차관리법」 제3조에 따른 이륜자동차 가운데 배기량 125cc 이하(전기를 동력으로 하는 경우에는 최고정격출력 11킬로와트 이하)의 이륜자동차나, 그 밖에 배기량 125cc

---

2) 도로교통법, 법률 제19357호, 2023.4.18. 시행 2024.1.1.

이하(전기를 동력으로 하는 경우에는 최고정격출력 11킬로와트 이하)의 원동기를 단 차(자전거 이용 활성화에 관한 법률 제2조 제1호의2에 따른 전기자전거 및 제21호의3에 따른 실외이동로봇은 제외한다)를 말한다(도로교통법 제2조 제19호 가항 및 나항).

② 자전거란「자전거 이용 활성화에 관한 법률」제2조 제1호 및 제1호의2에 따른 자전거 및 전기자전거를 말한다(도로교통법 제2조 제20호). "자전거등"이란 자전거와 개인형 이동장치를 말한다.

4) 개인형 이동장치

개인형 이동장치는 원동기장치자전거 중 시속 25킬로미터 이상으로 운행할 경우 전동기가 작동하지 아니하고 차체 중량이 30킬로그램 미만인 것을 말한다(도로교통법 제2조 제19호의2).

5) 실외이동로봇

실외이동로봇이란「지능형 로봇 개발 및 보급 촉진법」제2조 제1호에 의해 외부환경을 스스로 인식하고 상황을 판단하여 자율적으로 동작하는 기계장치(기계장치의 작동에 필요한 소프트웨어를 포함한다)인 지능형 로봇 중 실외이동로봇의 운행안전 인증을 받고 배송등을 위하여 자율주행(원격제어 포함)으로 운행할 수 있는 지능형 로봇을 말한다(도로교통법 제2조 제21호의3 및 지능형 로봇 개발 및 보급 촉진법 제2조 제4호의2).[3]

2. 도로의 의의

1) 도로교통법상의 도로

「도로교통법」상의 도로는「도로법」에 의한 도로,「유료도로법」에 의한 유료도로,「농어촌도로 정비법」에 따른 농어촌도로 및 그 밖에 현실적으로 불특정 다수의 사람 또는 차마가 통행할 수 있도록 공개된 장소로서 안전하고 원활한 교통을 확보할 필요가 있는 장소를 말한다(도로교통법 제2조 제1호).

2) 도로법에 의한 도로

(1) 도로

도로란 차도, 보도, 자전거도로, 측도, 터널, 교량, 육교 등「도로법 시행령」제2조로 정하는 시설로 구성된 것으로서 고속국도(고속국도의 지선 포함), 일반국도(일반국도의 지선 포함), 특별시도・광역시도, 지방도, 시도, 군도, 구도를 말하며, 도로의 부속물을 포함한다(도로법 제2조).[4]

---

3) 지능형 로봇 개발 및 보급 촉진법, 법률 제19412호, 2023.5.16. 시행 2023.11.17.

4) 도로법, 법률 제19987호, 2024.1.8. 시행 2024.1.8.

(2) 도로의 부속물

도로의 부속물이란 도로관리청이 도로의 편리한 이용과 안전 및 원활한 도로교통의 확보, 그 밖에 도로의 관리를 위하여 설치하는 시설 또는 공작물을 말한다. 구체적으로는 ① 주차장, 버스 정류시설, 휴게시설 등 도로이용 지원시설, ② 시선유도표지, 중앙분리대, 과속방지시설 등 도로안전시설, ③ 통행료 징수시설, 도로관제시설, 도로관리사업소 등 도로관리시설, ④ 도로표지 및 교통량 측정시설 등 교통관리시설, ⑤ 낙석방지시설, 제설시설, 식수대 등 도로에서의 재해 예방 및 구조 활동, 도로환경의 개선 · 유지 등을 위한 도로부대시설 및 ⑥ 그 밖에 도로의 기능 유지 등을 위한 시설을 말한다(도로법 제2조 제2호).

3) 유료도로법에 의한 유료도로

유료도로는 통행료 또는 사용료를 받는 도로 및 민자도로(사회기반시설에 대한 민간투자법 제26조에 따라 통행료 또는 사용료를 받는 도로)를 말한다(유료도로법 제2조). 도로관리청은 유료도로를 신설 또는 개축하여 통행료를 받으려면 해당 도로를 통행하는 자가 그 도로의 통행으로 인하여 현저히 이익을 얻는 도로인지 여부와 그 부근에 통행할 다른 도로(유료도로는 제외)가 있어 신설 또는 개축할 그 도로로 통행하지 아니하여도 되는 도로인지 여부 등을 고려해야 한다(유료도로법 제4조).[5]

4) 일반교통에 공용되는 장소

① 일반교통에 사용되는 도로는 인공적이든 자연적이든, 일정한 도로의 형태를 갖추었든 아니든, 공유지와 사유지를 불문하고 보통 출발점과 중간로 및 도착지로 구성되어 사람이나 차량 등의 통행이 가능하도록 만들어진 곳을 말한다.

② 불특정 다수인 또는 차량이 자유로이 통행할 수 있는 모든 장소, 즉 농로, 임도, 광산도로, 사도법상의 사도 등이 도로에 해당한다. 또한 불특정 다수인의 무제한 통행을 조건으로 하는 것이 아니라, 일정한 제한이 있더라도 불특정 다수인의 출입이 허용되는 장소는 도로에 포함된다. 따라서 광장, 공지, 공원 내 도로, 해변, 하천부지 등도 현실적으로 대중교통에 공용되고 있으면 도로에 해당한다.[6]

③ 소유주나 관리자가 일반교통의 통행을 거부하는 장소, 즉 역구내, 교정, 빌딩 전용주차장, 주점의 고객전용 주차장, 여관 앞 공터, 나이트클럽 전용주차장, 자동차 간이정비소 마당 등은 도로에 해당되지 않는다.

④ 일반교통의 공용장소로서 인정을 하거나 묵인 하에 현실적으로 교통에 공용되고 있으면 일반교통에 공용되는 장소이다. 아파트 단지 내의 도로는 경비원이 차단기 등으로 일반인의 출입을 통제하면 도로가 아니지만, 불특정인의 출입이 허용되는 아파트 단지 내의 도로는 도로로 본다.

---

5) 유료도로법, 제19388호, 2023.4.18. 시행 2023.10.19.

6) 김남현, 경찰교통론, 경찰대학, 2000, p.20.

3. 도로교통법상 용어

1) 차도와 보도

(1) 차도

차도는 연석선(차도와 보도를 구분하는 돌 등으로 이어진 선을 말한다), 안전표지 또는 그와 비슷한 인공구조물을 이용하여 경계를 표시하여 모든 차가 통행할 수 있도록 설치된 도로의 부분을 말한다(도로교통법 제2조 제4호).

(2) 보도

보도란 연석선, 안전표지나 그와 비슷한 인공구조물로 경계를 표시하여 보행자(유모차, 보행보조용 의자차, 노약자용 보행기 등 행정안전부령으로 정하는 기구・장치를 이용하여 통행하는 사람을 포함한다)가 통행할 수 있도록 한 도로의 부분을 말한다(도로교통법 제2조 제10호).

2) 중앙선

차마의 통행 방향을 명확하게 구분하기 위하여 도로에 황색 실선이나 황색 점선 등의 안전표지로 표시한 선 또는 중앙분리대나 울타리 등으로 설치한 시설물을 말한다. 다만, 가변차로가 설치된 경우에는 신호기가 지시하는 진행방향의 가장 왼쪽에 있는 황색 점선을 말한다(도로교통법 제2조 제5호).

3) 차로와 차선

(1) 차로

차로란 차마가 한 줄로 도로의 정하여진 부분을 통행하도록 차선으로 구분한 차도의 부분을 말한다.

(2) 차선

차선이란 차로와 차로를 구분하기 위하여 그 경계지점을 안전표지로 표시한 선을 말한다(도로교통법 제2조 제6호, 제7호).

4) 길가장자리구역

보도와 차도가 구분되지 아니한 도로에서 보행자의 안전을 확보하기 위하여 안전표지 등으로 경계를 표시한 도로의 가장자리 부분을 말한다(도로교통법 제2조 제11호).

5) 주・정차

(1) 주차

주차란 운전자가 승객을 기다리거나 화물을 싣거나 차가 고장나거나 그 밖의 사유로 차를 계속

정지 상태에 두는 것 또는 운전자가 차에서 떠나서 즉시 그 차를 운전할 수 없는 상태에 두는 것을 말한다.

(2) 정차

정차란 운전자가 5분을 초과하지 아니하고 차를 정지시키는 것으로서, 주차 외의 정지 상태를 말한다(도로교통법 제2조 제24호, 제25호).

6) 초보운전자

① 처음 운전면허를 받은 날(처음 운전면허를 받은 날부터 2년이 지나기 전에 운전면허의 취소처분을 받은 경우에는 그 후 다시 운전면허를 받은 날을 말한다)부터 2년이 지나지 아니한 사람을 말한다.

② 이 경우 원동기장치자전거면허만 받은 사람이 원동기장치자전거면허 외의 운전면허를 받은 경우에는 처음 운전면허를 받은 것으로 본다(도로교통법 제2조 제27호).

7) 어린이 보호구역

(1) 지정지역

시장등은 교통사고의 위험으로부터 어린이를 보호하기 위하여 필요하다고 인정하는 경우에는 다음의 어느 하나에 해당하는 시설이나 장소의 주변도로 가운데 일정 구간을 어린이 보호구역으로 지정하여 자동차등과 노면전차의 통행속도를 시속 30킬로미터 이내로 제한할 수 있다(도로교통법 제12조 제1항).

1. 「유아교육법」 제2조에 따른 유치원, 「초 · 중등교육법」 제38조 및 제55조에 따른 초등학교 또는 특수학교
2. 「영유아보육법」 제10조에 따른 어린이집 가운데 행정안전부령으로 정하는 어린이집
3. 「학원의 설립 · 운영 및 과외교습에 관한 법률」 제2조에 따른 학원 가운데 행정안전부령으로 정하는 학원
4. 「초 · 중등교육법」 제60조의2 또는 제60조의3에 따른 외국인학교 또는 대안학교, 「대안교육기관에 관한 법률」 제2조 제2항에 따른 대안교육기관, 「제주특별자치도 설치 및 국제자유도시 조성을 위한 특별법」 제223조에 따른 국제학교 및 「경제자유구역 및 제주국제자유도시의 외국교육기관 설립 · 운영에 관한 특별법」 제2조 제2호에 따른 외국교육기관 중 유치원 · 초등학교 교과과정이 있는 학교
5. 그 밖에 어린이가 자주 왕래하는 곳으로서 조례로 정하는 시설 또는 장소

(2) 설치구역

시장등은 조사 결과 보호구역으로 지정 · 관리할 필요가 인정되는 경우에는 관할 시 · 도경찰청장 또는 경찰서장과 협의하여 해당 보호구역 지정대상시설의 주 출입문(출입문이 없는 장소의 경우에는 해당 장소를 말한다)을 기준으로 반경 300미터 이내의 도로 중 일정구간을 보호구역으로 지정한다. 다만, 시장등은 해당 지역의 교통여건 및 효과성 등을 면밀히 검토하여 필요한 경우 보호구역 지정대상시설의 주 출입문을 기준으로 반경 500미터 이내의 도로에 대해서도 보호구역으로 지정할 수 있다(어린이 노인 및 장애인 보호구역의 지정 및 관리에 관한 규칙 제3조 제6항: 행정안전부,

교육부, 국토교통부, 보건복지부 공동부령).

(3) 보호구역에서의 필요한 조치

① 시·도경찰청장이나 경찰서장은 「도로교통법」 제12조 제1항 또는 제12조의2 제1항에 따라 보호구역에서 구간별·시간대별로 다음 각 호의 조치를 취할 수 있다(위 공동부령 제9조).

1. 차마의 통행을 금지하거나 제한하는 것
2. 차마의 정차나 주차를 금지하는 것
3. 운행속도를 시속 30킬로미터 이내로 제한하는 것
4. 이면도로(도시지역에 있어서 간선도로가 아닌 도로로서 일반의 교통에 사용되는 도로를 말한다)를 일방통행로로 지정·운영하는 것

② 시·도경찰청장이나 경찰서장이 위에 따른 조치를 하려는 경우에는 그 뜻을 표시하는 안전표지를 설치하여야 한다.

③ 시장등은 보호구역으로 지정된 시설의 주 출입문과 직접 연결되어 있는 도로에는 노상주차장을 설치해서는 아니 된다. 다만, 이미 노상주차장이 설치되어 있는 경우에는 특별한 사유가 없으면 이를 폐지하거나 어린 노인 또는 장애인의 통행 및 안전에 지장이 없는 곳으로 이전하여야 한다(공동부령 제8조).

④ 시·도경찰청장, 경찰서장 또는 시장등은 차마나 노면전차의 어린이 보호구역에서의 위반행위 등의 단속을 위하여 어린이 보호구역의 도로 중에서 행정안전부령이 정하는 곳(교통사고 발생우려 장소)에 우선적으로 무인 교통단속용 장비를 설치하여야 한다(도로교통법 제12조 제4항).

⑤ 시장등은 제1항에 따라 지정한 어린이 보호구역에 어린이의 안전을 위하여 다음 각 호에 따른 시설 또는 장비를 우선적으로 설치하거나 관할 도로관리청에 해당 시설 또는 장비의 설치를 요청하여야 한다(도로교통법 제12조 제5항).

1. 어린이 보호구역으로 지정한 시설의 주 출입문과 가장 가까운 거리에 있는 간선도로상 횡단보도의 신호기
2. 속도제한, 횡단보도, 기점 및 종점에 관한 안전표지
3. 「도로법」 제2조 제2호에 따른 도로의 부속물 중 과속방지시설 및 차마의 미끄럼을 방지하기 위한 시설
4. 그 밖에 교육부, 행정안전부 및 국토교통부의 공동부령으로 정하는 시설 또는 장비

즉, 1. 별표에 따른 보호구역 도로표지, 2. 도로반사경, 3. 방호울타리, 4. 그 밖에 시장등이 교통사고의 위험으로부터 어린이를 보호하기 위해 필요하다고 인정하는 도로부속물로서 「도로의 구조·시설 기준에 관한 규칙」에 적합한 시설

(4) 주요 법규위반행위에 대한 가중처벌(도로교통법 시행령 제88조 제4항)

어린이 보호구역에서 오전 8시부터 오후 8시까지 교통법규를 위반한 경우에는 가중처벌한다. 그 외의 시간대에는 일반도로에서의 위반 시와 동일하다.

① 적용대상

㉠ 신호 · 지시위반, ㉡ 속도위반, ㉢ 보행자 보호의무 위반, ㉣ 주 · 정차 위반, ㉤ 통행금지 · 제한 위반

② 가중 내용

㉠ 범칙금 과태료의 가중처벌

㉡ 다음의 경우는 운전면허 벌점의 2배 가중적용된다.

1. 신호 · 지시위반
2. 속도위반
3. 보행자 보호의무 위반

8) 노인 및 장애인 보호구역 지정 · 해제 및 관리(법 제12조의2)

① 시장등은 교통사고의 위험으로부터 노인 또는 장애인을 보호하기 위하여 필요하다고 인정하는 경우에는 제1호부터 제3호까지 및 제3호의2에 따른 시설 또는 장소의 주변도로 가운데 일정 구간을 노인 보호구역으로, 제4호에 따른 시설의 주변도로 가운데 일정 구간을 장애인 보호구역으로 각각 지정하여 차마와 노면전차의 통행을 제한하거나 금지하는 등 필요한 조치를 할 수 있다(도로교통법 제12조의2 제1항).

1. 「노인복지법」 제31조에 따른 노인복지시설
2. 「자연공원법」 제2조 제1호에 따른 자연공원 또는 「도시공원 및 녹지 등에 관한 법률」 제2조 제3호에 따른 도시공원
3. 「체육시설의 설치 · 이용에 관한 법률」 제6조에 따른 생활체육시설

3의2. 그 밖에 노인이 자주 왕래하는 곳으로서 조례로 정하는 시설 또는 장소

4. 「장애인복지법」 제58조에 따른 장애인복지시설

② 차마 또는 노면전차의 운전자는 노인보호구역 또는 장애인보호구역에서 제1항에 따른 조치를 준수하고 노인 또는 장애인의 안전에 유의하면서 운행하여야 한다.

9) 긴급자동차

(1) 개념

긴급자동차는 소방차, 구급차, 혈액 공급차량과 그 밖의 대통령령이 정하는 자동차로서, 그 본래의 긴급한 용도로 사용되고 있는 자동차를 말한다(도로교통법 제2조 제22호).

(2) 대통령령이 정하는 긴급자동차

대통령령으로 정하는 긴급자동차는 총 11개이며 다음과 같다.

1. 경찰용 자동차 중 범죄수사, 교통단속, 그 밖의 긴급한 경찰업무 수행에 사용되는 자동차
2. 국군 및 주한 국제연합군용 자동차 중 군 내부의 질서 유지나 부대의 질서 있는 이동을 유도하는 데 사용되는 자동차

3. 수사기관의 자동차 중 범죄수사를 위하여 사용되는 자동차
4. 교도소 · 소년교도소 또는 구치소, 소년원 또는 소년분류심사원, 보호관찰소 중 어느 하나에 해당하는 시설 또는 기관의 자동차 중 도주자의 체포 또는 수용자, 보호관찰대상자의 호송 · 경비를 위하여 사용되는 자동차
5. 국내외 요인에 대한 경호업무 수행에 공무로 사용되는 자동차
6. 전기사업, 가스사업, 그 밖의 공익사업을 하는 기관에서 위험 방지를 위한 응급작업에 사용되는 자동차
7. 민방위업무를 수행하는 기관에서 긴급예방 또는 복구를 위한 출동에 사용되는 자동차
8. 도로관리를 위하여 사용되는 자동차 중 도로상의 위험을 방지하기 위한 응급작업에 사용되거나 운행이 제한되는 자동차를 단속하기 위하여 사용되는 자동차
9. 전신 · 전화의 수리공사 등 응급작업에 사용되는 자동차
10. 긴급한 우편물의 운송에 사용되는 자동차
11. 전파감시업무에 사용되는 자동차. 이 중 6번부터 11번까지에 해당되는 자동차는 이를 사용하는 사람 또는 기관 등의 신청에 의하여 시 · 도경찰청장이 지정하는 경우로 한정한다(도로교통법 시행령 제2조 제1항).

(3) 긴급자동차의 특례

긴급자동차에 대하여는 다음 각 호의 사항을 적용하지 아니한다. 다만, 제4호부터 제12호까지의 사항은 긴급자동차 중 소방차, 구급차, 혈액 공급차량과 대통령령으로 정하는 경찰용 자동차에 대해서만 적용하지 아니한다(도로교통법 제30조).

1. 자동차등의 속도 제한. 다만, 제17조에 따라 긴급자동차에 대하여 속도를 제한한 경우에는 같은 조의 규정을 적용한다.
2. 앞지르기의 금지
3. 끼어들기의 금지
4. 신호위반
5. 보도침범
6. 중앙선 침범
7. 횡단 등의 금지
8. 안전거리 확보 등
9. 앞지르기 방법 등
10. 정차 및 주차의 금지
11. 주차금지
12. 고장 등의 조치

(4) 긴급자동차의 우선 통행

① 긴급자동차는 긴급하고 부득이한 경우에는 도로의 중앙이나 좌측 부분을 통행할 수 있다.

② 긴급자동차는 「도로교통법」이나 동법에 따른 명령에 따라 정지하여야 하는 경우에도 불구하고 긴급하고 부득이한 경우에는 정지하지 아니할 수 있다.

③ 긴급자동차의 운전자는 제1항이나 제2항의 경우에 교통안전에 특히 주의하면서 통행하여야 한다.

④ 교차로나 그 부근에서 긴급자동차가 접근하는 경우에는 차마와 노면전차의 운전자는 교차로를 피하여 일시정지하여야 한다.

⑤ 모든 차와 노면전차의 운전자는 교차로나 그 부근에서 긴급자동차가 접근한 경우에는 긴급자동차가 우선통행할 수 있도록 진로를 양보하여야 한다.

⑥ 긴급자동차 운전자는 해당 자동차를 그 본래의 긴급한 용도로 운행하지 아니하는 경우에는 「자동차관리법」에 따라 설치된 경광등을 켜거나 사이렌을 작동하여서는 아니 된다. 다만, 대통령령으로 정하는 바에 따라 범죄 및 화재 예방 등을 위한 순찰 · 훈련 등을 실시하는 경우에는 그러하지 아니하다(도로교통법 제29조 제1항, 제2항, 제3항, 제4항, 제5항, 제6항).

(5) 긴급자동차의 준수사항

① 긴급자동차(긴급자동차로 보는 자동차는 제외)는 다음의 사항을 준수해야 한다. 다만, 속도에 관한 규정을 위반하는 자동차등(개인형 이동장치는 제외) 및 노면전차를 단속하는 긴급자동차와 국내외 요인에 대한 경호업무 수행에 공무로 사용되는 자동차는 그렇지 않다.

1. 「자동차관리법」상 자동차의 안전 운행에 필요한 기준에서 정한 긴급자동차의 구조를 갖출 것
2. 사이렌을 울리거나 경광등을 켤 것(우선 통행, 「도로교통법」상 긴급자동차에 대한 특례 및 그 밖에 법에 규정된 특례를 적용받으려는 경우에만 해당)

② 국내외 요인에 대한 경호업무 수행에 공무로 사용되는 자동차와 긴급자동차로 보는 자동차는 전조등 또는 비상표시등을 켜거나 그 밖의 적당한 방법으로 긴급한 목적으로 운행되고 있음을 표시하여야 한다(도로교통법 시행령 제3조 제1항, 제2항).

10) 어린이통학버스의 특별보호

(1) 어린이통학버스의 특별보호(법 제51조)

① 어린이통학버스가 도로에 정차하여 어린이나 영유아가 타고 내리는 중임을 표시하는 점멸등 등의 장치를 작동 중일 때에는 어린이통학버스가 정차한 차로와 그 차로의 바로 옆 차로로 통행하는 차의 운전자는 어린이통학버스에 이르기 전에 일시정지하여 안전을 확인한 후 서행하여야 한다.

② 중앙선이 설치되지 아니한 도로와 편도 1차로인 도로에서는 반대방향에서 진행하는 차의 운전자도 어린이통학버스에 이르기 전에 일시정지하여 안전을 확인한 후 서행하여야 한다.

③ 모든 차의 운전자는 어린이나 영유아를 태우고 있다는 표시를 한 상태로 도로를 통행하는 어린이통학버스를 앞지르지 못한다.

(2) 어린이통학버스의 신고 등(법 제52조)

① 어린이통학버스(여객자동차 운수사업법 제4조 제3항에 따른 한정면허를 받아 어린이를 여객대상으

로 하여 운행되는 운송사업용 자동차는 제외)를 운영하려는 자는 행정안전부령으로 정하는 바에 따라 미리 관할 경찰서장에게 신고하고 신고증명서를 발급받아야 한다.

② 어린이통학버스를 운영하는 자는 어린이통학버스 안에 제1항에 따라 발급받은 신고증명서를 항상 갖추어 두어야 한다.

③ 어린이통학버스를 사용할 수 있는 자동차는 행정안전부령으로 정하는 자동차로 한정한다. 이 경우 그 자동차는 도색·표지, 보험가입, 소유 관계 등 대통령령으로 정하는 요건을 갖추어야 한다.

④ 누구든지 제1항에 따른 신고를 하지 아니하거나 어린이를 여객대상으로 하는 한정면허를 받지 아니하고 어린이통학버스와 비슷한 도색 및 표지를 하거나 이러한 도색 및 표지를 한 자동차를 운전하여서는 아니 된다.

(3) 어린이통학버스 운전자 및 운영자 등의 의무(법 제53조)

① 어린이통학버스를 운전하는 사람은 어린이나 영유아가 타고 내리는 경우에만 점멸등 등의 장치를 작동하여야 하며, 어린이나 영유아를 태우고 운행 중인 경우에만 영유아를 태우고 있다는 표시를 하여야 한다.

② 어린이통학버스를 운전하는 사람은 어린이나 영유아가 어린이통학버스를 탈 때에는 승차한 모든 어린이나 영유아가 좌석안전띠를 매도록 한 후에 출발하여야 한다. 내릴 때에는 보도나 길가장자리구역 등 자동차로부터 안전한 장소에 도착한 것을 확인한 후에 출발하여야 한다. 다만, 좌석안전띠 작동과 관련하여 질병 등으로 인하여 좌석안전띠를 매는 것이 곤란하거나 행정안전부령으로 정하는 사유가 있는 경우에는 그러하지 아니하다.

③ 어린이통학버스를 운영하는 자는 어린이통학버스에 어린이나 영유아를 태울 때에는 성년인 사람 중 어린이통학버스를 운영하는 자가 지명한 보호자를 함께 태우고 운행하여야 하며, 동승한 보호자는 어린이나 영유아가 승차 또는 하차하는 때에는 자동차에서 내려서 어린이나 영유아가 안전하게 승하차하는 것을 확인하고, 운행 중에는 어린이나 영유아가 좌석에 앉아서 좌석안전띠를 메고 있도록 하는 등 어린이 보호에 필요한 조치를 하여야 한다.

④ 어린이통학버스를 운전하는 사람은 어린이통학버스 운행을 마친 후 어린이나 영유아가 모두 하차하였는지 확인하여야 한다.

⑤ 어린이통학버스를 운전하는 사람이 어린이나 영유아의 하차 여부를 확인할 때에는 행정안전부령으로 정하는 어린이나 영유아의 하차를 확인할 수 있는 장치를 작동하여야 한다.

⑥ 어린이통학버스를 운영하는 자는 보호자를 함께 태우고 운행하는 경우에는 보호자 동승을 표시하는 표지를 부착할 수 있으며, 누구든지 보호자를 함께 태우지 아니하고 운행하는 경우에는 보호자 동승표지를 부착하여서는 아니 된다.

⑦ 어린이통학버스를 운영하는 자는 좌석안전띠 착용 및 보호자 동승 확인 기록을 작성·보관하고, 매 분기 어린이통학버스를 운영하는 시설을 감독하는 주무기관의 장에게 안전운행기록을

제출하여야 한다.

(4) 어린이통학버스 운영자 등에 대한 안전교육(법 제53조의3)

① 어린이통학버스를 운영하는 사람과 운전하는 사람 및 보호자는 어린이통학버스의 안전운행 등에 관한 교육을 받아야 한다.

② 어린이통학버스 안전교육은 다음 각 호의 구분에 따라 실시한다.

1. 신규 안전교육: 어린이통학버스를 운영하려는 사람과 운전하려는 사람 및 동승하려는 보호자를 대상으로 그 운영, 운전 또는 동승을 하기 전에 실시하는 교육
2. 정기 안전교육: 어린이통학버스를 계속하여 운영하는 사람과 운전하는 사람 및 동승한 보호자를 대상으로 2년마다 정기적으로 실시하는 교육

③ 어린이통학버스를 운영하는 사람은 어린이통학버스 안전교육을 받지 아니한 사람에게 어린이통학버스를 운전하게 하여서는 아니 된다.

(5) 어린이통학버스의 위반 정보 등 제공(법 제53조의4)

① 경찰서장은 어린이통학버스를 운영하는 사람이나 운전하는 사람이 제53조(운전자 및 운영자의 의무위반)를 위반하거나 또는 제53조의5(보호자가 동승하지 아니한 경우 운전자의 어린이 승하차 확인 의무)를 위반하여 어린이를 사상하는 사고를 유발한 때에는 어린이 교육시설을 감독하는 주무기관의 장에게 그 정보를 제공하여야 한다.

② 경찰서장 및 어린이 교육시설을 감독하는 주무기관의 장은 제1항에 따른 정보를 해당기관에서 운영하는 홈페이지에 각각 게재하여야 한다.

11) 자전거 횡단도 및 보도

(1) 자전거 횡단도

자전거 및 개인형 이동장치가 일반도로를 횡단할 수 있도록 안전표지로 표시한 도로의 부분을 말한다.

(2) 보도

연석선, 안전표지나 그와 비슷한 인공구조물로 경계를 표시하여 보행자(유모차, 보행보조용 의자차, 노약자용 보행기 등 행정안전부령으로 정하는 기구 · 장치를 이용하여 통행하는 사람을 포함한다)가 통행할 수 있도록 한 도로의 부분을 말한다.

12) 안전지대와 안전표지

(1) 안전지대(법 제2조 제14호)

도로를 횡단하는 보행자나 통행하는 차마의 안전을 위하여 안전표지나 이와 비슷한 인공구조물로 표시한 도로의 부분을 말한다.

(2) 안전표지(법 제2조 제16호)

교통안전에 필요한 주의·규제·지시 등을 표시하는 표지판이나 도로의 바닥에 표시하는 기호·문자 또는 선 등을 말한다.

① **보조표지**

주의표지·규제표지 또는 지시표지의 주 기능을 보충하여 도로사용자에게 알리는 표지, 즉 어린보호구역표지, 견인지역표지 같은 것을 말한다.

② **노면표지**

도로교통의 안전을 위하여 각종 주의·규제·지시 등의 내용을 노면에 기호·문자 또는 선으로 도로사용자에게 알리는 표지, 즉 주정차금지표지 같은 것을 말한다.

③ **주의표지**

도로상태가 위험하거나 도로 또는 그 부근에 위험물이 있는 경우에 필요한 안전조치를 할 수 있도록 이를 도로사용자에게 알리는 표지로서, 터널표지, 야생동물보호표지, 자전거표지 등과 같은 것이다.

④ **규제표지**

도로교통의 안전을 위하여 각종 제한·금지 등의 규제를 하는 경우에 이를 도로사용자에게 알리는 표지로서, 서행표지, 안전거리 확보표지, 양보표지, 정지표지 등과 같은 것이다.

⑤ **지시표지**

도로의 통행방법·통행구분 등 도로교통의 안전을 위하여 필요한 지시를 하는 경우에 도로사용자가 이에 따르도록 알리는 표지로서, 자동차전용도로표지, 자전거전용도로표지, 일방통행표지 등과 같은 것이다.

13) 도로교통법상의 유아, 어린이, 노인

유아는 6세 미만, 어린이는 13세 미만, 노인은 65세 이상을 말한다.

14) 자동차전용도로와 고속도로

자동차전용도로란 자동차만 다닐 수 있도록 설치된 도로를 말하고, 고속도로는 자동차의 고속운행에만 사용하기 위하여 지정된 도로를 말한다.

15) 앞지르기

(1) 앞지르기 방법(법 제21조)

① 앞차의 좌측통행: 모든 차의 운전자는 다른 차를 앞지르고자 하는 때에는 앞차의 좌측으로 통행하여야 한다.

② 안전주의의무: 앞지르고자 하는 모든 차의 운전자는 반대방향의 교통과 앞차 앞쪽의 교통에도 주의를 충분히 기울여야 한다. 앞차의 속도 · 진로와 그 밖의 도로상황에 따라 방향지시기 · 등화 또는 경음기를 사용하는 등 안전한 속도와 방법으로 앞지르기를 하여야 한다.

(2) 방해금지

모든 차의 운전자는 정당한 방법으로 앞지르기를 하려는 차가 앞지르기를 하는 때에는 속도를 높여 경쟁하거나 앞지르기를 하는 차의 앞을 가로막는 등의 방법으로 앞지르기를 방해하여서는 아니 된다.

(3) 금지시기 및 장소(법 제22조)

① 금지시기

1. 앞차의 좌측에 다른 차가 앞차와 나란히 가고 있는 경우
2. 앞차가 다른 차를 앞지르고 있거나 앞지르려고 하는 경우
3. 이 법이나 이 법에 따른 명령에 따라 정지하거나 서행하고 있는 차
4. 경찰공무원의 지시에 따라 정지하거나 서행하고 있는 차
5. 위험을 방지하기 위하여 정지하거나 서행하고 있는 차

② 금지장소

1. 교차로, 2. 터널 안, 3. 다리 위, 4. 도로의 구부러진 곳, 5. 비탈길의 고갯마루 부근 또는 가파른 비탈길의 내리막 등 시 · 도경찰청장이 도로에서의 위험을 방지하고 교통의 안전과 원활한 소통을 확보하기 위하여 필요하다고 인정하는 곳으로서 안전표지로 지정한 곳

16) 서행 또는 일시정지할 장소(법 제31조)

(1) 서행

서행이란 운전자가 차를 즉시 정지시킬 수 있는 정도의 느린 속도로 진행하는 것을 말한다. 모든 차 또는 노면전차의 운전자는 다음 각 호의 어느 하나에 해당하는 곳에서는 서행하여야 한다.

1. 교통정리를 하고 있지 아니하는 교차로
2. 도로가 구부러진 곳
3. 비탈길의 고갯마루 부근
4. 가파른 비탈길의 내리막
5. 시 · 도경찰청장이 도로에서의 위험을 방지하고 교통의 안전과 원활한 소통을 확보하기 위하여 필요하다고 인정하여 안전표지로 지정한 곳

(2) 일시정지

일시정지란 차 또는 노면전차의 운전자가 그 차 또는 노면전차의 바퀴를 일시적으로 완전히 정지시키는 것을 말한다.

1. 교통정리를 하고 있지 아니하고 좌우를 확인할 수 없거나 교통이 빈번한 교차로
2. 시·도경찰청장이 도로에서의 위험을 방지하고 교통의 안전과 원활한 소통을 확보하기 위하여 필요하다고 인정하여 안전표지로 지정한 곳
3. 보행자가 횡단보도를 통행하는 있는 때 및 보행자가 횡단보도가 설치되어 있지 아니한 도로횡단하고 있는 때(법 제27조)
4. 보도의 횡단(법 제13조)
5. 철길건널목의 통과(법 제34조)
6. 교차로 또는 그 부근에서 긴급자동차가 접근한 때(법 제29조)
7. 어린이통학버스가 어린이 승하차를 위해 정차한 차로와 그 차로의 바로 옆 차로로 통행하는 때(법 제51조)

17) 정차 및 주차

(1) 정차 및 주차의 금지(법 제32조)

모든 차의 운전자는 다음 각 호의 어느 하나에 해당하는 곳에서는 차를 정차하거나 주차하여서는 아니 된다. 다만, 이 법이나 이 법에 따른 명령 또는 경찰공무원의 지시를 따르는 경우와 위험방지를 위하여 일시정지하는 경우에는 그러하지 아니하다.

1. 교차로·횡단보도·건널목이나 보도와 차도가 구분된 도로의 보도(「주차장법」에 따라 차도와 보도에 걸쳐서 설치된 노상주차장은 제외)
2. 교차로의 가장자리나 도로의 모퉁이로부터 5미터 이내인 곳
3. 안전지대가 설치된 도로에서의 그 안전지대의 사방으로부터 각각 100미터 이내인 곳
4. 버스여객자동차의 정류지임을 표시하는 기둥이나 표지판 또는 선이 설치된 곳으로부터 10미터 이내인 곳. 다만, 버스여객자동차의 운전자가 그 버스여객자동차의 운행시간 중에 운행노선에 따르는 정류장에서 승객을 태우거나 내리기 위하여 차를 정차하거나 주차하는 경우에는 그러하지 아니하다.
5. 건널목의 가장자리 또는 횡단보도로부터 10미터 이내인 곳
6. 다음 각 목의 곳으로부터 5미터 이내인 곳
   가. 「소방기본법」 제19조에 따른 소방용수시설 또는 비상소화장치가 설치된 곳
   나. 「소방시설 설치 및 관리에 관한 법률」 제2조 제1항 제1호에 따른 소방시설로서 대통령령으로 정하는 시설이 설치된 곳
7. 시·도경찰청장이 도로에서의 위험을 방지하고 교통의 안전과 원활한 소통을 확보하기 위하여 필요하다고 인정하여 지정한 곳
8. 시장등이 제12조 제1항에 따라 지정한 어린이 보호구역

(2) 주차금지의 장소(법 제33조)

모든 차의 운전자는 다음 각 호의 어느 하나에 해당하는 곳에 주차해서는 아니 된다.

1. 터널 안 및 다리 위
2. 다음 각 목의 곳으로부터 5미터 이내인 곳
   가. 도로공사를 하고 있는 경우에는 그 공사 구역의 양쪽 가장자리

나. 「다중이용업소의 안전관리에 관한 특별법」에 따른 다중이용업소의 영업장이 속한 건축물로 소방본부장의 요청에 의하여 시 · 도경찰청장이 지정한 곳

3. 시 · 도경찰청장이 도로에서의 위험을 방지하고 교통의 안전과 원활한 소통을 확보하기 위하여 필요하다고 인정하여 지정한 곳

18) 자전거등의 통행방법의 특례(법 제13조의2)

(1) 통행방법

① 자전거등의 운전자는 자전거도로가 따로 있는 곳에서는 그 자전거도로로 통행하여야 한다.

② 자전거등의 운전자는 자전거도로가 설치되지 아니한 곳에서는 도로 우측 가장자리에 붙어서 통행하여야 한다.

③ 자전거등의 운전자는 길가장자리구역(안전표지로 자전거등의 통행을 금지한 구간은 제외)을 통행할 수 있다. 이 경우 자전거등의 운전자는 보행자의 통행에 방해가 될 때에는 서행하거나 일시정지하여야 한다.

④ 자전거등의 운전자는 제1항 및 제13조 제1항에도 불구하고 다음 각 호의 어느 하나에 해당하는 경우에는 보도를 통행할 수 있다. 이 경우 자전거등의 운전자는 보도 중앙으로부터 차도 쪽 또는 안전표지로 지정된 곳으로 서행하여야 하며, 보행자의 통행에 방해가 될 때에는 일시정지하여야 한다.

1. 어린이, 노인, 그 밖에 행정안전부령으로 정하는 신체장애인이 자전거를 운전하는 경우. 다만, 「자전거 이용 활성화에 관한 법률」 제2조 제1호의2에 따른 전기자전거의 원동기를 끄지 아니하고 운전하는 경우는 제외된다.
2. 안전표지로 자전거등의 통행이 허용된 경우
3. 도로의 파손, 도로공사나 그 밖의 장애 등으로 도로를 통행할 수 없는 경우

⑤ 병진금지: 자전거등의 운전자는 안전표지로 통행이 허용된 경우를 제외하고는 2대 이상이 나란히 차도를 통행하여서는 아니 된다.

(2) 자전거등의 앞지르기(법 제21조 제2항)

① 자전거등의 운전자는 서행하거나 정지한 다른 차를 앞지르고자 하는 때에는 앞차의 우측으로 통행할 수 있다.

② 이 경우 자전거등의 운전자는 정지한 차에서 승차 또는 하차하는 사람의 안전에 유의하여 서행하거나 필요한 경우 일시정지하여야 한다.

(3) 자전거등의 도로의 횡단

① 자전거등의 운전자가 횡단보도를 이용하여 도로를 횡단할 때에는 자전거등에서 내려서 자전거등을 끌거나 들고 보행하여야 한다(법 제13조의2 제6항).

② 시 · 도경찰청장은 도로를 횡단하는 자전거 운전자의 안전을 위하여 일정한 기준에 따라 자

전거횡단도를 설치할 수 있다(법 제15조의2 제1항).

③ 자전거등 운전자가 자전거횡단도가 따로 있는 도로를 횡단할 때에는 자전거횡단도를 이용하여야 한다(법 제15조의2 제2항).

(4) 준수사항(법 제50조)

① 자동차(이륜자동차는 제외)의 운전자는 자동차를 운전할 때에는 좌석안전띠를 매어야 하며, 모든 좌석의 동승자에게도 좌석안전띠(영유아인 경우에는 유아보호용 장구를 장착한 후의 좌석안전띠를 말한다)를 매도록 하여야 한다. 다만, 질병 등으로 인하여 좌석안전띠를 매는 것이 곤란하거나 행정안전부령으로 정하는 사유가 있는 경우에는 그러하지 아니하다.

② 삭제

③ 이륜자동차와 원동기장치자전거(개인형 이동장치는 제외)의 운전자는 행정안전부령으로 정하는 인명보호장구를 착용하고 운행하여야 하며, 동승자에게도 착용하도록 하여야 한다.

④ 자전거등의 운전자는 자전거도로 및 「도로법」에 따른 도로를 운전할 때에는 행정안전부령으로 정하는 인명보호 장구를 착용하여야 하며, 동승자에게도 이를 착용하도록 하여야 한다.

⑤ 운송사업용 자동차, 화물자동차 및 노면전차 등으로서 행정안전부령으로 정하는 자동차 또는 노면전차의 운전자는 다음 각 호의 어느 하나에 해당하는 행위를 하여서는 아니 된다. 다만, 제3호는 사업용 승합자동차와 노면전차의 운전자에 한정한다.

1. 운행기록계가 설치되어 있지 아니하거나 고장 등으로 사용할 수 없는 운행기록계가 설치된 자동차를 운전하는 행위
2. 운행기록계를 원래의 목적대로 사용하지 아니하고 자동차를 운전하는 행위
3. 승차를 거부하는 행위

⑥ 사업용 승용자동차의 운전자는 합승행위 또는 승차거부를 하거나 신고한 요금을 초과하는 요금을 받아서는 아니 된다.

⑦ 자전거등의 운전자는 행정안전부령으로 정하는 크기와 구조를 갖추지 아니하여 교통안전에 위험을 초래할 수 있는 자전거등을 운전하여서는 아니 된다.

⑧ 자전거등의 운전자는 약물의 영향과 그 밖의 사유로 정상적으로 운전하지 못할 우려가 있는 상태에서 자전거등을 운전하여서는 아니 된다.

⑨ 자전거등의 운전자는 밤에 도로를 통행하는 때에는 전조등과 미등을 켜거나 야광띠 등 발광장치를 착용하여야 한다.

⑩ 개인형 이동장치의 운전자는 행정안전부령으로 정하는 승차정원을 초과하여 동승자를 태우고 개인형 이동장치를 운전하여서는 아니 된다.

19) 개인형 이동장치

(1) 정의

① 개인형 이동장치란 원동기장치자전거 중 시속 25킬로미터 이상으로 운행할 경우 전동기가 작동하지 아니하고 자체 중량이 30킬로그램 미만인 것으로서, 행정안전부령으로 정하는 것을 말한다(법 제2조 제19호의2).

② 행정안전부령으로 정하는 것이란 다음 각 호의 어느 하나에 해당하는 것으로서, 「전기용품 및 생활용품 안전관리법」 제15조 제1항에 따라 안전확인의 신고가 된 것을 말한다(도로교통법 시행규칙 제2조의3).[7] 배기량 125cc 이하의 원동기를 단 차는 개인형 이동장치가 아니다.

1. 전동킥보드
2. 전동이륜평행차
3. 전동기의 동력만으로 움직일 수 있는 자전거

(2) 주의할 점

① 자전거등이란 자전거와 개인형 이동장치를 말한다(법 제2조 제21호의2).

② 어린이의 보호자는 도로에서 어린이가 개인형 이동장치를 운전하게 하여서는 아니 된다.

③ 개인형 이동장치의 승차정원은 다음과 같다.

1. 전동킥보드 및 전동이륜평행차의 경우 1명
2. 전동기의 동력만으로 움직일 수 있는 자전거의 경우 2명

④ 개인형 이동장치의 범위에는 「자전거 이용 활성화에 관한 법률」상 전기자전거는 포함되지 않지만, 행정안전부령에 적합한 페달이 없는 스로틀방식의 전기자전거는 개인형 이동장치에 포함된다.

⑤ 개인형 이동장치는 자전거도로가 따로 있는 곳에서는 그 자전거도로로 통행하여야 한다.

⑥ 개인형 이동장치는 원동기 장치 면허 이상의 운전면허가 있어야 운전이 가능하다.

⑦ 개인형 이동장치의 운전자는 「도로교통법 시행규칙」 제33조에 정해진 승차정원을 초과하여 동승자를 태우고 운전하여서는 아니 된다.

⑧ 개인형 이동장치 운전자는 자전거 도로 및 「도로법」에 따른 도로를 운전할 때에는 행정안전부령으로 정하는 인명보호 장구를 착용하여야 하며, 동승자에게도 이를 착용하도록 하여야 한다.

⑨ 개인형 이동장치 운전자는 밤에 도로를 통행하는 때에는 전조등과 미등을 켜거나 야광띠 등 발광장치를 착용하여야 한다.

⑩ 개인형 이동장치 운전자는 약물의 영향과 그 밖의 사유로 정상적으로 운전하지 못할 우려가 있는 상태에서 운전하여서는 아니 된다.

---

7) 도로교통법 시행규칙, 행정안전부령 제459호, 2024.1.31.

제3절 교통경찰의 활동

1. 교통경찰의 의의

교통경찰이란 도로교통에서 발생되는 모든 위해를 방지하고 제거함으로써, 교통의 안전과 원활한 소통을 목적으로 하는 경찰을 말한다.[8] 다시 말해, 교통경찰은 도로상의 차량들과 통행인들이 교통법규에 따라서 질서 있게 진행하게 하는 정리 및 단속을 통해서 교통체증과 교통사고를 방지함으로써, 원활한 소통을 목적으로 활동하는 경찰을 말한다.

2. 교통경찰활동의 특성

1) 대상의 불특정성

인간은 누구나 일상적으로 도로를 사용하며 생활하고 있으므로 보행자이든, 차량 운전자이든 관계없이 모든 계층의 사람들이 교통경찰의 대상이 된다.[9]

2) 사회생활에 미치는 영향의 중대성

경제활동이 자동차 교통에 의해 절대적으로 영향을 받고 있는 사회구조 하에서 교통경찰의 활동은 사회생활이나 경제생활에 많은 영향을 주고 있다. 이러한 상황에서 경찰편의주의에 따라서 업무처리를 하는 영역이 많은 교통경찰의 활동은 그 중요성이 부각된다.

3) 경찰활동 평가의 창구

교통경찰은 거리의 재판관이며 경찰의 얼굴이다. 오늘날 교통경찰 활동의 적부는 단순히 그 교통경찰만의 평가에 그치지 않고 교통경찰 전체에 대한 평가, 나아가서는 경찰 전체에 대한 평가로 이어진다.

4) 전문적 기술의 요구

교통경찰관은 교통지도단속을 하고 사고조사를 하기 위해서는 모든 교통관련 법규, 자동차의 구조와 기능, 그리고 운전 등에 대한 해박한 전문적 지식을 갖추어야 한다.

5) 행정적 분야에 속하는 업무

교통경찰은 도로의 시공, 관리, 안전시설의 설치 등과 관련하여 일반행정기관, 특히 지방자치단체와 협조를 요하는 사항이 많다. 이를 위해 경찰과 지방자치단체 사이에 교통안전위원회를 설치・운영하고 있다.

---

8) 이운주, 경찰학개론, 경찰대학, 2000, p.368.
9) 김남현, 앞의 책, pp.67-70.

6) 교통환경의 급격한 변화에 신속한 대응

전국적으로 도로의 신설, 자동차 및 운전면허 소지자의 급증으로 종래 대도시에서 그 대부분을 차지하고 있는 교통사고가 지방도시의 국도나 지방도에서도 빈번하게 발생하고 있으며, 고속도로가 전국적으로 확산되는 등 교통환경의 변화가 급격히 이루어지고 있다. 따라서 교통경찰은 항상 이러한 교통현상의 실태를 파악하고, 그 실태에 적응하는 적절한 대응방법을 강구해야 한다.

7) 전국적인 관련성

국도와 지방도가 전국적으로 연결되어 도로교통의 전국화가 이루어지고 있기 때문에 교통경찰은 교통사범의 수사에 전국의 다른 경찰서와 협조체계를 유지해야 하고, 교통계획의 수립 시에 전국적인 교통상황을 파악해야 한다.

3. 교통규제

1) 의의

교통의 규제란 「도로교통법」 등의 관계법령에 근거하여 교통경찰이 도로에서의 위험방지 및 안전하고 원활한 교통소통을 위해 차량과 보행자를 대상으로 통제를 가하는 활동은 물론이고, 신호기나 안전표지를 설치하는 등으로 통행의 금지 · 제한 등 도로에서의 통행규칙을 설정하는 활동을 말한다(도로교통법 제3조 및 제6조).

2) 교통규제의 수단

① 도로를 통행하는 보행자, 차마 또는 노면전차의 운전자는 교통안전시설이 표시하는 신호 또는 지시와 다음의 어느 하나에 해당하는 사람이 하는 신호 또는 지시를 따라야 한다(도로교통법 제5조 및 제1항).

1. 교통정리를 하는 경찰공무원(의무경찰을 포함) 및 제주특별자치도의 자치경찰공무원
2. 경찰공무원(자치경찰공무원을 포함)을 보조하는 사람으로서 대통령령으로 정하는 사람

② 도로를 통행하는 보행자, 차마 또는 노면전차의 운전자는 제1항에 따른 교통안전시설이 표시하는 신호 또는 지시와 교통정리를 하는 경찰공무원 또는 경찰보조자의 신호 또는 지시가 서로 다른 경우에는 경찰공무원등의 신호 또는 지시에 따라야 한다(도로교통법 제5조 및 제2항).

3) 교통규제의 권한

(1) 경찰서장의 교통규제

① 경찰서장은 도로에서의 위험을 방지하고 교통의 안전과 원활한 소통을 확보하기 위하여 필요하다고 인정할 때에는 우선 보행자, 차마 또는 노면전차의 통행을 금지하거나 제한한 후 그 도로관리자와 협의하여 금지 또는 제한의 대상과 구간 및 기간을 정하여 도로의 통행을 금지하거나

제한할 수 있다(도로교통법 제6조 제2항).

② 차로가 설치된 도로를 통행하려는 경우로서 차의 너비가 행정안전부령으로 정하는 차로의 너비보다 넓어 교통의 안전이나 원활한 소통에 지장을 줄 우려가 있는 경우 그 차의 운전자는 도로를 통행하여서는 아니 된다. 다만, 행정안전부령으로 정하는 바에 따라 그 차의 출발지를 관할하는 경찰서장의 허가를 받은 경우에는 그러하지 아니하다(도로교통법 제14조 제3항).

③ 모든 차의 운전자는 승차 인원, 적재중량 및 적재용량에 관하여 대통령령으로 정하는 운행상의 안전기준을 넘어서 승차시키거나 적재한 상태로 운전하여서는 아니 된다. 다만, 출발지를 관할하는 경찰서장의 허가를 받은 경우에는 그러하지 아니하다(도로교통법 제39조 제1항).

④ 경찰서장은 교통안전시설이나 그 밖에 이와 비슷한 인공구조물을 함부로 설치한 사람, 물건을 도로에 내버려 둔 사람, 교통에 방해가 될 만한 인공구조물 등을 설치하거나 그 공사 등을 한 사람에 대하여 위반행위를 시정하도록 하거나 그 위반행위로 인하여 생긴 교통장해를 제거할 것을 명할 수 있다(도로교통법 제71조 제1항).

⑤ 도로관리청이 도로에서 도로의 점용허가나 통행의 금지나 제한 또는 차량의 운행제한 등의 행위를 하였을 때 고속도로의 경우에는 경찰청장에게 그 내용을 즉시 통보하고, 고속도로 외의 도로의 경우에는 관할 경찰서장에게 그 내용을 즉시 통보하여야 한다(도로교통법 제70조 제1항).

(2) 경찰공무원의 규제

① 경찰공무원은 도로의 파손, 화재의 발생이나 그 밖의 사정으로 인한 도로에서의 위험을 방지하기 위하여 긴급히 조치할 필요가 있을 때에는 필요한 범위에서 보행자, 차마 또는 노면전차의 통행을 일시 금지하거나 제한할 수 있다(도로교통법 제6조 제4항).

② 경찰공무원은 보행자, 차마 또는 노면전차의 통행이 밀려서 교통 혼잡이 뚜렷하게 우려될 때에는 혼잡을 덜기 위하여 필요한 조치를 할 수 있다(도로교통법 제7조).

③ 경찰공무원은 도로에서의 위험을 방지하고 교통의 안전과 원활한 소통을 확보하기 위하여 필요하다고 인정할 때에는 행렬등에 대하여 구간을 정하고, 그 구간에서 행렬등이 도로 또는 차도의 우측(자전거도로가 설치되어 있는 차도에서는 자전거도로를 제외한 부분의 우측을 말한다)으로 붙어서 통행할 것을 명하는 등 필요한 조치를 할 수 있다(도로교통법 제9조 제3항).

④ 경찰공무원은 정비불량차에 해당한다고 인정하는 차가 운행되고 있는 경우에는 우선 그 차를 정지시킨 후, 운전자에게 그 차의 자동차등록증 또는 자동차운전면허증을 제시하도록 요구하고 그 차의 장치를 점검할 수 있다. 점검 결과 정비불량 사항이 발견된 경우에는 그 정비불량 상태의 정도에 따라 그 차의 운전자로 하여금 응급조치를 하게 한 후에 운전을 하도록 하거나 도로 또는 교통 상황을 고려하여 통행구간, 통행로와 위험방지를 위한 필요한 조건을 정한 후 그에 따라 운전을 계속하게 할 수 있다(도로교통법 제41조 제1항, 제2항).

⑤ 경찰공무원은 교통의 안전과 위험방지를 위하여 필요하다고 인정하거나 술에 취한 상태에서 자동차등, 노면전차 또는 자전거를 운전하였다고 인정할 만한 상당한 이유가 있는 경우에는

운전자가 술에 취하였는지를 호흡조사로 측정할 수 있다(도로교통법 제44조 제2항).

⑥ 경찰공무원은 자동차등 또는 노면전차의 운전자가 무면허운전 등의 금지, 술에 취한 상태에서의 운전금지, 과로한 때 등의 운전금지를 위반하여 자동차등 또는 노면전차를 운전하고 있다고 인정되는 경우에는 자동차등 또는 노면전차를 일시정지시키고, 그 운전자에게 자동차운전면허증을 제시할 것을 요구할 수 있다(도로교통법 제47조 제1항).

⑦ 경찰공무원은 교통사고를 낸 차 또는 노면전차의 운전자등에 대하여 그 현장에서 부상자의 구호와 교통안전을 위하여 필요한 지시를 명할 수 있다(도로교통법 제54조 제4항).

⑧ 경찰공무원(자치경찰공무원은 제외)은 도로의 손괴, 교통사고의 발생이나 그 밖의 사정으로 고속도로등에서 교통이 위험 또는 혼잡하거나 그러할 우려가 있을 때에는 교통의 위험 또는 혼잡을 방지하고 교통의 안전 및 원활한 소통을 확보하기 위하여 필요한 범위에서 진행 중인 자동차의 통행을 일시 금지 또는 제한하거나, 그 자동차의 운전자에게 필요한 조치를 명할 수 있다(도로교통법 제58조).

제 4 절 범칙금 통고처분제도

1. 통고처분

1) 의의

경찰서장이나 제주특별자치도지사는 범칙자로 인정하는 사람에 대하여는 이유를 분명하게 밝힌 범칙금 납부통고서로 범칙금을 낼 것을 통고할 수 있다(도로교통법 제163조 제1항).

「도로교통법」상 통고처분은 도로교통법규를 위반한 자에 대하여 절차의 간이 · 신속을 위해 20만원 이하의 벌금이나 구류 · 과료의 형에 해당하는 행위에 대하여 행정청이 정식재판에 갈음하여 일정한 벌금 또는 과료에 상당하는 금액의 납부를 명하는 준 사법적인 행정처분을 말한다(도로교통법 제157조).

통고처분의 이행은 확정판결과 같은 효력이 발생하며, 동일한 범죄사실로 재차 형사소추되지 아니한다.

2) 성질

통고처분에 의한 범칙금 납부통고서 교부행위는 범칙자가 국고 또는 제주특별자치도의 금고에 일정금액을 납부하라는 행정처분으로서, 이는 형벌이 아니다. 통고처분은 준사법적 행정행위로서 행정처분의 일종이지만, 구제에 대한 특별한 절차(형사소송절차)를 두고 있기 때문에 행정소송의 대상이 아니다.

통고처분이 행정심판이나 행정소송의 대상에서 제외되는 것이 재판청구권이나 적법절차에 위배되어 위헌이라고 볼 수는 없으며, 통고처분이 행하여지면 공소시효의 진행은 중지된다.

2. 통고처분의 대상과 절차

1) 통고처분의 대상

「도로교통법」은 교통법규 위반행위 가운데 20만원 이하의 벌금이나 구류 또는 과료의 형으로 벌하는 위반행위만을 범칙행위라고 하고, 이를 통고처분의 대상으로 하고 있다. 여기에는 교통법규를 위반한 보행자와 차량운전자 모두 해당한다. 이하의 범칙행위자를 대상으로 한다.

2) 절차

경찰서장 및 제주특별자치도지사는 범칙자로 인정되는 사람에 대하여 그 이유를 명백히 기록한 범칙금 납부통고서를 통해 범칙금을 납부할 것을 통고할 수 있다. 제주특별자치도지사는 통고처분한 사실을 관할 경찰서장에게 통보해야 한다(도로교통법 제163조 제1항, 제2항).

3) 통고처분 제외 대상자

(1) 범칙자 제외 대상자

「도로교통법」 제162조는 범칙자란 범칙행위, 즉 20만원 이하의 벌금이나 구류·과료에 해당하는 행위를 행한 사람으로서 다음에 해당하지 아니한 사람을 말한다.

① 범칙행위 당시 운전면허증등 또는 이를 갈음하는 증명서를 제시하지 못하거나 경찰공무원의 운전자 신원 및 운전면허 확인을 위한 질문에 응하지 아니한 운전자, ② 범칙행위로 교통사고를 일으킨 사람이나 「교통사고처리 특례법」상 업무상과실치상죄·중과실치상죄 또는 이 법 제151조의 죄에 대한 벌을 받지 아니하게 된 사람은 범칙자에서 제외한다.

(2) 통고처분 제외 대상자

① 성명이나 주소가 확실하지 아니한 사람

② 달아날 우려가 있는 사람

③ 범칙금 납부통고서 받기를 거부한 사람은 통고처분에서 제외된다(도로교통법 제163조).

따라서 이러한 통고처분 제외 대상자들은 범칙자에는 해당되지만 통고처분의 대상이 되지 않고 지체 없이 즉결심판을 청구하여야 한다. 「즉결심판에 관한 절차법」에 의하여 원래의 형인 벌금, 구류 또는 과료의 형이 가해진다. 그러나 통고처분 제외 대상자는 과태료 처분대상이 될 수 있다.

4) 효과

(1) 범칙금의 납부

① 범칙금 납부통고서를 받은 사람은 10일 이내에 경찰청장이 지정하는 국고은행, 지점, 대리

점, 우체국 또는 제주특별자치도지사가 지정하는 금융회사 등이나 그 지점에 범칙금을 내야 한다. 다만, 천재지변이나 그 밖의 부득이한 사유로 말미암아 그 기간에 범칙금을 낼 수 없는 경우에는 부득이한 사유가 없어지게 된 날부터 5일 이내에 내야 한다.

② 납부기간에 범칙금을 내지 아니한 사람은 납부기간이 끝나는 날의 다음 날부터 20일 이내에 통고받은 범칙금에 100분의 20을 더한 금액을 내야 한다.

③ 범칙금을 낸 사람은 범칙행위에 대하여 다시 벌받지 아니한다. 범칙금은 분할하여 납부할 수 없다(도로교통법 제164조 제1항, 제2항, 제3항).

(2) 납부의 이행

범칙금 납부를 이행한 경우 이미 통고된 내용을 변경하지 못하는 불가변력이 발생하고, 확정판결과 동일한 효력이 발생하여 동일한 행위에 대해 다시 소추할 수 없는 일사부재리의 원칙이 적용된다.

따라서 통고처분을 받은 자가 임의로 범칙금을 납부한 경우에는 더 이상 통고처분의 위법을 다툴 수가 없다. 통고처분 이행기간이 경과하여도 고발절차 이전에 범칙금을 납부하면 고발할 수가 없다.

(3) 납부의 불이행자에 대한 즉심청구

범칙금의 납부를 이행하지 않은 경우 경찰서장 또는 제주특별자치도지사는 지체 없이 즉결심판을 청구하여야 한다. 대상자는 ① 성명이나 주소가 확실하지 아니한 사람, ② 도주의 우려가 있는 사람, ③ 범칙금 납부통고서 수령 거부한 사람, ④ 납부기간이 끝나는 다음 날부터 20일 이내에 통고받은 범칙금에 20/100을 더한 금액을 납부하지 아니한 사람 등이다(도로교통법 제165조).

5) 즉결심판 통고서 청구 등

(1) 즉결심판 출석통지서

경찰서장 또는 제주특별자치도지사는 통고처분불이행자에게 범칙금 납부기간 만료일부터 30일 이내에 통고처분을 받은 사람의 인적사항 및 운전면허번호, 위반 내용 및 적용 법조문, 범칙금의 액수 및 납부기한, 통고처분 연월일, 즉결심판 출석 일시 · 장소, 범칙금등을 낼 경우 즉결심판을 받지 아니하여도 된다는 사실을 적은 즉결심판 출석통지서를 범칙금등(범칙금에 그 100분의 50을 더한 금액을 말한다) 영수증 및 범칙금등 납부고지서와 함께 발송하여야 한다. 이 경우 즉결심판을 위한 출석일은 범칙금 납부기간 만료일부터 40일이 초과되어서는 아니 된다.

(2) 즉결심판 출석최고서

경찰서장 또는 제주특별자치도지사는 통고처분불이행자가 범칙금등을 내지 아니하고 즉결심판기일에 출석하지도 아니하여 즉결심판절차가 진행되지 못한 경우에는 즉결심판을 위한 출석의 일시 및 장소를 다시 정하여 지체 없이 그 통고처분불이행자에게 즉결심판 출석최고서를 범칙금

등 영수증 및 범칙금등 납부고지서와 함께 발송하여야 한다.

이 경우 즉결심판을 위한 출석일은 법원의 사정으로 즉결심판을 할 수 없는 경우 등 특별한 사정이 있는 경우 외에는 범칙금 납부기간 만료일부터 60일이 초과되어서는 아니 된다.

(3) 운전면허 일시정지

시 · 도경찰청장은 제2항에 따른 즉결심판 출석 최고에도 불구하고 운전자인 통고처분불이행자가 범칙금등을 내지 아니하고 즉결심판기일에 출석하지도 아니하여 즉결심판절차가 진행되지 못한 경우에는 그 통고처분불이행자의 운전면허의 효력을 일시 정지시킬 수 있다(도로교통법 시행령 제99조 제3항).

제5절 운전면허 행정

1. 운전면허

1) 의의

도로에서의 자동차 운행은 그 속도와 크기 등으로 인해 항상 사고 위험이 따르므로, 이러한 위험을 방지하고 교통질서를 유지하며 부적격자의 운전을 방지하기 위한 「도로교통법」상의 자격증제도가 바로 운전면허제도이다. 운전면허는 대인적 경찰허가로서 그 효력발생 시기는 운전면허증을 본인 또는 그 대리인에게 교부한 때이다.

2) 운전면허 발급

① 자동차운전면허의 발급권자는 시 · 도경찰청장이다(도로교통법 제80조 제1항). 제1종 보통면허시험과 제2종 보통면허시험은 도로교통공단이 응시자가 도로에서 자동차를 운전할 능력이 있는지에 대하여 실시한다. 이 경우 제1종 보통면허시험은 제1종 보통연습면허를 받은 사람을 대상으로 하고, 제2종 보통면허시험은 제2종 보통연습면허를 받은 사람을 대상으로 한다(도로교통법 제83조 제2항).

② 운전면허시험에 합격한 사람은 그 합격일부터 30일 이내에 운전면허시험을 실시한 경찰서장 또는 도로교통공단으로부터 운전면허증을 발급받아야 하며, 운전면허증을 발급받지 아니하고 운전하여서는 아니 된다(도로교통법 시행규칙 제77조 제1항).

2. 운전면허의 종류

운전면허는 크게 제1종 운전면허와 제2종 운전면허, 연습운전면허로 구분된다(도로교통법 제80조).

1) 제1종 운전면허

제1종 운전면허는 대형면허, 보통면허, 소형면허, 특수면허로 구분되며, 특수면허의 경우 대형견인차면허, 소형견인차면허, 구난차면허로 세분화된다(도로교통법 제80조 제2항 제1호). 제1종 운전면허로 운전할 수 있는 차량을 구체화하면 다음 〈표 3-1〉과 같다.

표 3-1 제1종 운전면허로 운전할 수 있는 차량

<table>
<tr><th colspan="2">운전면허
구분</th><th>운전할 수 있는 차량</th></tr>
<tr><td colspan="2">대형면허</td><td>1. 승용자동차
2. 승합자동차
3. 화물자동차
4. 건설기계
가. 덤프트럭, 아스팔트살포기, 노상안정기
나. 콘크리트믹서트럭, 콘크리트펌프, 천공기(트럭 적재식)
다. 콘크리트믹서트레일러, 아스팔트콘크리트재생기
라. 도로보수트럭, 3톤 미만의 지게차
5. 특수자동차(대형견인차, 소형견인차 및 구난차는 제외)
6. 원동기장치자전거</td></tr>
<tr><td colspan="2">보통면허</td><td>1. 승용자동차
2. 승차정원 15명 이하의 승합자동차
3. 적재중량 12톤 미만의 화물자동차
4. 건설기계(도로를 운행하는 3톤 미만의 지게차로 한정한다)
5. 총중량 10톤 미만의 특수자동차(구난차등은 제외한다)
6. 원동기장치자전거</td></tr>
<tr><td colspan="2">소형면허</td><td>1. 3륜화물자동차
2. 3륜승용자동차
3. 원동기장치자전거</td></tr>
<tr><td rowspan="3">특수면허</td><td>대형
견인차</td><td>1. 견인형 특수자동차
2. 제2종 보통면허로 운전할 수 있는 차량</td></tr>
<tr><td>소형
견인차</td><td>1. 총중량 3.5톤 이하의 견인형 특수자동차
2. 제2종 보통면허로 운전할 수 있는 차량</td></tr>
<tr><td>구난차</td><td>1. 구난형 특수자동차
2. 제2종 보통면허로 운전할 수 있는 차량</td></tr>
</table>

자료: 「도로교통법 시행규칙」 [별표 18]의 재구성.

2) 제2종 운전면허

제2종 보통면허는 보통면허, 소형면허, 원동기장치자전거면허로 구분되며, 각각의 면허로 운전할 수 있는 차량은 다음 〈표 3-2〉와 같다.

표 3-2 제2종 운전면허로 운전할 수 있는 차량

운전면허 구분	운전할 수 있는 차량
보통면허	1. 승용자동차 2. 승차정원 10명 이하의 승합자동차 3. 적재중량 4톤 이하의 화물자동차 4. 총중량 3.5톤 이하의 특수자동차(구난차등은 제외) 5. 원동기장치자전거
소형면허	1. 이륜자동차(운반차를 포함한다) 2. 원동기장치자전거
원동기장치자전거면허	1. 배기량 125cc 이하의 이륜자동차 2. 배기량 125cc 이하의 원동기를 단 차

자료: 「도로교통법 시행규칙」 [별표 18]의 재구성.

3) 연습운전면허

(1) 의의

1995년 1월 5일 「도로교통법」 개정 시 신설된 연습운전면허는 장내 기능검정 합격자에 대하여 교부되는 제1종 보통연습면허와 제2종 보통연습면허의 두 종류가 있으며, 각각의 연습운전면허로 운전할 수 있는 차량을 세분화하면 다음 〈표 3-3〉과 같다.

표 3-3 연습운전면허로 운전할 수 있는 차량

운전면허 구분	운전할 수 있는 차량
제1종 보통	1. 승용자동차 2. 승차정원 15명 이하의 승합자동차 3. 적재중량 12톤 미만의 화물자동차
제2종 보통	1. 승용자동차 2. 승차정원 10명 이하의 승합자동차 3. 적재중량 4톤 이하의 화물자동차

자료: 「도로교통법 시행규칙」 [별표 18]의 재구성.

(2) 연습운전면허 소지자의 준수사항

연습운전면허를 받은 사람은 도로에서 주행연습을 하는 때에는 다음 세 가지 사항은 준수하여야 한다(도로교통법 시행규칙 제55조).

① 운전면허(연습하고자 하는 자동차를 운전할 수 있는 운전면허에 한한다)를 받은 날부터 2년이 경과된 사람(소지하고 있는 운전면허의 효력이 정지기간 중인 사람을 제외)과 함께 승차하여 그 사람의 지도를 받아야 한다.

② 「여객자동차 운수사업법」 또는 「화물자동차 운수사업법」에 따른 사업용 자동차를 운전하는 등 주행연습 외의 목적으로 운전하여서는 아니 된다.

③ 주행연습 중이라는 사실을 다른 차의 운전자가 알 수 있도록 연습 중인 자동차에 주행연습 표지를 붙여야 한다.

(3) 연습운전면허에 대한 행정처분

① 행정처분

㉠ 연습운전면허에 대해서는 법규위반이 있더라도 벌점을 부여하지 않는다.

㉡ 법규위반이 있더라도 연습운전면허에 대한 취소처분은 일반운전면허 취소 기준과 다른 별도의 기준이 마련되어 면허취소가 이루어진다.

② 면허취소의 특칙

시 · 도경찰청장은 연습운전면허를 발급받은 사람이 운전 중 고의 또는 과실로 교통사고를 일으키거나 「도로교통법」이나 「도로교통법 시행령」에 따른 명령 또는 처분을 위반한 경우에는 연습운전면허를 취소하여야 한다. 다만, 본인에게 귀책사유가 없는 경우 등 대통령령으로 정하는 경우에는 그러하지 아니하다(도로교통법 제93조 제3항).

③ 연습운전면허 취소의 제외 사유

다음과 같은 경우는 연습면허 소지자의 귀책사유가 아니므로 취소사유가 되지 않는다(도로교통법 시행령 제59조). 법 제93조 제3항 단서에서 대통령령으로 정하는 경우란 다음 각 호의 어느 하나에 해당하는 경우를 말한다.

㉠ 운전면허 시험장의 도로주행시험을 담당하는 경찰관, 도로교통공단에서 도로주행시험을 담당하는 사람, 자동차운전학원의 강사, 전문학원의 강사 또는 기능검정원의 지시에 따라 운전하던 중 교통사고를 일으킨 경우

㉡ 도로가 아닌 곳에서 교통사고를 일으킨 경우

㉢ 교통사고를 일으켰으나 물적 피해만 발생한 경우 등이 있다.

4) 임시운전증명서

(1) 발급요건

시 · 도경찰청장은 다음에 해당하는 사람이 임시운전증명서 발급을 신청하면 임시운전증명서를 발급할 수 있다.

① 운전면허증을 받은 사람이 재발급 신청을 한 경우,

② 정기 적성검사 또는 운전면허증 갱신 발급 신청을 하거나 수시 적성검사를 신청한 경우,

③ 운전면허의 취소처분 또는 정지처분대상자가 운전면허증을 제출한 경우에 해당하는 사람이 임시운전증명서 발급을 신청하면 행정안전부령으로 정하는 바에 따라 임시운전증명서를 발급할

수 있다. 다만, 정기 적성검사 또는 운전면허증 갱신 발급 신청을 하거나 수시 적성검사를 신청한 경우에는 소지하고 있는 운전면허증에 임시운전증명서의 교부에 대신하는 표시방법으로 정하는 사항을 기재하여 발급함으로써 임시운전증명서 발급을 갈음할 수 있다(도로교통법 제91조 및 도로교통법 시행규칙 제89조).

(2) 효력과 유효기간

임시운전증명서의 유효기간은 20일 이내로 하되, 운전면허의 취소 또는 정지처분대상자의 경우에는 40일 이내로 할 수 있다. 임시운전증명서는 그 유효기간 중에는 운전면허증과 같은 효력이 있다. 다만, 경찰서장이 필요하다고 인정하는 경우에는 그 유효기간을 1회에 한하여 20일의 범위에서 연장할 수 있다(도로교통법 시행규칙 제88조 제2항).

5) 국제운전면허증 제도

(1) 의의

자동차운전면허의 발급권은 각국의 국내법에 의해 인정된 관할 관청에게 주어져 있으며, 개인은 자국의 운전면허제도에 의해 교부받은 면허증에 의해 자동차를 운전할 수 있는 자격이 주어진다. 그러나 「도로교통에 관한 협약」에 가입하고 있는 국가 간에는 서로 상대국의 행정관청에서 발급한 국제면허증만으로 입국한 날로부터 1년의 기간에 한하여 운전할 수 있도록 한 것이 국제운전면허증 제도이다.

(2) 근거

국제면허증은 1949년 제네바에서 체결된 「도로교통에 관한 협약」에서 출발한 후, 1968년 10월 비엔나에서 체결된 「도로교통에 관한 협약」에 근거한다. 이 협약에는 가맹국의 국내법의 규정으로서 국제면허의 발급에 관한 규정을 두고, 반드시 국내면허를 소지한 자에 한하여 국제면허를 발급할 수 있도록 의결했다.

따라서 국내면허 소지자는 국제면허 발급을 신청할 수 있다. 그러나 국내면허를 받은 사람 중에 원동기장치자전거 및 연습운전면허를 받은 사람은 국제면허증의 발급대상자에서 제외된다.

(3) 교부 및 유효기간

① 국제운전면허증 또는 상호인정외국면허증을 발급받은 사람은 국내에 입국한 날부터 1년 동안 그 국제운전면허증 또는 상호인정외국면허증으로 자동차등을 운전할 수 있다.

② 외국발급 국제면허는 국내에 입국한 날부터 1년, 국내에서 면허증을 발급받은 경우(국내 면허 전제로 발급)에는 발급받은 날부터 1년 간이 유효기간이다.

③ 운전할 수 있는 자동차의 종류는 그 국제면허증에 기재된 것에 한하며, 국제운전면허증을 외국에서 발급받은 사람 또는 상호인정외국면허증으로 운전하는 사람은 「여객자동차 운수사업법」 또는 「화물자동차 운수사업법」에 따른 사업용 자동차를 운전할 수 없다. 다만, 「여객자동차

제1편 생활안전·수사·교통관리
제2편 정보·경비경찰
제3편 외사·안보경찰

운수사업법」에 따른 대여사업용 자동차(렌터카 사용)를 임차하여 운전하는 경우에는 그러하지 아니하다(도로교통법 제96조 제1항, 제2항).

④ 운전면허 결격사유에 해당하는 사람이 운전면허 재발급 제한기간이 지나지 아니한 경우에 자동차등을 운전하여서는 아니 된다.

(4) 국제면허증의 사용금지

① 국제운전면허증 또는 상호인정외국면허증을 가지고 국내에서 자동차등을 운전하는 사람이 다음 어느 하나에 해당하는 경우에는 그 사람의 주소지를 관할하는 시 · 도경찰청장은 운전면허의 취소 · 정지처분 기준 등으로 정한 기준에 따라 1년을 넘지 아니하는 범위에서 국제운전면허증 또는 상호인정외국면허증에 의한 자동차등의 운전을 금지할 수 있다(도로교통법 제97조 제1항, 제2항, 제3항).

1. 적성검사를 받지 아니하였거나 적성검사에 불합격한 경우
2. 운전 중 고의 또는 과실로 교통사고를 일으킨 경우
3. 대한민국 국적을 가진 사람이 운전면허가 취소되거나 효력이 정지된 후 규정된 기간이 지나지 아니한 경우
4. 자동차등의 운전에 관하여 이 법이나 이 법에 따른 명령 또는 처분을 위반한 경우

② 국제면허 소지자가 자동차등의 운전이 금지된 때에는 지체 없이 국제면허증 또는 상호인정외국면허증에 의한 운전을 금지한 시 · 도경찰청장에게 그 국제면허증을 제출하여야 한다.

③ 시 · 도경찰청장은 운전금지기간이 끝난 경우 또는 금지처분을 받은 사람이 그 금지기간 중에 출국하는 경우에는 그 사람의 반환청구가 있으면 지체 없이 보관 중인 국제면허증 또는 상호인정외국면허증을 돌려주어야 한다.

(5) 행정처분

① 국제운전면허에 대해서는 취소, 정지 등의 행정처분을 할 수 있다. 이러한 경우 운전을 금지할 수 있을 뿐이다.

② 국제운전면허증 소지자가 소재가 분명한 경우 통고처분이 가능하다.

(6) 국내에서 국제운전면허증의 발급

① 국제면허증의 발급권자는 시 · 도경찰청장의 권한이다.

② 우리나라에서는 국내면허증 소지자에 한하여 국제면허증이 허용된다.

③ 따라서 국내면허증의 효력이 없어지거나 취소된 때에는 국제운전면허증도 그 효력이 없어진다.

④ 국내운전면허증의 효력이 정지된 때에는 그 정지기간 중 국제운전면허증 효력도 정지된다.

3. 운전면허 결격사유

다음에 해당하는 사람은 운전면허를 받을 수 없다(도로교통법 제82조 및 동 시행령 제42조).

1. 18세 미만(원동기장치자전거의 경우에는 16세 미만)인 사람
2. 교통상의 위험과 장해를 일으킬 수 있는 정신질환자 또는 뇌전증 환자로서 대통령령으로 정하는 사람
3. 듣지 못하는 사람(제1종 운전면허 중 대형면허 · 특수면허만 해당한다), 앞을 보지 못하는 사람(한쪽 눈만 보지 못하는 사람의 경우에는 제1종 운전면허 중 대형면허 · 특수면허만 해당)이나 그 밖에 대통령령으로 정하는 신체장애인
4. 양쪽 팔의 팔꿈치관절 이상을 잃은 사람이나 양쪽 팔을 전혀 쓸 수 없는 사람. 다만, 본인의 신체장애 정도에 적합하게 제작된 자동차를 이용하여 정상적인 운전을 할 수 있는 경우에는 그러하지 아니하다.
5. 교통상의 위험과 장해를 일으킬 수 있는 마약 · 대마 · 향정신성의약품 또는 알코올 중독자로서 대통령령으로 정하는 사람
6. 제1종 대형면허 또는 제1종 특수면허를 받으려는 경우로서 19세 미만이거나 자동차(이륜자동차는 제외)의 운전경험이 1년 미만인 사람
7. 대한민국의 국적을 가지지 아니한 사람 중 「출입국관리법」상 외국인등록을 하지 아니한 사람(외국인등록이 면제된 사람은 제외)이나 「재외동포의 출입국과 법적 지위에 관한 법률」상 국내거소신고를 하지 아니한 사람

4. 운전면허 발급제한기간

① 다음에 해당하는 사람은 규정된 기간이 지나지 아니하면 운전면허를 받을 수 없다. 다만, 벌금 미만의 형이 확정되거나 선고유예의 판결이 확정된 경우 또는 기소유예나 「소년법」의 보호처분이 결정된 경우에는 각 호에 규정된 기간 내라도 운전면허를 받을 수 있다(도로교통법 제82조 제2항).

② 법 제82조 제2항에 따른 운전면허 결격사유에 해당하는 사람으로서 같은 항 각 호의 구분에 따른 기간이 지나지 아니한 사람은 국제운전면허증에 의한 자동차등의 운전 규정에도 불구하고 자동차등을 운전하여서는 아니 된다(도로교통법 제96조 제3항).

1) 즉시 응시

1. 면허소지자가 적성검사를 받지 아니하거나 면허갱신을 받지 아니하여 운전면허가 취소된 사람
2. 제1종 운전면허를 받은 사람이 적성검사에 불합격되어 다시 제2종 운전면허를 받으려는 경우

2) 6월

1년의 운전면허발급제한 기간에 해당하는 사유로 면허가 취소된 자가 원동기장치(자전거) 면허를 취득하고자 하는 경우(단, 공동위험행위로 면허취소된 자는 제외)

3) 1년

1. 누적벌점초과에 의한 취소: 1년 간(121점), 2년 간(201점), 3년 간(271점) 이상
2. 공동위험행위
3. 음주운전으로 운전면허가 취소된 때
4. 교통사고로 운전면허가 취소된 때(교통사고 야기 후 도주는 제외)
5. 무면허(운전면허의 효력이 정지된 경우 포함)운전을 한 자는 위반한 날 또는 취소된 날
6. 운전면허를 받은 사람이 자동차 등을 이용하여 범죄행위를 한 때: 가. 「국가보안법」 중 제4조부터 제9조까지의 죄 및 법 제12조 중 증거를 날조 · 인멸 · 은닉한 죄, 나. 「형법」 중 다음 어느 하나의 범죄, 1) 살인 · 사체유기 또는 방화, 2) 강도 · 강간 또는 강제추행, 3) 약취 · 유인 또는 감금, 4) 상습절도(절취한 물건을 운반한 경우에 한정), 5) 교통방해(단체 또는 다중의 위력으로써 위반한 경우에 한정)
7. 거짓이나 부정한 수단으로 운전면허를 받은 경우
8. 제82조 제2항 제1호부터 제6호까지(2~5년의 제한사유) 규정에 따른 경우가 아닌 다른 사유로 운전면허가 취소된 경우에는 운전면허가 취소된 날부터 1년(원동기 장치자전거면허를 받으려는 경우에는 6개월로 하되, 공동위험행위를 하여 운전면허가 취소된 경우에는 1년), 다만, 제93조 제1항 제9호(적성검사를 받지 아니하거나 불합격한 경우)의 사유로 운전면허가 취소된 경우에는 그러하지 아니하다.

4) 2년

1. 2회 이상의 음주운전, 또는 무면허운전, 2회 이상 음주측정 거부로 운전면허가 취소된 자(무면허운전을 함께 위반한 경우도 포함)
2. 무면허운전(면허정지기간 중 운전 포함) 3회 이상 또는 운전면허 발급제한기간 중에 국제운전면허증으로 자동차등을 3회 이상 위반하여 운전한 경우 위반한 날(무면허) 또는 취소된 날
3. 운전면허를 받을 수 없는 사람이 운전면허를 받거나 운전면허효력의 정지기간 중 운전면허증 또는 운전면허증을 갈음하는 증명서를 발급받은 사실이 드러나 운전면허가 취소된 경우
4. 면허있는 자가 다른 사람의 자동차를 훔치거나 빼앗은 행위로 운전면허가 취소된 경우
5. 2회 이상 공동위험행위로 운전면허가 취소된 경우
6. 다른 사람이 부정하게 운전면허를 받도록 하기 위하여 운전면허 시험에 대신 응시하여 운전면허가 취소된 경우
7. 음주운전 또는 음주측정 거부(무면허운전 또는 운전면허 결격기간 중에 국제운전면허증으로 자동차운전을 함께 위반한 경우도 포함한다)하여 운전을 하다가 교통사고를 일으킨 경우

5) 3년의 제한

1. 음주운전(음주운전 측정거부)을 하다가 2회 이상 교통사고를 야기하여 면허가 취소된 날부터 3년
2. 자동차등을 이용하여 범죄를 범하거나 다른 사람의 자동차를 훔치거나 빼앗은 사람이 무면허로 운전한 경우 그 위반한 날부터 3년

6) 4년 기간제한

5년의 제한 이외의 사유로 다른 사람을 사상한 후 구호에 필요한 조치 및 신고를 하지 아니하고 도주한 경우 운전면허가 취소된 날부터 4년

7) 5년의 기간제한

1. 무면허운전 또는 운전면허 발급제한 기간 중에 국제운전면허증으로 운전, 음주운전, 과로 · 질병 · 약물운전, 공동위험행위 중에 사람을 사상한 후 구호조치 및 신고하지 아니하고 도주한 경우 위반한 날 또는 취소된 날부터 5년
2. 음주운전(과로한 때 운전 또는 운전면허 결격사유 기간이 지나지 아니한 사람의 국제운전면허증으로 자동차운전을 한 경우도 포함)을 하다가 사람을 사망에 이르게 한 경우

5. 무면허운전

1) 의의

무면허운전은 운전면허를 받지 아니하거나 운전면허의 효력이 정지 또는 취소된 경우에 차량을 운전한 행위를 의미하며, 다음과 같은 경우도 해당한다.

① 적성검사기간 만료일로부터 1년 간의 취소유예기간이 지난 면허증으로 운전한 경우
② 면허의 취소처분을 받은 자가 운전하는 경우
③ 면허정지기간 중에 운전하는 경우
④ 운전면허시험에 합격한 후에 면허증 교부 전에 운전하는 경우
⑤ 면허의 범위를 벗어난 면허 외 운전을 하는 경우

2) 면허종별 외 차량운전과 부정한 방법 취득면허 사용

2종 보통 운전면허 소지자가 1종 보통운전면허로 운전할 수 있는 차량을 운전하는 것과 같이 자기소지 운전면허증과 다른 종류의 차량을 운전하는 것은 무면허운전이다.

이 경우에 운전자는 형사처벌되고, 1종 운전면허취득기간이 제한되나 소지한 2종 운전면허는 그대로 유효하다. 그러나 부정한 방법으로 면허를 취득하여 운전한 경우에는 취소사유에 해당하고 무면허운전은 아니다.

3) 처벌

1. 운전면허(원동기장치자전거면허는 제외)를 받지 아니하거나(운전면허의 효력이 정지된 경우 포함) 국제운전면허증 또는 상호인정외국면허증을 받지 아니하고(운전이 금지된 경우와 유효기간이 지난 경우를 포함) 자동차를 운전한 사람
2. 운전면허를 받지 아니한 사람(운전면허의 효력이 정지된 사람 포함)에게 자동차를 운전하도록 시킨 고용주등

3. 거짓이나 그 밖의 부정한 수단으로 운전면허를 받거나 운전면허증 또는 운전면허증에 갈음하는 증명서를 발급받은 사람은 1년 이하의 징역이나 300만원 이하의 벌금에 처해진다(도로교통법 제152조).
4. 한편, 원동기장치자전거를 무면허로 운전하거나 과로 · 질병으로 비정상적인 상태에서 운전한 경우에는 30만원 이하의 벌금이나 구류에 처해진다(도로교통법 제154조 제2호 및 제3호).
5. 무면허운전 중에 음주운전을 하게 되면 양자는 상상적 경합관계에 있다. 따라서 형이 중한 위반행위에 따른 형사처벌을 받게 되고, 면허취득제한 역시 제한기간이 긴 위반행위에 따른 처벌을 받게 된다.

6. 운전자의 의무

1) 무면허운전 등의 금지

누구든지 시 · 도경찰청장으로부터 운전면허를 받지 아니하거나 운전면허의 효력이 정지된 경우에는 자동차등을 운전하여서는 아니 된다(도로교통법 제43조).

2) 음주운전 금지 및 처벌기준

① 누구든지 술에 취한 상태에서 자동차등(「건설기계관리법」상 건설기계 외의 건설기계를 포함), 노면전차 또는 자전거를 운전하여서는 아니 된다.

② 경찰공무원은 교통의 안전과 위험방지를 위하여 필요하다고 인정하거나 술에 취한 상태에서 자동차등, 노면전차 또는 자전거를 운전하였다고 인정할 만한 상당한 이유가 있는 경우에는 운전자가 술에 취하였는지를 호흡조사로 측정할 수 있다. 이 경우 운전자는 경찰공무원의 측정에 응하여야 한다.

③ 측정 결과에 불복하는 운전자에 대하여는 그 운전자의 동의를 받아 혈액 채취 등의 방법으로 다시 측정할 수 있다.

④ 운전이 금지되는 술에 취한 상태의 기준은 운전자의 혈중알코올농도가 0.03퍼센트 이상인 경우로 한다(도로교통법 제44조 제1항, 제2항, 제3항, 제4항).

3) 술에 취한 상태의 측정방법

① 술에 취한 상태의 측정방법은 호흡조사와 혈액 채취로 구성되며, 구체적인 내용은 다음과 같다(도로교통법 시행규칙 제27조의2 제1항).

1. 호흡조사: 호흡을 채취하여 술에 취한 정도를 객관적으로 환산하는 측정방법
2. 혈액 채취: 혈액을 채취하여 술에 취한 정도를 객관적으로 환산하는 측정방법

② 술에 취한 상태의 측정절차는 다음과 같다(도로교통법 시행규칙 제27조의2 제2항).

1. 호흡조사로 측정하는 경우 다음의 절차를 따를 것
   가. 경찰공무원이 교통의 안전과 위험방지를 위하여 필요하다고 인정하는 경우나 운전자의 외관, 언행, 태도, 운전 행태 등 객관적 사정을 종합하여 운전자가 술에 취한 상태에서 운전한 것으로 의심되는 경우에 실시할 것

나. 입 안의 잔류 알코올을 헹궈낼 수 있도록 운전자에게 음용수를 제공할 것

2. 혈액 채취로 측정하는 경우 다음의 절차를 따를 것

가. 운전자가 처음부터 혈액 채취로 측정을 요구하거나 호흡조사로 측정한 결과에 불복하면서 혈액 채취로의 측정에 동의하는 경우 또는 운전자가 의식이 없는 등 호흡조사로 측정이 불가능한 경우에 실시할 것

나. 가까운 병원 또는 의원 등의 의료기관에서 비알코올성 소독약을 사용하여 채혈할 것

4) 음주운전 처벌기준(법 제148조의2)

(1) 음주운전 위반 벌금 이상의 형 선고 후 다시 음주(자동차등, 노면전차 또는 자전거운전)

음주운전 금지를 위반하여 벌금 이상의 형을 선고받고 그 형이 확정된 날부터 10년 이내에 다시 음주운전을 한 사람(개인형 이동장치는 제외)

1. 호흡조사 측정에 거부한 사람은 1년 이상 6년 이하의 징역이나 500만원 이상 3천만원 이하의 벌금
2. 음주운전으로 혈중알코올 농도가 0.2% 이상인 사람은 2년 이상 6년 이하의 징역이나 1천만원 이상 3천만원 이하의 벌금
3. 경찰공무원의 측정에 응하지 아니한 사람은 1년 이상 5년 이하의 징역이나 500만원 이상 2천만원 이하의 벌금
4. 음주운전으로 혈중알코올농도가 0.03% 이상 0.2% 미만인 사람은 1년 이상 5년 이하의 징역이나 500만원 이상 2천만원 이하의 벌금에 처한다.

(2) 술에 취한 상태에서 자동차등 또는 노면전차 운전한 사람

1. 혈중알코올농도가 0.2% 이상인 사람은 2년 이상 5년 이하의 징역이나 1천만원 이상 2천만원 이하의 벌금
2. 혈중알코올농도가 0.08% 이상 0.2% 미만인 사람은 1년 이상 2년 이하의 징역이나 500만원 이상 1천만원 이하의 벌금
3. 혈중알코올농도가 0.03% 이상 0.08% 미만인 사람은 1년 이하의 징역이나 500만원 이하의 벌금

(3) 약물에 취한 상태에서 운전한 사람

약물로 인하여 정상적으로 운전하지 못할 우려가 있는 상태(현실적으로 정상적으로 운전하지 못할 상태 이르러야 하는 것은 아니다)에서 자동차등 또는 노면전차를 운전한 사람은 3년 이하의 징역이나 1천만원 이하의 벌금

5) 음주측정 요령(교통단속 처리지침 제30조)[10]

음주운전 단속대상은 자동차등(자동차와 원동기장치자전거)으로 정하고 있다. 따라서 경운기, 우마차, 트랙터 등은 은주운전의 단속대상이 아니다.

① 단속경찰관은 자동차등의 운전자가 음주감지기에 의하여 음주한 것으로 감지되는 등 주취

10) 2017 교통단속 처리지침, 경찰청.

운전이 의심스러울 때는 음주측정기기 또는 채혈에 의한 방법을 이용하여 주취 여부를 측정한다.

② 단속경찰관이 제1항에 따라 주취운전 의심자를 호흡측정하는 때에는 피측정자의 입안의 잔류 알코올을 행궈낼 수 있도록 음용수 200ml를 제공한다.

③ 음주측정 1회당 1개의 음주측정용 불대를 사용한다.

④ 음주측정은 단속 현장에서 즉시 측정하는 것을 원칙으로 하며, 측정기가 없는 경우에는 인근에 있는 측정기를 가져오도록 하여 측정한다. 다만, 부득이한 사유로 측정할 수 없는 경우에는 112상황실에 이동사실 및 그 사유를 보고하고, 경찰서 · 지역경찰관서 등으로 이동하여 측정할 수 있다.

⑤ 음주측정을 할 때에는 측정자 외에 1명 이상의 경찰관이 측정현장에 참여하여야 하며 측정 후 사용대장에 측정자 및 참여경찰관의 이름을 기록한다.

6) 음주스티커 발급(교통단속 처리지침 제28조)

① 다음 각 호에 해당하는 사람에게는 음주스티커를 발부한다.

1. 주취(0.03% 이상)한 상태로 운전한 사람
2. 주취운전으로 교통사고를 야기한 사람
3. 음주운전이 확인되었으나 음주측정을 거부한 사람
4. 음주측정 요구에 대하여 채혈을 요구한 사람

② 음주스티커는 교통안전(관리) 등 교통단속 기능에서 회수하여 5년 간 보관한다. 다만, 수사서류에 포함된 스티커는 그러하지 아니하다.

7) 과로한 때 등의 운전 금지

자동차등(개인형 이동장치는 제외) 또는 노면전차의 운전자는 술에 취한 상태 외에 과로, 질병 또는 약물(마약, 대마 및 향정신성의약품과 그 밖에 행정안전부령으로 정하는 것을 말한다)의 영향과 그 밖의 사유로 정상적으로 운전하지 못할 우려가 있는 상태에서 자동차등 또는 노면전차를 운전하여서는 아니 된다(도로교통법 제45조).

8) 공동 위험행위의 금지

자동차등(개인형 이동장치는 제외)의 운전자는 도로에서 2명 이상이 공동으로 2대 이상의 자동차등을 정당한 사유 없이 앞뒤로 또는 좌우로 줄지어 통행하면서 다른 사람에게 위해를 끼치거나 교통상의 위험을 발생하게 하여서는 아니 되며, 자동차등의 동승자는 공동 위험행위를 주도하여서는 아니 된다(도로교통법 제46조).

9) 난폭운전 금지(법 제46조의3)

자동차등(개인형 이동장치는 제외)의 운전자는 다음 중 둘 이상의 행위를 연달아 하거나, 하나의 행위를 지속 또는 반복하여 다른 사람에게 위협 또는 위해를 가하거나 교통상의 위험을 발생하게 하여서는 아니 된다.

1. 신호 또는 지시 위반
2. 중앙선 침범
3. 속도의 위반
4. 횡단·유턴·후진 금지 위반
5. 안전거리 미확보, 진로변경 금지 위반, 급제동 금지 위반
6. 앞지르기 방법 또는 앞지르기의 방해금지 위반
7. 정당한 사유 없는 소음 발생
8. 고속도로에서의 앞지르기 방법 위반
9. 고속도로등에서 횡단·유턴·후진 금지 위반

10) 초과속운전에 대한 처벌

① 법 제17조 제1항 및 제2항에 따른 제한된 최고속도보다 시속 100km를 초과한 속도로 3회 이상 자동차등을 운전한 경우, 운전면허를 취소하거나 1년 이내의 범위에서 운전면허의 효력을 정지시킬 수 있고, 1년 이하의 징역이나 500만원 이하의 벌금에 처한다(법 제93조 제1항 제5호의3 및 제151조의2 제2호).

② 제한된 최고속도보다 시속 100km를 초과한 속도로 자동차등을 운전한 사람은 100만원 이하의 벌금 또는 구류에 처한다(법 제153조 제2항 제2호).

③ 제한된 최고속도보다 시속 80km를 초과한 속도로 자동차등을 운전한 사람은 30만원 이하의 벌금이나 구류에 처한다(법 제154조 제9호).

7. 운전면허 행정처분제도

1) 운전면허 행정처분의 의의

교통법규 위반 또는 교통사고의 법적 효과로서 행위자에게 과하여지는 처벌은 형사제재에 해당한다. 그러나 교통법규 위반이나 교통사고에 대한 형사적 제재만으로서는 안전하고 원활한 교통확보의 어려움이 있다. 이러한 문제를 보완하기 위해 일정한 벌점을 받은 위반자들을 도로교통에서 배제하는 제도가 바로 운전면허 행정처분제도이다. 운전면허 행정처분은 면허취소와 정지로 나누어진다.

2) 법적 성질

(1) 행정행위의 철회

면허정지와 취소처분은 행정행위가 적법하고 유효하게 성립한 이후에 생긴 새로운 사정으로 인해 사후적으로 그 효력의 전부 또는 일부를 장래에 향해 소멸시키는 것으로, 행정행위의 철회

에 해당한다. 이는 적법하게 운전면허를 발급한 후에 교통법규위반이나 교통사고야기 등 운전자의 의무위반행위에 대해 장래에 전부 또는 일부의 운전면허 효력을 소멸시키는 것이므로, 법적으로는 행정행위의 철회이다.

(2) 재량행위와 기속행위

① 운전면허의 취소 및 정지를 규정하고 있는 「도로교통법」 제93조의 규정을 보면, 시 · 도경찰청장은 운전면허(조건부 운전면허는 포함하고, 연습운전면허는 제외)를 받은 자가 일정한 사유에 해당하는 경우 운전면허를 취소하거나 1년의 범위 내에서 그 운전면허의 효력을 정지할 수 있다고 규정하고 있다. 이는 경찰편의주의에 해당하는 전형적인 재량행위에 해당한다.

② 그러나 제93조 제1항의 단서조항에 보면 운전면허를 취소하거나 1년 이내의 범위에서 정지하여야 한다고 규정함으로써 기속행위임을 표명하고 있다.

1. 술에 취한 상태에서 운전을 하거나 경찰공무원으로부터 호흡조사에 불응한 사람이 다시 술에 취한 상태에서 운전을 하여 운전면허 정지 사유에 해당된 경우
2. 술에 취한 상태에 있다고 인정할 만한 상당한 이유가 있음에도 불구하고 경찰공무원의 측정에 응하지 아니한 경우
3. 운전면허를 받을 수 없는 사람에 해당된 경우
4. 운전면허를 받을 수 없는 사람이 운전면허를 받거나 운전면허효력의 정지기간 중 운전면허증 또는 운전면허증을 갈음하는 증명서를 발급받은 사실이 드러난 경우
5. 거짓이나 그 밖의 부정한 수단으로 운전면허를 받은 경우
6. 적성검사를 받지 아니하거나 그 적성검사에 불합격한 경우(정기 적성검사 기간이 지난 경우는 제외)
7. 「도로교통법」에 따른 교통단속 임무를 수행하는 경찰공무원등 및 시 · 군공무원을 폭행한 경우
8. 「자동차관리법」에 따라 등록되지 아니하거나 임시운행허가를 받지 아니한 자동차(이륜자동차는 제외)를 운전한 경우
9. 제1종 보통면허 및 제2종 보통면허를 받기 전에 연습운전면허의 취소 사유가 있었던 경우
10. 운전면허를 받은 사람이 자신의 운전면허를 실효시킬 목적으로 시 · 도경찰청장에게 자진하여 운전면허를 반납하는 경우(단, 실효시키려는 운전면허가 취소처분 또는 정지처분의 대상이거나 효력정지 기간 중인 경우는 제외)에는 운전면허를 취소해야 한다고 규정하고 있어 기속행위도 포함하고 있다(도로교통법 제93조 제1항).
11. 따라서 운전면허 행정처분제도는 「도로교통법」 제93조에 해당하는 위반행위는 재량행위이고, 제93조 제1항의 단서조항은 기속행위에 해당한다. 즉, 운전면허의 취소 또는 정지를 할 수 있다는 재량행위는 결정재량이 아니라 선택재량에 해당한다.

3) 법적 근거

운전면허 행정처분은 「도로교통법」 제93조의 운전면허의 취소 · 정지, 「도로교통법 시행규칙」 제91조와 제93조의 면허 취소 · 정지 기준 및 절차 등에 근거하고 있다.

4) 행정처분제도 일반기준

(1) 용어(도로교통법 시행규칙 제91조 제1항 관련 [별표 28])

① 벌점

벌점은 행정처분의 기초자료로 활용하기 위하여 법규위반 또는 사고야기에 대한 그 위반의 경중·피해의 정도 등에 따라 부과되는 점수를 의미한다.

② 누산점수

누산점수라 함은 위반·사고 시의 벌점을 누적하여 합산한 점수에서 상계치(무위반·무사고 기간 경과 시에 부여되는 점수 등)를 뺀 점수를 말한다. 다만, 출석기간 또는 범칙금 납부기간 만료일부터 60일이 경과될 때까지 즉결심판을 받지 아니한 때에 의한 벌점은 누산점수에 이를 산입하지 아니하되, 범칙금 미납 벌점을 받은 날을 기준으로 과거 3년 간 2회 이상 범칙금을 납부하지 아니하여 벌점을 받은 사실이 있는 경우에는 누산점수에 산입한다.

③ 처분벌점

처분벌점이란 구체적인 법규위반·사고야기에 대하여 앞으로 정지처분기준을 적용하는 데 필요한 벌점으로서, 누산점수에서 이미 정지처분이 집행된 벌점의 합계치를 뺀 점수를 말한다. 즉, 처분벌점=누산점수−이미 처분이 집행된 벌점의 합계치에 의해 산출된다.

(2) 벌점의 종합관리

① 누산점수관리

법규위반 또는 교통사고로 인한 벌점은 행정처분기준을 적용하고자 하는 당해 위반 또는 사고가 있었던 날을 기준으로 하여 과거 3년 간의 모든 벌점을 누산하여 관리한다.

② 무위반·무사고기간 경과 시 벌점 소멸

처분벌점이 40점 미만인 경우에, 최종의 위반일 또는 사고일로부터 위반 및 사고 없이 1년이 경과한 때에는 그 처분벌점은 소멸한다.

③ 벌점공제

가. 인적 피해 있는 교통사고를 야기하고 도주한 차량의 운전자를 검거하거나 신고하여 검거하게 한 운전자(교통사고의 피해자가 아닌 경우로 한정한다)에게는 검거 또는 신고할 때마다 40점의 특혜점수를 부여하여 기간에 관계없이 그 운전자가 정지 또는 취소처분을 받게 될 경우 누산점수에서 이를 공제한다. 이 경우 공제되는 점수는 40점 단위로 한다.

나. 경찰청장이 정하여 고시하는 바에 따라 무위반·무사고 서약을 하고 1년 간 이를 실천한 운전자에게는 실천할 때마다 10점의 특혜점수를 부여하여 기간에 관계없이 그 운전자가 정지처분을 받게 될 경우 누산점수에서 이를 공제하되, 공제되는 점수는 10점 단위로 한다.

(3) 개별기준적용에 있어서의 벌점합산(법규위반으로 교통사고를 야기한 경우)

운전자가 교통법규위반으로 교통사고를 야기할 경우에 벌점은 교통법규위반 점수와 교통사고에 대한 벌점 모두를 합산하여 처리한다. 즉, ① 법규위반 시의 벌점(가장 중한 것 하나만 적용), ② 교통사고를 일으킨 때 사고결과에 따른 벌점, ③ 교통사고를 일으킨 때 조치 등 불이행에 따른 벌점 모두를 합산하여 처리한다.

(4) 정지처분대상자의 임시운전 증명서

경찰서장은 면허 정지처분대상자가 면허증을 반납한 경우에는 본인이 희망하는 기간을 참작하여 40일 이내의 유효기간을 정하여 임시운전증명서를 발급하고, 동 증명서의 유효기간 만료일 다음 날부터 정해진 정지처분을 집행하며, 당해 면허 정지처분대상자가 정지처분을 즉시 받고자 하는 경우에는 임시운전 증명서를 발급하지 않고 즉시 운전면허 정지처분을 집행할 수 있다.

(5) 벌점 등 초과로 인한 운전면허의 취소 · 정지

① 벌점 · 누산점수 초과로 인한 면허취소

1회의 위반 · 사고로 인한 벌점 또는 연간 누산점수가 다음 표의 벌점 또는 누산점수에 도달한 때에는 그 운전면허를 취소한다.

기간	벌점 또는 누산점수
1년 간	121점 이상
2년 간	201점 이상
3년 간	271점 이상

② 벌점 · 처분벌점 초과로 인한 면허정지

운전면허 정지처분은 1회의 위반 · 사고로 인한 벌점 또는 처분벌점이 40점 이상이 된 때부터 결정하여 집행하되, 원칙적으로 1점을 1일로 계산하여 집행한다.

(6) 처분벌점 및 정지처분 집행일수 감경(도로교통법 시행규칙 제91조 제1항 [별표 28])

① 특별교통안전교육에 따른 처분벌점 및 정지처분집행일수의 감경

가. 처분벌점이 40점 미만인 사람이 특별교통안전 권장교육 중 벌점감경교육을 마친 경우에는 경찰서장에게 교육확인증을 제출한 날부터 처분벌점에서 20점을 감경한다.

나. 운전면허 정지처분을 받게 되거나 받은 사람이 특별교통안전 의무교육이나 특별교통안전 권장교육 중 법규준수교육(권장)을 마친 경우에는 경찰서장에게 교육확인증을 제출한 날부터 정지처분기간에서 20일을 감경한다. 다만, 해당 위반행위에 대하여 운전면허행정처분 이의심의위원회의 심의를 거치거나 행정심판 또는 행정소송을 통하여 행정처분이 감경된 경우에는 정지처분기간을 추가로 감경하지 아니하고, 정지처분이 감경된 때에 한정하여 누산점수를 20점 감경한다.

다. 운전면허 정지처분을 받게 되거나 받은 사람이 특별교통안전 의무교육이나 특별교통안전 권장교육 중 법규준수교육(권장)을 마친 후에 특별교통안전 권장교육 중 현장참여교육을 마친 경우에는 경찰서장에게 교육확인증을 제출한 날부터 정지처분기간에서 30일을 추가로 감경한다. 다만, 해당 위반행위에 대하여 운전면허행정처분 이의심의위원회의 심의를 거치거나 행정심판 또는 행정소송을 통하여 행정처분이 감경된 경우에는 그러하지 아니하다.

② 모범운전자에 대한 처분집행일수 감경: 모범운전자에 대하여는 면허 정지처분의 집행기간을 2분의 1로 감경한다. 다만, 처분벌점에 교통사고 야기로 인한 벌점이 포함된 경우에는 감경하지 아니한다.

③ 정지처분 집행일수를 계산할 때 1일 미만의 날짜는 산입하지 않는다.

(7) 행정처분의 취소

교통사고(법규위반을 포함)가 법원의 판결로 무죄확정[혐의가 없거나 죄가 되지 않아 불송치 또는 불기소(불송치 또는 불기소를 받은 이후 해당 사건이 다시 수사 및 기소되어 법원의 판결에 따라 유죄가 확정된 경우는 제외한다)를 받은 경우를 포함한다]된 경우에는 즉시 그 운전면허 행정처분을 취소하고 당해 사고 또는 위반으로 인한 벌점을 삭제한다.

(8) 운전면허의 취소 · 정지처분의 감경(도로교통법 시행규칙 제91조 제1항 [별표 28])

① 음주운전으로 운전면허 취소 또는 정지처분을 받은 경우: 운전이 가족의 생계유지수단이거나, 모범운전자로서 처분 당시 3년 이상 교통봉사활동에 종사하고 있거나, 교통사고를 일으키고 도주하는 운전자를 검거하여 경찰서장 이상의 표창받은 사람은 감경처분을 받을 수 있으나, 다음에 해당하는 사유가 없어야 한다(도로교통법 시행령 제91조 [별표 28]).

1. 혈중알코올농도가 0.1%를 초과하여 운전한 경우
2. 음주운전 중 인적피해 교통사고를 일으킨 경우
3. 경찰관의 음주측정요구에 불응한 경우 또는 도주하거나 단속경찰관에게 폭행을 행사한 경우
4. 과거 5년 이내에 3회 이상 인적피해 교통사고 전력이 있는 경우
5. 과거 5년 이내에 음주운전 전력이 있는 경우 등이 있다.

② 벌점 · 누산점수 초과로 인하여 운전면허 취소처분을 받은 경우: 운전이 가족의 생계를 유지할 중요한 수단이 되거나 모범운전자로서 처분 당시 3년 이상 교통봉사활동에 종사하고 있거나, 교통사고 후 도주한 운전자를 검거하여 경찰서장 이상의 표창을 받은 사람으로서 다음의 어느 하나에 해당되는 경우가 없어야 한다.

1. 과거 5년 이내에 운전면허 취소처분을 받은 전력이 있는 경우
2. 과거 5년 이내에 3회 이상 인적피해 교통사고를 일으킨 경우
3. 과거 5년 이내에 3회 이상 운전면허 정지처분을 받은 전력이 있는 경우
4. 과거 5년 이내에 운전면허행정처분 이의심의위원회의 심의를 거치거나 행정심판 또는 행정소송을 통하여 행정처분이 감경된 경우

(9) 운전면허 정지 · 취소처분에 대한 통지

① 시 · 도경찰청장 또는 경찰서장은 운전면허의 정지 또는 취소처분을 결정한 때에는 정지 · 취소처분 결정통지서 또는 운전면허 취소처분 결정통지서를 그 처분의 대상자에게 발송 또는 발급하여야 한다. 다만, 그 처분의 대상자가 소재불명으로 통지를 할 수 없는 때에는 운전면허대장에 기재된 그 대상자의 주소지를 관할하는 경찰관서의 게시판에 14일 간 이를 공고함으로써 통지

를 대신할 수 있다(도로교통법 시행규칙 제93조 제3항).

② 운전면허의 취소대상자 또는 정지대상자(1회의 법규위반 또는 교통사고로 운전면허가 정지되는 사람에 한한다)로서 법규위반의 단속현장이나 교통사고의 조사과정에서 경찰공무원으로부터 운전면허증의 제출을 요구받은 사람은 구술 또는 서면으로 이의를 제기할 수 있다. 다만, 운전면허의 취소 또는 정지처분이 결정된 사람의 경우에는 그러하지 아니하다(도로교통법 시행규칙 제93조 제4항).

(10) 운전면허증의 반납(법 제95조)

① 운전면허증을 받은 사람이 다음 각 호의 어느 하나에 해당하면 그 사유가 발생한 날부터 7일 이내에 주소지를 관할하는 시 · 도경찰청장에게 운전면허증을 반납하여야 한다.

1. 운전면허 취소처분을 받은 경우
2. 운전면허효력 정지처분을 받은 경우
3. 운전면허증을 잃어버리고 다시 발급받은 후 그 잃어버린 운전면허증을 찾은 경우
4. 연습운전면허증을 받은 사람이 제1종 보통면허증 또는 제2종 보통면허증을 받은 경우
5. 운전면허증 갱신을 받은 경우

② 경찰공무원은 제1항을 위반하여 운전면허증을 반납하지 아니한 사람이 소지한 운전면허증을 직접 회수할 수 있다.

③ 시 · 도경찰청장이 제1항 제2호에 따라 운전면허증을 반납받았거나 제2항에 따라 제1항 제2호에 해당하는 사람으로부터 운전면허증을 회수하였을 때에는 이를 보관하였다가 정지기간이 끝난 즉시 돌려주어야 한다.

제 6 절 교통사고 처리

1. 개념 및 특성

1) 개념

교통사고란 차의 교통으로 인하여 사람을 사상하거나 물건을 손괴하는 것을 말한다(교통사고처리 특례법 제2조). 즉, 교통사고는 운전자가 시동이 걸린 차를 운행 중에 과실로 다른 차마나 사람 또는 물건에 피해를 초래한 사고를 말하고, 교통사고의 요소는 도로 · 자동차 · 사람이다.

2) 특성

(1) 우발성(비계획성)

교통사고는 과실에 의한 결과로서 언제, 어디서든지 발생할 수 있기 때문에 그 예측이 곤란한 우발적인 사고이다.

(2) 현장보존의 곤란성

차량과 통행인의 교통이 빈번한 장소에서 우발적으로 발생하는 것이어서, 현장이 멸실·파괴·훼손되기 쉽고 교통혼잡을 막기 위한 신속한 교통회복 조치로 인해 현장을 원상대로 보존하기 어렵다.

(3) 증거확보의 곤란성

교통사고는 목격자, 참고인 등의 유동성이 커서 인적 증거의 확보가 어렵고, 교통의 혼잡·교통의 지속적인 흐름으로 물적 증거의 확보도 곤란하다.

2. 교통사고

1) 교통사고의 개념과 대상

① 교통사고란 차의 교통으로 인하여 사람을 사상하거나 물건을 손괴하는 것을 말한다(교통사고처리 특례법 제2조 제2호).

② 교통사고의 대상이 되는 차는 "차"란「도로교통법」제2조 제17호 가목에 따른 차와「건설기계관리법」제2조 제1항 제1호에 따른 건설기계를 말한다.

1. 「도로교통법」제2조 제17호 가목에 따른 차는 자동차, 건설기계, 원동기장치자전거, 자전거, 사람 또는 가축의 힘이나 그 밖의 동력으로 도로에서 운전되는 것(철길이나 가설된 선을 이용하여 운전되는 것, 유모차, 보행보조용 의자차, 노약자용 보행기 등 행정안전부령으로 정하는 기구·장치는 제외)을 의미한다.
2. 「건설기계관리법」제2조 제1항 제1호에 따른 건설기계는 불도저, 굴착기, 로더, 지게차, 스크레이퍼, 덤프트럭, 기중기, 모터그레이더, 롤러, 노상안정기, 콘크리트뱃칭플랜트, 콘크리트피니셔, 콘크리트살포기, 콘크리트믹서트럭, 콘크리트펌프, 아스팔트믹싱플랜트, 아스팔트피니셔, 아스팔트살포기, 골재살포기, 쇄석기, 공기압축기, 천공기, 항타 및 항발기, 자갈채취기, 준설선, 특수건설기계, 타워크레인 등이 해당된다.

2) 교통사고처벌 시 적용법

(1) 형법

교통사고의 인적 피해사고는「형법」제268조의 업무상 과실치사상죄 또는 중과실치사상죄에 해당하나 실제 일반 교통사고의 경우는 특별법인「교통사고처리 특례법」에 의해 처리된다.

(2) 도로교통법

「도로교통법」제151조의 차 또는 노면전차의 운전자가 업무상 필요한 주의를 게을리하거나 중대한 과실로 다른 사람의 건조물이나 그 밖의 재물손괴한 경우에는 2년 이하의 금고나 500만원 이하의 벌금에 처한다는 처벌규정을 두고 있다. 그러나「도로교통법」제151조의 물적 피해 교통사고 시 보험이나 공제에 가입한 경우에는「교통사고처리 특례법」제4조 제1항에 의해 공소를 제기할 수 없다.

(3) 교통사고처리 특례법

차의 운전자가 「형법」 제268조의 죄 중 업무상과실치상죄, 또는 중과실치상죄를 범하고도 피해자를 구호하는 등 「도로교통법」 제54조 제1항에 따른 조치를 하지 아니하고 도주하거나 피해자를 사고 장소로부터 옮겨 유기하고 도주한 경우, 같은 죄를 범하고 「도로교통법」 제44조 제2항을 위반하여 음주측정 요구에 따르지 아니한 경우(운전자가 채혈 요청 동의 경우 제외) 등은 처벌의 대상이 된다(교통사고처리 특례법 제3조 제2항).

(4) 특정범죄 가중처벌 등에 관한 법률

① 「특정범죄 가중처벌 등에 관한 법률」 제5조의3에 의하면 「형법」 제268조의 업무상 과실치상죄 또는 중과실 치상죄를 범한 자동차등이 사람을 사상하고 구호조치를 하지 않고 도주한 경우에는 가중처벌된다.

② 같은 법 제5조의11 가. 음주 또는 약물의 영향으로 정상적인 운전이 곤란한 상태에서 자동차등을 운전하여 사람을 상해하거나 사망에 이르게 한 경우, 나. 음주 또는 약물의 영향으로 정상적인 운항이 곤란한 상태에서 운항의 목적으로 선박을 운항하여 사람을 상해하거나 사망에 이르게 한 사람은 가중처벌된다.

3) 교통사고 처벌의 특례(특례법 제3조)

① 차의 운전자가 교통사고로 인하여 「형법」 제268조에 따른 업무상과실 · 중과실치사상의 죄를 범한 경우에는 5년 이하의 금고 또는 2천만원 이하의 벌금에 처한다.

② 차의 교통으로 업무상과실치상죄 또는 중과실치상죄와 차 또는 노면전차의 운전자가 업무상 필요한 주의를 게을리하거나 중대한 과실로 다른 사람의 건조물이나 그 밖의 재물을 손괴한 운전자에 대하여는 피해자의 명시적인 의사에 반하여 공소를 제기할 수 없다.

③ 다만, ⅰ) 차의 운전자가 업무상과실치상죄 또는 중과실치상죄를 범하고도 피해자를 구호하는 등 「도로교통법」 제54조(사고발생 시의 조치) 제1항에 따른 조치를 하지 아니하고 도주하거나 피해자를 사고 장소로부터 옮겨 유기하고 도주한 경우, ⅱ) 같은 죄를 범하고 「도로교통법」 제44조 제2항에 따른 음주측정 요구에 따르지 아니한 경우(운전자가 채혈 측정을 요청하거나 동의한 경우는 제외)와 다음에 제시한 12개 행위(처벌의 특례 12개항) 중 어느 하나에 해당하는 행위로 인하여 같은 죄를 범한 경우에는 그러하지 아니하다.

1. 신호기가 표시하는 신호 또는 교통정리를 하는 경찰공무원등의 신호를 위반하거나 통행금지 또는 일시정지를 내용으로 하는 안전표지가 표시하는 지시를 위반하여 운전한 경우
2. 중앙선을 침범하거나 횡단, 유턴 또는 후진한 경우
3. 제한속도를 시속 20킬로미터 초과하여 운전한 경우
4. 앞지르기의 방법 · 금지시기 · 금지장소 또는 끼어들기의 금지를 위반하거나 고속도로에서의 앞지르기

방법을 위반하여 운전한 경우
5. 철길건널목 통과방법을 위반하여 운전한 경우
6. 횡단보도에서의 보행자 보호의무를 위반하여 운전한 경우
7. 운전면허 또는 건설기계조종사면허를 받지 아니하거나 국제운전면허증을 소지하지 아니하고 운전한 경우. 이 경우 운전면허 또는 건설기계조종사면허의 효력이 정지 중이거나 운전의 금지 중인 때에는 운전면허 또는 건설기계조종사면허를 받지 아니하거나 국제운전면허증을 소지하지 아니한 것으로 본다.
8. 술에 취한 상태에서 운전을 하거나 같은 법 제45조를 위반하여 약물의 영향으로 정상적으로 운전하지 못할 우려가 있는 상태에서 운전한 경우
9. 보도가 설치된 도로의 보도를 침범하거나 보도 횡단방법을 위반하여 운전한 경우
10. 승객의 추락 방지의무를 위반하여 운전한 경우
11. 어린이 보호구역에서 같은 조 제1항에 따른 조치를 준수하고, 어린이의 안전에 유의하면서 운전하여야 할 의무를 위반하여 어린이의 신체를 상해에 이르게 한 경우
12. 자동차의 화물이 떨어지지 아니하도록 필요한 조치를 하지 아니하고 운전한 경우

4) 보험 등에 가입된 경우의 특례(특례법 제4조)

교통사고를 일으킨 차가 「보험업법」 제4조(보험업의 허가), 제126조(정관변경의 보고), 제127조(기초서류의 작성 및 제출 등) 및 제128조(기초서류에 대한 확인), 「여객자동차 운수사업법」 제60조(조합 및 연합회의 공제사업), 제61조(공제조합의 설립 등) 또는 「화물자동차 운수사업법」 제51조(공제사업)에 따른 보험 또는 공제에 가입된 경우에는 위에서 제시한 교통사고 처벌의 특례 ②에 규정된 죄(업무상 과실치상죄, 중과실치상죄)를 범한 차의 운전자에 대하여 공소를 제기할 수 없다. 다만, 다음의 어느 하나에 해당하는 경우에는 그러하지 아니하다.

1. 교통사고 처벌의 특례 ② 단서(구호조치불이행, 도주 유기, 음주측정 불응)에 해당하는 경우
2. 피해자가 신체의 상해로 인하여 생명에 대한 위험이 발생하거나 불구가 되거나 불치 또는 난치의 질병이 생긴 경우
3. 보험계약 또는 공제계약이 무효로 되거나 해지되거나 계약상의 면책 규정 등으로 인하여 보험회사, 공제조합 또는 공제사업자의 보험금 또는 공제금 지급의무가 없어진 경우

5) 교통사고처리 특례법상 사고처리형태

(1) 형사입건(공소권 있음)

① 사망사고, ② 도주, 미신고, ③ 중상해, ④ 음주측정거부, ⑤ 처벌의 특례 12개항

(2) 합의 또는 보험가입되었을 경우(공소권 없음)

① 인적 피해사고로서 합의나 보험가입 없을 경우 형사입건

② 물적 피해사고로서 합의나 보험가입 없을 경우 피해액이 20만원 이상이면 형사입건, 20만원 미만이면 즉심으로 처리

제 7 절 신뢰의 원칙

1. 개념

교통규칙을 준수하는 운전자는 다른 운전자들과 보행자들이 교통규칙을 준수할 것을 신뢰해도 좋고, 특별한 사정이 없는 한 타인들의 교통규칙위반 가능성을 예상하여 이에 대한 방어조치까지 취할 의무는 없다. 허용된 위험의 특별한 경우로서 과실범의 객관적 주의의무를 제한하는 기능을 한다.

1935년 독일 제국법원에서 최초로 채택하였으며, 한국은 1957년 최초로 인정한 후 1971년에 고속도로, 1972년에는 시내 자동차 교통에 적용되기 시작했다.

2. 적용범위

1) 차와 차

일반적으로 신뢰의 원칙이 적용된다. 선행차량의 운전자는 후방주시를 하여 후행차량의 추월을 돕기 위해 일시정지 또는 속도를 낮추어 운행하는 주의의무는 없다.

2) 차와 사람

신뢰의 원칙이 한정적으로 적용된다. 자동차 전용도로에서 제한속도 이하로 운행 중인 차량이 특별한 사정이 없는 한 무단보행자를 예상하여 감속 또는 서행의 의무가 없다. 심야에 도로교통이 빈번한 육교 아래를 지나는 차량의 운전자는 무단횡단자가 있을 것으로 예상하여 주의하여 운전할 의무는 없다.

3. 신뢰의 원칙 관련 판례

1) 고속도로

① 고속도로를 무단횡단하는 보행자를 충격하여 사고를 발생시킨 경우라도 운전자가 상당한 거리에서 보행자의 무단횡단을 미리 예상할 수 있는 사정이 있었고, 그에 따라 즉시 감속하거나 급제동하는 등의 조치를 취하였다면 보행자의 충돌을 피할 수 있었다는 등의 특별한 사정이 인정되는 경우에만 자동차 운전자의 과실이 인정된다(2000도2671).

② 고속도로를 횡단하려는 피해자를 그 차의 제동거리 밖에서 발견하였다면 피해자가 반대 차선의 교행차량 때문에 도로를 완전히 횡단하지 못하고 그 진행차선 쪽에서 멈추거나 다시 되돌아 나가는 경우를 예견해야 하는 것이다(대판 1981.3.24).

2) 자동차 전용도로

자동차 전용도로는 자동차만이 다닐 수 있도록 설치된 도로로서 보행자 또는 자동차 이외의 차마가 통행・횡단해서는 안 되게 되어 있다. 자동차운전자는 자동차전용도로에서 특별한 사정이 없는 한 무단횡단하는 보행자가 나타날 경우를 예상하여 감속・서행할 의무가 없다(대판 1989.2.28).

3) 반대차선

각 차선 운전자는 특단사정이 없는 한 반대차선 내 차량이 중앙선 넘어 들어오지 않을 것으로 신뢰하고 운행하므로, 반대차선의 운전자가 고의로 중앙선 넘어 운행하였다면 침범・운행의 동기가 좌회전 또는 유턴이라 하더라도 중앙선 침범의 죄책을 면할 수 없다(대판 2000.7.7).

4) 교차로

① 일반적으로 넓은 도로를 운행하여 통행의 우선순위를 가진 차량의 운전자는 교차로에서 좁은 도로의 차량들이 교통법규에 따라 적절한 행동을 취할 것을 신뢰하여 운전한다고 할 것이므로, 좁은 도로에서 진행하는 차량이 일단정지를 하지 아니하고 계속 진행하여 도로로 진입할 것을 사전에 예견하고 이에 대한 정지조치를 강구할 것을 기대할 수 없다(대판 1977.3.8).

② 교차로를 거의 통과할 무렵 직진신호가 주의신호로 바뀐 경우 자동차 운전자는 계속 진행하여 신속히 교차로를 빠져나가면 되는 것이고, 반대면에서 좌회전을 하기 위해 대기하던 차량이 주의신호임에도 미리 좌회전에 올지 모른다는 것을 예상하고 이에 대한 대비조치를 강구하면서까지 운전할 업무상 주의의무는 없다(대판 1986.8.19).

5) 육교 밑 무단횡단

사고일시가 한가을의 심야이고 그 장소가 교통이 빈번한 대도시 육교 밑 편도 4차선의 넓은 길 가운데 2차선 지점이라면 운전자는 무단횡단하는 자가 없을 것으로 믿고 운전하면 되는 것이고, 「도로교통법」을 위반하여 무단횡단하려는 사람이 있을 것까지를 예상하여 그 안전을 확인해 가면서 운전해야 할 의무는 없다(대판 1988.10.11).

6) 횡단보도

① 차량의 운전자로서는 횡단보도의 신호가 적색인 상태에서 반대차선상에 정지하여 있는 차량의 뒤로 보행자가 건너오지 않을 것이라고 신뢰하는 것이 당연하고, 그렇지 아니할 사태까지 예상하여 그에 대한 주의의무를 다하여야 한다고는 할 수 없다(대판 1993.2.23).

② 보행신호등의 녹색등화의 점멸신호 전에 횡단을 시작하였는지 여부를 가리지 아니하고 보행신호등의 녹색등화가 점멸하고 있는 동안에 횡단보도를 통행하는 모든 보행자는 「도로교통법」

제27조 제1항에서 정한 횡단보도에서의 보행자보호의무의 대상이 된다(대판 2009.5.14).

③ 피해자가 보행신호등에서 녹색등화가 점멸되고 있는 상태에서 횡단보도를 횡단하기 시작하여 횡단을 완료하기 전에 보행신호등이 적색등으로 변경된 후 차량신호등의 녹색등화에 따라서 직진하던 피고인 운전차량에 충격된 경우에, 피해자는 신호기가 설치된 횡단보도에서 녹색등화의 점멸신호에 위반하여 횡단보도를 통행하고 있었던 것이어서 횡단보도를 통행 중인 보행자라고 보기는 어렵다. 피고인에게 운전자로서 사고발생방지에 관한 업무상 주의의무 위반의 과실이 있음은 별론으로 하고, 「도로교통법」상 보행자보호의무를 위반한 잘못이 있다고 할 수는 없다(대판 2001.10.9).

④ 피고인이 자동차를 운전하다 횡단보도를 걷던 보행자 갑을 들이받아 그 충격으로 횡단보도 밖에서 갑과 동행하던 피해자 을이 밀려 넘어져 상해의 결과가 발생했다면 「교통사고처리 특례법」 제3조 제2항 단서 제6호에서 정한 횡단보도에서의 보행자보호의무 위반에 해당한다(대판 2011.4.28).

4. 한계

1) 상대방의 규칙 위반을 이미 인식한 경우

운전자가 보행자 무단횡단이나 다른 차량이 중앙선을 침범하는 것을 이미 발견한 경우에는 주의해야 될 의무가 있다.

2) 상대방의 규칙준수를 신뢰할 수 없는 경우

어린 아이, 노인, 장애자, 버스정류장, 초등학교 및 유치원 앞의 경우에 운전자는 주의해야 될 의무가 있다. 또한 보행자 신호가 녹색에서 적색으로 바뀔 무렵의 전후에 통과하는 자동차의 운전자는 좌우에 이미 횡단보도에 진입한 보행자가 있는지 여부를 살필 의무가 있다.

3) 운전자 스스로 법규 위반 시

도로를 운행 중인 차량의 운전자 자신이 교통법규를 위반한 경우 신뢰의 원칙이 적용되지 않는다. 단, 사고가 운전자의 규칙위반이 결정적 원인 아닌 경우에는 신뢰의 원칙 적용이 가능하다. 즉, 차량이 과속했으나 다른 차량의 신호위반이 교통사고의 주된 원인이 된 경우에는 신뢰의 원칙이 적용된다.

제 2 편

정보 · 경비경찰

제 2 편

제 4 장

정보경찰론

제 1 절 정보경찰의 활동

1. 정보경찰활동의 의의

1) 개념

정보경찰이란 국가의 안녕과 질서 유지를 위하여 각종 범죄를 예방하고 범인을 검거하며, 각종 집단시위에 대처하기 위해 사전에 필요로 하는 정보를 수집・분석・배포하는 경찰작용을 말한다.

2) 특징

정보경찰은 국가안전과 공공의 안녕・질서 유지를 1차적 목적으로 하는 국가목적적 치안유지활동을 수행하는 것이 가장 큰 특징이다. 또한 정보경찰은 형사범죄나 다중범죄가 발생하기 전에 그 원인의 제거를 대상으로 활동하기 때문에 위태성 범죄를 대상으로 활동하는 예방경찰에 해당하며, 이미 발생한 범죄를 사후에 해결하는 진압경찰인 수사경찰과는 차이가 있다.

3) 법적 근거

정보경찰활동은 「국가경찰과 자치경찰의 조직 및 운영에 관한 법률」 제3조 제5호 및 「경찰관 직무집행법」 제2조 제4호인 공공안녕에 대한 위험의 예방과 대응을 위한 정보의 수집・작성 및 배포가 그 근거가 된다. 이 임무규정의 범위는 공공의 안녕으로 정치인의 동향이나 기업경영인 또는 언론인, 기타 순수 민간인의 범법행위를 제외한 순수한 동향정보는 해당되지 않는다.

2. 경찰정보수집활동의 특성

경찰정보수집활동의 특성은 기초활동성, 사실행위성, 비권력성, 광범성 등으로 요약될 수 있다.[1)]

---

1) 이운주, 앞의 책, p.363.

1) 기초활동성

경찰의 모든 정보수집활동은 각종 경찰활동의 기초가 되는 활동이다. 경찰정보활동은 정보수집 · 분석 · 판단 · 배포활동으로서, 이러한 과정을 거쳐 완성된 정보는 다른 기능이나 기관의 활동을 위한 기초자료가 된다.

2) 사실행위성

정보수집활동은 각종 사실에 대한 자료를 수집하여 정리하고 분석하는 활동이기 때문에 그 법적 성질은 사실행위에 속한다. 따라서 국민의 권리 또는 이익에 직접적 · 구체적으로 변동을 초래하는 처방 등의 행정행위가 아니기 때문에 정보활동 자체는 취소소송 등 항고소송의 대상이 될 여지가 없으며, 국민이 이로 인하여 손해를 입은 경우에는 손해배상의 문제가 발생할 뿐이다.

3) 비권력성

정보활동은 국민과의 관계에서 국민의 자유 또는 권리를 침해하는 권력적 작용이 아니라, 다양한 수단에 의해서 어떤 사실에 관한 자료를 수집하여 정리하고 분석하여 가치 있는 정보를 제작하고 배포하는 비권력적 작용이다. 따라서 명령 · 강제 등 권력적 수단을 동원해서는 아니 되며, 국민의 자유 또는 권리를 침해하지 않는 범위 내에서 활동을 해야 된다.

4) 광범성

정보경찰활동은 그 활동범위에 제한이 없다. 모든 사람과 단체 · 기관이 정보활동의 대상이며, 각종 사건 · 사고는 그 발생 전후에 관계없이 모두 정보활동의 대상이다. 또한 경찰의 정보활동에는 공공의 안녕과 질서에 대한 위험이나 불법행위를 제거하기 위한 경찰활동의 전제가 되는 모든 정보가 포함되며, 정보의 배경이 되는 내외의 정치 · 경제 · 사회 · 문화 등의 일반정보는 물론이고, 다양한 정책정보와 시책정보 등도 포함된다.

제 2 절 정보일반론

1. 정보의 개념 정의

1) 정보(intelligence)

데이비스와 올슨(Gordon B. Davis & Marggrethe H. Olson)은 정보를 “수신자에게 의미가 있는 형태로 처리되고 현재와 미래의 활동이나 결정에 있어서 실제나 인식면에서 가치를 인정받는 자료”라고 정의한다.[2)]

---

2) Gordon B. Davis & Margrethe H. Olson, *Management Information System, Conceptual Foundations, and Development*,

한편, 정보를 문제해결을 위한 지식이란 측면에서 접근하는 정의도 있다. 경찰을 비롯한 정보기관은 정보란 국가의 정책결정을 위하여 수집된 첩보를 평가, 분석, 종합 및 해석한 결과로 얻은 지식이라고 정의함으로써 정보와 첩보를 구분하고 있다.[3)]

따라서 다음과 같이 정보에 대한 개념 정의를 할 수 있다. "정보란 특정목적 달성을 위한 행동대안의 선택에 필요한 사전지식으로서, 이는 수집된 첩보를 분석하고 종합하여 정리된 자료 또는 지식이다."

2) 첩보(information)와 자료(data)

① 첩보는 목적의식이나 문제의식을 가지고 수집된 자료인 반면에, 자료는 목적의식이나 문제의식 없이 어떤 사상에 관련된 단순사실의 집합을 의미한다.

② 첩보는 각종 자료가 총체적으로 광범위하게 포함되며 이는 목적의식이나 문제의식에 따라서 수집된다는 측면에서 임의적으로 수집되는 자료와는 구별된다.

③ 비록 사실 여부가 확인되지 않은 자료라도 해결해야 될 문제와 관련이 있으면 수집할 필요가 있으며, 각종 풍문이나 유언비어 등도 수집대상이 된다.

2. 정보의 특성

1) 일반적인 특성

정보의 특성은 정보의 사용자의 측면에서 접근해야 한다. 정보는 사용자를 위하여 수집하고 생산한 것이므로 사용자에게 가치와 의미가 있어야 한다. 다시 말해, 정보는 정보사용자가 정책결정이나 문제해결을 위해 필요한 특성을 갖추어야 한다.[4)]

(1) 정보의 가치에 대한 평가요소

정보가 사용자의 요구를 충족하기 위해서는 정책목표 달성에 필요한 합목적성, 내용상의 정확성, 시간상의 적시성, 주제와 관련된 모든 내용을 포괄하는 완전성을 갖추어야 한다. 정확성, 적시성, 완전성을 정보의 3대 요건이라고 한다.

① 합목적성

정보의 가치성은 그것이 궁극적으로 국정목표를 달성하기 위해 기여할 수 있느냐에 의해 결정된다. 특히 정책자료로서의 정보는 국정목표 달성에 필요한 자료나 지식이 되지 못할 경우에 아무런 가치가 없다. 따라서 정보는 합법성보다 합목적성을 중요시한다.

New York: McGraw-Hill, 1985, ch.7 참조.

3) 경찰대학, 경찰정보론, 1982, pp.18-25.

4) 이용규, 행정정보체계, 박영사, 1996, pp.75-78; 이병곤, 정보개론, 경찰청, 1994, pp.21-25.

② 정확성

국가의 정책결정을 위한 사전 지식으로서의 정보는 그 내용의 객관적 정확성이 그 가치 인정을 위한 생명이다. 정보의 정확성은 수집한 정보가 사실과 일치하는 경우에 확보될 수 있다.

③ 적시성

정보의 적시성은 수신자, 즉 사용자의 입장에서 필요로 하는 시기에 제공되어야 그 가치가 인정된다는 기준이다. 정보의 적시성은 정보의 신속성과는 다른 개념이다. 너무 빨리 생산되고 제공된 정보는 정보의 보안유지상의 문제가 있으며, 또한 정세의 변동으로 사용자가 필요로 하는 정보의 내용이 달라져 그 가치를 상실할 수 있다.[5]

집단행동과 같은 상황정보는 예고정보의 성격을 띠기 때문에, 정확성보다는 적시성이 더 중요시되며, 정책자료나 시책자료는 장기적으로 각종 제도를 개선하는 대안을 제시하는 것이므로 정확성이 더 중요시된다.[6]

④ 완전성

제시된 주제와 관련된 자료를 모두 수집하여 완전성을 갖추어야 하며, 부분적이거나 단편적인 정보는 비록 정확성을 구비하고 있다 하여도, 사용자에게 별다른 도움을 주지 못한다. 긴급하고 돌발적인 사태가 발생할 우려가 농후한 정보는 완전성보다 적시성에 따라 처리되어야 하며, 정책자료나 시책자료는 완전성이 요구된다.

⑤ 적실성

적실성은 정보의 목적 적합성과 문제해결에 기여하는 정도를 의미한다. 즉, 정보는 정보사용자의 사용목적에 얼마나 적합하며, 문제해결에 얼마나 기여하느냐의 정도에 따라 그 가치가 인정된다.

⑥ 객관성

정보는 국인증대와 안보추구라는 차원에서 완전한 객관적 입장을 유지하여야 한다. 만일 정보가 생산자나 사용자의 의도에 따라 정보가 주관적으로 왜곡된다면 선호정책의 합리화 도구로 오용될 수 있다.

⑦ 무한가치성과 비이전성

정보는 필요한 사람에게는 누구에게나 가치가 있으며, 차인에게 전달해도 본인에게는 그대로 남아 있다.

⑧ 독점성

일반적으로 공개된 정보보다는 공개되지 않은 미공개 정보가 더 가치가 있다. 언론이나 각종

---

5) 이병곤, 앞의 책, p.22.
6) 조철옥, 경찰행정학, 대영문화사, 2000, p.429.

출판물을 통해 공개된 정보는 정보기관에서 생산하여 독점적으로 보유하고 있는 정보보다 가치에 있어 저평가된다.

(2) 가치 변화성

① 사용자에 따른 정보의 가치 변화

동일한 정보라도 사용자에 따라 정보의 중요도에 따른 가치가 달라진다. 정책정보나 시책자료, 그리고 상황정보는 경찰조직의 정보기능과 경비기능에 가치 있는 정보이며, 조직폭력배나 학원폭력배와 같은 범죄정보는 형사기능과 방범기능에 그 중요성을 인정받는다.

② 시간의 흐름과 정보가치의 체감

정보의 가치는 일반지식보다 시간이 흐름에 따라 체감하는 특성을 갖고 있다. 플래트(Washington Platt)는 『전략적 정보(*Strategic Intelligence*)』라는 저서에서 '시간과 정보가치의 체감표'를 소개하면서 정보가치의 시간적 체감 특성을 제시했다.7) 최초에 보고된 정보의 가치는 시간의 흐름과 함께 체감하고, 정보대상의 변화와 관련된 새로운 정보가 가치를 갖게 되는 것이다. 그러므로 어떤 대상에 대한 정보는 그 대상의 변화에 대한 정보가 지속적으로 수집·보고되어야 한다.

(3) 지식의 다양성

정보는 다양한 측면에서 분석되고 해석되어야 한다. 정보의 정확성과 완전성을 확보하기 위해서는 어느 한 분야의 기법보다는 다양한 분야의 기법이 적용되는 종합 학문적 접근이어야 한다.

(4) 필요성

정보는 정확성, 적시성, 완전성을 갖추었을 지라도 사용자가 필요로 하는 정보가 아닐 경우에는 그 가치를 인정받지 못한다. 정보는 누구를 위한, 무엇에 관한 정보이냐가 중요하다. 정보는 사용자가 당면하고 있거나 당면하게 될 문제에 관한 내용이어야 한다.

2) 종합적 측면에서의 특징

(1) 누적효과성

정보는 생산·축적되면 될수록 그 가치가 커지는 특성을 가지고 있다. 이는 데이터베이스의 경우에서 볼 수 있다.

(2) 무한가치성

물질이나 에너지는 특정 사용자가 사용해 버리면 다른 사람에게는 사용가치가 상실되지만, 정보는 필요로 하는 사람에게는 누구에게나 사용가치를 지니는 무한가치의 특성을 가지고 있다.

(3) 비이전성

정보는 그 생산자가 타인에게 전달해도 그에게 그 가치가 그대로 남는 특성이 있다. 그러므로

7) Washington Platt, "*Strategic Intelligence Production*," New York: Praeger, 1965, pp.15-20.

중요한 정보는 그 보안이 요구되고 알 사람만 알아야 한다.

(4) 신용가치성

정보의 신용가치성이란 정보는 정보원, 즉 정보출처의 신용정도에 따라 그 가치가 달라진다는 점을 강조하고 있는 것이다. 다시 말해, 정보의 가치는 정보를 제공한 사람의 신뢰성 또는 정보의 출처가 된 자료의 신뢰성에 의해 결정된다.

(5) 완벽성

정보의 완벽성이란 정보가 특정 상황에 대한 전반적인 내용을 모두 전달해 줄 수 있는가에 따라 정보의 가치가 달라진다. 정보의 완벽성은 6하 원칙, 즉 '누가, 언제, 어디서, 무엇을, 어떻게, 왜'라는 원칙에 따라 수집되어야 한다는 점을 강조하는 것이다.

(6) 빈도

정보사용자에게 정보가 제시되는 빈도에 따라 그 가치가 달라진다. 빈도란 사용자가 얼마나 자주 필요로 하고 또 수집하며 생산하는가를 측정하는 기준을 말한다.

3) 정보의 효용: 효과적 사용기준

앤드러스(Roman R. Andrus)는 정보의 품질은 정보가 인간의 행동에 얼마나 동기를 부여할 수 있고, 의사결정에 공헌할 수 있는가에 따라 결정된다고 주장한다. 비록 정보가 제공되더라도 이를 효과적으로 사용할 곳이 없다면 정보의 효용이 떨어진다고 보고, 다음과 같은 관점에서 정보의 효용을 평가해야 한다고 제안하였다.

(1) 형식효용

① 정보는 정보사용자의 요구에 맞는 형식에 부합할 때 정보의 효용이 높다는 평가를 받게 된다. 즉, 정보사용자가 사용하지 않는 정보는 효용이 없다.

② 정보사용자의 수준에 따라 정보형태가 달라진다.

③ 전략정보와 전술정보는 형식효용에 있어서 차이가 날 수 있다.

가. 전략정보는 최고결정자가 보는 정보이므로 보고서 1면주의가 바람직하다.

나. 전술정보는 하위 정책결정자나 실무자에게 제공하는 것이므로, 비교적 상세하고, 구체적일 필요가 있다.

(2) 시간효용

정보는 정보사용자가 정보를 필요로 하는 시점에 제공될 때 효용이 높다는 평가를 받는다. 적시성의 원칙과 밀접한 관련성이 있다.

(3) 접근효용

① 정보는 정보사용자가 쉽게 접근할 수 있어야 효용이 높아진다.

② 접근효용은 통제효용과 충돌할 수 있기 때문에 양자의 조화가 필요하다. 즉, 통제효용을 저

해하지 않는 범위 내에서 정보자료들의 접근성을 높이는 방향으로 관리하여야 한다.

(4) 소유효용

정보는 상대적으로 많이 소유할수록 정보의 효과를 발휘할 수 있다. '정보는 국력이다'라는 표현은 정보의 소유효용을 잘 나타낸다.

(5) 통제효용

① 정보는 정보를 필요로 하는 사람들에게 필요한 만큼 제공되도록 통제되어야 한다. 알 사람만 알아야 하는 원칙, 차단의 원칙 또는 필요성의 원칙이라고도 한다.

② 방첩활동과 밀접한 관련성이 있다.

3. 정보의 분류

1) 성질에 의한 분류

(1) 전략정보

전략정보는 종합적인 국가정책과 안전보장에 막대한 영향을 주는 국가수준의 정보로서 국가정책이나 군사작전계획의 기초로 이용되며, 사용주체가 국가이다.

(2) 정책정보

① 정책정보는 그 성질상 전략정보와 전술정보의 두 가지 성질을 다 포함한다는 것이 특징이다.

② 정책정보는 정부정책의 결정과 집행과정에서 토대가 되는 정보로서 치안정보와 밀접성을 가지며, 경찰의 정책정보는 정부정책과 관련한 비용과 부작용을 최소화할 수 있다는 데서 그 중요성이 인정된다.

(3) 전술정보

전술정보는 전략정보의 기본적인 방침 하에서 이를 구체적으로 수행하기 위한 세부적이고 부분적인 정보를 의미하며, 사용의 주체는 각 부처이다.

(4) 방첩정보

방첩정보란 적 또는 제3국의 정보공작에 대항하기 위한 정보로서 소극적 방어기능을 수행하는 정보를 말한다.

2) 대상(사용목적)에 의한 분류

(1) 적극정보

적극정보는 국가의 경찰기능에 필요한 정보 이외의 모든 정보를 말하며, 국가이익을 증대하기 위한 정책의 입안과 계획수립 및 정책계획의 수행에 필요한 정보이다.

(2) 소극정보

① 소극정보는 국가의 경찰기능을 위한 정보로서 보안정보라고도 한다.

② 국가안전보장을 위태롭게 하는 간첩활동 · 태업 및 전복에 대비할 국가적 취약점의 분석과 판단에 관한 정보를 말한다.

③ 그러나 불법집회 · 시위에 관한 정보 또는 범죄수사나 범죄예방을 위한 범죄첩보 역시 경찰기능을 위한 정보라는 측면에서 소극정보에 해당한다.

3) 기능(분석형태)에 의한 분류

(1) 기본정보

① 기본정보는 정치 · 경제 · 사회 · 문화 등 사회의 모든 분야의 과거와 현재의 상태를 기술한 정보로서, 기본적 · 서술적 또는 일반자료적인 유형의 정보를 말한다.

② 이러한 정보는 어떤 대상에 대한 과거의 사례에 대한 기본적 · 서술적 기록이며, 정적인 상태기록으로서 비교적 변화가 적은 정태적이고 기초자료와 같은 것이다.

③ 그러나 정태적인 사항에 대한 정보일지라도, 영구불변인 것은 없으므로 기본정보는 모든 변화의 기초자료에 해당한다.[8)]

④ 따라서 기본정보는 정보사용자가 사용할 정보라기보다는 현용정보 또는 판단정보의 작성자가 사용할 정보로서 일반적으로 정보 기초자료에 해당한다.

(2) 현용정보

① 기본정보가 정적이며 과거중심적인 정보자료라면, 현용정보는 동적이고 현재를 기점으로 한 객관적으로 기술한 정보를 말한다.

② 현용정보는 현행정보, 현상정보라고도 하며, 사회 모든 분야의 동적인 상태를 현재의 시점에서 객관적으로 기술한 정보로서 의사결정자에게 그때그때의 동향을 알리기 위한 정보로서 상황정보와 예고정보가 좋은 예이다. 정보사용자는 판단정보보다 현용정보를 더 선호한다.

③ 현용정보는 기본정보의 변화를 부단히 추적함으로써 생산될 수 있으며, 이에 속하는 정보로서 시사정보, 수시정보, 정기정보 등이 있다.

(3) 판단정보

① 기본정보가 과거에 대한 기초자료이고 현용정보가 현재의 동적 자료라면, 판단정보란 특정 문제에 관련된 자료를 체계적이고 실증적으로 수집하고 분석함으로써, 미래에 있을 어떤 상황이나 상태를 평가 · 예측한 정보, 또는 보고적 정보로서 정보생산자의 능력과 재능을 가장 많이 필요로 한다.

② 판단정보는 켄트(Sherman Kent)가 말하는 정보의 과정 중에서 예측 · 평가적(speculative-evalu-

---

8) 이병곤, 앞의 책, pp.48-49.

ative) 범주에 해당한다.[9] 따라서 판단정보는 기획정보라고도 하고, 예측 · 평가적 또는 보고지향적 유형의 정보라고도 한다.

③ 판단정보는 확정된 사실에 관한 정보가 아니라 기본정보와 현용정보를 기초로 해서 분석 · 판단한 정보로서 사용자에게 적당한 사전지식을 제공하는 기능을 한다.

4) 입수형태에 의한 분류

(1) 직접정보

직접정보란 정보입수자가 직접 경험하거나 실험하여 얻는 정보로서, 일반적으로 신뢰성이 가장 높은 정보에 해당한다.

(2) 간접정보

간접정보는 책이나 방송, 잡지, 신문 등 중간매체 또는 다른 사람을 통하여 입수하는 정보를 말한다. 그 내용이 해당매체의 주관이나 편견이 개입될 소지가 있다는 측면에서 직접정보에 비해, 출처의 신빙성과 내용의 신뢰성이 낮게 평가된다.

5) 사용주체에 의한 분류

(1) 내부정보

내부정보는 행위주체로서의 독립기관 자체에서 발생 또는 생산되는 정보를 말한다. 경찰조직의 경우, 경찰이 내부에서 발생한 사실을 수집하여 생산한 정보는 내부정보에 해당한다.

(2) 외부정보

외부정보는 다른 단체나 기관에서 발생 · 생산되어 전달되는 정보를 말한다. 외부정보는 경찰외부의 조직에서 발생한 사실을 그 외부의 조직에서 생산한 정보를 의미한다.

6) 요소에 의한 분류

요소에 의한 분류는 정보의 내용을 이루고 있는 요소가 무엇인가에 따른 정보 분류로서, 정치정보, 경제정보, 사회정보, 군사정보, 과학정보, 산업정보 등으로 나누어진다.

7) 출처에 따른 분류

출처에 따른 분류는 근본출처와 부차적 출처, 정기출처와 우연출처, 공개출처와 비밀출처 등으로, 정보의 입수단계, 주기성 여부, 출처의 공개여부 등을 기준으로 분류된다.

(1) 입수단계

① 근본출처(직접정보)

정보가 획득되는 실질적인 원천 그 자체를 의미하며, 이러한 첩보의 원천을 이용한 정보활동도

9) Sherman Kent, "*Strategic Intelligence for America Word Policy*," New York: Princeton University Press, 1966, pp.20-25.

가능하다.

② **부차적 출처**(간접정보)

근본출처에서 입수된 첩보가 정보작성기관에 의하여 부분적으로 평가 · 요약 · 변형된 것을 제공받는 출처를 말한다.

(2) 주기성 여부

① **정기출처**

정보입수의 시간적 간격이 일정하거나 정보입수의 시점을 정보관이 통제하고 있는 경우가 정기출처이다. 정기출처는 일반적으로 우연출처에 비해 출처의 신빙성과 내용의 신뢰성 면에서 우위를 점한다고 볼 수 있다.

② **우연출처**

정보관이 의도한 정보입수의 시점과는 무관하게 부정기적으로 얻어지는 출처로서, 소극적 우연출처와 적극적 우연출처로 구분된다. 원칙적으로 정보관에 의해 획득되는 비밀출처정보이다.

(3) 공개 여부

① **공개출처**

특별한 보호조치가 요구되지 않는 출처로서, 일상적인 방법으로 첩보를 수집하는 출처를 말한다. 공개출처의 가장 큰 이점은 접근성이 쉽다는 점이며, 상대적 안정성과 비용 효율성이 좋다는 점이 이점이다. 가장 큰 단점은 "정보의 양"이 방대하다는 것으로 소위 "밀과 겨"의 문제, 즉 알곡과 쭉정이를 가져야 한다는 점이다. 또한 공개출처 정보가 적시에 공개되지 않는 경우 적시성 면에서 한계가 따른다.

② **비밀출처**(비공개출처)

출처가 보안적인 형태로 유지되어 있어 자유로이 접근이 어려운 출처로서, 외부로부터 강력히 보호를 받아야 하는 출처를 의미한다.

국가정보기관과 부문정보기관에서 정보수집과 생산 등에 종사하는 정보관이 대표적이며, 정보관이 비밀리에 관리하는 공작원이나 협조자 등은 물론이고 외교관, 주재관 등도 비밀출처에 해당한다. 비밀출처라고 공개출처에 비해 신뢰성이 반드시 높은 것은 아니므로, 비밀출처든 공개출처든 신뢰도 확인은 반드시 필요하다.

8) 경찰업무에 따른 분류

경찰의 업무와 관련된 정보로서 보안, 범죄, 외사, 일반, 교통정보 등으로 분류된다.

제3절 정보의 순환과정

1. 정보의 요구

1) 의의

정보의 요구는 경찰조직의 지휘계통을 통해 국가지도자의 국가정책 결정이나 각 부처 수준의 정책결정 또는 경찰조직 자체의 치안정책 수립을 위한 정보의 수집을 지시하는 단계로서, 정보산출과정의 기초가 되는 가장 중요한 단계이다.

정보의 요구단계에서 중요한 것은 첩보수집활동의 적정성을 위해 정보요구자의 지속적인 지시・감독이 필요하다. 정보의 요구는 구체적이고 계획적인 과정에 의해 이루어지며, 이를 정보요구의 소순환과정이라 한다.

2) 정보의 수요

정보수요는 국가지도자 및 국가정책의 입안자 또는 횡적 관계에 있는 정부기관, 그리고 경찰청이나 시・도경찰청 또는 경찰서의 정보생산자의 자체판단에서 정보를 필요로 하는 3개의 형태로 이루어진다.10)

3) 정보요구의 소순환과정11)

(1) 첩보의 기본요소의 결정

정보요구 주체는 요구하는 정보의 주제를 구체화하여 첩보수집 내용이나 범위를 한정시켜 주며, 때로는 구체적이고 명시적인 부제(subtitle)를 선정하여 어느 분야의 정보인가를 명백하게 하는 것도 첩보수집의 정확성과 효율성을 높일 수 있는 방법이다. 또한 구체적인 첩보수집 방법과 내용, 그리고 범위를 제시하는 것도 정보요구의 소순환과정에서 첫 단계의 중요한 내용이다.

(2) 첩보수집계획서의 작성

첩보를 요구하는 기관이나 부서는 어떤 내용을, 누가, 언제까지, 어떤 방법으로 수집하여 보고할 것인가를 사전에 계획서를 작성해야 한다. 수집계획서에 포함시킬 사항은 ① 기본요소의 결정, ② 요구되는 정보, ③ 요구배경, ④ 세부요청사항(범위), ⑤ 수집기관, ⑥ 보고시기, ⑦ 식별기호 등이다.

(3) 첩보수집 명령하달

첩보요구기관은 첩보수집계획서가 작성되면, 첩보수집활동을 위해 필요한 소요시간을 충분히 고려하여 적합한 시기에 요구내용을 명령하거나 하달해야 한다. 이 명령은 구두나 서면에 의해

10) 이병곤, 앞의 책, p.60.
11) 위의 책, pp.61-62.

이루어지는데, 상황에 따라 적합한 방법을 선택하여 하달하여야 한다.

(4) 사후 검토

첩보수집요구기관은 수집기관이 요구한 내용대로 이행되고 있는가를 확인하여 지시내용의 가감·보완의 필요성이 발견되면 계획서의 내용을 수정·보완해야 한다.

4) 정보의 요구 방법

정보의 요구 방법은 국가정보목표 우선순위(PNIO), 첩보기본요소(EEI), 특별첩보요구(SRI), 기타 정보요구(OIR) 등으로 구별되며, 이를 정보요구의 우선순위라고도 한다.[12)]

(1) 국가적 정보목표의 우선순위(Priority of National Intelligence Objective: PNIO)

PNIO는 국가안전보장이나 정책에 관련된 첩보를 수집하기 위한 목표이며 길잡이를 의미한다. 이는 국정책임자의 우선적인 정보목표이며 모든 정보기관 활동의 기본지침으로서, 1년 간 기본정보 운용지침이 된다. 경찰을 포함한 모든 정보기관의 정책수립시에 요구되는 정보로서, 세부 활동계획 수립 시에 기본방침이 된다. 국정지표는 PNIO에 해당한다.

(2) 첩보의 기본요소(Essential Elements of Information: EEI)

① EEI는 국가정보의 전체 활동을 규제하는 PNIO처럼 해당 부서의 정보활동을 위한 일반지침서이다. 다시 말해, 통상적인 첩보수집기준이며 계획서를 말한다.

② EEI는 국가지도자 또는 정책수립자가 임무를 효과적으로 수행하기 위해 우선적으로 필요로 하는 가장 기본적인 사항이며, 첩보수집계획서의 핵심을 이루는 기준이 된다. 따라서 EEI는 국가정보목표(PNIO)에 따라 결정되므로 PNIO와 직접적인 관련성이 있다.

③ EEI는 전체적인 의미를 가진 일반적·포괄적 정보로서 계속적이고 반복적이며, 전국적인 지역에 걸쳐 수집해야 할 필요가 있는 경우에 해당하며 첩보의 신뢰성이 중요하다.

④ EEI는 사전에 반드시 첩보수집계획서 수립이 요구되며, EEI에 의한 첩보요구는 서면요구가 대부분이며 통상 첩보수집계획서는 EEI계획서라고 할 수 있다.

(3) 특별첩보요구(Special Requirement for Information: SRI)

① SRI는 어떤 돌발사항에 대하여 한시적·단편적이며, 특수지역적 사건에 대한 단기적 해결을 위하여 필요한 경우에 요구하는 첩보요구 수단이다.

② SRI는 사전수집계획서가 필요하지 않고 수시로 단편적인 사항에 대하여 명령되는 것이 원칙이며, SRI의 요구 형식은 서면과 구두 모두 가능하다.

③ 특별한 사안에 대하여 명령되는 것으로서 요구자의 테마첩보요구 방법에 속하고, 첩보수집지침은 사안과 대상에 따라 상이하며, 비교적 심층적이고 전문성이 요구되고 단기간에 수집이 이루어져야 한다.

---

12) 위의 책, pp.63-66.

(4) 기타 정보요구(Other Intelligence Requirement: OIR)

① OIR은 급변하는 정세의 변화에 따라 정책상 수정이 필요하거나 또는 이를 위한 자료가 요구될 때 PNIO에 우선하여 이를 충족시키기 위한 정보요구를 말한다.

② 일반적으로 OIR은 PNIO에 포함되어 있지 않거나 우선순위가 낮기 때문에, OIR로 책정되는 정보는 PNIO에 우선하여 작성이 된다.

2. 첩보수집

1) 의의

첩보수집은 모든 경찰이 정보생산을 위해 필요한 자료를 획득하여 정보생산자에게 전달하는 단계로서, 정보산출 중 가장 중요하고도 어려운 단계라고 볼 수 있다. 첩보는 일반적으로 정보기능에 근무하는 경찰이 주로 수집하지만, 그 외의 모든 경찰관들도 첩보를 수집하고 제출한다는 점에서 모든 경찰관이 첩보수집 요원이다.

2) 첩보수집활동의 원칙[13)]

(1) 유용성

첩보수집은 정책결정자나 사용자가 정책결정이나 문제해결을 위해 필요한 첩보를 수집하는 활동이므로, 반드시 그 정책결정이나 문제해결에 유용한 첩보를 수집해야 한다.

(2) 첩보의 중요성

첩보수집은 그 우선순위에 따라 수집되어야 한다. 첩보의 중요성에 대한 우선순위는 개인의 주관에 의해 결정되어서는 안 되며, 정보요구자가 지시한 객관적인 기준에 의해 이루어져야 한다. 객관적인 기준이 없을 경우에는 정보에 대한 전문적인 지식과 경험에 의해 합리적으로 결정되어야 한다.

(3) 가능성

첩보가 유용성과 중요성을 모두 갖추고 있을지라도 수집이 불가능하다면 아무런 의미가 없다. 이러한 문제를 해결하기 위해 출처에 대한 연구와 개발이 요구되고, 공개출처에서 첩보를 수집할 수 없는 경우에는 비공개출처에서 수집하되 필요에 따라 첩보입수를 위한 합리적이 접근방법을 모색해야 한다.

(4) 신빙성

출처의 신빙성은 수집한 첩보의 신뢰성과 직접적인 관련성이 있으므로 첩보수집 시에 아주 중요한 요소이다. 출처의 신빙성을 위해 출처의 다양화 및 평소에 믿을 만한 협조자를 선정하여 관

13) 위의 책, pp.70-72.

리해야 한다.

3) 첩보수집의 소순환

(1) 첩보수집계획

첩보수집계획은 첩보획득에 관계되는 기관, 방법, 수집활동의 진행상황과 성과 등 첩보수집에 참고할 사항을 작성하는 것을 말한다. 첩보수집계획서는 사용자가 요구하는 첩보를 누락 없이 계획적으로 입수하기 위한 세부계획을 작성한 일람표를 말한다. 그러나 첩보의 유통속도를 증가시키고 융통성과 기동성을 부여할 필요가 있는 경우에는 수집계획서를 작성하지 않는 것이 효과적일 수도 있으므로 반드시 작성해야 하는 것은 아니다. 실제로 첩보수집계획서는 정보경찰의 일상적인 첩보수집활동과 타기능의 첩보수집활동에는 작성되지 않는다.

(2) 첩보출처의 개척과 획득

첩보의 출처는 첩보획득의 원천을 말하며, 이는 주로 기관, 인간, 사물, 사건 등 다양한 형태로 존재한다. 첩보출처의 개척은 출처의 신뢰성과 관련된 문제로서 이를 확보하기 위해서는 단일의 출처만을 이용하기보다는 첩보의 출처를 다양화시킬 때보다 더 첩보의 신뢰성을 높일 수가 있다.

① 공개출처

공개출처란 첩보가 공개되어 있어 합법적으로 이용이 가능한 출처로서, 실제 첩보수집에서 필요한 대다수의 첩보(80%)가 공개출처에서 얻어진다. 비밀출처보다 객관도와 신뢰도는 높으나 중요도는 떨어지는 경향이 있으나 활용에 있어 법적 문제가 발생하지 않으며, 또한 실제 필요한 대부분의 정보가 공개출처에서 얻어지기 때문에 원칙적인 첩보수집의 출처가 된다. 최근에 인터넷 사이버 공간의 정보확산으로 공개정보의 중요성이 부각되고 있다.

② 비밀출처(비공개)

비공개출처란 출처가 보안적인 상태로 유지되고 있어 자유로운 접근이 어려운 출처로서, 출처의 기능상실 방지와 안전유지를 위해 외부로부터 강력히 보호를 받아야 하는 출처를 의미한다. 이는 조직되지 않은 고급의 가치를 가진 첩보를 얻을 수 있는 장점이 있으나 법적 문제가 제기될 우려가 있으므로 특별하고 신중한 관리가 요구된다.

공개첩보는 때로는 과장되거나 허위인 경우도 있을 수 있지만, 비공개출처에 의하여 얻은 첩보는 은밀하고 조작되지 않은 첩보를 얻을 수 있다는 장점이 있다.

③ 근본출처

근본출처란 첩보가 획득되는 실질적인 원천 그 자체를 의미하며, 첩보를 원형 그대로 입수할 수 있다. 첩보가 존재하는 장소적 개념을 첩보원천이라고 하는데, 이러한 첩보의 원천을 이용한 정보활동도 가능하다.

④ **부차적 출처**

부차적 출처란 근본출처에서 입수된 첩보를 정보작성기관에 의하여 부분적으로 평가·요약·변형되어 다른 수신처에 제공될 경우에 이 변형된 정보를 제공하는 정보작성기관이 바로 부차적 출처이다. 근본출처의 첩보를 요약·변형하는 과정에서 과장된 모략 및 역 정보와 조작정보 산출의 위험이 있다.

⑤ **정기출처와 우연출처**

정기출처란 정기적으로 첩보를 획득할 수 있는 출처를 말하고, 우연출처란 개인의 인간관계 등에 의해 우연히 첩보가 제공되는 출처를 말한다.

(3) 첩보의 보고(전달)

수집된 첩보는 정리되어 일종의 보고서 형태로 첩보 요구자에게 보고되어야 한다.

① **첩보의 사용자**

수집된 첩보는 그 첩보를 필요로 하는 기관이나 사람에게 전달되어야 한다. 첩보를 필요로 하는 기관은 일반적으로 소속 기관이거나 그러한 첩보를 요청한 기관이 되겠지만 반드시 그러한 것만은 아니다.

② **보고의 시기**

상급기관의 지시, 즉 EEI나 SRI에 의하여 수집된 첩보는 정해진 기간 내에 보고하면 되겠지만, 그렇지 않을 경우에는 수집된 첩보의 중요성과 긴급성에 따라서 필요한 기관에 신속하게 전달되어야 한다.

③ **보고형태**

첩보는 종류에 따라서 원형(특수물건·기기·사진·문서 등) 그대로 전달하는 것이 효과적일 수 있다. 요약하거나 발췌할 때는 전체내용을 포괄하고 간결하게 작성해야 한다. 첩보의 수집일시, 경위, 배경을 설명하고 출처가 비밀출처라면 출처명을 명확하게 밝히지 않을 수도 있다.

④ **보고수단**

일반적으로 보고수단은 구두·전화·전신·도표·사진·문서 등이다. 구두는 보안성이 있고 보고서에서 빠진 내용을 전달할 수 있다는 이점이 있으나 이러한 환경을 만들기가 어렵고, 전신·전화는 신속성은 있으나 보안유지에 문제가 있다. 가장 안전한 것은 도표와 사진 등을 첨부한 완전한 보고서에 의한 전달수단이다.

4) 첩보수집자의 자세

(1) 목적의식

현대사회는 정보의 홍수이다. 인간능력과 정보의 가치성 등을 고려할 때 모든 정보를 수집한다는 것은 불가능하고 불필요하다. 그러므로 정보수집 시에는 분명한 목적의식과 필요성을 갖고 접근하여야 한다.

(2) 정보의 배경

첩보수집자는 수집된 정보의 이면이나 배경에 대해서 깊이 있게 파악하는 추적자세가 요구된다. 때로는 배경에 대한 첩보가 활용 가치가 높을 경우가 있다.

(3) 종합적인 시각

현대의 사회는 분화정도가 높은 반면 모든 분야는 서로 복잡하게 얽혀 있으므로, 첩보수집자는 단편적인 시각보다는 종합적이고 체계적인 시각으로 접근해야 한다.

(4) 비공개정보를 우선시하되 공개정보의 중요성 인식

공개된 정보는 사실 아무런 가치가 없다고도 볼 수 있다. 그러나 공개정보는 대체로 빙산의 일각에 지나지 않는 경우가 많다는 사실을 인식하고 공개되지 않은 부분을 찾아내는 추적정신이 요구되고, 또한 공개된 정보로부터 새로운 아이디어나 가치있는 정보를 찾는 혜안이 요구된다.

(5) 편견과 선입관의 배제

첩보의 수집단계는 사실의 확인단계에 해당된다. 분석단계에서도 마찬가지겠지만, 정보의 수집단계에서의 편견이나 선입관, 고정관념의 개입은 금물이다. 고정관념은 첩보의 객관성을 저해하는 장애요인이다.

(6) 우선순위의 설정

정보요원은 정보관리책임자의 지침이나 테마첩보 수집, 그리고 각종 상황정보와 일상정보활동 중의 첩보수집 등 수행해야 될 업무는 다양하다. 이렇게 많은 종류의 첩보수집을 위해서는 첩보입수의 우선순위를 설정하여 순차적으로 마무리하는 것이 중요하다.

① 활용가치 우선의 원칙

정보는 활용가치가 크고 국정목표나 치안목표 달성에 크게 영향을 미치는 첩보를 우선적으로 수집한다.

② 참신성의 원칙

정보는 다른 사람에게 알려지지 않고 국가정책과 치안활동에 심대한 영향을 미치는 정보를 우선시한다.

③ 긴급성의 원칙

첩보는 때때로 정확성보다는 긴급성이 우선시되는 경우가 있다. 상황첩보나 각종 대형사건 · 사고에 대한 첩보가 그러한 종류에 해당한다.

④ 수집용이성 원칙

첩보는 정보요원이 정보원천에 접근이 가능해야 한다. 아무리 우선순위가 높은 중요한 첩보원이 있어도 상대방이 접근을 거부하고 차후에 그것이 정치 쟁점화될 우려가 있으면 수집가능성 여부를 재고해야 한다.

⑤ 경제성 검토

수집에 필요한 비용 · 시간 · 노력 등의 투입비용과 첩보수집에 의한 산출효과를 비교하여 우선순위를 정한다.

3. 정보의 생산

1) 개념

정보의 생산은 첩보를 정보로 전환하는 정보순환단계로서 수집된 첩보가 정보생산기관에 전달되면 생산기관(주로 시 · 도경찰청과 경찰청)에서는 첩보의 기록 및 보관, 첩보의 평가 · 분석 · 종합 · 해석의 과정을 거쳐 보고서를 작성함으로써 정보를 생산하는 단계를 말한다.

2) 정보생산의 소순환

(1) 첩보의 선택

첩보의 선택은 수집된 첩보가 정보생산기관에 전달되면 그 첩보 중에서 가치 있는 첩보만을 긴급성, 유용성, 신뢰성, 적합성 등을 기준으로 선택하고 무가치한 첩보는 배제하는 분류단계로서 제1차적인 평가과정이라 할 수 있다.

(2) 기록관리

경찰조직의 경우에 전국에서 보고되는 첩보는 무수히 많다. 이 중 지금 당장 필요로 하지 않지만 미래에 가치 있는 첩보 또는 이미 사용한 첩보는 기록하여 관리한다. 기록관리는 기록보관소나 정보센터에 관리하는 집중관리 · 과 · 계 또는 개인별로 보관하는 분산관리방법에 의해 이루어진다.

(3) 첩보의 평가

첩보의 평가란 첩보의 출처 및 내용에 대하여 그 신뢰성(사실성)과 타당성을 판정하는 과정을 의미한다. 수집된 첩보에 대한 평가는 해당 첩보의 적절성, 첩보를 제공한 출처 및 기관에 대한 신뢰성, 그리고 내용에 대한 정확성이나 가망성(provablity) 등을 기준으로 이루어진다.[14] 이때 첩보의 가망성은 출처의 신뢰성과 관계없이 검토되어야 한다.

14) 위의 책, p.344.

(4) 첩보의 분석

경찰관이 수집하여 보고하는 첩보는 내용적으로 다양하고 단편적이며 정리되지 않은 자료수준에 지나지 않는 상태이다. 따라서 전문가들이 다양한 정보들을 분석하여 상호연관된 내용은 서로 통합하고 보충하는 재평가 과정이 분석단계이다.

(5) 첩보의 종합

① 첩보는 단편적인 내용이 대부분이다. 첩보분류과정에서 부여된 동일 주제와 기준에 속하는 단편적인 첩보를 하나로 통합하는 과정이 첩보의 종합과정이다.

② 첩보의 종합은 분석과정에서 확인된 사실과 그에 관련된 모든 사실을 가지고 부여된 기준에 일치하도록 모자이크를 하는 단계로서 마치 그림 조각 맞추기와 유사하다.

③ 첩보의 종합 시에 고려해야 할 사항은 자료의 적합성, 타성의 극복, 계획된 시간의 준수, 규정된 양식의 사용, 과장되거나 감정적인 표현방법의 지양, 간결하고 명료한 기술, 초안에 대한 계속적인 수정 등이다.

(6) 첩보의 해석

해석이란 평가 · 분석 · 종합된 정보에 대하여 그 의미와 중요성을 결정하여 건전한 결론을 도출하는 과정이다. 타당한 해석을 위해서는 분석관의 객관적인 관찰과 예리한 판단력이 필요하며, 특히 주관이 개입할 가능성이 많으므로 주의를 요한다.

(7) 결론의 도출

결론이란 해석에서 나타난 여러 가정을 확정하는 것으로 최초에 부여된 문제에 대한 해답, 즉 정보의 완성이다. 그러나 자료가 불충분하거나 결론도출에 필요한 핵심적인 사항이 누락되었을 때에는 결론을 보류해야 한다.

3) 첩보의 분류원칙

(1) 통합의 원칙

첩보의 기록 · 관리를 위한 분류 시에는 첩보와 첩보와의 관계를 고려하여 분류해야 한다. 실용적인 첩보의 분류는 세분하는 것이 목적이 아니라, 어떤 기준이나 공통점에 따라 통합하는 것이 목적이라는 사실을 명심해야 한다.

(2) 점진의 원칙

첩보의 분류는 순차적으로 이루어져야 한다. 간단한 것에서 복잡한 것으로, 그리고 일반적인 것에서 특수한 첩보로 분류해 나가야 한다.

(3) 기준의 일관성 원칙

첩보의 분류는 그 기준을 명백하게 설정하고, 한 분류가 끝날 때까지 기준을 변경해서는 안

된다. 예를 들어, 어떤 단계의 첩보의 분류를 정치 · 경제 · 사회 등 첩보의 성질별로 분류하다 중간에 출처별로 분류한다든가, 기관별로 분류한다면, 그 분류는 그 목적을 상실하고 업무의 혼란을 초래한다. 동일단계에서의 분류기준의 위배를 교차분류(cross division)라 하여 이는 첩보분류상의 금기사항이다.

(4) 상호배제의 원칙

첩보의 관리를 위한 세분된 각 항목은 애매한 점이 없이 확실하고 중복이 없어야 한다. 다시 말해, 상호배제원칙은 분류 기준의 일관성 유지를 위해서도 필요하지만, 일관성이 유지된다 해도 세분 항목에서는 분류기준이나 항목의 제목이 애매모호하고 중복될 수 있으므로, 항목분류의 기호나 부호 등은 상호배제되어야 한다. 즉, 분류된 각 항목의 기호나 부호 등은 중복되지 않고 서로 달라야 한다.

(5) 병치의 원칙

유사한 것이나 관계되는 자료는 가깝게 위치할 수 있도록 분류되어야 한다. 이는 필요시에 상호보완이나 비교를 위해 유용하다.

4. 정보의 배포

1) 개념

정보의 배포는 생산된 정보를 수요기관에 유용한 형태로 배포하는 단계를 말한다. 정보배포는 정보사용자로서의 개인이나 기관에게 적절한 형식과 내용을 갖추어서 적시에 이루어져야 한다.

2) 배포의 원칙

(1) 필요성의 원칙(차단의 원칙)

정보는 알아야 할 필요가 있는 대상자에게만 알려야 하고, 알 필요가 없는 대상에게는 알려서는 안 된다는 원칙으로 차단의 원칙이라고도 한다. 배포기관은 누가 어떤 정보를 언제, 어떻게 사용할 것인가를 파악하고 있어야 한다.

(2) 적시성의 원칙

정보는 필요로 하는 사람에게 적시에 전달되어야 한다. 너무 일찍 전달되면 보안성에 문제가 생기고, 늦게 전달되면 사용시기를 놓치게 되므로 적시에 전달되어야 한다. 적시성은 가치 있는 정보의 생명이다.

(3) 적당성의 원칙

① 정보는 필요로 하는 사람이나 기관에게 적당한 양을 조절하여 필요한 만큼만 적절한 전달수단을 통하여 전달되어야 한다.

② 중요하고 긴급한 현용정보나 정보판단서는 보안성이 있고 가장 신속한 전달수단을 사용해야 하며, 과거의 사실을 확인하거나 먼 장래에 필요한 정보 · 기술보고서나 연구보고서 등은 기존의 특정 전달수단에 의해 제공하는 것이 좋다.

(4) 보안성의 원칙

모든 정보는 누설을 막기 위해 보안대책을 강구하여야 한다. 보안성이 긴요한 정보는 구두로 배포하는 것이 가장 보안성이 우수하다.

(5) 계속성의 원칙

정보배포의 계속성은 특정 정보를 필요로 하는 기관이나 개인에게 배포하였으면, 그 정보와 관련된 새로운 정보를 생산했을 경우에는 계속 배포해 줄 필요가 있다는 것을 의미한다.

3) 배포수단

(1) 배포수단의 결정요소

다양한 정보들이 항상 동일한 수단과 방법으로 배포되는 것은 아니며, 배포수단은 여러 가지 요소에 의해 결정된다. 배포수단을 결정하는 요소는 다양하며, 이러한 요소들은 개별적으로 작용하는 것이 아니라 종합적으로 고려되어야 한다.

배포수단의 결정요소는 다음과 같다. ① 정보보고서의 형태와 양, ② 정보의 긴급성, ③ 비밀등급, ④ 이용 가능한 전달방법, ⑤ 정보의 사용목적, ⑥ 요구되는 부수, ⑦ 수수기관의 형태 등이다.

(2) 배포수단

① 비공식적 방법

비공식적 방법은 분석관과 정책결정자 간에, 타기관의 대표 간에 또는 동료분석관 사이의 대화의 형식이나 특수질문에 대한 답변 또는 복잡한 문제에 대한 광범위한 토의 형태로 이루어진다.

② 브리핑

브리핑은 정보사용자 또는 다수 인원에 대하여 개인이 정보내용을 요약하여 구두로 설명하는 것을 말한다. 통상 강연식이나 문답식으로 진행되며 시간을 절약할 수 있어 현용정보의 배포수단으로 많이 이용된다. 이 수단은 정책결정권자를 위하여 정기적으로 또는 긴급하게 실시되므로, 사전에 많은 준비와 화술의 숙달, 시각적인 보조자료를 적절히 이용하는 것이 효과적이다.

③ 메모

정보분석관이 가장 많이 활용하는 방법으로 정보사용자 또는 관계기관에 대하여 메모의 형식으로 정보를 배포한다. 이것은 정기간행물에 포함시킬 수 없는 긴급한 정보, 즉 현용정보를 전달하는 데 주로 사용한다.

메모에는 분석된 내용에 대한 요약이나 결론만을 언급하기 때문에 정확도가 타 수단에 비하여 떨어지지만, 브리핑과 비교할 때에는 기록물이기 때문에 증거가 남고 발송자나 수신자의 서류철에 보관할 수 있다는 장점이 있다. 이 수단은 극히 신속성이 요구될 때 사용되지만 현실적으로 메모형태의 배포는 거의 없다고 봐야 한다.

④ 일일 정보보고서

매일 24시간에 걸쳐 정치 · 경제 · 사회 · 노사 · 문화 등 제반 정세의 변화를 분석한 보고서로서, 일정한 양식에 의해 매일 작성되며 제한된 대상에게 배포된다. 현용정보로서 경찰정보의 거의 대부분을 차지하는 정보배포수단이다.

⑤ 정기간행물

정기간행물은 방대한 내용의 정보를 포함하지만 경찰정보의 배포수단이라고 보기는 어렵다. 경찰이 수집하는 첩보와 이를 가공한 정보는 접근대상이 제한되는 보안성이 요구되므로, 정기간행물에 의한 배포의 대상이 아니다. 단지 경찰백서와 같은 경찰의 활동성과나 통계자료도 순수한 의미의 정보에 속하므로 이러한 맥락에서는 배포수단이 된다.

⑥ 특별보고서

수집된 정보가 다수의 사람이나 기관의 이해관계가 걸렸거나 사회적으로 파장이 큰 민감한 사안일 경우 특별보고서를 작성하여 배포한다. 이는 사안의 중대성과 긴급성, 그리고 예정된 접수자의 필요성에 따라 실제적인 자료를 구체적으로 제시하여 장문 또는 단문으로 작성되거나 개괄적으로 작성될 수 있다.

⑦ 지정된 연구과제 보고서

이 보고서는 특정한 기관 또는 사용자가 요청한 문제에 대하여 정보를 작성하고 배포하는 것이다. 연구과제 보고서는 요구받은 주제에 대한 심층적인 연구가 있어야 하며 사안의 현 실태는 물론 향후 정책대안까지 제시하여야 하는 경우도 있다.

⑧ 서적

정보가 다수인의 참고자료나 교범으로 이용될 때 서적으로 출판되며 내용은 이론적으로 정리될 필요가 있다.

⑨ 연구참고용 보고서

연구참고용 보고서는 정보의 사용자들에게는 배포되지 않는 보고서로서 분석관 상호 간의 연구를 돕기 위해 작성되고 배포되며, 보고서는 주제에 대한 상세한 기술이나 토의를 위한 것이 아니고 출처의 목록 또는 내용의 색인 등이 포함되는데, 이는 도서목록과 같은 성격을 띤다.

⑩ 도표 및 사진

통계표 및 그림 · 사진 · 지도 · 약도 등은 통상 타 수단의 설명을 보충하거나 요약하기 위해 이용된다. 따라서 이 수단에 의하여 정보를 배포하고자 할 때에는 간단한 설명이 부가되어야 한다.

⑪ **필름**

슬라이드나 필름을 만들거나 녹화를 하여 배포하는 방법으로 시각적인 효과가 높다. 최근에는 보안장치가 된 컴퓨터 디스켓도 유용한 전달수단이 된다.

⑫ **전신 또는 전화**

전신 또는 전화는 돌발적이고 긴급을 요하는 정보의 배포를 위하여 이용되는 수단으로, 흔히 해외에서 주재하는 기관이나 요원에게 최근의 상황을 신속히 전달하는 데 효과적이다. 아울러 전화나 휴대전화도 긴급 시에 유용한 전달수단이다. 문제는 전달수단의 보안성에 있다. 특히 팩시밀리는 거의 보안성이 없으므로 보안이 요구되는 정보의 전달에는 적합하지 않다.

⑬ **구두 또는 문자메시지**

구두는 정보배포에 있어서 보안성이 가장 좋은 수단이다. 문자메시지는 정보사용자가 공식회의 · 행사 등에 참석하여 물리적인 접촉이 용이하지 않은 경우나 사실확인 차원의 단순보고에 활용하는 수단으로서 최근 활용도가 점차 높아지고 있다.

제 4 절 정보경찰활동

1. 정보경찰의 업무

정보기능의 정보업무는 견문수집 및 처리 · 신원조사 · 채증활동 및 집회 및 시위에 관한 업무로 나누어진다. 이 중에서 정치 · 경제 · 사회 · 문화에 관련되는 치안정보에 대한 일반정보활동으로서의 견문수집 및 처리가 정보기능의 주된 업무라고 볼 수 있지만, 다른 업무도 소홀히 할 수 없다.

2. 견문수집 및 처리

1) 견문수집의 개념

견문수집은 경찰관이 근무 또는 일상생활을 통하여 견문한 국내외의 모든 분야에 관하여 수집한 각종 보고자료를 말한다.

2) 정보보고서의 종류

(1) 견문보고서

견문보고서는 경찰관이 공사생활을 통해 알게 된 국내외의 정치 · 경제 · 사회 · 문화 등 제분야에 대한 각종 자료를 기술한 보고서를 말한다. 견문보고서는 일반첩보라고도 하며, 견문내용의 가치에 따라 정보로서 채택되기도 하고 참고자료에 그치는 경우도 있다.

(2) 중요상황보고서

국내 치안상 중대한 위해를 미치거나 사회에 물의를 야기시킬 사회갈등 사항이나 집회시위 상황을 정리하여 그 다음 날 아침에 경찰 내부와 정부 각 기관에 전파하는 보고서를 말한다.

(3) 정보판단서

정보판단서는 중요한 상황에 대비하기 위해 수집된 정보와 대책에 관련된 보고서를 말한다. 따라서 정보판단서는 관련된 다양한 견문과 자료를 종합·분석하여 작성한 보고서로서, 지휘관으로 하여금 경력동원 등 상황에 대한 대책을 결정하게 하는 보고서이다.

(4) 정보상황보고서

일반적으로 상황속보 또는 속보로 불리는데 신고된 집회든 불법집회든 현장에서 전개되는 상황을 정보요구자에게 신속하게 보고할 때 이용되는 보고서이다. 경찰 내부뿐만 아니라 경찰 외부에도 전파하는 시스템으로 운용되고 있다. 속보는 상황전개에 따라 제1보, 제2보 등으로 상황이 종료될 때까지 보고의 연속성을 유지해야 한다.

(5) 정책정보보고서

정부정책이나 시책의 문제점을 파악하고 그 개선책을 보고하는 데 주안점을 두는 정보보고이며, 예방적 상황정보라고도 한다.

3) 정보보고서 작성 원칙

(1) 필요성

정보보고서는 사용자가 필요로 하는 내용으로 그의 입장에서 작성되어야 한다. 따라서 사용자가 이해하기 쉽고 정보판단에 긴요한 내용으로 작성되어야 한다.

(2) 완전성

일정한 형식이 요구되면 그 형식에 맞추어야 하며 내용에 있어서도 체계적으로 정리하여 작성하여야 한다.

(3) 정확성

정보보고서의 내용은 분석·종합하고 해석한 내용이 사실대로 작성되어야 하며, 보고서의 정확성은 정보생산의 생명이다.

(4) 간결성

정보보고서는 논문이나 잡지 등과는 달리 요식적인 의사전달 수단이므로, 수식어나 미사여구, 특히 감정적인 표현은 지양하고 간결하고 명료하게 작성한다.

(5) 적시성

정보는 시간을 다투는 것이 대부분이어서 때를 놓치지 않도록 해야 하며 너무 늦으면 정보로서의 가치를 상실하고, 너무 빠르면 효과를 떨어뜨리거나 보안상 문제를 발생시킬 수 있으므로 적시에 이루어져야 한다.

(6) 경제성

정보보고서는 투입에 대한 산출의 극대화를 기해야 한다. 투입비용은 시간 · 비용 · 노력 등이며 산출은 완성된 정보보고서이다. 특히 정보보고서는 적시성이 중요하므로 짧은 시간 안에 가치 있는 정보를 산출할 수 있어야 경제성이 있는 보고서로 평가받는다.

(7) 효과성

정보보고서의 작성 목적은 정보사용자의 요구를 충족시키기 위한 것이다. 사용자의 요구를 충족시키지 못한 정보보고서는 효과성이 없는 것이 된다.

4) 정보자료의 종류

(1) 기록자료

견문보고서 중에 중요정보로서 상급기관에 보고할 만한 자료는 되지 않지만, 계속 보존의 가치가 있어 존안철(보존대장) 등에 기록을 요하는 자료를 말한다.

(2) 조사자료

견문보고서 중에 첩보의 가치는 있으나 내용이 불확실하거나 출처의 신빙성이 약하여 재확인을 요하는 자료를 말한다.

(3) 중요정보 보고자료

견문보고서의 내용이 중요사건, 행사, 기타 치안문제와 관련된 특수사항 등으로서 당해 관서장 또는 상급기관에 보고하여야 하는 자료를 말한다.

(4) 참고자료

참고자료는 수집된 견문보고, 즉 첩보보고 중에 국가정책이나 치안문제와 관련하여 사용가치가 낮은 자료를 의미한다.

(5) 통보자료

견문보고서의 내용이 특정 기능에 관련된 내용이어서 업무를 주관하는 기능에서 처리하거나 시책자료로 사용할 수 있도록 하기 위하여 관련 부서에 통보하는 견문을 발한다.

(6) 특별보고 자료

특별보고 자료는 국내 치안상 중대한 위해를 미치거나 사회에 물의를 야기시킬 사항 및 국가의 중요정책에 사용되는 자료로서 상급기관에 보고하여야 하는 자료를 말한다.

(7) 판단서 자료

집회 등 중요상황 처리를 위해 다른 견문과 자료를 종합 · 분석하여 정보보고서 작성에 사용할 수 있는 견문을 말한다.

3. 신원조사

1) 개념

국가정보원장은 국가안전보장에 한정된 국가기밀을 취급하는 인원에 해당하는 사람의 충성심 및 신뢰성을 조사·확인하기 위하여 신원조사를 한다. 신원조사는 권력적 사실행위인 대인정보활동으로서 간접조사가 원칙이다.

2) 신원조사 요청 및 대상(보안업무규정 제36조)

관계기관의 장은 다음 각 호에 해당하는 사람에 대하여 국가정보원장에게 신원조사를 신청하여야 한다.

1. 공무원 임용 예정자(국가안전보장에 한정된 국가기밀을 취급하는 직위에 임용될 예정인 사람으로 한정한다)
2. 비밀취급 인가 예정자
3. 국가보안시설·보호장비를 관리하는 기관 등의 장(해당 국가보안시설 등의 관리업무를 수행하는 소속 직원을 포함한다)
4. 그 밖에 다른 법령에서 정하는 사람이나 각급기관의 장이 국가안전보장을 위하여 필요하다고 인정하는 사항

3) 신원조사 결과의 처리(제37조)

① 국가정보원장은 신원조사 결과 국가안전보장에 해를 끼칠 정보가 있음이 확인된 사람에 대해서는 관계기관의 장에게 그 사실을 통보하여야 한다.

② 통보를 받은 관계기관의 장은 신원조사 결과에 따라 필요한 보안대책을 마련하여야 한다.

4) 권한의 위탁(제45조)

① 국가정보원장은 신원조사와 관련한 권한의 일부를 국방부장관과 경찰청장에게 위탁할 수 있다.

② 국가정보원장은 필요하다고 인정할 때에는 각급기관의 장에게 보안측정 및 보안사고조사와 관련한 권한의 일부를 위탁할 수 있다.

4. 집회 및 시위에 관한 업무

1) 용어의 정의

(1) 옥외집회

① 옥외집회란 천장이 없거나 사방이 폐쇄되지 아니한 장소에서 여는 집회를 말한다. 일시적으로 우연히 군중이 모인 경우 이를 집회라고 할 수 없고, 집회의 인원 수는 최소 2인 이상이어야 한다. 따라서 1인 시위는 규제의 대상이 되지 않는다.[15)]

② 학문, 예술, 체육, 의식, 친목, 오락, 관혼상제 및 국경행사에 관한 집회는 옥외집회일지라도 신고대상이 아니며, 소음제한 규정은 적용된다.

③ 대학 구내, 종교시설 구내, 회사 구내 등 이른바 성역에서의 집회도 원칙적으로 옥외집회에 해당되어 신고대상이다. 다만, 현실적으로 시설당국의 자치권을 인정하여 시설주에게 일임한다. 그러나 시설이용권이 없는 외부인 등이 동 시설에서 집회를 개최하는 경우는 신고대상이다.

④ 도로 · 역광장 등 공공장소에서 다수인이 공동목적을 가지고 행하는 가두성명 · 유인물배포 · 캠페인 등은 시위에 해당되므로 신고대상이다. 그러나 흥행목적의 행렬, 마라톤 경기, 학생들의 소풍행렬, 종교의식 및 문화행사의 재등행렬, 관혼상제의 장례행렬 등은 시위가 아니므로 신고대상이 아니다.

⑤ 공공용물로서 건설된 시설이 일반인에게 개방된 시간에는 사방이 폐쇄되지 아니한 장소로서 옥외집회에 해당하므로 신고대상이다.

⑥ 군작전 관할 구역 내에서 옥외집회도 신고의 대상이나, 사실상 경찰행정권이 미치지 않으므로 작전경찰권이 있는 군부대장의 허가를 받아 개최하여야 한다.

⑦ 옥내집회라도 행진하는 경우 또는 행진만을 개최하는 경우는 신고의 대상이다.

(2) 시위

① 시위란 여러 사람이 공동의 목적을 가지고 도로, 광장, 공원 등 일반인이 자유로이 통행할 수 있는 장소를 행진하거나 위력 또는 기세를 보여, 불특정한 여러 사람의 의견에 영향을 주거나 제압을 가하는 행위를 말한다(집회 및 시위에 관한 법률 제2조 제2호).[16)]

② 공공의 장소에서의 집단시위가 문제가 되며, 공중이 자유로이 통행할 수 있는 장소가 아니면 시위장소가 될 수 없다. 공공의 장소를 행진하는 형식의 시위는 아니지만 그러한 장소에서 적극적 동작을 수반하지 않는 단식투쟁이나 천막투쟁도 시위에 포함된다.[17)]

(3) 주최자와 경찰관의 출입

① 주최자란 자기 이름으로 자기 책임 아래 집회나 시위를 여는 사람이나 단체를 의미하며,

---

15) 한귀현, 일본경찰법, 한국법제연구원, 2003, p.116.
16) 집회 및 시위에 관한 법률, 법률 제17689호, 2020.12.22. 시행 2021.1.1.
17) 위의 책, p.116.

주최자는 주관자(主管者)를 따로 두어 집회 또는 시위의 실행을 맡아 관리하도록 위임할 수 있다. 이 경우 주관자는 그 위임의 범위 안에서 주최자로 본다(법 제2조 제3호).

② 주최자 및 질서유지인은 특정인이나 특정단체가 집회 또는 시위에 참가하는 것을 배제할 수 있다. 다만, 언론기관의 기자는 그 출입이 보장되어야 하며, 이 경우 기자는 신분증을 제시하고 기자임을 표시한 완장을 착용하여야 한다.

③ 경찰관은 국가경찰관서의 경찰공무원으로서 주최자에게 통보한 후 정복을 착용하고 출입해야 하며, 옥내집회에서의 출입은 직무집행에 있어 긴급성이 있는 경우에 한한다(법 제19조).

④ 주최자의 자격에는 특별한 제한이 없으며 단체인 경우 법인격의 유무를 불문한다.

⑤ 주최자는 확성기 등의 사용으로 타인에게 심각한 피해를 주는 소음으로 「집회 및 시위에 관한 법률 시행령」 제14조에서 정하는 기준을 위반하는 소음을 발생시켜서는 아니 되며, 세부 소음기준은 다음 〈표 4-1〉과 같다.

표 4-1 확성기 등의 소음기준

[단위: dB(A)]

소음도 구분		대상 지역	시간대		
			주간 (07:00~해지기 전)	야간 (해진 후~24:00)	심야 (00:00~07:00)
대상 소음도	등가 소음도 (Leq)	주거지역, 학교, 종합병원	65 이하	60 이하	55 이하
		공공도서관	65 이하	60 이하	
		그 밖의 지역	75 이하	65 이하	
	최고 소음도 (Lmax)	주거지역, 학교, 종합병원	85 이하	80 이하	75 이하
		공공도서관	85 이하	80 이하	
		그 밖의 지역	95 이하		

자료: 「집회 및 시위에 관한 법률 시행령」 제14조 [별표 2].

(4) 질서유지인

① 질서유지인이란 주최자가 자신을 보좌하여 집회 또는 시위의 질서를 유지하게 할 목적으로 임명한 자를 말한다(집시법 제2조 제4호).

② 집회 또는 시위의 주최자는 집회 또는 시위의 질서 유지에 관하여 자신을 보좌하도록 18세 이상의 사람을 질서유지인으로 임명할 수 있다(집시법 제16조 제2항).

③ 참가자 등이 질서유지인임을 쉽게 알아볼 수 있도록 완장, 모자, 어깨띠, 상의 등을 착용하여야 한다.

(5) 질서유지선

질서유지선이란 관할 경찰서장이나 시 · 도경찰청장이 적법한 집회 및 시위를 보호하고 질서유지나 원활한 교통 소통을 위하여 집회 또는 시위의 장소나 행진 구간을 일정하게 구획하여 설정한 띠, 방책, 차선 등의 경계 표지를 말한다(집시법 제2조 제5호).

2) 집회 · 시위의 신고 및 처리절차

(1) 옥외집회 및 시위의 신고 등

① 옥외집회나 시위를 주최하려는 자는 그에 관한 목적, 일시(필요한 시간 포함), 장소, 주최자(단체인 경우 대표자 포함), 연락책임자, 질서유지인에 관한 주소 · 성명 · 직업 · 연락처, 참가 예정인 단체와 인원, 시위의 경우 그 방법(진로와 약도 포함) 모두를 적은 신고서를 옥외집회나 시위를 시작하기 720시간 전부터 48시간 전에 관할 경찰서장에게 제출하여야 한다.

② 다만, 옥외집회 또는 시위 장소가 두 곳 이상의 경찰서의 관할에 속하는 경우에는 관할 시 · 도경찰청장에게 제출하여야 하고, 두 곳 이상의 시 · 도경찰청 관할에 속하는 경우에는 주최지를 관할하는 시 · 도경찰청장에게 제출하여야 한다(집시법 제6조 제1항).

③ 관할 경찰서장 또는 시 · 도경찰청장(이하 관할 경찰관서장)은 신고서를 접수하면 신고자에게 접수 일시를 적은 접수증을 즉시 내주어야 한다(집시법 제6조 제2항).

④ 주최자는 신고한 옥외집회 또는 시위를 하지 아니하게 된 경우에는 신고서에 적힌 집회 일시 24시간 전에 그 철회사유 등을 적은 철회신고서를 관할 경찰관서장에게 제출하여야 한다(집시법 제6조 제3항).

⑤ 철회신고서를 받은 관할 경찰관서장은 금지 통고를 한 집회나 시위가 있는 경우에는 그 금지 통고를 받은 주최자에게 철회신고에 따른 사실을 즉시 알려야 한다(집시법 제6조 제4항).

⑥ 철회신고에 대한 통지를 받은 주최자는 그 금지통고된 집회 또는 시위를 최초에 신고한 대로 개최할 수 있다. 다만, 금지통고 등으로 시기를 놓친 경우에는 일시를 새로 정하여 집회 또는 시위를 시작하기 24시간 전에 관할 경찰관서장에게 신고서를 제출하고 집회 또는 시위를 개최할 수 있다(집시법 제6조 제5항).

(2) 신고서의 보완 등

① 관할 경찰관서장은 신고서의 기재 사항에 미비한 점을 발견하면 접수증을 교부한 때부터 12시간 이내에 주최자에게 24시간을 기한으로 그 기재 사항을 보완할 것을 통고할 수 있다.

② 보완 통고는 보완할 사항을 분명히 밝혀 서면으로 주최자 또는 연락책임자에게 송달하여야 한다(집시법 제7조).

(3) 동일장소, 동일시간 개최 신고한 집회 및 시위(집시법 제8조 제2항, 제3항 및 제4항)

① 관할 경찰관서장은 집회 또는 시위의 시간과 장소가 중복되는 2개 이상의 신고가 있는 경우

그 목적으로 보아 서로 상반되거나 방해가 된다고 인정되면 각 옥외집회 또는 시위 간에 시간을 나누거나 장소를 분할하여 개최하도록 권유하는 등 각 옥외집회 또는 시위가 서로 방해되지 아니하고 평화적으로 개최·진행될 수 있도록 노력하여야 한다.

② 관할 경찰관서장은 경찰의 권유가 받아들여지지 아니하면 뒤에 접수된 옥외집회 또는 시위에 대하여 그 집회 또는 시위의 금지를 통고할 수 있다.

③ 뒤에 접수된 옥외집회·시위가 금지통고된 경우 먼저 신고를 접수하여 옥외집회 또는 시위를 개최할 수 있는 자는 집회 시작 1시간 전에 관할 경찰관서장에게 집회 개최 사실을 통지하여야 한다.

④ 뒤에 접수된 옥외집회 시위가 금지통고를 받은 경우 먼저 신고된 옥외집회 또는 시위의 주최자가 정당한 사유 없이 철회신고서 제출규정을 위반한 경우에는 100만원 이하의 과태료를 부과한다.

3) 금지 또는 제한통고

(1) 금지 또는 제한 사유

① 신고서를 접수한 관할 경찰관서장은 신고된 옥외집회 또는 시위가 다음 각 호의 어느 하나에 해당하는 때에는 신고서를 접수한 때부터 48시간 이내에 집회 또는 시위를 금지할 것을 주최자에게 통고할 수 있다. 다만, 집회 또는 시위가 집단적인 폭행, 협박, 손괴, 방화 등으로 공공의 안녕·질서에 직접적인 위험을 초래한 경우에는 남은 기간의 해당 집회 또는 시위에 대하여 신고서를 접수한 때부터 48시간이 지난 경우에도 금지 통고를 할 수 있다(집시법 제8조 제1항).

1. 「집시법」 제5조 제1항 절대적 금지사유에 해당하는 경우
2. 제10조 본문, 즉 옥외집회와 시위의 금지시간(야간 옥외집회 및 시위금지에 해당 경우)에 위반된다고 인정될 때, 야간옥외집회: 헌법불합치
3. 제11조에 규정된 청사 또는 자택의 경계지점으로부터 100미터 아내의 장소에서의 옥외집회 또는 시위 경우
4. 동법 제7조 제1항에 따른 집회신고서 기재 사항을 보완하지 아니한 때
5. 동법 제12조(교통소통을 위한 제한)에 따라 금지할 집회 또는 시위라고 인정될 때의 어느 하나에 해당하는 때

② 다음 각 호의 어느 하나에 해당하는 경우로서 그 거주자나 관리자가 시설이나 장소의 보호를 요청하는 경우에는 집회나 시위의 금지 또는 제한을 통고할 수 있다.

1. 신고서에 적힌 장소(이하 신고장소)가 다른 사람의 주거지역이나 이와 유사한 장소로서 집회나 시위로 재산 또는 시설에 심각한 피해가 발생하거나 사생활의 평온을 뚜렷하게 해칠 우려가 있는 경우
2. 신고장소가 「초·중등교육법」상 학교의 주변 지역으로서 집회 또는 시위로 학습권을 뚜렷이 침해할 우려가 있는 경우
3. 신고장소가 「군사기지 및 군사시설 보호법」상 군사시설의 주변 지역으로서 집회 또는 시위로 시설이나

군 작전의 수행에 심각한 피해가 발생할 우려가 있는 경우에 해당하는 경우(집시법 제8조 제5항)

③ 집회 또는 시위의 금지 또는 제한 통고는 그 이유를 분명하게 밝혀 서면으로 주최자 또는 연락책임자에게 송달하여야 한다(집시법 제8조 제6항).

(2) 집회 및 시위의 금지 통고에 대한 이의신청 등

① 집회 또는 시위의 주최자는 금지 통고를 받은 날부터 10일 이내에 해당 경찰관서의 바로 위의 상급경찰관서의 장에게 이의를 신청할 수 있다(집시법 제9조 제1항).

② 이의신청을 받은 경찰관서의 장은 접수 일시를 적은 접수증을 이의신청인에게 즉시 내주고, 접수한 때부터 24시간 이내에 재결을 하여야 한다. 이 경우 접수한 때부터 24시간 이내에 재결서를 발송하지 아니하면 관할 경찰관서장의 금지 통고는 소급하여 그 효력을 잃는다(집시법 제9조 제2항).

③ 이의신청인은 금지 통고가 위법하거나 부당한 것으로 재결되거나 그 효력을 잃게 된 경우 처음 신고한 대로 집회 또는 시위를 개최할 수 있다. 다만, 금지 통고 등으로 시기를 놓친 경우에는 일시를 새로 정하여 집회 또는 시위를 시작하기 24시간 전에 관할 경찰관서장에게 신고함으로써 집회 또는 시위를 개최할 수 있다(집시법 제9조 제3항).

4) 방해금지 및 집회 및 시위 금지와 제한

(1) 집회 및 시위에 대한 방해금지: 신고의 효과(집시법 제3조)

① 누구든지 폭행, 협박, 그 밖의 방법으로 평화적인 집회 또는 시위를 방해하거나 질서를 문란하게 하여서는 아니 된다.

② 누구든지 폭행, 협박, 그 밖의 방법으로 집회 또는 시위의 주최자나 질서유지인의 이 법의 규정에 따른 임무수행을 방해하여서는 아니 된다.

③ 집회 또는 시위의 주최자는 평화적인 집회 또는 시위가 방해받을 염려가 있다고 인정되면 관할 경찰관서에 그 사실을 알려 보호를 요청할 수 있다. 이 경우 관할 경찰관서의 장은 정당한 사유 없이 보호요청을 거절하여서는 아니 된다.

(2) 옥외집회와 시위의 금지 시간(집시법 제10조)

누구든지 해가 뜨기 전이나 해가 진후에는 옥외집회(헌법 불합치)[18] 또는 시위(해가 진후부터 같은 날 24시까지의 시위에 적용되는 한 한정위헌)[19]를 하여서는 아니 된다. 다만, 집회의 성격상 부득이하여 주최자가 질서유지인을 두고 미리 신고한 경우에는 관할 경찰관서장은 질서 유지를 위한 조건을 붙여 해가 뜨기 전이나 해가 진후에도 옥외집회를 허용할 수 있다.

18) 집회 및 시위에 관한 법률 제23조 참조.

19) 한정위헌, 집회 및 시위에 관한 법률 제23조 참조 제10조 본문 가운데 '시위'에 관한 부분은 '해가 진 후부터 같은 날 24시까지의 시위'에 적용하는 한 헌법에 위반된다.

(3) 옥외집회와 시위의 금지 장소(집시법 제11조)

누구든지 다음 각 호의 어느 하나에 해당하는 청사 또는 저택의 경계 지점으로부터 100미터 이내의 장소에서 옥외집회 또는 시위를 하여서는 아니 된다.

1. 국회의사당. 다만, 다음 각 목의 어느 하나에 해당하는 경우로서 국회의 기능이나 안녕을 침해할 우려가 없다고 인정되는 때에는 집회 또는 시위를 할 수 있다.
   가. 국회의 활동을 방해할 우려가 없는 경우
   나. 대규모 집회 또는 시위로 확산될 우려가 없는 경우
2. 각급 법원, 헌법재판소. 다만, 다음 각 목의 어느 하나에 해당하는 경우로서 각급 법원, 헌법재판소의 기능이나 안녕을 침해할 우려가 없다고 인정되는 때에는 그러하지 아니하다.
   가. 법관이나 재판관의 직무상 독립이나 구체적 사건의 재판에 영향을 미칠 우려가 없는 경우
   나. 대규모 집회 또는 시위로 확산될 우려가 없는 경우
3. 대통령 관저(관저로부터 100미터 이내 옥외집회 및 시위 금지는 헌법 불합치, 2024년 5월 31일을 시한으로 개정될 때까지 적용한다),[20] 국회의장 공관(관저로부터 100미터 이내 옥외집회 및 시위금지는 헌법 불합치, 2024년 5월 31일을 시한으로 개정될 때까지 계속 적용한다),[21] 대법원장 공관, 헌법재판소장 공관
4. 국무총리 공관. 다만, 다음 각 목의 어느 하나에 해당하는 경우로서 국무총리 공관의 기능이나 안녕을 침해할 우려가 없다고 인정되는 때에는 그러하지 아니하다.
   가. 국무총리를 대상으로 하지 아니하는 경우
   나. 대규모 집회 또는 시위로 확산될 우려가 없는 경우
5. 국내 주재 외국의 외교기관이나 외교사절의 숙소. 다만, 다음 각 목의 어느 하나에 해당하는 경우로서 외교기관 또는 외교사절의 숙소의 기능이나 안녕을 침해할 우려가 없다고 인정되는 때에는 그러하지 아니하다.
   가. 해당 외교기관 또는 외교사절의 숙소를 대상으로 하지 아니하는 경우
   나. 대규모 집회 또는 시위로 확산될 우려가 없는 경우
   다. 외교기관의 업무가 없는 휴일에 개최하는 경우

(4) 교통 소통을 위한 제한(집시법 제12조)

① 관할 경찰관서장은 「집회 및 시위에 관한 법률 시행령」 [별표 1]에서 정하는 주요 도시의 주요 도로에서의 집회 또는 시위에 대하여 교통 소통을 위하여 필요하다고 인정하면 이를 금지하거나 교통질서 유지를 위한 조건을 붙여 제한할 수 있다.

② 집회 또는 시위의 주최자가 질서유지인을 두고 도로를 행진하는 경우에는 제1항에 따른 금

---

20) 헌법불합치, 집회 및 시위에 관한 법률(2020.6.9. 법률 제17393호로 개정된 것) 제11조 제3호 중 '대통령 관저' 부분 및 제23조 제1호 중 제11조 제3호 가운데 '대통령 관저'에 관한 부분은 헌법에 합치되지 아니한다. 위 법률조항은 2024.5.31을 시한으로 개정될 때까지 계속 적용된다.

21) 헌법불합치, 구 집회 및 시위에 관한 법률 제11조 제2호 중 '국회의장 공관'에 관한 부분 및 제23조 제3호 중 제11조 제2호 가운데 '국회의장 공관'에 관한 부분은 헌법에 합치되지 아니한다. 법원, 기타 국가기관 및 지방자치단체는 위 법률조항의 적용을 중지하여야 한다.

지를 할 수 없다. 다만, 해당 도로와 주변 도로의 교통 소통에 장애를 발생시켜 심각한 교통 불편을 줄 우려가 있으면 제1항에 따른 금지를 할 수 있다.

(5) 확성기등 사용의 제한(집시법 제14조)

① 집회 또는 시위의 주최자는 확성기, 북, 징, 꽹과리 등의 기계 · 기구를 사용하여 타인에게 심각한 피해를 주는 소음으로서 「집회 및 시위에 관한 법률 시행령」 [별표 2]에서 정하는 기준을 위반하는 소음을 발생시켜서는 아니 된다.

② 관할 경찰관서장은 집회 또는 시위의 주최자가 제1항에 따른 기준을 초과하는 소음을 발생시켜 타인에게 피해를 주는 경우에는 그 기준 이하의 소음 유지 또는 확성기등의 사용 중지를 명하거나 확성기 등의 일시보관 등 필요한 조치를 할 수 있다.

③ 학문, 예술, 체육, 종교, 의식, 친목, 오락, 관혼상제 및 국경행사에 관한 집회뿐만 아니라 모든 집회와 시위는 소음 기준을 적용한다. 그러나 학문, 예술, 체육, 종교 등에 관한 집회에는 ㉠ 옥외집회 및 시위의 신고 등, ㉡ 집회 및 시위의 금지 또는 제한 통고, ㉢ 집회 및 시위의 금지, ㉣ 옥외집회와 시위의 금지시간 및 금지장소, ㉤ 교통소통을 위한 제한 등에 관한 규정을 적용하지 아니한다.

④ 1인 시위에는 적용하지 않는다.

(6) 확성기등의 소음기준과 측정(시행령 제14조 [별표 2])

1. 확성기등의 소음은 관할 경찰서장(현장 경찰공무원)이 측정한다.
2. 소음 측정 장소는 피해자가 위치한 건물의 외벽에서 소음원 방향으로 1~3.5m 떨어진 지점으로 하되, 소음도가 높을 것으로 예상되는 지점의 지면 위 1.2~1.5m 높이에서 측정한다. 다만, 주된 건물의 경비 등을 위하여 사용되는 부속건물, 광장 공원이나 도로상의 영업시설물, 공원의 관리사무소 등은 소음 측정 장소에서 제외한다.
3. 제2호의 장소에서 확성기 등의 대상소음이 있을 때 측정한 소음도를 측정소음도로 하고, 같은 장소에서 확성기 등의 대상소음이 없을 때 5분 간 측정한 소음도를 배경소음으로 한다.
4. 측정소음도가 배경소음도 보다 10dB 이상 크면 배경소음의 보정 없이 측정소음도를 대상소음도로 하고, 측정소음도가 배경소음도보다 3.0~9.9dB 차이로 크면 [별표 2]의 보정치에 따라 측정소음도에서 배경소음을 보정한 소음도를 대상소음도로 하며, 측정소음도가 배경소음도보다 3dB 미만으로 크면 다시 한번 측정소음도를 측정하고, 다시 측정하여도 3dB 미만으로 크면 확성기 등의 소음으로 보지 아니한다.
5. 등가소음도는 10분 간(소음 발생 시간이 10분 이내인 경우에는 그 발생 시간 동안을 말한다) 측정한다. 다만, 다음 각 목에 해당하는 대상 지역의 경우에는 등가소음도를 5분 간(소음 발생 시간이 5분 이내인 경우에는 그 발생 시간 동안을 말한다) 측정한다.

   가. 주거지역, 학교, 종합병원, 나. 공공도서관
6. 최고소음도는 확성기등의 대상소음에 대해 매 측정 시 발생된 소음도 중 가장 높은 소음도를 측정하며, 동일한 집회 시위에서 측정된 최고소음도가 1시간 내에 3회 이상 [별표 2]의 최고소음도 기준을 초과한 경우 소음기준을 위반한 것으로 본다.

7. 다음 각 목에 해당하는 행사(중앙행정기관이 개최하는 행사만 해당한다)의 진행에 영향을 미치는 소음에 대해서는 그 행사의 개최시간에 한정하여 [별표 2]의 주거지역의 소음기준을 적용한다.
   가. 「국경일에 관한 법률」 제2조에 따른 국경일의 행사
   나. 「각종 기념일 등에 관한 규정」 별표에 따른 각종 기념일 중 주관부처가 국가보훈부인 기념일의 행사
8. 그 밖에 소음의 측정방법은 소음 및 진동 분야 환경오염공정시험기준 중 생활소음 기준에 따른다.

5) 질서유지선 설정

(1) 질서유지선의 설정(집시법 제13조)

① 신고를 받은 관할 경찰관서장은 집회 및 시위의 보호와 공공의 질서 유지를 위하여 필요하다고 인정하면 최소한의 범위를 정하여 질서유지선을 설정할 수 있다.

② 경찰관서장이 질서유지선을 설정할 때에는 주최자 또는 연락책임자에게 이를 알려야 한다.

(2) 설정사유 및 범위(시행령 제13조)

① 관할 경찰관서장은 집회 및 시위의 보호와 공공의 질서유지를 위하여 다음 각 호의 어느 하나에 해당하는 경우에는 질서유지선을 설정할 수 있다.

1. 집회 · 시위의 장소를 한정하거나 집회 · 시위의 참가자와 일반인을 구분할 필요가 있을 경우
2. 집회 · 시위의 참가자를 일반인이나 차량으로부터 보호할 필요가 있을 경우
3. 일반인의 통행 또는 교통소통을 위하여 필요할 경우
4. 다음 각 목의 어느 하나의 시설 등에 접근하거나 행진하는 것을 금지하거나 제한할 필요가 있을 경우
   가. 법 제11조에 따른 집회 또는 시위가 금지된 경우
   나. 통신시설 등 중요시설
   다. 위험물 시설
   라. 그 밖에 안전유지 또는 보호가 필요한 재산 · 시설 등

② 집회 · 시위의 행진로를 확보하거나 이를 위한 임시횡단보도를 설치할 필요가 있는 경우

③ 그 밖에 집회 · 시위의 보호와 공공의 질서유지를 위하여 필요한 경우

(3) 설정방법

① 경찰관을 줄지어 세우는 형태는 질서유지선에 해당하지 않지만, 경찰관이 띠 등을 가지고 서 있는 형태는 질서유지선으로 활용가능하다.

② 당해 지역에 별도의 목적이나 용도에 사용하기 위하여 이미 설치되어 있는 지상물(인도 경계석, 차선 등)을 질서유지선으로 설정 · 활용할 수도 있다.

③ 경찰관서장이 질서유지선을 설정할 때에는 주최자 또는 연락책임자에게 이를 서면으로 고지하여야 하며, 다만, 집회 또는 시위장소의 상황에 따라 질서유지선을 새로 설정하거나 변경하는 경우에는 집회 또는 시위의 장소에 있는 경찰공무원이 구두로 알릴 수 있다(시행령 제13조 제2항).

(4) 벌칙(법 제24조 제3호)

제13조에 따라 설정한 질서유지선을 경찰관의 경고에도 불구하고 정당한 사유 없이 상당 시간 침범하거나 손괴 · 은닉 · 이동 또는 제거하거나 그 밖의 방법으로 그 효용을 해친 자는 6개월 이하의 징역이나 50만원 이하의 벌금 · 구류 또는 과료에 청한다.

6) 준수사항

(1) 주최자의 준수사항(집시법 제16조)

① 집회 또는 시위의 주최자는 집회 또는 시위에 있어서의 질서를 유지하여야 한다.

② 집회 또는 시위의 주최자는 집회 또는 시위의 질서 유지에 관하여 자신을 보좌하도록 18세 이상의 사람을 질서유지인으로 임명할 수 있다.

③ 집회 또는 시위의 주최자는 질서를 유지할 수 없으면 그 집회 또는 시위의 종결을 선언하여야 한다.

④ 집회 또는 시위의 주최자는 다음 각 호의 어느 하나에 해당하는 행위를 하여서는 아니 된다.

1. 총포, 폭발물, 도검, 철봉, 곤봉, 돌덩이 등 다른 사람의 생명을 위협하거나 신체에 해를 끼칠 수 있는 기구를 휴대하거나 사용하는 행위 또는 다른 사람에게 이를 휴대하게 하거나 사용하게 하는 행위
2. 폭행, 협박, 손괴, 방화 등으로 질서를 문란하게 하는 행위
3. 신고한 목적, 일시, 장소, 방법 등의 범위를 뚜렷이 벗어나는 행위

⑤ 옥내집회의 주최자는 확성기를 설치하는 등 주변에서의 옥외 참가를 유발하는 행위를 하여서는 아니 된다.

(2) 질서유지인의 준수사항(집시법 제17조)

① 질서유지인은 주최자의 지시에 따라 집회 또는 시위 질서가 유지되도록 하여야 한다.

② 질서유지인은 동법 제16조 제4항 각 호의 어느 하나에 해당하는 행위를 하여서는 아니 된다.

③ 질서유지인은 참가자 등이 질서유지인임을 쉽게 알아볼 수 있도록 완장, 모자, 어깨띠, 상의 등을 착용하여야 한다.

④ 관할 경찰관서장은 집회 또는 시위의 주최자와 협의하여 질서유지인의 수를 적절하게 조정할 수 있다.

⑤ 집회나 시위의 주최자는 제4항에 따라 질서유지인의 수를 조정한 경우 집회 또는 시위를 개최하기 전에 조정된 질서유지인의 명단을 관할 경찰관서장에게 알려야 한다.

7) 집회 및 시위의 해산(집시법 제20조)

① 관할 경찰관서장은 다음 각 호의 어느 하나에 해당하는 집회 또는 시위에 대하여는 상당한 시간 이내에 자진 해산할 것을 요청하고, 이에 따르지 아니하면 해산을 명할 수 있다.

1. 법 제5조 제1항 위반: 금지된 집회 또는 시위, 제10조 본문: 옥외집회와 금지시간 위반 또는 제11조

위반: 옥외집회와 시위의 금지장소에서의 집회 또는 시위

2. 제6조 제1항에 따른 옥외집회 및 시위에 대한 미신고, 제8조 또는 제12조에 따라 금지된 집회 및 시위 또는 제한통고에 대한 위반, 교통소통을 위한 제한 위반
3. 제8조 제5항에 따른 다른 사람의 주거지역이나 이와 유사한 장소, 학교의 주변지역, 군사시설의 주변에서 집회·시위한 경우 제한, 제10조 단서: 질서유지인 두지 않은 야간집회 또는 제12조에 따른 조건을 위반하여 교통 소통 등 질서 유지에 직접적인 위험을 명백하게 초래한 집회 또는 시위
4. 제16조 제3항에 따른 종결 선언을 한 집회 또는 시위
5. 제16조 제4항 각 호의 어느 하나에 해당하는 행위
   가. 총포, 폭발물, 도검, 철봉, 곤봉, 돌덩이 등 다른 사람의 생명을 위협하거나 신체에 해를 끼칠 수 있는 기구를 휴대하거나 사용하는 행위, 또는 다른 사람에게 이를 휴대하게 하거나 사용하게 하는 행위
   나. 폭력, 협박, 손괴, 방화 등으로 질서를 문란하게 하는 행위
   다. 신고한 목적, 일시, 장소, 방법 등의 범위를 뚜렷이 벗어나는 행위

② 집회 또는 시위가 해산 명령을 받았을 때에는 모든 참가자는 지체 없이 해산하여야 한다.

8) 집회 또는 시위의 자진 해산의 요청 등(시행령 제17조)

① 법 제20조에 따라 집회 또는 시위를 해산시키려는 때에는 관할 경찰관서장 또는 관할 경찰관서장으로부터 권한을 부여받은 경찰공무원은 다음 각 호의 순서에 따라야 한다. 다만, 법 제20조 제1항 제1호, 제2호 또는 제4호에 해당하는 집회·시위의 경우와 주최자·주관자·연락책임자 및 질서유지인이 집회 또는 시위 장소에 없는 경우에는 종결선언의 요청을 생략할 수 있다.

1. 종결선언의 요청: 주최자에게 집회 또는 시위의 종결 선언을 요청하되 주최자의 소재를 알 수 없는 경우에는 주관자·연락책임자 또는 질서유지인을 통하여 종결선언을 요청할 수 있다.
2. 자진해산의 요청: 제1호의 종결선언 요청에 따르지 아니하거나 종결선언에도 불구하고 집회 또는 시위의 참가자들이 집회 또는 시위를 계속하는 경우에는 직접 참가자들에 대하여 해산할 것을 요청한다.
3. 해산명령 및 직접해산: 제2호에 따른 자진해산 요청에 따르지 아니하는 경우에는 세 번 이상(10분 이상의 간격으로) 자진해산할 것을 명령하고, 참가자들이 해산명령에도 불구하고 해산하지 아니하면 직접 해산시킬 수 있다.

② 제20조 제2항의 해산명령을 받고 참가자들이 해산하지 않는 경우에는 6개월 이하의 징역 또는 50만원 이하의 벌금·구류 또는 과료에 처한다(법 제24조 제5호).

제 5 장 경비경찰론

제 1 절 경비경찰의 의의

1. 경비경찰의 개념과 성격

1) 개념

① 경비경찰은 그 활동영역이 광범위하여 명백하고 간결한 개념정의를 내리기가 어렵다. 경찰이 본래 국민의 생명·신체와 재산의 보호, 공공의 안녕·질서에 위험 또는 경찰위반상태가 발생하거나 발생할 우려가 있을 때, 이를 예방·진압하는 경찰활동으로 규정할 수 있다.

② 이러한 활동에는 이미 발생하였거나 발생할 우려가 있는 집난이나 개인의 사회질서 혼란이나 파괴행위, 그리고 개인이나 다중 또는 자연적 재해나 동물의 공격으로 인한 인적·물적 위험이 발생하였거나 발생이 예상될 경우에 이를 예방·진압하는 경찰활동을 포함한다.

2) 경비경찰의 성격

(1) 복합기능적 활동

① 경비경찰은 범죄의 예방과 경계·진압이라는 복합기능적 활동을 수행한다.

② 일반적으로 경비경찰은 특정한 상황이 발생한 후에 진압하는 사후 진압적 측면이 있지만, 사태의 발생을 미연에 방지하기 위한 예방적 진압에 더 큰 비중을 둔다. 특히 다중범죄에 해당하는 질서파괴행위는 사회 전체적으로 엄청난 희생과 비용을 치르게 하고, 무너진 질서를 회복하는 데 많은 비용이 뒤따르게 되므로 사태의 발생을 미연에 방지하기 위한 예방적 활동이 중요하다.

(2) 현상유지적 활동

① 경비경찰은 현재의 평온한 질서상태를 유지하기 위한 성격의 활동을 수행한다.

② 정태적·소극적인 질서유지가 아니라 현재보다 더 나은 질서상태를 실현하기 위한 동태적·적극적인 의미의 질서유지 활동을 지향한다.

(3) 즉응적 활동

① 경비경찰이 직면하는 경비상황은 항상 긴급을 요하고, 국가나 사회에 중요한 영향을 초래하

므로 신속한 처리가 요망된다. 혼잡경비는 비록 폭력성이 없을 지라도 질서가 무너지면 대형사고의 우려가 높고, 집회는 적법집회의 경우에도 군중심리나 다양한 변수의 작용으로 언제나 폭력적인 불법집회로 변질될 우려를 안고 있다. 아울러 대테러, 경호경비, 인질납치 사건 대응이나 대간첩작전 등은 최대한 조기에 진압해야 되는 즉응적 조치가 요구되는 상황들이다. 이는 사태의 악화를 방지하고 사태해결의 효율성을 기하기 위한 전제조건이다.

② 경비경찰의 활동은 경비상황에 대처하는 경우 종료 시간의 특정 없이 그러한 사태가 종료될 때 해당 경비상황 대처활동도 종료되는 특징이 있다.

(4) 조직적인 대응

① 경비경찰은 개인단위로 활동하기보다는 보통 부대단위로 집단적 · 조직적 · 물리적으로 대응한다.

② 경비경찰의 조직적 대응은 동원되는 부대들이 조직의 명령 · 지휘체계에 의해 일사불란하게 움직이고 상호 유기적인 협동작전을 전개한다는 의미이다.

(5) 하향적 명령에 의한 활동

① 경비경찰의 활동은 조직적인 부대활동으로서 경찰지휘부의 명령에 따라서 임무를 수행하는 활동이다. 대규모 집회시위 경비나 혼잡경비의 경우 시 · 도경찰청장, 심지어 경찰청장의 지시 명령에 따라 움직여야 한다.

② 경비경찰의 지휘부의 명령에 따른 활동으로 경비경찰과 부대원의 재량은 적고, 경찰 상급지휘부의 명령사항에 대한 책임은 현장 지휘관이 지는 경우가 많다.

(6) 활동의 정보 의존성

모든 경찰활동은 정보 의존적이다. 그 중에서도 경비경찰의 성공은 정보의 정확성에 크게 좌우된다. 동원되는 작전요소와 배치시간과 장소 등을 결정하는 경비대책은 확보된 정보에 의해 수립되고 정보의 변화에 따라 수정된다.

(7) 사회전반적 질서와 안녕유지 활동

경비경찰은 공공의 안녕 · 질서를 침해하거나 할 우려가 있는 위법행위를 대상으로 하므로, 그 활동의 결과는 국가와 사회전반에 직접적으로 영향을 미칠 수 있다.

2. 경비경찰활동의 기본원칙

1) 비례의 원칙

경비경찰 활동은 공공의 안녕 질서에 대한 경미한 장애를 제거하기 위하여 개인의 권리를 제한하는 것은 허용되지 않는다. 이 경우에 경비경찰 활동은 필요최소한도의 정도에 그쳐야 한다는 법칙이 적용되어 적합성 · 필요성 · 상당성이 요구되며, 강제처분이든 임의처분이든 모두에 요구된다.

2) 보충성의 원칙

경비경찰권의 발동은 사회의 다른 일반적인 수단, 즉 관련자들과의 면담이나 경고 등과 같은 수단으로 통제불가능한 경우에 최후의 수단으로 동원되어야 하며, 그 수단의 선택에 있어서도 국민에게 가장 적은 침해를 수반하는 수단을 선택해야 한다.

3) 적시성의 원칙

경비경찰권은 경비상황의 발생에 따른 개입의 조건을 고려하여 가장 적합한 시기에 발동되어야 하며, 개입의 조건이 충족되기 전, 즉 공공의 안녕에 대한 상당한 위험이나 현실적인 위해행위가 발생하기 전이나 이미 위험이나 위해행위가 소멸한 뒤에 발동하는 것은 원칙적으로 금지된다.

4) 경찰책임의 원칙

경찰권은 경찰 위반의 상태, 즉 사회공공의 안녕 · 질서에 대한 위험을 직접적으로 야기한 경찰책임자에게만 발동될 수 있다.

5) 경찰소극목적의 원칙

경찰행정의 목적은 공공의 안녕과 질서유지에 있으므로 법령에 특별한 규정이 없는 한, 경비경찰권은 소극적인 사회질서유지를 위해서만 발동하는 데 그쳐야 한다.

3. 경비경찰의 조직운영의 원칙

1) 부대단위 활동의 원칙

경비경찰의 활동은 개인적 활동이 아니라 부대단위로 운영되어야 한다.

① 따라서 부대에는 부대원들을 관리하기 위한 지휘권과 보급지원체계를 갖추어야 하며,

② 부대의 관리와 임무수행을 위한 최종결정은 지휘관만이 할 수 있고, 특정 경비상황이 발생하는 경우에는 하명에 의해서만 임무가 이루어져야 한다.

2) 지휘관 단일성의 원칙

① 경비상황은 긴급성과 신속성을 요하는 경비업무의 효율적인 수행을 위하여 지휘관을 한 사람만 두어야 하며, 위원회 등의 집단적인 지휘체계를 구성해서는 효율적인 업무수행이 어렵다.

② 지시는 한 사람에 의해 행해져야 하고, 보고도 한 사람을 통해서만 이루어져야 한다는 명령통일의 원칙에서 도출되는 원칙이다.

③ 의사결정은 지휘부를 구성하는 다수에 의하여 신중히 검토한 후에 가장 효과적으로 결정하

되 그 집행에 있어서는 한 사람의 지휘관에 의하여 움직여야 한다.

④ 지휘관 단일성이란 하나의 기관에 하나의 지휘관이란 의미와 하급조직원은 한 사람의 지휘관과 하나의 상급조직에 대해서만 책임을 진다는 의미를 합한 개념이다.

3) 체계통일성의 원칙

① 경찰조직은 계선을 통하여 상하계급 간의 일정한 권한과 책임관계가 명확하게 구분되는 계층제 조직이므로, 모든 명령과 지시는 이 계선의 계통을 통하여 체계적으로 이루어져야 한다.

② 임무를 중복으로 부여하는 것은 체계통일성의 원칙을 위반하는 것이다.

③ 경찰조직 간에 위계의 체계가 확립되어야만 각 부대 간 효율적인 협조가 가능하고, 타기관도 상호 응원이 가능해진다.

4) 치안협력성의 원칙

경비경찰은 업무수행과정에서 국민과 협력을 이루어야 효과적인 목적달성이 가능하다. 따라서 경찰과 국민은 상호 결합해야 한다. 이 경우 국민과의 협력은 필요적이나, 협력체계를 조성하는 것은 임의적이어야 한다. 따라서 경찰권 발동의 적법성은 물론이고 그 불가피성에 대한 적극적인 홍보가 요구된다.[1)]

4. 경비경찰의 수단의 원칙

1) 균형의 원칙

경비상황에 대비하여 경력을 운용할 경우에 상황에 따라 균형있는 경력운용을 해야 하며, 주력부대와 예비대를 적절하게 활용하여 한정된 경력으로 최대의 성과를 올려야 한다.

2) 위치의 원칙

경력을 동원하여 실력으로 상대방을 제압해야 하는 경우에는 부대의 위치와 지형지물의 이용 등 유리한 지점과 위치를 선점하여 확보해야 한다.

3) 시점의 원칙

경력을 동원하여 물리력으로 상대방을 제압할 경우에는 상대의 허약한 시점을 포착하여 적절한 실력행사를 해야 한다.

4) 안전의 원칙

경비사태 발생 시에 진압과정에서 경찰이나 시민의 사고가 없어야 하며, 경찰작전 시 새로운

1) 한종욱, 경찰경비론, 경찰공제회, 2000, pp.138-140.

변수의 발생을 방지해야 한다.[2)]

5. 경찰작전

1) 평시의 경찰작전

평시의 경찰작전은 전시를 대비한 도상훈련으로서 매년 1회씩 을지훈련을 실시하며, 이를 통해 제기되는 문제점을 수정 · 보완함으로써 매년 충무계획이 수립되고, 전쟁발생 시 충무계획에 의거하여 실제적인 전시작전이 이루어진다.

2) 경계태세 및 통합방위사태

(1) 경계태세(통합방위법 제11조 제1항)[3)]

① 경계태세란 적의 침투 · 도발이나 그 위협이 예상될 경우 통합방위작전을 준비하기 위하여 대통령령으로 정하는 군부대의 장 및 경찰관서의 장(서울의 경우는 대통령이 정하는 군부대의 장, 서울 외의 지역에는 연대장급 이상의 지휘관, 경찰서장급 이상의 지휘관)이 발령하는 태세를 말한다.

② 경계태세는 1급, 2급, 3급으로 구분된다(시행령 제23조 제1항).[4)]

1. 경계태세 1급 발령 시 경찰관할 지역: 시 · 도경찰청장이 지역군사령관으로부터 위임받은 군 작전요소를 작전통제(지휘를 받는 부대, 부서 또는 기관에 통합방위를 위한 작전임무를 부여하고 지시하는 것을 말한다)하여 군 · 경 합동작전을 수행한다.
2. 군관할 지역: 지역군사령관이 시 · 도경찰청장으로부터 위임받은 경찰 작전요소를 작전통제하여 군 · 경 합동작전을 수행한다.
3. 특정경비지역: 지역군사령관이 해당 지역의 모든 국가방위요소를 작전통제하여 작전을 수행한다.
4. 특정경비해역 및 일반경비해역: 함대사령관이 관할 해역의 해양경찰을 작전통제하여 군 · 경 합동작전을 수행한다.
5. 해안경계 부대의 장은 선박의 입항 · 출항 신고기관에 근무하는 해양경찰을 작전통제하여 임무를 수행한다.
6. 지방자치단체의 장 및 읍 · 면 · 동장은 각 통합방위 지원본부를 통하여 작전을 지원한다(통합방위법 시행령 제23조 제1항).

③ 경계태세 2급 또는 3급 발령 시 국가방위요소는 상호 협조하여 적의 침투 · 도발에 대비한다(통합방위법 시행령 제23조 제2항).

(2) 충무계획과 통합방위사태

통합방위사태란 적의 침투 도발이나 그 위협에 대응하기 위하여 갑종사태, 을종사태 또는 병종사태로 구분하여 선포하는 단계별 사태를 말한다(통합방위법 제2조 제3호). 충무계획은 통합방위사

2) 위의 책, pp.148-149.
3) 통합방위법, 법률 제20026호, 2024.1.16.
4) 통합방위법 시행령, 대통령령 제32977호, 2022.11.1. 시행 2023.5.2.

태에 대비하기 위한 계획이다.

1. 갑종사태: 일정한 조직체계를 갖춘 적의 대규모 병력 침투 또는 대량살상무기 공격 등의 도발로 발생한 비상사태로서 통합방위본부장 또는 지역군사령관의 지휘 · 통제 하에 통합방위작전을 수행하여야 할 사태를 말한다.
2. 을종사태: 일부 또는 여러 지역에서 적이 침투 · 도발하여 단기간 내에 치안이 회복되기 어려워 지역군사령관의 지휘 · 통제 하에 통합방위작전을 수행하여야 할 사태를 말한다.
3. 병종사태: ① 적의 침투 · 도발 위협이 예상되거나 소규모의 적이 침투하였을 때에 시 · 도경찰청장, 지역군사령관 또는 함대사령관의 지휘 · 통제 하에 통합방위작전을 수행하여 단기간 내에 치안이 회복될 수 있는 사태를 말한다(통합방위법 제2조 제6, 7, 8호).

   ② (경찰작전 관할 구역 내) 병종사태 발생 시 경찰작전 지휘체계

   가. 병종사태 발생 시 경찰책임구역 내의 대간첩작전은 시 · 도경찰청장 책임 하에 실시한다.

   나. 시 · 도경찰청장은 시 · 도경찰작전지휘관으로서 관할 지역의 민방위대 자원 및 지역군사령관으로부터 위임받은 군 작전요소를 작전통제하여 통합방위작전을 수행한다(시행령 제25조 제1항 제3호 가목).

(3) 통합방위사태의 선포(통합방위법 제12조)

① 통합방위사태는 갑종사태, 을종사태 또는 병종사태로 구분하여 선포한다. 다음 각 호의 구분에 따라 해당하는 사람은 즉시 국무총리를 거쳐 대통령에게 통합방위사태의 선포를 건의하여야 한다(통합방위법 제12조 제1항 및 제2항).

1. 갑종사태에 해당하는 상황이 발생하였을 때 또는 둘 이상의 특별시 · 광역시 · 특별자치시 · 도 · 특별자치도에 걸쳐 을종사태에 해당하는 상황이 발생하였을 때: 국방부장관
2. 둘 이상의 시 · 도에 걸쳐 병종사태에 해당하는 상황이 발생하였을 때: 행정안전부장관 또는 국방부장관

② 시 · 도경찰청장, 지역군사령관 또는 함대사령관은 을종사태나 병종사태에 해당하는 상황이 발생한 때에는 즉시 시 · 도지사에게 통합방위사태의 선포를 건의하여야 한다.

③ 시 · 도지사는 건의를 받은 경우 시 · 도 협의회의 심의를 거쳐 을종사태 또는 병종사태를 선포할 수 있다.

④ 시 · 도지사는 을종사태 또는 병종사태를 선포한 때에는 지체 없이 행정안전부장관 및 국방부장관과 국무총리를 거쳐 대통령에게 그 사실을 보고하여야 한다(통합방위법 제12조 제4항, 제5항, 제6항).

3) 통합방위협의회

(1) 중앙통합방위협의회(법 제4조)

① 국무총리 소속으로 중앙통합방위협의회를 둔다. 중앙통합방위협의회의 의장은 국무총리가 된다.

② 중앙협의회는 다음 각 호의 사항을 심의한다.

1. 통합방위 정책, 2. 통합방위 작전·훈련 및 지침, 3 통합방위 사태의 선포 또는 해제, 4. 그 밖에 통합방위에 관하여 대통령령으로 정하는 사항

(2) 지역통합방위협의회(법 제5조)

① 특별시장·광역시장·특별자치시장·도지사·특별자치도지사 소속으로 시·도협의회를 두고, 그 의장은 시·도지사가 된다.

② 시장·군수·구청장 소속으로 시·군·구 통합방의 협의회를 두고, 그 의장은 시장·군수·구청장이 된다.

(3) 통합방위본부(법 제8조)

① 합동참모본부에 통합방위본부를 둔다.

② 통합방위본부에는 본부장과 부본부장 1명씩을 두되, 통합방위본부장은 합동참모장이 되고, 부본부장은 합동참모본부 합동작전본부장이 된다.

(4) 통합방위작전(법 제15조)

① 통합방위작전의 관할 구역은 다음 각 호와 같이 구분한다.

1. 지상 관할 구역: 특정경비지역, 군관할 지역 및 경찰관할 지역
2. 해상 관할 구역: 특정경비해역 및 일반경비해역
3. 공중 관할 구역: 비행금지공역(空域) 및 일반공역

② 시·도경찰청장, 지역군사령관 또는 함대사령관은 통합방위사태가 선포된 때에는 즉시 다음의 구분에 따라 통합방위작전을 신속하게 수행하여야 한다. 다만, 을종사태가 선포된 경우에는 지역군사령관이 통합방위작전을 수행하고, 갑종사태가 선포된 경우에는 통합방위본부장 또는 지역군사령관이 통합방위작전을 수행한다.

1. 경찰관할 지역: 시·도경찰청장
2. 특정경비지역 및 군관할 지역: 지역군사령관
3. 특정경비해역 및 일반경비해역: 함대사령관
4. 비행금지공역 및 일반공역: 공군작전사령관

(5) 통제구역(법 제16조)

시·도지사 또는 시장·군수·구청장은 다음 각 호의 어느 하나에 해당하면 대통령령으로 정하는 바에 따라 인명·신체에 대한 위해를 방지하기 위하여 필요한 통제구역을 설정하고, 통합방위작전 또는 경계태세 발령에 따른 군·경 합동작전에 관련되지 아니한 사람에 대해서는 출입을 금지 제한하거나 그 통제구역으로부터 퇴거할 것을 명할 수 있다.

1. 통합방위사태가 선포된 경우
2. 적의 침투 도발·징후가 확실하여 경계태세 1급이 발령된 경우

(6) 대피명령(법 제17조)

① 시 · 도지사 또는 시장 · 군수 · 구청장은 통합방위사태가 선포된 때에는 인명 · 신체에 대한 위해를 방지하기 위해 즉시 작전지역에 있는 주민이나 체류 중인 사람에게 대피할 것을 명할 수 있다.

② 대피명령은 방송 · 확성기 · 벽보, 그 밖에 대통령령으로 정하는 방법에 따라 공고하여야 한다.

(7) 검문소의 운영(법 제18조)

시 · 도경찰청장, 지방해양경찰청장(대통령령으로 정하는 해양경찰서장 포함), 지역군사령관 및 함대사령관은 관할 구역 중에서 적의 침투가 예상되는 곳 등에 검문소를 설치 · 운용할 수 있다. 다만, 지방해양경찰청장이 검문소를 설치하는 경우에는 미리 관할 함대사령관과 협의하여야 한다.

(8) 신고(법 제19조)

적의 침투 또는 출현이나 그러한 흔적을 발견한 사람은 누구든지 그 사실을 군부대 또는 행정기관에 신고하여야 한다.

(9) 벌칙(법 제24조)

① 제16조 제1항의 출입금지 제한 또는 퇴거명령을 위반한 사람은 1년 이하의 징역 또는 1천만원 이하의 벌금에 처한다.

② 제17조 제1항의 대피명령을 위반한 사람은 300만원 이하의 벌금에 처한다.

4) 경찰 비상업무 규칙(경찰청훈령 제1016호)

(1) 정의(규칙 제2조)

구분	내용
비상상황	• 대간첩 · 테러, 대규모 재난 등의 긴급 상황이 발생하거나 발생할 우려가 있는 경우 또는 다수의 경력을 동원해야 할 치안수요가 발생하여 치안활동을 강화할 필요가 있는 때
지휘선상 위치 근무	• 비상연락체계를 유지하며 유사시 1시간 이내에 현장지휘 및 현장근무가 가능한 장소에 위치하는 것
정위치 근무	• 감독순시 · 현장근무 및 사무실 대기 등 관할 구역 내에 위치하는 것
정착근무	• 사무실 또는 상황과 관련된 현장에 위치하는 것
필수요원	• 전 경찰공무원 및 일반직공무원(이하 경찰관 등) 중 경찰기관의 장이 지정한 자로 비상소집 시 1시간 이내에 응소하여야 할 자
일반요원	• 필수요원을 제외한 경찰관 등으로 비상소집 시 2시간 이내에 응소하여야 할 자
가용경력	• 총원에서 휴가 · 출장 · 교육 · 파견 등을 제외하고 실제 동원될 수 있는 모든 인원
소집관	• 비상근무발령권자로부터 권한을 위임받아 비상근무발령에 따른 비상소집을 지휘 · 감독하는 주무 참모 또는 상황관리관(상황관리관의 임무를 수행하는 자를 포함)
작전준비태세	• '경계강화' 단계를 발령하기 이전에 별도의 경력동원 없이 경찰작전부대의 출동태세 점검, 지휘관 및 참모의 비상연락망 구축 및 신속한 응소체제를 유지하며, 작전상황반을 운영하는 등 필요한 작전 사항을 미리 조치하는 것

(2) 비상근무 방침(규칙 제3조)

① 비상근무대상은 경비·작전·안보·수사·교통 또는 재난관리 업무와 관련한 비상상황에 국한한다. 다만, 두 종류 이상의 비상상황이 동시에 발생한 경우에는 긴급성 또는 중요도가 상대적으로 더 큰 비상상황(이하 주된 비상상황)의 비상근무를 통합·실시한다.

② 적용지역은 전국 또는 일정지역(시·도경찰청 또는 경찰서 관할)으로 구분한다. 다만, 2개 이상의 지역에 관련되는 상황은 바로 위의 상급기관에서 주관하여 실시한다.

(3) 비상근무의 종류 및 등급(규칙 제4조)

① 비상근무는 비상상황의 유형에 따라 다음 각 호와 같이 구분하여 발령한다.

1. 경비 소관의 경우 경비, 작전비상
2. 안보 소관의 경우 안보비상
3. 수사 소관의 경우 수사비상
4. 교통 소관의 경우 교통비상
5. 치안상황 소관의 경우 재난비상으로 각각 발령한다.

② 기능별 상황의 긴급성 및 중요도에 따라 갑호, 을호, 병호, 경계강화, 작전준비태세로 비상등급을 구분하여 실시한다. 비상근무의 종류에 따른 등급별 정황은 다음 〈표 5-1〉과 같다.[5)]

표 5-1 비상근무의 종류에 따른 등급별 정황

경비비상	
갑호	1. 계엄이 선포되기 전의 치안상태 2. 대규모 집단사태·테러 등의 발생으로 치안질서가 극도로 혼란하게 되었거나 그 징후가 현저한 경우 3. 국제행사·기념일 등을 전후하여 치안수요의 급증으로 가용경력을 100% 동원할 필요가 있는 경우
을호	1. 대규모 집단사태·테러 등의 발생으로 치안질서가 혼란하게 되었거나 그 징후가 예견되는 경우 2. 국제행사·기념일 등을 전후하여 치안수요가 증가하여 가용경력의 50%를 동원할 필요가 있는 경우
병호	1. 집단사태·테러 등의 발생으로 치안질서의 혼란이 예견되는 경우 2. 국제행사·기념일 등을 전후하여 치안수요가 증가하여 가용경력의 30%를 동원할 필요가 있는 경우
작전비상	
갑호	대규모 적정이 발생하였거나 발생 징후가 현저한 경우
을호	적정이 발생하였거나 일부 적의 침투가 예상되는 경우
병호	정·첩보에 의해 적 침투에 대비한 고도의 경계강화가 필요한 경우
안보비상	
갑호	간첩 또는 정보사범 색출을 위한 경계지역 내 검문검색 필요시
을호	상기 상황 하에서 특정지역·요지에 대한 검문검색 필요시
수사비상	
갑호	사회이목을 집중시킬 만한 중대범죄 발생 시
을호	중요범죄 사건발생 시

5) 경찰 비상업무 규칙, 경찰청훈령 제1016호, 2021.5.18.

교통비상	
갑호	농무, 풍수설해 및 화재로 극도의 교통혼란 및 사고발생 시
을호	상기 징후가 예상될 시
재난비상	
갑호	대규모 재난의 발생으로 치안질서가 극도로 혼란하게 되었거나 그 징후가 현저한 경우
을호	대규모 재난의 발생으로 치안질서가 혼란하게 되었거나 그 징후가 예견되는 경우
병호	재난의 발생으로 치안질서의 혼란이 예견되는 경우
경계강화(기능 공통)	
"병호" 비상보다는 낮은 단계로, 별도의 경력동원없이 평상시보다 치안활동을 강화할 필요가 있을 때	
작전준비태세(작전비상시 적용)	
"경계강화"를 발령하기 이전에 별도의 경력동원 없이 필요한 작전사항을 미리 조치할 필요가 있을 때	

(4) 발령(규칙 제5조)

① 비상근무 발령권자는 전국 또는 2개 이상 시 · 도경찰청 관할 지역의 경우 경찰청장

② 시 · 도경찰청 또는 2개 이상 경찰서 관할 지역일 경우에는 시 · 도경찰청장

③ 단일 경찰서 관할 지역의 경우에는 경찰서장이 각각 발령권자가 된다.

④ 비상근무의 발령권자는 비상상황이 발생하여 비상근무를 실시하고자 할 경우에는 비상근무의 목적, 지역, 기간 및 동원대상 등을 특정하여 비상근무발령서에 의하여 비상근무를 발령한다.

⑤ 자치경찰사무와 관련이 있는 비상근무가 발령된 경우에는 해당 시 · 도경찰청장은 자치경찰위원회에 그 발령사실을 통보한다.

(5) 비상근무의 등급 및 근무요령(규칙 제7조)

구분	내용
갑호 비상	• 비상근무 갑호가 발령된 때에는 연가를 중지하고 가용경력 100%까지 동원할 수 있다. • 지휘관(지구대장, 파출소장은 지휘관에 준함)과 참모는 정착 근무를 원칙으로 한다.
을호 비상	• 비상근무 을호가 발령된 때에는 연가를 중지하고 가용경력 50%까지 동원할 수 있다. • 지휘관과 참모는 정위치 근무를 원칙으로 한다.
병호 비상	• 비상근무 병호가 발령된 때에는 부득이한 경우를 제외하고는 연가를 억제하고 가용경력 30%까지 동원할 수 있다. • 지휘관과 참모는 정위치 근무 또는 지휘선상 위치 근무를 원칙으로 한다.
경계강화	• 별도의 경력동원 없이 특정분야의 근무를 강화한다. • 경찰관 등은 비상연락체계를 유지하고 경찰작전부대는 상황발생 시 즉각 출동이 가능하도록 출동대기태세를 유지한다. • 지휘관과 참모는 지휘선상 위치 근무를 원칙으로 한다.
작전준비태세 (작전비상시 적용)	• 별도의 경력동원 없이 경찰관서 지휘관 및 참모의 비상연락망을 구축하고 신속한 응소체제를 유지한다. • 경찰작전부대는 상황발생 시 즉각 출동이 가능하도록 출동태세 점검을 실시한다. • 유관기관과의 긴밀한 연락체계를 유지하고, 필요시 작전상황반을 유지한다.

① 비상근무발령권자는 비상근무에 동원된 경찰관 등을 비상근무의 목적과 인원 등을 감안하여 현장배치, 대기근무 등으로 편성하여 운용한다.

② 비상근무가 장기간 유지될 경우에는 비상근무의 목적과 기간 등을 종합적으로 판단하여 지휘관과 참모 및 동원된 경찰관 등은 기본근무 복귀 또는 귀가하여 비상연락체제를 갖추도록 할 수 있다.

③ 비상등급별로 연가를 중지 또는 억제하되 경조사 휴가, 공가, 병가, 출산휴가 등 특별한 사유가 있는 경우에는 그러하지 아니하다.

(6) 지휘본부의 설치(규칙 제17조)

① 비상상황에서 경찰청, 시・도경찰청, 경찰서 등에 경찰지휘본부를 둔다.

② 경찰지휘본부는 당해 지휘본부장이 필요하다고 인정할 때에 설치하며, 경찰청 및 시・도경찰청은 치안상황실에 설치함을 원칙으로 한다.

③ 각종 상황발생 시 상황의 효율적인 관리를 위해 필요한 경우 현장 인근에 현장지휘본부를 설치할 수 있다.

제 2 절 혼잡경비 및 선거경비

1. 혼잡경비(행사장안전경비)

1) 의의

혼잡경비란 비조직화된 군중에 의해 발생되는 예측불가능한 자연적인 혼란상태를 예방・경계하고, 진압 또는 확대를 방지하는 경찰활동을 말한다. 혼잡경비는 대부분 각종 행사, 공연, 종교행사, 체육행사 등에 대한 경비로서 수익자 부담원칙에 의해 주최측에서 민간경비업체 등을 활용하여 혼잡경비에 임하도록 기획단계에서부터 지도해야 한다. 혼잡경비와 다중범죄진압경비와의 차이는 결국 군중이 조직화된 것이냐의 차이에 있다.

2) 혼잡경비 대비절차

(1) 혼잡경비계획의 수립

경찰은 모든 가능한 상황을 예측하여 치밀한 계획을 수립하여 대비해야 한다.

그러한 계획은 ① 관계관회의의 개최에 의한 계획・검토와 명확한 임무부여

② 행사성격에 따른 배치할 부대의 조직・운영계획 수립

③ 우발사태에 대비한 예비부대의 운영계획 수립

④ 사전 경계강화 및 안전조치계획 수립

⑤ 군중통제가 용이하도록 방송시설 및 비상구 통제계획 수립 등에 대해서 이루어져야 한다.

(2) 부대의 편성 · 배치

① 부대의 편성은 현지상황에 적합한 부대를 편성한다. 편성 시에는 인솔 및 지휘책임자를 반드시 정하고, 행사개요, 현지약도, 배치내용을 담은 참고자료를 무전기와 함께 지급한다.

② 부대의 배치는 각 단위부대 간 통신수단을 충분히 확보하여 지휘본부에서 통제가능하도록 조치하고 임무를 확인한 후 배치한다. 부대의 배치는 항상 군중이 입장하기 직전에 사전배치하는 것을 원칙으로 한다. 행사장소에 군중이 밀집한 상태 속에서 경력의 사후배치는 또 하나의 무질서를 초래할 수 있기 때문에 경력의 사전배치는 중요하다.

(3) 군중정리

군중은 무질서상태 속에서 군중심리에 의해 흥분을 하거나 집단화 · 폭도화 할 가능성이 많기 때문에 중요지점에 배치된 경비요원들로 하여금 군중통제를 철저히 하도록 하여 지속적인 질서를 유지하여야 한다.

(4) 출입구 통제 및 비상구 확보

① 경찰은 출입구에서 원거리에 순찰조를 배치하여 암표상, 잡상인 등을 단속하여 혼잡상태가 발생하지 않도록 하고, 출입구에서는 행사장 내에서의 안전확보를 위해 주류, 병, 깡통, 폭음탄 등의 위험물을 반입하지 못하도록 해야 한다.

② 또한 출입구에는 고정인원을 배치하여 질서를 유지하고, 만일의 사태에 대비하여 비상구를 미리 확보하여 군중들에게 미리 알려주어야 한다.

(5) 교통관리

대규모 행사장의 질서유지는 행사장 주변의 교통질서에서부터 시작해야 한다. 충분한 교통경찰관과 파출소 순찰차요원을 배치하여 행사장 주변의 원활한 교통소통을 위하여 차량통행을 통제하고 주차장 관리를 엄격하게 해야 한다.

(6) 예비대 · 소방차 및 구급차 운용

예상 외의 경비수요와 우발사태에 대비하여 예비대를 확보하여 배치하고, 화재에 대비한 소방차와 부상자 발생이나 환자발생에 대비한 구급반도 운용하여야 한다.

(7) 통신 및 공보활동

경찰은 장내 안내방송 시설을 갖추고 안내방송을 통하여 무질서 상태가 발생하지 않도록 유도하고, 행사가 며칠 간 계속될 경우에는 매스컴을 통한 공보활동으로 혼잡방지 노력을 해야 한다.

(8) 행사주최측과 협조

경찰은 행사 진행 중은 물론이고 행사 전에서부터 행사주최측과 긴밀한 연락과 협조를 통하여 사고가 발생하지 않도록 조율을 하여야 한다. 질서에 관한 문제는 전적으로 경찰의 통제사항이다.

「경찰관 직무집행법」 제4조의 보호조치에 대한 규정에 의해 경찰은 공공의 안녕・질서에 위험을 초래하는 상황이 발생 시 군중이나 행사관리자 등에 대하여 경고, 피난, 억류, 조치요구나 직접 조치를 취할 수 있다.

3) 적정한 부대의 편성과 배치

① 경력은 군중 입장 전에 사전에 배치하고 현지상황에 적합한 경비부대를 편성 배치한다. 각 단위부대 간의 임무와 상호연락 및 지휘본부, 예비대의 위치결정과 협동지원요령을 명시하여야 한다.

② 경찰CP(지휘본부)는 행사장 전체를 조망・관리할 수 있는 장소에 배치・운용해야 한다.

③ 주력부대와 예비대를 적절하게 활용하여 적정한 경력을 배치하여 한정된 경력으로 최대의 성과를 올리도록 해야 한다.

④ 관중석에 배치되는 예비대는 통로주변에 배치하여 긴급투입이 가능하도록 해야 한다.

⑤ 경력은 단계별로 탄력적으로 운영한다.

⑥ 예비대의 운용 여부 판단은 경찰자체판단 하에 실시해야 하며, 주최측과 협조하여 실시할 사항은 행사진행과정 파악, 경비원 활용 권고, 자율적 질서유지 등이 있다.

4) 임무수행과 수익자 부담원칙

투입된 경력은 경기내용이나 행사내용보다는 관중을 주시해야 하며, 수익성 행사의 경우 경찰은 우발사태 대비 개념으로 운용하고, 주최측에서 민간경비업체를 활용하여 경비를 하도록 지도해야 하나, 철저한 수익자 부담원칙의 적용에는 현실적인 어려움이 있으므로 장기적으로 대응해야 하며, 특히 올림픽이나 월드컵과 같은 국가적 행사에는 수익자 부담원칙을 적용하기가 곤란하다.

5) 사고발생 시의 조치요령

사고발생 시에는 확산방지를 위한 초동조치, 예비대의 출동, 외부인의 접근을 금지하는 차단조치, 소방차나 구급차를 활용한 긴급구호조치, 그리고 각종 관련부서에 지원요청을 한다.

6) 혼잡경비상 군중정리의 원칙

(1) 밀도의 희박화

제한된 공간 속에 많은 사람이 모이면 상호 간에 충돌하는 현상이 발생하고, 혼잡을 야기하게 되므로 가급적 많은 사람이 모이는 것을 회피하게 해야 한다.

(2) 이동의 일정화

군중은 현재의 자기 위치와 갈 곳을 모르면 불안감과 초조감을 갖게 되므로, 일정한 방향과

속도로 이동을 시켜 주위상황을 파악할 수 있는 여건을 조성함으로써 심리적 안정감을 갖도록 해야 한다.

(3) 경쟁적 활동의 지양

군중들은 질서를 지키면 손해볼 수 있다는 분위기를 느끼게 되면 남보다 먼저 가려고 하는 경쟁심리로 인하여 혼란상태가 발생하게 되므로, 질서 있게 행동하면 모든 일이 잘될 수 있다는 것을 납득시켜야 한다.

(4) 지시의 철저

군중에 대한 지시는 반복적으로 자세한 안내방송을 함으로써 혼잡상태와 사고를 방지할 수 있다. 군중들은 주의력이 흩어져 산만하고 흥분된 상태이기 때문에, 반복적이고 자세한 방송이 아니면 지시의 전달효과가 발생하지 않는다.

7) 행사안전경비

(1) 경비가 필요한 시설 등에 대한 경비의 요청(경비업법 시행령 제30조)

시 · 도경찰청장은 행사장, 그 밖에 많은 사람이 모이는 시설 또는 장소에서 혼잡 등으로 인한 위험발생을 방지하기 위해 민간 경비원에 의한 경비가 필요하다고 인정되는 때에는 행사개최일 전에 당해 행사의 주최자에게 경비원에 의한 경비를 실시하거나 부득이한 사유로 경비를 실시할 수 없는 경우에는 행사개최 24시간 전까지 시 · 도경찰청장에게 그 사실을 통지하여 줄 것을 요청할 수 있다.

(2) 재해예방 조치(공연법 제11조)[6)]

① 운영자는 화재나 그 밖의 재해를 예방하기 위하여 그 공연장 종업원의 임무 · 배치 등 재해대처계획을 수립하여 매년 관할 특별자치시장, 특별자치도지사, 시장 · 군수 · 구청장에게 신고하여야 한다. 이 경우 특별자치시장, 특별자치도지사, 시장 · 군수 · 구청장은 신고받은 재해대처계획을 관할 소방서장에게 통보하여야 한다.

② 관할 특별자치시장, 특별자치도지사, 시장 · 군수 · 구청장은 제1항의 진단에 따라 신고를 받은 재해대처계획을 검토하여 적합하다고 인정하는 경우에는 신고를 수리하여야 한다. 이 경우 재해대처계획의 내용이 미흡하다고 인정할 때에는 보완을 요구할 수 있다.

(3) 재해대처계획의 신고 등(공연법 시행령 제9조)[7)]

① 재해대처계획에는 다음 각 호의 사항이 모두 포함되어야 한다.

1. 공연장 시설 등을 관리하는 자의 임무 및 관리 조직에 관한 사항
2. 비상시에 하여야 할 조치 및 연락처에 관한 사항

---

6) 공연법, 법률 제19792호, 2023.10.31. 시행 2024.1.1.
7) 공연법 시행령, 대통령령 제33886호, 2023.11.21.

3. 화재예방 및 인명피해 방지조치에 관한 사항
4. 안전관리비, 안전관리조직 및 안전교육에 관한 사항

② 공연장운영자는 다음 연도의 재해대처계획을 수립하여 매년 12월 31일까지 관할 특별자치시장·특별자치도지사, 시장·군수·구청장에게 신고하여야 하며, 신고한 재해대처계획을 변경하려는 경우에는 그 계획을 적용하기 전에 변경신고를 해야 한다. 다만, 공연장운영자가 법 제9조 제1항에 따라 공연장을 등록하는 경우에는 공연장 등록 신청과 함께 해당 연도의 재해대처계획을 신고하여야 한다.

③ 공연장 외의 시설이나 장소에서 1천명 이상의 관람이 예상되는 공연을 하려는 자는 해당 시설이나 장소 운영자와 공동으로 공연 개시 14일 전까지 제1항 각 호의 사항과 안전관리인력의 확보·배치계획 및 공연계획서가 포함된 재해대처계획을 관할 특별자치시장·특별자치도지사, 시장·군수·구청장에게 보고하여야 하며, 신고한 사항을 변경하려는 경우에는 해당 공연 7일 전까지 변경신고를 하여야 한다.

2. 선거경비

1) 의의

선거경비는 유세현장에 많은 인파가 몰려 혼란을 초래하고 입후보자와 정당대표에 대한 위해상황도 발생할 수 있으므로, 혼잡·특수·경호·다중범죄진압경비를 포괄하는 종합적인 경비활동이 요구된다. 또한 군중이 몰린 장소에서는 언제든지 예기치 못한 돌발적인 상황이 발생할 수 있으므로, 이러한 우발사태를 대비하여 예비대를 운영해야 한다.

2) 경비경찰의 선거경비 근무기간

① 경비경찰의 선거경비는 선거기간 개시일부터 선거 전일까지 경계강화근무기간으로 설정하여 근무한다.

② 경비경찰은 선거일부터 개표종료 시까지 갑호비상 근무를 한다.

3) 선거기간(공직선거법 제33조)

① 선거별 선거기간은 다음 각 호와 같다.
1. 대통령선거는 23일
2. 국회의원선거와 지방자치단체의 의회의원 및 장의 선거는 14일

② 선거기간이란 다음 각 호의 기간을 말한다.
1. 대통령선거: 후보자등록마감일의 다음 날부터 선거일까지
2. 국회의원선거와 지방자치단체의 의회의원 및 장의 선거: 후보자등록마감일 후 6일부터 선거일까지

4) 선거일(법 제34조)

1. 대통령선거는 그 임기만료일 전 70일 이후 첫 번째 수요일
2. 국회의원선거는 그 임기만료일 전 50일 이후 첫 번째 수요일
3. 지방의회의원 및 지방자치단체의 장의 선거는 그 임기만료일 전 30일 이후 첫 번째 수요일

5) 선거운동(법 제58조)

① 선거운동이란 당선되거나 되게 하거나 되지 못하게 하기 위한 행위를 말한다. 다만, 다음 각 호의 어느 하나에 해당하는 행위는 선거운동으로 보지 아니한다.

1. 선거에 관한 단순한 의견개진 및 의사표시
2. 입후보와 선거운동을 위한 준비행위
3. 정당의 후보자 추천에 관한 단순한 지지 · 반대의 의견개진 및 의사표시
4. 통상적인 정당활동
5. 설날 · 추석 등 명절 및 석가탄신일 · 기독탄신일 등에 하는 의례적인 인사말을 문자메시지(그림말 · 음성 · 화상 · 동영상 등을 포함한다. 이하 같다)로 전송하는 행위

② 누구든지 자유롭게 선거운동을 할 수 있다. 그러나 이 법 또는 다른 법률의 규정에 의하여 금지 또는 제한되는 경우에는 그러하지 아니하다.

③ 선거운동기간은 선거기간 개시일부터 선거일 전일까지에 한하여 할 수 있다.

6) 투표참여 권유활동(법 제58조의2)

누구든지 투표참여를 권유하는 행위를 할 수 있다. 다만, 다음 각 호의 어느 하나에 해당하는 행위의 경우에는 그러하지 아니하다.

1. 호별로 방문하여 하는 경우
2. 사전투표소 또는 투표소로부터 100미터 안에서 하는 경우
3. 특정 정당 또는 후보자(후보자가 되려는 사람을 포함)를 지지 · 추천하거나 반대하는 내용을 포함하여 하는 경우
4. 현수막 등 시설물, 확성장치 · 녹음기 · 녹화기(비디오 및 오디오 기기를 포함), 어깨띠, 표찰, 그 밖의 표시물을 사용하여 하는 경우(정당의 명칭이나 후보자의 성명, 사진 또는 그 명칭 성명을 유추할 수 있는 내용을 나타내어 하는 경우에 한정한다)

7) 투표소 경비

① 투표용지의 인쇄 · 호송 시에도 지구대 간의 연계순찰과 112타격대의 출동대기 등에 의해 대비토록 하고, 투표소가 대학의 인접지역 등 취약지역에 설치되지 않도록 선거관리위원회와 협의 · 조정해야 한다.

② 선거함 운송경비는 선관위직원이 자체적으로 실시하고 경찰은 순찰활동 및 112타격대 출동대기 조치를 취하는 것이 바람직하다.

③ 투표소에는 무장 정복경찰 2명 이상을 배치하거나 투표소 별로 지구대 연계순찰을 하는 것이 바람직하며, 돌발상황에 대비하여 112타격대 및 채증조를 운영해야 한다.

8) 개표소 경비(3선 경비 개념)

(1) 제1선: 개표소 내부

① 개표소 경비는 3선 경비 개념으로 실시하며, 제1선인 개표소 내부는 선거관리위원장의 책임이며, 선거관리위원장이나 위원은 개표소의 질서유지를 위해 정복경찰공무원 혹은 경찰관서장에게 원조를 요구할 수 있으며, 이 경우 정복경찰공무원 혹은 경찰관서장은 즉시 이에 응해야 한다.

② 개표소 내부에 투입된 정복경찰공무원 혹은 경찰관서장은 선거관리위원장의 지시를 받아야 하며, 개표소 내부의 질서회복 또는 선거관리위원장의 요구가 있는 때에는 즉시 개표소에서 퇴거해야 한다.

③ 선거관리위원장이나 의원의 요구에 따라 개표소 내부에 투입된 경찰관을 제외하고는 누구든지 개표소 안에서 무기나 흉기 또는 폭발물을 지닐 수 없다.

(2) 제2선(울타리 내곽)

① 제2선인 울타리 내곽은 개표소 출입구에서 선거관리위원회 직원과 경찰이 합동하여 출입자를 통제한다.

② 제2선 출입문은 되도록 정문만 사용하고 기타 출입문은 시정한다.

(3) 제3선(울타리 외곽)

제3선 울타리 외곽은 경찰이 검문조·순찰조를 운용하여 위해 기도자 접근을 차단한다.

9) 후보자 신변보호

(1) 대통령 후보자

① 대통령선거 후보자는 을호 경호대상이며, 대통령으로 당선이 확정된 자는 갑호 경호대상이다.

② 후보자의 요청에 따라 전담 신변 경호대를 편성·운용하여 24시간 경호임무를 수행한다.

③ 신변경호를 원하지 않는 후보자에 대해서는 시·도경찰청에서 경호경험이 있는 자로 선발된 직원을 대기시켜 관내 유세기간 중 근접 배치한다.

④ 대통령선거 후보자의 신변보호기간은 후보자 등록 시부터 당선확정 시까지이다.

(2) 자치단체장 및 국회의원후보자

후보자가 원할 경우 선거구 관할 경찰서에서 전담 경호원을 배치한다.

제 3 절 재난경비 및 중요시설 경비

1. 재난경비

1) 재난

(1) 강학상 개념

재난이란 강학상으로 천재지변, 폭풍우, 지진, 홍수, 해일, 화산폭발 같은 자연적 재난이나 폭발물에 의한 사고나 대형구조물의 붕괴 등의 인위적 재난이 특정시점에 특정지역에서 발생하여, 그 지역사회 전체 또는 일부분이 심각하게 생명 · 신체 및 재산피해를 입어 그 사회의 정상적 기능을 일시적으로 마비시키는 사건을 말한다.

(2) 법적인 개념

「재난 및 안전관리 기본법」에서는 재난이란 국민의 생명 · 신체 · 재산과 국가에 피해를 주거나 줄 수 있는 것으로서 자연재난과 사회재난으로 구분한다.[8)]

1. 자연재난은 태풍, 홍수, 호우, 강풍, 풍랑, 해일, 대설, 한파, 낙뢰, 가뭄, 폭염, 지진, 황사, 조류 대발생, 조수, 화산활동, 소행성 · 유성체 등 자연우주물체의 추락 · 충돌, 그 밖에 이에 준하는 자연현상으로 인하여 발생하는 재해를 말한다.
2. 사회재난이란 화재 · 붕괴 · 폭발 · 교통사고(항공사고 및 해상사고를 포함) · 화생방사고 · 환경오염사고 등으로 인하여 발생하는 대통령령으로 정하는 규모 이상의 피해와 에너지 · 통신 · 교통 · 금융 · 의료 · 수도 등 국가핵심기반체계의 마비, 「감염병의 예방 및 관리에 관한 법률」에 따른 감염병 또는 「가축전염병예방법」에 따른 가축전염병의 확산, 「미세먼지 저감 및 관리에 관한 특별법」에 따른 미세먼지 등으로 인한 피해로 규정하고 있다(재난 및 안전관리 기본법 제3조 제1호).

(3) 재난관리와 안전관리(법 제3조 제3호 및 제4호)

1. 재난관리란 재난의 예방 · 대비 · 대응 및 복구를 위하여 하는 모든 활동을 말한다.
2. 안전관리란 재난이나 그 밖의 각종 사고로부터 사람의 생명 · 신체 및 재산의 안전을 확보하기 위하여 하는 모든 활동을 말한다.

(4) 긴급구조기관과 긴급구조지원기관(법 제3조 제7호 및 제8호)

1. 긴급구조기관이란 소방청 · 소방본부 및 소방서를 말한다. 다만, 해양에서 발생한 재난의 경우에는 해양경찰청, 지방해양경찰청 및 해양경찰서를 말한다.
2. 긴급구조지원기관이란 긴급구조에 필요한 인력 · 시설 및 장비, 운영체계 등 긴급구조능력을 보유한 기관이나 단체로서 대통령령으로 정하는 기관(경찰청 포함)과 단체를 말한다.

(5) 재난관리책임기관(법 제3조 제5호)

가. 중앙행정기관 및 지방자치단체

나. 지방행정기관 · 공공기관 · 공공단체(공공기관 및 공공단체의 지부 등 지방조직 포함) 및 재난관리의

---

8) 재난 및 안전관리 기본법, 법률 제19234호, 2023.3.14. 시행 2023.9.15.

대상이 되는 중요시설의 관리기관 등으로서 대통령령으로 정하는 기관

(6) 재난관리주관기관(법 제3조 제5의2호)

재난이나 그 밖의 각종 사고에 대하여 그 유형별로 예방·대비·대응 및 복구 등의 업무를 주관하여 수행하도록 대통령령으로 정하는 관계 중앙행정기관을 말한다.

(7) 재난안전통신망(법 제3조 제11호)

재난관리책임기관·긴급구조기관 및 긴급구조지원기관이 재난 및 안전관리업무에 이용하거나, 재난현장에서의 통합지휘에 활용하기 위하여 구축·운영하는 통신망을 말한다.

2) 재난경비

재난경비는 국민의 생명·신체 및 재산과 국가에 피해를 줄 수 있는 천재지변, 폭풍우, 지진, 홍수, 호우, 해일, 폭설, 가뭄 등과 같은 자연적 재난과 폭발사고, 대형건물의 붕괴, 방사능 유출, 대형화재, 대형교통사고, 화생방사고, 환경오염사고 등의 인위적 재난, 그리고 에너지·통신·교통·금융·의료·수도 등 국가기반체계의 마비와 전염병의 확산 등으로 인한 피해로부터 국민의 생명·신체 및 재산을 보호하고 공공의 안녕을 유지하기 위해 재해로부터 발생되는 위해발생을 예방·제거하는 경찰활동으로 정의내릴 수 있다.

(1) 재난 및 안전관리 업무의 총괄·조정(법 제6조)

행정안전부장관은 국가 및 지방자치단체가 행하는 재난 및 안전관리 업무를 총괄·조정한다.

(2) 중앙재난안전대책본부 등(법 제14조)

① 대통령령으로 정하는 대규모 재난의 대응·복구(이하 수습이라 한다) 등에 관한 사항을 총괄·조정하고 필요한 조치를 하기 위하여 행정안전부에 중앙재난안전대책본부를 둔다.

② 중앙대책본부의 장은 행정안전부장관이 되며, 중앙대책본부장은 중앙대책본부의 업무를 총괄하고 필요하다고 인정하면 중앙재난안전대책본부회의를 소집할 수 있다. 다만, 해외재난의 경우에는 외교부장관이, 방사능재난의 경우에는 중앙방사능방지대책본부의 장이 각각 중앙대책본부장의 권한을 행사한다.

③ 제2항에도 불구하고 재난의 효과적인 수습을 위하여 국무총리가 범정부적 차원의 통합 대응이 필요하다고 인정하는 경우에는 국무총리가 중앙대책본부장의 권한을 행사할 수 있다.

(3) 재난사태 선포(법 제36조)

① 행정안전부장관은 대통령령으로 정하는 재난이 발생하거나 발생할 우려가 있는 경우 사람의 생명·신체 및 재산에 미치는 중대한 영향이나 피해를 줄이기 위하여 긴급한 조치가 필요하다고 인정하면 중앙안전관리위원회의 심의를 거쳐 재난사태를 선포할 수 있다. 다만, 행정안전부장관은 재난상황이 긴급하여 중앙위원회의 심의를 거칠 시간적 여유가 없다고 인정하는 경우에는 중앙위원회의 심의를 거치지 아니하고 재난사태를 선포할 수 있다.

② 행정안전부장관은 제1항 단서에 따라 재난사태를 선포한 경우에는 지체 없이 중앙위원회의 승인을 받아야 하고, 승인을 받지 못하면 선포된 재난사태를 즉시 해제하여야 한다.

(4) 특별재난지역의 선포(법 제60조)

① 중앙대책본부장은 대통령령이 정하는 재난의 발생으로 인하여 국가의 안녕 및 사회질서의 유지에 중대한 영향을 미치거나 피해를 효과적으로 수습하기 위하여 특별한 조치가 필요하다고 인정하거나 지역대책본부장의 요청이 타당하다고 인정하는 경우에는 중앙위원회의 심의를 거쳐 해당 지역을 특별재난지역으로 선포할 것을 대통령에게 건의할 수 있다.

② 특별재난지역의 선포를 건의받은 대통령은 해당 지역을 특별재난지역으로 선포할 수 있다.

③ 지역대책본부장은 관할 지역에서 발생한 재난으로 인하여 제1항에 따른 사유가 발생한 경우에는 중앙대책본부장에게 특별재난지역의 선포건의를 요청할 수 있다.

3) 경찰의 재난관리

(1) 재난상황 시 국 · 관의 임무(경찰 재난관리 규칙 제2조)9)

① 치안상황관리관은 경찰의 재난관리 업무를 총괄한다.

② 재난관리와 관련하여 경찰청 국 · 관은 [별표 1]의 임무를 각각 수행한다.

③ 제2항에도 불구하고 재난관리와 관련하여 업무를 처리할 부서를 판단하기 어려운 경우에는 치안상황관리관이 처리할 부서를 지정한다. 다만, 국가수사본부 내 분장 사항에 대해서는 수사기획조정관의 의견에 따른다.

(2) 경찰청 재난상황실의 설치(규칙 제4조)

치안상황관리관은 재난이 발생하였거나 재난이 발생할 우려가 있는 경우에는 위기관리센터 또는 치안종합상황실에 재난상황실을 설치 · 운영할 수 있다. 다만, 재난대책본부가 설치되었거나 「재난 및 안전관리 기본법」 제38조에 따라 심각단계의 위기경보가 발령된 경우에는 재난상황실을 설치 · 운영하여야 한다.

(3) 재난상황실의 기능(규칙 제6조)

1. 재난상황의 접수 · 분석 · 전파 등 관리
2. 재난관리를 위한 초동조치 지휘 및 대책 마련
3. 재난관리를 위한 관계기관과의 협조
4. 재난상황 대응을 위한 비상연락망 유지
5. 시 · 도경찰청 및 경찰서에 설치된 재난상황실에 대한 지휘 및 지원
6. 그 밖에 재난관리를 위해 필요한 사항

---

9) 경찰 재난관리 규칙, 경찰청훈령 제1024호, 2021.7.15.

(4) 상황실장의 권한(규칙 제7조)

상황실장은 재난상황실의 기능을 수행하기 위하여 필요한 경우 국·관 및 소속 기관에 다음 각 호의 조치를 요구할 수 있다.

1. 소속 경찰관 등의 동원
2. 재난관리 자원의 제공
3. 필요한 자료의 제출
4. 그 밖에 재난관리를 위해 필요한 행정상 조치

(5) 시·도경찰청등 재난상황실 설치 및 운영(규칙 제9조)

① 시·도경찰청등의 장은 관할 지역 내에서 재난이 발생하였거나 발생할 우려가 있는 경우 재난상황실을 설치·운영할 수 있다. 다만, 시·도경찰청등에 재난대책본부가 설치되었거나 법 제38조에 따라 심각단계의 위기경보가 발령된 경우에는 재난상황실을 설치·운영하여야 한다.

(6) 재난상황의 보고 및 전파(규칙 제10조)

① 시·도경찰청등의 상황실장은 다음 각 호의 사항을 경찰청 치안상황관리관에게 수시 보고하여야 한다.

1. 재난의 발생일시·장소 및 원인, 2. 인적·물적 피해 현황, 3. 초동조치 사항, 4. 대응 및 복구활동 사항, 5. 그 밖에 재난관리를 위해 필요한 사항

② 시·도경찰청등의 상황실장은 재난상황보고서를 작성하여 경찰청 치안상황관리관에게 정기 보고하여야 하며, 보고주기와 서식 및 내용은 치안상황관리관이 재난의 성격과 유형에 따라 조정할 수 있다.

(7) 경찰청 재난대책본부의 설치(규칙 제11조)

경찰청장은 인명 또는 재산의 피해정도가 매우 큰 재난 또는 사회적, 경제적으로 광범위한 영향이 있는 재난이 발생하였거나 발생할 우려가 있어 이에 대한 전국적인 관리가 필요하다고 인정하는 경우 경찰청에 재난대책본부를 설치할 수 있다.

(8) 재난대책본부의 기능(규칙 제13조)

1. 경찰재난관리와 관련한 주요 정책의 결정
2. 경찰관서 방재·피해복구를 위해 필요한 사항의 결정
3. 중앙재난대책본부, 중앙사고수습본부 및 관계기관과의 협조
4. 시·도경찰청등에 설치한 재난대책본부에 대한 지휘 및 지원
5. 그 밖에 경찰청장 또는 본부장이 재난관리를 위해 필요하다고 인정하는 사항

(9) 재난대책본부의 격상(규칙 제15조)

재난에 대한 범정부적 차원의 통합대응이 필요하다고 인정하는 경우 본부장을 경찰청장 또는 경찰청 차장으로 격상하여 운영할 수 있다.

(10) 시 · 도경찰청등 재난대책본부의 설치 및 운영(규칙 제16조)

① 시 · 도경찰청등의 장은 경찰청에 재난대책본부가 설치되었거나, 관할 지역 내 재난이 발생하였거나 발생할 우려가 있는 경우 시 · 도경찰청등에 재난대책본부를 설치할 수 있고, 그 운영은 경찰청 재난대책본부의 운영에 대한 규정을 준용한다. 이 경우 시 · 도경찰청장등의 장은 재난대책본부의 설치사항을 바로 위 상급기관의 장에게 보고한다.

② 시 · 도경찰청의 본부장은 시 · 도경찰청장이 지정하는 차장 또는 부장으로 한다.

③ 경찰서의 본부장은 재난업무를 주관하는 부서의 장으로 한다.

④ 시 · 도경찰청등의 장은 재난의 규모가 광범위하여 효과적인 대응이 필요한 경우 본부장을 시 · 도경찰청등의 장으로 격상하여 운영할 수 있다.

(11) 재난 예방 · 대비(규칙 제17조)

① 시 · 도경찰청등의 장은 재난요인을 사전에 제거하거나 감소시킴으로써 재난발생 자체를 억제 또는 방지하기 위한 재난예방대책을 수립 · 시행하여야 한다.

② 시 · 도경찰청장등의 장은 재난관리 역량을 강화하기 위해 경찰관을 포함한 소속 직원들을 대상으로 교육 및 훈련을 실시하여야 한다.

③ 시 · 도경찰청등의 장은 재난으로 인해 경찰관서의 고립이 우려되는 경우 사전에 소요물자의 비축 등 필요한 조치를 하여야 한다.

④ 시 · 도경찰청등의 장은 재난으로 인한 통신이 끊기는 상황에 대비하여 미리 유선이나 무선 또는 위성통신을 활용할 수 있도록 긴급통신수단을 마련하여야 한다.

(12) 재난대응(규칙 제18조)

① 시 · 도경찰청등의 장은 관할 지역에서 재난이 발생하였거나 발생이 임박한 경우 그 피해를 최소화하기 위하여 다음 각 호 중 필요한 조치를 하여야 한다.

1. 현장접근통제 및 우회로 확보
2. 교통관리 및 치안질서유지 활동
3. 긴급구조 및 주민대피 지원
4. 그 밖에 재난대응을 위한 조치

② 시 · 도경찰청등의 장은 재난으로 인하여 피해가 발생하였을 때에는 바로 위 상급기관의 장에게 피해내용을 지체 없이 보고하여야 한다.

(13) 현장지휘본부의 설치 및 운영(규칙 제20조)

시 · 도경찰청등의 장은 관할 지역 내 재난이 발생한 경우 재난 현장의 대응 활동을 총괄하기 위하여 현장지휘본부를 설치할 수 있다.

4) 현대사회 재난의 특성

현대사회의 각종 재해는 위험시기와 안전시기의 경계가 없어 언제든지 우리 주위에서 발생할 수 있는 ① 일상성, ② 개인의 자유의지와는 무관하게 발생할 수 있는 타율성, ③ 재해발생의 책임을 누구에게 물을 수 없는 익명성, ④ 재난의 피해정도를 돈으로 계산할 수 없는 불확실성, ⑤ 재해의 발생을 물질적 풍요의 결과로 보는 재난불감증 등의 특성을 가지고 있다.

2. 국가중요시설 경비

1) 중요시설

국가중요시설이란 공공기관, 공항・항만, 주요 산업시설 등 적에 의하여 점령 또는 파괴되거나 기능이 마비될 경우 국가안보와 국민생활에 심각한 영향을 주게 되는 시설을 말한다(통합방위법 제2조 제13호). 국가중요시설은 그 경비를 위해 위치・규모・구조・주위환경・특성에 따른 취약요소를 분석하여 중요시설의 경비능력을 파악하는 방호진단이 요구된다.

2) 국가중요시설 경비의 법적 근거

국가중요시설에 대한 법적 근거는 「통합방위법」 및 「통합방위법 시행령」이다.

3) 국가중요시설의 경비・보안 및 방호(통합방위법 제21조)

① 국가중요시설의 관리자(소유자를 포함)는 경비・보안 및 방호책임을 지며, 통합방위사태에 대비하여 자체방호계획을 수립하여야 한다. 이 경우 국가중요시설의 관리자는 자체방호계획을 수립하기 위하여 필요하면 시・도경찰청장 또는 지역군사령관에게 협조를 요청할 수 있다.

② 시・도경찰청장 또는 지역군사령관은 통합방위사태에 대비하여 국가중요시설에 대한 방호지원계획을 수립・시행하여야 한다.

③ 국가중요시설의 평시 경비・보안활동에 대한 지도・감독은 관계 행정기관의 장과 국가정보원장이 수행한다.

④ 국가중요시설은 국방부장관이 관계 행정기관의 장 및 국가정보원장과 협의하여 지정한다.

⑤ 국가중요시설의 자체방호, 방호지원계획, 그 밖에 필요한 사항은 대통령령으로 정한다.

4) 국가중요시설의 분류기준

(1) 실질적 분류

실질적 분류는 국가안전에 미치는 중요도에 의한 구분으로 '가・나・다'급으로 구분된다.

① 가급

적에 의해 점령 또는 파괴되거나, 기능 마비 시 광범위한 지역의 통합방위작전 수행이 요구되고 국민생활에 결정적인 영향을 미칠 수 있는 시설을 말한다.

국가 및 공공기관시설 중 가급은 청와대, 국회의사당, 대법원, 정부종합청사, 국방부, 국가정보원청사, 한국은행 본점 등이 해당된다.[10] 철강, 조선, 항공기, 정유 등 국가경제에 중요한 영향을 미치는 대규모 산업시설이나 원자력발전소 같은 전력시설, 전국권으로 방송되는 공영 라디오 · TV방송 제작시설, 방송시설, 국제공항은 가급에 해당한다.

② 나급

적에 의해 점령 또는 파괴되거나, 기능 마비 시 일부지역의 통합작전이 요구되고 국민생활에 중대한 영향을 미칠 수 있는 시설을 말한다.

국가 및 공공기관시설 중 나급은 중앙행정기관 각 부처 및 이에 준하는 기관, 경찰청, 대검찰청, 기상청 청사, 한국산업은행, 한국수출입은행 본점이 해당된다(국방부훈령 제1057호, 제6조 제2호 및 제7조 제2호).

국가경제에 영향을 미치는 중요산업시설로서 파괴 시 대체가 곤란한 중요산업시설, 발전용량 100만kW 이상인 발전소, 전국권으로 방송되는 민영 라디오, TV방송 제작시설과 공영방송의 도 단위급 지방총국, 공영 라디오 방송 송신출력 250kW 이상의 송신시설, 국제공항을 제외한 주요 국내공항 등이 해당한다.

③ 다급

적에 의해 파괴되거나, 기능 마비 시 제한된 지역에서 단기간 통합방위작전 수행이 요구되고, 국민생활에 상당한 영향을 미칠 수 있는 시설을 말한다.

기타 중앙행정기관이 해당된다. 즉, 중앙행정기관의 청사, 국가정보원 지부, 한국은행 각 지역본부, 다수의 정부기관이 입주한 남북출입관리시설, 기타 중요 국 · 공립기관이 해당된다(국방부훈령 제6조 제1항 제3호).

가 · 나급 이외의 특별한 보호가 요구되는 산업시설, 발전용량 50만kW 이상인 발전소, 공영 라디오 방송 송신출력 100kW 이상의 송 · 중계시설, 접안능력이 10만 톤 이상인 항만시설 등이 해당한다(국방부훈령 제7조 제2항 제2호).

(2) 형식적 분류

사용목적에 의한 분류로서 행정시설과 산업시설로 나누어진다. 행정시설로는 청와대, 국회의사당, 대법원, 중앙행정기관, 한국은행 등이며, 산업시설은 일반산업시설, 발전시설, 방송 · 통신사 등이 해당된다.

5) 국가중요시설의 방호책임

(1) 평상시 방호책임

국가중요시설의 경비 · 보안 및 방호를 위하여 국가중요시설의 관리자(소유자를 포함), 시 · 도경찰청장, 지역군사령관 및 대대 단위 지역책임 부대장은 다음 각 호의 구분에 따른 업무를 수행하여야 한다(통합방위법 시행령 제32조).

---

10) 국가중요시설 지정 및 방호 훈령 제6조 제1항 제1호 및 제7조 제1항 제1호, 국방부훈령 제1057호, 2009.5.25.

1. 관리자의 경우에는 다음 각 목의 업무
   가. 청원경찰, 특수경비원, 직장예비군 및 직장민방위대 등 방호인력, 장애물 및 과학적인 감시 장비를 통합하는 것을 내용으로 하는 자체방호계획의 수립 · 시행. 이 경우 자체방호계획에는 관리자 및 특수경비업자의 책임 하에 실시하는 통합방위법령과 시설의 경비 · 보안 및 방호 업무에 관한 직무교육과 개인화기(個人火器)를 사용하는 실제의 사격훈련에 관한 사항이 포함되어야 한다.
   나. 국가중요시설의 자체방호를 위한 통합상황실과 지휘 · 통신망의 구성 등 필요한 대비책의 마련
2. 시 · 도경찰청장 및 지역군사령관의 경우에는 관할 지역 안의 국가중요시설에 대하여 군 · 경찰 · 예비군 및 민방위대 등의 국가방위요소를 통합하는 것을 내용으로 하는 방호지원계획의 수립 · 시행. 이 경우 경찰은 경찰서 단위의 방호지원계획을 수립 · 시행하고, 군은 대대 단위의 방호지원계획을 수립 · 시행하여야 한다.
3. 관리자, 대대 단위 지역책임 부대장 및 경찰서장은 국가중요시설의 방호를 위한 역할분담 등에 관한 협정을 체결하고, 자체방호계획 또는 대대 단위나 경찰서 단위의 방호지원계획을 작성하거나 변경하는 때에는 그 사실을 서로 통보한다.

(2) 통합방위 사태선포 시의 지휘 및 협조관계(시행령 제25조)

통합방위 사태의 경우 ① 갑종사태가 선포된 때에는 통합방위본부장 또는 지역군사령관이 모든 국가방위요소를 작전통제하여 통합방위작전을 수행한다. ② 을종사태가 선포된 때에는 지역군사령관이 모든 국가방위요소를 작전통제하여 통합방위작전을 수행한다. ③ 병종사태가 선포된 때에는 경찰관할 지역은 시 · 도경찰청장이 민방위대 자원 및 지역군사령관으로부터 위임받은 군 작전요소를 작전통제하여 통합방위작전을 수행한다(통합방위법 시행령 제25조 제1항).

6) 방호지대-3지대 개념의 방호선

중요시설은 적의 기습적 공격에 시설이 마비되지 않도록 적극적 방호활동으로 3선 개념의 방호태세를 유지해야 한다. 방호시설은 밖으로부터 안으로의 순서에 따라 제1선, 제2선, 제3선의 구분이 이루어진다.

(1) 제1지대(경계지대)

시설 울타리 전방 취약지점에서 시설에 접근하기 전에 저지할 수 있는 예상 접근로상의 목지점과 감제고지 등을 장악하는 선으로서, 소총 유효사거리 개념인 외곽 경비지대를 연결하는 선으로서, 매복 등 경력을 배치하든지 장애물을 설치하여 방호를 실시한다.

(2) 제2지대(주방어지대)

시설 울타리를 연결하는 선으로 시설 내부 및 핵심시설에 적의 침투를 방지하여 결정적으로 중요시설을 방호하는 선을 말한다. 탐조등과 망루, 보안등과 같은 방호시설물을 집중적으로 설치하고, 출입자 통제 및 무단침입자를 감시한다.

(3) 제3지대(핵심방어지대)

시설의 기능에 결정적인 영향을 미치는 지역에 대한 최후의 방어선을 말한다. 주요 핵심부는 위장하며, 항상 경비원의 감시 하에 통제가 되도록 하고 방호벽 · 방탄망 및 적외선 · CCTV 등 방호시설물을 설치한다. 유사시에는 결정적인 보호가 될 수 있도록 경비인력을 증가 배치하여야 한다.

제 4 절 다중범죄진압

1. 의의

1) 개념

다중범죄진압이란 공공의 안녕과 질서를 파괴하는 다중에 의한 불법사태가 발생하거나 발생할 것에 대비하여 신속하고도 적절한 조치를 취함으로써, 사태를 예방 · 진압하고 또한 사태악화를 최소화하여 피해를 극소화하는 경찰활동이다.

2) 집단행동과 관련된 현상

(1) 님비(Not in My Back Yard)현상

산업폐기물 처리장, 쓰레기 매립장, 원자력 발전소, 범죄자 및 장애인 관련 시설 등이 자기지역에 들어오는 것에 대해 반대하는 현상이다. 이와 같은 시설들의 필요성에 대해서는 인정하면서도 집값 하락이나 공해유발, 위험도 증가 등의 이유를 들어 반대하는 지역이기주의현상을 말한다.

(2) 핌피(Please in My Front Yard)현상

증권거래소, 경마장, 월드컵 경기장, 관광특구 등 자기지역에 이득이 되는 시설이나 산업을 서로 유치하려고 하는 현상을 말한다. 같은 지역이기주의지만 님비현상과는 정반대의 모습이다.

(3) 임비(Yes in My Back Yard)현상

쓰레기 매립장, 핵폐기물 시설 등의 오염시설이나 혐오시설이 들어서는 지역의 주민들에게 국가에서 정책적으로 다른 이득을 줌으로써 배려하는 현상을 말한다. 이는 님비현상을 방지하기 위한 것이다.

(4) 바나나(Build Asolutely Nothing Anywhere Near Anybody)현상

어디에든 아무것도 절대 짓지 말라는 의미로 핵폐기물을 비롯한 혐오시설을 자기 생활권 내에 절대 지을 수 없다는 심리상태를 가리킨다.

(5) 노비즘(Nobyism)현상

노비즘현상이란 이웃이나 사회에 피해가 가더라도 자신에게 손해가 되지 않는 일에는 무관심한 현상을 말한다.

(6) 도넛(Doughnut)현상

도넛현상이란 대도시의 거주지역 및 업무의 일부가 외곽지역으로 집중되고 도심에는 공공기관, 상업기관만 남게 되어, 도심이 도넛모양으로 텅 비는 현상을 가리킨다.

(7) 스프롤(Sprawl)현상

스프롤현상이란 도시의 팽창으로 기존의 주거지역이 과밀화되면서 도시의 주거지역이나 공업지역이 농경지나 삼림지를 잠식해서 도시의 외곽으로 무질서하게 주택화로 잠식해 가는 현상을 가리킨다.

2. 군중심리에 대한 이론적 접근

1) 다중범죄의 특성

(1) 확신적 행동성

다중범죄에 관련된 주동자나 참여자들은 자신들의 생각이나 주의·주장이 정의라는 확신을 갖고 행동하는 경우가 대부분이다. 따라서 행위자들은 자신들을 사회적 약자로 분류하고, 사회정의를 위한 투사로 생각하며 전혀 죄의식을 느끼지 않는 경우가 많다. 그들은 분신·투신과 같은 과격한 행동을 선택하는 등의 희생을 스스로 자초하는 일이 종종 발생한다.

(2) 조직적 연계성

다중범죄는 대부분 그 중심에 특정 이념과 사상을 추종하는 조직을 중심으로 이루어진다. 과거에는 국가정책이나 지역사업에 반대하는 집단시위는 조직성과 이념성이 결여되었으나, 최근에는 이러한 성격의 다중범죄에도 다중을 배후에서 조종하고 움직이는 전국적인 조직이 연계되어 있는 경우가 대부분이다. 그러므로 다중범죄의 예방·진압을 위해서는 그 중심 조직의 이념과 목적, 그리고 활동방침을 정확하게 파악해야 한다.

(3) 우발성과 부화뇌동적 파급성

다중범죄는 사전계획에 의해서 이루어지기도 하나, 군중심리로 인하여 우발적으로 발생되는 경우가 많다. 우연히 아주 사소한 동기에 의해 발생하기도 하고, 일단 발생하면 부화뇌동적으로 갑자기 확대되어 주최측도 다중을 통제할 수 없는 상황이 발생하게 된다.

(4) 비이성적 단순성

다중범죄에 관련된 시위군중은 자신들의 주장은 모두 옳고 자신들에 반대하는 사람들은 적으로 생각한다. 그러므로 그들에 대한 타협이나 설득이 극히 어렵고 다수의 힘에 의해 자신들의 주

의 · 주장을 관철하는 것이 비록 폭력적일지라도 최선이라는 단순논리에 따라 행동한다.[11]

(5) 수단과 방법의 비윤리성

다중범죄를 획책하는 집단은 사회적 약자인 장애인, 노인과 여성, 그리고 어린이들을 불법시위에 끌어들이는 비윤리적 행동을 마다하지 않는다. 이는 불법시위에 대한 경찰의 강력대응을 무력화시키고 진압과정에서의 성추행 시비의 유발과 사회적 약자에 대한 경찰의 공권력 행사를 여론화하여 사법처리를 피하려고 하는 교묘한 행동전술이다.

3. 다중범죄의 정책적 치료법

1) 선수승화법

선수승화법은 경찰이 특정한 불만집단에 대한 정보활동을 강화하여 사전에 불만 및 분쟁요인을 찾아내어 해소시켜주는 사전해결 방법이다. 특정지역의 재개발과 관련하여 일부 세입자의 시위가 예상되어 경찰서 정보과에서 관계인 면담을 주선하여 대화에 의한 타협을 보는 경우가 실례이다.

2) 지연정화법

지연정화법은 불만집단의 고조된 주장을 시간을 끌어 이성적으로 생각할 기회를 부여하고 정서적으로 감정을 둔화시켜서 흥분을 가라앉게 하는 방법으로서, 시간을 지연시켜 해결책을 찾는 방법이다. 즉, 시간을 지연시켜 이슈를 약화시키는 방법이다.

3) 전이법

전이법은 다중범죄의 발생징후나 이슈가 있을 때 집단이나 국민들의 관심을 집중시킬 수 있는 경이적인 사건을 폭로하거나, 규모가 큰 행사를 개최하여 원래의 이슈가 상대적으로 약화되도록 하는 방법을 말한다.

4) 경쟁행위법

경쟁행위법은 불만집단과 반대되는 대중의견을 크게 부각시켜 불만집단이 위압되어 스스로 해산 또는 분산되도록 하는 방법을 말한다. 지하철 노조의 파업에 대해 일반시민의 비난여론이 언론에 보도되자 파업을 철회하는 경우 등이 해당한다.

11) 한종욱, 앞의 책, pp.246-247.

4. 다중범죄진압의 기본원칙

1) 봉쇄방어

군중들이 중요시설이나 기관 등에 대한 점거를 기도할 경우, 사전에 진압부대를 시설이나 기관의 출입구에 배치하여 시위대의 진입을 막고 바리케이드 등을 이용하여 봉쇄하는 방법으로서, 이러한 봉쇄조치는 수개의 조치가 복합적으로 이루어져 시위대의 의도를 사전에 봉쇄하는 방법이다.

2) 차단배제

① 다중범죄는 다중이 모일 수 있는 교통상 편리한 장소에서 시도되는 경우가 많다. 이러한 경우 군중이 목적지에 집결하기 전에 중간에서 차단하여 집결을 못하게 하는 방법이다.

② 차단 · 배제를 위해서는 중요 목지점에 경력을 배치하고, 검문검색을 실시하여 불법시위가담자를 색출 · 검거하거나 귀가조치시킴으로써 다중범죄의 발생을 사전에 차단하는 것이다.

3) 세력분산

시위대가 대규모 집단을 형성하여 불법시위를 시도하는 상황에서 진압부대의 검거 · 연행 또는 해산작전이 이루어질 경우에, 시위대를 수개의 소집단으로 분산시켜 다중에 의한 힘을 약화시키고, 진압부대는 한 군데로 집중하여 힘의 우위를 점하여 안전진압 위치를 확보한다.

4) 주동자 격리

다중범죄는 특정한 지도자나 주동자의 배후조종과 선동에 의하여 이루어지므로, 그 주모자를 사전에 검거하거나 군중과 격리시킴으로써 군중의 집단적 결속력을 약화시켜 통합된 강력한 힘을 발휘하지 못하게 함으로써 진압하는 방법이다. 그러나 적법하게 신고된 집회가 불법폭력시위로 변질되었을 경우에는 주동자는 경고 · 설득의 대상이므로, 검거작전에 들어가기 전에 주동자를 검거할 것인가에 대한 여부는 신중히 검토되어야 한다.

5) 과격시위자 검거 및 안전진압

대부분의 불법시위는 시위대 선봉에 소위 사수대 등의 과격시위자들이 폭력시위를 주도하므로, 세력분산작전으로 이들을 고립시켜 초기에 검거하는 완전진압을 해야 한다. 이러한 초기 타격작전의 경우에도 소위 변수발생 방지라는 안전진압은 반드시 지켜져야 한다. 특히 고층빌딩 같이 좁은 공간에서의 경찰작전의 경우에 안전진압을 위한 사전 준비를 철저하게 준비해야 한다.

5. 진압의 3대 원칙

1) 신속한 해산

시위군중은 군중심리의 영향으로 격화 확대되기 쉽고 파급성이 강하므로, 초기단계에서 신속하고 철저히 이를 해산시켜야 한다.

2) 재집결방지

시위군중은 일단 해산 후 다시 집결하기 쉬우므로, 추적조를 운영하고 재집결할 만한 곳에 경력을 배치하여 순찰과 검문을 강화하여 재집결을 방지하여야 한다.

3) 주모자 체포

시위군중은 주모자를 잃으면 무기력해져 쉽게 해산하는 것이 보통이므로, 그들 가운데서 주동적으로 행동하는 자부터 체포하여 분리시켜 주모자를 색출한다.

제 5 절 경호경비

1. 경호의 의의와 목적

경호라 함은 경호대상자의 생명과 재산을 보호하기 위하여 신체에 가하여지는 위해를 방지하거나 제거하고, 특정지역을 경계 · 순찰 및 방비하는 등의 모든 안전 활동을 말한다(대통령 등의 경호에 관한 법률 제2조 제1호).[12]

경호의 목적은 피경호자의 신변안전도모, 질서유지와 혼잡방지, 피경호자와 환영자 간의 친목도모, 위엄유지와 국위선양 등이다.

2. 경호의 대상

1) 경호의 대상(법 제4조)

① 경호처의 경호대상은 다음과 같다.

1. 대통령과 그 가족
2. 대통령 당선인과 그 가족
3. 본인의 의사에 반하지 아니하는 경우에 한정하여 퇴임 후 10년 이내의 전직 대통령과 그 배우자. 다만, 대통령이 임기 만료 전에 퇴임한 경우와 재직 중 사망한 경우의 경호기간은 그로부터 5년으로 하고, 퇴임 후 사망한 경우의 경호 기간은 퇴임일부터 기산하여 10년을 넘지 아니하는 범위에서 사망 후 5년

12) 대통령 등의 경호에 관한 법률, 법률 제14839호, 2017.7.26.

으로 한다.
4. 대통령권한대행과 그 배우자
5. 대한민국을 방문하는 외국의 국가 원수 또는 행정수반과 그 배우자
6. 그 밖에 처장이 경호가 필요하다고 인정하는 국내외 요인

② 전직 대통령 또는 그 배우자의 요청에 따라 처장이 고령 등의 사유로 필요하다고 인정하는 경우에는 5년의 범위에서 제1항 제3호에 규정된 기간을 넘어 경호할 수 있다.

2) 갑호와 을호 경호

(1) 국내요인

① 갑호는 i) 대통령과 그 가족, ii) 대통령 당선인과 그 가족, iii) 대통령 권한대행자와 그 배우자, iv) 본인의 의사에 반하지 아니하는 경우에 한정하여 퇴임 후 10년 이내의 전직 대통령과 그 배우자, 다만, 대통령이 임기 만료 전에 퇴임한 경우와 재직 중 사망한 경우의 경호기간은 그로부터 5년으로 하고, 퇴임 후 사망한 경우의 경호기간은 퇴임일부터 기산하여 10년을 넘지 아니하는 범위에서 사망 후 5년으로 한다. 경호처가 경호를 담당한다.

② 을호는 i) 퇴임 후 10년이 경과한 전직 대통령, ii) 대통령 선거후보자, iii) 국회의장, 대법원장, 헌법재판소장, 국무총리로 경찰이 경호를 담당한다.

③ 병호는 갑호와 을호 외에 경찰청장이 필요하다고 인정하는 사람들로 경찰이 경호를 담당한다.

(2) 외국귀빈

① 국빈 A, B, C등급으로 대통령, 국왕, 행정수반과 그 배우자 등이 이에 해당되며, 경호처가 경호를 담당한다.

② 외빈 A, B등급으로 왕족, 국제기구대표, 기타 장관급 이상 외빈은 경찰이 경호를 담당한다.

3. 경호의 4대 원칙

1) 자기희생의 원칙

경호원은 피경호자의 안전을 위해서는 어떠한 희생도 감수해야 한다. 자신의 모든 것을 바쳐서 피경호자의 안전을 지키는 것이 경호원의 사명이다.

2) 자기담당구역 책임의 원칙

경호근무자는 근무구역이 주어지기 때문에 그 구역 내에서 일어나는 모든 사태에 대해서 책임을 지고 완벽한 경호업무를 수행해야 한다.

3) 하나의 통제된 지점을 통한 접근의 원칙

피경호자와 접근할 수 있는 통로는 가능한 한 단일 통로로 제한하고, 그 통로도 경호원의 엄격한 확인절차를 거친 후 접근이 허용되어야 한다.

4) 목표물보존의 원칙

피경호자는 암살 기도자나 위해를 가할 가능성이 있는 자들의 접근이 완전히 차단될 수 있도록 보호되어야 한다. 이는 보안의 원칙이라고도 한다. 행차코스, 행사 예정장소 등은 원칙적으로 비공개로 하고, 대중에게 노출된 도보행차는 가급적 제한되어야 한다. 또한 수차 행차했던 동일한 장소는 가급적 피해야 한다.

4. 3선 개념 행사장 경호

1) 제1선: 안전구역(내부)

① 제1선은 수류탄이나 권총의 유효사거리에 해당하는 지역으로서, 실내의 경우에는 행사장 내부, 실외의 경우에는 행사장 반경 50m 내외 지역이 해당된다.

② 이 지역은 옥내의 경우에는 건물자체, 옥외의 경우에는 본부석을 말한다.

③ 요인의 승 · 하차장, 동선(이동통로) 등의 취약개소로 피경호자에게 직접적으로 위해를 가할 수 있는 거리 내의 지역이 포함된다.

④ 위해요소에 대한 완벽한 통제를 통한 피경호자의 절대안전구역이다. 금속탐지기 설치 · 운용, 비표확인 및 출입자 감시에 의해 출입자를 통제하고 관리한다.

⑤ 경호에 대한 주관 및 책임은 경호실에 있으며, 경찰은 경호실의 요청 시 경력 및 장비를 지원한다. 경찰은 경호인력에 대한 통합지휘나 타기관과의 협조연락 업무를 수행하기 위해 경호실이 운영하는 경호CP와는 별도로 경비CP를 설치 · 운영해야 한다.

2) 제2선: 경비구역(내곽)

① 제2선은 제1선을 제외한 행사장 중심으로 소총 유효사거리에 해당하는 지역으로서, 실내의 경우에는 건물담장의 내곽, 실외는 행사장 반경 600m 내외의 지역이 해당된다.

② 제2선은 바리케이드 등 장애물 설치, 돌발사태 대비 예비대 운영, 소방차, 구급차 대기 등에 의해 경찰이 담당하는 지역이다. 군부대 내일 경우에는 군이 책임을 진다.

3) 제3선: 경계구역(외곽)

① 제3선은 소구경 곡사화기의 유효사거리에 해당하는 지역으로서, 실내의 경우에는 행사장 반경 600m 내외, 실외의 경우에 행사장 반경 1.5km 내외의 지역이다.

② 행사장을 향한 적의 접근을 조기에 경보하고 차단하기 위하여 설정된 선을 말한다.

③ 행사장 직시 고층건물과 감제고지(감시·통제하는 높은 지역)에 대한 안전확보, 피경호자에 대한 위해요소를 제거하는 등 우발사태에 대비한다.

④ 통상 경찰책임 하에 감시조 운영, 도보 등 원거리 기동순찰조 운영, 그리고 원거리에서 거동수상자를 검문차단한다.

5. 경호활동의 구분

1) 행사성격에 의한 경호활동의 구분

(1) 완전공식

대규모 국가적인 행사로서 사전에 언론을 통해 완전히 공개된 행사로서, 대통령 취임식, 올림픽, 월드컵 축구대회, 아셈(ASEM) 같은 국제회의 등이 해당된다.

(2) 공식

국경일, 기념일, 기공식이나 준공식 등 연례적·통상적으로 실시하는 공개된 행사 등이 해당된다.

(3) 비공식

현장방문행사 등과 같이 보안유지가 요구되는 비공개 행사 시 실시하는 경호를 말한다.

(4) 완전비공식

민정시찰·사저행차·운동이나 공연관람 등과 정무 또는 사적인 필요에 의해 사전통보나 절차 없이 이루어지는 행사 시 실시하는 경호로서 고도의 보안을 요구한다.

2) 경호수준에 의한 경호활동의 구분

(1) 경호1등급

행사장에 3선 경호 개념을 적용하고, 총력경호체제가 요구되는 완전공식 행사 시의 경호활동이다.

(2) 경호2등급

행사장에 3선 경호 개념이 적용되며, 연례적이고 통상적인 공식행사시의 경호활동이다.

(3) 경호3등급

행사장에 2선 경호 개념을 적용하고, 선별적으로 경력이 운용되는 비공식 행사 시의 경호활동이다.

(4) 경호4등급

행사장에 1선 경호 개념을 적용 또는 근접경호 위주의 완전비공식 행사 시의 경호활동이다.

(5) 경호5등급

근접경호와 순찰차 에스코트 위주의 경호활동이다.

6. 청원경찰의 배치와 감독

1) 청원경찰

청원경찰은 국가기관 또는 공공단체와 그 관리 하에 있는 중요시설 또는 사업장, 국내주재 외국기관, 기타 행정안전부령으로 정하는 중요시설 · 사업장 등의 경영자가 소요경비를 부담할 것을 조건으로 경찰의 배치를 신청하는 경우에, 그 기관 · 시설 또는 사업장 등의 경비를 담당하게 하기 위하여 배치하는 경찰을 말한다.[13)]

2) 성격

청원경찰은 보통경찰기관으로서 특별경찰집행기관에 속하므로 형식적 의미의 경찰에 해당하며, 또 경비구역 내에서 일반국민에 대한 명령과 강제권이 인정되므로, 그 범위 내에서는 실질적 의미의 경찰에도 해당한다.

3) 청원경찰의 배치[14)]

① 청원경찰의 배치권한은 관할 시 · 도경찰청장에게 있다. 따라서 청원경찰을 배치받으려는 자는 관할 시 · 도경찰청장에게 배치를 신청하여야 한다.

② 시 · 도경찰청장은 청원경찰 배치신청을 받으면 지체 없이 그 배치 여부를 결정하여 신청인에게 알려야 한다.

③ 시 · 도경찰청장은 청원경찰 배치가 필요하다고 인정하는 기관의 장 또는 시설 사업장의 경영자에게 청원경찰을 배치할 것을 요청할 수 있다(청원경찰법 제4조).

4) 임용 및 감독

① 청원경찰은 청원주가 임용권자이고 지방경찰청장이 임용 승인권자이다. 청원경찰에 대한 직무감독권한은 청원주와 시 · 도경찰청장 및 경찰서장에게 있다.

② 시 · 도경찰청장은 청원경찰의 효율적인 운영을 위하여 청원주를 지도하며 감독상 필요한 명령을 할 수 있다(청원경찰법 제9조의3).

③ 관할 경찰서장은 매달 1회 이상 청원경찰을 배치한 경비구역에 대하여 복무규율과 근무상황, 무기의 관리 및 취급 사항을 감독하여야 한다(시행령 제17조).[15)]

---

13) 김남진 · 김연태, 행정법Ⅱ, 법문사, 2005, p.265.

14) 청원경찰법, 법률 제19033호, 2022.11.15.

15) 청원경찰법 시행령, 대통령령 제33428호, 2023.4.25.

5) 직무

① 청원경찰은 청원주와 관할 경찰서장의 감독을 받아 그 경비구역 안에 한하여 경비목적을 위하여 필요한 범위 안에서 「경찰관 직무집행법」에 의한 경찰관의 직무를 수행한다. 즉, 불심검문, 보호조치, 위험발생 방지, 범죄예방과 제지, 교통정리 등을 할 수 있다(법 제3조).

② 청원경찰에게 사법경찰사무(범죄수사)는 인정되지 않으며, 직무수행 중 경찰장구·무기 및 분사기의 휴대 및 사용권한이 있다. 즉, 청원경찰은 청원주가 국가에 기부채납한 무기에 한하여 대여받아 휴대할 수 있다.

6) 징계(법 제5조의2)

① 청원주는 청원경찰이 다음 각 호의 어느 하나에 해당하는 때에는 대통령령으로 정하는 징계절차를 거쳐 징계처분을 하여야 한다.

1. 직무상의 의무를 위반하거나 직무를 태만히 한 때
2. 품위를 손상하는 행위를 한 때

② 청원경찰에 대한 징계의 종류는 파면, 해임, 정직, 감봉 및 견책으로 구분한다.

③ 관할 경찰서장은 청원경찰이 법 제5조의2의 징계사유에 해당한다고 인정되면 청원주에게 해당 청원경찰에 대하여 징계처분을 하도록 요청할 수 있다(시행령 제8조).

7) 제복 착용과 무기 휴대(법 제8조)

① 청원경찰은 근무 중 제복을 착용하여야 한다.

② 청원경찰이 그 배치지의 특수성 등으로 특수복장은 착용할 필요가 있을 때에는 청원주는 시·도경찰청장의 승인을 받아 특수복장을 착용하게 할 수 있다(시행령 제14조 제3항).

③ 청원주가 청원경찰이 휴대할 무기를 대여 받으려는 경우에는 관할 경찰서장을 거쳐 시·도경찰청장에게 무기대여를 신청하여야 한다(시행령 제16조 제1항).

④ 신청을 받은 시·도경찰청장이 무기를 대여하여 휴대하게 하려는 경우에는 청원주로부터 국가에 기부채납된 무기에 한정하여 관할 경찰서장을 하여금 무기를 대여하여 휴대하게 할 수 있다(시행령 제16조 제2항).

8) 직권남용 금지(법 제10조)

① 청원경찰이 직무를 수행할 때 직권을 남용하여 국민에게 해를 끼친 경우에는 6개월 이하의 징역이나 금고에 처한다.

② 청원경찰 업무에 종사하는 사람은 형법이나 그 밖의 법령에 따른 벌칙을 적용할 때에는 공무원으로 본다.

9) 배상책임(법 제10조의2)

청원경찰(국가기관이나 지방자치단체에 근무하는 청원경찰은 제외)의 직무상 불법행위에 대한 배상책임에 관하여는 「민법」의 규정을 따른다.

10) 분사기 휴대(시행령 제15조)

청원주는 분사기의 소지허가를 받아 청원경찰로 하여금 그 분사기를 휴대하여 직무를 수행하게 할 수 있다.

11) 주의사항(시행규칙 제21조)

① 청원경찰이 「경찰관 직무집행법」에 따른 직무를 수행할 때에는 경비목적을 위하여 필요한 최소한의 범위에서 하여야 한다.

② 청원경찰은 「경찰관 직무집행법」에 따른 직무 외의 수사활동 등 사법경찰관리의 직무를 수행해서는 아니 된다.[16]

제 6 절 대테러 경비

1. 테러와 테러리즘

1) 개념 정의

테러는 라틴어 'terrere'에서 기원하며, 공포, 공포조성, 커다란 공포 혹은 죽음의 심리상태를 의미하는데, 이는 곧 떠는, 떨게 하는 상태, 그리고 죽음을 야기하는 행위나 속성을 뜻한다.[17]

2) 국민보호와 공공안전을 위한 테러방지법상 테러 등 관련 용어 정의[18]

(1) 테러(법 제2조 제1호)

① 테러란 국가 · 지방자치단체 또는 외국 정부(외국 지방자치단체와 조약 또는 그 밖의 국제적인 협약에 따라 설립된 국제기구를 포함한다)의 권한행사를 방해하거나 의무 없는 일을 하게 할 목적 또는 공중을 협박할 목적으로 하는 행위를 말한다.

② 테러는 게릴라전과 비교할 때 비교적 소규모로 나타난다. 그러나 그 피해는 더 클 수도 있다.

(2) 테러단체와 테러위험인물(법 제2조 제2호 및 제3호)

테러단체란 국제연합(UN)이 지정한 테러단체를 말하며, 테러위험인물이란 테러단체의 조직원

---

16) 청원경찰법 시행규칙, 행정안전부령 제246호, 2021.3.30.
17) 최진태, 테러리즘의 이론과 실제, 대영문화사, 2006, pp.18-19.
18) 국민보호와 공공안전을 위한 테러방지법, 법률 제18321호, 2021.7.20.

이거나 테러단체 선전, 테러자금 모금 · 기부, 그 밖에 테러 예비 · 음모 · 선전 · 선동을 하였거나 하였다고 의심할 상당한 이유가 있는 사람을 말한다.

(3) 외국인테러전투원(법 제2조 제4호)

외국인테러전투원이란 테러를 실행 · 계획 · 준비하거나, 테러에 참가할 목적으로 국적국이 아닌 국가의 테러단체에 가입하거나 가입하기 위하여 이동 또는 이동을 시도하는 내국인 · 외국인을 말한다.

(4) 테러자금(법 제2조 제5호)

테러자금이란 「공중 등 협박목적 및 대량살상무기확산을 위한 자금조달행위의 금지에 관한 법률」 제2조 제1호에 따른 공중 등 협박목적을 위한 자금을 말한다.

(5) 대테러활동(법 제2조 제6호)

대테러활동이란 제1호의 테러 관련 정보의 수집, 테러위험인물의 관리, 테러에 이용될 수 있는 위험물질 등 테러수단의 안전관리, 인원 · 시설 · 장비의 보호, 국제행사의 안전확보, 테러위협에의 대응 및 무력진압 등 테러 예방과 대응에 관한 제반 활동을 말한다.

3) 테러위험인물에 대한 정보수집(법 제9조)

① 국가정보원장은 테러위험인물에 대하여 출입국 · 금융거래 및 통신이용 등 관련 정보를 수집할 수 있다.

② 국가정보원장은 정보수집 및 분석의 결과 테러에 이용되었거나 이용될 가능성이 있는 금융거래에 대하여 지급정지 등의 조치를 취하도록 금융위원회 위원장에게 요청할 수 있다.

③ 국가정보원장은 테러위험인물에 대한 개인정보와 위치정보를 개인정보처리자와 개인위치정보사업자 및 사물위치정보사업자에게 요구할 수 있다.

④ 국가정보원장은 대테러활동에 필요한 정보나 자료를 수집하기 위하여 대테러조사 및 테러위험인물에 대한 추적을 할 수 있다. 이 경우 사전 또는 사후에 대책위원회 위원장에게 보고하여야 한다.

4) 테러선동 · 선전물 긴급 삭제 등 요청(법 제12조)

① 관계기관의 장은 테러를 선동 · 선전하는 글 또는 그림, 상징적 표현물, 테러에 이용될 수 있는 폭발물 등 위험물 제조법 등이 인터넷이나 방송 · 신문, 게시판 등을 통해 유포될 경우 해당 기관의 장에게 긴급삭제 또는 중단, 감독 등의 협조를 요청할 수 있다.

② 협조를 요청받은 해당 기관의 장은 필요한 조치를 취하고, 그 결과를 관계기관의 장에게 통보하여야 한다.

5) 외국인테러전투원에 대한 규제(법 제13조)

① 관계기관의 장은 외국인테러전투원으로 출국하려 한다고 의심할 만한 상당한 이유가 있는 내국인 · 외국인에 대하여 일시 출국금지를 법무부장관에게 요청할 수 있다.

② 이 경우 일시 출국금지 기간은 90일로 한다. 다만, 출국금지를 계속할 필요가 있다고 판단할 상당한 이유가 있는 경우에 관계기관의 장은 그 사유를 명시하여 연장을 요청할 수 있다.

③ 관계기관의 장은 외국인테러전투원으로 가담한 사람에 대하여 「여권법」 제13조에 따른 여권의 효력정지 및 같은 법 제12조의2에 따른 재발급제한을 외교부장관에게 요청할 수 있다.

6) 테러단체 구성죄 등(법 제17조)

① 테러단체를 구성하거나 구성원으로 가입한 사람은 다음 각 호의 구분에 따라 처벌한다.

1. 수괴는 사형 · 무기 또는 10년 이상의 징역
2. 테러를 기획 또는 지휘하는 등 중요한 역할을 맡은 사람은 무기 또는 7년 이상의 징역
3. 타국의 외국인테러전투원으로 가입한 사람은 5년 이상의 징역
4. 그 밖의 사람은 3년 이상의 징역

② 테러자금임을 알면서도 자금을 조달 · 알선 · 보관하거나 그 취득 및 발생원인에 관한 사실을 가장하는 등 테러단체를 지원한 사람은 19년 이하의 징역 또는 1억원 이하의 벌금에 처한다.

③ 테러단체 가입을 지원하거나 타인에게 가입을 권유 또는 선동한 사람은 5년 이하의 징역에 처한다.

④ 제1항 및 제2항의 미수범은 처벌한다.

⑤ 제1항 및 제2항에서 정한 죄를 저지를 목적으로 예비 또는 음모한 사람은 3년 이하의 징역에 처한다.

7) 세계주의(법 제19조)

테러단체 구성죄 등은 대한민국 영역 밖에서 저지른 외국인에게도 국내법을 적용한다. 2001년 9월 11일 뉴욕의 무역센터와 워싱턴의 국방성에 대한 테러 혐의로 유명하다.

2. 테러취약시설 안전활동

1) 정의(규칙 제2조)

「테러취약시설 안전활동에 관한 규칙」에서 사용하는 용어의 뜻은 다음 각 호와 같다.

1. "테러취약시설"이란 테러예방 및 대응을 위해 경찰이 관리하는 다음 각 목의 시설 · 건축물 등 중 경찰청장이 자정하는 것을 말한다.
   가. 국가중요시설
   나. 다중이용건축물

다. 공관지역

라. 미군 관련 시설

마. 그 밖에 특별한 관리가 필요하다고 테러취약시설 심의위원회에서 결정한 시설

2. 국가중요시설이란 「통합방위법」 제21조 제4항에 따라 국방부장관이 지정한 시설을 말한다.
3. 다중이용건축물등이란 「재난 및 안전관리 기본법 시행령」 제43조의8 제1호 및 제2호에 따른 건축물 또는 시설로서 관계기관의 장이 소관업무와 관련하여 대테러센터장과 협의하여 지정한 것을 말한다.

2) 다중이용건축물등의 분류(규칙 제9조)

① 다중이용건축물등은 기능·역할의 중요성과 가치의 정도에 따라 A등급, B등급, C등급으로 구분하며, 그 기준은 다음 각 호와 같다.

1. A급: 테러에 의해 파괴되거나 기능 마비 시 광범위한 지역의 대테러진압작전이 요구되고, 국민생활에 결정적인 영향을 미칠 수 있는 건축물 또는 시설물
2. B급: 테러에 의하여 파괴되거나 기능 마비 시 일부 지역의 대테러진압작전이 요구되고, 국민생활에 중대한 영향을 미칠 수 있는 건축물 또는 시설
3. C급: 테러에 의하여 파괴되거나 지능 마비 시 제한된 지역에서 단기간 대테러진압작전이 요구되고, 국민생활에 상당한 영향을 미칠 수 있는 건축물 또는 시설

3) 테러취약시설 지정등의 절차(규칙 제13조)

① 경찰서장은 관할 테러취약시설의 지정등이 필요한 경우 다음 각 호의 사항을 첨부하여 소속 시·도경찰청장에게 요청하여야 한다. 이 경우 해당 시·도경찰청장은 그 적절성 여부를 검토한 후 경찰청장에게 요청하여야 한다.

1. 시설명, 2. 전경사진 및 시설현황, 3. 지정등의 사유, 4. 그 밖의 참고사항

② 경찰청장은 시·도경찰청장으로부터 테러취약시설의 지정의 요청을 받거나 그 밖에 필요하다고 인정하는 경우 심의위원회의 심의를 거쳐 테러취약시설 지정등을 할 수 있다. 다만, 국가중요시설, 다중이용건축물, 공관지역은 테러취약시설로 지정하여야 한다.

③ 경찰청 경비국장은 테러취약시설 신규지정, 등급변경, 지정해제에 관한 계획수립, 업무조정 등 총괄 업무를 수행한다.

4) 테러취약시설 안전활동(규칙 제15조)

테러취약시설을 관할하는 시·도경찰청 및 경찰서는 다음 각 호 사항에 해당하는 안전활동을 실시하여야 한다.

1. 방호진단 실시 및 시설보강 등 자체경비 강화 권고
2. 비상상황 대비, 관할서 등 즉응시스템 구축
3. 테러취약시설 근무자 배치 및 교육실시
4. 첩보입수 시 주변 순찰활동 및 근무강화

5. 그 밖에 시설별 특성에 맞는 테러취약시설 안전활동

5) 테러취약시설 지도 · 점검 방법(규칙 제19조)

① 경찰관서장은 시설 관리자를 참여시키고, 테러취약시설에 대한 지도 · 점검을 실시한다.

② 경찰관서장은 지도 · 점검 시 시설 관리자의 협조를 유도하고, 테러정세 · 대테러활동 사례 · 요령 등 필요한 자료를 제공한다.

③ 경찰관서장은 필요시 특공대 목표분석요원을 참여시키고, 목표분석은 3D파노라마 카메라 촬영 등 다양한 방법을 이용하고 그 결과를 분석카드에 작성하여 활용한다.

④ 경찰관서장은 시설 변동사항, 취약요소 분석내용 등 점검결과를 상급부서에 보고하고 관리하여야 하며, 방호 취약요인 등 점검결과를 시설 관리자에게 통보하여 개선하도록 한다.

6) 국가중요시설 지도 · 점검(규칙 제21조)

① 경찰서장은 관할 내에 있는 국가중요시설 전체에 대해 연 1회 이상 지도 · 점검을 실시하여야 한다.

② 시 · 도경찰청장은 관할 내 국가중요시설 중 선별하여 연 1회 이상 지도 · 점검을 실시한다.

③ 경찰청장은 경찰관서장이 국가중요시설에 대해 적절한 지도 · 점검을 실시하는지 감독하고, 선별적으로 점검을 실시한다.

④ 경찰관서장이 통합방위지침에 의한 경 · 군합동으로 지도 · 점검을 실시한 경우에는 해당 기간에 자체 지도 · 점검을 실시한 것으로 본다.

7) 다중이용건축물등 지도 · 점검(규칙 제22조)

① 경찰서장은 관할 내에 있는 다중이용건축물등 전체에 대해 해당 시설 관리자의 동의를 받아 다음 각 호와 같이 지도 · 점검을 실시하여야 한다.

1. A급: 분기 1회 이상
2. B급, C급: 반기 1회 이상

② 시 · 도경찰청장은 관할 내 다중이용건축물등 중 일부를 선별하여 해당 시설 관리자의 동의를 받아 반기 1회 이상 지도 · 점검을 실시하여야 한다.

③ 경찰청장은 경찰관서장이 다중이용건축물등에 대해 적절한 지도 · 점검을 실시하는지 감독하고, 해당 시설 관리자의 동의를 받아 선별적으로 지도 · 점검을 실시하여야 한다.

8) 공관지역 방호실태조사(규칙 제23조)

① 경찰서장은 관할 내에 있는 공관지역 전체에 대해 해당 공관장의 동의를 받아 경비 · 외사 · 정보 관계자 및 해당 시설 관리자가 참여하는 합동 방호실태조사를 반기 1회 이상 실시하여야 하며, 해당 시설 관리자에게 공관지역 자체 경비계획을 수립하도록 권고하는 등 적극적인 안

전활동을 실시하여야 한다.

② 시・도경찰청장은 관할 내 공관지역 중 일부를 선별하여 해당 공관장의 동의를 받아 반기 1회 이상 경비근무 실태 등 방호실태조사를 실시하여야 한다.

③ 경찰청장은 경찰관서장이 공관지역에 대해 적절한 방호실태조사를 실시하는지 감독하고, 해당 공관장의 동의를 받아 선별적으로 방호실태조사를 실시하여야 한다.

④ 경찰관서장은 해당 시설 관리자 요청 시 방호실태를 조사한다.

9) 대테러 훈련 방법(규칙 제27조)

① 경찰서장은 관할 테러취약시설 중 선정하여 분기 1회 이상 대테러 훈련(FTX)을 실시해야 한다. 이 경우 연 1회 이상은 관계기관 합동으로 실시한다.

② 시・도경찰청장은 반기 1회 이상 권역별로 대테러 훈련을 실시하여야 한다.

③ 경찰관서장은 테러 유형별로 실질적인 가상 시나리오를 작성하여 시설 관리자 및 관계기관과 협의 후 별지 제4호 서식 체크리스트를 참고하여 실시한다.

④ 경찰관서장은 대테러 훈련 실시 후 그 결과를 상급부서에 보고하고 관리하여야 하며, 개선사항은 시실 관리자 및 관계기관에 통보하여 대리예방 대책에 반영히도록 한다.

3. 국내 주요 테러대책기구

1) 국가테러대책위원회(법 제5조)

① 대테러활동에 관한 정책의 중요사항을 심의・의결하기 위하여 국가테러대책위원회를 둔다.

② 국가테러대책위원회는 국무총리 및 관계기관의 장 중 대통령령으로 정하는 사람으로 구성하고 위원장은 국무총리로 한다.

2) 대테러센터(법 제6조)

① 대테러활동과 관련하여 다음 각 호의 사항을 수행하기 위하여 국무총리 소속으로 관계기관 공무원으로 구성되는 대테러센터를 둔다.

1. 국가 대테러활동 관련 임무분담 및 협조사항 실무 조정
2, 장단기 국가대테러활동 지침 작성・배포
3. 테러경보 발령
4. 국가 중요행사 대테러안전대책 수립
5. 대책위원회의 회의 및 운영에 필요한 사무의 처리
6. 그 밖에 대책위원회에서 심의・의결한 사항

② 대테러센터 소속 직원의 인적사항은 공개하지 아니할 수 있다.

제1편 생활안전・수사・교통관리
제2편 정보・경비경찰
제3편 외사・안보경찰

3) 테러사건대책본부(시행령 제14조 제1항)

① 외교부장관, 국방부장관, 국토교통부장관, 경찰청장 및 해양경찰청장은 테러가 발생하거나 발생할 우려가 현저한 경우(국외테러의 경우는 대한민국 국민에게 중대한 피해가 발생하거나 발생할 우려가 있어 긴급한 조치가 필요한 경우에 한한다)에는 다음 각 호의 구분에 따라 테러사건대책본부를 설치 · 운영한다.

1. 외교부장관은 국외테러사건대책본부
2. 국방부장관은 군사시설테러사건대책본부
3. 국토교통부장관은 항공테러사건대책본부
4. 경찰청장은 국내일반 테러사건대책본부
5. 해양경찰청장은 해양테러사건대책본부

4) 대테러특공대 등(시행령 제18조)

① 국방부장관, 경찰청장 및 해양경찰청장은 테러사건에 신속히 대응하기 위하여 대테러특공대를 설치 · 운영한다. 대테러특공대는 다음 각 호의 임무를 수행한다.

1. 대한민국 또는 국민과 관련된 국내외 테러사건 진압
2. 테러사건과 관련된 폭발물의 탐색 및 처리
3. 주요 요인 경호 및 국가 중요행사의 안전한 진행 지원
4. 그 밖에 테러사건의 예방 및 저지활동 등의 임무를 수행한다.

② 국방부장관, 경찰청장 및 해양경찰청장은 대테러특공대를 설치 · 운영하려는 경우 대책위원회의 심의 · 의결을 거쳐야 한다.

③ 국방부 소속 대테러특공대의 출동 및 진압작전은 군사시설 안에서 발생한 테러사건에 대하여 수행한다. 다만, 경찰력의 한계로 긴급한 지원이 필요하여 대책본부의 장이 요청하는 경우에는 군사시설 밖에서도 경찰의 대테러 작전을 지원할 수 있다.

5) 테러정보통합센터(시행령 제20조)

① 국가정보원장은 테러 관련 정보를 통합관리하기 위하여 관계기관 공무원으로 구성되는 테러정보통합센터를 설치 · 운영한다.

② 테러정보통합센터는 다음 각 호의 임무를 수행한다.

1. 국내외 테러 관련 정보의 통합관리 · 분석 및 관계기관에의 배포
2. 24시간 테러 관련 상황 전파체계 유지
3. 테러 위험 징후 평가
4. 그 밖에 테러 관련 정보의 통합관리에 필요한 사항 등의 임무를 수행한다.

6) 테러경보의 발령(시행령 제22조)

① 대테러센터장은 테러 위험 징후를 포착한 경우 테러경보 발령의 필요성, 발령 단계, 발령

범위 및 기간 등에 관하여 실무위원회의 심의를 거쳐 테러경보를 발령한다.

② 테러경보는 테러위협의 정도에 따라 관심 · 주의 · 경계 · 심각의 4단계로 구분한다.

③ 대테러센터장은 테러경보를 발령하였을 때에는 즉시 위원장에게 보고하고, 관계기관에 전파하여야 한다.

7) 상황 전파 및 초동 조치(시행령 제23조)

① 관계기관의 장은 테러사건이 발생하거나 테러 위협 등 그 징후를 인지한 경우에는 관련 상황 및 조치사항을 관련기관의 장과 대테러센터장에게 즉시 통보하여야 한다.

② 관계기관의 장은 테러사건이 발생한 경우 사건의 확산방지를 위하여 신속히 다음 각 호의 초동 조치를 하여야 한다.

1. 사건 현장의 통제 · 보존 및 경비 강화
2. 긴급대피 및 구조 · 구급
3. 관계기관에 대한 지원 요청
4. 그 밖에 사건 확산 방지를 위하여 필요한 사항

③ 국내 일반테러사건의 경우에는 대책본부가 설치되기 전까지 테러사건 발생지역 관할 경찰관서의 장이 제2항에 따른 초동 조치를 지휘 · 통제한다.

8) 테러과정의 증후군

(1) 리마 증후군

1996년 12월부터 1997년 4월 22일까지 127일 동안 페루의 수도 리마에서 반정부조직인 투팍아마루 혁명운동(MRTA) 요원들이 인질들과 함께 지내면서 차츰 인질들에게 동화되어 가족과 안부편지를 주고받고 의약품류의 반입 허용, 미사의식을 여는 등의 현상을 심리학자들이 '리마 증후군'이라 불렀다. 즉, 인질범들이 인질들에게 정신적으로 동화되어 자신을 인질과 동일시함으로써 공격적인 태도가 완화되는 현상을 말한다.

이 인질사건은 1996년 12월 17일 투팍아마루 혁명운동 요원들이 일본대사관을 점거하고 400여 명의 인질을 억류하면서 시작되어 1997년 4월 22일 페루정부의 강경진압으로 끝이 난 사건이다. 당시 14명의 인질범은 모두 사살되었다.

(2) 스톡홀름 증후군

1973년 스웨덴 스톡홀름에서 은행에 침입한 4명의 무장강도가 은행직원들을 볼모로 잡고 6일간 경찰과 대치한 사건에서 인질로 잡힌 사람들이 인질범들에게 정신적으로 동화되어 오히려 자신들을 인질로 잡은 범인들에게 호감과 지지를 보내는 심리적 동화현상을 '스톡홀름 증후군'이라 한다.

처음에는 인질들도 범인들을 두려워했으나 시간이 흐르면서 차츰 범인들에게 동화되어 자신들을 구출하려는 경찰들을 적대시하고 사건이 끝난 뒤에도 계속해서 범인들에게 불리한 증언을 하지 않았다.

심리학자들은 인질사건과 같은 극한 상황에 처하게 되면 스트레스와 두려움으로 인해 인질범들이 자신을 해치지 않는 것을 오히려 고맙게 여겨 차츰 그들에게 온정을 느끼게 되고, 결국은 자신을 구출하려는 경찰들에게 반감까지 가질 수 있다고 말한다. 귀인이론(attribution theory)에 의하면 오귀인(misattribution)현상이라고도 볼 수 있다. 즉, 범인에 대한 동화는 생존을 위한 전략임에도 실제로 범인이 좋은 사람이라고 허위귀인을 하고 있는 것이다.

4. 각국의 대테러조직

1) 영국: SAS(Special Air Service)

영국은 국내 특별기구로서 내무성이 지휘하는 대테러 비상센터를 설치, 테러유형별로 각 부처에 대응책임을 분담시키는 등 테러업무를 전담운영하고 있다. 영국의 공수특전단(Special Air Service Regiment)은 냉전 하의 공산게릴라전에 대비하기 위해 해군소속의 SBS(Special Boat Squad)와 더불어 기동타격대로 운용되고 있으며, 테러수사와 테러방지법에 의해 테러리스트라는 합리적 의심만 있으면 영장 없이 체포할 수 있다.

제2차 세계대전이 한창이던 1942년에 창설된 SAS는 전쟁이 끝나자 해체되었으나, 곧 재창설되어 1952년에는 연대규모로 발전되어 1960년대 말부터 IRA(아일랜드 공화군) 소탕의 임무를 수행하면서 대테러에 관심을 갖기 시작하였다.

1972년 9월 독일 뮌헨올림픽 기간 중 팔레스타인의 검은 구월단 소속 테러리스트들에 의해 이스라엘 선수촌 습격사건이 발생하자, 영국정부는 이와 같은 형태의 테러사건이 영국에도 발생할 가능성이 높다고 보고 모든 테러사건에 신속하게 대응하기 위해 사건 직후, 제22 SAS연대를 대테러돌격대로 전용하는 등 그 활동의 범위가 넓어졌다.

현재 600~700명 규모의 현역군인으로 구성된 SAS는 인질극, 유괴, 선박 및 항공기 납치, 중요시설의 폭파와 요인암살 등을 포함하는 모든 형태의 테러에 대비하고 있다. 이들은 국내뿐만 아니라 세계도처에서 벌어지는 영국의 국익과 관련된 각종 형태의 저강도 분쟁에 중앙기동타격대의 임무를 수행한다. 1980년 런던주재 이란 대사관 인질 억류사건을 성공적으로 진압하여 전 세계적인 대테러 특공대로서의 명성을 얻게 되었으며, 독일 GSG-9의 모가디슈 항공기 납치 구출작전, 아센 열차 납치 구출작전, 이탈리아 수상을 역임했던 알도 모로 납치사건 해결에 요원들을 파견하여 전술적 지도를 하는 등의 역할을 수행했다.[19] 1982년에 아르헨티나와의 포클랜드 전쟁이 발발하자 적 후방의 대테러임무를 수행하기도 했다.

---

19) 위의 책, pp.289-290.

2) 프랑스: GIGN

프랑스는 1972년 독일 뮌헨올림픽 검은 구월단 사건 이후 테러대비 조직의 필요성을 인식하고 특수경찰여단을 확대·개편하여 40명으로 구성된 GIPN(경찰특공대)이라는 대테러기동대를 만들었다. 그러나 1년 후 1973년 9월 5일 팔레스타인 테러리스트들의 파리주재 사우디아라비아 대사관의 점거와 외교관 등을 인질로 삼고 경찰과 대치하는 사건이 발생하였다. 이 사건의 해결과정에서 수십 명의 사상자를 내게 되자, 프랑스 당국은 대내외적인 비난에 직면하게 되고 전문적인 대테러부대의 필요성을 절감하게 되었다. 이에 따라 1973년 11월 엘리트부대인 국가헌병대 대원 6만 명 중에서 엄격히 선발된 소수정예대원 15명으로 GIGN을 창설했다.

GIGN은 전쟁 이외의 국가적 특수위험으로부터 국가와 사회를 보호할 목적으로 창설되었으며, 그 임무는 위험인물의 검거 또는 제거, 각종 인질사건과 폭탄테러, 정부주요인사에 대한 특수경호를 실시하는 것 등이다.

해결한 주요 테러사건은 1976년 지부티에서 발생한 스쿨버스 인질 구출작전, 1979년 사우디아라비아의 회교성지 메카사원 진압작전, 1983년 파리의 오클리 공항 납치범 제압작전 등이 있다. 그리고 가장 널리 알려진 구출작전은 1994년에 발생한 에어 프랑스 항공기 납치사건이다. 이 작전에서 GIGN은 납치범 4명을 사살하고 인질 170명을 성공적으로 구출했다.[20]

3) 미국: Delta Force · Navy Seal · SWAT · DHS

미국의 대테러부대는 규모면에서 가장 크고 다양한 형태로 운영되고 있다. 미국은 1972년 독일 뮌헨올림픽 검은 구월단 사건 이후 그해 9월 닉슨 대통령에 의해 대테러억제 각료위원회가 구성되면서 본격적인 대테러 대응체제를 갖추기 시작했다.

미국의 대테러조직은 경찰특수부대(SWAT), 합동참모본부(Joint Chief of Staff) 산하의 육군의 델타포스(Delta Forces), 해군 실 그룹(Seal Group), 육군의 레인저 부대 등의 특수부대로 구성되어 그 규모도 1천여 명에 달하고 있다.

경찰특수부대인 SWAT(Special Weapons Assault Team)는 미국 각주의 경찰서 내에 설치된 특공팀으로서, 뉴욕의 경우는 기동타격대, 버밍햄에서는 전술작전단, LA에서는 특별무기 전술기동대 등으로 각각 명칭을 달리하고 있으나 테러진압이라는 목표는 모두 같다. 즉, 특수기능을 갖춘 훈련된 특수요원들을 활용하여 비정상적이고 위험성이 아주 높은 모든 종류의 긴급상황에 대응하며, 일반범죄는 물론 테러범죄의 제압에도 동원된다.

미국은 1977년 11월에 육군에 대테러 특공대로서 델타포스를 창설하여 대테러 작전을 주도하게 했다.[21] 1981년에 대테러작전을 좀 더 효율적으로 수행하기 위해 델타포스와 해군의 실 그룹, 육군의 레인저 부대를 산하에 두고, 통합·운영하는 '합동참모본부'를 발족하여 대테러작전을 전

20) 위의 책, pp.293-295.
21) 위의 책, p.295.

문적으로 관장하고 있다. 델타포스 훈련에는 연방항공국이 보잉 727기를 제공해 훈련의 효율성을 향상시키고 있다.

미국은 2001년 9 · 11테러 이후 대테러전문기관으로 2002년 11월 국토안보부(Department of Homeland Security: DHS)를 설치하여 대테러 업무를 총괄하도록 하고 있다. DHS는 국경경비, 재난대비 활동, 화생방 공격대비활동, 정보분석 등의 업무를 관장하고, 세관, 이민귀환국, 국경순찰대, 비밀경호국, 연방비상계획처 등 기존의 조직을 흡수하였으며, 그 밖에 교통안전부와 국토안보연구센터, 사이버 보안전략 총괄기관 등 새로 창설되는 기관도 산하기관에 포함되는 등 미국 행정부 내에서 가장 큰 규모의 조직이다.

4) 독일: GSG-9

1972년 독일 뮌헨올림픽에서 검은 구월단에 의한 이스라엘 선수 테러사건 발생 이후 대테러부대의 필요성을 절감한 서독정부는 연방국경경찰부서인 연방국경경비대 안에 88명으로 구성된 특수부대인 GSG-9을 창설하였다. 이 부대는 연방 내무성장관의 명령에 의하여 주경찰이나 그 예하 단위경찰이 해결할 수 없는 중대한 테러사건을 담당하고 있다. 또한 위기상황에서의 VIP경호, 테러리스트의 공격이 예상되는 독일주재 외국 대사관 방어, 국가의 중요시설에 대한 방어 등을 담당한다.[22] GSG-9의 명성은 모가디슈로 납치된 항공기 인질 91명의 성공적인 구출로서 알려지게 되었다. GSG-9은 영국주재 이란 대사관 점거사건의 해결을 위한 구출작전을 전개하기 전에 SAS의 기술적 자문을 받기도 했다.

5) 이스라엘의 사렛트 매트칼(Sayaret Matkal)

1967년 소위 이스라엘과 아랍의 6일 전쟁에서 아랍연합군이 대패함으로써, 그 이후 PLO에서는 테러에 의한 보복을 시도하게 되었다. 이스라엘은 이에 대응하기 위해 이스라엘 정보국 산하에 사렛트 매트칼을 대테러 특공대 조직으로 창설하여 자국 비행기에 대한 납치예방, 아랍국의 대 이스라엘 테러공격에 대한 보복작전에 투입되는 등의 임무를 부여하였다.

1968년 12월 PFLP에 의한 이스라엘 항공기 납치에 대한 보복으로 40명의 사렛트 매트칼 정예요원들이 베이루트 공항을 기습하여 13대의 항공기를 폭파했으며, 1972년 5월 사베나 공항의 여객기 납치사건을 성공적으로 진압함으로써 최초의 성공적인 항공기 납치 구출작전으로 기록되었다.[23] 또한 1976년의 우간다 엔테베 작전에 미국과 영국의 특수부대가 참여했지만 특히 사렛트 매트칼이 핵심적인 역할을 담당했다.

---

22) 위의 책, pp.291-293.
23) 위의 책, pp.297-298.

제 3 편

외사 · 안보경찰

제 3 편

제6장 외사경찰론

제 1 절 외사경찰의 대상

1. 외국인

1) 외국인의 법적 지위

(1) 외국인의 의의

외국인이란 대한민국의 국적을 갖지 않은 모든 사람을 말하며 무국적자도 포함한다. 대한민국 국적과 외국국적을 가지고 있는 복수국적자는 내국인으로 취급하지만, 출생, 기타 「국적법」의 규정에 의하여 만 20세가 되기 전에 복수국적자가 된 자는 만 22세가 되기 전까지, 만 20세가 된 후에 복수국적자가 된 자는 그때부터 2년 이내에 하나의 국적을 선택해야 한다.[1)]

(2) 외국인의 지위

외국인은 체류국의 통치권에 복종해야 하고, 동시에 자국의 통치권에도 복종해야 하는 이중적인 지위에 있다. 외국인의 지위에 관한 원칙으로는 상호주의와 평등주의[2)]가 있으나, 우리 「헌법」은 국제법과 조약이 정하는 바에 의하여 외국인의 지위를 보장한다고 규정하고 있다.

(3) 외국인의 권리

① 사법상의 권리는 원칙적으로 내국인과 동일하게 인정되지만, 예외적으로 일정한 재산권 및 직업에 대해서는 체류국의 안전과 국익을 위해 인정되지 않거나 제한하는 경우가 있다.

② 공법상의 권리의 경우에 참정권은 인정되지 않으며, 예외적으로 자유권인 신체의 자유, 종교의 자유, 언론・출판의 자유, 통신의 자유, 학문의 자유 등과 민사・형사・행정재판청구권은 인정된다. 특히 협의의 재판권의 거부, 재판절차의 불공정, 재판내용의 불공정, 재판집행의 불인정 등 재판의 거부는 국제법상 국가책임의 문제가 발생한다.

③ 대한민국에 영주 체류자격을 취득한 외국인은 자격 취득 후 3년이 경과한 19세 이상의 외국

1) 국적법 제12조 제1항 참조. 다만, 직계존속이 외국에서 영주할 목적 없이 체류한 상태에서 출생한 자는 병역의무의 이행과 관련하여 현역・상근예비역・보충역 또는 대체역으로 복무를 마치거나 마친 것으로 보는 경우, 전시근로역에 편입된 경우, 병역면제 처분을 받은 경우 중 어느 하나에 해당하는 경우 국적이탈신고를 할 수 있다(국적법 제12조 제3항).

2) 상호주의는 외국이 그 외국에 있는 자국민에게 인정하는 것과 동일한 정도의 권리・의무를 자국에 있는 외국인에게 인정하는 것이고, 평등주의는 자국에 있는 외국인에게 자국민과 동일한 권리・의무를 인정하는 것이다.

인으로서 당해 지방자치단체의 외국인 등록 대장에 등재된 자는 지방자치단체의원 및 단체장의 선거권을 가진다(공직선거법 제15조 제2항 제3호).

④ 사법(私法)상의 권리는 원칙적으로 상호주의에 입각하여 보호받지만, 국가안전 · 공공질서 · 국가의 중대이익에 관련되는 재산권 및 직업은 향유할 수 없는 절대적으로 제한되는 권리이다. 즉, 토지소유권과 저작권 등 무체재산권은 상호주의의 대상이지만, 선박이나 항공기 소유권, 도선사가 되는 권리는 절대적으로 제한된다.

(4) 외국인의 의무

① 외국인은 외교사절을 제외하고는 사법상의 의무와 공법상의 의무에 대해서는 내국인과 동일한 의무를 진다. 다만, 외국인은 병역의 의무, 교육의 의무, 사회보장가입의무 등은 부담하지 않는다.

② 내국인과 별도로 외국인이 지는 의무는 지방적 구제의 원칙[3]에 대한 의무(체류국의 행정상 · 사법상 절차우선원칙), 추방의 원인이 되는 행위를 하지 않을 의무, 외국인 등록을 할 의무 등이다.

(5) 외국인의 등록

① 외국인은 입국한 날로부터 90일을 초과하여 체류하는 경우 입국한 날로부터 90일 이내에 체류지를 관할하는 지방출입국 · 외국인관서의 장에게 외국인 등록을 하여야 한다.

② 대한민국에서 출생한 외국인이나 대한민국에서 체류 중 대한민국의 국적을 상실하거나 이탈하는 등 그 밖의 사유가 발생한 외국인이 체류자격을 받는 때에 외국인 등록을 하여야 하며, 체류자격변경허가를 받는 자로서 입국한 날부터 90일을 초과하여 체류하게 되는 자는 체류자격변경허가를 받는 때에 외국인 등록을 하여야 한다(출입국관리법 제31조).

③ 외국인 등록을 받은 지방출입국 · 외국인관서의 장은 대통령령으로 정하는 바에 따라 그 외국인에게 외국인등록증을 발급하여야 한다. 다만, 그 외국인이 17세 미만인 경우에는 발급하지 아니할 수 있다. 이 경우 외국인이 17세가 된 때에는 90일 이내에 체류지 관할 지방출입국 · 외국인관서의 장에게 외국인 등록증 발급신청을 하여야 한다(출입국관리법 제33조).

④ 외국인 등록 제외 대상자는 ⅰ) 주한외국공관(대사관과 영사관 포함)과 국제기구의 직원 및 그의 가족, ⅱ) 대한민국정부와의 협정에 의하여 외교관 또는 영사와 유사한 특권 및 면제를 누리는 자와 그의 가족, ⅲ) 대한민국정부가 초청한 자 등이다(출입국관리법 제31조 제1항 단서조항).

(6) 외국인의 보호

국가가 그의 영역 내에 체류하는 외국인의 사법 · 공법상 권리와 이익을 보호하기 위해, 어느 정도의 보호조치를 취해야 할 것인가에 관해서 내국인과 동일한 정도의 보호조치로 충분하다는 국내적 표준주의와 일반 문명국가의 국민과 동일한 정도의 보호조치를 취해야 할 의무가 있다는

3) '지방적 구제의 원칙'이란 외국인은 체류국의 행위에 의해 손해를 입은 경우, 자국의 외교적 보호권에 호소하여 문제를 해결하기 전에 먼저 체류국의 국내법 절차에 따른 국내적 구제를 받아야 할 의무를 말한다.

최저표준주의가 대립하고 있는데, 어느 주장을 취하더라도 문제가 되지 않으나 현행법 아래서는 국가가 최소한 자국민에 대한 것과 동일한 정도의 보호를 부여하지 않으면 안 된다.

(7) 난민

난민은 정치적, 기타 이유로 그의 본국으로 귀환할 수 없는 자로서 일반적인 외국인과 구별된다. 난민의 보호에 관해서는 많은 조약이 체결되어 있으며 이들은 특별한 보호를 받는다.

2. 외국인의 입국과 출국

1) 여권 및 사증

(1) 외국인의 입국

외국인이 입국하고자 할 때에는 유효한 여권 또는 이에 갈음할 수 있는 여행증명서, 국제연합 통행증과 함께 여행하고자 하는 국가에서 발급한 사증(visa)을 가지고 있어야 유효하게 입국할 수 있다(출입국관리법 제7조).

(2) 여권

① 여권이란 대한민국정부, 외국정부 또는 권한 있는 국제기구에서 발급한 내국인의 출국 또는 외국인의 입국을 허가·증명하는 문서를 말하고, 여권은 사증이 있어야 그 효력을 발휘하므로 여행을 할 수 있음을 증명하는 본국의 일방적인 증명서일 뿐이다.

② 여권의 발급권자는 외교부장관이며, 외교관 여권을 제외한 일반여권 업무는 지방자치단체의 장이나 영사가 대행할 수 있다.

③ 여권의 종류는 일반여권, 관용여권, 외교관 여권, 긴급여권이 있고, 사용 가능한 횟수 따라서 1회에 한하여 사용할 수 있는 단수여권과 사용횟수의 제한이 없는 복수여권으로 나누어진다. 여권의 유효기간은 일반여권은 10년 이내, 관용여권과 외교관여권은 5년 이내이다.

(3) 사증

① 사증이란 여권이 외국정부기관에서 합법적으로 발급된 유효한 것임을 확인하는 동시에, 그 나라에서 입국 및 체류가 적당하다는 것을 인정하는 목적지 국가에서 발급하는 입국허가서이다.

② 사증의 발급권자는 법무부장관으로서 재외공관장에게 위임할 수 있다. 사증은 사용횟수에 따라 1회에 한하여 입국 가능한 단수사증과 2회 이상 입국 가능한 복수사증으로 나누어지며, 사증은 통상 제출된 여권에 표시되고 따로 발급되지 않는다(출입국관리법 제7조 및 제8조).

③ 그러나 다음에 해당하는 외국인은 사증 없이 입국할 수 있다.

1. 재입국허가를 받은 사람 또는 재입국허가가 면제된 사람으로서 그 허가 또는 면제받은 기간이 만료되기 전에 입국하는 사람
2. 대한민국과 사증면제협정을 체결한 국가의 국민으로서 그 협정에 의하여 면제대상이 되는 사람
3. 국제친선, 관광 또는 대한민국의 이익 등을 위하여 입국하는 사람으로서 대통령령이 정하는 바에 따라

따로 입국허가를 받은 사람
4. 난민여행증명서를 발급받고 출국하여 그 유효기간이 만료되기 전에 입국하는 사람
5. 우리나라와 미수교국가나 법무무부장관이 외교부장관과 협의하여 지정한 국가의 국민은 사증대신 재외공관장이나 지방출입국 · 외국인관서의 장이 발급한 외국인입국허가서를 가지고 입국할 수 있다(출입국관리법 제7조 제2항 및 제4항).

(4) 여권을 대신할 수 있는 증명서

① 국제연합통행증과 여행증명서(travel certificate)는 여권을 대신할 수 있다.

② 여행증명서는 ⅰ) 출국하는 무국적자, ⅱ) 해외입양자, ⅲ) 「남북교류협력에 관한 법률」 제10조에 따라 여행증명서를 소지하여야 하는 사람으로서 여행증명서를 발급할 필요가 있다고 외교부장관이 인정하는 사람, ⅳ) 국외에 체류하거나 거주하고 있는 사람으로서 여권의 발급 · 재발급이 거부 또는 제한되었거나 외국에서 강제 퇴거된 경우에 귀국을 위하여 여행증명서의 발급이 필요한 사람, ⅴ) 「출입국관리법」 제46조에 따라 대한민국 밖으로 강제퇴거되는 외국인으로서, 그가 국적을 가지는 국가의 여권 또는 여권을 갈음하는 증명서를 발급받을 수 없는 사람 등에게 외교부장관이 발급하는 1년의 유효기간을 가진 여권대용 증명서이다.

③ 국제연합통행증은 국제연합이 그 직원들에게 발급하는 증명서로서 접수국에서 통상적으로 여권으로 취급한다.

④ 선원수첩은 종래에는 여권에 준하는 효력을 인정하였으나, 현재는 선원수첩의 여권 기능이 배제되었다. 2005년 6월 1일부터 과거와는 달리 ILO(국제노동기구)협약에 의해 선원의 생체인식정보(지문)를 담은 선원신분증명서가 있어야 외국항에 입 · 출국할 수 있다(출입국관리법 제2조 제5호).

2) 입국

(1) 학설과 관행

① 외국인의 입국이란 외국인이 국가에 체류하거나 통과하기 위하여 당해 국가의 영역으로 들어오는 것을 말하는데, 영 · 미계의 학설은 외국인의 입국문제란 본질적으로 국내문제이기 때문에 외국인의 입국은 원칙적으로 금지된다고 주장한다.

② 한편, 대륙계의 학설은 외국인의 입국문제는 국가의 교통권이라는 기본권리를 인정하는 것으로, 원칙적으로 외국인의 입국은 금지할 수 없고 예외적으로 금지할 수 있다고 주장한다.

③ 통설은 영 · 미학설의 입장에서 국가는 일반국제법상으로 외국인의 입국을 허가할 의무는 없으며, 입국을 허가하는 경우에도 그 조건은 각 국가가 자유로이 이를 결정할 수 있다고 본다.

④ 외국인의 입국에 관한 국제관행도 당해 국가가 체결한 조약에 근거하지 아니하는 한 외국인의 입국을 허용해야 할 법적 의무가 없다는 것으로 영미 학설과 그 맥락을 같이하고 있다.

(2) 입국의 절차

외국인이 타국에 입국하기 위해서는 자국으로부터 여권을 발급받아 입국 대상국의 당국(외국인

의 본국에 주재하는 외교사절)으로부터 입국허가(입국사증의 형태)를 받아야 하며, 우호국 간에는 사증면제협정에 의해 이 절차를 상호 포기하는 경우도 있다.

(3) 상륙과의 구별

상륙도 외국인이 대한민국 영토 내로 들어오는 사실행위라는 점에서는 입국과 동일하나 법적 절차에 차이가 있다. 입국은 사증면제협정이 체결된 국가의 국민을 제외하고는 반드시 사전에 입국사증을 받아야 하나, 상륙은 ① 출입국항에 정박 중인 선박 등에 승선하고 있는 외국인 승무원의 선박 갈아타기 또는 휴양(15일 이내의 상륙), ② 질병, 기타 사고로 인한 치료를 위한 긴급상륙(30일 한도), ③ 조난선박 승무원의 긴급구조의 필요에 의한 재난상륙(30일), ④ 난민 임시상륙(90일 이내) 등 부득이한 사유로 인하여 사증 없이 공·항만에서 출입국관리공무원의 허가를 받아 일시 상륙하는 것을 말한다. 다만, 난민상륙은 외교부장관과의 협의 후에 법무부장관의 승인이 필요하다(출입국관리법 제14조 내지 제16조의2).

(4) 입국의 금지

① 법무부장관은 다음 각 호의 어느 하나에 해당하는 외국인에 대하여는 입국을 금지할 수 있다(출입국관리법 제11조).

1. 감염병환자·마약류중독자, 그 밖에 공중위생상 위해를 미칠 염려가 있다고 인정되는 사람
2. 「총포·도검·화약류 등의 안전관리에 관한 법률」에서 정하는 총포·도검·화약류 등을 위법하게 가지고 입국하려는 사람
3. 대한민국의 이익이나 공공의 안전을 해하는 행동을 할 염려가 있다고 인정할 만한 상당한 이유가 있는 사람
4. 경제질서 또는 사회질서를 해하거나 선량한 풍속을 해하는 행동을 할 염려가 있다고 인정할 만한 상당한 이유가 있는 사람
5. 사리 분별력이 없고 국내에서 체류활동을 보조할 사람이 없는 정신장애인, 국내체류 비용을 부담할 능력이 없는 사람, 그 밖에 구호가 필요한 사람
6. 강제퇴거명령을 받고 출국한 후 5년이 지나지 아니한 사람
7. 1910년 8월 29일부터 1945년 8월 15일까지 일본정부, 일본정부와 동맹관계에 있던 정부, 일본정부의 우월한 힘이 미치던 정부의 지시 또는 연계 하에 인종, 민족, 종교, 국적, 정치적 견해 등을 이유로 사람을 학살·학대하는 일에 관여한 사람
8. 기타 앞에 열거된 사항에 준하는 자로서 법무부장관이 그 입국이 부적당하다고 인정하는 자 등이다.

② 또한 법무부장관은 입국하고자 하는 외국인의 본국이 앞의 사유 이외의 사유로 입국을 거부할 때에는 그와 동일한 사유로 그 외국인의 입국을 거부할 수 있다.

(5) 입국 시 생체정보[4]의 제공 등

① 입국하려는 외국인은 입국심사를 받을 때 법무부령으로 정하는 방법으로 생체정보를 제공하고, 본인임을 확인하는 절차에 응하여야 한다. 다만, 다음의 어느 하나에 해당하는 사람은 그러

4) "생체정보"란 출입국관리법에 따른 업무에서 본인 일치 여부 확인 등에 활용되는 사람의 지문·얼굴·홍채 및 손바닥 정맥 등의 개인정보를 말한다(출입국관리법 제2조 제15호).

하지 아니하다(출입국관리법 제12조의2).

1. 17세 미만인 사람
2. 외국정부 또는 국제기구의 업무를 수행하기 위하여 입국하는 사람과 그 동반 가족
3. 외국과의 우호 및 문화교류 증진, 경제활동 촉진 또는 대한민국의 이익 등을 고려하여 생체정보의 제공을 면제하는 것이 필요하다고 대통령령으로 정하는 사람

② 출입국관리공무원은 외국인이 제1항 본문에 따라 생체정보를 제공하지 아니하는 경우에는 그의 입국을 허가하지 아니할 수 있다.

3) 출국

(1) 의의

외국인이 자발적 의사에 의해 체류하는 국가의 영역 밖으로 나가거나 여행하는 것은 원칙적으로 자유이며, 체류국은 외국인의 출국을 금지할 수 없는 것이 원칙이다.

법무부장관은 「출입국관리법」 제4조 제1항에 의하여 국민에 대해서는 6개월 이내의 기간을 정하여 출국을 금지할 수 있고, 외국인에 대해서는 동일한 사유로 「출입국관리법」 제29조 제1항에 의하여 출국을 정지시킬 수 있다.

(2) 외국인의 출국 정지 사유

법무부장관은 다음에 해당하는 외국인에 대하여 6개월 이내의 기간을 정하여 출국을 정지할 수 있다.

1. 형사재판에 계속(係屬) 중인 사람
2. 징역형 또는 금고형의 집행이 종료되지 아니한 사람
3. 대통령령이 정하는 금액 이상의 벌금(1천만원) 또는 추징금(2천만원)을 납부하지 아니한 사람
4. 대통령령이 정하는 금액(5천만원) 이상의 국세 · 관세 또는 지방세를 정당한 사유 없이 그 납부기한까지 납부하지 아니한 사람
5. 「양육비 이행확보 및 지원에 관한 법률」 제21조의4 제1항에 따른 양육비 채무자 중 양육비이행심의위원회의 심의 · 의결을 거친 사람
6. 그 밖에 대한민국의 이익이나 공공의 안전 또는 경제질서를 해할 우려가 있어 그 출국이 부적당하다고 법무부령이 정하는 사람(출입국관리법 제4조 제1항).

(3) 범죄수사를 위한 출국제한

① 1개월 이내의 기간

법무부장관은 범죄 수사를 위하여 출국이 적당하지 아니하다고 인정되는 사람에 대하여는 1개월 이내의 기간을 정하여 출국을 정지할 수 있다.

② 별도로 정한 기간

1. 소재를 알 수 없어 기소중지 또는 수사중지(피의자중지로 한정한다)된 사람 또는 도주 등 특별한 사유가 있어 수사진행이 어려운 사람: 3개월 이내

2. 기소중지 또는 수사중지(피의자중지로 한정한다)된 경우로서 체포영장 또는 구속영장이 발부된 사람: 영장 유효기간 이내

(4) 출국정지 요청

중앙행정기관의 장 및 법무부장관이 정하는 관계기관의 장은 그 소관업무와 관련하여 앞에서 제시된 출국정지사유가 있다고 인정하는 때에는 법무부장관에게 출국정지의 요청을 할 수 있다. (출입국관리법 제4조 제3항, 제29조 제2항).

(5) 출국정지기간 연장

법무부장관은 출국정지기간을 출국금지기간을 초과하여 계속 출국을 금지할 필요가 있다고 인정하는 경우에는 그 기간을 연장할 수 있다. 출국금지를 요청한 기관의 장은 출국금지기간을 초과하여 계속 출국을 금지할 필요가 있을 때에는 출국금지기간이 끝나기 3일 전까지 법무부장관에게 출국금지기간을 연장하여 줄 것을 요청하여야 한다(출입국관리법 제4조의2, 제29조 제2항).

(6) 긴급출국정지(법 제4조의6)

① 수사기관은 범죄 피의자로서 사형·무기 또는 장기 3년 이상의 징역이나 금고에 해당하는 죄를 범하였다고 의심할 만한 상당한 이유가 있고, 다음의 어느 하나에 해당하는 사유가 있으며, 긴급한 필요가 있는 때에는 「출입국관리법」 제4조 제3항에도 불구하고 출국심사를 하는 출입국관리공무원에게 출국정지를 요청할 수 있다.

1. 피의자가 증거를 인멸할 염려가 있는 때
2. 피의자가 도망하거나 도망할 우려가 있는 때

② 수사기관은 긴급출국정지를 요청한 때로부터 6시간 이내에 법무부장관에게 긴급출국정지 승인을 요청하여야 한다. 법무부장관은 수사기관이 긴급출국정지 승인 요청을 하지 아니한 때에는 수사기관 요청에 따른 출국정지를 해제하여야 한다. 수사기관이 긴급출국정지 승인을 요청한 때로부터 12시간 이내에 법무부장관으로부터 긴급출국정지 승인을 받지 못한 경우에도 또한 같다(출입국관리법 제4조의6, 제29조의2).

(7) 출국정지결정 등에 대한 이의신청

① 출국금지기간이 연장된 사람은 출국정지결정이나 출국정지기간 연장의 통지를 받은 날 또는 그 사실을 안 날부터 10일 이내에 법무부장관에게 출국정지결정이나 출국정지기간 연장결정에 대한 이의를 신청할 수 있다.

② 법무부장관은 이의신청을 받으면 그 날부터 15일 이내에 이의신청의 타당성 여부를 결정하여야 한다. 다만, 부득이한 사유가 있으면 15일의 범위에서 한 차례만 그 기간을 연장할 수 있다.

③ 법무부장관은 이의신청이 이유 있다고 판단하면 즉시 출국정지를 해제하거나 출국정지기간의 연장을 철회하여야 하고, 그 이의신청이 이유 없다고 판단하면 이를 기각하고 당사자에게 그 사유를 서면에 적어 통보하여야 한다(출입국관리법 제4조의5, 제29조의2).

4) 외국인의 체류

(1) 의의

외국인이 대한민국에 머무르는 것을 체류라 하고, 외국인은 입국사증에 기재된 체류자격과 체류기간의 범위 내에서 대한민국에 체류할 수 있다.

(2) 체류 중 활동범위의 제한

외국인의 체류 중 활동범위는 입국사증의 체류자격에 명시된 내용에 한정되므로, 그 이외의 활동은 사전에 법무부장관의 허가를 받아야 하며, 특별한 경우를 제외하고는 정치활동은 원칙적으로 금지된다(출입국관리법 제17조).

법무부장관은 공공의 안녕과 질서, 국익을 위하여 필요하다고 인정할 때에는 외국인의 거소 또는 활동범위를 제한하거나 기타 필요한 준수사항을 정할 수 있다(출입국관리법 제22조).

(3) 체류자격의 부여와 상실

① 다음 각 호의 어느 하나에 해당하는 외국인이 체류자격을 가지지 못하고 대한민국에 체류하게 되는 경우에는 다음 각 호의 구분에 따른 기간 이내에 체류자격을 받아야 한다.

1. 대한민국에서 출생한 외국인: 출생한 날부터 90일
2. 대한민국에서 체류 중 대한민국의 국적을 상실하거나 이탈하는 등 그 밖의 사유가 발생한 외국인은 그 사유가 발생한 날부터 60일

② 체류자격을 받지 못하면 강제퇴거시킬 수 있다. 외국인이 그 신분이 변경되어 체류자격을 변경하고자 할 때에는 신분이 변경된 날부터 30일 이내에 법무부장관의 허가를 받아야 한다(출입국관리법 제23조 및 제24조).

(4) 체류 중 여권 등 휴대 및 제시의무

① 대한민국에 체류 중인 외국인은 항상 여권 · 선원신분증명서 · 외국인입국허가서 · 외국인등록증 또는 상륙허가증을 지니고 있어야 한다. 다만, 17세 미만의 외국인은 제외된다.

② 외국인은 출입국관리공무원이나 권한 있는 공무원이 그 직무수행과 관련하여 여권 등의 제시요구가 있을 경우 이에 응해야 하고 거부할 경우 강제퇴거대상이 된다(출입국관리법 제27조).

(5) 외국인 고용자의 신고의무

취업활동을 할 수 있는 체류자격을 가지고 있는 외국인을 고용한 자는 다음 각 호의 어느 하나에 해당하는 사유가 발생하면 대통령령으로 정하는 바에 따라 15일 이내에 이를 지방출입국 · 외국인관서의 장에게 신고해야 한다.

1. 외국인을 해고하거나 외국인이 퇴직 또는 사망한 경우
2. 고용한 외국인의 소재를 알 수 없게 된 경우
3. 고용계약의 중요한 내용을 변경한 경우(출입국관리법 제19조)

5) 외국인의 강제퇴거

(1) 의의

사인의 자격으로 체류 중인 외국인이 체류국의 국내법을 위반한 경우에 체류국 정부가 합법적으로 체류 중인 외국인을 체류국 영역 밖으로 퇴거를 명하는 행정행위를 강제퇴거 또는 추방이라 한다. 우리나라는 「출입국관리법」에서 이를 규정하고 있다. 지방출입국·외국인관서의 장은 다음 각 호의 어느 하나에 해당하는 외국인을 강제퇴거시킬 수 있다(출입국관리법 제46조 제1항).

1. 유효한 여권 또는 선원신분증명서와 사증 없이 입국한 사람
2. 거짓된 사실의 기재나 거짓된 신원보증 등 부정한 방법으로 외국인을 초청하거나 그러한 초청을 알선하는 행위, 거짓으로 사증 또는 사증발급인정서를 신청하거나 그러한 신청을 알선하는 행위로 입국한 외국인, 허위초청 등의 행위로 입국한 외국인
3. 제11조 제1항 각 호의 어느 하나에 해당하는 입국금지사유가 입국 후에 발견되거나 발생한 사람: 이들은 입국금지대상으로서 1) 감염병 환자, 마약류 중독자, 공중위생상 위해끼칠 염려 있는 사람, 2) 총포·도검·화약류 위법 소지한 사람, 3) 정신장애인, 국내체류비용 부담능력이 없는 사람, 4) 강제퇴거 받고 출국 후 5년이 지나지 아니한 사람, 5) 일본정부 등과 연계하여 사람을 학살·학대하는 일에 관여한 사람, 6) 대한민국 이익이나 공공의 안녕해칠 상당한 이유 있는 사람, 7) 경제질서나 사회질서 해칠 염려있다고 인정할 만한 상당한 이유 있는 사람
4. 입·출국 심사규정에 위반한 사람
5. 부득이한 사유로 유효한 여건과 사증을 갖추지 못하였으나 일정 기간 내에 그 요건을 갖출 수 있다고 인정되는 사람, 제11조 제1항 각 호의 입국금지사유에 해당된다고 의심되거나 입국목적이 체류목적·체류자격에 맞는 요건을 갖추지 못하였다고 의심되어 특별히 심사할 필요가 있다고 인정되는 사람에 대하여 지방출입국·외국인관서의 장이 붙인 허가조건을 위반한 사람
6. 상륙허가 없이 상륙하거나 상륙허가 조건을 위반한 사람
7. 상륙허가 기간, 행동지역의 제한 등 조건을 위반하거나 긴급상륙허가나 재난상륙허가 또는 난민상륙허가에 붙인 허가조건을 위반한 사람
8. 체류자격 외의 활동, 정치활동, 지정된 근무처 외에서 근무, 다른 체류자격에 해당하는 활동을 하거나 체류자격이 없는 외국인, 체류자격 변경허가를 받지 아니한 외국인, 체류기간 연장허가를 받지 않은 사람
9. 근무처의 변경·추가허가를 받지 아니하고 근무처를 변경·추가하거나 이를 위반한 외국인을 고용·알선한 사람
10. 외국인 등록, 거소 또는 활동범위의 제한, 기타 준수사항을 위반한 사람
11. 유효한 여권을 가지고 출국심사를 받지 않거나 출입국항이 아닌 장소에서의 출국심사절차를 위반하고 출국하려 하는 사람
12. 입국한 날로부터 90일 이내에 외국인 등록의무를 위반한 사람
13. 금고 이상의 형의 선고를 받고 석방된 사람
14. 송환대상 외국인이 자살 또는 자해행위를 하려는 경우, 다른 사람에게 위해를 가하거나 가하려는 경우, 출입국관리공무원의 직무집행을 정당한 사유 없이 거부 또는 기피하거나 방해하는 경우, 그 외에도

시설 및 다른 사람의 안전과 질서를 현저히 해치는 행위를 하거나 하려는 경우 등이다.

다만, 대한민국에서 영주권을 가진 사람은 위의 사항에 해당하여도 다음에 해당하는 경우를 제외하고는 강제퇴거의 대상이 되지 않는다(출입국관리법 제46조 제2항).

1. 내란 · 외환의 죄를 범한 사람
2. 5년 이상의 징역 또는 금고의 형을 선고받고 석방된 자 중 법무부령이 정하는 사람
3. 불법으로 입국한 자를 위해 선박이나 여권을 제공하거나 도피할 수 있는 교통수단을 제공 또는 이를 교사, 방조한 사람 등이다.

(2) 강제퇴거의 절차

① 강제퇴거대상자의 조사는 출입국관리 공무원에 의해 이루어지며 강제퇴거사유에 해당한다고 의심할 만한 상당한 이유가 있고 도주하거나 도주할 염려가 있으면 지방출입국 · 외국인관서의 장으로부터 보호명령서를 발급받아 외국인보호실, 외국인보호소 또는 그 밖에 법무부장관이 지정하는 장소에서 보호한다. 보호기간은 10일 이내로 한다. 다만, 부득이한 사유가 있으면 지방출입국 · 외국인관서의 장의 허가를 받아 10일을 초과하지 아니하는 범위에서 한 차례만 연장할 수 있다(출입국관리법 제51조 및 제52조).

② 지방출입국 · 외국인관서의 장은 외국인을 심사에 의해 강제퇴거대상자로 인정한 때에는 강제퇴거명령서를 발부한다. 강제퇴거처분사유가 동시에 형사처분사유가 되는 경우 형사절차와 행정절차를 병행하게 되지만 강제퇴거의 집행은 형사절차가 끝난 다음에 행하여진다. 강제퇴거명령서는 출입국관리공무원이 이를 집행하지만 지방출입국 · 외국인관서의 장은 사법경찰관리에게 집행을 의뢰할 수 있다(출입국관리법 제62조).

제 2 절 외교사절과 외교특권

1. 외교사절

1) 의의

외교사절이라 함은 외교교섭 기타의 직무를 수행하기 위하여 외국에 파견되는 국가의 대외적 대표기관을 말한다. 국제법상 국가의 대외적 대표기관은 국가원수, 외무부장관, 외교사절, 군대, 군함 등이 있으며, 외교사절은 이러한 국가의 대외적 대표기관의 하나이며, 외교관계는 주로 외교사절에 의해 대표된다. 외교사절은 그를 접수한 국가 또는 국제조직과의 관계에서만 자신의 국가를 대표하는 것이 원칙이다.

2) 종류

(1) 상임외교사절

상임외교사절(상주외교사절)이란 국가를 일반적으로 대표할 자격을 가지고 접수국에 상주하여 본국과의 외교관계를 처리하는 외교사절을 말하며, 단순히 외교사절이라고 말할 경우에는 상임외교사절을 말한다.

(2) 임시외교사절

임시외교사절이란 일시적으로 외국에 파견되는 사절로서 외교관계가 수립되어 있지 않은 경우라 하더라도 접수국의 동의를 얻어 임시외교사절을 파견할 수 있다. 임시외교사절에는 특정한 외교교섭, 조약체결, 국제회의 참가 목적의 사무사절, 대통령 취임식, 결혼식, 장례식 등 외국의 축전이나 예식에 국가대표로 파견되는 예의사절로 구분된다.

3) 계급

① 1815년 비엔나 회의에서 채택된 외교관의 석차에 관한 규칙에 의하면, 외교사절의 계급은 대사, 공사, 변리공사, 대리공사의 순으로 규정되고 있으며, 변리공사는 실제로 거의 파견되는 일이 없다.

② 외교사절은 그 계급상의 차이로 인해 직무 및 특권에 아무런 차별을 받지 않으며, 어느 계급의 외교사절을 파견하는가는 당사국 간의 합의에 의한다. 동일계급 간의 석차는 외교사절의 직무를 개시한 일시 순에 의해 결정된다. 외교사절의 장을 'Head of the Mission'이라고 하는데, 이를 공관장이라고 부르고 공관장이 유고 시 임시대사대리 또는 공사대리가 그 직무를 대리한다.

③ 대사와 공사는 파견국의 원수가 접수국의 원수에게 보내는 신임장을 휴대하지만, 대리대(공)사는 외무부장관이 접수국의 외무부장관에게 보내는 신임장을 휴대한다.

④ 대리대(공)사는 외교사절이 유고 시에 외교직원이 일시 그 직무를 대행하는 대사대리와는 전혀 다르다. 대사대리는 정규의 외교사절이 아니어서 신임장도 필요 없고, 파견국의 외무부장관이 접수국의 외무부장관에게 지명통보를 하는 것으로 그친다.

4) 외교사절의 파견과 접수

(1) 아그레망의 요청

외교사절의 파견을 희망하는 국가는 특정인의 파견에 대한 접수국의 동의를 구해야 하는데, 이를 아그레망(agreement)이라 한다. 접수국은 특정인이 비우호적 인물(persona non grata)이라고 인정되면 아그레망을 거절할 수 있고, 거절의 이유를 파견국에 통지할 의무는 없다.

(2) 신임장의 접수

파견국은 접수국의 아그레망을 얻으면 파견 예정자를 외교사절로 임명하고 신임장(credential)

을 주어 접수국에 파견한다. 외교사절이 접수국에 도착하면 먼저 신임장의 부본을 접수국의 외무부 당국에 제출하여 도착을 통지하며, 접수국이 지정하는 일시에 정본을 제출한다. 대사와 공사는 접수국의 국가원수에게, 대리공사는 접수국의 외무부장관에게 각각 제출한다.

5) 직무의 개시시기

① 외교사절의 직무의 개시시기는 신임장의 부본을 접수국의 외무부 당국에 제출한 때부터라는 견해와 정본을 제출한 때부터라는 견해가 있으나, 정본 제출 때부터라는 것이 일반적인 관행이다.

② 그러나 외교관계에 관한 비엔나 협약은 접수국이 접수국 내의 모든 외교사절에게 일률적으로 어느 것이든 적용할 수 있다고 규정하고 있다.

③ 외교사절의 특권은 외교사절이 주재국에 입국 시부터 인정된다.

2. 영사

1) 의의

영사는 국가 간의 경제적 목적수행과 자국민보호 등 비정치적 목적수행을 위해 파견된 기관으로서, 정치적 대표성이 없고 기능적 성격만을 가지는 기관이다. 따라서 영사는 외교사절에 포함되지 않으며, 영사의 파견에는 아그레망을 요하지 않고 파견 시에 정부는 신임장을 부여하는 것이 아니라 위임장(consular commission)을 교부한다. 외교사절은 일반국제법에 의해 규제되나 영사는 일반적으로 개별적 조약에 의한다.

2) 직무

① 영사의 직무는 자국민보호, 우호관계촉진, 정보수집(정치 · 군사정보는 제외), 여권 및 사증발급(외교사절도 수행), 제반 공증 호적사무, 자국민의 분쟁조정, 서류송달 증인조사, 선박 · 항공기 승무원 지도감독 등이 포함된다.

② 그러나 정치적 대표성이 없으므로 접수국 정부와의 외교교섭은 영사의 직무가 아니고, 외교공관은 통상 접수국의 수도에 한 곳뿐이지만 영사관은 여러 개를 둘 수 있다.

3) 특권

영사는 접수국에서 외교사절의 그것과 유사한 특권 · 면제를 향유하나, 그 범위는 외교관에 비하여 상당히 제한되고 있다. 면제의 내용은 대체로 '영사관계에 관한 비엔나협약'을 준용하지만 특권의 내용은 각국마다 조금씩 다르다.

(1) 불가침권

① 영사관의 불가침(영사관계에 관한 비엔나협약 제31조)

영사기관의 활동을 위하여 사용되는 영사관사의 부분에 들어가서는 아니 된다. 다만, 화재 또는 신속한 보호조치를 필요로 하는 기타 재난의 경우에는 영사기관장의 동의가 있은 것으로 추정될 수 있다.

② 문서의 불가침(동 협약 제33조)

영사문서와 서류는 언제 어디서나 불가침이다. 따라서 접수국의 관헌은 영사문서와 서류를 수색·검열·압수 또는 그 제시를 요구할 수 없다.

③ 영사관원의 보호와 신체의 불가침(동 협약 제40조, 제41조)

ⓐ 접수국은 상당한 경의로써 영사관원을 대우하여야 하며, 또한 영사관원의 신체자유 또는 위엄에 대한 침해를 방지하기 위한 모든 적절한 조치를 취하여야 한다.

ⓑ 영사관원은 중대한 범죄의 경우에 권한있는 사법당국에 의한 결정에 따르는 것을 제외하고, 재판에 회부되기 전에 체포되거나 또는 구속되지 아니한다.

ⓒ 중대한 범죄의 경우를 제외하고 영사관원은 구금되지 아니하며, 또한 그의 신체의 자유에 대한 기타 어떠한 형태의 제한도 받지 아니한다. 다만, 확정적 효력을 가진 사법상의 결정을 집행하는 경우는 제외된다.

(2) 면제

① 사법권의 면제(동 협약 제43조, 제44조)

ⓐ 영사관원과 사무직원은 영사직무의 수행 중에 행한 행위에 대하여 접수국의 사법 또는 행정당국의 관할권에 복종할 의무를 지지 아니한다. 다만, 영사관원 또는 사무직원이 체결한 계약으로서, 그가 파견국의 대리인으로서 명시적으로 또는 묵시적으로 체결하지 아니한 계약으로부터 제기되는 민사소송이나, 접수국 내의 차량, 선박 또는 항공기에 의한 사고로부터 발생하는 손해에 대하여 제3자가 제기하는 민사소송에 관해서는 접수국의 관할권에 복종하여야 한다.

ⓑ 영사기관원은 그 직무의 수행에 관련되는 사항에 관하여 증언을 행하거나, 또는 그에 관련되는 공용 서한과 서류를 제출할 의무를 지지 아니한다. 영사기관원은 파견국의 법에 관하여 감정인으로서 증언하는 것을 거부하는 권리를 또한 가진다.

② 행정권의 면제(동 협약 제49조, 제50조 등)

영사는 원칙적으로 경찰권의 면제를 받지 않는다. 그러나 다수의 조약은 전임영사의 경찰권의 면제를 규정하고 있다. 영사는 원칙적으로 과세권으로부터도 면제된다. 면제의 인정범위는 외교사절의 경우와 동일하다. 명예영사에 관한 과세권의 면제는 인정되지 않는다.

(3) 기타의 특권

이외에도 영사는 각종 편의의 공여(동 협약 제28조, 제30조), 국기 및 국장의 사용권(제29조), 여행의 자유(제26조), 사회보장가입의 면제(제58조), 인적역무의 면제(제52조) 등의 특권을 향유한다.

4) 영사의 종류와 계급

(1) 전임영사

영사는 전임영사와 명예영사로 구분된다. 전임영사는 본국으로부터 일정한 봉급을 받고 영사의 직무에 종사하는 자로서 파견국의 국민이면서 관리의 지위를 가지는 자를 말한다. 영사의 계급은 총영사, 영사, 부영사, 영사대리의 순이다.

(2) 명예영사

명예영사는 접수국의 국민 중에서 선임되면 단순히 위촉을 받아 영사직무에 종사하나 이에 전임되는 것은 아니며, 수당성격의 보수를 받고 특권과 면제가 일부 적용된다.

5) 영사에 관한 수사상 특칙

① 임명국의 국적을 가진 한국 주재 총영사, 영사 또는 부영사에 대한 사건에 관하여 구속 또는 조사할 필요가 있다고 인정될 경우에는 미리 경찰청장에게 보고하여 그 지시를 받아야 한다.

② 경찰은 총영사, 영사 또는 부영사의 사무소에 관하여는 당해 영사의 청구나 동의가 있는 경우 외에는 이에 들어가서는 아니 되며, 그들의 사택이나 명예영사의 사무소 혹은 사택에서 수사할 필요가 있다고 인정될 경우에는 미리 경찰청장에게 보고하여 그 지시를 받아야 한다.

③ 또한 총영사, 영사 또는 부영사나 명예영사의 사무소 안에 있는 기록문서에 관하여는 이를 열람하거나 압수하여서는 아니 된다.

3. 외교특권과 경찰책임

1) 의의

외교특권은 치외법권 또는 특권과 면제 등의 용어로 사용되기도 하나, 외교관계에 관한 비엔나 협약은 외교특권을 특권과 면제로 규정하고 있다. 따라서 외교특권이란 외교관과 그 가족, 임무수행 중인 행정 및 기술관료(외교사절의 수행원)들이 갖는 재판권과 행정권으로부터의 면책권, 즉 불가침권과 면책권을 말한다.

외교특권은 파견국측에서는 접수국에 대해 명시적 의사표시를 통해 외교관의 면책특권을 그의 의사에 반해 포기할 수 있으며, 외교관 개인의 포기는 금지된다.

2) 근거

외교특권은 1961년 4월 18일의 「외교관계에 관한 비엔나 협약」과 1963년 4월 24일의 「영사관계에 관한 비엔나 협약」과 국제관습에 의해 일반적으로 승인된 특권으로서 「헌법」 제6조에 따라 국내법과 같은 효력이 있다. 외교특권을 인정하는 본질적인 근거는 상호주의의 원칙이라 할 수 있다.

4. 외교특권의 내용

1) 불가침권(privilege)

(1) 신체의 불가침

외교관은 어떠한 경우에도 어떠한 형태의 체포·구금을 당하지 아니한다. 접수국은 외교관에 대한 가해행위를 방지하기 위하여 모든 적절한 경찰조치를 취해야 하며, 가해가 행하여진 경우에는 이를 구제하기 위한 조치를 취해야 한다.

우리나라의 경우 외교사절에 대한 폭행·협박죄는 「형법」에 의해 일반범죄보다 가중처벌하고 있다. 그러나 정당방위 또는 범죄의 예방·제지와 같은 긴급사태 시에는 일시적인 신체의 구속은 가능하다.

(2) 관사의 불가침

외교사절의 공관뿐만 아니라 개인주택과 교통수단 등에 대해서는 외교사절의 동의없이 출입, 수색·압류, 강제집행할 수가 없다. 이에는 소유 또는 임차를 불문하고 부속건물과 정원, 차고 등을 포함한다.

그러나 관사라 할지라도 범죄인의 비호권은 원칙적으로 인정되지 않는다. 관사의 불가침은 원래 외교사절의 정당한 업무수행을 위하여 인정되는 것이므로, 형사상의 범죄인이나 정치적 도망자를 비호하는 것은 그 본래의 취지에 반한다. 화재나 전염병의 발생과 같은 긴급사태 시에는 사절의 동의 없이 관사출입이 가능하며, 경찰은 공관저 경비로서 보호의무를 부담한다.

(3) 문서의 불가침

① 외교공관의 문서와 서류는 언제, 어디서나 불가침의 대상이며 수색·검열·압수되거나 그 제시가 요구되지 아니한다.

② 외교관의 개인서류, 통신문서 및 그의 개인재산도 불가침이며 문서가 어느 장소에 있든, 심지어 외교단절의 경우에도 접수국은 문서의 불가침권을 보장해야 하며, 외교행낭과 통신도 문서에 준하여 불가침의 대상이다.

③ 외교행낭은 공문서만이 내용물에 포함될 수 있으며 배달인 및 행낭은 불가침이다. 다만, 문서가 간첩행위의 서증이 되는 문서, 자국의 간첩이 주재국에서 절취 또는 복사한 문서는 제외된다.

2) 면제권(diplomatic immunities)

(1) 형사재판권으로부터의 면제

외교사절은 먼저 접수국의 형사재판권의 인적 · 물적 관할권으로부터 면제된다. 외교관은 어떠한 경우에도 체포 · 구금 · 소추 또는 처벌되지 않는데 이는 공 · 사무를 불문한다.

재판관할권으로부터의 면제는 행위에 대한 책임으로부터의 면제를 의미하는 것은 아니므로, 사건이 중대할 경우에는 소환을 요구하거나 추방조치를 취하거나, 또는 긴급한 필요가 있을 경우에는 일시적으로 신체의 자유를 구속할 수 있다.

(2) 민사재판권의 면제

외교사절은 원칙적으로 접수국의 민사소송과 강제집행 등으로부터 면제된다. 누구라도 외교사절에 대한 민사소송을 접수국의 법원에 제기할 수 없고, 또 접수국의 법원은 이를 접수할 수 없다.

그러나 그 면제는 형사재판권에 비해 아주 제한적이다. 접수국 내에서 외교관의 개인적으로 관계된 상속재산에 관한 소송, 개인적으로 운영하는 영업체에 관한 소송, 그리고 본국 정부의 허가를 얻어 면제권을 포기하고 소송당사자로서 민사재판정에 자진 출석하여 응소하는 경우 등은 예외적으로 허용된다.

(3) 경찰권의 면제와 허용

외교사절은 접수국의 경찰권으로부터 면제되는 것이 원칙이다. 그러나 외교사절도 주재국의 법질서를 존중할 의무는 있으며, 특히 공공의 안녕과 관련된 교통신호 등의 기초질서 준수의무 등이 그러하다. 외교사절이 교통법규에 위반한 경우 일반범칙자와 같이 통고처분을 하게 되나, 경찰벌이 면제되기 때문에 이를 공권력으로 관철할 수는 없다.

외교관이나 영사업무 종사자들에 대한 경찰강제가 허용되는 경우는 긴급방어나 긴급사태의 상황이 존재할 경우이다. 대사관 소속원의 타인습격, 음주운전에 의한 교통법규를 위반은 무조건적인 긴급방어조치대상이며, 화재나 전염병의 발생 등과 긴급상황의 경우 사전 동의 없이 공관에 들어갈 수 있다.

(4) 외교관과 관사에 대한 경찰의 의무

1973년 UN총회는 외교관을 포함한 국제적으로 보호되는 사람에 대한 범죄예방 및 처벌에 관한 협약을 채택하여 접수국 정부는 관사의 불가침을 보장하기 위하여 관사보호의무를 지게 되며, 이는 관사주위에서 외교사절의 본국 또는 공관에 대하여 적대적인 시위를 행하는 폭도 또는 군중으로부터 관사를 보호할 의무를 포함하며, 침해를 방지하기 위하여 적절한 조치를 취해야 할 특별한 의무를 부담한다.

(5) 증언의무로부터의 면제

외교사절은 접수국 내에서 형사, 민사 또는 행정재판과 관련하여 재판정에 출석하여 증언할 의무가 없다. 재판정뿐만 아니라 공관에서 증언할 의무도 없다. 그러나 자발적인 의사에 의해 자진출석 또는 증언하는 것은 물론 상관이 없으며, 접수국과의 관계를 고려하여 증언요청에 의하는 경우도 있다.

(6) 과세권의 면제

외교사절은 원칙적으로 접수국의 과세권으로부터 면제되므로, 인적 · 물적 또는 국세, 지방세를 불문하고 조세로부터 면제된다. 그러나 예외적으로 간접세, 사유부동산에 대한 조세, 상속세 및 개인영업상의 투자에 관한 등록세, 법원의 수수료 등은 면제되지 않는다.

3) 특권향유의 범위

(1) 시기와 종기

시기는 외교사절이 부임하기 위해 접수국의 영역에 입국하였을 때부터이다. 외교사절이 접수국 내에 있을 경우에는 그 임명의 사실이 접수국의 외무부에 통고되었을 때부터 시작된다.

외교특권의 종기는 접수국의 영토를 출국할 때부터이다. 그러나 외교사절이 접수국의 영토를 벗어나는 데 소요되는 상당한 기간이 경과된 후에도 계속 접수국의 영토에 남아 있을 경우에는 그 기간이 종료되었을 때에 특권이 상실된다.

(2) 공간적 범위

외교특권이 인정되는 접수국의 공간은 접수국의 배타적 통치권이 미치는 일체의 영역으로서, 접수국의 영토와 영해, 그리고 영공에 있는 선박과 항공기도 포함된다. 외교사절이 부임, 귀임, 전임 또는 국제회의 참석 등으로 제3국에 체류하는 경우에 무해통항권이 인정되어 제3국은 외교사절의 통과 또는 상당한 이유가 있는 체제의 경우에는 불가침권과 기타 필요한 특권을 인정해야 한다.

(3) 인적 범위

공관장과 공관직원이 대상이다. 공관직원은 편의상 ① 외교직원, ② 본국파견 비외교직원, ③ 현지 고용직원, ④ 개인사용인으로 구분된다. 이 중 본국파견 비외교직원과 현지고용원은 기능별로 구분하면 행정 및 기술직원과 업무직원으로 나누어진다. 전자는 부기사, 타자수, 암호기사, 등록보관사, 교정사 등이 포함되고, 후자는 운전기사, 사환, 시설 관리인 등이 포함된다.

① 외교직원과 그 가족

외교직원은 접수국 국민이 아닌 경우 원칙적으로 외교사절과 같은 특권과 면제를 향유한다. 외교직원은 공사, 참사관, 각급 서기관, 각종 주재관 등으로서 본국 정부가 임명하는 대사관 직원으로서, 외교관 신분이 부여되고 또는 접수국에서 그 신분이 인정된 자를 말한다. 외교직원의 가족은 접수국의 국민이 아닐 경우에 외교특권이 인정된다.

② 행정 · 기술직원

행정 및 기술직원은 그 가족과 더불어 접수국의 국민이 아닐 경우 공무진행 중의 행위에 한해서 민사 · 형사재판권의 면제를 받으며, 관세면제는 부임 시의 수입물품에 한한다는 제한 외에는 외교직원과 같은 특권을 향유한다.

③ 업무직원

접수국의 국민이나 영주자가 아닌 개인 사용인의 경우 그들이 받는 보수에 대한 세금은 면제되나 기타 특권은 각국의 재량사항이다.

④ 외교신서사(외교문서 전달담당)

외교상 안전과 비밀유지를 위해 민사나 형사재판권이 면제되고 제3국 무해통항권이 인정된다. 따라서 그가 휴대하는 외교행랑은 개봉검사해서는 안 된다.

제 3 절 외사경찰활동

1. 외사정보활동

1) 개념

외사정보활동이란 대한민국의 안전과 이익, 사회공공의 안녕과 질서 유지 목적으로, 주한 외국인, 주한 외교사절, 주한 외국기관, 외국상사단체, 해외교포 등을 대상으로 외사첩보를 수집하고 이를 판단 · 분석하여 정책수립자료로 제공함으로써, 치안질서 유지 또는 국가안보상의 위해요인을 사전에 제거하고 그 대책을 마련하는 외사경찰의 활동을 말한다.

외사정보는 외사에 관한 기본정보, 현용정보 및 판단정보는 물론 국가안전보장상의 정보까지를 포함한다.

2) 특성

(1) 대상의 특성

외사정보는 외국과 외국인을 주대상으로 한다는 측면에서 내국인과 국내 문제에 관한 정보를 다루는 일반 경찰정보와 구별되는 내용상의 특성이 있으며, 외사정보는 외교적 마찰을 야기할 우려가 있으므로 정보활동과정에 특별한 주의를 요한다.

(2) 적용법규상 특성

외사정보는 국제법과 비엔나 협약 등 각종 외교관계법규, 「출입국관리법」과 「외국환관리법」 등 외사관련 단행법규, 기타 국제정치와 치안정세 등에 관한 식견 등 전문지식을 필요로 한다.

(3) 정보요원 자격상 특성

외사정보요원은 유창한 외국어 구사능력이 중요한 요건이 된다.

3) 외사정보의 대상

(1) 인적대상

외사정보활동의 주요 인적대상은 외교사절 및 준외교사절[5] · 주한미군과 군속 및 그 가족 · 국내 거류외국인[6] · 국내 체류외국인 · 불법체류자 · 해외교포 및 해외거주 내국인과 관광객 · 외국과 관련있는 내국인[7] · 국제조직범죄단체원 및 테러 조직원 등이다.

(2) 물적대상

물적대상으로는 외국공관 · 외국기관 · 외국상사 · 외국단체[8] · 외국언론기관 · 재외 국내단체 및 기업체 · 국제범죄조직 · 국제테러조직 등이 있다.

2. 외사수사활동

1) 개념

외사수사활동이란 대한민국의 안전과 이익, 사회공공의 안녕과 질서 유지를 목적으로, 국내 체류 외국인 또는 외국과 관련된 범죄에 대해 증거를 수집하여 범죄사실을 규명하고 범인을 특정하여 체포하는 수사활동을 말한다.

2) 특징

외사사범은 국내에 체류하고 있는 외국인이나 외국에 관련된 사건이므로 ① 사건의 비노출성, ② 언어소통의 곤란성 등으로 첩보수집과 그 수사과정에 고비용 요구, ③ 대부분 기획수사에 의존한다는 특징을 갖고 있다.

또한 외사수사는 최근 들어 우리나라에 체류 중인 자기나라 국민을 범행대상으로 하는 ① 자생적인 외국인 범죄조직의 출현과 러시아 마피아, 중국 흑사회, 홍콩 삼합회, 일본 야쿠자 등 외국범죄조직의 국내 침투에 대한 대비, ② 총기와 마약 밀매, 밀입국 등 국가적 법익에 관련된 사건을 수사대상으로 하므로, 수사기법의 전문성과 국가 간의 인터폴 공조 수사, 경찰, 검찰, 법무부,

---

5) 외교사절은 아니지만 외교사절과 비슷한 특권을 향유하는 지위에 있는 사람들이 있는데, 관례상 이들을 외교사절과 구별하여 준외교사절이라 부르지만 이는 공식적인 호칭은 아니다. 준외교사절에는 영사(총영사, 부영사 포함)와 그 가족, 국제연합헌장에 기초하여 국제연합기관에서 파견된 직원과 그 가족, 외국대표부 직원 및 그 가족, 그리고 한미합동군사지원단 구성원과 그 가족 등이 있다.

6) 국내 거류외국인이란 고용, 기타의 사유로 한국에 비교적 장기간(90일 이상)인 일정한 기간을 정하여 머무를 것을 예정하고 입국한 외국인을 말한다. 반면, 국내 체류외국인은 주로 관광, 기타의 사유로 입국하여 일정한 기간을 정하지 아니하고, 비교적 단기간 동안 국내에 체류하는 외국인을 말한다.

7) 외국공관, 외국상사단체 등에 고용되어 근무하고 있는 내국인 또는 국제기구에 고용된 내국인 등을 들 수 있다.

8) 외국단체에는 종교단체, 사회사업단체, 경제단체, 군 관련단체, 국제협력 · 친선교류단체, 정치성 단체 등이 있다.

관세청, 국정원 등 국내의 다양한 정보수사기관의 공조 시스템의 작동이 요구된다.

3) 대상 범죄유형

(1) 국제성범죄

국제성범죄란 국제협약에서 규정하고 있는 범죄와 인적 · 장소적으로 2개 국가 이상이 관련되어 있는 범죄로서, 범죄의 주체, 객체, 행위, 법익, 결과 발생 등의 요소가 2개 이상의 국가에 관련되어 있는 범죄를 말한다.[9)]

구체적인 국제성범죄유형은 ① 국제범죄사건과 같은 반국가적 범죄, ② 국제테러, ③ 북한의 우회침투간첩, ④ 마약 · 무기밀매나 인신매매, 국제적 매춘조직 등 인간의 존엄성과 건강을 위협하는 국제적 · 조직적인 범죄, ⑤ 국제통화위조 · 국제상거래범죄 · 돈세탁처럼 신용을 해치는 범죄 등이 해당된다.

(2) 일반 외사사범

주로 국내 체류외국인 또는 내국인의 외국 관련범죄를 말하며 성질상 국제성범죄에 속하지 않는 범죄를 말한다. 해당 범죄유형은 ① 외국인의 국내 형법 위반사범, ② 한미행정협정위반 사범, ③ 「출입국관리법」, 「여권법」, 「밀항단속법」 등 각종 단행법규나 국제협정위반사범이 외사사범에 속한다.

3. 외국인 범죄의 수사

1) 외국인 등 관련범죄[10)]에 관한 특칙

(1) 국제법의 준거규정

조약, 협정, 그 밖의 특별한 규정이 있을 때에는 그에 따르고, 특별한 규정이 없을 때에는 외국인 등 관련범죄에 관한 특칙의 규정에 따르는 외에 일반적인 범죄수사절차를 따른다(범죄수사규칙 제206조).

(2) 국제법의 준수

경찰관은 외국인 등 관련범죄의 수사를 함에 있어서는 국제법과 국제조약에 위배되는 일이 없도록 유의하여야 한다(범죄수사규칙 제207조).

(3) 외국인 등 관련범죄 수사의 착수

경찰관은 외국인 등 관련범죄 중 중요한 범죄에 관하여는 미리 국가수사본부장에게 보고하여 그 지시를 받아 수사에 착수하여야 한다. 다만, 급속을 요하는 경우에는 필요한 처분을 한 후 신

---

9) 박기남, 경찰외사론, 경찰공제회, 2000, p.124.

10) '외국인 등 관련범죄'란 외국인 관련범죄 또는 우리나라 국민의 국외범, 대 · 공사관에 관한 범죄 그 외 외국에 관한 범죄를 말한다.

속히 국가수사본부장의 지시를 받아야 한다(범죄수사규칙 제208조).

(4) 대 · 공사 등에 관한 특칙

① 경찰관은 외국인 등 관련범죄를 수사함에 있어서 외교관 또는 외교관의 가족이나 그 밖의 외교의 특권을 가진 사람의 외교 특권을 침해하는 일이 없도록 주의하여야 한다(범죄수사규칙 제209조).

② 경찰관은 제1항에 규정된 사람의 사용인을 체포하거나 조사할 필요가 있다고 인정될 때에는 현행범인의 체포, 그 밖의 긴급 부득이한 경우를 제외하고는 미리 국가수사본부장에게 보고하여 그 지시를 받아야 한다.

③ 경찰관은 피의자가 외교특권을 가진 사람인지 여부가 의심스러운 경우에는 신속히 국가수사본부장에게 보고하여 그 지시를 받아야 한다.

(5) 대 · 공사관 등에의 출입

경찰관은 대 · 공사관과 대 · 공사나 대 · 공사관원의 사택 별장 혹은 그 숙박하는 장소에 관하여는 해당 대 · 공사나 대 · 공사관원의 청구가 있을 경우 이외에는 출입해서는 아니 된다. 다만, 중대한 범죄를 범한 자를 추적 중 그 사람이 위 장소에 들어간 경우에 지체할 수 없을 때에는 대 · 공사, 대 · 공사관원 또는 이를 대리할 권한을 가진 사람의 사전 동의를 얻어 수색하여야 한다. 수색을 행할 때에는 지체 없이 국가수사본부장에게 보고하여 그 지시를 받아야 한다(범죄수사규칙 제210조).

(6) 외국군함에의 출입

경찰관은 외국군함에 관하여는 해당 군함의 함장의 청구가 있는 경우 외에는 이에 출입해서는 아니 된다. 중대한 범죄를 범한 사람이 도주하여 대한민국의 영해에 있는 외국군함으로 들어갔을 때에는 신속히 국가수사본부장에게 보고하여 그 지시를 받아야 한다. 다만, 급속을 요할 때에는 해당 군함의 함장에게 범죄자의 임의의 인도를 요구할 수 있다(범죄수사규칙 제211조).

(7) 외국군함의 승무원에 대한 특칙

경찰관은 외국군함에 속하는 군인이나 군속이 그 군함을 떠나 대한민국의 영해 또는 영토 내에서 죄를 범한 경우에는 신속히 국가수사본부장에게 보고하여 그 지시를 받아야 한다. 다만, 현행범, 그 밖의 급속을 요하는 때에는 체포, 그 밖의 수사상 필요한 조치를 한 후 신속히 국가수사본부장에게 보고하여 그 지시를 받아야 한다(범죄수사규칙 제212조).

(8) 영사 등에 관한 특칙

① 경찰관은 임명국의 국적을 가진 대한민국 주재의 영사(총영사, 부영사 포함, 이하 '영사')에 대한 사건에 관하여 구속 또는 조사할 필요가 있다고 인정될 때에는 미리 국가수사본부장에게 보고하여 그 지시를 받아야 한다.

② 경찰관은 총영사, 영사, 또는 부영사의 사무소는 해당 영사의 청구나 동의가 있는 경우 외에는 이에 출입해서는 아니 된다.

③ 경찰관은 영사의 사택이나 명예영사의 사무소 혹은 사택에서 수사할 필요가 있다고 인정될 때에는 미리 국가수사본부장에게 보고하여 그 지시를 받아야 한다. 영사나 명예영사의 사무소 안에 있는 기록문서에 관하여는 이를 열람하거나 압수하여서는 아니 된다(범죄수사규칙 제213조).

(9) 외국 선박 내의 범죄

대한민국의 영해에 있는 외국 선박 내에서 발생한 범죄로서 다음 각 호의 어느 하나에 해당하는 경우에는 수사를 하여야 한다. ① 대한민국 육상이나 항내의 안전을 해할 때, ② 승무원 이외의 사람이나 대한민국의 국민에 관계가 있을 때, ③ 중대한 범죄가 행하여졌을 때(범죄수사규칙 제214조)

(10) 외국인에 대한 조사

① 사법경찰관리는 외국인을 조사하는 경우에는 조사를 받는 외국인이 이해할 수 있는 언어로 통역해 주어야 한다.

② 외국인을 체포·구속하는 경우 국내 법령을 위반하지 않는 범위에서 영사관원과 자유롭게 접견·교통할 수 있고, 체포·구속된 사실을 영사기관에 통보해 줄 것을 요청할 수 있다는 사실을 알려야 한다.

③ 체포·구속된 외국인이 영사기관 통보를 요청하는 경우에는 영사기관 체포·구속 통보서를 작성하여 지체 없이 해당 영사기관에 체포·구속 사실을 통보해야 한다.

④ 사법경찰관리는 외국인 변사사건이 발생한 경우에는 영사기관 사망 통보서를 작성하여 지체 없이 해당 영사기관에 통보해야 한다(경찰수사규칙 제91조).

(11) 외국인 피의자에 대한 조사사항

경찰관은 외국인 피의자를 조사할 경우 다음 각 호의 사항에 유의하여 피의자 신문조서를 작성하여야 한다(범죄수사규칙 제216조).

1. 국적, 출생지와 본국에 있어서의 주거
2. 여권 또는 외국인등록 증명서, 그 밖의 신분을 증명할 수 있는 증서의 유무
3. 외국에 있어서의 전과의 유무
4. 대한민국에 입국한 시기 체류기간 체류자격과 목적
5. 국내 입·출국 경력
6. 가족의 유무와 그 주거

(12) 통역인의 참여 및 번역문 첨부

① 경찰관은 외국인 조사 시 외국인 피의자 및 그 밖의 관계자가 한국어에 능통하지 않는 경우에는 통역인을 참여시켜야 하며, 특히 필요한 때에는 외국어의 진술서를 작성하게 하거나 외국어

의 진술서를 제출하게 하여야 한다.

② 외국인에 대하여 구속영장, 그 밖의 영장을 집행하는 경우와 외국인으로부터 압수한 물건에 관하여 압수목록교부서를 교부하는 경우 번역문을 첨부하여야 한다(범죄수사규칙 제217조 및 제218조).

(13) 영사 면담권 및 영사기관 통보

① 영사기관 통보 요청 권리 고지[11]

경찰관은 외국인을 체포하거나 구속하였을 때에는 피의자에게 해당 영사기관에 체포 또는 구속되었다는 사실의 통보를 요청할 수 있다는 점과 한국법령에 위반되지 않는 한 해당 영사기관과 접견·교통권을 요청할 수 있다는 사실을 반드시 고지해야 한다.

② 통보 및 면담을 요청하는 경우

피의자가 영사관에 통보 및 면담을 요청하는 경우에는 지체 없이 해당 주한 외국영사관에 통보해야 하며, 통보 및 면담을 원하지 않는 경우에는 해당 공관에 통보할 필요는 없으나 이 같은 사실을 반드시 조서에 기재해 두어야 한다.[12]

③ 이중국적자

피의자가 이중국적자인 경우에는 해당 피의자가 원하는 영사관에 통보하거나 해당 영사관 모두에 통보한다.

④ 무국적자

수사기관은 영사관에 원칙적으로 통보할 의무가 없지만, 해당 피의자가 외국정부 발행 여권을 소지하고 있고 본인이 희망하는 경우에는 여권발행국 영사관에 통보한다.

⑤ 영사관계가 없는 외국인

「영사관계에 관한 비엔나 협약」 체약국의 국민이라 하더라도 우리나라와 영사관계가 없는 국가의 국민인 외국인에 대해서는 통보할 필요가 없다.

⑥ 조약에 의한 의무적 통보

사법경찰관은 별도 외국과의 조약에 의해 피의자의 의사에 관계없이 해당 영사기관에 통보하게 되어 있는 경우에는 반드시 이를 통보하여야 한다(범죄수사규칙 제215조 제3항).[13]

4. 외사보안활동

외사보안활동이란 대한민국의 안전과 사회공공의 안녕 및 질서유지를 목적으로 외국인, 외국기관·상사·단체원, 외국인과 관계있는 내국인, 해외교포, 출입국자 등을 대상으로 간첩행위, 테

11) 영사관계에 관한 비엔나 협약 제36조, 한국발효 1977.4.6.

12) 경찰청, 경찰실무전서, 2000, pp.1300-1301.

13) 대한민국과 러시아연방 간의 영사협약에 따라 한국에서 러시아인이 체포구속된 경우 지체 없이 러시아의 영사기관에 통보해야 한다.

러행위, 첨단산업스파이, 외국귀빈 위해행위 등에 대한 동향을 관찰하고 대비하는 외사경찰의 활동을 말한다.

5. 다문화 치안활동

1) 다문화 사회화

우리 사회는 다문화 사회화함에 따라 많은 기대를 하고 있는 반면, 급격한 사회변동으로 외국인 불법체류, 외국인범죄 증가, 소수민족 차별 및 인권침해, 문화충돌과 같은 다양한 사회문제에 직면해 있다.[14)]

따라서 외사경찰은 다문화사회에 대한 이해를 바탕으로 다문화사회의 안정화를 위해 제도적 정비 및 다양한 다문화 치안활동을 계획하고 이를 적극적으로 추진할 필요가 있다.

2) 다문화 치안활동

(1) 다문화 치안활동의 개념 및 연혁

다문화 치안활동은 체류외국인(외국 국적 체류자는 물론 귀화자, 다문화가정 구성원 포함)을 대상으로 범죄를 예방하고 인권을 보호하며, 사회정착을 지원하는 제반 경찰활동을 의미한다.

외사경찰은 1948년 최초 외국인에 애한 방첩업무를 주요 임무로 출범하였다. 2009년까지는 '다문화 사업'이라는 명칭으로 결혼이민자 및 자녀들의 범죄피해 예방, 정착지원 활동을 주로 실시하였다. 2010년 기존 외사경찰의 다문화 사업을 '다문화 치안활동'으로 통칭하고 기본계획을 수립하여 다양한 치안활동을 전개해 오고 있다.

(2) 다문화 치안활동의 법적 근거

외사경찰의 다문화 치안활동의 주요 법적 근거로는 「경찰관 직무집행법」, 「재한외국인 처우 기본법」, 「다문화가족지원법」 등이 있다.

3) 구체적 다문화 치안활동[15)]

외사경찰은 다문화시대 안전 확보를 위해 체류외국인 범죄예방 등 다양한 치안활동을 추진하고 있다.

(1) 체류외국인 범죄예방 교육

체류외국인들을 대상으로 맞춤형 범죄예방교육을 한다. 결혼이주자들을 대상으로 국내법 및 기초질서 · 안전 · 가정폭력 · 성폭력 · 대응방안을 교육하고, 외국인 근로자들을 대상으로는 국내법 및 기초질서 · 성범죄 · 근로법 등을 교육하며, 다문화가정 자녀들을 대상으로는 한국어 · 성범

14) 박외병, "한국외사경찰의 다문화정책 정향성과 다문화 수용성에 관한 연구", 동국대 박사학위 논문, 2013, p.2.
15) 경찰청, 2021년 다문화 치안활동 추진 방안, 2021, pp.9-15.

죄 · 학교폭력 등의 교육을 한다.

(2) 체류외국인 운전면허 교육

체류외국인 대상으로 운전면허 교실을 운영하여 원활한 국내 정착을 지원한다.

(3) 협력단체 운영

체류외국인이 증가함에 따라 체류외국인의 특성에 맞는 효율적인 범죄예방활동을 위해 외국인들로 구성된 외국인 자율방범대, 외국인 치안봉사단 등 치안단체를 구성하여 운영한다.

(4) 외국인 도움센터 운영

체류외국인들이 빈번하게 접촉하는 시설 · 기관[16]을 외국인 도움센터로 지정하여 범죄피해 신고 및 민원상담 창구로 활용한다.

(5) 범죄피해 이주여성 보호지원 협의체 운영

이주여성은 언어 · 문화적 차이 등으로 상대적으로 범죄에 노출될 우려가 크며, 범죄신고 및 회복 측면에서도 취약하여 지원이 필요하므로 범죄피해 이주여성 협의체를 구축하여 운영한다.

(6) 외국인 밀집지역 관리

국내 체류외국인 노동자 대부분은 내국인 기피 업종에 종사하며 주거비용이 저렴한 대도시 주변이나 공단배후 지역 등에 밀집지역을 형성하며 거주하고 있다.

외국인 밀집지역은 시간이 흐를수록 저소득층의 외국인 노동자나 밀입국자, 불법체류자들이 모여드는 가운데, 인종과 문화 갈등에 따른 폭력범죄를 비롯하여 다양한 범죄가 빈발하는 등 범죄를 증가시킬 수 있는 중요한 원인으로 꼽을 수 있다.

외사경찰은 전국 17개소 외국인 밀집지역 내 범죄 취약지역에 대한 사전 치안 점검, 외국인 범죄 발생 가능 지역의 CCTV 확대 설치, 체류외국인에 의한 불법행위 단속, 체류외국인 자율방범대와의 합동 순찰, 외국인 범죄자에 대한 신병 확보 등을 통해 강력한 경찰치안활동을 전개하고 있다.[17]

제 4 절 국제경찰공조

1. 범죄인 인도

1) 의의

범죄인 인도란 한 국가의 형사법에 위반한 범죄인이 다른 나라에 있는 경우 범죄인이 체재하고

16) 다문화센터, NGO, 대학 등을 외국인 도움센터로 지정하여 범죄피해 상담 시 경찰서 각 기능과 협력해 경찰관이 추가상담 및 지원을 하게 된다.

17) 신상철, 외사경찰론, 박영사, 2022, p.430.

있는 국가가 범죄지 국가의 요청에 따라 그 범죄인을 인도하는 것을 말한다. 우리나라는 1988년 8월 5일 「범죄인 인도법」을 제정 · 공포하였으며, 이의 시행을 위하여 「범죄인인도법에의한심사등의절차에관한규칙」을 제정 · 시행하고 있다.

오늘날 범죄인 인도를 의무로 하는 일반국제법은 존재하지 아니하며, 범죄인 인도는 조약상의 의무 또는 국제예양에 의하여 행하여지는 제도이다. 따라서 범죄인 인도에 관하여 인도조약에 「범죄인 인도법」과 다른 규정이 있는 경우에는 그 규정에 따른다(범죄인 인도법 제3조의2). 범죄인 인도는 국내질서 유지를 위해 외국인을 국외로 추방하는 데 주된 목적이 있는 강제송환과는 구별된다.

2) 범죄인 인도의 연혁

범죄인 인도 제도의 기원은 이집트, 중국, 바빌로니아와 같은 초기 비유럽문화권 국가에서 시작되었다고 한다. 범죄인 인도를 뜻하는 영어의 'extradition'은 본래 개인을 그가 속한 국가에 강제로 송환하는 것을 뜻하는 라틴어 '엑스트라데레(extradere)'에서 유래하고 있다. 세계에서 최초로 기록된 범죄인 인도조약은 기원전 1280년경의 이집트와 히타이트(고대 시리아 민족) 사이의 평화조약이며, 제도의 발달은 18~19세기 유럽에서 군사범에 관해, 20세기 초까지는 일반범죄자에 관해, 1948년 이후에는 범죄인 인도를 국제법규화하는 것에 관해 논의하는 것으로 진행되었다.

3) 주요 개념

(1) 인도조약

대한민국과 외국 간에 체결된 범죄인의 인도에 관한 조약 · 협정 등의 합의를 인도조약이라고 하며(범죄인 인도법 제2조), 여기에서의 외국은 수교국을 의미하며 미수교국은 해당되지 않는 것으로 봐야 할 것이다.

(2) 청구국과 인도범죄(범죄인 인도법 제2조 제1항 제2호 및 제3호)

청구국이라 함은 대한민국에 대하여 범죄인의 인도를 청구한 국가를 말하며, 범죄인의 인도청구에 있어서 그 대상이 되는 범죄를 인도범죄라 한다. 여기에서 인도범죄란 범죄인이 저지른 여러 가지 범죄 중에서 인도청구절차상 문제가 되고 있는 대상범죄로서, 인도범죄의 성격과 내용정도에 의하여 범죄인을 인도할 것인지의 여부가 결정된다.

(3) 범죄인(범죄인 인도법 제2조 제1항 제4호)

범죄인이란 인도범죄에 관하여 청구국에서 수사 또는 재판을 받고 있는 자 또는 유죄의 재판을 받은 자를 말한다.

(4) 긴급인도구속(범죄인 인도법 제2조 제1항 제5호)

긴급인도구속이란 도망할 염려 등 긴급하게 범죄인을 체포 · 구금해야 할 필요가 있는 경우,

범죄인 인도청구가 뒤따를 것을 전제로 하여 범죄인을 체포·구금하는 것을 말한다.

4) 범죄인 인도의 제원칙

(1) 일반원칙

대한민국 영역 안에 있는 범죄인은 「범죄인 인도법」이 정하는 바에 따라 소추, 재판 또는 형의 집행을 위하여 청구국에 인도할 수 있다. 대한민국과 청구국의 법률에 따라 인도범죄가 사형, 무기징역, 무기금고, 장기 1년 이상의 징역 또는 금고에 해당하는 경우에만 범죄인을 인도할 수 있다(범죄인 인도법 제5조 및 제6조). 여기에서 영역이란 국가가 국제법의 제한 내에서 자유로이 통치할 수 있는 지역을 의미하며, 인도대상 범죄인은 인도청구 시 대한민국 영역 안에 있으면 충분하고 거류, 체류, 불법체류 등 그 사유는 불문한다.

(2) 임의적 인도 거절사유

「범죄인 인도법」은 임의적 거절사유로서 ① 범죄인이 대한민국 국민인 경우, ② 인도범죄의 전부 또는 일부가 대한민국 영역에서 범한 것인 경우, ③ 범죄인의 인도범죄 외의 범죄에 관하여 대한민국 법원에 재판이 계속 중인 경우 또는 범죄인이 형을 선고받고, 그 집행이 끝나지 아니하거나 면제되지 아니한 경우, ④ 범죄인이 인도범죄에 관하여 제3국(청구국이 아닌 외국)에서 재판을 받고 처벌되었거나 처벌받지 아니하기로 확정된 경우, ⑤ 인도범죄의 성격과 범죄인이 처한 환경 등에 비추어 범죄인을 인도하는 것이 비인도적이라고 인정되는 경우 등을 규정하고 있다(범죄인 인도법 제9조).

(3) 상호주의

인도조약이 체결되어 있지 않은 경우에도 인도를 청구하는 국가가 향후 같은 종류 또는 유사한 인도범죄에 대한 대한민국의 범죄인 인도청구에 응한다는 보증이 있는 경우에는 「범죄인 인도법」을 적용한다는 원칙을 상호주의라 한다(범죄인 인도법 제4조).

(4) 쌍방가벌성의 원칙

인도청구가 있는 범죄가 청구국과 피청구국 쌍방의 법률에 의하여 범죄를 구성하지 않는 경우에는 그 범죄에 대하여 범죄인을 인도하지 않는다는 원칙을 쌍방가벌성의 원칙이라 하는데, 대한민국과 청구국의 법률에 의하여 인도범죄가 사형·무기·장기 1년 이상의 징역 또는 금고에 해당하는 경우에 한하여 범죄인을 인도한다고 「범죄인 인도법」 제6조에서 선언하고 있다.

쌍방가벌성의 원칙은 인도청구시 표시되는 죄명이 동일할 것을 요구하는 것은 아니며, 그 행위의 전체를 놓고 볼 때 동일성이 있는 것으로 족하다.

(5) 특정성의 원칙

인도된 범죄인이 인도가 허용된 범죄 외의 범죄로 처벌받지 아니하고, 제3국에 인도되지 아니한다는 청구국의 보증이 없는 경우에는 범죄인을 인도하여서는 안 된다. 이 원칙은 청구국의 권한남용 방지와 인권보호를 위해 일반범죄로 인도받은 범죄인을 정치범으로 처벌하는 사례를 방지하기 위한 것이다.

그러나 이 원칙은 범죄인에 대하여 인도범죄 이외의 범죄에 대하여 면죄부를 부여하는 역효과를 가져올 수 있다는 점에서 「범죄인 인도법」 제10조 각 항에서는 특정성을 배제하는 경우를 명시하고 있다. 특정성을 배제할 수 있는 경우는 다음과 같다.

1. 인도가 허용된 범죄사실의 범위 안에서 유죄로 인정될 수 있는 범죄 또는 범죄인이 인도된 후에 행한 범죄로 범죄인을 처벌하는 경우
2. 범죄인이 인도된 후 청구국의 영역을 떠났다가 자발적으로 청구국에 재입국한 경우
3. 범죄인이 자유로이 청구국을 떠날 수 있게 된 후 45일 이내에 청구국의 영역을 떠나지 아니한 경우
4. 대한민국이 동의하는 경우 등이다.

(6) 자국민 불인도의 원칙

자국민 불인도의 원칙이란 범죄인 인도대상이 자국민일 경우 청구국에 인도하지 않는다는 원칙을 말한다. 속인주의원칙을 채택하고 있는 대륙법계 국가들은 범죄인 인도조약에서 자국민은 외국의 형사소송절차에서 자신의 이익을 충분히 옹호할 수 없다는 이유로 자국민을 인도하지 않는다는 원칙을 채택하고 있고, 속지주의를 채택하고 있는 영 · 미법계 국가들은 자국민의 국외범을 처벌하기 위해서는 범죄지 국가에 이를 인도하는 방법 외에 다른 방법이 없다는 점에서 이 원칙을 규정하지 않고 있다. 따라서 보편적인 국제원칙이 아니다.

우리나라는 속인주의를 취하고 있어 내국인의 국외범을 처벌할 수 있으므로, 자국민 불인도 원칙을 규정하고 있다. 다만, 외교상 구체적인 사안에 따라서 인도의 필요성이 있을 수 있으므로, 내국인의 인도를 절대적 거절사유로 정하지 아니하고 임의적 거절사유로 규정하고 있다.

(7) 유용성의 원칙

유용성의 원칙이란 범죄인의 인도는 실제로 처벌하기 위한 것이므로 인도가 이러한 처벌목적에 유용해야 한다는 원칙을 말한다. 따라서 「범죄인 인도법」은 절대적 인도거절 사유로서 다음과 같이 제시하고 있다.

1. 대한민국 또는 청구국의 법률에 의하여 인도범죄에 관한 공소시효 또는 형의 시효가 완성된 경우
2. 인도범죄에 관하여 대한민국 법원에서 재판이 계속 중이거나 재판이 확정된 경우
3. 범죄인이 인도범죄를 행하였다고 의심할 만한 상당한 이유가 없는 경우. 다만, 인도범죄에 관하여 청구국에서 유죄의 재판이 있는 경우는 제외한다.
4. 범죄인이 인종, 종교, 국적, 성별, 정치적 신념 또는 특정 사회단체에 속함 등을 이유로 처벌되거나 그 밖의 불리한 처분을 받을 염려가 있다고 인정되는 경우 등을 규정하고 있다(범죄인 인도법 제7조).

(8) 최소한 중요성의 원칙

경미한 범죄까지 인도의 대상으로 삼으면 비용의 낭비이므로, 일반범죄라도 최소한의 중요성은 있어야 한다는 원칙을 말하고, 우리나라의 경우 사형 · 무기 · 장기 1년 이상의 징역 또는 금고

에 해당하는 범죄를 인도대상으로 한다.

(9) 정치범 불인도의 원칙

① 정치범 불인도의 원칙이란 인도범죄가 정치적 성격을 지닌 범죄이거나 이와 관련된 범죄인 경우에는 범죄인을 인도하여서는 아니 된다는 원칙을 말한다.

② 또한 인도청구가 범죄인이 범한 정치적 성격을 지닌 다른 범죄에 대하여 재판을 하거나 그러한 범죄에 대하여 이미 확정된 형을 집행할 목적으로 행하여진 것이라고 인정되는 경우에는 범죄인을 인도하여서는 아니 된다(범죄인 인도법 제8조). 그러나 정치범에 해당하는 범죄의 경우라도 국가원수나 그 가족을 살해한 자는 정치범으로 인정하지 않는다는 가해조항(암살조항)이 구체적으로 인정되고 있다.

③ 한편, 「범죄인 인도법」 제8조는 정치적 성격을 지닌 범죄라도 다음에 해당하는 범죄는 인도대상으로 규정하고 있다.

1. 국가원수, 정부수반 또는 그 가족의 생명 · 신체를 침해하거나 위협하는 범죄
2. 다자 간 조약에 의하여 대한민국이 범죄인에 대하여 재판권을 행사하거나 범죄인을 인도할 의무를 부담하고 있는 범죄
3. 다수인의 생명 · 신체를 침해하거나 이에 대한 위험을 발생시키는 범죄(범죄인 인도법 제8조) 등이 있다.

(10) 군사범 불인도의 원칙

군사범죄란 군사적 의무관계에서 기인하는 범죄행위로서 탈영, 항명 등이 대표적이며, 군대 내에서의 범죄라 하더라도 일반범죄로서의 성격도 동시에 갖고 있는 직권남용, 가혹행위, 절도와 같은 범죄는 인도대상이 된다. 우리나라는 남북한이 첨예하게 대립하고 있는 상황 등으로 인해 군사범 불인도의 원칙을 명문으로 규정하고 있지 않다.

(11) 형벌의 종류에 따른 인도의 제한

국제법상 일반적인 관행은 사형선고를 받은 범죄인의 인도에 관하여 사형을 집행하지 않는다는 보장을 받고 청구국의 인도에 응하고 있다. 우리나라는 「범죄인 인도법」 제9조 제5호에 인도범죄의 성격과 범죄인의 환경에 비추어 범죄인을 인도함이 비인도적이라고 인정되는 경우에는 임의적인 거절사유로 하고 있다.

5) 범죄인 인도절차

(1) 외국의 인도청구의 심사절차

① 인도청구서의 접수

범죄인 인도는 원칙적으로 조약이 체결되어 있는 국가가 외교경로를 통하여 범죄인인도청구서를 송부함으로써 이루어지는 것이 원칙이지만, 조약에 별도의 규정이 있는 경우 외교경로를 통하지 않고 법무부로 긴급인도구속청구도 가능하다.

② 외교부장관의 조치(범죄인 인도법 제11조)

외교부장관이 청구국으로부터 범죄인 인도청구를 받은 때에는 범죄인 인도청구서와 관련자료를 법무부장관에게 송부해야 한다.

③ 법무부장관의 조치(범죄인 인도법 제12조)

법무부장관은 외교부장관으로부터 송부받은 인도청구에 관한 서류를 서울고등검찰청 검사장에게 송부하여, 소속 검사로 하여금 서울고등법원에 범죄인의 인도허가 여부에 관한 심사를 청구하도록 명하여야 한다. 인도조약 또는 「범죄인 인도법」의 규정에 의하여 범죄인을 인도할 수 없거나 인도하지 아니하는 것이 상당하다고 인정되는 때에는 인도심사청구명령을 하지 않고, 그 사실을 외교부장관에게 통지하여야 한다.

④ 검사의 인도심사청구

ⓐ 서울고검검사는 법무부장관의 인도심사청구명령이 있을 때에는 지체 없이 서울고등법원에 인도심사를 청구해야 한다. 다만, 범죄인의 소재를 알 수 없는 경우에는 그러하지 아니하다.

ⓑ 청구국에서 긴급인도구속의 청구를 한 경우에는 긴급인도구속영장에 의해 범죄인을 구속하고, 그 절차는 일반적인 인도절차를 준용한다(범죄인 인도법 제19조 내지 제31조).

ⓒ 범죄인이 인도구속영장에 의해 구속된 경우에는 구속된 날로부터 3일 이내에 인도심사 청구를 해야 하며, 검사가 법원에 인도청구를 한 때에는 그 청구서의 부본을 범죄인에게 송부해야 한다(범죄인 인도법 제13조).

⑤ 범죄인의 인도구속

ⓐ 검사는 법무부장관의 인도심사청구명령이 있는 때에는 인도구속영장에 의해 범죄인을 구속해야 한다. 물론 범죄인이 주거가 일정하고 도주의 염려가 없을 경우에는 구속하지 아니한다.

ⓑ 청구국에서 긴급인도구속의 청구를 한 경우에는 긴급인도구속영장에 의해 범죄인을 구속하고, 그 절차는 일반적인 인도절차를 준용한다(범죄인 인도법 제19조 내지 제31조).

⑥ 범죄인 인도

ⓐ 법무부장관은 법원에서 재판절차를 거친 결과 인도허가 결정이 있는 경우 서울고등검찰청 검사장에게 소속 검사로 하여금 범죄인을 인도하도록 명하여야 한다. 다만, 청구국이 인도청구를 철회하였거나 대한민국의 이익보호를 위해 범죄인의 인도가 특히 부적당하다고 인정되는 경우에는 그러하지 아니하다.

ⓑ 법무부장관의 인도명령에 의한 범죄인 인도는 범죄인이 구속되어 있는 교도소 · 구치소, 기타 법무부장관이 지정한 장소에서 인도명령을 받은 날로부터 30일 이내에 이루어져야 한다.

ⓒ 인도명령을 할 당시 범죄인이 구속되지 아니한 경우의 인도기한은 범죄인이 인도집행장에 의하여 구속되었거나 구속의 집행정지 취소에 의하여 다시 구속된 날부터 30일로 한다(범죄인 인도법 제34조 및 제35조).

(2) 외국에 대한 인도청구

① **인도요청**

ⓐ 법무부장관은 대한민국 법률을 위반한 범죄인이 외국에 있는 경우 그 외국에 대하여 범죄인 인도 또는 긴급인도구속을 청구할 수 있다.

ⓑ 법무부장관은 외국에 대한 범죄인 인도청구 또는 긴급인도구속청구 등과 관련하여 필요하다고 판단할 때에는 적절하다고 인정되는 검사장·지청장 또는 고위공직자범죄수사처장 등에게 필요한 조치를 명하거나 요구할 수 있다(범죄인 인도법 제42조).

② **인도청구 및 긴급인도 구속청구 건의**

검사 또는 고위공직자범죄수사처장은 외국에 대한 범죄인 인도청구 또는 긴급인도구속청구가 타당하다고 판단할 때에는 법무부장관에게 외국에 대한 범죄인 인도청구 또는 긴급인도구속청구를 건의 또는 요청할 수 있다(범죄인 인도법 제42조의3).

③ **외교부장관의 조치**

법무부장관은 범죄인 인도청구·긴급인도 구속청구 및 인도동의요청 등을 결정한 경우에는 인도청구서 등과 관계자료를 외교부장관에게 송부해야 하며, 인도청구서 등을 받은 외교부장관은 이를 해당 국가에 송부해야 한다(범죄인 인도법 제43조 및 제44조).

(3) 인도청구의 대체수단

① **인터폴 수배를 통한 강제송환**

경찰청 인터폴 국가중앙사무국에서 인터폴 국제통신망을 통하여 인터폴 회원국에 수배자 관련 자료를 보낸 뒤, 소재가 확인되면 범죄인의 소재지 해당국 인터폴에 강제송환 요청을 하여 송환해 오는 방법이다.

② **추방요구**

피청구국의 국민 또는 법률상의 거주자가 아닌 경우 피청구국에 대하여 외교경로나 이민당국 등을 통하여 추방요구를 할 수 있다.

③ **제3국으로부터의 인도**

범죄인이 범죄인의 인도가 불가능한 나라에서 인도가능한 제3국으로 여행할 경우 인도가능한 제3국에 대하여 인도요청을 할 수 있다.

④ **여권에 대한 행정제재**

수사기관에서 외교부(여권과)에 범죄인 소지 여권의 유효기간 연장 불허조치를 요구하여 여권 유효기간이 만료되면 불법체류자가 되어 강제추방을 유도할 수 있다.

⑤ **외국에서의 기소**

자국민이라는 이유로 인도를 거절할 경우 우리나라에서 범한 범죄에 대해 외교경로를 통해 기소를 요구할 수 있다.

2. 국제형사사법공조

1) 의의

국제형사사법공조란 어느 한 국가의 요청에 의하여 다른 국가가 형사사건의 수사 또는 재판에 필요한 협조를 제공하거나 제공받는 것을 말한다.

2) 기본원칙

(1) 상호주의

공조조약이 체결되어 있지 아니한 경우에도 동일하거나 유사한 사항에 관하여 대한민국의 공조요청에 따른다는 요청국의 보증이 있는 경우에는 이 법을 적용한다(국제형사사법 공조법 제4조).

(2) 쌍방가벌성의 원칙

형사사법공조의 대상이 되는 범죄는 피요청국과 요청국 모두에서 처벌 가능한 범죄이어야 한다.

(3) 특정성의 원칙

요청국이 공조에 따라 취득한 증거를 공조요청의 대상이 된 범죄 이외의 수사나 재판에 사용해서는 안 되며, 피요청국의 증인 등이 공조요청에 따라 요청국에 출두한 경우 피요청국을 출발하기 이전의 행위로 인해 구금 · 소추를 비롯한 어떠한 자유도 제한받지 않는다.

3) 공조의 범위(국제형사사법 공조법 제5조)[18)]

공조의 범위는 다음 각 호와 같다.

1. 사람 또는 물건의 소재에 대한 수사
2. 서류 · 기록의 제공
3. 서류 등의 송달
4. 증거 수집, 압수 · 수색 또는 검증
5. 증거물 등 물건의 인도(引渡)
6. 진술 청취, 그 밖에 요청국에서 증언하게 하거나 수사에 협조하게 하는 조치

4) 공조의 제한(국제형사사법 공조법 제6조)

다음의 어느 하나에 해당하는 경우에는 공조를 하지 아니할 수 있다.

1. 대한민국의 주권, 국가안전보장, 안녕 · 질서 또는 미풍양속을 해칠 우려가 있는 경우
2. 인종, 국적, 성별, 종교, 사회적 신분 또는 특정 사회단체에 속한다는 사실이나 정치적 견해를 달리한다는 이유로 처벌되거나 형사상 불리한 처분을 받을 우려가 있다고 인정되는 경우

18) 국제형사사법 공조법, 법률 제17825호, 2021.1.5.

3. 공조범죄가 정치적 성격을 지닌 범죄이거나, 공조요청이 정치적 성격을 지닌 다른 범죄에 대한 수사 또는 재판을 할 목적으로 한 것이라고 인정되는 경우
4. 공조범죄가 대한민국의 법률에 의하여는 범죄를 구성하지 아니하거나 공소를 제기할 수 없는 범죄인 경우
5. 이 법에 요청국이 보증하도록 규정되어 있음에도 불구하고 요청국의 보증이 없는 경우

5) 공조의 연기

대한민국에서 수사가 진행 중이거나 재판에 계속(係屬)된 범죄에 대하여 외국의 공조요청이 있는 경우에는 그 수사 또는 재판 절차가 끝날 때까지 공조를 연기할 수 있다(국제형사사법 공조법 제7조).

6) 공조의 절차

(1) 외국의 요청에 따른 수사에 관한 공조

① 공조요청 접수 및 공조 자료의 송부

공조요청 접수 및 요청국에 대한 공조 자료의 송부는 외교부장관이 한다. 다만, 긴급한 조치가 필요한 경우나 특별한 사정이 있는 경우에는 법무부장관이 외교부장관의 동의를 받아 이를 할 수 있다(국제형사사법 공조법 제11조).

② 외교부장관의 조치

외교부장관은 요청국으로부터 형사사건의 수사에 관한 공조요청을 받았을 때에는 공조요청서에 관계 자료 및 의견을 첨부하여 법무부장관에게 송부하여야 한다(국제형사사법 공조법 제14조).

③ 법무부장관의 조치

공조요청서를 받은 법무부장관은 공조요청에 응하는 것이 타당하다고 인정하는 경우에는

ⓐ 공조를 위하여 적절하다고 인정되는 지방검찰청 검사장 또는 고위공직자범죄수사처장에게 관계 자료를 송부하고 공조에 필요한 조치를 하도록 명하거나 요구하여야 한다.

ⓑ 교정시설에서 형을 받고 있는 사람의 경우에는 수형자가 수형되어 있는 교정시설의 장에게 수형자의 이송에 필요한 조치를 명하여야 한다.

ⓒ 법무부장관은 이 법 또는 공조조약에 따라 공조할 수 없거나 공조하지 아니하는 것이 타당하다고 인정하는 경우 또는 공조를 연기하려는 경우에는 외교부장관과 협의하여야 한다(국제형사사법 공조법 제15조).

④ 검사장 등의 조치

법무부장관으로부터 명령 또는 요구를 받은 검사장 또는 고위공직자범죄수사처장은 소속 검사에게 공조에 필요한 자료를 수집하거나 그 밖에 필요한 조치를 하도록 명하여야 한다(국제형사사법 공조법 제16조).

⑤ **검사 등의 처분**

ⓐ 검사는 공조에 필요한 자료를 수집하기 위하여 관계인의 출석을 요구하여 진술을 들을 수 있고, 감정 · 통역 또는 번역을 촉탁할 수 있으며, 서류나 그 밖의 물건의 소유자 · 소지자(所持者) 또는 보관자에게 그 제출을 요구하거나, 행정기관이나 그 밖의 공사단체(公私團體)에 공조에 필요한 사실을 조회하거나 필요한 사항의 보고를 요구할 수 있다.

ⓑ 검사는 공조에 필요한 경우에는 판사에게 청구하여 발급받은 영장에 의하여 압수 · 수색 또는 검증을 할 수 있다.

ⓒ 검사는 요청국에 인도하여야 할 증거물 등이 법원에 제출되어 있는 경우에는 법원의 인도허가 결정을 받아야 한다.

ⓓ 검사는 사법경찰관리를 지휘하여 수사를 하게 할 수 있고, 사법경찰관은 검사에게 신청하여 검사의 청구로 판사가 발부한 영장에 의하여 압수 · 수색 또는 검증을 할 수 있다(국제형사사법 공조법 제17조).

(2) 외국에 대한 수사에 관한 공조요청

① **검사 등의 공조요청**

검사 또는 고위공직자범죄수사처장은 외국에 수사에 관한 공조요청을 하려면 법무부장관에게 공조요청서를 송부하여야 하고, 사법경찰관은 검사에게 신청하여 법무부장관에게 공조요청서를 송부하여야 한다(국제형사사법 공조법 제29조).

② **법무부장관의 조치**

공조요청서를 받은 법무부장관은 외국에 공조요청하는 것이 타당하다고 인정하는 경우에는 그 공조요청서를 외교부장관에게 송부하여야 한다. 다만, 긴급한 조치가 필요한 경우나 특별한 사정이 있는 경우에는 외교부장관의 동의를 받아 공조요청서를 직접 외국에 송부할 수 있다(국제형사사법 공조법 제30조).

③ **외교부장관의 조치**

외교부장관은 법무부장관으로부터 공조요청서를 받았을 때에는 이를 외국에 송부하여야 한다. 다만, 외교 관계상 공조요청하는 것이 타당하지 아니하다고 인정하는 경우에는 이에 관하여 법무부장관과 협의하여야 한다(국제형사사법 공조법 제31조).

3. 인터폴을 통한 공조

1) 의의

국제성범죄에 대한 정보교환, 신원확인, 수사공조, 범죄인 인도 등과 관련하여 국가 간의 상호협력을 위해 1923년 국제형사경찰위원회가 창설되었고, 1956년 국제형사경찰기구(International

Criminal Police Organization: ICPO), 즉 인터폴(Interpol)로 명칭이 변경되어 오늘날에 이르고 있다.

1971년 UN경제사회이사회의 결의로 정부 간 국제기구로 공식적으로 인정된 이래 1996년 UN총회에서는 인터폴을 UN의 공식 옵저버 기구로 인정하기에 이르렀다. 아울러 「범죄인 인도에 관한 UN모델조약」 및 다자(多者)간 조약인 「범죄인도에 관한 유럽협약」에서도 인터폴의 범죄인 인도에 관한 법적 지위를 규정하고 있다. 인터폴은 헌장과 일반규정, 각 회원국의 국내법에 의거 국가 간 경찰협력을 위해 활동하는 정부 간 기구로서, 그 자체가 범죄수사권을 가진 국제경찰은 아니다. 다만, 일반범죄만 취급하며 정치, 군사, 인종, 종교적 문제와 관련된 사항에 대해서는 엄격히 제외하고 있다.19)

국제형사경찰기구는 회원국 정부가 자국 내에 국제경찰협력 상설 경찰부서를 지정하도록 하고 있는데, 이를 국가중앙사무국(National Central Bureau: NCB)이라고 한다. 우리나라는 경찰청 외사국 인터폴국제공조과에 설치되어 있다.

2) 협력의 기본원칙

(1) 주권의 존중

경찰협력은 회원국의 국내법에 따라 통상적인 업무수행의 범위 내에서만 협조함을 원칙으로 한다. 회원국의 입법과 양립하는 범위의 모든 경찰활동이 대상이다.

(2) 일반형법의 집행

인터폴의 활동범위는 일반범죄에 국한하고 정치, 군사, 종교, 인종적 사항에 관해서는 어떠한 관여도 배제한다.

(3) 보편성

모든 회원국의 협력은 지리적 · 언어적 요소에 의해 방해받지 않는다.

(4) 평등성

모든 회원국은 재정분담금의 규모와 관계없이 동일한 혜택과 지원을 받을 수 있다.

(5) 타기관과의 협력

회원국은 인터폴 국가중앙사무국을 통해 일반범죄의 예방과 진압하는 타국가기관과도 협조할 수 있다.

(6) 협력방법의 융통성

협조방식은 규칙성과 계속성이 있어야 하나, 회원국의 국내 실정을 충분히 고려하여 협조의 방식을 변경할 수 있다.

19) 박기남, 앞의 책, pp.127-129.

3) 협력의 종류와 방식

(1) 범죄수사 협력

범죄행위 또는 그 결과가 자국과 외국에 걸쳐 행하여진 경우, 예비음모와 범죄실행이 자국과 외국에서 분리 실행된 경우, 자국인의 외국에서의 범죄행위, 자국 내 사건의 참고인 또는 증거물 등이 외국에 있는 경우 조사요청을 받은 피요청국은 이를 조사 · 통보해야 한다.

(2) 도망범인의 체포 또는 신병확보

범죄인 인도조약국 상호 간에는 범죄인 인도를 전제로 한 체포요청서에 의거하여 범인이 숨어 있는 국가에서 조약상의 절차에 따라 체포하여 인도한다. 범죄인 인도조약이 체결되지 않은 국가 상호 간에 도망범인의 체포 또는 신병확보문제가 발생했을 경우, 대부분의 회원국은 인터폴의 권고에 따라 체포영장에 의한 범인체포 요청이 있을 때 자국 내에 숨어 있는 범죄인을 체포하여 인도할 수 있다.

(3) 협력수단

긴급한 경우에는 인터폴의 통신망(I-24/7) 등을 통해 24시간 내에 수배 또는 체포 등의 협조를 하고 평소에는 서신에 의한 정식수배 또는 체포요청을 한다.

4) 범죄예방을 위한 협력

회원국 간에는 국제성범죄관련 우범자 발생 시에 사전에 통보하고, 새로운 범죄사건 발생 시에는 각국에 참고통보를 해야 하며, 범죄정보와 범죄예방을 위한 제도와 기법 등은 정기간행물을 통해 수시로 통보한다. 아울러 회원국 상호 간에는 각종 회의나 세미나를 통해 범죄예방과 진압에 대한 기술협조를 한다.

5) 공조의 범위(국제형사사법 공조법 제38조)

행정안전부장관은 국제형사경찰기구로부터 외국의 형사사건 수사에 대하여 협력을 요청받거나 국제형사경찰기구에 협력을 요청하는 경우에는 다음의 조치를 취할 수 있다.

1. 국제범죄의 정보 및 자료 교환
2. 국제범죄의 동일증명(同一證明) 및 전과 조회
3. 국제범죄에 관한 사실 확인 및 그 조사

6) 인터폴 국제수배

(1) 의의

인터폴 국제수배란 국외도피사범, 실종자, 우범자 및 장물 등 국제범죄와 관련된 수배대상인 인적 · 물적 사항에 관한 정확한 자료를 각 회원국에 통보하여 각종 국제범죄 예방과 진압에 있어 행하는 신속한 국제공조를 의미한다. 인터폴 공조란 회원국 사이의 범죄자 수배를 위한 정보제공에 있다.

(2) 국제수배서의 종류

① **적색 수배서**(Red Notice)

수배서 중 가장 중요한 적색 수배서는 범죄행위와 관련되어 체포영장이 발부된 자에 대한 범죄인 인도를 목적으로 발행하는 것으로 국제체포수배서라 할 수 있으며, 오른쪽 상단에 적색 4각 마크가 표시되어 있어 적색 수배서라고 불리워지기도 한다. 적색 수배서는 「범죄인 인도법」상의 긴급인도구속을 한 것과 같은 효과를 가지지만, 아직 국내법상으로 인신구속, 범죄인 인도와 관련하여 아무런 법적 효력을 갖지 못한다.[20] 다시 말해, 적색 수배서가 발부되었다고 해서 범죄자가 무조건 체포되어 청구국에 인도되는 것은 아니다. 이는 적색 수배에 의해 인도요청을 받은 국가에서 범죄자의 죄명과 범죄사실 등을 국내법에 의해 체포와 인도 여부를 결정하기 때문이다.

② **청색 수배서**(Blue Notice)

청색 수배서는 국제정보조회 수배서라 하며, 피수배자의 신원과 소재확인이 주목적이다.

③ **녹색 수배서**(Green Notice)

녹색 수배서는 상습국제범죄자 수배서라 하며, 여러 국가에서의 상습범 또는 범행가능성이 높은 국제범죄자의 동향을 파악하여 사전에 그 범행을 방지하기 위해 발행하는 것으로, 전과의 정도, 범죄의 종류, 국제범죄조직원 여부 등을 고려하여 중요한 국제적 범죄자라고 판단되는 경우에만 발행한다.

④ **황색 수배서**(Yellow Notice)

황색 수배서는 가출인 수배서라 하며, 가출인의 소재확인이나 기억상실자 등의 신원을 파악할 목적으로 발행한다.

⑤ **흑색 수배서**(Black Notice)

흑색 수배서는 변사자 수배서라 하며, 변사자의 신원을 확인할 수 없거나 사망자가 가명을 사용하였을 경우 정확한 신원을 파악할 목적으로 발행한다.

⑥ **장물수배서**(Stolen Property Notice)

장물수배서는 도난당하였거나 불법적으로 취득한 것으로 보이는 물건과 문화재 등에 대한 수배서로서 상품적 가치 및 문화적 가치 등을 고려하여 발행된다.

⑦ **자주색 수배서**(Pulple Notice)

범죄수법 수배서로서, 세계 각국에서 범인들이 사용한 새로운 범죄수법 등에 관한 자료를 사무총국에서 집중적으로 관리하고, 각 회원국에 그 자료를 배포하여 수사기관이 범죄예방과 수사자료로 활용하게 하고 또한 교육자료로 이용하기 위해 발행되는 것으로 엷은 자주색 4각 마크가

---

20) 신현기 외, 경찰학개론, 법문사, 2005, p.787.

표시되어 있다.

⑧ 오렌지 수배서(Orange Notice)

보안경고라고 하며, 폭발물이나 테러범 등에 대하여 보안을 경고하기 위하여 발행한다.

7) 인터폴을 통한 공조절차

인터폴 공조절차는 지구대나 경찰서 수사과 등 → 경찰서 외사계 → 시 · 도경찰청 외사과 → 한국 인터폴 중앙사무국(경찰청 외사국 인터폴국제공조과) → 인터폴 사무총국 → 상대국 인터폴 국가중앙사무국 → 상대국 경찰관서로 연결된다.

제 5 절 주한미군지위협정에 따른 미군범죄 대응

1. 의의

주한미군지위협정(Status of Forces Agreement: SOFA)은 「대한민국과 아메리카합중국간의 상호방위조약」 제4조에 의한 「시설과 구역 및 대한민국에서의 합중국군대의 지위에 관한 협정」을 의미한다. 이 협정은 국회 비준을 거친 정식 조약에 해당하므로 국내법과 동일한 효과를 가진다. 이 협정에 따라 한국에 주둔하고 있는 미군 범죄 사건에 대해서는 그 처리과정에서 우리나라의 경찰, 검찰, 법원 등의 수사권이나 재판권이 매우 제한된다.

2. 주한미군지위협정의 주요내용

1) 주한미군지위협정의 대상자

(1) 미국 군대의 구성원

대한민국 영역 안에 있는 미국의 육 · 해 · 공군에 속하는 인원으로 현역에 복무하고 있는 자들이 해당되며, 미국 대사관 소속의 군인과 군사고문단 협정에 속하는 군인은 외교관의 대우를 받아 제외된다(주한미군지위협정 제1조).

(2) 군속

미국의 국적을 가진 민간인으로서 대한민국에 주둔하고 있는 미군에 고용되어 있거나 근무 또는 동반하고 있는 자를 말한다. 한 · 미 이중국적자 및 특정한 기술을 가지고 미군에 고용될 목적만으로 입국한 제3국의 국민과 협정 발효 시 미군에 고용, 근무, 동반하는 제3국 국민도 군속으로 간주된다.[21]

---

21) 서울지방경찰청, 중요외사범죄 수사사례, 2003, p.185.

(3) 가족

미군과 군속의 배우자 및 21세 미만의 자녀, 부모, 그리고 21세 이상의 자녀 또는 기타 친척으로서, 그 생계비의 반액 이상을 미군의 구성원 또는 군속에 의존하는 자를 말한다.

(4) 초청계약자

미군 또는 미군으로부터 군수지원을 받는 통합사령부 산하의 주한 외국 군대 등과의 계약이행만을 위하여 대한민국에 체류하고 미국정부가 지정한 자로서, 미국법률에 의해 조직된 법인 · 법인의 고용원 및 그 가족을 포함한다.

3. 형사재판권

1) 재판관할권

주둔군에 대한 접수국의 형사재판권에 관한 국제관례는 접수국의 관할권에 속하는 것이 원칙이며, 다만 주둔의 이유 등을 고려하여 접수국과 파견국 간의 협정에 따라 관할권이 나누어지는 것이 일반적인 현상이다.

SOFA에서 한 · 미 간에 합의한 재판권 분장의 원칙은 다음과 같다.

① 대한민국과 미군 당국이 모두 재판권의 행사주체이다.

② 한국은 미국 군대의 구성원, 군속 및 그들의 가족에 대하여 대한민국의 영역 안에서 범한 것으로서, 대한민국 법령에 의하여 처벌할 수 있는 범죄에 대하여 재판권을 가진다.

③ 미군 당국은 그 구성원, 군속 및 그들의 가족에 대하여 미국 법령이 부여한 모든 형사재판권 및 징계권을 대한민국 안에서 행사할 권리를 가진다(주한미군지위협정 제22조 제1항).

④ 평화 시에는 미군의 군속(초청계약자 포함) 및 그 가족에 대한 재판권은 대한민국 당국이 행사하지만, 계엄령을 선포한 경우 선포지역 내에서는 형사재판권의 제규정의 효력이 정지되고 해제될 때까지 미군 당국이 재판권을 행사한다.

2) 전속적 재판권

(1) 한국

SOFA 대상범죄자들이 범한 범죄로서, 대한민국은 자국의 법령에 의하여서는 처벌할 수 있으나, 미국 법령에 의하여서는 처벌할 수 없는 범죄와 한국의 안전에 관한 범죄[22]에 관하여 전속적 재판권을 행사할 수 있다. 그러나 한국 당국은 평화 시에는 미군속(초청계약자 포함)과 그 가족에 대하여 전속적 재판권을 행사한다(주한미군지위협정 제22조 제2항 (나)).

22) 국가의 안전에 관한 범죄란 당해국에 대한 반역, 방해 행위(사보타아지), 간첩행위 또는 당해국의 고우상 또는 국방상의 비밀에 관한 법령의 위반 등이다(주한미군지위협정 제22조 제2항 (다)).

(2) 미군 당국

미군 당국은 미국의 법령으로 처벌할 수 있으나, 대한민국 법령으로 처벌이 불가능한 범죄와 미국의 안전에 관한 범죄에 대해서는 전속적 재판권을 가진다(주한미군지위협정 제22조 제2항 (가)).

3) 재판권의 경합과 제1차적 재판권

(1) 의의

한국과 미군 당국이 가지는 1차적 재판권은 범죄의 종류에 따라 구분되며, 이러한 경우 한국은 주한미군주둔국협정 대상자에 관하여 재판권이 경합할 경우에 모든 사건을 미군 당국에 통고해야 하나, 미군 당국은 한국이 1차적 재판권을 가질 경우에만 통고해야 한다(주한미군지위협정 제22조 제5항 (나)).

(2) 주한미군 당국의 제1차적 재판권 행사

주한미군 당국은 주한미군주둔국협정 대상자에 대해 ① 오로지 합중국의 재산이나 안전에 대한 범죄, 또는 오로지 합중국 군대의타 구성원이나 군속 또는 그들의 가족의 신체나 재산에 대한 범죄, ② 공무집행 중의 작위 또는 부작위에 의한 범죄에 대하여 제1차적 재판권을 가진다(주한미군지위협정 제22조 제3항 (가)).

공무집행 중의 범죄가 되기 위해서는 범죄가 공무집행 중이거나 공무집행 중에 부수하여 발생하고, 범죄와 공무집행행위가 직접적으로 관련성을 가져야 한다. 공무 여부의 판단에 있어서는 미군 당국이 발행한 공무증명서가 충분한 증거가 된다. 만약 검사가 미군의 공무증명서를 거부하게 되면, 그 후 이의제기기간(10일), 조정기간(30일)을 두고 미군과 의견조정을 하게 된다. 그러나 의견조정이 되지 않으면 결국 한 · 미 동수가 참여하는 합동위원회가 구성되어 위원회의 결정에 따르게 된다.

미군 당국에 제1차적 재판권이 있는 범죄라 하더라도 재판권의 문제는 형사재판의 관할에 관한 것으로서, 한국 경찰의 수사권을 제약하는 취지는 아니므로 원칙적으로 이를 수사하고 입건할 수 있는 권한이 있는 것으로 봐야 한다.[23)]

(3) 대한민국의 제1차적 재판권 행사

미군 당국의 제1차적 관할에 속하지 않는 범죄에 관하여는 대한민국 당국이 재판권을 행사할 제1차적 권리를 가진다(주한미군지위협정 제22조 제3항 (나)). 그러나 미군 당국의 재판권 포기요청이 있으면 대한민국 당국이 재판권을 행사함이 특히 중요하다고 결정하는 경우(사건별로 법무부에서 판단)를 제외하고는 이를 호의적으로 고려해야 한다. 포기의 요청은 발생일로부터 21일 이내에 서면으로 해야 하며, 한국은 요청을 받은 날로부터 28일 이내(14일 연장가능)에 포기의사를 표명하지 않으면 요청국가가 경합적 재판권을 행사할 수 있다.[24)]

---

23) 위의 책, p.188.

24) 주한미군지위협정 제22조 제3항 (다)에 대한 합의양해사항 제4호.

4) SOFA 사건 처리

(1) 피의자의 체포

협정은 주한미군주둔군협정 대상자에 대한 체포와 인도에 있어서 상호 조력하여야 한다고 상호협력의무를 명시하고 있어서, 한미행협 대상자를 체포한 경우 상호 통고 및 통지의무를 갖는다(주한미군지위협정 제22조 제5항 (가)).

(2) 지구대

지구대에서는 대상범죄가 발생하였을 경우 신속히 현장에 출동하여 현행범 체포 등의 절차에 따라 피의자 신병을 확보하고 목격자 등 참고인의 인적사항을 파악한 후 피의자동행보고서를 작성하여 즉시 경찰서로 동행한다. 이 경우 피의자가 공무집행 중에 일어난 사건임을 주장하더라도, 이에 대한 판단은 검찰에서 하는 것이므로 이 부분을 설득시키고 경찰서로 동행해야 한다.

피의자가 도주한 경우에는 사건의 정황과 목격자의 진술 등으로 미루어 SOFA 대상자의 범죄의 심증이 가는 경우라도 통상 범죄발생보고 양식에 따라 범죄발생 보고서를 작성하여 보고해야 한다.

(3) 경찰서

경찰서에서는 피의자에 대해 기초사실 조사를 거친 후 피의자가 소속된 부대의 헌병대를 통해 전화로 피의자의 체포사실을 통보하고, 미국 정부대표의 출석을 요구해야 한다. 미군 당국에 통고 후 예비조사를 토대로 사건 접수 후 24시간 이내에 관할 지검에 SOFA 사건 발생 보고를 하고, 사건 통고를 받은 미군 당국이 피의자의 신병인도를 요청하는 경우에는 책임장교의 서명과 신병인수증을 받은 후 피의자의 신병을 인도해야 한다. 이때 살인죄 또는 죄질이 나쁜 강간죄를 범한 자는 제외된다.[25]

(4) 피의자 조사

① 출석요구

수사당국은 적어도 48시간 전에 관할 헌병대장에게 피의자 출석을 요구해야 하지만, 긴급을 요할 시는 전화로 헌병대 또는 미법무감실에 연락하여 출석을 요청해야 한다.[26] 긴급을 요하는 사건을 제외하고는 미군의 공휴일을 포함해서 공휴일과 토요일은 가급적 피해야 한다.

② 피의자 신문조서 작성

통역인의 참여 하에 일반 한국 피의자 신문조서 작성요령과 같으며, 조서는 한글로만 작성하되 소속과 성명은 반드시 영문으로 병기해야 한다.

25) 서울지방경찰청, 앞의 책, p.197.
26) 한미합동위원회 형사분과회의시 의견 제14호.

③ 미국 정부대표의 서명

조서작성 후 피의자의 서명 · 날인은 반드시 요구되지 않으나, 통상 장교나 하사관 이상의 미국 정부대표자가 입회하였다는 증거로 반드시 조서 말미에 서명해야 하며, 그의 서명 없는 조서는 증거능력이 없다. 중요사건을 송치할 때에는 미군헌병대 또는 범죄수사대(CID)에서 조사한 진술서(번역문 포함)를 첨부하여 송치하여야 한다.

④ 군속 · 초청계약자와 그 가족

미군속 · 초청계약자 및 이들의 가족은 아무리 경미한 사건이라도 대한민국에 전속적 재판권이 있기 때문에 반드시 피의자 신문조서를 작성하여야 한다. 조서의 기재사항은 부대명, 계급, 성명, 사회보장번호(SSN, 주민등록번호와 유사) 등이다.

(5) 피의자의 구금

① 미군이 피의자를 체포하였을 경우, 피의자가 대한민국의 재판권 행사대상자일 경우에 기소 시에 신병을 인도하도록 한 12개의 중요범죄(살인, 강간, 방화, 흉기휴대강도, 마약류 범죄, 갈취목적 유괴, 폭행치사, 상해치사, 음주운전치사, 교통사고치사후 도주 등)를 제외하고는 모든 재판 절차가 종결되고 또한 대한민국 당국이 구금된 피의자를 인도요청할 때까지 미군 당국이 계속 구금할 수 있다.[27] 한국의 인도요청이 있을 경우 미국은 이를 호의적으로 고려해야 한다.

② 한국이 주한미군주둔군협정 대상범죄자를 체포한 경우, 미군의 신병인도 요청이 있으면 한국에 의한 수사와 재판이 가능할 것을 전제로 미군 당국의 요청에 따라 일단 신병을 인도해야 한다. 인도 후에는 미군이 계속 구금하게 되고, 우리나라는 재판이 종결된 후에 미군 당국에 인도요청을 하게 되면 신병을 인도받게 된다.

③ 살인, 강간, 방화, 흉기휴대 강도, 마약거래, 마약생산, 갈취목적 유괴, 상기 7개 범죄의 미수, 폭행 치사 · 상해 치사, 음주운전 치사, 교통사고 치사 후 도주, 상기 범죄를 포함하는 다른 죄명의 범죄 등 12개 중요범죄의 경우에는 구속영장을 발부받아 미군으로부터 신병을 인도받아 기소할 수 있다.[28]

④ 또한 살인죄 또는 죄질이 나쁜 강간죄를 범한 피의자를 우리측이 현행범으로 체포한 경우 구속의 이유와 필요가 있을 시(증거인멸, 도주염려, 피해자나 증인 피해가능성) 신병을 미군 당국에 인도하지 않고 계속 구금이 가능하다.[29]

⑤ 피의자를 구속하고자 하는 경우 반드시 미국 정부의 대표를 참석시켜 구속 전 피의자심문을 실시해야 하며, 피의자에 대한 구속영장 발부 시 한미합동위원회합의사항 제13호에서 정한 기준(미결구금시설 18개소)에 합치하거나, 그 이상의 구금시설에 수감하여야 한다. 구금 시에 변호인과 미국 정부 대표의 참석이 보장된다.

---

27) 주한미군지위협정 제22조 제5항 참조.

28) 주한미군지위협정 제22조 제5항 (다)에 관한 합의의사록 제3호 참조.

29) 주한미군지위협정 제22조 제5항 및 제5항 (다)에 관한 합의의사록 제2호 참조.

(6) 미군 피의자의 법적 권리

① 미군 피의자는 대한민국의 「형사소송법」상 모든 절차적 권리를 보유하며, 질병, 부상, 임신 등의 경우 재판 전 신병인도의 연기에 대한 호의적 고려가 가능하다.

② 합중국 정부대표와의 접견·교통권은 언제든지, 무제한적이며, 접견 시 보조적인 보호와 물건(음식, 의약, 의류 등)의 제공이 가능하다.

③ 자신에 불리한 증인과 대면하고, 그를 심문할 권리 및 재판에 출석하지 아니할 권리, 죄수복 및 수갑을 거부할 수 있는 권리 등이 인정되며 또한 합중국 정부대표의 재판입회권을 인정한다.[30]

④ 변호인의 조력을 받을 권리는 체포 또는 구금되는 때로부터 존재하며, 피의자, 피고인이 참여하는 모든 예비수사, 조사, 재판 전의 심리, 재판 자체 및 재판 후의 절차에 변호인을 참여하게 하는 권리와 이러한 변호인과 비밀리에 상의할 권리가 보장된다.

(7) 구금 시의 상호 협력의무

협정은 피의자가 미군 당국의 수중에 있을 때는 대한민국의 구금인도 요청에 대해 호의적인 고려를 해야 한다고 규정한 반면, 대한민국의 수중에 있는 피의자의 구금인도에 대해서는 미군 당국의 요청이 있으면 인도되어야 한다고 규정하고 있다. 그러므로 한국측에서 미군 피의자를 체포·구금하고, 그 사실을 미군 당국에 통보하였을 때 미군측에서 신병인도 요청을 해오면 일단 신병을 인도할 수밖에 없고, 그 이후의 수사는 다시 피의자에게 출석요구서를 발부하여 미국 대표의 참석하에 진행해야 하는 등 제한이 따른다.

5) 범죄수사 및 증거수집에 관한 협조

(1) 범죄현장에서의 수사

범죄현장에서 미군 수사기관이 먼저 수사에 착수하여 현장을 관리하는 경우에도, 한국 수사기관은 미군측의 협조를 얻어 독자적으로 현장조사를 실시하고 적극적으로 피의자, 용의자 또는 참고인을 조사하는 권한을 가지며, 한국 수사기관이 먼저 수사에 착수하여 현장을 관리하는 때에는 미국 수사기관이 독자적인 현장조사 등을 희망할 경우 협조를 해야 한다.

(2) 무죄추정원칙과 프라이버시의 존중

한국 수사기관은 피의자뿐만 아니라 미군·군속 또는 그들의 가족 신분을 가진 참고인에 대해서도 적극적으로 출석을 요구하여 신속하게 수사를 진행해야 한다. 수사과정에서 무분별한 촬영이나 언론 보도로 피의자 또는 참고인의 프라이버시와 무죄추정의 원칙이 침해되지 않도록 해야 하며, 특히 사진기자 등을 수사기관 내부로 초청하여 피의자 등을 사진 촬영하게 하거나 면담하게 하는 일이 없도록 유의해야 한다.[31]

30) 주한미군지위협정 제22조 제9항 및 합의의사록 참조.

31) 주한미군지위협정 제22조 제5항 (다)에 관한 양해사항 제9호.

(3) 피의자 신문조서 등 서명요구

피의자 또는 참고인에게 조서에 서명할 것을 요구하되 피의자 등이 서명거부 의사를 표명한 경우에는 「형사소송법」 제48조에 따라 그 사유를 조서에 기재하고, 피의자 등이 서명을 거부하는 경우, 의사에 반하여 서명을 강요하는 일이 없도록 해야 한다. 수사과정에서 미군이 보관하고 있는 서류, 자료, 장부 등이 필요한 경우에는 미군에게 자료제출에 협조할 것을 요청할 수 있다.

(4) 신병인도 전 조사와 미국 정부대표 출석 요구

과거에는 미군 당국의 신병인도 요청이 있으면 바로 신병을 인도했으나, 2002년 12월 31일 합의에 의해 미국 정부대표는 하루 중 언제라도 1시간 이내에 출석하게 되어 있으므로, 야간이라도 미국 정부대표의 출석을 적극 요구하여 피의자의 신병인도 전에 조사를 실시할 수 있다.

제7장 안보경찰론

제 1 절 안보경찰의 의의

1. 안보경찰의 의의 및 특성

1) 의의

안보란 공공의 안녕의 요소 중 주로 국가의 존립과 기능의 불가침성, 즉 국가안전보장에 대한 위협 내지 위해에 대한 예방과 진압활동을 전개하는 활동을 말한다. 따라서 안보는 국가목적적 치안유지 작용이다. 이러한 국가안전보장을 위한 안보경찰활동은 북한의 간첩이나 좌익분자들의 국가에 대한 위협이나 사회혼란 책동으로부터 자유민주주의적 기본질서의 보호를 목적으로 하며, 고도의 보안을 요하는 비공개활동을 특징으로 한다.

안보경찰활동의 법적 근거는 「국가경찰과 자치경찰의 조직 및 운영에 관한 법률」 제3조, 「경찰관 직무집행법」 제2조, 「형법」, 「국가보안법」, 「보안관찰법」, 「북한이탈주민의 보호 및 정착지원에 관한 법률」 등이다.

2) 특성

안보경찰활동은 국가의 안전보장을 목적으로 한다. 따라서 고도의 보안을 요하므로 비공개활동을 특색으로 한다. 한편, 안보경찰은 정보경찰과 목적은 대동소이하지만 정보경찰이 가지고 있지 않은 수사권을 행사할 수 있다는 점에서 차이가 있다.

2. 안보활동과 법적 토대

1) 일반규정

「국가경찰과 자치경찰의 조직 및 운영에 관한 법률」 제3조와 「경찰관 직무집행법」 제2조는 경찰의 직무를 규정하고 있는데, 이 중 '그 밖에 공공의 안녕과 질서 유지'라는 경찰직무규정은 안보경찰의 활동을 위한 일반법적 근거로 인정되고 있다.

2) 개별규정

안보경찰활동은 실제로 다양한 개별법규들이 구체적인 법적 근거가 되고 있다. 즉, 「형법」, 「국가보안법」, 「보안관찰법」, 「북한이탈주민의 보호 및 정착지원에 관한 법률」, 「정보 및 보안업무 기획 · 조정 규정」 「보안업무규정」 등의 개별법규는 안보경찰활동의 중요한 법적 근거가 된다.

제 2 절 안보경찰활동

1. 안보경찰의 업무분장

안보기능은 경찰청을 기준으로 살펴보면, 「경찰청과 그 소속기관등직제」 제22조에 의거 국가수사본부 내 안보수사국[1)]에서 다음과 같은 업무를 담당한다.

1. 안보수사경찰업무에 관한 기획 및 교육
2. 보안관찰 및 경호안전대책 업무에 관한 사항
3. 북한이탈주민 신변보호
4. 국가안보와 국익에 반하는 범죄에 대한 수사의 지휘 · 감독
5. 안보범죄정보 및 보안정보의 수집 · 분석 및 관리
6. 국내외 유관기관과의 안보범죄정보 협력에 관한 사항
7. 남북교류와 관련되는 안보수사경찰업무
8. 국가안보와 국익에 반하는 중요 범죄에 대한 수사

2. 안보경찰활동의 종류

1) 방첩활동(counter intelligence)

(1) 의의

방첩(보안)이란 간단히 말해서 적의 첩보활동을 방지하고 자국의 정보가 적에게 새어나가지 못하게 하는 일을 말한다. 따라서 방첩은 기밀유지 · 보안유지라고도 한다. 그러나 방첩활동은 기밀유지보다는 좀 더 광범위하다. 방첩이란 적국 또는 가상적국의 아국에 대한 간첩활동이나 정보활동을 무력화시키고 암살 · 테러 행위로부터 인명을 보호하며, 태업 · 파괴활동 등으로부터 시설이나 물자를 방호할 뿐만 아니라, 자국의 정보가 적국이나 가상적국 또는 제3국에 유출되는 것을 방지하기 위하여 수행되는 모든 보안통제 방책에 관계되는 활동을 가리킨다.[2)]

---

1) 국가정보원의 안보수사권을 폐지하고, 이를 경찰청으로 이관(2024년)하게 됨에 따라 경찰청 보안국을 국가수사본부 내 안보수사국으로 편제하였다.

2) 경찰대학, 경찰대공론, 범신사, 1991, pp.26-27.

(2) 소극적 보안과 적극적 보안

① 방첩은 소극적 보안활동과 적극적 보안활동을 모두 포함하는 종합적 활동이다. 소극적 보안활동은 보안업무규정에 따른 첩보 · 인원 · 시설 · 물자 등을 보호하기 위한 보안활동을 말한다.

② 적극적 보안활동은 적의 간첩이나 국내 불순세력 등을 색출 · 검거하는 활동을 말한다. 또한 방첩이란 적의 정보활동에 대하여 자기편을 보호하는 활동으로서, 간첩 · 태업 · 전복행위 등을 미연에 방지하고 적발하기 위한 조직된 활동이다.

2) 기본원칙

(1) 완전협조의 원칙

방첩의 사명을 다하기 위해서는 방첩기관과 보조기관 및 일반대중의 완전한 협조가 이루어져야 방첩목표를 달성할 수 있다.

(2) 치밀의 원칙

간첩침투는 치밀한 계획 하에 교묘한 방법으로 활동하므로, 이에 대한 방첩활동은 더욱 치밀한 계획과 준비를 하여야 한다.

(3) 계속접촉의 원칙

간첩 등의 용의자를 발견하더라도 즉시 검거하지 않고 조직망 전체가 완전히 파악될 때까지 계속 유형 · 무형의 접촉을 한다. 즉, 조직망 전체의 면모가 드러나고 일망타진할 때까지 탐지 · 판명 · 주시 · 이용 · 검거 등 단계적으로 계속 접촉을 유지하여야 한다.

3) 방첩의 대상

방첩활동의 대상으로는 간첩, 태업, 전복 등이 있다.

(1) 간첩(spy, espionage)

① 의의

간첩이란 타국에 대한 첩보수집행위, 태업행위, 전복행위 등을 목적으로 대상국 내에 잠입한 자 또는 이를 지원, 동조하거나 협조하는 자를 말한다. 처벌 근거로는 「형법」, 「국가보안법」, 「군형법」 등이 있다.

② 간첩의 분류

ⓐ 활동범위에 의한 분류

㉠ 대량형 간첩: 간첩교육을 받은 다수 인원이 대상국가에 밀파되어, 특수한 대상의 지목 없이 광범위한 분야에서 정보를 입수하는 간첩이다. 주로 전시에 파견되고 지명형 간첩을 보호하기 위하여 파견되는 수도 있다.

㉡ 지명형 간첩: 필요한 비밀활동 및 공작기술에 관한 교육을 받고 특정목표와 임무를 부여받

아 특수한 정보를 수집하도록 개별적으로 지명되어 파견되는 간첩이다. 국가에 끼치는 위험도 크고, 고정간첩으로 합법신분을 보장받는 경우가 많으며, 전 · 평시를 막론하고 파견되며, 색출이 곤란하다.

ⓑ 활동방법에 의한 분류

㉠ 고정간첩: 일정한 지역 내에서 영구적으로 간첩 임무를 부여받고 활동하는 간첩을 말한다. 일정한 공작기간이 없고, 합법적으로 신분이 보장될 수 있는 조건이 구비되어 있다.

㉡ 배회간첩: 고정간첩과는 달리, 일정한 주거 없이 전국을 배회하면서 임무를 수행하는 간첩이다. 합법적 신분을 획득하면 고정간첩으로 변할 수 있고, 일정한 공작기간이 정해져 있다.

㉢ 공행간첩: 외교관 등과 같이 합법적인 신분을 갖고 입국하여 상대국에 대한 각종 정보를 수집하는 간첩을 말한다.

ⓒ 사명(임무)에 의한 분류

㉠ 일반간첩: 일반적인 기밀탐지 · 수집 또는 태업공작이나 전복공작을 전개하는 전형적인 간첩이다.

㉡ 무장간첩: 일반간첩의 호송, 연락, 안내와 요인암살 등을 주된 임무로 하는 무장한 간첩을 말한다.

㉢ 보급간첩: 간첩을 침투시키거나 이미 침투한 간첩에게 필요한 활동자재를 보급 · 지원하는 간첩을 말한다.

㉣ 증원간첩: 이미 구성된 간첩망 보강을 위해 파견되는 간첩 또는 간첩으로 이용할 양민 등의 납치 · 월북 등을 주된 임무로 하는 간첩을 말한다.

③ 간첩망의 형태

간첩망이라 함은 적국에 대하여 탐지 · 전복 · 태업 등 간첩침략을 효과적으로 수행하기 위한 지하조직 형태를 말한다.

ⓐ 삼각형: 지하당 조직에서 흔히 사용하는 망 형태로서, 지하당 구축을 하명받은 간첩이 3명 이내의 행동공작원을 포섭하여 지휘하고 포섭된 공작원간 횡적 연락을 차단시키는 활동조직이다. 장점은 보안유지가 잘되고 일망타진 가능성이 적다. 단점은 활동범위가 좁고, 행동공작원 검거 시 간첩의 정체가 쉽게 노출된다는 점이다.

ⓑ 서클형: 간첩이 합법적 신분을 이용하여 침투한 후, 대상국의 정치사회문제를 이용하여 적국의 이념이나 사상에 동조하도록 유도하여 공작목표를 달성하기 위한 조직형태로 대개의 경우 첩보전에서 많이 사용된다. 장점은 간첩활동이 자유롭기 때문에 대중적으로 조직할 수 있고 동원이 용이하다. 단점은 간첩의 정체가 폭로되었을 때 외교적 문제가 야기될 수 있다.

ⓒ 단일형: 남파간첩들이 주로 사용하는 방법으로 간첩 상호 간 종적 · 횡적으로 일체의 연락을 회피하고 동조자도 포섭하지 않고 단독으로 활동하는 형태이다. 장점은 보안유지 및 신속한 활동을 할 수 있다는 점이다. 단점은 활동범위가 좁고 공작성과가 비교적 낮다는 점이다.

ⓓ 피라미드형: 간첩이 주공작원 2~3명을 두고 그 밑에 각각 2~3명의 행동공작원을 두는 조직 형태이다. 활동이 노출되기 쉽고 일망타진 가능성이 높기 때문에 현재는 거의 사용하지 않고 있다.

ⓔ 레포형: 피라미드형 조직에 있어서 간첩과 주공작원 간, 행동공작원 상호 간 연락원을 두고 종횡으로 연결하는 방식이다. 오늘날은 거의 사용하지 않는 망 형태이다.

(2) 태업(sabotage)

① 의의

태업은 대상국가의 방위력 또는 전쟁수행능력을 약화시키기 위하여 행하여지는 직·간접의 모든 손상 및 파괴행위를 말한다. 근로조건 개선 등을 목적으로 하는 노동쟁의의 수단으로서의 태업과는 구별된다.

② 태업의 유형

ⓐ 물리적 태업

㉠ 방화태업: 인화물질로 목표물에 화재를 발생시킴으로써 행해지는 태업이다. 가장 파괴력이 강하고, 우연한 사고로 가장하기가 쉽다.

㉡ 폭파태업: 폭발물을 사용하여 목표물을 폭파함으로써 행해지는 태업이다. 파괴가 전체적이고 즉각적이어야 할 때 주로 사용된다.

㉢ 기계태업: 기계에 철물, 황산 등을 투입하거나, 열차를 탈선하는 등으로 손실을 초래하는 태업이다. 범행이 용이하며, 사용자가 사전에 결함을 발견하기가 곤란하다.

㉣ 심리적 태업

㉤ 선전태업: 유언비어 유포, 반국가적 여론조성 등으로 사회불안과 국민의 사기를 저하시키는 태업을 말한다.

㉥ 경제태업: 화폐위조, 악성 노동쟁의 야기 등으로 경제질서를 혼란시키는 태업을 말한다.

㉦ 정치태업: 정치적 갈등, 부당한 정치적 물의를 유발하여 국민의 일체감을 약화시키는 태업을 말한다.

(3) 전복(subversion)

① 의의

전복이란 불순 정치세력이 폭력수단을 사용하는 위헌적인 방법으로 정권을 탈취하는 행위를 말한다.

② 전복의 형태

ⓐ 국가전복: 피지배자가 지배자를 타도하여 정권을 탈취하는 것을 의미한다.

ⓑ 정부전복: 동일 지배계급 내의 일부세력이 집권세력을 제압하여 권력을 차지하는 것을 의미한다.

③ **전복의 수단**

ⓐ 전위당(공산당) 조직: 공산주의자들은 그들의 혁명의 핵심적 동력으로서 공산당을 조직하고 있는데 이것을 전위부대라고 한다.

ⓑ 통일전선 구축: 공산당이 어떤 정치적 목적 또는 투쟁대상을 타도하기 위하여 특정의 정치적 상황 하에서 적대관계를 극복하고, 동조하는 각 계급, 정당 내지 개인을 제휴 이용하는 종합정치 전술을 말한다.

ⓒ 선전 및 선동: 공산당은 계속적인 선전과 선동으로 광범위한 대중의 지지와 동정을 고취시켜 반체제운동을 전개한다.

ⓓ 파업과 폭동: 파업과 폭동은 공산주의자들이 대중을 동원하기 위한 기초적 투쟁형태이다. 노동자들을 선동하여 태업, 파업, 시위 등을 행하도록 한다.

ⓔ 게릴라 전술: 공산주의혁명을 위한 전복행위의 근거지 확보를 위하는 투쟁수단이다.

ⓕ 테러전술: 공산당은 반대자들과 비협조자들을 제거하거나 무력화시키거나, 대중동원을 촉진하기 위하여 협박, 살인, 납치 등을 행한다.

4) 공작(안보사업)

(1) 의의

공작(covert action)이란 간첩 및 반국가단체의 범죄증거를 수집하고, 범인을 색출하며, 방첩업무에 현저히 가치 있는 정보를 수집하는 것과 같이 국가안전보장을 위한 비노출활동을 의미한다.3)

(2) 공작의 4대 요소

① **주관자**

상부로부터 받은 지령을 계획하고 준비하며 수행하는 하나의 집단을 말하며, 이 집단을 대표하는 사람은 공작관이라 한다.

② **공작목표**

공작목표는 공작상황에 따라 결정된다. 목표는 개괄적이고 광범위한 것부터 구체적이고 특정된 것까지 다양하나, 공작의 진행에 따라 구체화되고 세분화된다.

③ **공작금**

공작목적 달성을 위한 활동에는 많은 제한을 받게 되며, 이러한 제한활동을 효율적으로 수행하기 위해서는 막대한 자금이 필요한 바, 이를 공작금이라 한다.

④ **공작원**

공작원이란 비밀조직의 최전방에서 철저한 가장과 통제 하에 공작목표에 대해 공작관을 대행하여 비밀을 탐지하거나, 기타 부여받은 공작임무를 수행하는 사람이다.

---

3) 임창호 외, 최신경찰학, 도서출판 자운, 2022, p.873.

공작원에는 공작망의 책임자인 주공작원, 주공작원의 지휘 · 조정을 받아 실제로 첩보수집 및 공작임무를 직접수행하는 행동공작원, 공작원이나 조직체에 대하여 공작에 필요한 기술, 물자 등을 지원하는 지원 공작원이 있다.

(3) 공작활동

① 가장

가장이란 정보활동에 관계되는 인원 · 시설 · 물자 등의 제요소의 정체가 외부에 노출되지 않도록 꾸며지는 외적 · 내적 형태를 말한다. 외관만을 다르게 꾸미는 위장과는 구별되는 개념이다. 비밀공작은 은밀성을 요하기 때문에 적으로부터 정보활동을 완전히 보호하기 위해서는 공작보완이 필요하며, 이러한 공작보완의 수단이 가장이다.

② 연락

연락이란 공작을 수행함에 있어서 상 · 하급 조직원이나 기관 간에 비밀을 은폐하려고 기도하는 방법으로, 첩보, 문서, 물자 등을 전달하기 위한 수단방법의 유지 및 운용을 말한다. 연락이 제기능을 발휘하기 위해서는 연락의 3요소인 안전성, 신속성, 정확성을 갖추어야 한다.

③ 신호

ⓐ 신호란 비밀공작활동에 있어서 조직원 상호 간에 어떤 의사를 전달하기 위하여 사전에 약정해 놓은 표시를 말한다.

ⓑ 신호는 처음 만나는 양자가 상호식별하기 위해서 사용하는 인식신호, 인식신호로서 대상자임을 인식하고 접근한 후 다시 확인하기 위해 약속된 확인신호, 인원, 시설, 지역 또는 단체의 현재 상태가 안전 또는 위험하다는 안전 · 위험신호, 계획상의 행동수행이나 변경, 공작활동 가능 여부를 연락하기 위한 행동신호 등으로 나누어진다.

④ 관찰묘사

관찰이란 일정한 목적 아래에 사물의 현상 및 사건의 전말을 감지하는 과정을 말하며, 묘사란 관찰한 경험을 재생하여 표현 · 기술하는 것이다. 즉, 관찰은 첩보수집 단계이고, 묘사는 보고 단계라고 할 수 있다.

⑤ 사전정찰

사전정찰이란 앞으로의 공작활동을 위하여 공작목표나 공작지역에 대하여 예비지식을 수집하는 사전 조사활동이다.

⑥ 감시

감시란 공작대상과 관련한 각종 정보를 파악하기 위하여 인물, 시설, 물자, 지역 등의 목표를 관찰하는 행동을 의미한다.

제 3 절 남북교류 · 협력업무

1. 남북교류협력의 필요성

남북한 관계는 지난 73년 간 갈등과 협조 양상을 반복해 왔다. 남북한 관계 개선을 위해 교류협력이 필요하며, 또한 교류협력이 남북관계 개선을 이끌어 가기도 한다. 아울러 남북교류협력은 상호 간 동질성을 확보하고 북한이 남한은 물론 세계와 연결되도록 네트워크 역할을 하는 통로이기도 하다. 우리가 남북교류협력을 소중히 여기고 관리해 나가야 할 가장 큰 이유이다.[4)]

2. 남북교류협력에 관한 법률

1) 목적

이 법은 군사분계선 이남지역과 그 이북지역 간의 상호 교류와 협력을 촉진하기 위하여 필요한 사항을 규정함으로써, 한반도의 평화와 통일에 이바지하는 것을 목적으로 한다(남북교류협력에 관한 법률 제1조).

2) 다른 법률과의 관계

남한과 북한의 왕래 · 접촉 · 교역 · 협력사업 및 통신 역무(役務)의 제공 등 남한과 북한 간의 상호 교류와 협력(이하 "남북교류 · 협력"이라 한다)을 목적으로 하는 행위에 관하여는 이 법률의 목적 범위에서 다른 법률에 우선하여 이 법을 적용한다(동법 제3조).

즉, 「국가보안법」과의 관계에 있어서 남북한을 왕래하는 행위가 「남북교류협력에 관한 법률」 제3조에 해당되어 「국가보안법」의 적용이 배제되기 위해서는 그 왕래행위가 남부교류와 협력을 목적으로 하는 것이어야 한다.[5)]

3) 남북교류협력 절차

(1) 남북교류협력 추진위원회

남북교류 · 협력에 관한 정책을 협의 · 조정하고, 중요 사항을 심의 · 의결하기 위하여 통일부에 남북교류협력 추진협의회(이하 "협의회"라 한다)를 둔다(동법 제4조).

(2) 남북한 방문

남한의 주민이 북한을 방문하거나 북한의 주민이 남한을 방문하려면 대통령령으로 정하는 바에 따라 통일부장관의 방문승인을 받아야 하며, 통일부장관이 발급한 증명서(이하 "방문증명서"라 한다)를 소지하여야 한다(동법 제9조 제1항).

---

4) 박성열, 남북교류협력 변화 추이 및 영향요인: 대북 제재 코로나19 중심으로, 국가전략 제27권 제1호, 2021, p.70.
5) 임창호 외, 앞의 책, p.900.

(3) 남북한 주민접촉

남한의 주민이 북한의 주민과 회합 · 통신, 그 밖의 방법으로 접촉하려면 통일부장관에게 미리 신고하여야 한다. 다만, 대통령령으로 정하는 부득이한 사유[6]에 해당하는 경우에는 접촉한 후에 신고할 수 있다(동법 제9조의2 제1항).

방문증명서를 발급받은 사람이 그 방문 목적의 범위에서 당연히 인정되는 접촉을 하는 경우 등 대통령령으로 정하는 경우[7]에 해당하면 제1항의 접촉신고를 한 것으로 본다(동법 제9조의2 제2항).

(4) 남북한 거래의 원칙

남한과 북한 간의 거래는 국가 간의 거래가 아닌 민족내부의 거래로 본다(동법 제12조).

(5) 물품의 반출 · 반입의 승인

"반출 · 반입"이란 매매, 교환, 임대차, 사용대차, 증여, 사용 등을 목적으로 하는 남한과 북한 간의 물품등의 이동(단순히 제3국을 거치는 물품등의 이동을 포함한다. 이하 같다)을 말한다(동법 제2조 제3호).

물품등을 반출하거나 반입하려는 자는 대통령령으로 정하는 바에 따라 그 물품등의 품목, 거래형태 및 대금결제 방법 등에 관하여 통일부장관의 승인을 받아야 한다(동법 제13조 제1항).

(6) 남북한 협력사업

"협력사업"이란 남한과 북한의 주민(법인 · 단체를 포함한다)이 공동으로 하는 환경, 경제, 학술, 과학기술, 정보통신, 문화, 체육, 관광, 보건의료, 방역, 교통, 농림축산, 해양수산 등에 관한 모든 활동을 말한다(동법 제2조 제4호).

협력사업을 하려는 자는 협력사업마다 일정한 요건을 모두 갖추어 통일부장관의 승인을 받아야 한다. 승인을 받은 협력사업의 내용을 변경할 때에도 또한 같다(동법 제17조).

---

6) 대통령령으로 정하는 부득이한 사유(동법 시행령 제16조 제2항)
1. 가족인 북한주민과 회합 · 통신하거나 가족의 생사 확인을 위하여 북한주민과 접촉한 경우
2. 교역을 목적으로 긴급히 북한주민과 접촉한 경우
3. 사전 계획 없이 전자우편 · 전자상거래 등 인터넷을 통하여 북한주민과 접촉한 경우
4. 편지의 접수 등 사전 신고가 불가능하거나 그 밖에 부득이한 사유로 사전에 신고의 수리를 받지 아니하고 북한 주민과 접촉한 경우
5. 외국 여행 중에 우발적으로 북한주민과 접촉한 경우

7) "방문증명서를 발급받은 사람이 그 방문 목적의 범위에서 당연히 인정되는 접촉을 하는 경우 등 대통령령으로 정하는 경우"(동법 시행령 제16조 제4항)
1. 법 제9조에 따라 방문증명서를 발급받은 사람이 그 방문 목적의 범위에서 당연히 인정되는 접촉을 하는 경우
2. 정부와 북한 당국 간에 합의한 바에 따라 남한을 방문하는 북한 주민과 접촉을 하는 경우
3. 남한에서 개최되는 국제행사에 참석하기 위하여 남한을 방문하는 북한 주민과 접촉을 하는 경우
4. 정부로부터 승인받고 참석한 국제행사의 목적 내에서 당연히 인정되는 접촉을 하는 경우
5. 외국에 소재하는 외국법인 등에 취업한 사람이 업무수행의 목적 내에서 접촉을 하는 경우

제 4 절 북한이탈주민의 보호

1. 의의

북한이탈주민이란 군사분계선 이북지역(이하 "북한"이라 한다)에 주소, 직계가족, 배우자, 직장 등을 두고 있는 사람으로서 북한을 벗어난 후 외국 국적을 취득하지 아니한 사람을 말한다(북한이탈주민의 보호 및 정착지원에 관한 법률 제2조 제1호). 안보경찰은 북한이탈주민이 한국 국민으로서 사회에 성공적으로 정착할 수 있도록 다양한 정착지원 및 신변보호제도를 실시하고 있다. 그 이유는 그 이유는 북한이탈주민들이 사회적응에 실패하여 재입북 또는 범죄행위를 하거나 범죄 피해자가 될 경우 한국 사회의 잠재적 불안요소가 될 수 있기 때문이다.[8]

2. 북한이탈주민 처리절차

1) 보호신청

북한이탈주민으로서 「북한이탈주민의 보호 및 정착지원에 관한 법률」에 따른 보호를 받으려는 사람은 재외공관이나 그 밖의 행정기관의 장(각급 군부대의 장을 포함한다. 이하 "재외공관장등"이라 한다)에게 보호를 직접 신청하여야 한다.

보호신청을 받은 재외공관장등은 지체 없이 그 사실을 소속 중앙행정기관의 장을 거쳐 통일부장관과 국가정보원장에게 통보하여야 하며, 통보를 받은 국가정보원장은 보호신청자에 대하여 보호결정 등을 위하여 필요한 조사 및 일시적인 신변안전조치 등 임시보호조치를 한 후 지체 없이 그 결과를 통일부장관에게 통보하여야 한다. 국가정보원장은 조사 및 임시보호조치를 하기 위한 시설을 설치 · 운영하여야 한다(동법 제7조).

2) 보호결정

통일부장관은 '북한이탈주민 보호 및 정착지원협의회'의 심의를 거쳐 보호 여부를 결정한다. 다만, 국가안전보장에 현저한 영향을 줄 우려가 있는 사람에 대하여는 국가정보원장이 그 보호 여부를 결정하고, 그 결과를 지체 없이 통일부장관과 보호신청자에게 통보하거나 알려야 한다(동법 제8조).

다음에 해당하는 사람은 보호대상자로 결정하지 아니할 수 있다(동법 제9조 제1항).

1. 항공기 납치, 마약거래, 테러, 집단살해 등 국제형사범죄자
2. 살인 등 중대한 비정치적 범죄자
3. 위장탈출 혐의자
4. 국내 입국 후 3년이 지나서 보호신청한 사람

---

8) 임창호, 북한이탈주민에 대한 보안경찰의 효과적인 보호 및 정착지원 방안, 경찰학논총 제11권 제4호, 2016, p.93.

5. 그 밖에 국가안전보장 · 질서유지 · 공공복리에 대한 중대한 위해 발생 우려, 보호신청자의 경제적 능력 및 해외체류 여건 등을 고려하여 보호대상자로 정하는 것이 부적당하거나 보호 필요성이 현저히 부족하다고 대통령령으로 정하는 사람

3) 사회정착 교육

보호결정이 이루어진 북한이탈주민은 정착지원시설에서 사회적응교육, 직업훈련 등을 받게 되며, 거주지 배정, 정착지원금 지급 및 임대주택 알선 등 사회 편입을 위한 준비를 한다.

4) 거주지 보호

통일부장관은 보호대상자가 정착지원시설로부터 그의 거주지로 전입한 후 정착하여 스스로 생활하는 데 장애가 되는 사항을 해결하거나 그 밖에 자립 · 정착에 필요한 보호를 할 수 있다(동법 제22조).

3. 북한이탈주민 신변보호

1) 신변보호의 개념

신변보호란 신변보호대상자인 북한이탈주민에게 가해질 수 있는 각종 위해로부터 신변을 안전하게 보호하기 위한 신변보호기관의 활동을 의미한다.[9]

2) 신변보호 활동

통일부장관은 보호대상자가 거주지로 전입한 후 그의 신변안전을 위하여 국방부장관이나 경찰청장에게 협조를 요청할 수 있으며, 협조요청을 받은 국방부장관이나 경찰청장은 이에 협조하여야 한다(동법 제22조의2). 협조요청을 받은 경찰청장은 시 · 도경찰청장을 거쳐 신변보호경찰관서로 통보하면, 신변보호경찰관서장은 신변보호담당관을 배정하게 된다.

신변보호기간은 5년으로 한다. 다만, 통일부장관은 보호대상자의 의사, 신변보호의 지속 필요성 등을 고려하여 협의회 심의를 거쳐 그 기간을 연장할 수 있다(동법 제22조의2 제3항).

제 5 절 안보수사

1. 안보수사의 의의

안보수사라 함은 국가안전보장과 관련된 반국가사범인 정보사범을 인지 · 색출 · 검거 · 신문하는 일련의 활동을 말한다.[10] 정보사범은 국가안전보장을 위협하거나 국가안전보장에 관한 기밀

9) 경찰대학, 앞의 책, p.232.

이나 정보의 유출과 관련된 범죄를 범한 자를 말한다. 따라서 정보사범을 구체적으로 살펴보면, 형법상 내란 및 외환의 죄, 군형법상 반란죄 · 이적죄 · 군사기밀누설죄 · 암호부정사용죄, 「군사기밀보호법」 및 「국가보안법」에 규정된 죄를 범한 자와 그 혐의를 받고 있는 자를 포함한다.[11]

정보사범은 국가존립의 기본질서를 해하는, 즉 국가안전보장과 관련된 반국가사범을 말하고, 이러한 자에 대한 수사활동이 안보경찰활동의 주요대상이다. 안보사범은 보호법익이 국가의 존립과 안전이므로 행위가 있음으로써 즉시 범죄가 성립하고, 범죄행위로 인한 결과발생을 요하지 않는 추상적 위험범에 해당한다.

정보사범 외에도 테러 · 대외무역법 · 남북교류협력법 위반 등 공공안보사범, 방위산업기술보호법 · 산업기술보호법 · 부정경쟁방지법 위반 등 경제안보사범, 안보 관련 외국환거래법 · 출입국관리법 · 관세법 위반 사범, 첨단안보위해사범 등에 대한 수사도 안보수사의 영역에 해당된다(경찰청 사무분장 규칙, 경찰청훈령).

2. 국가보안법 위반사범 수사

1) 성격

「국가보안법」은 「공법」, 「형사사법법」, 「형법」과 「형사소송법」에 대한 특별법으로서, 보호법익은 국가의 안전과 국민의 생존 및 자유의 확보를 대상으로 한다.[12] 「국가보안법」의 적용은 필요한 최소한도에 그쳐야 하며, 이를 확대해석해서는 아니 된다.

2) 국가보안법상의 범죄의 유형

(1) 반국가단체 구성죄

정부를 참칭하거나 국가를 변란할 것을 목적으로 하는 국내외의 결사 또는 집단으로서 지휘통솔체제를 갖춘 단체를 구성한 경우를 말한다(국가보안법 제3조). 이 단체는 합법적인 절차에 의하지 아니하고 임의로 정부를 조직하여 진정한 정부인 양 사칭하는 정부참칭을 하고, 정부를 전복하여 새로운 정부를 조직하려고 하는 국가변란을 목적으로 한다.

정부참칭은 정부와 동일한 명칭을 사용할 필요까지는 없고 일반인이 정부로 오인할 정도이면 충분하고, 국가변란은 정부를 전복하여 새로운 정부를 조직하는 것을 의미하며, 정부전복은 정부를 구성하고 있는 자연인의 사임이나 교체만으로는 부족하고 정부조직이나 제도 그 자체를 파괴 또는 변혁을 의미한다.[13] 「형법」상 내란죄의 국헌문란은 헌법 또는 법률의 기능소멸이나 헌법기관의 전복 또는 권능행사의 불가능을 의미하므로, 국가변란은 국헌문란보다는 좁은 개념이다.

---

10) 경찰대학, 경찰대공론, p.189.
11) 정보 및 보안업무 기획조정규정(대통령령) 제2조 제5호.
12) 경찰수사보안연수소, 공안사범수사, 2002, p.351.
13) 위의 책, p.359.

(2) 목적수행죄

반국가단체의 구성원 또는 지령을 받은 자가 그 목적수행을 위해 간첩행위, 외환의 죄, 여적죄, 모병이적죄, 시설제공이적죄, 시설파괴이적죄, 물건제공이적죄, 일반이적죄, 존속살해죄, 해상강도살해・치사・강간, 강도살인・치사 등을 범한 경우에 성립하는 죄로서, 적국을 위하여 간첩행위를 하거나 적국의 간첩을 방조하거나 군사상 기밀을 누설한 자도 포함된다(국가보안법 제4조).

간첩방조는 간첩의 임무수행과 관련하여 실행행위를 용이하게 하는 것으로서 유・무형의 방조를 모두 포함하고, 군사기밀은 기밀로서 보호할 실질적 가치가 있어야 하며, 신문・라디오에 보도된 공지의 사실은 군사기밀로 볼 수 없다.[14] 간첩죄의 실행의 착수시기는 남파간첩의 경우 간첩의 목적으로 대한민국에 잠입했을 때이며, 국내에서 기밀수집지령을 받은 경우는 기밀탐지・수집의 행위로 나아갔을 때이다.

(3) 자진지원죄

반국가단체나 그 구성원 또는 그 지령을 받은 자를 지원할 목적으로 자진하여 목적수행죄에 규정된 행위를 하는 경우에 성립하며, 미수범과 예비음모죄도 성립한다(국가보안법 제5조 제1항). 반국가단체의 구성원 또는 그 지령을 받은 자를 제외한 모든 사람이 행위의 주체이다. 따라서 반국가단체의 구성원이나 지령을 받은 자는 본죄의 주체가 될 수 없다.

(4) 금품수수죄

국가의 존립・안전이나 자유민주적 기본질서를 위태롭게 한다는 정을 알면서도 반국가단체의 구성원 또는 그 지령을 받은 자로부터 금품을 수수하는 행위 및 그 미수범은 처벌된다(국가보안법 제5조).

(5) 잠입・탈출죄

국가의 존립・안전이나 자유민주적 기본질서를 위태롭게 한다는 정을 알면서 반국가단체의 지배 하에 있는 지역으로부터 잠입하거나 그 지역으로부터 탈출하는 행위를 말한다(국가보안법 제6조).

(6) 회합・통신죄

국가의 존립・안전이나 자유민주적 기본질서를 위태롭게 한다는 정을 알면서 반국가단체의 구성원 또는 그 지령을 받은 자와 회합・통신, 기타의 방법으로 연락을 하는 행위 및 그 미수범은 처벌된다(국가보안법 제8조).

(7) 찬양・고무등의 죄

이적동조등의 죄(찬양・고무)는 국가의 존립・안전이나 자유민주적 기본질서를 위태롭게 한다는 정을 알면서 반국가단체나 그 구성원 또는 그 지령을 받은 자의 활동을 찬양・고무・선전 또는 이에 동조하거나 국가변란을 선전・선동하는 행위 등을 말하고(국가보안법 제7조 제1항), 이적단

14) 위의 책, pp.373-376.

체 구성 · 가입죄는 이적찬양 · 고무 · 선전행위를 목적으로 하는 단체를 구성하거나 이에 가입하는 행위 등을 말한다(국가보안법 제7조 제3항). 반국가단체의 구성원은 물론 그로부터 지령을 받거나 그러한 자들로부터 다시 지령을 받은 자도 주체가 될 수 있다.

반국가단체와 이적단체의 구분기준은 판례에 의하면 직접 달성하려는 목적 여부이다. 즉, 단체가 합법적인 절차에 의하지 아니하고 임의로 정부를 조직하여 진정한 정부인 양 사칭하는 정부참칭이나 정부를 전복하여 새로운 정부를 조직하는 것을 의미하는 국가변란 자체를 직접적인 1차 목적으로 삼고 있다면 반국가단체이고, 별개의 반국가단체의 존재를 전제로 하여 그 반국가단체의 활동을 찬양하는 방법으로 동조하는 것을 목적으로 하는 경우에는 이적단체에 해당한다.

(8) 특수직무유기죄

범죄수사 또는 정보의 직무에 종사하는 공무원이 이 법의 죄를 범한 자라는 정을 알면서 그 직무를 유기하는 행위를 말하고, 본범과 친족관계가 있는 때에는 임의적 감면사유이다(국가보안법 제11조).

(9) 편의제공죄

「국가보안법」상의 죄를 범하거나 범하려는 자라는 정을 알면서 총포, 탄약, 화약, 기타 무기를 제공하는 행위 및 예비음모, 그 미수범은 처벌된다. 또한 금품, 기타 재산상의 이익을 제공하거나 잠복, 회합, 통신, 연락을 위한 장소를 제공하거나 기타의 방법으로 편의를 제공하는 행위 및 그 미수범은 처벌된다. 본범과 친족관계에 있는 때에는 임의적 감면사유이다(국가보안법 제9조).

(10) 불고지죄

반국가단체구성죄, 목적수행죄, 자진지원죄(미수범 포함)를 범한 자라는 정을 알면서 수사기관 또는 정보기관에 고지하지 아니하는 행위를 말하고, 본범과 친족관계이면 필요적 감면사유이다. 법정형이 5년 이하의 징역 또는 200만원 이하의 벌금으로 「국가보안법」 중 유일하게 벌금형을 두고 있다(국가보안법 제10조).

(11) 무고 · 날조죄

타인으로 하여금 형사처분을 받게 할 목적으로 「국가보안법」에 규정된 죄에 대하여, 무고 또는 위증을 하거나 증거를 날조 · 인멸 · 은닉하는 행위를 말한다. 범죄수사 또는 정보의 직무에 종사하는 공무원이나 그 보조하는 자 또는 지휘하는 자가 직권을 남용하여 이러한 죄를 범한 경우에도 처벌된다(국가보안법 제12조).

3) 국가보안법의 특성

(1) 특성

고의범만을 처벌하고 과실범의 처벌규정이 없으며, 반국가단체구성, 목적수행, 자진지원, 잠입 · 탈출, 이적단체구성, 무기류 등의 편의제공 등의 범죄에 대하여 예비 · 음모 · 미수를 처벌함으로써, 예비 · 음모 · 미수의 확장이라는 특징이 있다. 범인에게 각종 편의를 제공하거나 범죄를 선동 · 선전 및 권유한 경우, 교사 · 방조가 아니라 별도의 처벌규정을 두어 정범으로서 처벌하고 있다.[15] 즉, 편의제공죄, 반국가단체가입권유죄, 목적수행을 위한 선전 · 선동행위죄, 국가변란 선전 · 선동행위죄 등은 교사 · 방조가 아니라 정범으로 처벌된다.

(2) 불고지에 대한 형사책임

반국가단체구성죄, 목적수행죄, 자진지원죄 등이 처벌대상으로서, 모든 국민에게 범죄고지의무를 부과하고 있다. 불고지죄는 필요적 감면사유이다.

(3) 형벌에 있어서의 특징

「국가보안법」 위반 범죄에 대하여 재범자의 특정가중 규정, 즉 일정한 반국가적 범죄를 범하여 금고 이상의 형의 선고를 받은 후 5년이 경과하지 아니한 자가 다시 「국보법」상의 일정범죄를 범한 때에는 최고형을 사형으로 규정하고 있으며, 징역형의 선고 시에 그 형의 장기 이하의 자격정지를 병과할 수 있다. 또한 범죄예방을 위해 자수하거나 타인이 동법의 죄를 범하는 것을 고발하거나 방해하였을 경우에는 그 형을 필요적으로 감면하도록 규정하고 있다.

(4) 특별형사 규정

① 참고인 구인과 소환

참고인으로 소환받은 자가 정당한 이유 없이 2회 이상 소환에 불응한 경우에 구인할 수 있고, 사법경찰관의 구속기간은 1차, 검사의 구속기간은 2차에 한하여 각각 10일씩 구속기간의 연장이 가능하므로 총 50일의 구속수사가 가능하다. 다만, 찬양 · 고무죄 및 불고지죄의 경우에는 구속기간의 연장이 불가능하다.

② 공소보류

검사는 「국가보안법」 위반사범에 대하여 공소제기를 보류할 수 있으며, 검사가 공소제기를 보류한 후 2년이 경과하면 소추할 수가 없다. 이때 공소보류가 취소된 경우에는 재구속의 제한규정에도 불구하고 동일한 범죄사실로 재구속 · 소추를 할 수 있다. 또한 불기소처분의 경우에도 압수물을 환부하지 않고 폐기 또는 국고귀속을 명할 수 있다.

3. 첨단안보수사

첨단안보사범은 구성요건의 주요 부분이 국가안보에 위해를 가하는 사이버 공격 위협을 통해 이루어진 정보통신망 침해형 범죄를 범한 자와 그 혐의를 받는 사범을 의미한다.[16] 2021년 출범된 국가수사본부 안보수사국 하에 설치된 안보수사지휘과 업무분장에서 첨단안보수사업무에 대해 정의하고 있다(경찰청 사무분장 규칙 제58조). 즉, 「정보통신망법」 · 「정보통신기반보호법」 위반

15) 위의 책, p.351.
16) 임창호 외, 앞의 책, p.892.

등을 첨단안보사범이라 한다.

특히 「정보통신망 이용촉진 및 정보보호 등에 관한 법률」 제2조에서 규정하고 있는 '침해사고'를 야기한 행위가 주요 첨단안보사범 수사의 대상이라 할 수 있다. 침해사고란 다음의 방법으로 정보통신망 또는 이와 관련된 정보시스템을 공격하는 행위로 인하여 발생한 사태를 말한다.

가. 해킹, 컴퓨터바이러스, 논리폭탄, 메일폭탄, 서비스거부 또는 고출력 전자기파 등의 방법

나. 정보통신망의 정상적인 보호 · 인증 절차를 우회하여 정보통신망에 접근할 수 있도록 하는 프로그램이나 기술적 장치 등을 정보통신망 또는 이와 관련된 정보시스템에 설치하는 방법

제 6 절 보안관찰

1. 보안관찰의 의의

보안처분이란 범죄행위를 행한 자에게 형벌 적용이 불가능하거나 행위자의 특별한 장래의 위험성 때문에 형벌에 의한 예방목적을 달성하기 어려운 경우에 형벌을 대체하거나 보완하여 가하여지는 형벌 이외의 형사제재를 말한다. 이는 행위에 대한 응보적 책임을 묻는 형벌만으로는 효과적으로 대처해 나갈 수 없는 사람에 대해서, 현존하는 행위자의 위험성으로부터 장래에 사회를 보호하기 위한 특별예방차원의 합목적적 강제조치이다.[17]

특정범죄인 반국가사범에 대하여 일정한 요건에 합치하는 경우에 관찰 · 지도 · 경고 등의 조치를 취하는 보안관찰은 대상자의 자유를 제한하는 대인적 보안처분의 일종으로서 안보경찰의 활동대상에 포함된다.

2. 보안관찰법

1) 보안관찰법상의 보안관찰처분

(1) 개념

보안관찰처분은 간첩 등 국가안위에 관계되는 특정범죄를 범하고 형의 전부 또는 일부의 집행을 받은 자에 대하여, 장래의 재범의 위험성을 예방하고 건전한 사회복귀를 촉진하며 국가의 안전과 사회의 안녕을 유지하기 위하여 법무부장관이 결정하는 특별예방적 보안처분의 일종을 의미한다.[18] 반국가사범에 대하여 일정한 요건에 합치하는 경우에 관찰 · 지도 · 경고 등의 조치를 취하는 보안관찰은 대상자의 자유를 제한하는 대인적 보안처분으로서 행정처분의 성격을 가진다.

---

17) 이재상, 형법총론, 박영사, 2005, p.609.

18) 보안관찰법 제1조, 2005.8.4; 경찰수사보안연수소, 보안실무과정 연수교재, 2002, p.12.

(2) 대상자

보안관찰 해당 범죄 또는 이와 경합된 범죄로 단 1회에 금고 3년 이상의 형의 선고를 받은 경우뿐만 아니라, 2회 이상 금고 이상의 형의 선고를 받고 그 형기의 합계가 3년 이상인 자로서, 형의 전부 또는 일부의 집행을 받은 사실이 있는 자를 대상으로 한다. 즉, 「형법」상의 간첩죄 또는 「국가보안법」상의 잠입죄 등 보안관찰 해당 범죄만으로 형의 선고를 받은 경우뿐만 아니라, 보안관찰 해당 범죄 이외에 「국가보안법」상의 찬양ㆍ고무죄 또는 「형법」상의 절도ㆍ강도죄 등 비보안관찰 해당 범죄와 경합된 죄로 형의 선고를 받은 자도 해당한다.[19] 불복하는 자는 그 결정이 집행된 날로부터 60일 이내에 서울고등법원에 행정소송을 제기할 수 있다(보안관찰법 제3조).

(3) 면제요건과 기간

보안관찰 면제요건은 준법정신이 확립되어 있고 일정한 주거와 생업이 있으며, 대통령령이 정하는 신원보증인, 즉 보안처분대상자가 아닌 자로서 주거지 통ㆍ반장 등, 직장의 장, 복지시설의 장, 기타 학식과 덕망이 있는 자 중에서 2인 이상의 신원보증이 있어야 한다.[20]

보안관찰처분의 기간은 2년이며, 법무부장관은 검사의 청구가 있고, 보안관찰처분심의위원회의 의결을 거쳐 그 기간을 갱신할 수 있다(보안관찰법 제5조). 갱신은 보안관찰처분을 한 후 그 기간 만료 전에 보안관찰처분의 효력을 연장시키는 결정을 의미하며, 갱신된 기간은 2년이고, 갱신 횟수에는 제한이 없다.

2) 처분절차

(1) 보안관찰처분의 결정절차

① 대상자 신고

보안관찰처분대상자는 출소 전에 신고할 때에는 교도소등(교도소, 소년교도소, 구치소, 유치장 또는 군교도소)의 장에게 신고서 5부를 작성하여 제출하여야 한다. 교도소등의 장은 접수한 신고서 1부씩을 보안관찰처분심의위원회와 거주예정지관할 검사 및 경찰서장에게 각각 송부하여야 한다(보안관찰법 제6조, 동법 시행령 제6조). 이 경우 신고서에는 2인 이상의 신원보증인이 서명ㆍ날인해야 하며, 신원보증인이 없는 때에는 그 사유를 명기해야 한다(보안관찰법 시행령 제9조).

② 보안관찰처분 사안의 조사

보안관찰처분 청구를 위하여 보안관찰처분대상자, 청구의 원인이 되는 사실과 보안관찰처분을 필요로 하는 자료를 조사하는 것을 의미하며, 사법경찰관리는 검사의 지휘를 받아 사안조사를 할 수 있다(보안관찰법 제9조).

---

19) 위의 책, p.16.
20) 위의 책, pp.48-49.

③ **보안관찰처분 사안의 송치**

사법경찰관리는 조사를 종결한 때에는 지체 없이 사안을 관할 검사장에게 송치하여야 하며, 소속 관서의 장의 명의로 하여야 한다. 송치서류에 있어서 의견서는 사법경찰관 명의로 작성하여야 한다(보안관찰법 시행규칙 제27조, 제28조).

④ **보안관찰처분의 청구와 결정**

ⓐ 검사는 사안의 조사를 종결한 때에는 법무부장관에게 보안관찰 청구를 해야 하며(보안관찰법 제7조, 제8조), 법무부장관은 보안관찰 심의위원회의 심의 · 의결을 거쳐 보안관찰처분을 결정한다(보안관찰법 제14조).

ⓑ 법무부장관은 위원회의 의결과 다른 결정을 할 수 없다. 다만, 보안관찰처분대상자에 대하여 위원회의 의결보다 유리한 결정을 하는 때에는 그러하지 아니하다.

3) 처분결정의 취소

검사는 법무부장관에게 보안관찰처분의 취소 또는 기간의 갱신을 청구할 수 있다(보안관찰법 제16조). 처분의 최소결정자는 법무부장관이며, 법무부장관은 위원회의 의결을 거쳐 이를 심사 · 결정해야 한다.

4) 보안관찰의 집행

(1) 집행

보안관찰처분의 집행은 결정서 등본을 첨부하여 검사가 서면으로 관할 경찰서장에게 지휘하여 실시하며, 관할 경찰서장은 피보안관찰자에게 결정서 등본을 교부하고 그때부터 집행이 개시된다(보안관찰법 제17조).

(2) 보안관찰처분의 집행중지

① **절차**

ⓐ 보안관찰대상자가 도주하거나 1월 이상 소재불명인 경우 관할 경찰서장은 주거지 관할 검사에게 주거지 리 · 통 · 반의 장의 확인서, 기타 피보안관찰자가 도주 또는 소재불명임을 인정할 수 있는 자료를 첨부하여 보안관찰처분 집행중지결정을 신청하여야 한다.

ⓑ 검사는 보안관찰처분의 집행중지결정을 한 때에는 관할 경찰서장에게 보안관찰처분 집행중지결정의 집행지휘를 하고 지체 없이 법무부장관에게 보고하여야 한다(시행령 제23조).

② **집행중지결정의 효과**

집행중지결정일로부터 집행중지결정이 취소될 때까지 보안관찰처분 기간의 진행이 정지된다.

ⓐ 피보안관찰자는 검사의 보안관찰처분 집행중지결정에 이의가 있거나 그 집행중지결정의 사유가 소멸된 때에는 관할 경찰서장을 거쳐 검사에게 보안관찰처분 집행주지결정의 취소신청을

할 수 있다.

ⓑ 검사는 취소신청이 이유 있다고 인정하는 때에는 보안관찰처분의 집행중지결정을 취소하고 지체 없이 이를 신청인에게 고지하여야 한다. 신청이 이유 없다고 인정하여 기각하는 때에는 그 취지를 고지하여야 한다.

ⓒ 검사는 보안관찰처분의 집행중지 취소를 한 때에는 관할 경찰서장에게 보안관찰처분 집행중지결정의 취소지휘 또는 보안관찰처분의 잔여기간 집행지휘를 하고 지체 없이 이를 법무부장관에게 보고하여야 한다(시행령 제23조).

5) 보안관찰의 수단

(1) 관찰

① 피보안관찰자의 주거지를 관할하는 경찰서장(이하 "관할 경찰서장"이라 한다)은 피보안관찰자의 동태를 관찰하고 사회에 복귀하도록 선도하여 보안관찰 해당 범죄를 다시 범하지 아니하도록 예방하여야 한다.

② 관할 경찰서장은 보안관찰부를 작성·비치하고 매월 1회 이상 피보안관찰자의 동태를 관찰하여 그 결과를 보안관찰부에 기재하여야 한다.

(2) 지도

① 검사 및 사법경찰관리는 피보안관찰자의 재범을 방지하고 건전한 사회복귀를 촉진하기 위하여 다음 각 호의 지도를 할 수 있다.

1. 피보안관찰자와 긴밀한 접촉을 가지고 항상 그 행동 및 환경 등을 관찰하는 것
2. 피보안관찰자에 대하여 신고사항을 이행함에 적절한 지시를 하는 것
3. 기타 피보안관찰자가 사회의 선량한 일원이 되는 데 필요한 조치를 취하는 것

② 검사 및 사법경찰관은 피보안관찰자의 재범방지를 위하여 특히 필요한 경우 검사 및 사법경찰관리는 다음 각 호의 조치를 취할 수 있다(보안관찰법 제19조).

1. 보안관찰 해당 범죄를 범한 자와의 회합·통신 금지하는 것
2. 집단적인 폭행, 협박, 손괴, 방화 등으로 공공의 안녕·질서를 위협할 가능성이 명백한 집회나 시위장소에의 출입을 금지하는 것
3. 피보안관찰자의 보호 또는 조사를 위한 특정장소에의 출석을 요구하는 것

(3) 경고

① 의의

검사 및 사법경찰관리는 피보안관찰자의 의무위반 또는 그 위험성에 대한 검사 및 사법경찰관의 경고조치를 의미하는 것으로서, 의무이행을 촉구하고 형사처벌등 불이익한 조치를 받을 수 있음을 통고하는 것을 의미한다(보안관찰법 제22조).

② 방법

경고는 경고일시, 경고이유, 경고내용 및 그에 위반하는 경우 형사처벌 등 불이익한 처분을 받을 수 있음을 기재한 서면에 의하여야 한다. 다만, 긴급을 요하는 경우에는 구두로도 가능하다.

(4) 보호

피보안관찰자의 자구노력에 따른 개선과 자립을 위한 검사 또는 사법경찰관리의 보호조치를 의미하는데, ① 주거 또는 취업의 알선, ② 직업훈련 기회 제공, ③ 환경개선 등의 방법이 있다(보안관찰법 제20조).

6) 보안관찰 해당 범죄

(1) 형법

「형법」상 내란의 죄 및 외환의 죄중 내란목적살인죄 및 외환유치죄 · 여적죄 · 모병이적죄 · 시설제공이적죄 · 시설파괴이적죄 · 물건제공이적죄 · 간첩죄 및 동 죄의 미수범과 예비 · 음모 · 선전 · 선동죄 등이 해당된다. 그러나 내란죄, 일반이적죄, 전시군수계약 불이행죄 등은 제외된다(보안관찰법 제2조).

(2) 군형법

반란죄, 반란목적 군용물탈취죄, 반란불보고죄, 군대 및 군용시설제공죄 · 군용시설등파괴죄 · 간첩죄 · 일반이적죄 등이 해당된다. 그러나 단순반란불고지죄는 제외된다.

(3) 국가보안법

목적수행죄, 자진지원죄, 금품수수죄, 잠입 · 탈출죄, 편의제공죄 등이 해당된다. 그러나 반국가단체 구성죄, 찬양 · 고무죄, 회합 · 통신죄 등은 제외된다.

7) 보안관찰관련 신고

(1) 보안관찰처분대상자

출소 전에 대상자 신고와 출소 후에 출소사실 신고 및 변동사항 신고 등의 의무가 있다. 출소 후 7일 이내에 출소사실을 신고하고, 기타 변동사항이 있을 경우에는 변동이 있는 날부터 7일 이내에 거주(예정)지 관할 경찰서장에게 변동사항을 신고해야 한다(보안관찰법 제6조).

(2) 피보안관찰자

① 최초신고

관찰처분결정서 등본을 받은 날부터 7일 이내에 주거지 관할 지구대장이나 파출소장을 거쳐 관할 경찰서장에게 피보안관찰자 신고를 해야 한다(보안관찰법 제18조).

② 정기신고 및 변동신고

관찰처분결정서 등본을 교부받은 날이 속한 달부터 매 3월이 되는 달의 말일까지 주요 활동사항을 지구대장 · 파출소장을 거쳐 관할 경찰서장에게 신고해야 한다. 최초 신고사항에 변동이 있을 때에는 7일 이내에 변동사항을 지구대 · 파출소장을 거쳐 경찰서장에게 신고해야 한다.

③ 주거지 이전 및 여행신고 및 신고불이행 시의 조치

주거지를 이전하거나 국외 또는 10일 이상 국내여행을 하고자 할 때에는 지구대 · 파출소장지구을 거쳐 경찰서장에게 신고해야 한다. 피보안관찰자가 위 신고를 하지 아니할 때에는 즉시 관할 검사에게 보고하고, 피보안관찰자가 계속 신고를 거부할 때에는 특별한 사정이 없는 한 「보안관찰법」 위반으로 입건 · 수사한다.

제 7 절 공산주의 이데올로기

1. 서구의 급진사상

1) New-Left 운동

1960년대에 나타난 새로운 좌익행동파 집단으로 기존체제와 질서를 부정하면서도 마르크스의 노선에 입각한 기존 좌익조직의 행동규율에 반기를 들고 행동하는 새로운 좌익행동과 집단을 말한다.

2) 유로코뮤니즘(Euro-Communism)

기성 공산주의에 대한 근본적인 회의와 재검토에서 출발한 사상으로서, 선거를 통해 정권획득함으로써 자본주의의 모순점을 극복할 수 있다고 주장한다. 프롤레타리아 독재의 폐기, 자유와 민주주의 가치 중시, 소비에트형 공산주의 비판 등을 강조한다.

3) 네오막시즘(Neo-Marxism)

레닌의 계급투쟁이론을 비판하고 순수한 마르크스주의의 새로운 면을 부각시키고자 한 것으로서, 인간의 구체적인 인식능력과 역사에 있어서의 인간의 주체성을 강조한다.

2. 북한의 대남전략전술

1) 주체사상

(1) 철학적 원리

주체사상은 "사람이 모든 것의 주인이며 모든 것을 결정한다"는 철학적 원리에 기초하여 만들어진 사람중심의 새로운 철학사상이다. 사람이 세계의 주인으로서 특별한 지위와 역할을 차지하는 것은 사람이 자주성, 창조성, 의식성을 가진 존재로서, 그 결과 사람은 가장 발달된 물질적 존재라고 본다.

(2) 사회 · 역사적 원리

주체사상은 인민대중이 사회역사의 주체가 되는 새로운 역사관, 즉 주체사관의 입장을 강조한다. 사회 · 역사적 원리의 핵심적인 내용은 ① 사람은 세계와 자기운명의 주인으로서 역사의 주체이며 사회발전의 동력이다. ② 인류역사는 인민대중의 자주성, 즉 자기운명의 주인이 되기 위한 투쟁의 역사이다. ③ 사회 · 역사적 운동은 목적의식을 가지고 세계를 개조하고 자기운명을 개척해 나가는 인민대중의 창조적 운동이다. ④ 혁명투쟁에서 결정적인 역할을 하는 것은 인민대중이 혁명투쟁 목적을 자신의 힘으로 달성하기 위한 자주적 사상의식이다. 따라서 인민대중은 혁명과 건설에 대하여 주인다운 태도를 가져야 하며, 주인다운 태도는 자주적 입장과 창조적 입장으로 표현된다.

주체사상의 사회 · 역사적 원리 부분에서 가장 중요하게 다루어지고 있는 문제는 바로 지도와 대중의 결합문제로서, "지난날 착취사회에서 착취사회에서 인민대중이 사회의 주인역할을 수행하지 못한 것은 옳은 지도가 병행하지 못한 데 기인한다"고 규정하고, 인류역사의 주체가 되는 인민대중이 주체역할을 담당하기 위해서는 반드시 당과 수령의 옳은 지도를 받아야 한다고 강조한다. 이른바 수령 · 당 · 대중이라는 프롤레타리아트 독재체제 속에서 수령의 영도를 절대화하고 있다.

(3) 지도원칙

주체사상은 당, 국가활동, 사회주의 혁명과 건설의 모든 분야에서 자주적 입장 견지, 창조적 방법 구현, 그리고 사상의 의식화라는 세 가지 지도지침을 제시하고 있다. 이 세 가지 지도적 지침 또한 자주성, 창조성, 의식성을 강조하는 철학적 원리가 주체의 방법에 원용된 것이다.

자주적 입장견지는 사상에서의 주체, 정치에서의 자주, 경제에서의 자립, 국방에서의 자위를 강조하는 것이다. 이를 주체사상의 4대 기본노선이라고도 한다.[21] 창조적 방법은 인민대중이 혁명과 건설의 주인으로서 입장을 지키고 역할을 다하게 하며, 모든 문제를 변화하는 정세와 나라의 구체적 조건에 맞게 풀어나가게 하는 방법을 말한다. 사상의 의식화는 인민을 참다운 공산주의적 인간으로 개조하는 사상개조사업과 사람과의 사업인 정치사업을 모든 사업에 앞세워야 한다는 점을 강조한다.

(4) 주체사상의 변용

북한은 1990년대부터 국제정치와 국내사정에 따른 체제의 안위를 위해 주체사상을 재해석하고 변용했다.[22]

① 우리식 사회주의

북한은 동구사회가 몰락하고 소련이 해체되자 북한은 체제유지를 위해 영원불멸의 탁월한 주

21) 경찰청, 보안외근과정, 2002, pp.118-119.
22) 박종문, "김정일 지도체제의 특징과 변화가능성에 관한 연구," 경찰학연구 제5호, 경찰대학, 2003, pp.275-280.

체사상에 기초한 가장 독창적이고 우월한 사회주의가 바로 우리식 사회주의라고 주장했다.

② 붉은 기 사상

붉은 기 사상은 항일 빨치산 시기에 불렀다는 적기가에서 유래하는 바로 항일 빨치산 투쟁정신을 지칭하는 것으로서, 항일투쟁 시기의 빨치산 대원들의 수령 결사옹위정신, 혁명적 낙관주의 정신들을 주요내용으로 하고 있다. 붉은 기 사상은 어떤 배신도 모르며 사소한 사상적 변질도 없는 일심단결의 상징이며, 혁명적 지조와 절개로 죽어서도 붉은 기폭에 싸여 영도자의 품에 영생하려는 신념의 기치이다.

③ 선군정치

선군정치는 군사선행의 원칙에 의해 혁명과 건설에서 나오는 모든 문제를 해결하고, 군대를 혁명의 기둥으로 내세워 사회주의 과업을 밀고 나가는 영도방식이다. 인민군대를 핵심으로 하여 혁명대오를 튼튼하게 하고 혁명적 군인정신을 무기로 삼아 사회주의 건설을 밀고 나가는 것으로서, 북한지도부는 체제생존을 위해 대내적으로 선군정치를 선전하고 대외적으로 협상력 강화에 이용한다. 선군정치는 총의 철학, 즉 총은 혁명에서 결정적인 역할을 하고 주인을 배신하지도 않는다는 군사제일주의를 말한다.

④ 강성대국론

강성대국론은 선군정치에 기반을 두고 기존의 안보적 견지에서 정치 사상적, 사회경제적 범주까지 확장시킨 것으로 사상정치강국의 건설, 군사강국의 건설, 경제강국의 건설 등 세 가지 측면을 강조하는 것으로서, 우선순위는 사상의 강국, 군사의 강국, 경제의 강국의 순이다.

2) 조국통일 3대 헌장

제1원칙은 자주 · 평화 · 민족대단결의 대원칙으로서, 조국통일 3대 원칙이라고도 한다. 제2원칙은 고려민주연방공화국 창립방안이며, 제3원칙은 민족대단결 10대 강령의 원칙을 말한다.

3) 통일전선전략

북한의 통일전선전략은 레닌의 통일전선전략에 기초하고 있다. 즉, "너에게 3개의 적이 있거든 먼저 그 중 둘과 동맹하여 하나를 타도하고, 나머지 둘 중 하나와 다시 동맹하여 다른 하나를 타도하고, 마지막 남은 하나는 1대 1로 대결하여 타도하라." 이처럼 통일전선전략이란 힘이 부족하여 적을 1대 1로 타도할 수 없을 때, 다른 세력과 일시 제휴하여 적대세력을 하나하나 단계적으로 타도하는 혁명전략이다. 비록 일시 제휴할 세력이 정치적 이념과 목적이 다른 세력은 제거된다는 사실을 몰라도 상관없으며, 실제로 그런 경우가 흔히 있다.

따라서 북한은 미군, 남한정부, 반공의식이 강한 남한 국민을 3대의 적으로 규정하고, 첫째, 통일, 민족 등을 내세워 남한 내의 학생과 일부 지식인 등 반미 · 반정부 불순세력들을 주력으로 하여 개인이나 단체 또는 반대노선과도 일시 제휴하여 두 개의 적을 타도하려는 전략을 구사한다. 둘째, 반미 · 반정부 여론이 확산되어 주한 미군이 철수하거나 약화되면 보다 광범위한 남한 내의 반정부 불만세력, 즉 노동자 · 농민, 그리고 일부 지식인과 학생 및 친북세력들과 잠정적으로 제휴하여 정부를 전복한 후 용공정권을 수립하여 남부합작에 의한 적화통일 목적을 이루려는 것이다. 셋째, 혁명 완결단계에 이르면 방해가 되는 제3의 적, 즉 일시 제휴했던 비공산세력을 마지막으로 제거하는 것이 바로 북한의 통일전선전략이다.

통일전선전략은 남북한 교류협력과정에서 북한의 이용가능성이 가장 높다고 보이는 전략전술이며, 남조선 혁명의 주체는 남한인민이라고 하면서 혁명역량을 주력군인 노동자 · 농민과 보조역량인 각종 통일전선으로 구분하여 편성한다.

4) 대남투쟁좌표

반미 자주, 반파쇼 민주, 연방제 통일 등이 투쟁좌표이다. 북한은 이른바 남조선 혁명의 1차 타도대상으로 '미제'를, 2차 타도대상으로 미제와 결탁한 파쇼(한국정부), 3차 타도대상으로 지주, 매판자본가, 반동 관료배 등을 설정하고, 궁극적으로 이들을 타도하고 연방제 통일을 목표로 한다. 연방제 통일은 북과 남에 있는 사상과 제도를 그대로 두고 북과 남이 연합하여 1민족 1국가 2제도 2정부 형태의 통일을 말한다. 이는 체제생존전략을 충족시키는 한편, 과도적 지연전술의 전개로 새로운 정세를 관망하는 이중적 태도를 취하고 있는 것으로 분석된다.

5) 1단계 혁명론과 연속 2단계 혁명론

1단계 혁명론은 국내 좌익세력 중 PD계열 및 트로츠키 계열에서 채택하고 있는 혁명전략으로 노동자 계급이 빈농을 동맹군으로 삼고, 부르주아 계급을 고립시켜 사적 소유철폐, 부르주아 타도, 프롤레타리아 독재권력수립을 내용으로 하는 사회주의 혁명을 진행시키는 것을 말한다. 연속 2단계 혁명론은 국내좌익세력 중 PD파를 제외한 모든 세력들이 채택하고 있는 전략으로 남한정권 타도목적의 1단계 혁명을 수행하고, 다음에 사적 소유 철폐, 부르주아 타도, 프롤레타리아 독재권력 수립을 내용으로 하는 본격적인 사회주의 혁명, 즉 2단계 혁명을 진행시키는 전략을 말한다.[23]

3. 공산주의 전략원칙

1) 다양성의 원칙

다양성의 원칙은 공산화 혁명을 수행하는 데 필요한 다종 · 다양한 전술을 확보해야 한다는 원칙이다. 그리고 새로 개발되는 어떠한 전술도 혁명운동과정에서 경험적으로 필요한 것이라면, 첫째, 합법과 비합법을 불문하며, 둘째, 전술 간의 상호모순도 문제되지 않고 채택된다. 모든 것은

23) 경찰수사보안연수소, 보안실무과정 연수교재, 2002, p.228.

정권 장악 후에 정당화될 수 있기 때문이다.

2) 임기응변의 원칙

임기응변의 원칙은 다양성의 원칙에 의해 개발된 전술을 모두 습득하여 활동하다 정세가 바뀌면 그것에 적합한 전술로 대처할 수 있는 임기응변의 능력이 있어야 한다는 원칙이다. 여기에서 임기응변이란 즉흥적인 결정을 의미하는 것이 아니라, 상황이 바뀌면 곧바로 거기에 알맞은 전술로 대처할 수 있는 능력이 있어야 한다는 원칙이다.

3) 배합의 원칙

배합의 원칙이란 상호배타적 · 상반적인 전술을 동시에 구사하여 첫째, 상대에게 상황판단의 혼란을 주고, 둘째, 정세의 변화에 적절히 대응할 수 있으며, 셋째, 공격과 후퇴, 전쟁과 협상을 동시에 구사함을 목적으로 하는 전술원칙이다.

4) 일시적 후퇴와 양보의 원칙

공산화운동은 상황에 따라 수시로 후퇴하고 양보할 수 있지만, 그것은 절대적으로 일시적인 것이어야 한다는 원칙이다.

5) 불포기의 원칙

불포기의 원칙은 공산화운동에 한 번 필요했던 전술은 절대로 포기한다는 약속 따위를 해서는 안 된다는 원칙이다. 공산화운동 중 정세의 변화에 따라 임기응변의 원칙이나 일시적 후퇴와 양보의 원칙 등이 적용되지만, 이때 기존전술이 당장은 쓰이지 않는다고 해서 포기한다는 등의 약속을 해서는 안 된다는 것이다. 다음에 정세가 바뀌면 과거의 전술을 다시 동원할 가능성을 배제할 수 없기 때문이다.

6) 관망의 원칙

관망의 원칙은 전략을 수행하는 각종 전술은 전략의 중간목표가 달성되었을 때나 정세의 변화에 따라 전술을 바꾸어야 할 때, 시간을 벌면서 일시적으로 상황을 관망하고 새로운 전술을 구상해야 한다는 원칙이다.

4. 남북한의 통일방안 비교

1) 남한

남북이 자주 · 평화 · 민주의 3원칙을 바탕으로 화해협력을 시작하여 남북한 연합의 중간과정을 거쳐 궁극적으로 통일민주공화국을 실현하는 통일방안을 채택하고 있다. 이는 남북한의 신뢰

구축, 체제연합, 단일국가를 실현하는 1민족 1국가 형태이다.

2) 북한

기존의 통일된 완성형 연방제에서 변화한 1민족 1국가 2제도 2정부의 연방제 통일방안으로서 낮은 단계의 연방제 통일방안이다. 북한의 조국통일 3대 원칙은 자주 · 평화 · 민족대단결이다.

5. 북한의 대남공작기구[24)]

북한은 적화통일을 완수하기 위해 대남공작을 전문적으로 수행하는 기관을 대내적으로 편성해 운영하고 있으며, 이를 흔히 대남사업부서라고 부른다. 김일성의 교시에 의해 대남공작은 주로 노동당에서 맡아왔지만 지난 2009년 2월 대남공작기구가 대대적으로 개편되면서 업무의 상당부분이 군(軍)으로 이관되었다. 개편된 내용을 중심으로 살펴보면 국방위원회 직속으로 정찰총국이 신설되어 그 산하로 작전국, 정찰구, 해외정보국이 편성되어 있으며, 이는 각자 당 작전부, 군 총참모부 정찰국, 당 35호실이 이관한 것이다. 또 당 대외연락부는 225부로, 당 통일전선부는 축소 유지하는 것으로 개편되었다.

이와 같은 전면 개평의 배경은 먼저 1970년대 초부터 노동당이 주도하던 대남공작이 주한미군 철수, 「국가보안법」 폐지, 인민정권 수립 등 적화통일의 주요 전략 목표 중 어느 것 하나도 결정적으로 달성하지 못했다는 점을 들 수 있다. 여기에다 북한이 '강성대국의 문을 여는 해'로 내세우고 있는 2012년까지 어떻게든 눈에 보이는 결과물을 도출해야 한다는 조바심이 작용했다는 점도 주요 원인 중 하나로 분석된다.

김정은 시대에 들어 와서는 일부를 조정한 바 있다. 2012년 말 대남간첩공작 전문부서인 225국을 통일전선부 산하로 편입시키고, 국방위원회(현 국무위원회) 직속 정찰총국의 영역을 확대하며 대남공작의 본산역할을 강화하였다. 2015년 225국을 문화교류국으로 개칭하였다.[25)]

1) 국무위원회 정찰총국

(1) 육해상 정찰국(구 작전국)

육해상 정찰국은 대남공작원들에 대한 기본교육훈련, 침투공작원 호송 · 안내 및 복귀, 대남테러공작 및 대남침투로 개척 등을 전담하는 부서이다. 이 부서는 남파공작원 파견기지인 2개의 육상연락소(개성, 사리원) 및 4개의 해상연락소(청진, 원산, 남포, 해주)를 운영하고 있다.

(2) 정찰국

정찰국은 무장공비 양성 남파, 요인암살, 파괴 · 납치 등 게릴라 활동, 군사정찰 등 대남 군사정보수집을 전담하는 부서이다. 정찰국에는 907군부대, 448군부대(잠수정 침투부대), 22전대, 남포해

---

24) 월간 북한, 2012.4(통권 제484호), pp.51-52.

25) 경찰대학, 안보수사론, 2022, p.53.

상특수부대, 정찰대대 등을 운영한다. 1983년 버마 아웅산테러사건, 1996년 강릉잠수함 침투, 2010년 황장엽 암살미수사건 등을 자행한 바 있다.

(3) 해외정보국

해외정보국은 해외에서 국제·대남정보수집, 해외간첩공작 및 국제·대남테러공작을 전담하는 부서이다. 1978년 최은희·신상옥 납치사건, 1987년 KAL858기 공중폭파 등을 자행한 바 있다.

2) 조선노동당

(1) 문화교류국

문화교류국은 공작원 밀봉교육(비밀교육) 및 남파, 한국 내 지하당 구축공작 및 해외공작 등 대남간첩공작 등의 임무를 수행한다. 1992년 조선노동당 중부지역당사건, 1999년 민족민주혁명당사건, 2006년 일심회간첩단 사건 등을 자행하였다.

(2) 통일전선부

통일전선부는 남북대화 및 남북교류협력사업 주관, 조총련 및 해외교포 공작사업, 대남심리전 및 통일전선공작 등 대남전략 전담, 조국통일연구원(대남 심리전·정보 분석 및 연구)과 조평통, 반제민전, 해외동포원호위원회, 조국전선, 범민련, 범청학련 등을 운영한다.

3) 국가보위성

국가보위성은 북한 최고의 정보사찰기관으로 반혁명분자 및 간첩색출, 출입국 관리, 경호지원, 대남정보수집 전담하는 부서인데, 반탐국(간첩색출부서)과 해외반탐국 등을 운영하며 대남공작에 관여하고 있다. 2008년 적발된 여간첩 원정화도 이 부서 소속이었다.

6. 북한사회의 계층구조

1) 핵심계층

핵심계층이란 정규의 당원을 비롯하여 김정일에게 충성을 다하는 계층을 말한다. 이 계층은 유사시 북한체제를 절대적으로 지지하는 사람들로 구성되어 있다.

2) 동요계층

동요계층이란 어느 쪽으로도 분류하기 어려운 계층으로 기본계층·회색분자·기회주의자라고도 불리며 하급간부나 기술자들이 해당한다. 동요계층은 계급적 토대나 정치적으로 복잡한 문제가 있는 계급으로, 언제든지 북한체제에 대한 신념을 버리고 남한체제나 자본주의의 환상을 가질 수 있는 계급으로 분류된 계층이다. 항상 경계와 교양, 혁명화의 대상이다.

3) 적대계층

적대계층이란 북한공산집단에 동조하지 않는 계층으로 복잡계층이라고도 하며, 유해 노동직에 배치되고, 진학 · 입당 등이 원칙적으로 봉쇄된 계층으로 감시의 주대상이다. 적대계층은 출신, 가정환경, 개인경력상 북한체제에서 용납될 수 없는 계급으로서, 일제 시 친일파, 지주, 부농, 매판자본가, 미국이나 남한에 가담한 반동분자, 북한체제에 의한 처단 가족과 그 후손, 월남 · 탈북 · 귀순자 가족, 반공산당 · 반혁명 종파분자 등을 말하고, 교양대상 또는 포섭대상, 고립대상 또는 청산대상이다.

7. 남한의 좌익운동의 사상적 계보

국내 좌익세력은 NL주사파(민족해방 주사파), NDR파(민족민주 혁명파), PDR파(반제반독점 민중민주주의 혁명파), ISR파(국제사회주의 혁명파) 등으로 나누어질 수 있다. 이처럼 좌익세력이 나누어지지만, 이들 국내 좌익세력의 3대 지도이념은 민족주의 · 사회주의 · 폭력혁명주의에 입각하고 있다는 점이 특징이다.

1) NL주사파

NL주사파란 기본적으로 김일성 주체사상을 신봉하는 세력을 지칭하며, 북한의 대남혁명노선인 '민족해방 인민민주주의 혁명론(National Liberation Peoples Democracy Revolution: NLPDR)'에 입각하여 남한의 공산혁명을 성취하려는 세력이다.

NL주사파는 북한의 주체사상을 배경으로 남한사회를 미국의 식민사회로 규정하고, 민족모순을 해결할 것을 강조하는 혁명전략을 주장하고, 노동자 · 농민 · 청년학생 및 진보적 지식인을 주력군으로 하고, 반동관료 및 매판자본가를 제외한 민중을 보조역량으로 한 연방제 통일노선을 형성하여 먼저 미제를 축출하고 현정권을 타도한 다음, 용공정권인 민족자주정권을 세우고 북한과의 합작으로 본격적인 사회주의 혁명을 진행하는 전략이다.[26] 즉, 민족해방 민중민주주의 혁명론을 주장하고, 반미자주화 · 반파쇼화 · 조국통일 등을 실천이념으로 강조한다.

2) 막스레닌노선 추종파

(1) NDR파(National Democracy Revolution)

NDR전략은 노동자계급만을 혁명의 주력군으로 편성하고 반동 부르주아와 자유 부르주아를 제외한 민중을 동맹세력으로 설정하여 먼저 현정권을 타도하고, 다음에 미제를 축출하여 혁명정부를 수립하여 민중연합정권인 민주주의 민중공화국을 건설하고 북한과의 연방통일을 한 다음, 2단계인 본격적인 사회주의 혁명을 진행하는 전략이다. 즉, 민족민주주의 혁명론으로서 민중통일전선을 형성하여 무장봉기에 의해 민중공화국을 수립한 후에 사회주의국가의 건설을 주장한다. 현

26) 위의 책, pp.228-229.

재는 조직이 와해되어서 운동권 내에서 세력분포가 매우 미미한 실정이다.

(2) PDR파(People's Democracy Revolution)

PDR파는 노동자계급의 전위당을 결성하여 민중권력을 쟁취한 후 사회주의 혁명의 완수를 주장하는 민중민주주의 혁명론을 추종한다. PDR파는 다시 반제반독점 민중민주주의 혁명론을 추종하는 제독PDR과 반제반파쇼 민중민주주의 혁명론을 추종하는 제파PDR로 나뉘어진다.

제독PDR파는 노동자계급을 주력군으로 하고 도시빈민과 빈농을 동맹세력으로, 부르주아를 전략적 동맹군으로 하여, 제국주의와 독점자본 및 현정권을 동시에 타도하고 민중연합권력인 민중민주주의 공화국을 수립하자는 것이다. 한편, 제파PDR파는 노동자계급만을 주력군으로 하여 현정권을 타도하고 미제를 축출한 후, 민중민주주의 국가를 건설하여 바로 사유재산 철폐와 프롤레타리아 독재권력을 수립하기 위한 사회주의 혁명을 계속한다는 연속 1단계 1과정 혁명론이다.[27)]

3) 트로츠키노선 추종파

트로츠키(Trotsky)노선은 스탈린의 '일국사회주의 혁명론'에 반대하고, 사회주의 혁명이 성공하려면 세계적으로 연속적으로 확산되어야 한다는 국제사회주의 혁명론이다. 즉, 일국 사회주의 혁명은 외국의 개입에 의해 전복되기 쉽고, 설령 전복되지 않는다 하더라도 세계 자본주의 압력 때문에 착취와 계급분화의 부활을 피할 수 없으며, 사회주의 혁명이 생존하려면 세계적으로 연속 확산되어야 한다.

ISR파(국제사회주의 혁명론)는 트로츠키 영구혁명론을 수용하여 노동자계급만을 주력군으로 하여 남한에서 현정권을 타도하고, 사회주의 혁명을 완성한 후 북한의 노동자를 지원하여 북한정권을 타도하고 남북통일의 노동자 정권을 건설한다는 전략을 추구하는 국제사회주의 혁명론 노선이다.

27) 위의 책, p.230.

참고문헌

■ 국내문헌

김규정, 비교행정론, 법문사, 1980.

김남진, 행정법Ⅱ, 법문사, 2005.

김남현 외, 경찰행정법, 경찰공제회, 2000.

김대웅, 도시종합교통계획, 서울: 형설출판사, 1994.

김동희, 행정법Ⅱ, 박영사, 2005.

박기남, 경찰보안론, 경찰대학, 2000.

______, 경찰외사론, 경찰공제회, 2000.

박기태 외, 경찰방범론, 경찰대학, 2000.

박병식, 일본경찰조직의 변천과 현황, 치안정책연구 제9호, 치안연구소, 1998.3.

박성열, 남북교류협력 변화 추이 및 영향요인: 대북 제재코로나 19 중심으로, 국가전략 제27권 제1호, 2021.

박외병, 한국외사경찰의 다문화정책 정향성과 다문화 수용성에 관한 연구, 동국대 박사학위 논문, 2013.

서기영, 한국경찰행정사, 법문사, 1976.

______, 일본경찰사 소고, 동국대 법정논총, 1981.10.

서정범, 경찰권발동에 관한 연구, 박사학위논문(고대대학원), 1992.

송갑수, 방범용 CCTV의 효율적 운용방안에 관한 연구, 한양대학교 행정대학원 석사학위 논문, 2004.8.

신상철, 외사경찰론, 박영사, 2022.

안문석, 정보체계론, 법문사, 1989.

이보령, 형사정책, 제일법규, 1996.

이운주, 경찰학개론, 경찰공제회, 2000.

______, 경찰법상의 개괄수권조항에 관한 연구, 박사학위논문(서울대 대학원), 2005.

이황우 · 조병인 · 최응렬, 경찰학개론, 형사정책연구원, 2001.

임창호 · 정세종 · 라광현, 최신 경찰학, 도서출판 자운, 2022.

______, 북한이탈주민에 대한 보안경찰의 효과적인 보호 및 정착지원 방안, 경찰학논총 제11권 제4호, 2016.

정진섭, 프랑스 예심법원의 조직과 기능, 법무부, 1986.

조병인 · 전영실, 서울시민의 기초질서 준수에 관한 연구, 형사정책연구원, 1996.

조철옥, 경찰행정학, 대영문화사, 2000.

______, 경찰윤리학, 대영문화사, 2005.

______, 경찰행정법, 21세기사, 2010.
______, 범죄수사학 총론, 21세기사, 2009.
______, 범죄수사학 각론, 21세기사, 2010.
______, 범죄자 DNA데이터베이스 구축에 관한 고찰, 경찰학연구 제24호, 2010.
______, 현대사회와 범죄, 21세기사, 2012.
최진태, 테러리즘의 이론과 실제, 대영문화사, 2006.
______, 테러리스트 & 테러리즘, 대영문화사, 1997.
한종욱, 경찰경비론, 경찰공제회, 2000.
경찰대학, 경찰대공론, 1991.
______, 경찰실무전서, 1998.
______, 경찰정보론, 1982.
경찰수사보안연수소, 보안실무과정 연수교재, 2002.
______, 공안사범수사, 2002.
경찰청, 국외도피사범 실태분석 및 송환방안, 2002.
______, 보안외근과정, 2002.
______, 외사경찰과정, 2003.
서울지방경찰청, 중요외사범죄 수사사례, 2003.
한·일 국제범죄 협력회의 2003년 일본경찰청 회의자료.

■ 외국문헌

Becker Howard, *Outsiders, Studies in the Sociology of Deviance*, New York: Macmillan, 1963.

Brantingham P.J. & F.L. Faust, "A Conceptual Model of Crime Prevention," *Crime and Delinquency 22*, 1976.

Brown, Michael K., *Working in the Streets: Police Discretion and the Dilemmas of Reforms*, New York: Russel Sage Foundation, 1988.

Carter David L., *The Police and Community*, N.J.: Prentice-Hall, 1999.

Clarke Ronald & Ross Hommel, *A Revised Classification of Situation Crime Prevention Techniques*, in Crime Prevention at a Crossroads(ed.), Steven Lab, Cincinnati: Anderson, 1997.

Cohen Albert, *Delinquency Boys*, New York: Free Press, 1955.

Cohen Lawrence & Marcus Felson, "Social Change Crime Rate Trends: A Routine Activities Approach," *American Sociological Review 44*, 1979.

Conklin J.E. *The Impact of Crime*, MacMillan Pub., 1975.

Davis Gordon B. & Margrethe H. Olson, *Management Information System, Conceptual Foundations and Development*, New York: McGraw-Hill, 1985.

Devine Francis Edward, "Ceasare Beccaria and the Theoretical Foundation of Modern Penal Jurisprudence," *New England Journal on Prison Law 7*, 1982.

Eck John E. & William Spelman, "A Poblem-Oriented Approach to Public Service Delivery," in J.

Kenny(ed.), *Police and Policing: Contemporary Issues*, N.Y.: Praeger, 1989.

Ellis Lee & Anthony Walsh, "Gene Based Evolutionary Theories in Criminology," *Criminology 35*, 1997.

Farrington, David P. et al., *Understing and Controlling Crime*, New York: Springer-Verlag, 1986.

Friedman Robert R., *Community Policing: Comparative Perspectives and Prospects*, New York: St. Martin's Press, 1992.

Gay W.J. et al., *Improving Patrol Productivity: Routine Patrol*, Vol.1, Washington D.C.: National Institute of Law Enforcement and Criminal Justice, 1977.

Goldsteiner J., "Police Discretion Not to Invoke the Criminal Problems: Law-Visibility Decisions in the Administration of Justice," *Yale Journal 69*.

Goldstein H., *Problem Oriented Policing*, New York: McGraw-Hill, 1990.

______, "Improving Policing: A Problem-Oriented Approach," *Crime and Delinquency 25*, April, 1979.

Hagan John, *Structural Criminology*, New Brunswick, N.J.: Rutzers University Press, 1989.

Hale Charles D., *Police Patrol: Operation & Management*, Englewood Cliffs, N.J.: Prentice-Hall Career & Technology, 1994.

Hastingers Ross & Ronald Melchers, "Municiple Government Involvement in Crime Prevention in Canada," *Canadian Journal of Criminology 32*, 1990.

Hirschi Travis, *Causes of Delinquency*, Berkeley: University of California Press, 1969.

Hunter Ronald Dr., Three Models of Policing, *Police Studies*, Vol.13, No.13.

Jeffery C. Ray, *Crime Prevention Through Environmental Design*, Beverly Hills: Sage, 1971.

Kelling George & Mark H. Moore, *The Evolving Strategy of Policing in Modern Policing*(ed.), by William M. Oliver, Upper Saddle River, N.J.: Prentice-Hall, 2000.

Kelling G.E. et al., *The Kansas City Preventive Patrol Experiment: A Summary Report*, Washington, D.C.: Police Foundation, October, 1974.

Kent Sherman, "*Strategic Intelligence for America Word Policy*," New York: Princeton University Press, 1966.

Lab S.P., *Crime Prevention Approaches: Practice and Evaluation*, Anderson Pub, 1992.

Legins Peter, "The Field of Prevention," in Amos & Wellford(eds.), *Delinquency Prevention: Theory and Practice*, Englewood Cliffs, N.J.: Prentice-Hall, 1981.

Lind Meda Chesney, "Girls in Crime and Woman's Place: Toward a Feminist Model of Female Delinquency," *Crime and Delinquency 35*.

Martinson Robert, "Whart Works?-Questions and Answers about Prison Reform," *Public Interest 35*, 1974.

Maslow A.H., *Motivation and Personality*(2nd ed.), New York: Harper & Row, 1970.

Mattews Roger & Jock Young, "Reflections on Realism," in Jock Young and Roger Mattews(ed.), *Rethinking Criminology: The Realist Debate*, London: Sage, 1992.

Miller Walter, "Lower-Class Culture as a Generating Milieu of Gang Delinquency," *Journal of Social Issues 14*, 1958.

Newman Oscar, "*Defencible Space: Crime Prevention Through Urban Design*," 1972.

O'Block Robert I., *Security and Crime Prevention*, Boston: Butterworth, 1981.

Payne D.M & R.C. Trojanowiczl, *Performance Profiles of Foot Patrol Officers Versus Motor Officers*, East Lansing: Michigan State University Press, 1985.

Peak K.J & R.W. Glensor, *Community Policing and Problem Solving: Strategies and Practices*, N.J.: Prentice-Hall, 1996.

Pennell S.C., Curtis, J. Henderson & J. Tayman, "Guardian Angels: A Unique Approach to Crime Prevention," *Crime and Delinquency 35(3)*, 1989.

Phillips Lloyd & Harold Votey, "The Influence of Police Interventions and Alternative Income Sources on the Dynamic Process of Choosing Crime as a Career," *Journal of Quantitative Criminology 3*, 1987.

Platt Washington, "*Strategic Intelligence Production*," New York: Praeger, 1965.

Pursley R.D., *Introduction to Criminal Justice*, Glencoe, 1980.

Reckless Walter, *The Crime Problem*, New York: Appleton-Century Crofts, 1967.

Reiss A.J., "Consequences of Complience and Deterrence Models of Law Enforcement for the Exercise of Police Discretion," *Law and Contemporary Problems 47(Autumn)*.

Rosenbaum D.P., A.J. Lurigio & P.J. Lavrakas, *Crime Stoppers: A National Evaluation of Program Operatios and Effects*, NIJ, 1987.

Rule B.J. & A.R. Nasdale, "Emotional Arousal and Aggressive Behavior," *Psychological Bulletin 83*, 1976.

Schmalleger F. *Criminal Justice Today*, N.J.: Prentice-Hall, 1997.

Schwartz Martin & Walter Dekeseredy, *Contemporary Criminology*, Belmont, Calif.: Wadsworth, 1993.

Shaw Clifford R. & Henry D. Mckay, *Juvinile Delinquency and Urban Areas*(ed.), Chicago: University of Chicago Press, 1972.

Shoemaker Donald J., *Theories of Delinquency*, An Explanation of Explanations of Delinquent Behavior(5th ed.), New York : Oxford University Press, 2005.

Siegel Larry J., *Criminology*, Wadsworth, A division of Thompson Learning. Inc., 8th(ed.), 2003.

Skolnick Jerome E. & David H. Bayley, *Community Policing : Issues and Practices Around the World*, Washington D.C.: U.S. Department of Justice, 1988.

Sparrow M.K., Implementing Community Policing, *National Institute of Justice*, U.S. Department of Justice, 1988.

Stead Phillip John, *The Police of France*, New York: Macmillan Publishing Co., 1983.

Sykes Gresham & David Matza, *Techniques of Neutralization: A theory of Delinquency American Sociological Review 22*, 1957.

Tannenbaum Frank, *Crime and the Community*, New York: Columbia University Press, 1938.

Thompson James D., *Organizations in Action*, New York: McGraw-Hill, 1967.

Trice H.M. & J.M. Beyer, "Charisma and It's Routinization in Two Social Movement Organizations," *Reaserch in Organizational Behavior 8*, 1996.

Trojanowicz R. & B. Bucqueroux, *Community Policing: Contemporary Perspective*, Cincinnati, O.H.: Anderson, 1990.

van Dijk, J.M. & C.H.D. Steimenz, "*Crime prevention: An Evaluation of the National Publicity Campags,*"

The Hague: Nethelands Justice Ministry, 1981.

Wade John, *A Treatise on the Police and Crimes of Metropolce*, 1829.

Walker Samuel & Charles M. Katz, *The Police in America*, New York: McGraw-Hill, 2002.

Weick Karl, *The Social Psychology of Organizing*, Addison-Wesley Publishing Company, 1979.

Wesselius Cassie L., James DeSarno, Special Agent, "The Anatomy of a hostage Situation," *Behavioral Science & The Law*, Vol.1, No.2, 1983.

Wilensky Harold, *Organizational Intelligence: Knowledge & Policy in Government and Industry*, N.Y.: Basic Books, 1967.

Williams Katherine S., *Criminology*(5th ed.), Published in the United States by Oxford University Press, Inc., New York, 2004.

Willson J.Q. & G.I. Kelling, "Broken Windows," *Atlantic Monthly*, No.211, 1982.

Wilson O.W. & R.C. McLaren, *Police Administration*(4th ed.), New York: McGraw-Hill, 1977.

Willson & Richard Herrnstein, *Crime and Human Nature*, New York: Simon & Shuster, 1985.

찾아보기

ㄱ

ㄹ

ㅁ

ㅂ

ㅇ

ㅊ

ㅍ

ㅎ

저자 소개

조철옥(曺鐵玉)

■ 학력
- 1972 부산수산대학교 어업학과 졸업
- 1985 고려대학교 대학원 행정학과 석사과정 졸업(석사)
- 1990 고려대학교 대학원 행정학과 박사과정 졸업(박사)

■ 경력
- 1985~1991 경찰대학 경찰학과 교관
- 합천 · 부산남부 · 거제 · 서울은평 · 김포경찰서장
- 경찰청 외사수사과장 · 경찰종합학교 교무과장
- 제주특별자치도 자치경찰채용시험 출제위원(수사1, 경찰학개론)
- 탐라대학교 경찰행정학과 교수, 기획처장 및 총장대행 역임

■ 저 · 역서
- 조직행동론(공역, 대영문화사, 1990), 정책형성과정론(공역, 대영문화사, 1991)
- 경찰윤리학(대영문화사, 2005), 경찰학개론(대영문화사, 2007), 범죄수사학 총론(21세기사, 2009)
- 범죄수사학 각론(21세기사, 2010), 새 범죄심리학(21세기사, 2011)
- 현대사회와 범죄(21세기사, 2012), 경찰행정법(21세기사, 2014)

■ 논문
- 상벌체계와 원인귀인에 관한 연구(석사)
- 정부의 규제정책과 해운조직의 생존에 관한 연구(박사)
- 포스트모더니즘 범죄이론에 의한 동성애 합법화 연구(공안행정학회, 2007)
- 제주자치경찰 시스템의 실태와 발전모델에 관한 연구(경호경비학회, 2007)
- 범죄자 DNA데이터베이스 구축에 관한 고찰(경찰학연구, 2010)
- 아동성폭력범죄자의 화학적 거세에 관한 고찰(치안정책연구, 2010)
- 미국과 한국의 증오범죄에 관한 비교 고찰(경찰학연구, 2011)
- 강력범죄자의 정신이상 항변에 관한 연구(치안정책연구, 2011)
- 시스템 다이내믹스 모형에 의한 검 · 경 수사권 조정과정 분석(경찰학연구, 2011)

박외병

■ 학력
- 경찰대학교 행정학과 졸업
- 동국대학교 대학원 경찰행정학과 석사과정 졸업(경찰학 석사)
- 동국대학교 대학원 경찰행정학과 박사과정 졸업(경찰학 박사)

■ 경력
- 제주 해안경비단장, 인천공항경찰대장
- 서울 동작경찰서 · 경기 구리경찰서 · 경기 안양동안경찰서 서장
- 경찰청 외사기획 · 외사정보과장, 국립과학수사연구원 행정지원과장
- 경무관 명예퇴임, 한국안전학회 회장, 한국경찰학회 부회장
- 부산경찰청 및 경남경찰청 순경채용시험 면접위원
- 경찰간부후보생 채용시험 출제위원, 경비지도사 출제위원
- 경찰청 외사자문협의회 회원, 부산시청 자문위원, 부산경찰청 면허구제심의위원회 위원
- 현, 동서대학교 경찰학과 교수

■ 저서 및 논문
- 노인의 범죄두려움에 관한 연구(2020)
- 자치경찰제도의 현황과 지향점에 대한 소고: 부산지역을 중심으로(공저, 2021)
- 자치경찰 성과평가 가이드라인 구축에 관한 연구: 부산광역시 · 자치경찰을 중심으로(2022)

주성빈

■ 학력
- 동의대학교 경찰행정학과 졸업
- 동의대학교 대학원 경찰행정학과 석사과정 졸업(경찰학 석사)
- 동국대학교 대학원 경찰행정학과 박사과정 졸업(경찰학 박사)

■ 경력
- 한국범죄심리학회 이사, 한국치안행정학회 이사
- 동의대학교 국가안전정책대학원 부원장
- 현, 동의대학교 경찰행정학과 교수

■ 논문
- 개인보호장비 선정의 문제점과 개선방안(국가안전정책학회, 2022)
- 민주적 공무원직장협의회 설립 및 운영방안(한국경찰학회, 2022)
- 코로나19 이후 부산항만경찰의 대테러리즘 역할에 관한 연구(한국민간경비학회, 2022)
- 수형자의 능동적 사회복귀 정책에 관한 연구(한국정책개발학회, 2022)
- 모범수 형기 자기단축제도의 도입을 위한 전문가 조사: 적용기준을 중심으로(미래융합통섭학회, 2023)

윤병훈

■ 학력

- 계명대학교 경찰행정학과 졸업
- 동국대학교 대학원 경찰행정학과 석사과정 졸업(경찰학 석사)
- 동국대학교 대학원 경찰행정학과 박사과정 졸업(경찰학 박사)

■ 경력

- 의정부지방검찰청 검찰시민위원회 위원, 남양주지청 검찰시민위원회 위원
- 양주시청 청렴시민감사관, 마포구 공공디자인 진흥위원회 위원
- 인천광역시 공공디자인위원회 위원, 법무부 법교육센터 법교육 전문강사
- 현, 경동대학교 경찰학과 교수

제4판

경찰학각론

펴낸날 제1판 제1쇄 2007년 1월 20일
제2판 제1쇄 2008년 8월 20일
제3판 제1쇄 2012년 8월 13일
제4판 제1쇄 2024년 3월 15일

지은이 조철옥 · 박외병 · 주성빈 · 윤병훈
펴낸이 임춘환
펴낸곳 도서출판 **대영문화사**
주소 (본사) 사무실: 경기도 고양시 일산서구 주화로 70
우신프라자 307호 (우) 10387)
(본사) 물류센터: 경기도 고양시 일산서구 덕산로
107번길 68-50 (우) 10205)
등록 1975년 12월 26일 제3-16호
전화 (031) 913-3062, (031) 914-3884~5
팩스 (031) 913-3839
홈페이지 http://www.dymbook.co.kr

ISBN 978-89-7644-940-5
값 32,000원